中国改革开放史料丛书

农业农村改革

陈锡文　主编

中国工人出版社

“中国改革开放史料丛书”
编委会

总序

铭记改革开放历史
奋进新时代新征程

历史是一面镜子，也是一部教科书。重视历史，研究历史，借鉴历史，是中华几千年文明的一个优良传统。当代中国是历史中国的延续和发展，书写着中国人民和中华民族不懈奋斗的宏伟篇章。历史的无穷魅力在于包含了大量丰富的史料。史料是保存历史、记述历史、再现历史的基本素材和重要依据。重视历史的学习、研究和传承，必须重视史料的收集、整理、汇辑。

改革开放是中国人民和中华民族发展史上一次伟大革命，正是这场伟大革命推动了中国特色社会主义事业的伟大飞跃。1978 年底，中国共产党召开具有重大历史意义的十一届三中全会，开启了改革开放历史新时期。从那时以来，中国共产党带领全国人民以一往无前的进取精神和波澜壮阔的创新实践，谱写了壮丽史诗。改革开放 40 多年来，从农村到城市，从生产到投资、流通、分配、消费，从所有制结构到企业形式，从经济领域到生产关系和上层建筑的某些环节，都进行了系统和全面改革，成功实现了从高度集中的计划经济体制到充满活力的社会主义市场经济体制的伟大历史性转变；对外开放从建立经济特区到沿海、沿江、沿边，从东部到中西部地区，再到加入世界贸易组织，从大规模“引进来”到大踏步“走出去”，成功实现了从封闭半封闭到全方位开放的伟大历史性转变。我们在深化经济体制改革的同时，不断深化政治体制、文化体制、社会体制、生态文明体制改革和其他领域改革，不断推进国家治理体系和治理能力现代化。在改革开放推动下，我国经济和社会发展取得了举世瞩目的辉煌成就，实现了人民生活由温饱不足到小康宽裕的伟大历史性转变。事实雄辩地证明，改革开放是决定当代中国前途命运的关键一招，是当代中国发展进步的动力之源，是大踏步赶上时代前进步伐的重要法宝，为实现中华民族伟大复兴提供了充满新活力的体制保障和快速发展的物质条件，中华民族迎来了从站起来、富起来到强起来的伟大飞跃。

现在，我国在广袤大地上全面建成小康社会，正阔步迈向全面建设社会主义现代化国家的新征程。在庆祝中国共产党成立 100 周年大会上，习近平总书记强调，“以史为鉴，可以知兴替。我们要用历史映照现实、远观未来，从中国共产党的百年奋斗中看清楚过去我们为什么能够成功、弄明白未来我们怎样才能继续成功，从而在新的征程上更加坚定、更加自觉地牢记初心使命、开创美好未来”。改革开放以来的岁月将彪炳于中华民族发展的壮丽史册。40 多年来，中国共产党从理论到实践的伟大创造，探索和积累的宝贵经验是党和人民弥足珍贵的精神财富，对于新时代坚持和发展中国特色社会主义有着极为重要的指导意义，应当倍加珍惜。

2022年，党的二十大召开。“中国改革开放史料丛书”的出版，为了铭记改革开放以来的光辉历史过程，收集、保存、传承40多年的宝贵历史资料，也为了以实际行动落实党中央关于加强改革开放史教育的部署要求，展示改革开放历史的史料价值。

这套丛书共有20卷。分别是：《中国特色社会主义市场经济体制形成与发展》《计划投资体制改革》《农业农村改革》《对外开放》《行政体制改革》《财政税收体制改革》《价格体制改革》《经济特区发展》《城市改革与发展》《国有企业改革》《金融体制改革》《教育体制改革》《收入分配改革》《科技体制改革》《外贸体制改革》《商品与要素市场改革》《就业体制改革》《社会保障体制改革》《民营经济发展》《改革开放大事记》，力求从不同领域、不同角度，全面、系统、客观记录我国改革开放40多年的历史进程，重点收录具有重要价值的史料，特别是历史文献、重要人物和事件、实物和口述史料，以期在服务全面深化改革开放事业、加强改革开放史研究和教育中提供参考、发挥作用。

这套丛书的各卷主编和参与者大多是相关领域知名的专家学者，也是我国改革开放的亲历者、见证者。丛书集结了他们长期亲历和研究我国改革开放的重要成果，凝聚了他们对改革开放伟大事业的深厚情怀和责任担当。中国工人出版社对这套丛书的出版给予了大力支持，集全社之力，不舍昼夜，为本书如期付梓出版不辞辛劳；中国（海南）改革发展研究院作为30多年如一日勇立改革开放潮头、以建言改革为己任的改革智库，为此书的策划、组织和出版作出了重要贡献，彰显出改革智库记录好、传播好改革开放历史的初心使命。我作为这套丛书的编委会主任，在此向为本套丛书付出艰辛努力的各位编委会成员、作者，对中国工人出版社的领导、编辑表示由衷的敬意和感谢！

这套丛书内容时间跨度大，涉及领域多，涵盖方面广，力图史料全面、翔实、准确，任务艰巨。由于时间较紧，难免有不足之处，恳请读者批评指正。

魏礼群

2024年3月

前言

习近平总书记指出，要把党的十八大确立的改革开放重大部署落实好，就要认真回顾和深入总结改革开放的历程，更加深刻地认识改革开放的历史必然性，更加自觉地把握改革开放的规律性，更加坚定地肩负起深化改革开放的重大责任。当前，全国上下正按照党的二十大确立的战略部署，锚定农业强国目标，全面推进乡村全面振兴。在开启全面社会主义现代化建设新征程的关键时刻，整理出版本书正当其时，十分必要。

历史是最好的教科书。改革开放以来，中国共产党领导广大农民群众实现了从温饱到全面小康的历史性跨越。党的十八大以来，以习近平同志为核心的党中央坚持把解决好“三农”问题作为全党工作的重中之重，坚持农业农村优先发展，推动农业农村发展取得历史性成就、发生历史性变革，乡村全面振兴取得阶段性成效。深入实施“藏粮于地、藏粮于技”战略，粮食产量多年稳定在1.3万亿斤以上，农产品供应具有充分保障，农业现代化取得重大进展。打赢人类历史上规模最大的脱贫攻坚战，历史性地解决了绝对贫困问题，为全球减贫事业做出了重大贡献。以处理好农民和土地关系为主线，农村改革全面深化，城乡融合发展迈出坚实步伐。我国持续实施乡村振兴战略，农民收入稳定增长，城乡居民收入差距持续缩小，农村社会保持稳定安宁。站在新的历史起点上，回顾农业农村改革的历程，系统整理文献史料，从历史宝库中汲取经验，探求中国人民由温饱到小康、由贫穷到富裕的发展规律，做好“三农”工作，是一件非常有意义的事情。

“只有深刻理解了‘三农’问题，才能更好理解我们这个党、这个国家、这个民族”。习近平总书记的这一重要论断，深刻揭示了“三农”发展与中国共产党、中华人民共和国、中华民族的内在联系。改革开放以来，党领导的“三农”工作形成了丰富的文献史料，记录着党解决“三农”问题的历程与宝贵经验，是研究党史、新中国史和改革开放史的珍贵史料。

本书分为两大部分，分别从历程篇和史料篇对农村改革的历程进行了系统回顾。历程篇从农村改革的历史逻辑进程出发，以探索处理党和农民的关系、农民和土地的关系、工农城乡关系的经济体制改革为主线，以农业农村改革发展的重大问题和关键环节为主要内容，系统梳理1978年以来党领导农业农村改革的基本脉络和发展轨迹，总结农业农村改革发展所取得的历史成就，客观反映改革历程中的重要经验和基本规律，着重阐述了党的十八大以来农村改革发展历程。史料篇汇总了与农村改革相关的口述资料、政策法规、报刊摘要和著作介绍，整理形成重要文献索引，并记录了

1978年以来中国农业农村改革大事记。通过梳理这些史料，一方面记录我国农村改革的历程；另一方面也为读者研究相关历史提供较为全面的资料。本书从历史的纵深维度和农村改革的广阔领域全面展现农业农村改革发展史，为全面推进乡村振兴，加快农业农村现代化，全面建设社会主义现代化强国提供了理论支撑。

为编写本书，我们主要组织农业农村部农村经济研究中心的力量，并适当吸收其他单位的人员力量。农业农村部农村经济研究中心的前身是中共中央书记处农村政策研究室、国务院农村发展研究中心，拥有丰富的文献史料。

为高质量完成编写任务，农村经济研究中心专门成立了本书编写委员会，由金文成牵头，当代农史研究室具体负责书稿写作、史料整理等工作。参加本书编写工作的按照各部分内容分工如下：历程篇由王欧、董彦彬负责总论，冯丹萌负责第一章，张静宜负责第二章，丁磊负责第三章，杨梦颖负责第四章，史料篇的一部分口述资料由中国（海南）改革发展研究院张娟提供，另一部分口述资料由农村经济研究中心董彦彬整理；焦红坡负责重要文献索引和中国农业农村改革大事记的编撰；全书由王欧负责统稿。在编写中，我们尽最大努力全面完整地还原历史并献给读者。农业农村改革内容十分丰富，很多文献史料还有待整理收集，本书难免存在不足和疏漏之处，敬请读者批评指正。

陈锡文

2024年4月4日

目录

第一部分

历程篇

第二部分
史料篇

第一部分

历程篇

总　论

农业农村改革的历程、成就与经验

▼

综观 40 多年的农业农村改革，我国取得了举世瞩目的成就，确立并完善了以家庭承包经营为基础的双层农业经营体制，构建了结构多元的中国特色社会主义农村市场经济体系。粮食产量和农业综合生产能力稳步提升，农民收入和生活水平显著改善，农村面貌发生翻天覆地的变化，全面建成小康社会目标如期实现，现行标准下 9899 万农村贫困人口全部脱贫，832 个贫困县全部摘帽，12.8 万个贫困村全部出列，提前 10 年完成了联合国 2030 年可持续发展议程减贫目标，为保障世界粮食安全和全球减贫事业做出了巨大贡献。

历史作为一个国家发展历程的集体记忆，对于推动未来事业向前发展具有重要的借鉴和促进作用。党的十八大以来，以习近平同志为核心的党中央高度重视对党史、新中国史的学习工作。2019 年，“不忘初心、牢记使命”主题教育深入开展，掀起了全党学史、用史的新高潮，习近平总书记对此也提出了新要求，强调“要把学习贯彻党的创新理论作为思想武装的重中之重，同学习马克思主义基本原理贯通起来，同学习党史、新中国史、改革开放史、社会主义发展史结合起来”[1]。

改革开放是我们党的一次伟大觉醒，是中华民族发展史上的一次伟大革命。只有把握历史发展大势，勇于变革、勇于创新，永不僵化、永不停滞，才能永远立于时代潮头。2020 年 12 月，在中央农村工作会议上，习近平总书记指出，“历史和现实都告诉我们，农为邦本，本固邦宁。我们要坚持用大历史观看待农业、农村、农民问题，只有深刻理解了‘三农’问题，才能更好理解我们这个党、这个国家、这个民族。必须看到，全面建设社会主义现代化国家，实现中华民族伟大复兴，最艰巨最繁重的任务依然在农村，最广泛最深厚的基础依然在农村”[2]。

整理记录中国农村改革开放历程史料，就是按照习近平总书记所讲的，“各级领导干部还要认真学习党史、国史，知史爱党，知史爱国。要了解我们党和国家事业的来龙去脉，汲取我们党和国家的历史经验，正确了解党和国家历史上的重大事件和重要人物。这对正确认识党情、国情十分必要，对开创未来也十分必要，因为历史是最好的教科书”[3]。

---

① 习近平：《持续推动全党不忘初心、牢记使命》，《习近平谈治国理政》（第三卷），北京：外文出版社，2020 年版，第 540 页。

② 习近平：《坚持把解决好“三农”问题作为全党工作重中之重，举全党全社会之力推动乡村振兴》，《求是》，2022 年 07 期。

③ 习近平：《在中央党校建校 80 周年庆祝大会暨 2013 年春季学期开学典礼上的讲话》，《人民日报》，2013 年 3 月 3 日。

一、我国农村改革开放发展历程

我国新时期的改革开放事业，是以冲破人民公社体制、推行以家庭联产承包为主的责任制为突破口的。1978 年 12 月，党的十一届三中全会召开，决定将党的工作重心转移到社会主义现代化建设上来，标志着改革开放的正式展开。在这次全会上通过的《关于加快农业发展若干问题的决定（草案）》，虽然总的指导思想上还是坚持和改善人民公社三级所有、队为基础的体制，与邓小平在此前的中央工作会议上明确提出的使“生产队能够千方百计地发挥主动创造精神”的想法有着不小差距，但它毕竟在政策上启动了农村的变革，允许在生产队统一核算和分配的前提下，包工到作业组，联产计酬。从此，以包产到户、包干到户为主要形式的家庭联产承包责任制迅速推广，充分调动了广大农民的积极性，促进了农业生产快速发展。与此同时，随着家庭联产承包责任制的实施、人民公社制度的解体，农产品流通体制也开始突破传统的计划经济体制。

（一）农村市场化改革迈出实质性步伐

党的十一届三中全会后，我国对农产品统购统销制度进行渐进式的改革，在从根本上不触动统购统销制度的条件下，有计划地提高农产品价格，逐步减少统购统销农产品的品种，放开集市贸易，允许部分农产品议购议销和自由购销。

乡镇企业异军突起，是我国农民的又一伟大创造。它打破了企业就地取材、加工销售的限制，劳动力、原材料可以跨地区流动，农村各类企业如雨后春笋般成长起来。1984 年 3 月 1 日，中共中央、国务院转发农牧渔业部和部党组《关于开创社队企业新局面的报告》，同意将社队企业名称改为乡镇企业的建议，并提出了发展乡镇企业的若干政策，以促进乡镇企业的迅速发展。截至1987年，全国乡镇企业从业人数达到8805万人，产值达到4764亿元，第一次超过农业总产值，农村经济结构出现历史性变化。进入20世纪90年代，在推进农村改革的过程中，我国面临着一系列层次比较深、涉及面比较宽、需要从国民经济全局高度来统筹考虑的新问题。

1992年春，邓小平的南方谈话从根本上解除了把计划经济和市场经济看作属于社会基本制度范畴的思想束缚。这一时期农村市场化改革迈出了实质性步伐，农业产业化经营成为加快农业结构战略性调整的重要促进力量。党中央作出农业和农村发展进入新阶段的重要判断，要求做好加强农村市场体系建设、推进农业科技进步、扶持农业产业化经营和加快小城镇建设。在此阶段，党中央、国务院多次发布政策文件，三令五申要求各地各部门把减轻农民负担作为一项政治任务切实抓好；1993年3月发出紧急通知，要求凡涉及农民负担的文件和收费项目一律先停后清。

党的十六大前后，正是我国现代化建设刚刚迈入21世纪之时，我国经济社会发展所处的国内外宏观环境正发生着深刻变化，农业农村经济发展面临的形势也出现了新的变化。党中央着力解决全面建设小康社会进程中的“三农”* 问题，确立把解决好“三农”问题作为全党工作重中之重的指导思想，作出一系列促进“三农”发展的重大决策，出台了一系列强农惠农富农政策，按照统筹城乡经济社会发展的要求，坚持“多予、少取、放活”的方针，调整农业结构，扩大农民就业，加快科技进步，深化农村改革，增加农业投入，强化对农业支持保护，力争实现农民收入较快增长，尽快扭转城乡居民收入差距不断扩大的趋势。在生产经营上，进一步完善

* “三农”指农业、农村和农民。

以家庭承包经营为基础、统分结合的双层经营体制，促进土地承包经营权依法、自愿、有偿流转，促进农民专业合作社快速发展，完善农业产业化经营利益联结机制。在城乡关系上，在统筹城乡发展方略和工业反哺农业政策取向下，启动了以二元体制向一元体制转变为内核的促进城乡一体化发展改革，是主动地、全面系统地破解长期以来形成的城乡二元结构。进入工业化中期的经济社会发展阶段，我国启动了工业反哺农业政策，通过调整国民收入分配，将工业部门的剩余回流到农业领域，强化财政对“三农”的支持力度。

（二）新时代的“三农”发展

党的十八大以来，在全面深化改革的历史浪潮下，农村改革蹄疾步稳，征程更加波澜壮阔。党的十九大明确中国特色社会主义进入新时代，把习近平中国特色社会主义思想确立为党的指导思想，提出实施乡村振兴战略。经济新常态背景下坚持新发展理念，实施乡村振兴战略，对农业农村发展提出了新的更高要求。2013 年 4 月，习近平总书记在海南三亚博后村考察时，讲过一句很经典的话：“小康不小康，关键看老乡。[①]”此后，习近平总书记又强调，“没有农业农村现代化，就没有整个国家现代化”[②]。党中央坚持把解决好“三农”问题作为全党工作重中之重，带领广大农民群众，向农业强、农村美、农民富聚焦发力，打赢脱贫攻坚战、实施乡村

① 习近平：《协调推进“四个全面”战略布局》，《习近平谈治国理政》（第二卷），北京：外文出版社，2017 年版，第 23 页。

② 习近平：《把乡村振兴战略作为新时代“三农”工作总抓手》，《习近平谈治国理政》（第三卷），北京：外文出版社，2020 年版，第 255 页。

振兴战略，亿万农民同全国人民一道迈入全面小康。

具体来讲，一是全力抓好粮食和重要农产品稳产保供，确保国家粮食安全，为经济社会平稳发展提供坚实保障。党中央始终把解决好吃饭问题作为治国理政的头等大事，经过多年探索，基本确立了“以我为主、立足国内、确保产能、适度进口、科技支撑”的国家粮食安全战略，明确提出了“谷物基本自给、口粮绝对安全”的新粮食安全观。二是把消除绝对贫困作为底线任务，全面打赢脱贫攻坚战，完成全面小康的标志性工程。2012年底，习近平总书记到河北阜平考察扶贫开发工作；2015年11月，在中央扶贫开发工作会议上，习近平总书记作出“决不能落下一个贫困地区、一个贫困群众”的庄严承诺。[①] 新时代脱贫攻坚的序幕由此拉开。中西部22个省份党政主要负责同志向党中央签署责任书、立下“军令状”，300多万名第一书记和驻村干部同近200万名乡镇干部一起奋斗在扶贫一线，各级财政专项扶贫资金8年累计投入近1.6万亿元，[②] 形成了五级书记抓扶贫、全党动员促攻坚的局面。在全党全国人民的共同努力下，最终完成了消除绝对贫困的历史性任务，补上了全面小康最大的短板。

实施乡村振兴战略，加快缩小城乡差距，让乡村尽快跟上国家发展步伐。2017年10月，党的十九大提出实施乡村振兴战略，习近平总书记对此多次作出重要指示批示，明确了农业农村现代化

① 习近平：《坚持精准扶贫、精准脱贫，坚决打赢脱贫攻坚战》，《习近平谈治国理政》（第二卷），北京：外文出版社，2020年版，第84页。

② 中华人民共和国国务院新闻办公室：《人类减贫的中国实践》，北京：人民出版社，2021年版，第17页。

总目标、农业农村优先发展总方针、5句话20个字的总要求、建立健全城乡融合发展体制机制和政策体系的制度保障，系统阐释了坚持走“七个之路”的中国特色社会主义乡村振兴道路，提出推进“五大振兴”。2020年以来，我国又对全面推进乡村振兴作出一系列新的部署要求，制定出台多个中央一号文件、《乡村振兴战略规划（2018—2022年）》、《中国共产党农村工作条例》和《中华人民共和国乡村振兴促进法》，共同构成实施乡村振兴战略的“四梁八柱”。

二、我国农村改革的成就与基本经验

40多年来，我国农村改革采取从单领域到全方位、从点到面、从试点到推广的渐进式推进方式。这种渐进式改革符合中国的国情特点，也正是由于这种渐进式的改革，极大地激发了农民的积极性和农村发展活力，并保持了农村经济社会发展的稳定，使我国农村改革与发展取得了巨大的成就。我国农村改革的经验表明，唯有改革创新才是推动农村全面发展和繁荣的根本动力。

（一）农村改革取得的巨大成就

在农村方面，随着乡村产业蓬勃发展，农产品加工流通业加快转型升级，休闲旅游、电商直播等新业态不断涌现。人居环境明显改善，农村卫生厕所普及率超过70%，生活垃圾和污水治理水平明显提升，基本实现干净整洁有序。公共设施提档升级，农村供水供电、交通道路、宽带网络和学校医院等设施加快建设，农村自来水普及率达到84%。善治乡村加快建设，党组织领导下的自治、法治、德治相结合的乡村治理体系逐步健全，乡村治理效能不断提升。改革开放以来，党中央把深化改革作为全面推进乡村振兴的重要法宝，基本形成乡村振兴的制度框架和政策体系。一方面，党领导“三农”工作的体制机制更加完善，建立起中央统筹、省负总责、市县乡抓落实、五级书记抓乡村振兴的领导体制和工作机制；另一方面，各项重点改革任务稳步推进，以处理好农民和土地关系为主线，推进农村承包地“三权分置”、集体产权制度、宅基地制度等重大改革，探索形成了一批成熟定型、管根本利长远的制度成果。

在农业方面，各项农村改革的不断深化，极大地解放了农业生产力，促进了农业快速发展，有效保障了国家粮食安全。首先，农产品市场与劳动力、土地、金融等要素市场全面发展，市场开始在资源配置中发挥决定性作用，农产品供需关系与价格主要由市场决定，农民的积极性得到极大调动。其次，形成了符合中国国情和农业生产特点的农村基本经营制度。在坚持集体所有、家庭承包经营的基础上，各类新型农业经营主体大量涌现，农业社会化服务和农民合作社等的快速发展，促进了小农户与现代农业生产方式、与大市场的对接。最后，发展现代农业的政策体系逐步健全，农业支持保护制度日益完善，现代农业产业体系、生产体系、经营体系加快形成，农业与第二、第三产业融合发展稳步推进。在各项改革的推动下，中国农业综合生产能力和供给保障能力不断增强，各种农产品供应日益丰富，实现了由“吃不饱”到“吃得饱”的转变，现在又开始由“吃得饱”向“吃得好、吃得健康、吃得安全”转变。1978—2021 年，中国粮食产量由 3.05 亿吨增加到 6.82 亿吨，增长了约 1.23 倍，人均粮食产量由 317 公斤增长到 483 公斤，高于国际公认 400 公斤粮食安全线。

在农民方面，党中央不断加大强农惠农富农政策力度。自2003年以来，国家连续出台18个一号文件支持“三农”发展，农民各项经济、社会和政治权利得到显著提升与保障，农村居民收入和生活水平大幅提升，城乡居民基本养老保险基本实现对农村适龄居民全覆盖，建立了统一的城乡居民基本医疗保险制度，大幅提高了农民生活和福祉水平。1978—2021年，农村居民人均可支配收入从133元增加到18931元，增长了约142倍；全国农村居民消费水平也从138元提高到15916元，增长了约114倍。与此同时，农村集体产权制度改革等赋予农民更多的财产权利，财产权利更有保障，财产权能更加完善；乡村治理体制改革提升了农民对农村公共事务的参与权、决策权与监督权。2021年，现行标准下9899万农村贫困人口全部脱贫，832个贫困县全部摘帽，12.8万个贫困村全部出列，区域性整体贫困得到解决，城乡收入差距逐步缩小，走出了一条中国特色减贫道路。一方面，脱贫人口生活水平显著提高，全部实现不愁吃、不愁穿，全面实现义务教育、基本医疗、住房安全和饮水安全有保障。另一方面，脱贫地区发展能力明显增强，每个脱贫县都打造了两到三个特色鲜明、带动面广的主导产业，行路难、用电难、通信难等问题得到历史性解决。

在城乡关系方面，我国稳步推进一系列改革和相关政策措施，逐步破除导致二元结构的制度性因素，城乡融合发展的步伐不断加快，城乡收入和消费水平差距趋于缩小。随着户籍制度和要素市场化改革逐步深化，农业转移人口市民化以及城市资本、技术、人才下乡的进程不断加快，城乡要素市场一体化水平大幅提升，日益呈现出城乡要素双向流动的趋势。同时，随着公共财政逐步向农村倾斜，城市公共资源和公共服务向农村延伸的步伐加快，有力地促进了城乡基本公共服务与社会事业发展的均等化进程，农村教育、医疗、养老、社保等公共服务不断改善。截至 2021 年底，31 个省（区、市）和新疆生产建设兵团的 2895 个县已实现了县域义务教育基本均衡发展；全国 49.0 万个行政村共设 59.9 万个村卫生室，在村卫生室工作的人员 136.3 万人，其中，执业（助理）医师 47.6 万人、注册护士 19.3 万人、持乡村医生证的人员和卫生员 69.1 万人。2021 年，中央财政安排基础教育相关转移支付 2499 亿元，通过现代职业教育质量提升计划安排资金 277 亿元，支持办好农村职业教育。2019 年以来，从失业保险基金中提取 1138.6 亿元用于职业技能提升行动。

（二）农村改革积累的基本经验

持续深化改革是推动我国农村发展的根本动力。与财政体制等领域的改革一样，我国农村改革始终是国家整体改革的一个重要组成部分，既服从于整体改革，也服务和推动整体改革，这是我国农村改革从基本经营制度改革向全面深化改革推进的基本逻辑主线。从以上梳理的改革实践过程来看，我国农村改革之所以能够取得巨大成就，主要有三个基本经验。

第一，坚持市场化改革方向，通过市场化解决中国农业农村现代化的资源配置机制和市场主体激励问题。40 多年的实践经验表明，虽然我国农业属于弱质产业，农村属于发展中的薄弱环节，需要政府加大扶持力度，但农村改革必须坚持市场化的方向，要通过深化改革全面激活要素、主体和市场，激发农村发展的内生活力和动力。从早期的家庭联产承包责任制改革、乡镇企业发展与改革、农产品流通体制和农村劳动力流动制度改革，到随后的农村金融改革和农村集体产权制度改革，再到最近的城乡融合发展体制机制创新，这一系列的市场化改革措施明晰了农村产权和分配关系，促进了市场开放和要素流动，完善了价格形成机制，理顺了农民、集体与政府在市场中的功能和关系，从而使农村经济体制逐步向“发挥市场在资源配置中的决定性作用”趋近，对解放和发展农村生产力发挥了根本作用，为农业农村现代化提供了坚实的体制机制保障。

第二，坚持“维护农民经济利益、保障农民政治权利”这一基本主线，确保农民是农村改革与发展的受益主体。围绕这一基本主线，40 多年来，我国通过稳定并完善以家庭承包经营为基础、统分结合的双层经营体制，确立了农户作为市场经营主体的地位，恢复了农民最基本的经济权利；通过农业支持保护制度的建立和完善，为农民经济利益和收入增长提供保障；通过农村劳动力流动制度改革，赋予农民自由迁徙、自由择业的发展权利；通过农村集体经济组织运行机制和产权制度改革，厘清了村党支部、村委会和村集体经济组织的关系，扭转了集体经济发展中农民主体缺位问题，确保了农民对集体经济发展的知情权、参与权、决策权、监督权和收益分配权，在坚持集体所有制的基础上赋予农民更多财产权利和更完整的财产权能；通过乡村治理体制改革，强化农村基层民主，改善了农村社会管理，使农民能够享有对农村社会经济事务的知情权、参与权、决策权和监督权。实践表明，确保农民是农村改革与发展的参与者、受益者，促进了农村经济社会的协调同步发展，为农村改革与发展的持续推进奠定了坚实的社会基础。

第三，坚持破除城乡之间、工农之间等各个维度上的二元结构，让农民分享国家发展成果。破除二元结构，构建新型工农城乡关系，让农民充分分享发展成果和更有获得感，是我国农村改革的重要目标之一。改革开放以来，我国破除二元结构是从局部到全面渐次展开的。户籍制度与劳动力流动制度改革保障了农民最基本的平等发展权利；自2000年农村税费改革开始，取消农业税及建立农业补贴制度等重大改革，标志着国家与农民的关系实现了“由取到予”的历史性转变；农村最低生活保障制度、新型农村合作医疗制度、新型农村社会养老保险制度等的建立以及随后的城乡并轨，推动了城乡社会保障一体化的进程；农村土地征收、集体经营性建设用地入市和宅基地制度改革，扩大了农民财产权利，促进了农民分享工业化、城镇化的红利。这一系列改革的相继推进，促使城乡关系从分割到统筹，再到一体化和融合发展的方向转变。全方位破除二元结构，构建城乡融合发展的体制机制，将为实现我国农业农村现代化和乡村全面振兴提供制度保障。

40多年的巨大发展成就宣告，人民是中国奇迹的书写者。特别是党的十八大以来，在以习近平同志为核心的党中央的坚强领导下，我国农业农村贯彻落实创新、协调、绿色、开放、共享的新发展理念，全面深化农村改革，开启新时代乡村振兴。改革开放已走过千山万水，但仍需跋山涉水。“三农”工作者更应不忘初心、牢记使命，坚定不移深化改革、扩大开放，站在新的历史节点上，我们需要以更大的改革勇气和智慧，深入实施乡村振兴战略，开启城乡融合发展和现代建设新征程。按照习近平总书记的要求，将改革开放进行到底，不断实现人民对美好生活的向往，在新时代创造中华民族新的更大奇迹。

第一章 拉开农村农业改革新序幕（1978—1992年）

▼

“包产到户”是我国农村改革的标志。以家庭承包经营为基础、统分结合的双层经营体制，在农民的“闯一闯”和党中央的“试一试”中喷薄而出，让农民获得了生产经营的自主权。统分结合的双层经营，为现代农业的发展和农村生产力的提高夯实了制度性基础。随后，从 1982 年到 1986 年连续发布 5 个中央一号文件，在确立农村基本经营制度的前提下，我国开始启动城市经济体制改革，以搞活农村商品流通、促进农村劳动力转移、实现村民自治为重点，促进城乡要素流动，农村改革继续稳步推进。

第一节　我国的改革自农村发轫

改革开放是一场新的伟大革命。中国共产党在 20 世纪 70 年代末作出实行改革开放的重大决策，背后具有其特殊的历史背景。

一、改革开放是历史发展的必然选择

从理论上来讲，社会主义社会是一个不断发展和变化的社会。

随着实践的发展，它必然经历一个从初级到高级、从不发达到发达、从不完善到比较完善的过程。社会主义社会的生产关系与生产力、上层建筑与经济基础在根本上是相适应的，但也有不适应的地方。在一定的历史条件下，这种不适应必须通过改革来解决。改革是解决社会主义社会基本矛盾的主要方式，是社会主义自我完善的必由之路。

从实践上来看，走上社会主义道路使中华民族获得新生。经过新中国成立以来特别是改革开放以来的不懈努力，我国社会主义建设取得了巨大的成就。但回顾历史可以看出，由于种种复杂的原因，我们曾经在相当程度上照搬了苏联模式，“左”的错误严重阻碍社会的发展。而与此同时，世界经济突飞猛进、科技进步日新月异，我国与发达国家的差距一度拉大。这让中国共产党人清楚地发现了体制上的弊端，认识到改革的必要性。

二、改革开放事业从农村的改革起步

我国新时期的改革开放事业，是以突破人民公社体制、推行以家庭联产承包为主的责任制为突破口。1978 年 12 月，党的十一届三中全会召开，决定将党的工作重心转移到社会主义现代化建设上来，标志着我国从此进入了改革开放的历史新时期，迎来了具有深远意义的伟大转折。1979 年 9 月，党的十一届四中全会通过的《中共中央关于加快农业发展若干问题的决定（草案）》，虽然总的指导思想上还是坚持和改善人民公社三级所有、队为基础的体制，与邓小平在此前的中央工作会议上明确提出的使“生产队能够千方百计地发挥主动创造精神”的想法有着不小差距，但它毕竟在政策上启动了农村的变革，允许在生产队统一核算和分配的前提下，包工到作业组，联产计酬。

1978 年 11 月 24 日晚，安徽省凤阳县凤梨公社小岗村西头严立华家低矮残破的茅屋里挤满了 18 位农民，关系全村命运的一次秘密会议正在这里召开。这次会议的直接成果是诞生了一份不到百字的包干保证书。1979 年 10 月，小岗村打谷场上一片金黄，经计量，当年粮食总产量 66 吨，相当于全队 1966 年到 1970 年 5 年粮食产量的总和。1980 年 5 月 31 日，邓小平在一次重要谈话中公开肯定小岗村“大包干”的做法，这传达出一个明确的信息：农村改革势在必行。1982 年 1 月 1 日，中国共产党历史上第一个关于农村工作的一号文件正式出台，明确指出包产到户、包干到户都是社会主义集体经济的生产责任制。

取消人民公社，又没有走土地私有化的道路，而是实行家庭联产承包为主，统分结合，双层经营，既发挥集体统一经营的优越性，又调动农民生产积极性，是适应中国农业特点和农村生产力发展水平及管理水平的一种较好的经济形式。这标志着我国进入经济体制改革阶段，国家由计划经济体制开始向市场经济体制过渡。在这一时期，我国的产业结构发生了重大调整，第二、三产业比重明显提高，经济与科技水平取得了突飞猛进的发展，整体国民经济持续平稳增长。1982—1986 年，党中央连续发出五个关于“三农”问题的一号文件，稳定和完善家庭联产承包责任制，推动农村全面改革。1982 年 1 月，第一个中央一号文件最重要的内容是，党中央以文件形式，第一次正式肯定家庭联产承包责任制，结束了关于包产到户问题长达近三十年的大争论，明确指出，“包干到户这种形式，……不同于合作化以前的小私有的个体经济，而是社会主义农业经济的组成部分”[①]。这个正确的判断，极其有力地支持了农民群众的新创造和强烈要求，正是这个包干到户，不久就影响了全国。改革开放以来的实践，也完全证实了这个判断。1982 年中央一号文件一经发布，农民搞包产到户、包干到户更加理直气壮，很快由贫困地区向其他地区迅速扩展，形成不可阻挡的燎原之势，到 1982 年 6 月，全国农村生产队实行包产到户的占 4.9%、包干到户的占 67%，两项合计占 71.9%。到 1982 年底，双包到户的已达 90%，到 1983 年，连发达地区也基本实行了包干到户。[②]

第二节　建立以家庭联产承包责任制为主的农业生产方式

一、建立和完善农业双层经营体制

1978 年 12 月，邓小平在中共中央工作会议闭幕会上发表题为《解放思想，实事求是，团结一致向前看》的讲话，指出“如果现在再不实行改革，我们的现代化事业和社会主义事业就会被葬送”[③]。随即召开的党的十一届三中全会，作出把党和国家工作中心转移到经济建设上来、实行改革开放的历史性决策，我国农业随之

① 《中共中央批转〈全国农村工作会议纪要〉》，载中共中央文献研究室编：《三中全会以来重要文献选编》（下），北京：中央文献出版社，2011 年版，第 364–365 页。

② 陆学艺：《农村第一步改革的回顾与思考》，《社会科学战线》，2009 年 01 期。

③ 邓小平：《解放思想，实事求是，团结一致向前看》，《邓小平文选》（第二卷），北京：人民出版社，1994 年版，第 150 页。

建立双层经营体制。

（一）从农业生产责任制到家庭承包经营

改革率先从农村突破。1978 年 12 月的一个寒夜，安徽省凤阳县小岗村 18 位农民，冒着风险，在大包干契约上按下红手印，拉开了农村改革的序幕。2016 年 4 月，习近平总书记在视察小岗村时感慨道，当年贴着身家性命干的事，变成中国改革的一声惊雷，成为中国改革的标志。[①]

1978 年 12 月 18—22 日，党的十一届三中全会在北京举行，会议一致同意把全党工作的着重点和全国人民的注意力转移到社会主义现代化建设上来，深入讨论了农业问题，原则上同意《中共中央关于加快农业发展若干问题的决定（草案）》和《农村人民公社工作条例（试行草案）》。会议认为，全党必须集中主要精力把农业搞上去，要坚决地、完整地执行农林牧副渔并举和“以粮为纲，全面发展，因地制宜，适当集中”的方针，从而逐步实现农业现代化，保证国民经济的迅速发展，不断提高全国人民的生活水平。1979 年 7 月，国务院印发《关于发展社队企业若干问题的规定（试行草案）》，对社队企业的发展方针、经营范围、企业调整和发展规划、价格政策和奖售补贴、税收政策、经营管理制度等 18 个问题作了规定。1980 年 9 月，中共中央印发《关于进一步加强和完善农业生产责任制的几个问题》，明确在那些边远山区和贫困落后地区，可以包产到户，也可以包干到户。1982 年中

---

① 《总书记说到过这样一些英雄》，《人民日报》，2021 年 9 月 29 日。

央一号文件明确指出，包括包产到户、包干到户在内的各种责任制，都是社会主义集体经济的生产责任制。从此，以包产到户、包干到户为主要形式的家庭联产承包责任制迅速推广，充分调动了广大农民的积极性，促进了农业生产快速发展。

（二）家庭承包经营集体统一经营的稳定与完善

1982 年 9 月，党的十二大确定了新的历史时期的总任务，提出到 20 世纪末我国经济建设总的奋斗目标。农村改革在巩固的基础上进一步深入。1982—1986 年，党中央连续出台五个中央一号文件，其核心是稳定和完善家庭联产承包责任制。家庭联产承包责任制随即在全国普遍推开。1999 年 3 月，《中华人民共和国宪法修正案》规定："农村集体经济组织实行家庭承包经营为基础、统分结合的双层经营体制。[①]"实行家庭联产承包责任制，是对实事求是精神的充分贯彻，是对农民群众伟大创造的充分肯定，是农村改革的重大制度创新和改革开放的重要标志，家庭联产承包责任制迅速推向全国。到 1987 年，全国 98%的农户实行了家庭联产承包责任制，亿万农民积极性得到极大提高，迅速扭转了农业生产长期徘徊不前的局面。1984 年，我国粮食产量就达到 4073 亿公斤，人均 393 公斤，接近世界人均水平。[②]

伴随家庭联产承包责任制的推行，集中劳动被家庭经营所取代，人民公社体制改革迫在眉睫。1980 年 1 月，广西河池市宜州

① 《中华人民共和国宪法》，北京：人民出版社，1999 年版，第 55 页。
② 刘斌、张兆刚、霍功：《中国三农问题报告》，北京：中国发展出版社，2004 年版，第 77 页。

区合寨大队果作屯的村民选举产生了我国第一个村民委员会。1982 年 12 月，修订后的《中华人民共和国宪法》作出改变人民公社政社合一体制，设立乡政府作为基层政权，普遍成立村委会作为群众性自治组织等规定。1983 年中央一号文件明确指出，人民公社体制要从两个方面改革，即实行生产责任制，特别是联产承包责任制，实行政社分设。1986 年，党中央要求由民政部负责村委会建设工作，明确了责任部门，加快了村民自治组织建设的进程。1987 年 11 月，六届全国人大常委会第二十三次会议通过《中华人民共和国村民委员会组织法（试行）》，以法律的形式确定了村民自治制度。由此，村民自治从基层农民的创造上升为国家意志，从农民自发性的探索经验转化为国家层面制度设计，确定了“乡政村治”的农村基层民主架构。

二、改革农产品统派购制度

（一）提高农产品价格与缩小统派购范围

1978 年至 1984 年是我国由计划经济向计划调节与市场调节相结合的过渡时期。随着家庭联产承包责任制的实施、人民公社制度的解体，农产品流通体制也开始突破传统的计划经济体制。党的十一届三中全会后，国家对农产品统购统销制度进行渐进式的改革，在从根本上不触动统购统销制度的条件下，有计划地提高农产品价格，逐步减少统购统销的农产品的品种，放开集市贸易，允许部分农产品议购议销和自由购销。

1978 年 12 月，党的十一届三中全会的召开，启动了农村经济体制改革。根据党的十一届三中全会精神，国务院自 1979 年 3 月起，陆续提高粮食、油脂油料、棉花等18种主要农产品的收购价格，平均提高幅度为24.8%。[①] 1979年9月，党的十一届四中全会通过《中共中央关于加快农业发展若干问题的决定》，要求粮食统购价格从1979年夏粮上市起提高20%，超购部分在这个基础上再加价50%，减少粮食征购指标。

1982年中央一号文件明确指出，农业经济“要以计划经济为主，市场调节为辅”[②]。1983年1月，中共中央在《当前农村经济政策的若干问题》中指出，对重要农副产品实行统购派购是完全必要的，但品种不宜过多。对关系国计民生的少数重要农产品，继续实行统购派购；对农民完成派购任务的产品和非统购派购的产品，应当允许多渠道经营。[③] 同年10月，国务院批转商业部《关于调整农副产品购销政策、组织多渠道经营的报告》，将商业部主管的一、二类农副产品由46种减少为21种，调下来的25种降为三类，实行市场调节。[④] 1984年7月，国务院批转国家体改委、商业部、农牧渔业部《关于进一步做好农村商品流通工作的报告》，又将原商业部系统管理的一、二类农副产品由21种减少为12种。[⑤] 截至1984年底，属于统派购农副产品由1978年的100多种减少到只剩

① 徐大兵：《新中国成立六十年来农产品流通体制改革回顾与前瞻》，《商业研究》，2009年07期。

② 《中共中央批转〈全国农村工作会议纪要〉》，载中共中央文献研究室编：《三中全会以来重要文献选编》（下），北京：中央文献出版社，2011年版，第368页。

③ 《中共中央关于印发〈当前农村经济政策的若干问题〉的通知》，载中共中央文献研究室编：《十二大以来重要文献选编》（上），北京：人民出版社，1986年版，第261页。

④ 《国务院批转商业部关于调整农副产品购销政策组织多渠道经营的报告的通知》，《中华人民共和国国务院公报》，1983年23期。

⑤ 《国务院批转国家体改委、商业部、农牧渔业部关于进一步做好农村商品流通工作的报告的通知》，《中华人民共和国国务院公报》，1984年17期。

下 38 种（其中中药材 24 种），即减少了 67.6%，农民出售农副产品总额中，国家按计划牌价统购、派购的比重从 1978 年的 84.7% 下降到 1984 年的 39.4%。[①]

与缩小统购统销范围和品种相对应的是开放集市贸易，允许部分产品实行议购议销和自由购销。1979 年 4 月以后，我国放宽对集市贸易的限制，规定三类农副产品和除棉花外完成统购任务的一、二类农副产品，均可实行议购议销和上市自由贸易。

（二）合同定购和市场收购

1984 年 10 月，党的十二届三中全会通过《中共中央关于经济体制改革的决定》，提出由农村转向以城市为重点的经济体制改革。1985 年中央一号文件规定国家对粮食、棉花等农产品实行合同定购和市场收购。从当年起除个别品种外，国家不再向农民下达农产品统购派购任务，按照不同情况，分别实行合同定购和市场收购。粮食、棉花取消统购，改为合同定购，农村粮食供给制随之取消。其他统派购产品，也要分品种、分地区逐步放开，水产品和水果购销和价格率先放开，农产品实行政府定价市场定价并存的“价格双轨制”。[②]农村市场化改革迈出实质性步伐。

农产品统购派购制度取消后，我国对农产品改为定购合同，由商业部门在播种季节前与农民协商，签订合同。1983 年 1 月，国

① 徐大兵：《新中国成立六十年来农产品流通体制改革回顾与前瞻》，《商业研究》，2009 年 07 期。

② 《中共中央、国务院关于进一步活跃农村经济的十项政策》，《中华人民共和国国务院公报》，1985 年 09 期。

务院办公厅转发商业部《关于完成粮油统购任务后实行多渠道经营若干问题的试行规定》，提出粮食是关系国计民生的第一位重要物资，要坚持计划经济为主、市场调节为辅的方针，坚持统购统销政策，坚持国家、集体和个人利益三兼顾和以丰补歉的原则。① 国家粮食统购任务（包括分品种的征购、超购任务）是指令性计划，必须保证完成。完成国家粮食征超购任务，是农民应尽的义务。粮食部门对农民交售粮食，实行直接结算付款，不得代扣款项。农民应缴纳的集体提留款应积极缴纳，如果有关方面一致同意，粮食部门也可从应付价款中代收。对农民完成征购、超购任务以后的余粮，允许多渠道经营。定购的农产品一般按“倒三七”比价*计价。1985 年以后，由于受宏观经济运行再次向工业倾斜的影响，农业投入不足，粮、棉、油等大宗农产品大幅度减产，连续 4 年农业出现徘徊不前的局面。为保障城市居民的粮食等农产品的供给，我国对粮食实行国家定购和市场购销的“双轨制”，对棉花等农产品实行统一收购经营制度，农产品流通体制的市场化改革进程大大加快。1990 年，国务院决定筹建国家粮食储备局，建立粮食收购最低保护制度和用于调节供求和市场价格的粮食专项储备制度，市场化取向进一步增强。1990 年以后，国家级的郑州粮食批发市场和地方粮食批发市场相继建立。这标志着农产品流通体制改革进入了市场取向的跨步推进阶段。

* “倒三七”比价即三成按原统购价，七成按原超购价。

① 《国务院办公厅转发商业部〈关于完成粮油统购任务后实行多渠道经营若干问题的试行规定〉的通知》，《中华人民共和国国务院公报》，1983 年 02 期。

三、大力发展乡镇企业和小城镇

乡镇企业异军突起，打破了企业就地取材、加工销售的限制，劳动力、原材料可以跨地区流动，农村各类企业如雨后春笋般成长起来。

（一）乡镇企业异军突起

乡镇企业前身是社队企业，是农民的又一伟大创造。1984 年 3 月，中共中央、国务院转发农牧渔业部和部党组《关于开创社队企业新局面的报告》，同意将社队企业名称改为乡镇企业的建议，并提出了发展乡镇企业的若干政策，以促进乡镇企业的迅速发展。1985 年中央一号文件提出对乡镇企业实行信贷、税收优惠，鼓励农民发展采矿和其他开发性事业，对饲料工业、食品工业、小能源工业的投资和其他乡镇企业的技术改造费，在贷款数额和利率上给予优惠。[①] 1987 年 6 月，邓小平在会见外宾时，评价乡镇企业："农村改革中，我们完全没有预料到的最大的收获，就是乡镇企业发展起来了，突然冒出搞多种行业，搞商品经济，搞各种小型企业，异军突起。[②]" 截至 1987 年，全国乡镇企业从业人数达到 8805 万人，产值达到 4764 亿元，第一次超过农业总产值，农村经济结构出现历史性变化。[③]

---

① 《中共中央、国务院转发农牧渔业部和部党组〈关于开创社队企业新局面的报告〉的通知》，《中华人民共和国国务院公报》，1984 年 05 期。

② 邓小平：《改革的步子要加快》，《邓小平文选》（第三卷），北京：人民出版社，1993 年版，第 238 页。

③ 《始于 1982 年——万物生长 天地无比开阔》，《中国青年报》，2021 年 3 月 29 日。

1989年以后，我国乡镇企业的发展进入以紧缩政策为特点的整顿和规范时期。为此，农业部适时提出要重点促进乡镇企业内部的改革，提高企业产品质量和经济效益，加强精神文明建设和法制建设，对优秀企业家和供销人员进行表彰。1989年10月，农业部向国务院递交《关于乡镇企业情况和治理整顿意见的报告》，明确指出乡镇企业对经济过热、通货膨胀起到推波助澜和抑制的双重作用，肯定了乡镇企业在促进农业生产的发展和农业现代化进程中的作用。1990年1月，全国乡镇企业工作会议对乡镇企业的结构调整进行了部署，包括产业结构、行业结构和产品结构等。1991年5月，第二届乡镇出口工作会议指出，要加强乡镇出口体系建设。同年6月，国务院公布《中华人民共和国乡村集体所有制企业条例》，确立了乡镇所有制企业在国民经济中的法律主体资格。11月，党的十三届八中全会强调，积极发展乡镇企业是繁荣农村经济、增加农民收入、推进农业现代化的必由之路。

1992年邓小平南方谈话后，乡镇企业迎来发展的第二个高峰期。为了进一步鼓励和规范乡镇企业发展，1992年3月，国务院批转农业部《关于促进乡镇企业持续健康发展报告》，充分肯定了乡镇企业的重要作用，为乡镇企业创造了良好的外部环境。

（二）重视发展小城镇建设，加快劳动力转移步伐

在改革开放之初，我国城镇化水平整体较低。其中，1978年城镇化率仅为17.92%。[①] 在这样的背景下，政策松绑与改革深化为

① 《城镇化水平显著提高 城市面貌焕然一新——改革开放40年经济社会发展成就系列报告之十一》，国家统计局网站，2018年9月10日。

小城镇的迅速崛起提供了制度土壤。1979 年 9 月，中共中央印发《关于加快农业发展若干问题的决定》，为小城镇带动乡村发展的定位提供了依据。1980 年 10 月，全国城市规划工作会议明确提出“大力发展小城镇”的方针。此后，《村镇规划原则》《国务院关于农民进入集镇落户问题的通知》《关于加强小城镇建设的若干意见》等政策文件的相继出台极大促进了小城镇的发展，全国建制镇的数量从 1983 年的 2850 个发展到 1984 年的 9186 个。

随着乡镇企业异军突起，1986 年我国开始允许国有企业招收农村劳动力，大批的农民进城务工，1989 年出现第一次“民工潮”，全国“流动大军”达到 3000 万人。[①] 乡镇企业和小城镇的发展，既优化了农村经济结构、推动了经营体制改革，又推动了农村工业化、城镇化和农业现代化进程，逐步打破了城乡分割的壁垒。

四、加快农业现代化建设

（一）发展农业产业化经营，推进农田水利建设

党的十一届三中全会以后，我国经济体制改革首先在农村取得突破性进展，家庭联产承包责任制的快速推进，解放出一大批劳动力，为商品经济发展创造了条件。党中央、国务院制定了一系列调整农村产业结构、促进农村各产业综合发展的政策，推动了农村产业结构的变革，使我国农业生产走出了以统购统销为代表的计划经济模式，逐渐形成按市场需求调整品种结构，较为合理的农业生产

① 《四十年后再出发——致敬中国农民和农村改革》，《农民日报》，2018 年 12 月 7 日。

区域布局。

在联产承包责任制的确立下，我国进一步推进农田水利建设，1981 年 7 月，国家农委批转水利部《关于在全国加强农田水利工作责任制的报告》，强调不论实行何种生产责任制，均必须注意使农田水利工程的效益得到应有发挥，尤其是实行包产到户、包干到户的地方，更应注意此事。1985 年 10 月，国务院办公厅转发水利电力部《关于加强农田水利设施管理工作报告》，提出健全区乡水利管理组织，落实和完善农田水利管理责任制；对小型农田水利工程的大修、更新改造、除险保安和新建工程所需资金，主要由受益单位或个人按受益面积合理负担，国家根据工程规模和群众负担的能力，给予适当补助。[①] 1989 年 10 月，国务院印发《关于大力开展农田水利基本建设的决定》，指出要充分认识农业的基础地位和水利的命脉作用；粮食发展专项资金用于农田水利基本建设的部分，不得低于 50%。[②] 1992 年，据国家统计局对全国 826 个县调查，全国农田水利基本建设投资额近 60 亿元，比 1991 年同期增加四分之一；平均每个县投资水利 700 多万元，共投入劳动积累工 3.6 亿个。

（二）加快农业科技发展

1986 年 9 月，农牧渔业部发布《关于农业科技体制改革的若干意见（试行）》，提出改革需要进一步贯彻“经济建设必须依靠科学

---

① 《国务院办公厅转发水利电力部〈关于加强农田水利设施管理工作报告〉的通知》，《中华人民共和国国务院公报》，1985 年 32 期。
② 《国务院关于大力开展农田水利基本建设的决定》，《中华人民共和国国务院公报》，1989 年 21 期。

技术，科学技术工作必须面向经济建设”的战略方针，使农业科学技术工作更紧密地与农村经济发展相结合。其中，农业科技单位要坚持科技工作为主的方向，不断提高农业科学研究水平和技术开发能力，把多出成果、多出人才、努力提高社会效益和经济效益作为改革的目的。此外，农业科技管理工作改革，要打破“大锅饭”，增强科技单位面向经济建设的动力和活力，推动农业科技进步。

1989 年 11 月，国务院印发《关于依靠科技进步振兴农业加强农业科技成果推广工作的决定》，在“七五”科技攻关活动中，农业科技攻关推动粮食产量上台阶，五年共培育优良作物品种 277 个。黄淮海中低产试验区粮食平均公顷产量由 450 公斤至 1050 公斤提高到 6375 公斤至 13500 公斤，人均收入 837 元，成果转化率 76%，获直接经济效益 34 亿元。

第三节　激发农民积极性解放了农业生产力

一、构建农业双层经营体制，解放和发展农村社会生产力

党的十一届三中全会后，在尊重农民首创精神和总结各地实践经验的基础上，党中央先后出台了一系列“三农”政策，农村改革以磅礴之势迅速展开，有力促进了农村社会生产力发展。1991 年 11 月，党的十三届八中全会通过《中共中央关于进一步加强农业和农村工作的决定》，把以家庭联产承包为主的责任制、统分结合的双层经营体制作为我国农村集体经济组织的一项基本制度长期稳

定下来，并不断充实完善。生产关系的变革极大激发了农民生产积极性，农业综合生产能力大幅提升。

1978年，全国粮食总产量仅有6000多亿斤，家庭联产承包责任制的建立和农产品提价、工农产品价格“剪刀差”缩小，激发了广大农民的积极性，解放了农业生产力，促进了粮食产量快速增长。到1984年，全国粮食总产量达到8000多亿斤。[①] 截至1992年，我国农业部门扩大繁育的43个新品种，包括水稻、小麦、玉米和棉花4类主要农作物的高产品种，已迅速在各地800多万公顷土地上推广。据统计，到1992年，我国畜牧业连续13年稳步发展。[②]

二、农村综合改革不断推进，农业机械化水平不断提高

乡镇企业是中国农民的伟大创造，是在改革开放这项伟大事业中异军突起的一支重要力量，为国民经济和农业农村的快速发展作出了不可磨灭的贡献。改革开放后，乡镇企业始终以市场为导向，坚持开拓创新和结构调整，保持了持续稳定发展的态势，探索出具有中国特色的农村工业化道路。根据数据显示，1981—1991年，我国乡镇企业总产值平均以29.20%的速度增长，1991年总产值高达1.16万亿元，[③] 为建立新的城乡关系，找到了一条有效的途径。

---

① 《改革开放40年我国农业农村巨变历程》，《人民日报》，2018年9月26日。

② 董晓林：《辉煌十五年：畜牧业在改革中稳定大发展》，《中国牧业通讯》，1994年07期。

③ 《我国乡镇企业经济效益显著——1991年度全国乡镇企业财务情况简析》，《中国集体经济》，1992年09期。

我国在贫困地区的国营厂矿，扩散产品，积极帮助发展乡镇企业。在沿海地带和其他有条件的地区，建立一批新的农产品、特产品和乡镇企业小商品出口基地，发展创汇农业，先一步把农村产业引向高质量、高标准的新水平。乡镇企业的贷款，按地区、按行业、按用途区别对待，对应当鼓励的行业和后进地区，对流动资金和技术改造适当放宽。到 1992 年，乡镇企业发达县约占全国 2300 多个县的 24%，欠发达县占 29%，不发达县占 46%；全国乡镇企业产值超过亿元的乡镇已达 4255 个。

在这一时期，我国农业机械化水平不断提高，管理机制不断完善，为农业产业化经营提供技术支撑，为推进农业现代化提供了坚实的基础。截至 1992 年，全国各级农经机构 5.1 万多个，各类专业干部发展到 13 万人。[①] 我国农村形成种子、植保、农技和农机四大社会化服务体系，农机企业达到 1700 多个；同时，农民购买农机热情持续高涨，1991 年全国农机公司系统农机销售总额达 214 亿元。

---

① 郭爱连：《在稳定中求发展——1992 年全国农经机构队伍统计情况简析》，《农村经营管理》，1993 年 07 期。

第二章

进入农业农村改革市场化（1992—2002年）

▼

随着社会主义市场经济体制目标的确立，我国初步建立农产品市场体系，逐步取消农产品统派购制度，相继出台了农产品收购保护价政策，扩大了农产品市场调节范围。在这一时期，我国农业综合生产能力全面提高，乡镇企业产权制度改革不断加快，乡镇企业迎来了第二个高速增长时期，出现了农村劳动力大规模流动的“民工潮”，外向型农业得到发展，贸工农、产加销农业产业化经营形成共识；农产品供给实现由短缺向供求基本平衡、丰年有余的历史性转变，为我国农业和农村经济发展步入新阶段奠定了坚实的基础。

第一节　农业农村改革面临新情况、新问题

党的十一届三中全会以来，农村改革发展取得了举世瞩目的成就。20世纪90年代以后，在推进改革的过程中，面临着一系列层次比较深、涉及面比较宽、需要从国民经济全局的高度来统筹考虑

的新问题。[1] 1992年，邓小平的南方谈话和党的十四大讨论确立了建立社会主义市场经济体制的目标后，农村改革进一步深化发展。1998年10月，党的十五届三中全会系统提出了农村经济体制改革的目标，对农业农村工作进行全面部署。农村改革的深化促进农业综合生产能力上了一个新台阶，农产品供应由全面短缺转变为总量基本平衡和结构性、地区性相对过剩，农业农村经济获得较快的发展，农业农村经济发展进入新的发展阶段。但同时，农业、农村、农民问题逐渐凸显，农民收入增长陷入停滞，各种提留、集资层出不穷，农民负担明显加重，原本逐渐缩小的城乡、区域发展差距进一步拉大，大批农村劳动力从中西部向东部、从农村向城市流动。随着社会主义市场经济体制机制建立完善以及城乡关系的转化，农村改革发展面临一系列的新情况、新问题。

一、确立社会主义市场经济体制改革目标

在改革开放过程中，我国逐步形成了以市场为取向的经济体制改革思路。到20世纪90年代，市场经济在相当长的时间里处于禁区，经济社会发展仍然存在诸多体制性问题，经济结构不合理、分配关系尚未理顺、农民收入增长缓慢、就业矛盾突出等问题矛盾交织。

1992年，邓小平的南方谈话从根本上解除了把计划经济和市场经济看作属于社会基本制度范畴的思想束缚。同年10月召开的

① 陈锡文:《九十年代农村改革与发展面临的新问题》,《中国农村经济》, 1992年05期。

党的十四大，明确我国经济体制改革的目标是建立社会主义市场经济体制，经济体制改革目标取得重大突破，改革开放的步伐进一步加快。我国农村改革进入稳定基本政策、向建立社会主义市场经济体制方向深化改革的新阶段。

建立社会主义市场经济体制的改革目标，解决了农村改革发展的方向性、关键性问题，而农业家庭联产承包责任制则为我国农村商品经济发展开辟了广阔道路。在改革的进程中，农村最早引入了市场改革，农民率先进入市场，市场化一直引领农业农村现代化发展，农业农村市场化改革不断向纵深推进。乡镇企业之所以具有顽强的生命力，关键就在于以市场为导向，冲破计划经济的束缚。从曾经的统购统销到放开市场经营，市场配置资源的基础性作用日益凸显。部分农产品价格放开以后，打破多年来生产停滞、徘徊的局面，水果、畜禽、蔬菜和其他农产品产量也都大幅度增加，优质产品比重不断提高。因此，以市场经济为导向的农村改革已经被实践证明是农村经济社会飞速发展的巨大推动力，也是进一步改革必须坚持的大方向。

二、小康目标和科教兴国、可持续发展、西部大开发战略

20 世纪 70 年代末，邓小平从中国的基本国情和实际出发，提出“中国式的现代化”和现代化的“中国标准”，这就是人均国民生产总值 1000 美元的小康目标。1983 年，邓小平对江苏、浙江、上海等可率先实现小康目标的地方的社会状况作了分析和概括，提出了一个新的发展目标——小康社会。1987 年，邓小平完整地

作出“三步走”的战略部署。同年10月，“三步走”战略写入党的十三大报告，我国现代化建设有了明确而切实的发展战略、目标和时间表。在“三步走”战略的指引下，我国经济社会持续快速发展，到2000年总体上步入小康社会，如期实现了前两步战略目标。

20世纪80年代，我国强调经济发展而对环境保护有所忽视，农村生态环境保护没有提上议事日程，而且城市和工业的污染又向农业和农村扩散，工业“三废”问题严重，在农村存在环境污染、生态破坏的现象。改革发展中不平衡、不可持续的问题逐步凸显，经济增长的资源环境约束强化。同时围绕市场、人才、资源、创新等方面的国际竞争更为紧迫，外部环境更趋复杂，转变发展方式的要求更加紧迫。因此，我国相继实施了科教兴国、可持续发展、西部大开发等一系列重大发展战略。

1995年5月，中共中央、国务院发布《关于加速科学技术进步的决定》，提出科教兴国的战略。同年5月，党中央、国务院在北京召开全国科学技术大会，江泽民在大会上指出，“党中央、国务院决定在全国实施科教兴国战略，是总结历史经验和根据我国现实情况作出的重大部署”①。科教兴国战略把科技、教育进步作为经济和社会发展的强大动力，是确保国民经济持续、快速、健康发展，增强国际竞争力的根本措施，对建设国家创新体系，促进科技创新与产业化，促进我国科技自主创新能力的提高，实现跨越式发展具有重要作用。

1994年3月，国务院通过《中国21世纪议程》，为了支持其

① 江泽民：《实施科教兴国战略》，《江泽民文选》（第一卷），北京：人民出版社，2006年版，第428页。

的实施，同时还制订《中国 21 世纪议程优先项目计划》。1995 年，党中央、国务院把可持续发展作为国家的基本战略，号召全国人民积极参与这一伟大实践。在我国人口众多、资源相对不足的实际情况下，现代化建设中必须实施可持续发展战略，这是我党总结我国建设的历史经验，汲取世界上工业化国家的教训，不断认识和把握经济社会发展规律所作出的重大抉择。1996 年 3 月，八届全国人大四次会议通过《中华人民共和国国民经济和社会发展“九五”计划和 2010 年远景目标纲要》，明确提出实施可持续发展战略，其主要内涵和要求是，在国土资源保护和开发上，要依法保护并合理开发土地、水、森林、草原、矿产和海洋资源，完善自然资源有偿使用制度和价格体系，逐步建立资源更新的经济补偿机制，加强土地管理；在环境和生态保护上，要坚持经济建设、城乡建设与环境建设同步规划、同步实施、同步发展，所有建设项目要有环境保护的规划和要求。①

2000 年 3 月，九届全国人大三次会议的《政府工作报告》强调，实施西部地区大开发战略，加快中西部地区的发展，是党中央面向 21 世纪所作出的重大决策。这对于扩大内需、推动国民经济持续增长，对于促进各地区经济协调发展、最终实现共同富裕，对于加强民族团结、维护社会稳定和巩固边防，都具有十分重要的意义。2000 年 10 月，党的十五届五中全会通过的《中共中央关于制定国民经济和社会发展第十个五年计划的建议》指出，“实施西部大开发战略、加快中西部地区发展，关系经济发展、民族团结、社

---

① 《中华人民共和国国民经济和社会发展“九五”计划和 2010 年远景目标纲要》，《中华人民共和国国务院公报》，1996 年 07 期。

会稳定，关系地区协调发展和最终实现共同富裕，是实现第三步战略目标的重大举措”[①]。

三、加入世界贸易组织给农业带来的压力和挑战

加入世界贸易组织（WTO）是我国深化改革、扩大开放和建立社会主义市场经济体制的内在要求，有利于我国参与世界经济全球化进程，是我国经济社会发展的需要。我国加入WTO后，发展的内外环境发生了深刻的变化，给农业发展带来一定的压力和挑战。

遵照WTO有关规则，逐步放开农产品市场，降低对农业贸易的保护程度。开放市场会使国内一些产品、企业和产业面临更为激烈的竞争，由于我国的基本国情是人多地少，农民比重大，农业经营规模偏小，土地密集型的大宗农产品生产成本普遍偏高，再加上多数大宗农产品品质相对较差，专业化、专用化程度不高，大宗农产品会受到进口的强烈冲击。同时，我国劳动密集型的园艺、畜牧、水产等产品生产具有较强的比较优势，但国际市场的开拓能力却有待提高。此外，还要妥善处理好农民收入和农业生产积极性的问题。因此，在外部市场的倒逼之下，农业生产不光要看数量和产出，还要看质量和安全，提高竞争力，这样就对农产品提质增效提出了必然的、更高的要求，就决定了必须加快农业和农村经济结构战略调整的步伐。

我国加入WTO时，在农业方面作出了较高的开放承诺，无论是与WTO创始成员和其他新加入成员相比，还是与我国农业自身资

① 《中共中央关于制定国民经济和社会发展第十个五年计划的建议》，北京：人民出版社，2000年版，第21页。

源禀赋相比，开放程度都是较高的水平。从WTO《农业协定》的三大领域来看，我国农业作出了领先于大多数成员的开放承诺。因此，我国农业开放度不断提高，成为全球农产品关税水平较低和贸易自由化程度最高的国家。国内农业生产不可避免地将进一步走向全球化，带来生产格局、贸易格局和利益格局的重新调整。加入WTO之前，由于我国工业化城镇化程度不高，农业劳动力的机会成本低，我国主要农产品的生产成本和市场价格普遍低于国外水平，农业在满足国内消费需求的同时，还承担着出口创汇的功能。扩大农产品对外贸易和参与国际农业经济大循环，有利于我国提高国际竞争力，促进成为调整国内产业结构的重要力量。

第二节　农业农村改革举措不断深化

一、稳定完善农村基本经营制度

1991年11月，党的十三届八中全会通过《中共中央关于进一步加强农业和农村工作的决定》（以下简称《决定》），充分肯定了党的十一届三中全会以来，党在农村的各项基本政策及农村改革取得的巨大成就，强调继续稳定以家庭联产承包为主的责任制，不断完善统分结合的双层经营体制，总结并概括了农村改革十多年来的一系列行之有效的基本政策，并提出长期保持稳定，根据客观情况的变化不断加以完善，把改革引向深入。《决定》明确提出，把家庭联产承包为主的责任制和统分结合的双层经营体制作为我国农村集体经济的一项基本制度长期稳定下来并不断充实完善。[①]这也是党代会的决定中第一次明确提出农村基本经营制度的概念，并强调要坚持完善，给予农民生产积极性以巨大的鼓舞。邓小平在南方谈话中对此给予高度肯定，强调城乡改革的基本政策一定要长期保持稳定，这样“中国就大有希望”[②]。

1993年，在一些较早实行家庭承包经营的地方，第一轮土地承包即将到期。同年11月，中共中央、国务院印发《关于当前农业和农村经济发展的若干政策措施》，提出以家庭联产承包为主的责任制和统分结合的双层经营体制是我国农村经济的一项基本制度，需要长期稳定并不断完善。为了稳定土地承包关系，鼓励农民增加收入和提高土地产出率，在原定的耕地承包期到期之后，再延长三十年不变。[③]这给农民释放出土地政策长期稳定的信号，也肯定了我国农村改革中的最重要的制度性成果。1998年10月，党的十五届三中全会指出，农业、农村和农民问题是关系我国改革开放和现代化建设全局的重大问题，需要进一步加强农业的基础地位，保持农业和农村经济的持续发展，保持农民收入的稳定增长，保持农村社会的稳定。会议审议通过《中共中央关于农业和农村工作若干重大问题的决定》（以下简称《决定》），高度评价1978年至1998年这二十年我国农村改革所取得的巨大成就和创造的丰富

① 《中共中央关于进一步加强农业和农村工作的决定》，载中共中央文献研究室编：《十三大以来重要文献选编》（下），北京：中央文献出版社，2011年版，第282页。

② 邓小平：《在武汉、深圳、珠海、上海等地的谈话要点》，《邓小平文选》（第三卷），北京：人民出版社，1993年版，第371页。

③ 《中共中央、国务院关于当前农业和农村经济发展的若干政策措施》，载中共中央文献研究室编：《十四大以来重要文献选编》（上），北京：人民出版社，1996年版，第481页。

经验，指出实行家庭联产承包责任制，废除人民公社，突破计划经济模式，初步构筑适应发展社会主义市场经济要求的农村新经济体制框架。这一根本性改革，解放和发展了农村生产力，带来农村经济和社会发展的历史性巨变。针对农村基本经营制度，《决定》明确以家庭承包经营为基础、统分结合的双层经营体制，要坚定不移地贯彻土地承包期再延长三十年的政策，抓紧制定确保农村土地承包关系长期稳定的法律法规，赋予农民长期而有保障的土地使用权。[①] 由此开始了《中华人民共和国农村土地承包法》的起草工作，其宗旨是为了保障农民对土地的合法权利，在农民的土地承包经营权应属于用益物权的问题上形成共识。

1993 年 11 月，中共中央、国务院印发《关于当前农业和农村经济发展的若干政策措施》，提出稳定、完善以家庭联产承包为主的责任制和统分结合的双层经营体制。为避免耕地的频繁变动，防止耕地经营规模不断被细分，提倡在承包期内实行“增人不增地、减人不减地”的办法。在坚持土地集体所有和不改变土地用途的前提下，经发包方同意，允许土地的使用权依法有偿转让。少数第二、第三产业比较发达，大部分劳动力转向非农产业并有稳定收入的地方，可以从实际出发，尊重农民的意愿，对承包土地作必要的调整，实行适度的规模经营。[②]

2001 年 12 月，中共中央专门下发《关于做好农户承包地使用

---

① 《中共中央关于农业和农村工作若干重大问题的决定》，北京：人民出版社，1998 年版，第 10 页。

② 《中共中央、国务院关于当前农业和农村经济发展的若干政策措施》，载中共中央文献研究室编：《十四大以来重要文献选编》（上），北京：人民出版社，1996 年版，第 481 页。

权流转工作的通知》，对土地流转作出了明确规定，指出农村出现的土地使用权流转，多数反映了生产要素的合理流动和优化配置，总体上是健康的。但是，一些乡村推行的土地流转，存在不少违背农民意愿、损害农民利益的问题，需要引起足够重视；强调农户承包地使用权流转要在长期稳定家庭承包经营制度的前提下进行，土地流转涉及多方面的利益关系，必须健全制度，按规范程序进行，避免随意性。[①]

2002 年 8 月，九届全国人大常委会第二十九次会议通过《中华人民共和国农村土地承包法》（以下简称《农村土地承包法》），第一次以国家法律的形式，赋予了农民长期稳定的土地承包经营权，给农民吃了一颗实实在在的“定心丸”。为保持土地承包经营权的长期稳定，《农村土地承包法》明确农民获得土地承包经营权的长期性。其中规定：“耕地的承包期为三十年。草地的承包期为三十年至五十年。林地的承包期为三十年至七十年；特殊林木的林地承包期，经国务院林业行政主管部门批准可以延长。[②]”《农村土地承包法》还规定：“承包期内发包方不得收回承包地，不得调整承包地。[③]”由于国家工业化城镇化导致农村劳动力和农业人口的流动，土地承包经营权的流转问题凸显出来。在《中华人民共和国农村土地承包法》专门列了土地承包经营权的流转这一节，允许通过家庭承包取得的土地承包经营权可以依法采取转包、出租、互

① 《中共中央关于做好农户承包地使用权流转工作的通知》，载中共中央文献研究室编：《十五大以来重要文献选编》（下），北京：人民出版社，2003 年版，第 2158 页。
② 《中华人民共和国农村土地承包法》，《中华人民共和国国务院公报》，2002 年 28 期。
③ 《中华人民共和国农村土地承包法》，《中华人民共和国国务院公报》，2002 年 28 期。

换、转让或者其他方式流转，推动土地流转的规范化。

二、深化农产品流通体制改革

在这一时期，我国农村市场化改革迈出实质性步伐。1990年，国务院决定筹建国家粮食储备局，建立粮食收购最低保护制度和用于调节供求和市场价格的粮食专项储备制度，市场化取向进一步增强。

从1991年5月1日开始，商业部门对城镇居民定量供应的粮食零售价格，一次提高了68%，对定量内的食用植物油一次提高170%。同年10月，国务院下发《关于进一步搞活农产品流通的通知》，要求在保证完成国家定购任务的情况下，对粮食实行长年放开政策。1992年4月1日，我国再次提高城镇居民定量供应的粮食零售价格，两次提价使得居民口粮的零售价格提高，购销倒挂的程度减轻，也为进一步放开销售价格做好准备。广东率先实行购销同价和放开粮价放开经营的试点。此后，放开粮食购销价格的省份不断增加。1992年9月，国务院印发《关于发展高产优质高效农业的决定》，规定“在考虑各方面承受能力和各项保证措施配套的前提下，凡是有条件放开的省、自治区、直辖市，均可提出实施方案，报国务院批准”[①]。

在邓小平南方谈话和党的十四大确立社会主义市场经济体制目标的推动下，农产品流通体制改革市场化进程加快。1993年2

---

①《国务院关于发展高产优质高效农业的决定》，《中华人民共和国国务院公报》，1992年25期。

月，国务院下发《关于加快粮食流通体制改革的通知》，要求在国家宏观调控下放开价格，放开经营，增强粮食企业活力，减轻国家财政负担，进一步向粮食商品化、经营市场化方向推进，提出争取在二三年内全部放开粮食价格的改革目标。[①] 1993 年 11 月，中共中央、国务院印发《关于当前农业和农村经济发展的若干政策措施》，宣布经过十多年的改革，粮食统购统销体制已经结束，适应市场经济要求的购销体制正在形成。[②] 到 1993 年底，全国绝大多数县（市）放开了粮食价格。在我国实施近 40 年的市镇居民口粮定量供应办法即城市统销基本取消，价格随行就市，作为计划经济的标志物，粮票正式退出了历史舞台。

此前，我国每放开一种食品消费品的价格，总要对城镇居民给予一定副食补贴。1993 年，在工资改革的助力下，城镇职工工资明显提高，为流通改革市场化创造了有利条件，促进消费品基本采取市场定价。随着我国价格管制的放开，在计划经济下的粮食统购统销体制基本上已经取消，国家对粮食的价格控制大幅放松，基本上通过对市场的干预或调控而形成价格，农产品市场化改革向前推进了一大步。

由于宏观经济过热，1994 年粮食价格出现了大幅上涨的局面。同时，生产资料价格也有大幅上涨，基本上抵消了粮食价格上涨为农民带来的好处。因此，稳定价格成为这一时期我国流通体制改革的重点。当年的形势给国家财政带来巨大的压力，国家定购的粮食

① 《国务院关于加快粮食流通体制改革的通知》，《中华人民共和国国务院公报》，1993 年 03 期。

② 《中共中央、国务院关于当前农业和农村经济发展的若干政策措施》，载中共中央文献研究室编：《十四大以来重要文献选编》（上），北京：人民出版社，1996 年版，第 482 页。

全部实行“保量放价”这一思路未能顺利推进，而是采取双管齐下的办法，坚决采取强制性措施，不让粮食价格暴涨。同时，通过国家宏观调控进行调节，在粮食购销上恢复了国家定购制度，适当增加收购数量。1994 年 5 月，国务院下发《关于深化粮食购销体制改革的通知》，提出省（自治区、直辖市）政府领导负责本地区稳定粮食面积、产量、库存及灵活地运用地方粮食储备进行市场调节。1995 年 4 月，国务院下发《关于深化粮食棉花化肥购销体制改革的通知》，明确提出省长负责制，要求省长负责稳定粮食播种面积和规定的库存数量，完成国家下达的定购任务、储备粮收购计划及地方确定的市场收购计划，按照国家核定的规模建立地方粮食储备风险基金。在价格问题上，通过行政手段限制粮食销售价格，抛售了专储粮以平抑粮价。在粮食价格平抑后，为了不使农民因为国家定购遭受损失，我国提高了粮食定购价格，以覆盖农民不断升高的生产成本，从而调动了生产积极性。

在此之后，我国经济明显降温，粮食价格依然处在高位，国家对农民的粮食收购价具有刚性，提上去容易降下来难，这对粮食增产的作用显著。特别是迎来了 1996 年到 1999 年的粮食大丰收后，出现了粮食供过于求的局面。1996 年起，我国推行“三项政策一项改革”*，主要是针对国有粮食购销企业推出的。1997 年 12 月，国务院决定加快完善粮食储备体系，建立中央专项储备粮垂直管理体制和高效灵活的调控机制。

除此之外，我国的粮棉油产品流通政策改革意见相继发布。针对国内食糖市场出现了供过于求，糖价下跌的现象。1997 年 5 月，国家计委发布《关于进一步调整食糖生产和流通有关政策的意见》，进一步深化食糖产销体制改革，规范食糖市场经营秩

*“三项政策”是指按保护价敞开收购农民余粮，粮食收购资金封闭运行，粮食顺价销售；“一项改革”是指改革粮食流通体制。

序，加强食糖进出口管理，促进我国食糖生产发展，保持市场稳定。[①] 1998 年 5 月，国务院印发《关于进一步深化粮食流通体制改革的意见》，提出利用宏观经济环境明显改善、粮食供求情况较好的有利时机，加快粮食流通体制改革的步伐；其改革的原则是“四分开一完善”，即实行政企分开、中央与地方责任分开、储备与经营分开、新老财务账目分开，完善粮食价格机制，更好地保护农民的生产积极性和消费者的利益，真正建立起适应社会主义市场经济要求、符合我国国情的粮食流通体制。[②] 1998 年 11 月，国务院印发《关于深化棉花流通体制改革的决定》，提出我国社会主义市场经济迅速发展，棉花资源充裕，棉花替代品逐步增多，进一步深化棉花流通体制改革的时机已基本成熟。[③] 为此，国务院决定从 1999 年开始，进一步改革棉花流通体制。按照建立社会主义市场经济体制的要求，明确棉花流通体制改革的目标：逐步建立起在国家宏观调控下，主要依靠市场机制实现棉花资源合理配置的新体制。国家在管好棉花储备、进出口和强化棉花质量监督的前提下，完善棉花价格形成机制，拓宽棉花经营渠道，转换棉花企业经营机制，降低流通费用，建立新型的产销关系。

---

① 《国务院办公厅转发国家计委关于进一步调整食糖生产和流通有关政策意见的通知》，国务院办公厅网站，2010 年 11 月 12 日。

② 《国务院关于进一步深化粮食流通体制改革的意见》，《中华人民共和国国务院公报》，2004 年 21 期。

③ 《国务院关于深化棉花流通体制改革的决定》，《中华人民共和国国务院公报》，1998 年 32 期。

三、推动产业化经营与农业结构调整

实行家庭承包经营极大调动了农民的生产积极性，我国出现了粮食连年丰收、持续增产的局面。但是千家万户的小生产难以顺利进入大市场，也难以形成竞争优势的问题也逐渐凸显。此时，我国农业结构还出现了一些新的问题，一方面表现为农产品发生新的卖难问题；另一方面表现为优质农产品供给不足，不能满足城乡居民生活水平不断提高的消费需求，进而出现了农业增产不增收的现象。为此，需要促进农业由单一地追求高产转向高产优质并重。在这种背景下，1992 年 9 月，国务院印发《关于发展高产优质高效农业的决定》，对发展高产优质高效农业作出安排。在发展高产优质高效农业的政策取向下，各地积极推进农业以市场为导向优化产业结构，农业结构调整步伐明显加快，种植业比重继续下降，养殖业快速增长，尤其是畜牧业和蔬菜、果品、花卉等附加值较高的经济作物发展迅猛。

20 世纪 90 年代初，我国农村在市场经济发展过程中出现了一种新的经济现象：农业产业化经营。山东诸城率先推行贸工农一体化，解决生产、加工、流通等环节普遍脱节等问题，建立起较高层次的大农业融合服务体系，针对农产品品种少、规模小、质量不高等制约条件，改变传统的农村经济领导方式，推动农业产业化发展。这种经营方式，以市场为导向，以企业为龙头，以家庭经营为基础，以各种龙头企业和中介服务组织为依托，通过社会化服务和利益机制，使农工商贸结成风险共担、利益均沾的共同体，追求经济效益，立足当地资源特色，发展主导产业产品，将农业生产过程的产前、产中、产后诸多环节联系起来，种养加、产供销、贸工农一体化经营，形成有机结合相互促进的利益联结，将分散的小农户转变为社会化大生产，实现了资源的优化配置，人们称之为“农工商一体化、产加销一条龙”。

作为广大农民在实践中的创造、社会主义市场经济的生产经营方式和产业组织形式，农业产业化经营是农业经营体制的又一次创新，在实践中体现了适应性、有效性和生命力。1993 年 11 月，中共中央、国务院下发《关于当前农业和农村经济发展的若干政策措施》，指出以市场为导向，积极发展贸工农一体化经营。通过公司或龙头企业的系列化服务，把农户生产与国内外市场连接起来，实现农产品生产、加工、销售的紧密结合，形成各种专业性商品基地和区域性支柱产业。[①] 这是我国农业在家庭经营基础上向专业化、商品化、社会化生产转变的有效途径。

20 世纪 90 年代中期，农业产业化进入了快速成长阶段。1995 年 3 月，江泽民在江西、湖南考察工作时表示：“把农村千家万户的分散经营引导到规模化、系列化、产业化的轨道上来，提高了农业的规模效益，我看这就是一种集约化、集体化的形式。[②]” 1995 年 12 月 11 日，《人民日报》发表社论《论农业产业化》，明确阐述了农业产业化的内涵和现实意义。1996 年 3 月，八届全国人大四次会议审议通过《中华人民共和国国民经济和社会发展“九五”计划和 2010 年远景目标纲要》，强调“鼓励发展多种形式的合作

① 《关于当前农业和农村经济发展的若干政策措施》，载中共中央文献研究室编：《十四大以来重要文献选编》（上），北京：人民出版社，1996 年版，第 486 页。

② 江泽民：《农村改革和发展中的几个重要问题》，《论社会主义市场经济》，北京：中央文献出版社，2006 年版，第 213 页。

与联合，发展联结农户与市场的中介组织，大力发展贸工农一体化，积极推进农业产业化经营”[①]。此后产业化经营成为农村改革发展的热点。1996 年 6 月，江泽民在河南考察农业和农村工作时指出，“立足农业优势，抓好种植业、养殖业和农副产品加工业，实行农业产业化经营，农民收入增加了，农村市场打开了，发展其他的行业也就有了广阔的空间”[②]。1996 年 10 月，农业部成立农业产业化工作领导小组。1997 年 9 月，党的十五大指出，要积极发展农业产业化经营，形成生产、加工、销售有机结合和相互促进的机制，推进农业向商品化、专业化、现代化转变。并且对产业化经营的机制、作用和效果都给予了充分肯定，认为是解决千家万户进入市场、运用现代科技和扩大经营规模等的有效方式，也是提高农业效益、增强农业市场竞争力、增加农民收入的有效举措。1998 年 4 月，江泽民在江苏考察乡镇企业时，提出加大结构调整的力度，根据市场需要，大力发展农副产品加工业、贸工农一体化的龙头企业，把乡镇企业发展与推进农业产业化经营结合起来。[③] 1998 年 10 月，党的十五届三中全会提出，在家庭承包经营的基础上，积极探索实现农业现代化的具体途径，是改革和发展的重大课题。农村出现的产业化经营，不受地区部门和所有制的限制，把农产品的生产、加工、销售等环节连成一体，形成有机结合、相互促进的组织

---

① 《中华人民共和国国民经济和社会发展“九五”计划和 2010 年远景目标纲要》，《中华人民共和国国务院公报》，1996 年 07 期。

② 江泽民：《加强农业基础 深化农村改革 推进农村经济和社会全面发展——在河南考察农业和农村工作时的讲话》，《农业工作通讯》，1996 年 08 期。

③ 《江泽民在江苏上海浙江考察农村时强调沿海发达地区要率先基本实现农业现代化》，《人民日报》，1998 年 10 月 8 日。

形式和经营机制，这样做，不动摇家庭经营的基础，不侵犯农民的财产权益，能够有效解决千家万户的农民进入市场、运用现代科技和扩大规模经营等问题，提高农业经济效益和市场化程度，是我国农业逐步走向现代化的现实途径之一。2000 年 1 月，中共中央、国务院印发《关于做好二〇〇〇年农业和农村工作的意见》，指出以公司带农户为主要形式的农业产业化经营，是促进加工转化增值的有效途径。[①]

同时，农业产业化经营也是加快农业结构战略性调整的重要促进力量。进入 21 世纪，各级干部对我国农业和农村经济发展进入新阶段的认识取得一致共识。党中央作出了农业和农村发展进入新阶段的重要判断，并提出新阶段农业的中心任务是对农业和农村经济结构进行战略性调整，农业政策也针对新阶段的目标任务作出了调整和完善。2000 年 1 月，中央农村工作会议作出对农业和农村经济结构进行战略性调整的部署，农村经济加速由传统单一结构转向全面发展，城乡发展互补性、互动性增强。对农业和农村经济结构进行战略性调整，是在农产品相对过剩、市场约束增大的条件下提出的，不是简单地多种点什么、少种点什么的问题，而是要全面提高农产品质量，优化农村区域布局，实现农业的可持续发展，实现城乡经济的协调发展，是一次具有全局意义的战略性调整。调整结构的重点领域环节是全面提高农产品质量、加快畜牧业发展、发展农产品加工、优化农业区域布局和调整农村劳动力就业结构等方面，同时要做好加强农村市场体系建设、推进农业科技进步、扶持

---

① 《中共中央、国务院关于做好二〇〇〇年农业和农村工作的意见》，《中华人民共和国政府公报》，2000 年 09 期。

农业产业化经营和加快小城镇建设。21 世纪初，加入WTO，意味着我国经济与全球经济开始正式接轨，也意味着我国农业产业化发展的内外环境发生了重大而又深刻的变化，产业化经营进入创新发展阶段。2002 年 11 月，党的十六大指出，“积极推进农业产业化经营，提高农民进入市场的组织化程度和农业综合效益”[①]。

农业生产能力的提高和农业结构的调整对农业科技提出了更高的要求。20 世纪 90 年代中后期，我国进入农业科技体制改革不断深化的时期。1992 年 3 月，国务院印发《国家中长期科学技术发展纲要》，为我国农业科技体制进一步改革提供了指导性原则与发展方向，科技与经济的结合进一步加速。同年 6 月，农业部发布《关于进一步加强科教兴农工作的决定》，提出将重点支持一批基础好、力量强的单位，加强应用基础研究和应用技术研究；其余大部分单位要面向市场需要，以开发研究为主；部属科研院所和省级农业科研单位要大力精简管理机构，充实到科研、开发第一线。[②] 1995 年 5 月，中共中央、国务院发布《关于加速科学技术进步的决定》，明确提出必须始终把科技进步摆在农业和农村经济发展的优先地位，把农业科技摆在科技工作的突出位置。在此指导下，同年 9 月，农业部发布《关于加速农业科学技术进步的决定》，要求进一步深化农业科技体制改革。随后几年中，全国农业科研机构进一步深化体制改革，为促进农业转型升级注入了重要的

① 江泽民：《全面建设小康社会 开创中国特色社会主义事业新局面——在中国共产党第十六次全国代表大会上的报告》，北京：人民出版社，2002 年版，第 23 页。
②《农业部关于进一步加强科教兴农工作的决定》，《中华人民共和国国务院公报》，1992 年 25 期。

力量。1998 年后，我国农业和农村经济发生了根本性变化，主要农作物总产量已跃居世界首位，农业进入主要农产品供求基本平衡的新阶段。加速农业科技进步，使农业科技贡献率跃居世界先进水平，是实现“九五”计划及 2010 年远景规划目标的战略部署，是保障人民健康、经济持续增长乃至国家独立自主的根本性措施。为此，国家科学委员会在 1998 年 1 月发布新的《中国农业科学技术政策》，确定 2010 年之前我国农业科技发展的方向、原则、重点领域、关键技术和有关政策措施，明确了我国农业科技体制改革的任务与目标、方针与原则、战略与措施、条件与保障等。2001 年 4 月，国务院印发《农业科技发展纲要（2001—2010 年）》，明确“十五”期间，农业科技工作要围绕调整农业和农村经济结构、提高农业效益、改善生态环境和提高国际竞争力。

四、切实减轻农民负担

1983 年改革人民公社体制后，原来由集体承担的农业税费主要通过村集体向承包农户收取土地承包费等方式解决。除个别村集体和村组织有一定经济实力外，绝大多数地方村集体和村民委员会没有经济来源，统一的农业生产费用和村级公益事业运转费用，如机电排灌费、防汛抗旱费、订报刊费等都要由农民负担。再加上乱收费、乱摊派、乱集资的存在，许多地方农民交足国家的、留够集体的，剩下已经没有自己的了，甚至还要欠村组织和村集体的。1996 年 10 月，国务院副总理姜春云在八届全国人大常委会第二十二次会议作《关于减轻农民负担的报告》，在答记者采访时，将农民负担形象地概括为："头税轻，二税重，三税是个无底洞。[①]" 当时，我国主要的税费种类和制度包括农业税、农林特产税、耕地占用税和契税。此外，还有"三提五统"* 的负担和"两工"** 的问题，以及各类政府收费、罚款和摊派。由于乡镇财力不支，负担明显加重，各部门下达的任务繁多，农民负担加重的趋势积重难返。

党中央、国务院十分重视减轻农民负担问题，多次下达文件，三令五申提出明确要求和具体部署，要求各地各部门把减轻农民负担作为一项政治任务切实抓好。早在 1985 年，中共中央、国务院就下发《关于制止向农民乱派款、乱收费的通知》，要求各地对减轻农民负担问题开展检查。1991 年底，国务院公布《农民承担费用和劳务管理条例》，将减轻农民负担工作纳入依法管理。1992 年 8 月至 10 月，国务院委托农业部、监察部、国务院法制局开展检查，拉开了减负工作的序幕。针对执法检查中发现的问题，1993 年 3 月，党中央、国务院发出紧急通知，要求凡涉及农民负担的文件和收费项目一律先停后清。同年 7 月，中共中央办公厅、国务院办公厅发出《关于切实减轻农民负担的紧急通知》，取消了中央和国家机关的 37 项集资、收费和基金项目，43 项达标升级活动。[②] 通过中央和地方各级取消项目和降低收费标准，减轻农民负担 103 亿元，人均减少 11.6 元。[③] 1995 年，党中央提出"约法三章"，停止一切不符合规定和不切实际的集资、摊派项目；暂停审

* "三提五统"指村级三项提留和五项乡统筹。其中，"三提"包括集体提留公积金、公益金、管理费；"五统"包括乡村两级办学、计划生育、优抚、民兵训练、修建乡村道路五项统筹。

** "两工"指农村义务工和劳动积累工。

---

① 《减轻农民负担・尚需继续努力——姜春云副总理答本刊记者问》，《瞭望新闻周刊》，1996 年 47 期。

② 《中共中央办公厅、国务院办公厅关于切实减轻农民负担的紧急通知》，《中华人民共和国国务院公报》，1993 年 07 期。

③ 《短讯集纳》，《中国监察》，1995 年 12 期。

批一切新的收费项目，禁止一切需要农民出钱、出物、出工的达标升级活动；已取消的项目任何地方和部门都无权恢复，提留统筹费不超过上年农民人均纯收入5%的比例限额不得突破。此后，党中央、国务院下发纲领性文件，并着手研究税费改革方案。1996年12月，中共中央、国务院印发《关于切实做好减轻农民负担工作的决定》，强调了13条规定，明确“全党务必从政治、全局的高度看待这个问题，采取有力措施，切实做好减轻农民负担工作”①。1998年7月，中共中央办公厅、国务院办公厅发出《关于切实做好当前减轻农民负担工作的通知》，明确1998年农民承担的提留统筹费绝对额不超过1997年的预算额。1998年10月，党的十五届三中全会审议通过《中共中央关于农业和农村工作若干重大问题的决定》，指出“增加农民收入，减轻农民负担是农村实现小康社会的基本条件”，“坚持多予少取，让农民得到更多的实惠”，规定“合理负担坚持定项限额，保持相对稳定，一定三年不变”②。这一期间，党中央、国务院采取了一系列“治乱减负”的政策措施。同时，从1993年开始，一些地方积极进行农村税费改革的探索，有的实行负担分流，缓解种田农户负担过重的状况，大多地方是改变税费征收办法，实行税费统一征收。1998年10月，国务院成立由财政部、农业部和中央农办三个部门主要负责同志组成的国务院农村税费改革工作小组，开始着手研究和制定新的改革方案，为减轻

① 《中共中央、国务院关于切实做好减轻农民负担工作的决定》，《中华人民共和国国务院公报》，1997年12期。

② 《中共中央关于农业和农村工作若干重大问题的决定》，北京：人民出版社，1998年版，第20页。

农民负担工作由治乱减负适时地转向税费改革做准备。

1997 年，亚洲金融危机导致我国外贸出口增长趋缓，城乡劳动力需求均有所减少，农民进城务工难度加大，乡镇企业吸纳劳动力能力减弱，农民的劳务收入亦有所降低。与此同时，随着农业连年丰收，多数农产品供大于求，价格持续下跌，1999 年收购价格指数比 1996 年降低 24%，增产不增收的矛盾再次显露。在农民收入面临下降压力的同时，因普及九年制义务教育、发展乡镇企业和税费负担加重等引发的乡村债务问题凸显，农民负担明显加重，一些地方出现土地撂荒、农民扎堆外出的情况。2000 年，时任湖北省监利县棋盘乡党委书记李昌平给朱镕基写信，反映“农民真苦、农村真穷、农业真危险”的问题，引起了中央层面的高度关注，以农业税费为起点的新一轮农村改革加快设计。

从 2000 年开始，为保护农民利益、维护农村稳定，党中央决心进行农村税费改革试点。同年 3 月，中共中央、国务院下发《关于进行农村税费改革试点工作的通知》，安徽率先在全省范围进行了税费改革试点。2001 年 3 月，在总结安徽试点经验的基础上，国务院下发《关于进一步做好农村税费改革试点工作的通知》，继续完善税费改革政策。同年，江苏在总结地方试点经验的基础上，在全省范围内自主开展试点。2002 年，税改试点工作在全国 20 个省份展开；2003 年，全面推开农村税费改革试点工作。

五、乡镇企业改革、劳动力流动和城镇化发展

邓小平在南方谈话中，强调乡镇企业是中国特色社会主义的三大优势之一。1992 年 10 月，党的十四大明确了建立市场经济体制

的目标，并明确提出了继续积极发展乡镇企业的方针，带动乡镇企业迎来发展的第二个高峰期。1992 年 3 月，国务院批转农业部《关于促进乡镇企业持续健康发展报告》，充分肯定了乡镇企业的重要作用，为乡镇企业创造了良好的外部环境。1996 年 10 月，八届全国人大常委会第二十二次会议通过《中华人民共和国乡镇企业法》，规定政府保护企业合法权益的基本政策，规范乡镇企业的行为。[①] 1997 年 3 月，中共中央、国务院批转农业部《关于我国乡镇企业情况和今后改革与发展意见的报告》，明确经济体制改革和经济增长方式的转变，要求努力提高经济运行的质量和效益。1998 年 4 月，江泽民考察江苏乡镇企业发展时指出，乡镇企业要深化改革，创新体制，完善机制，为乡镇企业产权制度改革指明了发展方向。[②] 1997 年，乡镇企业的工业增加值占全国工业增加值的 49.73%。但同时，乡镇企业出现数量大幅减少的趋势，制约发展的因素增强。主要是宏观供求格局发生了变化，以往的短缺时代已经过去，卖方市场转为买方市场，随着国有企业改革和外资合资企业以及城镇非公有制企业的兴起，原来以市场需求为取向、经营灵活的优势不再明显。同时内部同质化竞争压力越来越大，市场空间压缩，不仅效益低下还造成了资源的浪费。企业内部的治理存在本质上的缺陷，在管理水平、人才技术信息等方面处于劣势。高度分散的乡村布局也难以形成竞争优势。1998 年，乡镇企业的增加值和营业收入分别增长 6.97%和

① 《中华人民共和国乡镇企业法——1996 年 10 月 29 日第八届全国人民代表大会常务委员会第二十二次会议通过》，《中华人民共和国全国人民代表大会常务委员会公报》，1996 年 08 期。
② 《江泽民在江苏考察时指出要从战略高度重视乡镇企业发展》，《人民日报》，1998 年 4 月 23 日。

9.20%，比 1997 年有所降低。1999 年亏损的企业达到 211 万家，亏损面 10%以上。[1]我国加入WTO后，乡镇企业发展面临的环境再次变化，所面临的挑战也增多。在这样的环境下，乡镇企业在发挥劳动力成本低和产业优势的同时，推进乡镇企业产权制度改革，完善相应的治理约束机制，在市场竞争中竞争范围领域扩展，技术水平不断提高，适应能力有所增强。

乡镇企业和小城镇的发展，既优化了农村经济结构和经营体制改革，又推动了工业化、城镇化进程，逐步打破城乡分割的壁垒，促进了城乡要素交换。改革开放初期直至 20 世纪 90 年代，大量农村劳动力“离土不离乡”，形成了就地转移浪潮。伴随东部沿海省份劳动密集型企业的发展和大规模城市建设的启动，城市对劳动力的需求显著增长，农村劳动力开始“离土又离乡，进城进工厂”，转移就业有了更为广阔的城市空间，大批农村劳动力进城务工。1984 年 1 月，中央一号文件《中共中央关于一九八四年农村工作的通知》提出，允许务工、经商、办服务业的农民自带口粮到集镇落户，限制农村劳动力流动的政策开始松动。1989 年春节期间的铁路客运出现了空前的拥挤状况，全国“流动大军”达到 3000 万人，当时的媒体开始使用“民工潮”一词来形容农民工大规模流动的现象。随着社会主义市场经济体制改革目标的确立，沿海地区经济发展进一步提速，外出务工潮更是呈波澜壮阔之势。但是随着国家经济形势的起落变化，对农民工流动的政策也出现了收和放的反复。1988 年下半年起，国家实施了为期三年的治理整顿，乡镇企

① 陈锡文、罗丹、张征：《中国农村改革 40 年》，北京：人民出版社，2018 年版，第 235 页。

业发展受到较大冲击，城市就业空间收缩，出现了大量农民工由城市向农村的逆向流动。各地也出台了相关规定，这种应对举措是特定历史时期的产物。虽然针对农民工的就业限制、不合理收费、歧视性规定等在很长一段时间存在，但总的方向是向规范发展。1993年11月，党的十四届三中全会审议通过了《中共中央关于建立社会主义市场经济体制若干问题的决定》，要求鼓励和引导农村剩余劳动力逐步走向非农产业并在地区间有序流动。1994年11月，劳动部颁布《农村劳动力跨省流动就业管理暂行规定》，首次规范流动就业证卡管理制度。从此，劳动力流动进入规范流动、有序引导的阶段。此外，劳动部还对用人单位跨省农村劳动力招收，跨省流动就业条件和要求、中介服务、职业培训、组织管理等作出具体的规定。农民工大规模跨区域流动的新浪潮，不仅极大拓展了农民就业发展空间，更为工业化、城镇化发展特别是“中国制造”的快速崛起，提供了急需而宝贵的劳动力资源。与此同时，通过农用地转为建设用地，低价征用、高价出售，还为工业化、城镇化提供了大量的土地和资金，外出流动就业的环境逐步改善。1997年，我国出台了关于户籍制度改革的相关意见，放宽了对农民进城的限制。1998年10月，党的十五届三中全会通过《中共中央关于农业和农村若干重大问题的决定》，提出开拓农村广阔的就业门路，同时适应城镇和发达地区的客观需要，引导农村劳动力合理有序流动。随后，中共中央、国务院印发《关于做好1999年农业和农村工作的意见》，要求继续引导农村劳动力有序流动。尽管农村劳动力外出打工遭遇的管理限制和社会排斥仍然较多，但在城乡经济社会的发展推动下，农民进城务工经商的人数继续增加，并发展成为一支重要的产业大军。

进入21世纪，为了推进城乡统筹发展、解决农民增收难的问题，我国对农民外出务工采取了积极引导的政策。2001年11月，国家计委、财政部发出《关于全面清理整顿外出或外来务工人员收费的通知》，指出除证书工本费外，暂住费、暂住（流动）人口管理费、计划生育管理费、城市增容费、劳动力调节费、外地务工经商人员管理服务费、外地（外省）建筑（施工）企业管理费等行政事业性收费一律取消；证书工本费收费标准每证最高不得超过5元。① 2002年初，党中央提出针对农民进城务工的“公平对待，合理引导，完善管理，搞好服务”十六字方针。② 此后，在一系列发展“三农”事业和统筹城乡发展政策的带动下，我国对农村劳动力外出就业的政策开始转向引导服务的新阶段。

乡镇企业的迅速发展、农村非农就业人数增加和农村劳动力外出务工大潮的发展，是小城镇发展的内在动力，农民进入城市的愿望更加强烈，在严格的城乡户籍制度之下，就近向小城镇迁移，1992年出现了“卖户口”的热潮；1996年，在建制镇实际居住的农民已达到2亿人。1997年6月，国务院批转公安部《小城镇户籍管理制度改革试点方案》和《关于完善农村户籍管理制度意见》，提出从农村到小城镇务工或兴办第二、三产业人员，小城镇企事业单位等聘用的管理人员、专业技术人员，在小城镇购买了商品房或者已有合法自建房的居民，以及上述人员共同居住的直系亲属，土

---

① 《国家计委、财政部关于全面清理整顿外出或外来务工人员收费的通知》，《中华人民共和国财政部文告》，2001年20期。

② 《国务院办公厅关于做好农民进城务工就业管理和服务工作的通知》，《中华人民共和国国务院公报》，2003年05期。

地被征用的农民等，如果具备在小城镇具有合法稳定的非农职业或稳定的生活来源、具有合法固定的住所、居住已满二年这三个条件，就可以办理小城镇的城镇常住户口。[①] 在1992年兴起的房地产高潮中，小城镇也加速崛起，社区发展要求进一步提升，社区基础设施和生存环境持续改善。1998年10月，党的十五届三中全会通过《中共中央关于农业和农村工作若干重大问题的决定》，提出开拓农村广阔的就业门路，同时适应城镇和发达地区经济发展的需要，继续引导农村劳动力的有序流动。2000年6月，中共中央、国务院印发《关于促进小城镇健康发展的若干意见》，要求从2000年起，凡在县级市市区、县人民政府驻地镇及县以下小城镇有合法固定住所、稳定职业或生活来源的农民均可根据本人意愿转为城镇户口，并在子女入学、参军就业等方面享受与城镇居民同等待遇。[②] 2001年3月，国务院批转公安部《关于推进小城镇户籍管理制度改革的意见》，要求全面推进小城镇户籍改革。乡镇企业、劳动力流动和小城镇发展是农民追求工业化和城镇化的独特道路。但同时，也存在小城镇发展信贷资金不足、布局规划缺乏长远打算、政府管理功能不完善等问题，城乡分割体制是阻碍小城镇进一步发展的原因。

---

① 《国务院批转公安部〈小城镇户籍管理制度改革试点方案〉和〈关于完善农村户籍管理制度意见〉的通知》，《中华人民共和国国务院公报》，1997年20期。

② 《中共中央、国务院关于促进小城镇健康发展的若干意见》，载中共中央文献研究室编：《十五大以来重要文献选编》（中），北京：人民出版社，2001年版，第1296页。

第三节　改革释放农业农村活力

一、主要农产品供给长期短缺到总量平衡

1995 年，时任美国世界观察研究所所长莱斯特·布朗撰写《谁来养活中国》一书，预测中国粮食在 30 年内将出现全局性短缺，无法满足日益增长的人口对于粮食的需求。① 这一观点在当时引起了世界各国的关注和学界的热烈讨论。然而，我国用实践给出了有力的回应。这一时期，农村改革走向深化，带动农业综合生产能力继续提高，在农产品供给上发生历史性的变化和跨越。农业保持了平稳发展的势头，农业综合生产能力显著提高，到 1998 年农产品供给由长期短缺转变为总量基本平衡、丰年有余，农业生产由解决温饱问题的需要转向适应小康社会发展的需要。根据国家统计局数据显示，1992—2002 年，我国粮食总产量从 44266 万吨增长至 45706 万吨，我们依靠自己的力量稳定解决了 13 亿人的吃饭问题。我国成为世界上最大粮食生产国。粮食、蔬菜、水果、肉类和水产品等产量多年居世界第一。农业发展方式加速由粗放生产向集约化发展转变，到 2002 年，我国科技对农业的贡献率已在 40%左右，机械化快速推进，耕种收综合机械化水平已达 30%。② 我国用不到世界 10%的耕地和 5%的淡水资源解决了占世界 22%人口的吃

① Lester Russell Brown，*Who Will Feed China?：Wake-Up Call for a Small Planet*，New York：W. W. Norton & Company，1995.p163.

② 陈钢、刘林：《科技进步对我国农业贡献率已大幅提升》，《中国西部科技》，2006 年 30 期。

饭问题。

我国粮食总量增长的过程中也有不少曲折，这一时期我国粮食产量是在周期性波动中逐步提高的。从 1985 年开始，我国粮食产量基本呈现“一年减、两年增、三年一轮”的周期性波动，每经过一个波动周期，粮食产量就提高到一个新的水平。到 1998 年粮食总产达到峰值后，我国的粮食进入连年减产的阶段，粮食播种面积和单产水平均有所降低，仅 2002 年粮食产量较上年略有增加。我国农业在 20 世纪 90 年代末徘徊不前，原因是多方面的，其中，忽视和减少农业投入是主要原因之一。认识到这一点后，我国强调农业是国民经济的基础地位，重视发展粮食生产，通过稳定和完善农村基本经济政策，完善联产承包责任制，千方百计增加农业投入，确保粮食生产，大力增加投入和加强基础建设，巩固加强农业的基础地位。

二、实现由温饱到小康的历史性跨越

在改革的推动下，我国农业生产能力进一步提高，农村经济增长方式发生了明显转变，农村经济结构得以优化。乡村企业发展增速较快，农产品加工业方兴未艾，农业产业化经营加速推进。种植业的基本格局由以粮食为核心向粮食作物、经济作物和饲料饲草作物的“三元结构”转变，蔬菜、水果、蚕桑、茶叶、花卉、中药材等产品发展起来，成为促进农民就业增收的亮点。同时，适应养殖市场需求快速增长的形势，畜牧业和水产业快速发展，农民积极从事畜牧水产养殖。种养业的全面发展，挖掘了农业内部的就业潜力，农业产业结构和就业结构从单一向多元化发展。

自 20 世纪 90 年代以来，来自第三产业的农民家庭经营纯收入和从乡镇企业第三产业获得的劳动报酬持续增长，农村第三产业在吸收农村劳动力就业方面的重要性不断增强。

城乡市场繁荣发展，带动农村劳动力有序转移，务工收入成为农民收入的重要来源。在我国，农民工外出务工经历了“允许流动—控制盲目流动—规范流动”转变。工业化、城镇化和现代化同步推进，为农民转移就业提供了机遇，进入非农产业的农民不断增加，形成了数量庞大的农民工群体。1982 年，全国共有一年以上流动人口 657 万人，到 1990 年，全国一年以上流动人口数量为 2135 万人，2000 年全国流动人口达到 1.2 亿人。农民外出务工或转移就业数量扩大的同时，就业层次亦有所提高，就业环境相应改善。

我国农民收入由 1992 年的 786.4 元增加至 2002 年的 2476 元。农村贫困人口大幅减少，解决了两亿农村贫困人口的温饱问题，农村贫困发生率到 2000 年下降至 3%。[①] 农民的生产生活条件明显改善，到 2000 年末，贫困地区通电、通路、通邮、通电话的行政村分别达到 95.5%、89%、69%、67.7%。[②] 农村的办学条件也得到一定的改善，592 个国家重点支持贫困县中有 318 个实现了基本普及九年义务教育和基本扫除青壮年文盲的目标。

到 20 世纪末，我国实现了现代化建设“三步走”战略的前两步目标，人民生活总体上达到了小康水平，实现了从贫困到温饱再到小康的历史性跨越。总的来说，人们的生活水平发生了翻天覆地的变化，但同时还要认识到这个小康是低水平的、不全面的、不平

① 《中国的农村扶贫开发》，《人民日报》，2001 年 10 月 15 日。
② 《中国农村扶贫开发概要》，中国政府网，2006 年 11 月 19 日。

衡的小康，区域生活水平差距、城乡差距仍然较大，人民日益增长的物质文化需要同落后的社会生产之间的矛盾仍然是这一时期我国社会的主要矛盾。

三、农村发展体制机制进一步完善

在这一阶段，农业政策的核心是建立完善社会主义市场经济体制。随着建立社会主义市场经济体制改革目标的确立，我国农村改革发展开始全面向社会主义市场经济体制转轨，农村改革围绕健全农产品市场体系，以市场机制全面取代计划调节手段展开。在农村体制机制上，我国稳定和完善农村基本经营制度，规范了农村土地管理制度，改变了农产品市场价格机制和宏观调控体系，在行政管理体制、法律制度等方面更加健全完善，工农城乡互动进一步增强，农村民主管理制度持续完善。

（1）粮食、棉花流通体制改革取得成效

深化粮食流通体制改革，根据加入WTO后我国农业面临的新形势，保护粮食主产区和种粮农民的积极性，保护粮食综合生产能力，保护国家粮食安全，加快培育和规范粮食市场，加快粮食企业改革和农业结构调整，完善粮食储备调节制度，加强对粮食市场的宏观调控。改革实践证明，粮食流通市场越开放、越完善，粮食供给的可靠性就越有保障。

（2）工农城乡互动进一步增强

从1992年开始，农村劳动力流动政策逐渐发生变化，从控制盲目流动到鼓励、引导和实行宏观调控下的有序流动，特别是21世纪以来，我国取消对农民进城就业的各种不合理限制，逐步实现城乡劳动力市场一体化，并持续推进诸多方面的配套改革，中央政府及有关部门推动改革城乡分割的二元体制，推动城乡劳动力市场一体化方面已开始迈出实质性步伐，促进了工农城乡的互动。

（3）科技兴农取得重要进展

国家坚持深化农业科技体制改革，促进科技与经济的有效结合。在这一时期，我国把科技事业摆在重要战略位置，涌现的重大科技成果不断，科技改革和对外开放不断深化，科技支撑引领作用显著增强，在促进经济社会发展、发展农业生产和改善民生方面取得卓著成就。截至 2000 年底，全国省、地、县、乡四级农技推广机构达 21.4 万个，农技人员超过 126 万人，形成了“五级一员一户”的农技推广体系，为农业技术普及应用和农业稳定发展发挥了重要作用。在这一时期，农业科技创新是我国农业发展的主要驱动力，并且日益成为引领农业高质量发展、提升农业核心竞争力的重要源泉。

（4）农村民主管理制度继续完善

1998 年 9 月，江泽民在安徽考察工作时，对农村基层民主建设进行了全面阐述，指出“经济体制改革需要同政治体制改革相互配合、相互促进，扩大农村基层民主，保证农民直接行使民主权利，是社会主义民主在农村最广泛的实践，也是充分发挥农民积极性、促进农村两个文明建设、确保农村长治久安的一件带根本性的大事”[①]。通过村民委员会直接选举制度、村民议事制度和村务公开制度三项制度建设和完善，农民群众选举自己信任满意的人管理村

① 江泽民：《开创农业和农村工作新局面》，《江泽民文选》（第二卷），北京：人民出版社，2006 年版，第 214–215 页。

务，有效行使了选举权、决策权、监督权、知情权，村民自治在探索中前进，从试点到全面推开，1997 年 9 月，党的十五大将村民自治的基本内容，即“四个民主”*首次写入大会报告。1998 年 10 月，党的十五届三中全会通过《中共中央关于农业和农村工作若干重大问题的决定》，指出“扩大农村基层民主，实行村民自治，是党领导亿万农民建设有中国特色的社会主义民主政治的伟大创造。为了更好地调动广大农民的积极性和主动性，促进农村各项改革和建设事业的全面发展，必须进一步扩大农村基层民主”①。1998 年 11 月，九届全国人大常委会第五次会议通过修订后的《中华人民共和国村民委员会组织法》，将“四个民主”以法律形式固定下来，村民自治有了可靠的法律保障。村民自治已经成为党在农村工作中的一项基本政策，村民自治开始进入新的发展阶段，农村民主建设的道路越来越宽广。

* “四个民主”包括：民主选举、民主决策、民主管理和民主监督。

四、农业农村可持续发展能力增强

实施农业和农村可持续发展战略是关系国计民生和民族前途命运的大事，使得农业资源得到重视保护，生态农业建设稳步推进。在我国农业生态环境总体上趋于恶化、农业生产受到严重威胁的情况下，加快发展生态农业建设，重视农业资源的科学开发和利用，加强对农业生态环境的保护和改善，对于提高农业可持续发展能力具有重要意义。虽然在这一阶段，我国的可持续农业发展研究才刚

① 《中共中央关于农业和农村工作若干重大问题的决定》，北京：人民出版社，1998 年版，第 22 页。

刚起步，但已显示出强劲的发展势头和良好的未来前景。

在这一时期，我国陆续颁布实施《中华人民共和国农业法》《中华人民共和国防沙治沙法》《中华人民共和国水土保持法实施条例》《中华人民共和国基本农田保护条例》《国务院关于环境保护若干问题的决定》《基本农田保护区环境保护规程》等一系列政策文件和法律规章，着重加强对耕地特别是基本农田的保护和对农业生产环境污染的治理。国务院还将发展生态农业列为中国环境与发展十大对策之一，并决定在全国开展生态农业示范县建设和乡、村级试点工作。截至 1996 年底，国家级生态农业试点县 50 个，省级生态农业试点县 100 个，县、乡、村三级生态农业试点总数 2000 多个。[①]与此同时，《中国 21 世纪议程》也把农业可持续发展确立为优先发展领域。党中央十分重视西部地区生态环境建设，实施的西部大开发战略，把生态建设列为重中之重项目。转变了只顾眼前利益、不顾长远利益，只顾经济效益、忽视社会生态效益的错误观念。我国将可持续发展作为系统工程，采取一系列有力的举措，包括增加农业投入、加强基础设施建设、改善农业生产条件，增强了农业的可持续发展能力；合力开发利用和保护农业资源，包括土地、水、森林、草原、矿产和海洋资源，完善资源利用方式；发展生态农业，加大生态农业县的建设力度。我国在提高农产品产量和繁荣农村经济的同时加强生态环境建设，保护了农业发展的条件，提高了农业可持续发展能力，为实现科学发展奠定了基础。

---

① 武力、郑有贵：《中国共产党三农思想政策史（1921—2013 年）》，北京：中国时代经济出版社，2013 年版，第 504 页。

第四节　农村改革以稳定促发展

我国这一阶段的农村改革，重点是稳定土地承包关系、减轻农民负担，深化粮食流通体制改革，推进乡镇企业转变体制，发展农业产业化经营，初步形成以家庭承包经营为基础，以农业社会化服务体系、农产品市场体系和国家对农业的支持保护体系为支撑的农村经济体制。农村改革的深化为探索社会主义市场经济、发展农业生产、促进农民就业增收起到积极作用，但同时还存在不少亟待解决的问题：粮食主产区农民收入增长放缓、产业结构不合理和经济体制深层次问题尚未解决，农村建设发展滞后、生态环境问题依然存在、市场经济秩序有待继续整顿等，仍然需要坚持用发展和改革的办法解决前进中的问题。

一、坚持农业基础地位，把农业问题放在突出位置

农业是国民经济的基础，也是整个社会稳定的基础。20 世纪 90 年代，虽然我国粮食等一些主要农产品供给出现相对过剩，但从总体上看，我国粮食并不宽裕，人均占有量仍比较低，如何确保国家粮食的安全，仍然是一个重大的原则问题。在这一时期，党领导的农村工作坚持农业的基础地位，从社会主义现代化建设的战略全局来认识农业农村问题的重要性，坚持把农业问题放在全局工作的突出位置。1992 年底，在六省农业和农村工作座谈会上，江泽民指出，“我国人民的吃饭穿衣问题，不能靠任何别的国家来解决，一是人家靠不住，谁也解决不了这个大问题；二是即使能够解

决，也会受制于人”[①]。1994 年 6 月，在福建考察工作时，江泽民再次强调，“农业始终是战略产业，粮食始终是战略物资，必须抓得很紧很紧，任何时候都松懈不得”[②]。这些对于农业基础地位和农业重要性的判断，是基于我国特殊国情、基于在国际竞争中保持我国独立自主地位的积极选择。

而农村的稳定，不但是重大的经济问题，也是重大的政治问题。我国是一个农村人口占多数的发展中大国，在现代化过程中，要始终注意保持农村社会的稳定，没有农村的稳定，就没有整个国家的稳定。只有加快农业发展和农村社会经济的发展，增加农民收入，同时加强农村基层民主建设和精神文明建设，保证广大农民安居乐业，保持农村社会稳定，国家的长治久安才能有保障。加强农业的基础地位，是全面建设小康社会的必然要求。2002 年 11 月，党的十六大提出，“建设现代农业，发展农村经济，增加农民收入，是全面建设小康社会的重大任务”[③]。而相对于城市，农村全面建设小康社会的任务更繁重、更艰巨。党中央多次强调，我国的基本国情决定了，抓住农村这个大头，有了把握经济社会发展全局的主动。因此，必须把农业放在各项经济工作的首位，基础性地位再怎么强调和重视都不为过。

---

① 江泽民：《二十年来我们党的主要历史经验》，《江泽民文选》（第一卷），北京：人民出版社，2006 年版，第 259 页。

② 中共中央文献研究室编：《江泽民论有中国特色社会主义（专题摘编）》，北京：中央文献出版社，2002 年版，第 120 页。

③ 江泽民：《全面建设小康社会 开创中国特色社会主义事业新局面——在中国共产党第十六次全国代表大会上的报告》，北京：人民出版社，2002 年版，第 23 页。

二、坚持稳定农村基本政策和基本经营制度，进一步解放和发展农村生产力

通过改革，解放和发展农村生产力，是党中央在推动农业和农村发展的长期实践中得出的一条重要经验。在这一时期，农村改革中允许以公有制为主导的多种所有制经济共同发展，允许以市场需求为导向的农业资源配置和农业生产结构调整，允许农村发展包括工业在内的多种经营，允许农村劳动力自主流动进城务工经商等，都是遵循经济社会发展规律，调动农民积极性的结果，是完善社会主义市场经济体制的认识源泉和实践基础。

进入 20 世纪 90 年代，针对农业和农村经济发展遇到的许多新情况和新问题，我国继续深化农村经济体制改革，进一步解放和发展农村生产力。1998 年 9 月，江泽民在安徽考察工作时提出，“按照建立社会主义市场经济体制的目标，坚定不移地把农村改革引向深入”，“深化农村经济体制改革，总的目标是建立以家庭承包经营为基础，以农业社会化服务体系、农产品市场体系和国家对农业的支持保护体系为支撑，适应发展社会主义市场经济要求的农村经济体制”[①]。这些可以总结为“一个基础、三个支撑”的目标，具有很强的针对性和方向性，指明了进一步深化农村改革的目标和重点。

深化农村改革必须长期稳定以家庭承包经营为基础的双层经营体制。在这一时期，我国把家庭承包为主的责任制，统分结合的双层经营体制，作为一项基本制度长期稳定下来，并不断充实完善。

---

① 江泽民：《开创农业和农村工作新局面》，《江泽民文选》（第二卷），北京：人民出版社，2006 年版，第 212–214 页。

江泽民指出，“实践看，家庭经营再加上社会化服务，能够容纳不同水平的农业生产力，既适应传统农业，也适应现代农业，具有广泛的适应性和旺盛的生命力，不存在生产力水平提高以后就要改变家庭承包经营的问题”[①]。因此，稳定家庭承包经营，其核心是要稳定土地承包关系。稳定土地承包关系，既是发展农业生产力的客观要求，也是稳定农村社会的一项根本性措施。1998 年 10 月，党的十五届三中全会明确提出土地承包期再延长 30 年不变，而且 30 年以后也不变，并要求通过立法，赋予农民长期而有保障的土地使用权。在这个前提下，有条件的地方可以按照依法、自愿、有偿的原则进行土地承包经营权流转，逐步发展适度规模经营，促进土地资源合理配置。在这一时期，我国在农村改革形成的关于农村土地的政策逐步上升为法律法规，使农民的土地使用权有了法律保障，为长期坚持家庭承包经营提供了政策支持，给农民吃了颗长效“定心丸”。

发展乡镇企业是一个重大战略，是一项长期的根本方针，需要推动乡镇企业的体制创新和经营方式转变。在这一时期，我国积极推进农业和农村经济结构的战略性调整，这不仅对于增加农民特别是主产区农民的收入意义重大，而且是提高我国农业竞争力、应对加入WTO后面临挑战的关键措施。农业产业化经营是广大农民在实践中的创造，也是农业和农村经济发展的一个带有战略意义的举措。积极推进农业产业化经营，是解决千家万户进入市场、运用现代科技和扩大经营规模等的有效方式，是提高农业效益、增强农业

---

① 江泽民：《全面推进农村改革，开创我国农业和农村工作新局面》，《论社会主义市场经济》，北京：中央文献出版社，2006 年版，第 402 页。

市场竞争力、增加农民收入的有效举措。推进农业产业化经营，引导公司、专业合作经济组织和行业协会等与农户形成生产加工销售的利益共同体，推动产业化经营更快更好地发展。

三、坚持推进农业科技进步，转变农业增长方式

党领导的农村工作始终高度重视发展农村生产力，把加快发展生产力作为农村工作的中心，一切政策都要有利于增强农村经济活力。发展农村生产力的重点是建设现代农业，为此我国重视推进科教兴农。江泽民提出，“要切实抓好农业科研攻关、先进适用技术推广和农民科技培训，使农业增长真正转到依靠科技进步和提高劳动者素质的轨道上来”①。此外，针对农业基础设施薄弱、投入不足、农业抗风险能力差等问题，党中央明确提出多渠道增加投入，加强农业基础设施建设，不断改善生产条件。我国农业自然资源相对稀缺，而且自然灾害频繁，水旱灾害一直是困扰我国农业和国民经济发展的一个大问题。在这种情况下，农业要增加投入，单靠大规模增加新的资源尤其是自然资源的投入显然是不现实的，根本的出路是提高资源的利用效率，提高农业投入的科技含量，提高农业劳动者的素质。

1995 年 5 月，中共中央、国务院召开的全国科学技术大会上提出，全面落实科学技术是第一生产力的思想，始终把科技进步摆在农业和农村经济发展的优先地位，把农业科技摆在科技工作的突

① 江泽民：《开创农业和农村工作新局面》，《江泽民文选》（第二卷），北京：人民出版社，2006 年版，第 215–216 页。

出位置，推动传统农业向高产优质高效的现代农业转变，使我国农业科技率先跃居世界先进水平。1996 年 6 月，江泽民在河南考察农业和农村工作时指出，“为了促进国民经济持续、快速、健康发展，关键是要实行两个具有全局意义的根本性转变。一是经济体制要从计划经济体制向社会主义市场经济体制转变，二是经济增长方式要从粗放型向集约型转变，这是党中央、国务院在全面分析我国经济现状和发展趋势的基础上作出的重大决策。农业也不例外，也要狠抓这两个根本性转变”[①]。1998 年 9 月，在安徽考察工作时，江泽民进一步指出，“农业发展从长远看最重要的，一是水的问题，二是科技问题，要求切实抓好水利等农业基本建设和科教兴农工作。实现农业增长方式的转变，最重要的一环，就是要科教兴农，把农业发展转到依靠科技进步和提高农民素质的轨道上来，努力提高科技在农业增长中的贡献份额”[②]。1991 年 11 月，党的十三届八中全会提出，农业现代化的实现和农业经济的发展，最终取决于科学技术的进步和适用技术的广泛应用。因此，要把农业和农村经济的发展，逐步地转移到依靠科技进步和提高劳动者素质轨道上来。1998 年 10 月，党的十五届三中全会通过《中共中央关于农业和农村工作若干重大问题的决定》，提出农业的根本出路在科技、在教育，由传统农业向现代农业转变，由粗放经营向集约经营转变，必然要求农业科技有一个大的发展，进行一次新的农业科技革

① 江泽民：《加强农业基础，深化农村改革，推进农村经济和社会全面发展——在河南考察农业和农村工作时的讲话》，《农业工作通讯》，1996 年 08 期。

② 江泽民：《全面推进农村改革，开创我国农业和农村工作新局面》，《论社会主义市场经济》，北京：中央文献出版社，2006 年版，第 405 页。

命。[1] 推进农业科技进步，转变农业增长方式，为我国农业和农村经济的转型升级指明了方向。

在这一阶段，尽管农业科技对我国农业发展作出了积极贡献，但是仍存在不少问题，如科技对农业的贡献率还不高，农业科技贡献率只有40%左右，而发达国家达到60%至80%；农业科技的投入偏低以及体制不顺、效率不高等问题还不同程度的存在。我国农业技术领域长期存在着科研、推广、生产三环节相互脱节，农业科研不能按照生产的实际需要进行，致使一些科研成果失去了推广价值，同时农业生产中一些亟须解决的问题得不到及时有力的研究支撑和政策配套。

四、坚持保护农民权益，推进农村税费改革

（1）保护农民权益，增加农民收入

增加农民收入是一个带有全局性的问题，不仅直接关系到农村实现小康，还直接关系到开拓农村市场、扩大国内需求、带动工业和整个国民经济增长，从长远看还可能影响农产品的供给。因此，在这一时期，我国对重视农民收入的问题提升到全局性工作的角度。重视农村扶贫开发，强调搞好农村扶贫开发，不仅直接关乎农民收入的增加和生活的改善，而且关乎党的宗旨的实现，关乎改革、发展和稳定的大局。

---

① 《中共中央关于农业和农村工作若干重大问题的决定》，北京：人民出版社，1998年版，第17页。

（2）积极推进农村税费改革，切实减轻农民负担

改革从分配上理顺国家、集体、农民三者的利益关系，用法治的办法，靠制度来规范农村的分配行为，保护农民利益，是减轻农民负担的治本之策，对保护农民积极性，促进农村经济发展和社会稳定具有重大意义。维护农民权益、减轻农民负担调动了广大农民的生产积极性，促进农民增收和农村社会稳定。但减轻农民负担工作面临着许多新情况、老问题，一些地方变换方式向农民集资、摊派收费和巧立名目乱收费反复出现，需要治本之策。通过试点，农村税费改革已在全国推开，坚持减轻、规范、稳定的原则，合理规定农民的税费水平，进一步减轻粮食主产区和种田农民的负担，从根本上治理各种不合理的收费。1998年以后，农村改革重点增加了促进农民增收和推动农村税费改革试点工作。1999年，党中央提出把增加农民收入作为农村工作的中心任务，为此我国持续出台调整农业农村经济结构和改革农村税费的政策，从增收和减负两个方面采取措施，为最终取消农业税打下坚实的基础。

20世纪80年代后期至90年代，针对农村出现的“卖粮难”、农民负担加重、农民增收缓慢等矛盾问题，党中央又连续出台政策，求解“三农”难题。例如，我国提出农业和农村产业结构战略性调整，并推动农业产业化经营；20世纪90年代中后期，提出在沿海发达地区和大城市郊区率先实现农业现代化的目标，进行农村税费改革试点等。经过多年的实践和理论探索，党中央不断加深对“三农”问题的认识和实践探索。在政策支撑下，在经济上保障了农民的物质利益，政治上尊重农民的民主权利。坚持依法行政，严格执行减轻农民负担的各项制度，坚决制止、纠正和查处加重农民负担的违规违纪行为，保障农民的权益。

在改善农村基础设施和发展农村公益事业中，我国坚持尊重农民意愿，既引导农民对直接受益的项目出资出劳，把国家投入与农民投工投劳有机结合，改善农民生产生活条件，又防止超越农民承受能力，违背农民意愿，加重农民负担。同时加强农村基层民主法制建设，充分发挥农民积极性、促进农村两个文明建设、确保农村长治久安。1998 年 10 月，党的十五届三中全会通过《中共中央关于农业和农村工作若干重大问题的决定》，提出在农村基层实行民主选举、民主决策、民主管理和民主监督。抓好村级民主制度建设要完善村民委员会的民主选举制度、以村民会议或村民代表会议为主要形式的民主议事制度和以村务公开、民主评议和村民委员会定期报告工作为主要内容的民主监督制度，加强农村各类合作经济组织的民主决策和民主管理，坚持和完善乡镇人民代表大会的直接选举制度，持续推进农村的精神文明建设和农村的基层党组织建设；推进基层民主制度建设，增强民主意识，强化民主监督，保障农民群众的知情权、决策权、监督权。

第三章
开创“三农”工作新局面（2002—2012年）

▼

在时隔18年之后，2004年的中央一号文件重新锁定“三农”问题，实行以“取消农业税、工业反哺农业”为主要内容的农业新政，将“三农”工作作为全党工作的重中之重。此后，我国在全国范围内全面取消农业税，完善农村土地管理制度，建立农业支持保护制度，扩大农业对外开放，创新农村金融制度，健全农村民主管理制度，农村合作医疗制度和新型农村社会养老保险逐步覆盖全国农村居民。这些措施，让我国的农业产业结构得到进一步优化，农村社会保持稳定，农民收入不断提高，农产品供给充足，为全面建成小康社会奠定了基础。

第一节　国内外环境对农业的影响

党的十六大前后，正是我国现代化建设刚刚迈入21世纪之际，经济社会发展所处的国内外宏观环境发生着深刻变化，农业农村经济发展面临的形势也出现了新的变化。这些变化对这一时期党中央指导“三农”发展的战略方针和政策措施产生了重大影响。可以说，我国农村改革既是适应我国发展所处阶段主动求变的结果，也是经济社会发展客观规律的产物。

一、党的十六大前后我国所处的国际环境及其对农业的影响

进入21世纪以后，经济全球化的趋势日益明显，科技进步日新月异，综合国力竞争日趋激烈。跨国公司控制着世界生产的三分之一，国际贸易的三分之二，对外直接投资的四分之三。经济全球化的发展，使各国经济日益形成“你中有我、我中有你”的相互依存局面，既加剧了竞争又深化了合作。国际环境的深刻变化对我国经济社会产生重大影响，使我国既面临难得的发展机遇，又面临前所未有的挑战。从农业领域来看，以生物技术、信息技术新突破为标志的农业科技革命对全球农业发展产生了深刻影响，不仅提升了农产品产量，而且拓展了农业生产、加工和经营的领域，大大提高了农业的综合效益。全球农业一体化发展趋势明显，各国之间农产品贸易竞争日趋激烈。

2001年，我国成功加入WTO，既给我国农业发展带来了新的机遇，同时也带来了严峻的挑战。一方面，我国农产品市场全面对外开放，进口关税水平大幅降低，平均关税由2001年的21%下降到2005年的15.3%，进口许可、数量限制等非关税措施被取消，粮棉油糖等大宗农产品实行关税配额管理，取消了所有农产品出口补贴，这些无疑加大了我国农产品面临的竞争压力，农产品进口大幅增加，部分受进口冲击的可能性显著加大；另一方面，我国农产品贸易环境得到改善，“引进来”、“走出去”的步伐加快，可以利用国外先进的农业技术和设备，拓展国内农业的发展空间，能够充

分利用国内国际两种资源、两个市场应对农业面临的挑战，农产品出口快速增长，竞争力得到有效提高。

二、党的十六大前后我国国内宏观环境及对农业农村的影响

进入 21 世纪后，我国成功应对了亚洲金融危机冲击的严峻挑战，克服了世界经济波动的不利影响，通过采取扩大内需，实施积极的财政政策和稳健的货币政策，保持了经济较快增长。2001 年，国内生产总值首次超过 10 万亿元，达到 109655 亿元，比 1978 年增长了 28.6 倍，经济总量迈上了一个新台阶。同年，我国成功加入WTO，经济国际化程度迈入了一个新的阶段，国际贸易快速增长，外贸进出口总额首次突破 5000 亿美元，达到 5097 亿美元，比 1978 年增长了 13.4 倍；国家外汇储备达到 2122 亿美元。从经济结构来看，21 世纪以来，我国第一产业比重迅速下降，第二产业比重快速上升，第三产业比重稳步提高。2001 年，第一产业占国内生产总值的比重下降到 14.4%，第二产业比重上升到 45.1%，第三产业比重上升到 40.5%，这标志着我国已进入工业化中期阶段。从就业结构来看，第一产业从业人员所占比重不断降低，第二产业比重基本稳定，第三产业比重不断上升。2001 年，第一产业从业人员占全部从业人员的比重下降到 50%，第二产业上升到 22.3%，第三产业上升到 27.7%。与国际经验比较，我国三次产业结构变动的趋势符合世界各国工业化过程的一般规律。2001 年，我国人均国内生产总值首次突破 1000 美元，正进入向中等收入国家过渡的发展阶段，工业化进程加快，第一产业比重下降，第

二产业增长成为整个国民经济增长的主要支撑点。在经济持续发展、工业化城镇化进程不断加快的背景下，我国总体上已进入以工促农、以城带乡的发展阶段，基本具备了工业反哺农业、城市支持农村的条件，为党的十六大后我国“三农”政策进行重大调整创造了有利条件和基础环境。

2001 年，我国人均国内生产总值达到 1042 美元，以此为标志，我国现代化建设进入了一个新的发展阶段；国家财政收入达到 16386 亿元，并保持快速增长态势，人均财政收入 1284 元；农业占国民经济的份额下降到 14.4%，首次低于 15%；第一产业就业人数占就业总人数的比重下降到 50%，第二、第三产业开始成为吸纳劳动力就业的主要来源；城镇化水平达到 37.7%，城镇化对农业和农村经济发展的带动作用开始逐步显现。这些特征表明，我国经济发展进入了工业化中期阶段，基本具备了工业反哺农业、城市支持农村的条件，对工农、城乡关系进行重新调整的时机和条件已基本成熟。

第二节　完善城乡统筹，取消“皇粮国税”

党的十六大前后，我国农业农村发展仍然面临着许多新的挑战。我国实现小康社会的宏伟目标，最关键、最繁重的任务还是在农村。我国农村改革发展的形势可以概括为：农业基础仍然薄弱，最需要加强；农村发展仍然滞后，最需要扶持；农民增收仍然困难，最需要加快。

第一，农业增产与农业现代化问题。我国农业问题的主要表现是农业增产缓慢；在生产方式上，还没有完成传统农业向现代农业的转型；在农产品的供应上，虽然经过改革开放的努力，改变了农产品数量不足的问题，但是在农产品的质量上还与人民的生活水平提高的要求有差距；在农业发展能力和竞争力上，面临着发展后劲不足和竞争力不强的状况。

第二，农民增收与权益公平问题。农民问题始终是“三农”问题的核心，因此要解决“三农”问题必须解决农民问题。在这一时期，我国农民问题的主要表现为：农民增收缓慢；随着农民阶层的分化，农民权益保障遇到了挑战；农民素质亟待提高。

第三，农村社会建设与公共服务问题。在农村改革中，上层建筑方面的改革相对滞后，与经济基础不相适应的矛盾日益突出。其主要表现在两个方面：一是基础行政管理体制不适应农村生产力发展的要求。取消人民公社、设立乡镇以后，乡镇政府职能转变一直没有到位。表现在政企不分、政社不分，乡镇政府仍然把主要精力放在兴办企业、招商引资上，社会管理和公共服务薄弱。在市场经济条件下，按照公共行政的原则，乡镇政府应该履行哪些职责，如何有效地发挥作用，已经成为一个重大课题。二是农村公共产品供给体制不适应保障公共服务的要求。由于长期实行城乡二元体制，农村公共事业发展缓慢，城乡基础设施和社会事业发展差距扩大。农村改革之后，公共财政如何有效覆盖农村，是一个迫切需要研究解决的问题。完善农村经济体制、政治体制和社会管理体制，将使农村上层建筑更加适应生产力发展的需要。

一、指导思想与决策的“重中之重”

党的十一届三中全会至党的十六大之前，我国“三农”实现快速发展，农民生活总体达到小康水平，但农业、农村、农民发展进程明显滞后于发展更快的工业、城镇和城镇居民，城乡经济社会发展、基础设施、社会保障等差距大，城乡二元经济社会结构问题突出。城乡居民可支配收入差值由 1978 年的 209.4 元扩大到 2001 年的 4417.1 元，二者之比由 2.6∶1 扩大到 2.8∶1；受城乡居民收入差距长期持续扩大的影响，城乡居民消费差距也呈持续扩大之势；2001 年城乡居民恩格尔系数分别为 37.0%和 46.7%，相差 9.7 个百分点；按照 2008 年的标准，2001 年全国农村贫困人口有 9029 万人，贫困发生率为 9.8%；城乡社会事业发展和居民社会保障水平差距明显；2001 年城镇居民平均预期寿命为 75.2 岁，农民为 69.5 岁，二者相差 5.7 岁。[①]

实现全面建设小康社会的宏伟目标，最繁重、最艰巨的任务在农村。在这一时期，基于我国已进入工业化中期阶段，从全面建设小康社会和构建和谐社会出发，开启了解决“三农”问题的新进程。

（一）解决“三农”问题作为全党工作重中之重的政策

在这一时期，党中央着力解决全面建设小康社会进程中的“三农”问题，在把农业放在国民经济首位的指导思想的基础上，又确立了把解决好“三农”问题作为全党工作重中之重的指导思想，作

① 蒋中一：《农村合作医疗制度的发展和取得的成效》，《经济研究参考》，2008 年 32 期。

出一系列促进“三农”发展的重大决策，出台了一系列强农惠农富农政策。

2003 年 1 月，中央农村工作会议指出，为了实现党的十六大提出的全面建设小康社会的宏伟目标，必须统筹城乡经济社会协调发展，更多地关注农村，关心农民，支持农业，把解决好农业、农村和农民问题作为全党工作的重中之重，放在更加突出的位置，努力开创农业和农村工作的新局面。[①]

2004 年 3 月，十届全国人大二次会议的《政府工作报告》强调，“解决农业、农村和农民问题，是我们全部工作的重中之重”[②]。2007 年 1 月，胡锦涛在吉林考察工作时强调，要毫不动摇地坚持把解决好“三农”问题放在全党工作重中之重的战略思想，认真落实支农惠农政策，积极发展现代农业，着力抓好粮食生产，加快农村社会事业发展，扎扎实实把社会主义新农村建设推向前进。[③] 2009 年 1 月，中共中央政治局第十一次集体学习时强调，必须从全面建设小康社会、发展中国特色社会主义的战略高度，坚持把解决好农业、农村、农民问题作为全党工作重中之重，坚定不移走中国特色农业现代化道路，加快推进社会主义新农村建设，更加扎实地做好农业、农村、农民工作。[④]

① 胡锦涛：《在中央农村工作会议上的讲话》，载中共中央文献研究室编：《十六大以来重要文献选编》（上），北京：中央文献出版社，2011 年版，第 112 页。

② 温家宝：《政府工作报告——2004 年 3 月 5 日在第十届全国人民代表大会第二次会议上》，北京：人民出版社，2004 年版，第 20 页。

③《胡锦涛强调：推动老工业基地焕发出新的生机和活力》，中国政府网，2007 年 1 月 28 日。

④《胡锦涛强调：全力保持农业农村经济持续稳定发展》，中国政府网，2009 年 1 月 24 日。

把解决好“三农”问题作为全党和全部工作的重中之重，是对把农业放在国民经济首位思想的坚持和发展。在实践中，“重中之重”切实成为“三农”工作的指导思想，反映出党中央解决好“三农”问题的决心和信心。

（二）制定实施强农、惠农、富农政策

在这一时期，我国以稳定发展粮食生产为重点，加快农业科技进步，千方百计使粮食产量稳定在10500亿斤以上、农民收入增幅保持在7.5%以上，努力确保不发生重大农产品质量安全事件和区域性重大动物疫情，持续提高农产品供给保障能力，为实现经济社会平稳较快发展提供基础保证。

在工作着力点上，我国围绕强科技保发展、强生产保供给、强民生保稳定，突出“巩固、加强、优化、改革”。“巩固”，就是巩固增产增收的好形势，扩大强农惠农富农政策效果，坚持和完善行之有效的发展措施、工作机制，确保农业农村经济在新的起点上稳步前进。“加强”，就是加强农业科技创新和推广，加强体系机构建设，切实提高基层科技服务能力，开展“农业科技促进年”活动，更大地发挥科技支撑作用。“优化”，就是优化农业生产力布局，完善现代农业产业体系，大力支持主产区、生产大县和区域特色产业发展，提高农业生产专业化、标准化、规模化、集约化水平。“改革”，就是坚持不懈推进农村改革和制度创新，总结、推广基层经验，深入推进现代农业示范区和农村改革试验区建设，扩大农业对外开放，进一步增强农业农村经济发展活力。

（三）确立“多予、少取、放活”政策

“多予、少取、放活”的方针是统筹城乡经济社会发展战略和“两个趋向”判断的落实。在这一时期，党中央按照“重中之重”的战略思想和“两个趋向”的重要论断，制定了工业反哺农业、城市支持农村和“多予、少取、放活”的基本方针，连续下发九个以加强“三农”为宗旨的中央一号文件。正是在党中央大政方针的指引下，我国出台了一系列影响深远的扶持粮食和农业生产重要政策，“三农”政策体系和制度框架已初步形成，实现了粮食和农业生产政策从“取”到“予”的政策转变。

“多予、少取、放活”的基本方针，早在 20 世纪末就已提出，在 1998 年 10 月，党的十五届三中全会通过《中共中央关于农业和农村工作若干重大问题的决定》，指出“切实减轻农民负担。这是保护农村生产力，保持农村稳定的大事。坚持多予少取，让农民得到更多的实惠。”①

所谓“多予”，就是要调整国民收入分配格局，增加对农业和农村的投入，加快农村基础设施建设和社会事业建设，使国民收入和社会资源的分配适度向“三农”倾斜，直接增加农民收入。“多予”是“三农”政策的重点。在这一时期，我国各级政府加大对农业和农村发展投入力度，出台和落实农业补贴政策、农产品价格政策和扶贫开发政策，加强向农村提供必需的公共产品和社会福利，使广大农民同样可以享受到发展成果。所谓“少取”，就是要推进

---

①《中共中央关于农业和农村工作若干重大问题的决定》，北京：人民出版社，1998 年版，第 9 页。

农村税费改革，减轻农民负担，实行让农民休养生息的政策。在“多予、少取、放活”中，“少取”是基础。所谓“放活”是相对于对农民和农村生产力的束缚而言的。就是要通过各项政策的调整和完善，把农民的积极性、主动性、创造性充分发挥出来，进一步激活农村经济，拓宽农民增收渠道。在调动农民积极性方面，“放活”是关键。

在这一时期，党中央更加强调“多予、少取、放活”的方针并不断落实。2003 年 1 月召开的中央农村工作会议强调，随着经济的发展和国家财力的增强，要增加对农村经济和社会事业的支持，逐步形成国家财政对“三农”的支持。2004 年中央一号文件《中共中央、国务院关于促进农民增加收入若干政策的意见》明确将“多予、少取、放活”确定为做好农民增收工作的重要方针。通过 2004 年至 2012 年连年的中央一号文件和 2008 年 10 月党的十七届三中全会通过的《中共中央关于推进农村改革发展若干重大问题的决定》，逐步强化工业反哺农业的政策，财政加大对“三农”的投入，启用减轻农民负担、增加农民收入的各项政策。

二、农村经营制度改革与完善

2002—2012 年，我国进一步完善以家庭承包经营为基础、统分结合的双层经营体制，促进土地承包经营权依法、自愿、有偿流转，促进农民专业合作社快速发展，完善农业产业化经营利益联结机制。

（一）稳定完善农村基本经营制度

坚持以家庭承包经营为基础、统分结合的双层经营体制。2008

年中央一号文件《中共中央、国务院关于切实加强农业基础建设 进一步促进农业发展农民增收的若干意见》强调，以家庭承包经营为基础、统分结合的双层经营体制是农村改革最重要的制度性成果，并明确指出这是宪法规定的农村基本经营制度，必须毫不动摇地长期坚持，在实践中加以完善。[①] 2008年10月，党的十七届三中全会通过《中共中央关于推进农村改革发展若干重大问题的决定》，强调以家庭承包经营为基础、统分结合的双层经营体制，是适应社会主义市场经济体制、符合农业生产特点的农村基本经营制度，是党的农村政策的基石。[②]

赋予农民更加充分而有保障的土地承包经营权并促进土地承包经营权流转。土地是财富之母，劳动是财富之父。因此，土地改革是农业发展的首要条件，有了合适的土地制度，选择合适的经营方式，将增加农民收入，促进农业生产规模的扩大和资源的有效利用。

2003年3月1日，《中华人民共和国农村土地承包法》的正式施行保障了农民的土地承包经营权。土地家庭承包经营是农村基本经营制度的核心。我国长期稳定并不断完善以家庭承包经营为基础、统分结合的双层经营体制，依法保障农民对土地承包经营的各项权利。农户在承包期内可依法、自愿、有偿流转土地承包经营权，完善流转办法，逐步发展适度规模经营。2007年中央一号文件《中共中央、国务院关于积极发展现代农业 扎实推进社会主义

---

① 《中共中央、国务院关于切实加强农业基础建设 进一步促进农业发展农民增收的若干意见》，《人民日报》，2008年1月30日。

② 《中共中央关于推进农村改革发展若干重大问题的决定》，《人民日报》，2008年10月20日。

新农村建设的若干意见》提出，健全依法、自愿、有偿基础上的土地承包经营权流转机制，有条件的地方可以发展多种形式的适度规模经营。[1] 2007 年 3 月，十届全国人大五次会议通过《中华人民共和国物权法》，进一步明确了土地承包经营权的用益物权。

在这一时期，党中央面对土地流转出现的新情况，不断完善农地流转政策，主要有以下几方面：

（1）尊重农户土地流转的主体地位

承包农户是土地流转的主体。承包的土地是否流转、如何流转、流转价格如何等都由承包农户主决定。各级政府按照依法自愿有偿的原则引导农户进行土地流转。2001 年 12 月，中共中央下发《关于做好农户承包地使用权流转工作通知》，对土地流转的主体、原则作出了非常严格的规定。2002 年 8 月，我国又将农地流转的规定写入《中华人民共和国农村土地承包法》，明确规定通过家庭承包取得的土地承包经营权可以采取承包、出租、转换、转让或者其他方式流转。在土地承包经营权的流转中应当遵循“平等协商、自愿、有偿”的原则，强调任何组织和个人不得强迫或者阻碍承包方进行土地承包经营权流转，土地承包经营权流转的主体是承包方。承包方有权依法自主决定土地承包经营权是否流转和流转的方式。[2] 2005 年 1 月，农业部颁布《农村土地承包经营权流转管理办法》，对流转原则、当事人权利、流转方式、流转合同、流转管理等进行了可操作性的规定。2008 年 10 月，党的十七届三中全会通

---

① 《中共中央、国务院关于积极发展现代农业扎实推进社会主义新农村建设的若干意见》，《人民日报》，2007 年 1 月 30 日。

② 《中华人民共和国农村土地承包法》，《中华人民共和国国务院公报》，2002 年 28 期。

过《中共中央关于推进农村改革发展若干重大问题的决定》，继续强调“按照依法自愿有偿原则，允许农民以转包、出租、互换、转让、股份合作等形式流转土地承包经营权，发展多种形式的适度规模经营”[①]。

（2）加快建立土地流转市场

随着土地流转规模的不断扩大，土地流转市场的建立势在必行。2008年10月，党的十七届三中全会通过《中共中央关于推进农村改革发展若干重大问题的决定》，提出加强土地承包经营权流转管理和服务，建立健全土地承包经营权流转市场，有条件的地方可以发展专业大户、家庭农场、农民专业合作社等规模经营主体。[②]鼓励各地依托土地承包管理机构在有条件的地方建立土地承包经营权流转市场，为供需双方提供交易平台和合同签订、价格评估、纠纷调解、政策咨询、流转中介、委托代理等服务。

（3）严格土地流转的条件

土地流转必须坚持“不得改变土地集体所有性质，不得改变土地用途，不得损害农民土地承包权益”的基本前提。

同时，我国还明确了落实最严格的耕地保护制度。2004年的中央一号文件《中共中央、国务院关于促进农民增加收入若干政策的意见》提出，各级政府要切实落实最严格的耕地保护制度。2005年中央一号文件《中共中央、国务院关于进一步加强农村工作提高

① 《中共中央关于推进农村改革发展若干重大问题的决定》，北京：人民出版社，2008年版，第13页。
② 《中共中央关于推进农村改革发展若干重大问题的决定》，北京：人民出版社，2008年版，第13页。

农业综合生产能力若干政策的意见》提出，严格保护耕地。控制非农建设占用耕地，确保基本农田总量不减少、质量不下降、用途不改变，并落实到地块和农户。2008 年 10 月，党的十七届三中全会通过《中共中央关于推进农村改革发展若干重大问题的决定》，强调 18 亿亩的耕地“红线”不能动。2009 年中央一号文件《中共中央、国务院关于 2009 年促进农业稳定发展农民持续增收的若干意见》提出，实行最严格的耕地保护制度和最严格的节约用地制度。2010 年中央一号文件《中共中央、国务院关于加大统筹城乡发展力度进一步夯实农业农村发展基础的若干意见》强调，有序推进农村土地管理制度改革。坚决守住耕地保护“红线”，建立保护补偿机制，加快划定基本农田，实行永久保护。2012 年中央一号文件《中共中央、国务院关于加快推进农业科技创新持续增强农产品供给保障能力的若干意见》提出，加快修改土地管理法，完善农村集体土地征收有关条款，健全严格规范的农村土地管理制度。①

（二）促进农民专业合作社快速发展

农民专业合作社是在农村家庭承包经营基础上，由农产品的生产经营者或者农业生产经营服务的提供者、利用者，自愿联合、民主管理的互助性经济组织。2002—2012 年，我国制定了一系列引导农民自愿建立专业合作社和专业协会政策，促进农业组织化发展。在这一时期，农民专业合作社发展的制度环境明显改善，农村经济合作组织的建设和发展得到了政府各级部门的重视和支持。

---

① 《中共中央、国务院关于加快推进农业科技创新持续增强农产品供给保障能力的若干意见》，《中华人民共和国国务院公报》，2012 年 05 期。

2004—2012 年，党中央多次将发展农民专业合作组织写进中央一号文件。为了提高农业国际竞争力和增加农民收入，各级政府和相关部门支持农民专业合作经济组织的力度也越来越大。在党中央和地方政府的大力扶持下，各种专业合作社数量迅速增加。

这一阶段农村合作社的特点主要包括：第一，在发起方式上主要依赖行政力量和龙头企业的介入，其中合作经济组织由农村能人和专业大户领办；第二，在合作内容方面，主要从事技术、信息等服务方面的农村专业合作社占 20%左右，合作进行农产品加工、销售的组织逐渐增加；第三，在组织内部管理上，有相当部分的合作经济组织在民主管理、利润返还等方面运行不规范，一些合作社实质上就是股份公司。

2006 年 10 月，十届全国人大常委会第二十四次会议通过《中华人民共和国农民专业合作社法》，标志着以农民专业合作社为形式组织起来的农民的民主权利和经济利益有了法律保障。有了法律的保护，农民专业合作社可以更加规范地发展，充分发挥其在提高农业生产和农民增收方面的作用，并推动我国农业生产的集约化和现代化进程。随后，与《中华人民共和国农民专业合作社法》相配套的《农民专业合作社登记管理条例》《农民专业合作社示范章程》《农民专业合作社财务会计制度试行》相继发布并实施。同时，国家和地方政府又陆续制定了一系列扶持农民专业合作社发展的措施，明确了具体的支持政策。从农业部的有关资料来看，这一时期农民专业合作经济组织的省级财政扶持资金累计超过 8 亿元。法律、法规和政策的实施，既规范了农民专业合作社的行为，又极大地改善了农民专业合作社发展的宏观环境。而财政税收等优惠政策的落实，更使农民专业合作社进入了调整、完善和加速发展的新阶段。

2011 年底，全国依法登记注册的农民专业合作社达 52.17 万家，比 2010 年增长 37.62%，出资总额达 7200 亿元，比 2010 年增长 60%。2012 年，我国又新诞生了农民专业合作社 16.7 万家。截至 2012 年底，农民专业合作社实有 68.9 万家，比 2011 年底增长 32.07%，出资总额 1.1 万亿元，增长 52.07%。

我国通过政府订购、定向委托、招投标等方式，扶持农民专业合作社、供销合作社、专业技术协会、农民用水合作组织、涉农企业等社会力量广泛参与农业产前、产中、产后服务；充分发挥农民专业合作社组织农民进入市场、应用先进技术、发展现代农业的积极作用，加大支持力度，加强辅导服务，推进示范社建设行动，促进农民专业合作社规范运行。此外，我国还支持农民专业合作社兴办农产品加工企业或参股龙头企业。农民专业合作社的发展，提高了农业组织化程度，增强了市场竞争力和发展能力。

（三）完善农业产业化经营机制

所谓农业产业化，是以市场为导向，以提高经济效益为中心，以企业为龙头，实行区域化布局，建立专业化生产基地，以基地联结农户，把产供销、贸工农、经科教紧密结合起来，形成一条龙的经营体制。2002—2012 年，我国继续支持农业产业化龙头企业发展，注重完善农业产业化经营组织模式和利益联结机制，促进农业产业化经营健康发展。

长期以来，我国农户组织化程度低，土地流转制度不完善，导致土地与劳动力、资本、技术等不能优化组合。一方面，农户家庭是我国土地经营方式的基础。由于我国农业人口众多、农业资源稀缺形成了农户经营规模超小的局面。另一方面，我国农村土地承包后，规范的土地流转机制尚未建立起来，在流转手续、规范流转程序方面还存在不少问题。特别是由于我国城乡二元体制的存在，致使部分从农业部门转移出去的劳动力流动受到制约，农民的社会保障不健全，土地依然是农民生存和养老的主要保障，因此很多农民在外出打工后依然不愿放弃农村承包的土地，难以割舍与土地的这份“情缘”，只是种着“口粮田”、“应付田”，造成农业的粗放经营，甚至出现良田抛荒的现象。这就造成了农村中一些有能力、想扩大土地经营的种田能手无法通过土地流转实现扩大土地经营的目的。我国的农业组织化程度低，加之土地流转制度的不健全，使农业在生产发展中受到极大的制约。现代农业的发展要求我国必须改变这种经营方式，实现农业产业化发展。

在这一时期，我国在推进农业产业化发展过程中主要致力于两个方面的工作：

（1）我国加大对农业产业化经营的支持力度

2004年以来的中央一号文件均提出了要加快农业产业化经营和发展，并明确了多种支持政策和措施。2008年10月，党的十七届三中全会通过《中共中央关于推进农村改革发展若干重大问题的决定》，提出农业产业化发展的新目标，发展农业产业化经营，就是要促进农产品加工业结构升级，大力扶持龙头企业，培育知名品牌。[①]党中央的政策推动农业产业化的快速发展。在农业产业化经营实践中，各地因地制宜，逐步探索出合同、合作、股份合作等利

① 《中共中央关于推进农村改革发展若干重大问题的决定》，《人民日报》，2008年10月20日。

益联结机制，初步形成“公司+农户”的模式，后逐渐向“公司基地农户”、“专业批发市场中间商农户”、“农民专业合作社成员”、“公司专业农民合作经济组织成员”、“行业协会公司农民专业合作经济组织农户”等多种经营模式转变。在探索农业产业化经营模式过程中，为解决龙头企业与农户的利益关系，形成和完善“利益共享、风险共担”的机制，党中央和国务院积极出台政策：一方面支持龙头企业的发展；另一方面促进农业产业化经营利益联结机制的完善。2004 年中央一号文件提出，“不管哪种所有制和经营形式的龙头企业，只要能带动农户，与农民建立起合理的利益联结机制，给农民带来实惠，都要在财政、税收、金融等方面一视同仁地给予支持”[①]。2008 年中央一号文件《中共中央、国务院关于切实加强农业基础建设 进一步促进农业发展农民增收的若干意见》又提出，“龙头企业要增强社会责任，与农民结成更紧密的利益共同体，让农民更多地分享产业化经营成果”，“鼓励农民专业合作社兴办农产品加工企业或参股龙头企业”[②]。从而使农民从农业产业化经营中获得更多的加工流通增值收益。

（2）大力引导和促进农民专业合作组织的发展

我国农业专业合作组织的存在和发展有效地改变了农民在产业化经营中的弱势地位，使农业产业链中各利益主体间的“利益共享、风险共担”机制更容易实现；农业专业合作组织的存在和发展

① 《中共中央、国务院关于促进农民增加收入若干政策的意见》，《中华人民共和国国务院公报》，2004 年 09 期。
② 《中共中央、国务院关于切实加强农业基础建设 进一步促进农业发展农民增收的若干意见 》，《人民日报》，2008 年 1 月 30 日。

提升了农民的地位，进而使农民在农业产业链中获得平均利润的可能性增强，最终实现了公司和农户的双赢。因此，农民专业合作组织成为这一时期我国农业产业化经营中的重要力量。

三、统筹城乡发展与促进城乡一体化发展

我国自21世纪初解决“三农”问题的努力，与此前有着根本的变化：它是在统筹城乡发展方略和工业反哺农业政策取向下进行的，启动了以二元体制向一元体制转变为内核的促进城乡一体化发展改革，是主动地、全面系统地破解长期以来形成的城乡二元结构。

（一）统筹城乡发展方略的提出

2002年11月，党的十六大首次提出统筹城乡发展方略，明确指出“统筹城乡经济社会发展，建设现代农业，发展农村经济，增加农民收入，是全面建设小康社会的重大任务”[①]。统筹城乡发展方略是解决好中国“三农”问题的新思路，是马克思主义“三农”理论的创新。

2003年1月，中央农村工作会议强调，统筹城乡经济社会发展，充分发挥城市对农村的带动作用和农村对城市的促进作用，实现城乡经济社会一体化发展。2003年10月，党的十六届三中全会通过《中共中央关于完善社会主义市场经济体制若干问题的决定》，提出统筹城乡发展、统筹区域发展、统筹经济社会发展、统

① 江泽民：《全面建设小康社会 开创中国特色社会主义事业新局面——在中国共产党第十六次全国代表大会上的报告》，北京：人民出版社，2002年版，第23页。

筹人与自然和谐发展、统筹国内发展与对外开放的要求。2004年9月，党的十六届四中全会通过《中共中央关于加强党的执政能力建设的决定》，进一步提出推动建立统筹城乡发展、统筹区域发展、统筹经济社会发展、统筹人与自然和谐发展、统筹国内发展与对外开放的有效体制机制。2005年10月，党的十六届五中全会通过《中共中央关于制定国民经济和社会发展第十一个五年规划的建议》，提出“要从社会主义现代化建设全局出发，统筹城乡区域发展。坚持把解决好‘三农’问题作为全党工作的重中之重，实行工业反哺农业、城市支持农村，推进社会主义新农村建设，促进城镇化健康发展”[①]。这使统筹城乡发展的内涵进一步明确。此后，我国始终强调统筹城乡经济社会发展的思想，特别是2010年中央一号文件《中共中央、国务院关于加大统筹城乡发展力度 进一步夯实农业农村发展基础的若干意见》把“统筹城乡发展”作为重中之重。统筹城乡经济社会发展成为新时期中国共产党解决“三农”问题的方略，解决“三农”问题的思路日渐清晰。

此外，《中华人民共和国国民经济和社会发展第十二个五年规划纲要》关于农村发展方面的导向就是统筹城乡发展，建立城乡社会经济一体化的体制机制，实现城乡基本公共服务均等化。

统筹城乡发展方略的确立，将解决“三农”问题放到整个经济社会发展的全局和战略高度，避免了就农业论农业、就农村论农村、就农民论农民的局限，它包含着对城乡二元政策的叫停和促进城乡一体化发展政策的启动，有利于构建起空间更为广阔的解决

① 《中共中央关于制定国民经济和社会发展第十一个五年规划的建议》，北京：人民出版社，2005年版，第6页。

“三农”问题的政策体系，也标志着我国“三农”发展进入新的历史阶段。

（二）促进城乡一体化发展

促进城乡一体化发展是我国现代化发展的一个新阶段。2007 年 10 月，党的十七大提出，“建立以工促农、以城带乡长效机制，形成城乡经济社会发展一体化新格局”。[①] 这是中共中央对统筹城乡发展提出的新方针和新要求，是打破城乡二元结构、加快农业和农村发展、促进农民富裕的根本途径，为推进城乡经济社会协调发展指明了方向。

从党的十六大起至党的十八大前，我国围绕促进城乡一体化发展提出了一系列政策，主要包括以建立覆盖城乡的公共财政制度为标志，加大“三农”财政投入；以取消农业税为标志，实行城乡统一的税赋制度；以实施农村义务教育“两免一补”为标志，实行城乡同等的义务教育制度；以建立新型农村合作医疗制度为标志，实行城乡平等的医疗服务制度；以探索建立农民最低生活保障制度为标志，实行覆盖城乡的社会保障制度；以全面保护农民工权益为标志，实行城乡统一的劳动力市场和公平竞争的就业制度。城乡二元体制向一元体制的转变是国家层面的制度供给。城乡一体化是以国家财政支出能力为基础而由国家主导的制度变迁，需要由农业养育工业向工业反哺农业转变才能实现。

---

① 胡锦涛：《高举中国特色社会主义伟大旗帜 为夺取全面建设小康社会新胜利而奋斗——在中国共产党第十七次全国代表大会上的报告》，北京：人民出版社，2007 年版，第 23 页。

2012年，我国人口总量和城镇人口分别已达135404万人、71182万人，较1978年分别增加40.7%和312.8%；同年，我国城镇化率已达52.6%，较1978年提高34.7个百分点；1979—2012年，城镇化率年均提高1.02个百分点；其中，1996—2012年，我国城镇化率提高速度加快，年均提高1.39个百分点。在全国人口总量持续增加的同时，乡村人口总量自1996年开始连年减少。2012年，全国城镇居民人均可支配收入相当于农村居民人均可支配收入的2.88倍，尽管高于1978年的水平，但较作为此前最高点2007年的3.14倍有明显降低。经过改革开放数十年的发展，至2012年，我国城镇化率显著提高，城镇居民和农村居民收入差距缩小，到党的十八大前夕，推进城乡发展一体化契机已经成熟。

（三）完善农民工政策

农民工现象的出现是中国工业化、城市化过程中人口从第一产业和农村向第二、第三产业和城市转移的过渡形态。随着农民工数量的不断增加，在制度上仍然把这部分群体作为“外来人口”、“暂住人口”对待，他们在城市住房、医疗、子女教育、社会保障、收入等方面面临很多实际困难。

在这一时期，我国农民工政策发生了重大转变，突出体现在进一步敞开城门，确立了城乡劳动者平等就业的政策取向，着力解决城乡劳动力市场分割、农民进城务工的不平等政策等阻碍农民进城务工的问题。党中央高度重视农民工问题，不断清除不合理政策和限制，维护农民工的合法权益，倡导公平对待农民工，不仅促进了传统劳动用工制度的变革，而且冲破了城乡二元体制的束缚，使农民工越来越多地共享社会发展成果，社会地位和利益保障程度得到显著提高，推动我国城乡经济的可持续发展。

（1）建立城乡劳动者平等就业制度

继 2002 年 1 月中共中央、国务院印发的《关于做好 2002 年农业和农村工作的意见》第一次提出“公平对待、合理引导、完善管理、搞好服务”方针后，2003 年 1 月，国务院办公厅发出《关于做好农民进城务工就业管理和服务工作的通知》，提出取消对农民进城就业的不合理限制，切实解决拖欠和克扣农民工工资问题，改善农民工的生产生活条件，做好农民工培训工作，多渠道安排农民工子女就学，加强对农民工的管理。2003 年 10 月，党的十六届三中全会提出，大力发展县域经济，加快城镇化进程，逐步统一城乡劳动力市场，形成城乡劳动者平等就业的制度，为农民创造更多的就业机会。同年 11 月，国务院办公厅发出《关于切实解决建设领域拖欠工程款问题的通知》，全国各地纷纷出台政策，严打拖欠农民工工资行为。2004 年中央一号文件提出，清理和取消针对农民进城就业的歧视性规定和不合理收费，简化农民跨地区就业和进城务工的各种手续，防止变换手法向进城就业农民及用工单位乱收费。2006 年 1 月，国务院印发《关于解决农民工问题的若干意见》，提出做好农民工工作的指导思想、基本原则和政策措施，建立健全县乡公共就业服务网络，为农民转移就业提供就业信息、职业介绍、就业指导和政策咨询等方面的服务。经过三年的努力，到 2006 年，我国基本解决建设领域历史上拖欠工程款和农民工工资的问题；各地偿还拖欠工程款 1834 亿元，占历史拖欠的 98.6%，其中清付农民工工资 330 亿元。

2008 年中央一号文件要求改善农民工进城就业和返乡创业环境，建立统一规范的人力资源市场，形成城乡劳动者平等就业的制度。2008年10月，党的十七届三中全会通过《中共中央关于推进农村改革发展若干重大问题的决定》，更加明确了统筹城乡劳动就业的制度框架，提出统筹城乡劳动就业，加快建立城乡统一的人力资源市场，引导农民有序外出就业，鼓励农民就近转移就业，扶持农民工返乡创业。加强农民工权益保护，逐步实现农民工在劳动报酬、子女就学、公共卫生、住房租购等方面与城镇居民享有同等待遇，改善农民工劳动条件，保障生产安全，扩大农民工工伤、医疗、养老保险覆盖面，尽快制定和实施农民工养老保险关系转移接续办法。[①]

（2）开展培训提高农民工的就业技能

2003年9月，农业部、劳动和社会保障部、教育部、科技部、建设部、财政部六部委联合发布《2003—2010年全国农民工培训规划》，对农民工的培训规划制订了详细的培训目标任务和明确的政策措施，从此农民工的就业服务和培训被纳入公共财政的范畴，党中央和地方各级政府在财政支出中安排专项经费扶持农民工培训工作，用于补贴农民工培训的经费要专款专用。

我国对农民转移就业开展培训并培育新型农民。2003年9月，国务院办公厅转发农业部、劳动和社会保障部、教育部、科技部、建设部、财政部六部委制定的《2003—2010年全国农民工培训规划》，明确中央和地方各级财政在财政支出中安排专项经费，用于农村劳动力转移培训。自2004年3月起，农业部、财政部、劳动和社会保障部、教育部、科技部和建设部共同组织实施对农村

---

①《中共中央关于推进农村改革发展若干重大问题的决定》，北京：人民出版社，2008年版，第18页。

劳动力转移前的非农技能培训且给予补助的“农村劳动力转移培训阳光工程”*（以下简称“阳光工程”）。

*“农村劳动力转移培训阳光工程”指以粮食主产区、劳动力主要输出地区、贫困地区和革命老区为重点，在输出地开展农村劳动力转移就业培训工作。

2004—2006年，中央财政安排“阳光工程”专项资金12.5亿元。在中央财政投入的带动下，各级财政通过专项安排和整合资金等方式加大对“阳光工程”的配套投入，每年仅省级财政安排的农村劳动力转移培训资金就达5亿元以上。“阳光工程”按照“政府推动、学校主办、部门监管、农民受益”的原则，采用“公开招标培训基地、财政资金直补农民、培训保证农民就业”的运作机制，2006年，全国1936个县（市、区、旗、场）面向社会招标认定了8917个培训基地。这些基地中，既有教育、劳动、农业等部门的公办培训学校，也包括一大批优质的民办培训机构，充分体现了“阳光工程”开放合作和充分利用社会资源开展培训的理念。在培训时间上，以短期的职业技能培训为主；在专业设置上，以用工量大的制造、建筑、餐饮、酒店、家政服务等行业为重点；在培训模式上，按照“订单培训”要求，通过“校企联合”、“校校联合”、“校乡联合”等有效形式，提高了培训的针对性。

2006年中央一号文件《中共中央、国务院关于推进社会主义新农村建设的若干意见》提出，建设现代农业，最终要靠有文化、懂技术、会经营的新型农民。为社会主义新农村建设提供智力支撑和人才保障。[①] 从2006年起，农业部、财政部开始组织实施“新型农民科技培训工程”。2007年11月，中共中央办公厅、国务院办公厅印发《关于加强农村实用人才队伍建设和农村人力资源开发的意

① 《中共中央、国务院关于推进社会主义新农村建设的若干意见》，《人民日报》，2006年2月22日。

见》，提出根据新农村建设的总体要求，以繁荣农村经济为重点，全面促进农村经济社会发展，扩大规模，提高素质，优化结构，使农村实用人才总量大幅度增加，农村人力资源整体实力不断增强。

（四）城乡户籍制度改革

之前很长一段时期，我国户籍制度人为地割裂了城乡要素市场，使农业剩余劳动力在很大程度上失去了正常进入城市系统的机会和可能，从制度层面把广大农民排斥在工业化、城市化之外。改革开放后，尽管农民可以进城就业创业，但城乡户籍差别的存在限制了进城农民工在城市安家落户。

进入21世纪，我国把城乡户籍制度改革作为推进城乡一体化发展的重要组成部分，按照严格大城市、放宽中等城市、全面放开小城市的思路，推进城乡户籍制度改革。2004年中央一号文件提出，推进大中城市户籍制度改革，放宽农民进城就业和定居的条件。2006年中央一号文件提出，充分发挥市场配置资源的基础性作用，推进征地、户籍等制度改革，逐步形成城乡统一的要素市场，增强农村经济发展活力。[①]2008年中央一号文件提出，加快大中城市户籍制度改革步伐，探索在城镇有稳定职业和固定居所的农民登记为城市居民的办法。2008年10月，党的十七届三中全会通过《中共中央关于推进农村改革发展若干重大问题的决定》，提出统筹城乡社会管理，推进户籍制度改革，放宽中小城市落户条件，使在城镇稳定就业和居住的农民有序转变为城镇居民。推动流动人

① 《中共中央、国务院关于推进社会主义新农村建设的若干意见》，《人民日报》，2006年2月22日。

口服务和管理体制创新。[①] 2010 年中央一号文件提出，深化户籍制度改革，加快落实放宽中小城市、小城镇特别是县城和中心镇落户条件的政策，促进符合条件的农业转移人口在城镇落户并享有与当地城镇居民同等的权益；多渠道、多形式改善农民工居住条件，鼓励有条件的城市将有稳定职业并在城市居住一定年限的农民工逐步纳入城镇住房保障体系。[②] 2012 年 2 月，国务院办公厅发出《关于积极稳妥推进户籍管理制度改革的通知》，提出继续坚定地推进户籍管理制度改革，落实放宽中小城市和小城镇落户条件的政策。同时，遵循城镇化发展规律，统筹推进工业化和农业现代化、城镇化和社会主义新农村建设、大中小城市和小城镇协调发展，引导非农产业和农村人口有序向中小城市和建制镇转移，逐步满足符合条件的农村人口落户需求，逐步实现城乡基本公共服务均等化。[③]

一系列方针、政策的出台和实施，使我国城乡劳动力市场的制度性分割格局被打破，农民外出务工环境明显改善，有利于农村剩余劳动力向非农产业转移和人口的城镇化，农民工成为中国产业工人的重要组成部分。根据第五次人口普查的结果，我国农民工占第二、第三产业就业人口的份额高达 46.5%。农村剩余劳动力进城务工为促进城市繁荣和推进工业化、城镇化发展发挥了重要作用。随着我国经济的快速增长、乡镇企业的发展、农村城镇化的快速推

① 《中共中央关于推进农村改革发展若干重大问题的决定》，北京：人民出版社，2008 年版，第 18 页。

② 《中共中央、国务院关于加大统筹城乡发展力度 进一步夯实农业农村发展基础的若干意见》，载中共中央文献研究室编：《十七大以来重要文献选编》（上），北京：中央文献出版社，2011 年版，第 350 页。

③ 《国务院办公厅关于积极稳妥推进户籍管理制度改革的通知》，《中华人民共和国国务院公报》，2012 年 07 期。

进、户籍制度的改革，农村人口向城镇转移的进程明显加快。全国城镇人口占总人口的份额，由 2002 年的 39.1%提高到 2012 年的 52.6%，城乡结构发生了历史性变化。

四、工业反哺农业政策的启动

在这一时期，基于我国进入工业化中期的经济社会发展阶段，党和国家启动了工业反哺农业政策，通过调整国民收入分配，将工业部门的剩余回流到农业领域，强化财政对“三农”的支持力度。其中，以取消农业税为核心的农村税费改革是一次具有划时代意义而又影响深远的重大制度变革。

（一）“两个趋向”论断

2004 年 9 月，胡锦涛在党的十六届四中全会上指出，“综观一些工业化国家发展的历程，在工业化初始阶段，农业支持工业、为工业提供积累是带有普遍性的趋向；但在工业化达到相当程度以后，工业反哺农业、城市支持农村，实现工业与农业、城市与农村协调发展，也是带有普遍性的趋向”[①]。

“两个趋向”是对马克思主义关于工农、城乡关系思想的重大发展，为我国进入工业化中期发展阶段实行工业反哺农业、城市支持农村、调整“三农”工作思路和措施，奠定了重要的思想理论基础。

---

① 胡锦涛：《关于工农城乡关系的两个趋向》，《胡锦涛文选》（第二卷），北京：人民出版社，2016 年版，第 247 页。

（二）推动支农政策规范化、制度化

2006年2月，胡锦涛在省部级主要领导干部建设社会主义新农村专题研讨班强调，“解决好农业和农村发展、农民增收问题，仅靠农村内部的资源和力量已经不够，必须在继续挖掘农村内部的资源和力量的同时，充分运用外部的资源和力量，推动国民收入分配向农业和农村倾斜，依靠工业的反哺和城市的支持”①。2008年10月，党的十七届三中全会通过《中共中央关于推进农村改革发展若干重大问题的决定》，提出坚持工业反哺农业、城市支持农村和“多予、少取、放活”的基本方针，创新体制机制，加强农业基础，增加农民收入，保障农民权益，促进农村和谐，充分调动广大农民的积极性、主动性、创造性，推动农村经济社会又好又快发展。②

随着工业反哺农业政策取向的确立，我国对财政“三农”的支持力度不断强化。中央财政“三农”支出由2002年的1925亿元，增加到2012年的13799亿元。③2003—2012年，中央财政“三农”投入累计超过6万亿元。这十年间，在总量上，中央财政“三农”投入从2144亿元增加到12286.6亿元，翻了两番多；在速度上，中央财政“三农”投入年均增长21%，高于同期财政支出年均增长4.5个百分点；在比重上，中央财政“三农”投入占财政支出的

① 胡锦涛：《关于工农城乡关系的两个趋向》，《胡锦涛文选》（第二卷），北京：人民出版社，2016年版，第248页。
② 《中共中央关于推进农村改革发展若干重大问题的决定》，北京：人民出版社，2008年版，第8页。
③ 《关于2012年中央和地方预算执行情况与2013年中央和地方预算草案的报告——2013年3月5日在第十二届全国人民代表大会第一次会议上》，《中国财政》，2013年07期。

比重从13.7%提高到19.2%。[①]

我国不仅强化财政对“三农”的支持力度，还开启国家对农民实行一系列直接补贴政策，逐步形成一个围绕粮食生产、农民增收和生态环境保护等目标，综合补贴和专项补贴相结合的直接补贴政策体系。2002年，我国启动了对农民购买使用良种给予补贴的政策，以鼓励良种的推广应用。从2004年开始，我国将此前主要用于流通环节补贴的粮食风险基金，从中拿出一部分直接补贴给种粮农民，以调动农民种粮的积极性；实施农具购置补贴政策，以鼓励农民购买先进农机具，促进农机化发展和提高农业生产的物质装备水平。从2006年开始，针对农业生产资料价格大幅度上涨影响种粮农民收益的问题，我国以燃油价格调整为契机，开始建立农业生产资料涨价综合直接补贴制度，对种粮农民因化肥、农药、农用柴油等农业生产资料价格上涨带来的损失予以补偿。2009年4月，国务院常务会议决定，启动实施马铃薯原种补贴，中央财政对马铃薯原种生产给予每亩补贴100元。

在对农民实施农业补贴的同时，我国还实施家电、汽车下乡补贴。自2007年12月起，我国先后在山东、河南、四川3省开展家电下乡试点；自2009年2月起，家电下乡在全国推广；自2009年3月起，汽车、摩托车下乡在全国实施。家电、汽车下乡补贴政策的实施，不仅是一项改善民生的惠农政策，还是扩大内需、拉动消费以应对国际金融危机冲击的重大举措。2010年中央一号文件提出，完善农业补贴制度和市场调控机制；坚持对种粮农民实行直接补贴，增加

① 《财政部：中央财政“三农”投入年均增21%》，《经济参考报》，2012年12月30日。

良种补贴，扩大马铃薯补贴范围，启动青稞良种补贴，实施花生良种补贴试点；加强对农业补贴对象、种类、资金结算的监督检查，确保补贴政策落到实处，不准将补贴资金用于抵扣农民交费。[①] 2012年中央一号文件提出，按照增加总量、扩大范围、完善机制的要求，继续加大农业补贴强度，新增补贴向主产区、种养大户、农民专业合作社倾斜；提高对种粮农民的直接补贴水平。落实农资综合补贴动态调整机制，适时增加补贴。加大良种补贴力度；扩大农机具购置补贴规模和范围，进一步完善补贴机制和管理办法。[②] 对农民实施补贴政策，让广大农民喜出望外。对农民实行直接补贴，不仅具有重大的经济意义，还有利于和谐社会的构建，具有重大的政治意义。从党的十六大起，中央财政涉农补贴种类不断增加，范围逐渐扩大，标准日益提高，到2012年形成了包含直接补贴、造林补贴、家电下乡补贴等四项在内的补贴政策体系，其中，2012年对农民的粮食直补、农资综合补贴、农作物良种补贴、农机购置补贴支出1700.55亿元。[③]

此外，我国还推进征地制度改革试点，规范征地程序，提高补偿标准，健全对被征地农民的社会保障制度，建立征地纠纷调处裁决机制。对未履行征地报批程序、征地补偿标准偏低、补偿不及时足额到位、社会保障不落实的，坚决不予报批用地。

---

① 《中共中央、国务院关于加大统筹城乡发展力度 进一步夯实农业农村发展基础的若干意见》，载中共中央文献研究室编：《十七大以来重要文献选编》（上），北京：中央文献出版社，2011年版，第339页。

② 《中共中央、国务院关于加快推进农业科技创新持续增强农产品供给保障能力的若干意见》，《中华人民共和国国务院公报》，2012年05期。

③ 《关于2012年中央和地方预算执行情况与2013年中央和地方预算草案的报告——2013年3月5日在第十二届全国人民代表大会第一次会议上》，《中国财政》，2013年07期。

（三）农村税费改革

进入21世纪，我国启动了农村税费改革，这是一场党中央主动发起的关于调整国家与农民经济关系的重大变革。在农村税费改革之前，我国农业生产方面的税种有农业税、农业特产税、屠宰税和牧业税等。其中，农业税是国家对一切从事农业生产、有农业收入的单位和个人征收的一个税种；农业特产税是从农业税中分离出来的，税率大多在15%以上；屠宰税是在发生屠宰行为时向屠宰单位和个人征收的一个税种；牧业税则是国家对牧业区、半农半牧业区牧养牲畜，从事畜牧生产，有畜牧业收入的单位和个人征收的一个税种。为了彻底解决农民负担重的问题，需要将城乡二元税制转变为城乡一元税制，从根本上调整国家与农民之间的利益分配关系，以取消农业税为核心的农村税费改革成为必然。

21世纪初期，我国农村税费改革主要是正税清费，取消乡统筹、农村教育集资等专门面向农民征收的行政事业性收费和政府性基金、集资，取消屠宰税，取消统一规定的劳动积累工和义务工；调整农业税和农业特产税；改革村提留征收使用办法。规范农村收费管理，精简乡镇机构和压缩人员，改革和完善县乡财政管理体制，建立健全农民负担监督机制。

在这一时期，我国农村税费改革是在前期规范农村税费制度基础上，逐步取消农业税的。2004年12月，中央经济工作会议指出，我国总体上已到了以工促农、以城带乡的发展阶段，取消农业税已具备了条件。2004年3月，十届全国人大二次会议的《政府工作报告》宣布："从今年起，逐步降低农业税税率，平均每年降低 1 个百分点，5 年内取消农业税。[1]”2004 年 7 月，全国农村税费改革试点工作会议宣布，党中央决定从 2004 年起全面取消农业特产税，推进减征、免征农业税改革试点，用 5 年时间在全国范围内全面取消农业税，同时推进综合配套改革。2005 年为了加快降低农业税税率的步伐，我国鼓励有条件的省区市自主进行免征农业税试点，全面取消牧业税。此后，财政部提出在黑龙江、吉林两省进行免征农业税改革试点，1 个粮食主产省区的农业税税率降低 3 个百分点，其余省份农业税税率降低 1 个百分点，同时鼓励沿海及其他有条件的省份先行改革。上海、北京、天津、浙江、福建 5 个省市宣布自主免征或基本免征农业税。2005 年 12 月，十届全国人大常委会第十九次会议通过《全国人民代表大会常务委员会关于废止〈中华人民共和国农业税条例〉的决定》，实施了近 50 年的《中华人民共和国农业税条例》被废止，一个历史延续的税种宣告终结。

为了保障农村税费改革的顺利进行，我国还制定了相应的配套政策，主要包括加大中央和省两级财政的转移支付力度，对农村税费改革提供必要的财力保障。对农村税费改革后出现的乡村收支缺口，在地方精简机构、削减开支、调整支出结构的基础上，通过中央和省两级转移支付的办法予以适当补助。积极推进乡镇机构、农村义务教育体制、乡镇财政体制等农村综合改革，精简乡镇机构和人员、转变乡镇政府职能、建立健全财权与事权相匹配的财政管理体制、完善财政转移支付制度、增强基层政府公共产品和公共服务的供给能力，进而保障农村税费改革的顺利实施。2007 年中央一

① 温家宝：《政府工作报告——2004 年 3 月 5 日在第十届全国人民代表大会第二次会议上》，北京：人民出版社，2004 年版，第 37 页。

号文件还提出，中央和省级财政要安排一定资金，对地方推进农村综合改革给予奖励补助。[①]

农村税费改革是一次具有划时代意义而又影响深远的重大制度变革，使我国的农业税收制度发生了根本性的变革。这次改革消除了现代社会中不应由农民承担的不合理赋税，使国家、集体与农民分配关系发生根本性变化。这一改革降低了农业生产经营成本，提高了农业效益和农产品市场竞争力，有利于增加农民收入。

农村税费改革的实施，为构建服务型政府奠定了制度基础。农村税费改革前，乡镇政府的重要任务之一是向农民收取农业税，收取统筹提留款，催促农民完成粮食定购任务等。农村税费改革后，基层政府开始由收取税费向更多地提供社会管理和公共服务、向为各类市场主体提供良好的政策环境转变。这不仅把乡村基层干部从向农民催收粮款的繁重事务中解脱出来，还有利于促进基层政府把更多的精力放到履行社会管理、提供更多更好的公共产品和公共服务上来。通过这一职能的转变，改善了政府在农民心目中的形象，有效缓解了干群矛盾，促进了和谐社会的构建。

随着工业反哺农业政策的实施，我国加大对农业的政策支持，促进农业综合生产能力提高，建立起粮食生产持续稳定发展长效机制，粮食生产战胜多种困难和风险挑战，实现粮食总产不断创造历史新高。2004—2012 年，我国粮食连续九年增产，粮食生产能力迈上一个新台阶。

---

① 《中共中央、国务院关于积极发展现代农业扎实推进社会主义新农村建设的若干意见》,《人民日报》，2007 年 1 月 30 日。

五、建设社会主义新农村

社会主义新农村建设是全面建设小康社会的重大战略性举措，是解决 21 世纪初“三农”问题的总抓手。

（一）社会主义新农村建设的提出

改变农村的落后面貌是中国共产党始终为之奋斗的目标。新中国成立之初到党的十六届五中全会之前，党中央和国务院就非常明确地提出建设社会主义新农村的概念，并不断为社会主义新农村建设而努力。2005 年 10 月，党的十六届五中全会审议通过《中共中央关于制定国民经济和社会发展第十一个五年规划的建议》，提出建设社会主义新农村是我国现代化进程中的重大历史任务，要按照生产发展、生活宽裕、乡风文明、村容整洁、管理民主的要求，扎实稳步地加以推进；要统筹城乡经济社会发展，推进现代农业建设，全面深化农村改革，大力发展农村公共事业，千方百计增加农民收入。[①] 从此，全面推进社会主义新农村建设的历程正式启动。

2006 年中央一号文件围绕社会主义新农村建设“20 字”要求，作出了全面系统阐述，要求切实把建设社会主义新农村的各项任务落到实处，加快农村全面小康和现代化建设步伐。文件从八个方面具体阐述了建设社会主义新农村的基本途径和主要措施，包括统筹城乡经济社会发展，扎实推进社会主义新农村建设；推进现代农业建设，强化社会主义新农村建设的产业支撑；促进农民持续增收，

① 《中共中央关于制定国民经济和社会发展第十一个五年规划的建议》，北京：人民出版社，2005 年版，第 8 页。

夯实社会主义新农村建设的经济基础；加强农村基础设施建设，改善社会主义新农村建设的物质条件；加快发展农村社会事业，培养推进社会主义新农村建设的新型农民；全面深化农村改革，健全社会主义新农村建设的体制保障；加强农村民主政治建设，完善建设社会主义新农村的乡村治理机制；切实加强领导，动员全党全社会关心、支持和参与社会主义新农村建设。[①] 文件丰富了社会主义新农村建设的内涵，清晰了社会主义新农村建设的思路和目标，成为社会主义新农村建设的奋斗目标和行动纲领。

在经历三年实践的基础上，2008 年 10 月，党的十七届三中全会进一步强调把建设社会主义新农村作为战略任务，并提出到 2020 年农村改革发展基本目标任务：农村经济体制更加健全，城乡经济社会发展一体化体制机制基本建立；现代农业建设取得显著进展，农业综合生产能力明显提高，国家粮食安全和主要农产品供给得到有效保障；农民人均纯收入比 2008 年翻一番，消费水平大幅提升，绝对贫困现象基本消除。[②] 这使推进社会主义新农村建设的目标及其实现路径更为明确。

从党的十六届五中全会起，建设社会主义新农村成为新的“三农”发展目标，成为集“重中之重”、统筹城乡发展方略、工业反哺农业和“多予、少取、放活”等强农惠农富农政策于一体的新的政策取向，以及解决“三农”问题、坚持以人为本而实现农民全面

① 《中共中央、国务院关于推进社会主义新农村建设的若干意见》，《人民日报》，2006 年 2 月 22 日。

② 《中共中央关于推进农村改革发展若干重大问题的决定》，北京：人民出版社，2008 年版，第 8 页。

发展的新的切入点和总抓手。

“生产发展、生活宽裕、乡风文明、村容整洁、管理民主”描绘了社会主义新农村的美好愿景，成为新农村建设的目标方向。

（1）“生产发展”是新农村建设的物质基础和前提

经济是基础，发展是第一要务，新农村建设必须以经济建设为中心，只有农村生产力的不断解放和发展，才能为新农村建设提供必要的物质基础和保障，才能为农民提高物质生活水平、文化生活水平和社会事业的全面发展奠定坚实的基础。解放和发展农村生产力，是建设社会主义新农村的根本任务。“生产发展”就是要针对制约农村生产力发展的突出问题，加强粮食综合生产能力建设，加快农业科技进步，加强农村基础设施建设，加快农业增长方式的转变，走出一条中国特色的农业现代化道路。

（2）“生活宽裕”是新农村建设的根本目的

生活宽裕是要使农民的生活水平不断提高，这不仅包括农民衣食住行、生老病死的基本生活保障，更主要的是强调农民在文化、教育、体育、休闲娱乐、社会保障等更高层次上的发展问题。生产发展是前提，最主要的是通过生产发展，使农民收入持续增加，让农民的生活水平不断提高，让广大农民和城市居民共同分享改革发展的成果，这是新农村建设的目的。为此，我国采取多种措施，广辟农民增收渠道，形成农民增收的长效机制，加强国家对农业和农民的支持保护体系，有效保护农民的收益，实行扶贫开发，实现农村较均衡发展。

（3）“乡风文明”为新农村建设提供思想保证、精神动力和智力支持

文明的乡风，包括深厚的传统文化、良好的道德风尚、文明的

风俗习惯、健康的生活方式、和谐的人际关系。这一切的建立是通过培育和造就新型农民而实现的。新型农民是建设社会主义新农村的主体，他们素质的高低直接决定了乡村的文明程度。通过加快发展农村教育事业造就一批有文化、懂技术、会经营的新型农民，提高农民的基本素质，通过农村公共文化服务体系的建设和发展，开展农民喜闻乐见的健康的文化活动，通过群众性精神文明活动的开展倡导健康文明向上的新风貌。

（4）“村容整洁”是新农村建设的基本要求和名片

“村容整洁”是“生产发展、生活宽裕、乡风文明”的外在表现。整洁的村容给人们带来良好的生活环境，也提升农民的生活质量，吸引投资，促进生产发展。所以新农村建设要做好农村发展规划，合理布局居住区、农业区、工业区和田园风光区，加强生态保护和环境建设，保证饮水安全，环境优美。但在村容建设中要防止形象工程和形式主义。

（5）“管理民主”是新农村建设的有力保证

“管理民主”就是要尊重农民的主体地位，尊重农民的首创精神，实行民主管理，让农民真正当家做主，不断提升农民自我教育、自我管理的能力，使广大农民真正享有知情权、参与权、选举权、被选举权和监督权。为此，政府通过规划引导、政策扶持、典型示范等动员农民参与到新农村建设中，不能强迫命令，更不能包办代替；在项目决策中要运用好“一事一议”民主决策机制，遇事要与群众商量，按民主决策程序办事；要完善村民自治机制，不断推进村务公开、基层政务公开，使农民成为新农村建设的主人。

（二）促进农村基础设施建设

从党的十六大起至党的十八大期间，农村基础设施建设大体可划分为两个阶段。第一个阶段，从党的十六大起至党的十六届五中全会前，在统筹城乡发展方略下，我国对“三农”的财政支出明显增加，以“六小工程”*为主体的农村中小型基础设施建设成为国家公共财政投入的重点领域。“六小工程”建设稳步实施，对改善农民生产生活条件、带动农民就业、增加农民收入发挥着积极作用。第二个阶段，自党的十六届五中全会起至党的十八大之前，随着社会主义新农村建设的展开和公共财政覆盖城乡政策的实施，农村基础设施建设快速推进。2006年中央一号文件提出，把国家对基础设施建设投入的重点转向农村。这是国家基础设施建设投入政策的重大变化，由此农村基础设施建设进入新阶段。2006年中央一号文件还提出，有条件的地方，可发展集中式供水，提倡饮用水和其他生活用水分质供水。从2006年起，大幅度增加农村沼气建设投资规模，有条件的地方，加快普及户用沼气，支持养殖场建设大中型沼气。加强小水电开发规划和管理，扩大小水电代燃料试点规模。引导农民自愿出资出劳，开展农村小型基础设施建设，有条件的地方可采取以奖代补、项目补助等办法给予支持。按照建管并重的原则，逐步把农村公路等公益性基础设施的管护纳入国家支持范围。[1] 2007—2012年，历年中央一号文件都强调加大国家公共财政对农业基础设施建设的投入，主要包括：提出健全城乡统一的生产

* “六小工程”包括：节水灌溉、人畜饮水、乡村道路、农村沼气、农村水电、草场围栏。

① 《中共中央、国务院关于推进社会主义新农村建设的若干意见》，《人民日报》，2006年2月22日。

要素市场，引导资金、技术、人才等资源向农业和农村流动，逐步实现城乡基础设施共建共享、产业发展互动互促；以农业农村基础设施建设为重点，加大对“三农”的投入支持力度；以主产区为重点，加强粮食和农业综合生产能力建设；加强农田水利建设。

在全面推进社会主义新农村建设中，农村基础设施成为社会主义新农村建设的切入点和主要抓手，我国大幅增加农村基础设施建设财政投入，农村道路、水利、电力、通信等基础设施建设快速改善。

（三）促进农村社会事业发展

发展农村社会事业是全面建设小康社会的重要任务。2003 年 1 月，中共中央、国务院发布《关于做好农业和农村工作的意见》，首次明确把农村社会事业发展纳入财政支持范围，并规定国家每年新增教育、卫生、文化等事业经费，主要用于农村，逐步缩小城乡社会事业发展的差距，这在推进城乡二元财政支出制度向一元制度转变上迈出了重要一步。2008 年 10 月，党的十七届三中全会通过《中共中央关于推进农村改革发展若干重大问题的决定》，提出新的目标和要求：“建设社会主义新农村，形成城乡经济社会发展一体化新格局，必须扩大公共财政覆盖农村范围，发展农村公共事业，使广大农民学有所教、劳有所得、病有所医、老有所养、住有所居。①”从党的十六大到党的十八大，我国围绕着农村教育、卫生、文化、社会保障等方面制定和实施了一系列行之有效的政策举措。

① 《中共中央关于推进农村改革发展若干重大问题的决定》，北京：人民出版社，2008 年版，第 28 页。

1. 在农村教育事业上，城乡二元制度向一元制度改革实现重大突破

（1）将农村义务教育全面纳入公共财政范围

在城市中小学就学的农民工子女，负担的学校收费项目和标准与当地学生一视同仁，不再收取借读费、择校费或要求农民工捐资助学及摊派其他费用。2006 年，我国启动了农村义务教育经费保障机制改革，将农村义务教育全面纳入公共财政保障范围，逐步建立中央和地方分项目、按比例分担的农村义务教育经费保障机制。这一体制机制的改革，初步建立起政府分级负责的农村义务教育经费保障机制，改变了农村义务教育由乡镇政府和农民办的情况，开启了农村义务教育经费供给的城乡一体化进程。

在新的农村教育体制下，国家财政对农村教育的支出快速增加，其中减免学生费用和改善办学条件取得明显进展。在减免学生费用上，2005 年，我国决定在中西部地区国家扶贫工作重点县对义务教育阶段的贫困家庭子女实行“两免一补”*政策。2007 年中央一号文件规定，全国农村义务教育阶段学生全部免除学杂费，对家庭经济困难学生免费提供教科书并补助寄宿生生活费，有条件的地方可扩大免、补实施范围。[①] 2008 年中央一号文件进一步规定，对全部农村义务教育阶段学生免费提供教科书，提高农村义务教育阶段家庭经济困难寄宿生生活费补助标准，扩大覆盖面，提高农村中小学

* “两免一补”指免费提供教科书、免收杂费和对寄宿生补助生活费。

① 《中共中央、国务院关于积极发展现代农业扎实推进社会主义新农村建设的若干意见》，《人民日报》，2007 年 1 月 30 日。

公用经费和校舍维修经费补助标准，加大农村薄弱学校改造力度。[①]农村义务教育“两免一补”的实施，实现了真正意义上的免费义务教育。党的十七届三中全会通过的《中共中央关于推进农村改革发展若干重大问题的决定》又将农村中等职业教育纳入免费范畴。

（2）采取多种措施，加强农村教师队伍建设

在这一时期，党中央、国务院始终高度关注农村教师的成长。一是推出了师范生免费教育的政策。从 2007 年秋季开始，6 所教育部直属师范大学招收免费师范生，4 年累计招收免费师范生 4.6 万人，首届 1 万余名毕业生全部落实到中小学任教，90%以上到中西部中小学任教。二是启动实施了“中小学教师国家级培训计划”。2010 年，中央财政安排专项资金 5.5 亿元，培养中小学教师 115 万人，其中农村教师占 95.6%。三是实施鼓励高校毕业生到农村任教的“特岗计划”。2006—2011 年，我国招聘近 30 万名特岗教师到中西部 22 个省区市 3 万多所农村学校任教，服务期满特岗教师的留任比例连续两年达到 87%。[②]四是在义务教育学校率先实施绩效工资制度。绩效工资实施后，农村教师工资增长 34%。五是实施边远艰苦地区农村学校教师周转宿舍建设。2010 年，党中央投入 20 亿元，建设周转宿舍 4 万套。[③]通过实施农村义务教育学校教师特设岗位计划、师范生免费教育和农村学校教育硕士师资培养计划等措施，使农村教师队伍建设得到很大的改善。

---

① 《中共中央、国务院关于切实加强农业基础建设 进一步促进农业发展农民增收的若干意见》,《人民日报》，2008 年 1 月 30 日。

② 许涛:《加强农村教师队伍建设为促进教育公平提供坚实保障》,《光明日报》，2011 年 9 月 7 日。

③ 温家宝:《一定要把农村教育办的更好》,《人民日报》，2011 年 9 月 9 日。

2. 在农村卫生事业上，启动城乡一体化进程

（1）推进新型农村合作医疗制度实施和卫生服务体系建设

从 2003 年下半年起，我国开展了以个人缴费、集体补助、政府资助相结合的新型农村合作医疗试点工作，中央财政对中西部地区除市辖区以外的参加新型农村合作医疗的每个农民每年给予 10 元补助，地方财政也按不低于 10 元的标准给予补助，农民个人出 10 元，用于农民大病统筹。2006 年，国家扩大试点范围，中央财政和地方财政分别将补助标准提高到 20 元，并提出用三年时间基本普及新型农村合作医疗制度。2008 年，在全国普遍建立新型农村合作医疗制度，提高国家补助标准，适当增加农民个人缴费，规范基金管理，完善补偿机制，扩大农民受益面，完善农村医疗救助制度。从 2003 年新型农村合作医疗实施后，各级财政对新型农村合作医疗的补助标准逐年增加，2009 年至 2011 年全国各级财政共安排城镇居民医保和新型农村合作医疗补助资金 4328 亿元，其中中央财政 1732 亿元，保证了新型农村合作医疗政策的落实。2011 年，新型农村合作医疗参保人数达到了 8.32 亿人，新型农村合作医疗覆盖 97%的农民。[①]

（2）加强农村卫生服务体系和农村卫生防疫体系的建设

2008 年中央一号文件提出，加强农村卫生服务网络建设和药品监管，规范农村医疗卫生服务。加大农村传染病和地方病防治力度。优先在农村落实扩大免费预防接种范围的政策。[②] 在这一时期，

---

① 李红梅：《用“中国办法”造福百姓》，《人民日报》，2012 年 4 月 7 日。

②《中共中央、国务院关于切实加强农业基础建设 进一步促进农业发展农民增收的若干意见》，《人民日报》，2008 年 1 月 30 日。

我国农村公共卫生防疫体系的建设得到强化。2008 年 10 月，党的十七届三中全会通过《中共中央关于推进农村改革发展若干重大问题的决定》，进一步提出坚持政府主导，整合城乡卫生资源，建立健全农村三级医疗卫生服务网络，重点办好县级医院并在每个乡镇办好一所卫生院，支持村卫生室建设，向农民提供安全价廉的基本医疗服务。[①]

3. 在农村文化事业上，进一步加强农村文化体系建设

党中央、国务院明确提出构建公共文化服务体系以维护和实现公民基本文化权益的执政理念。在提出建设社会主义新农村的重大历史任务之后，我国农村文化建设力度进一步加大。2007 年 10 月，党的十七大提出，“重视城乡、区域文化协调发展，着力丰富农村、偏远地区、进城务工人员的精神文化生活”[②]。2011 年 10 月，党的十七届六中全会通过《中共中央关于深化文化体制改革推动社会主义文化大发展大繁荣若干重大问题的决定》，强调加强农村地区和中西部贫困地区公共文化服务体系建设，加快推进基本公共文化服务均等化。[③]

（1）深入实施文化惠民工程

实施文化惠民工程，是构建公共文化服务体系、推动公共文化服务均等化的重要途径。我国以农村和中西部地区为重点，加强县级文化馆和图书馆，乡镇综合文化站、村文化室建设，深入实施广

① 《中共中央关于推进农村改革发展若干重大问题的决定》，北京：人民出版社，2008 年版，第 31 页。

② 胡锦涛：《高举中国特色社会主义伟大旗帜 为夺取全面建设小康社会新胜利而奋斗——在中国共产党第十七次全国代表大会上的报告》，北京：人民出版社，2007 年版，第 35 页。

③ 《中共中央关于深化文化体制改革推动社会主义文化大发展大繁荣若干重大问题的决定》，《人民日报》，2011 年 10 月 26 日。

播电视村村通、文化信息资源共享、农村电影放映室、农家书屋等文化惠民工程，扩大覆盖、消除盲点、提高标准、完善服务、改进管理。在这一时期，我国农村公共文化体系建设取得了显著成效，广播电视村村通工程已覆盖全部行政村和20户以上通电自然村，全国文化信息资源共享工程已覆盖75%的行政村，农村电影放映工程年放映量达800万场。[①] 此外，我国还加大农家书屋布点密度，加快覆盖全部行政村并延伸到自然村寨。截至2011年底，我国已建成农家书屋50.5万家，覆盖全国84%的行政村，惠及数亿人。农家书屋的标准配置是每家不少于1200个品种、1500册图书，20种报刊，100种电子音像制品，各地普遍高于配置标准。[②]

（2）丰富农村文化生活

扶持农村题材文化产品创作生产，开展农民乐于参与的文化活动，建立文化科技卫生“三下乡”长效机制，支持农民兴办演出团体和其他文艺团体，引导城市文化机构到农村拓展服务。

4. 在农村社会保障上，我国开始探索最低社会保障、养老制度

农村最低生活保障制度是对家庭年人均纯收入低于当地最低生活保障标准的农村居民，由国家按最低生活保障标准发放保障金，进行差额补助，以保证他们基本生活的救助制度。这项制度最先于1994年在上海市开始实施。1996年，民政部发布《关于加快农村社会保障体系建设的意见》和《农村社会保障制度建设指导方案》，强调要将农村社会保障体系建设的重点放在建立农村最低生活保障制度上。但1997年以后由于各种原因的影响，这项工作没有很好

---

① 《免费的文化“大餐”会更多》，《人民日报》，2011年11月11日。

② 《从最初试点到全面覆盖，农家书屋惠及数亿人》，《光明日报》，2012年7月4日。

地开展起来。

农村最低生活保障制度的建立，构筑起农民基本生活的一道保障线。2003 年 10 月，党的十六届三中全会通过《中共中央关于完善社会主义市场经济体制若干问题的决定》，提出农村养老保障以家庭为主，同社区保障、国家救济相结合。一些有条件的地方积极开展探索建立个人缴费、集体补助、政府补贴相结合的新型农村养老保险试点工作，重点解决被征地农民、进城务工经商农民、小城镇农转非人员和农村计划生育对象的养老保险问题。2007 年中央一号文件要求在全国范围建立农村最低生活保障制度。同年 7 月，国务院下发《关于在全国建立农村最低生活保障制度的通知》，就农村最低生活保障制度的实施作出具体规定。2008 年中央一号文件进一步提出，探索建立农村养老保险制度，鼓励各地开展农村社会养老保险试点。[①] 2008 年 10 月，党的十七届三中全会通过《中共中央关于推进农村改革发展若干重大问题的决定》提出完善农村最低生活保障制度，加大中央和省级财政补助力度，做到应保尽保，不断提高保障标准和补助水平。进一步规定按照个人缴费、集体补助、政府补贴相结合的要求，建立新型农村社会养老保险制度。创造条件探索城乡养老保险制度有效衔接办法。[②] 2009 年中央一号文件提出，抓紧制定指导性意见，建立个人缴费、集体补助、政府补贴的新型农村社会养老保险制度；加大中央和省级财政对农村最低生活

① 《中共中央、国务院关于切实加强农业基础建设 进一步促进农业发展农民增收的若干意见》,《人民日报》, 2008 年 1 月 30 日。

② 《中共中央关于推进农村改革发展若干重大问题的决定》, 北京：人民出版社, 2008 年版，第 32 页。

保障补助力度，提高农村低保标准和补助水平；加快研究解决农垦职工社会保障问题。[①] 2009 年 6 月，国务院常务会议就开展新型农村社会养老保险试点进行了研究部署，明确以“保基本、广覆盖、有弹性、可持续”为新型农村社会养老保险制度的基本原则，决定 2009 年在全国 10%的县（市、区）开展新型农村社会养老保险试点。同时，还安排了新型农村社会养老保险制度与家庭养老、土地保障、社会救助等其他社会保障政策的配套衔接工作，逐步推进基本公共服务均等化。经过几年的努力，我国农村最低生活保障制度基本建立，全面覆盖有农业人口的县（市、区），向应保尽保迈进。截至 2011 年底，全国 27 个省、自治区的 1914 个县（市、区、旗）和 4 个直辖市部分区县纳入国家新型农村社会养老保险试点，总覆盖面约为 60%。全国共计 3.58 亿人参加新型农村社会养老保险，试点地区共有 8922 万人领取新型农村社会养老保险金。[②] 自 2012 年 7 月 1 日起，人力资源和社会保障部与财政部在全国范围内启动城乡居民养老保险全覆盖工作。实现职工养老、新型农村社会养老保险、城镇居民养老在内的养老保险制度覆盖全部地区和人口，几千年来中国人“老有所养”的愿望初步得以实现。

在这一时期，我国从解决“三农”问题、破除城乡二元结构并形成城乡经济社会一体化发展新格局、建设社会主义新农村出发，开始建立覆盖城乡的公共财政，把“三农”发展全面纳入公共财政范围，特别是将公共财政逐步扩大到农村社会事业。这些政策取向

---

① 《中共中央、国务院关于 2009 年促进农业稳定发展农民持续增收的若干意见》，《中华人民共和国国务院公报》，2009 年 02 期。

② 《2011 年全国社会保险情况》，人社部网站，2012 年 8 月 2 日。

的确立，使长期实施的农村建设单纯靠农民投资投劳的政策成为封存的历史，覆盖城乡公共财政的政策框架初步初显。到2012年，中央财政用于促进农村教育、卫生等社会事业发展支出6051.12亿元。[①]农村社会事业发展支出将近占到“三农”支出的半壁江山。[②]促进农村社会事业发展、社会保障政策取向的确立及具体政策措施的实施，标志着我国在破除城乡二元结构、实现基本公共服务均等化、促进社会公平上迈出了坚实的步伐。

第三节　农业改革成绩稳步向前

一、农业综合生产能力稳步提高，农民收入持续增长

2004—2011年，我国粮食产量连续8年实现增产，粮食安全得到可靠保障。2011年，我国粮食产量快速增加到57121万吨。[③]其中，2008—2011年，我国粮食总产量连续创下历史最高纪录。棉花、油料、糖料、肉类、禽蛋、奶产量实现新的突破，各种农产品市场供应丰富。

这一时期，在多种因素的共同作用下，我国农民收入实现了持

---

① 《关于2012年中央和地方预算执行情况与2013年中央和地方预算草案的报告——2013年3月5日在第十二届全国人民代表大会第一次会议上》，《中国财政》，2013年07期。

② 《财政部：中央财政“三农”投入年均增21%》，《经济参考报》，2012年12月30日。

③ 国家统计局综合司：《新世纪实现新跨越　新征程谱写新篇章——从十六大到十八大经济社会发展成就系列报告之一》，《中国经济导报》，2012年9月18日。

续较快增长，每年增速均超过6%。农民收入的结构发生了重要变化，增收渠道更加多元化，形成工资性收入为主导的收入来源结构。外出务工已成为农民增加收入的重要来源。工资性收入占农民人均纯收入的比重由2005年的36%提高到2010年的41%；2005年至2010年工资性收入对农民增收的平均贡献达到47.2%。农民工工资收入的持续增长，已经成为缩小城乡收入分配差距的重要途径。随着农民收入的增加和农村市场流通条件的改善，在国家扩大农村消费政策的刺激下，农村消费需求明显上升，农民的生活水平不断提高。

二、农村社会事业加快发展，强农惠农政策不断强化

这一时期，在农村社会事业发展方面，一是全面推行农村义务教育“两免一补”政策，农村义务教育取得突破性进展。二是2003年开始试点农村新型合作医疗，2007年全面建立农村最低生活保障制度，2009年开始推进新型农村养老保险试点，这三项制度在2012年已全部实现了全覆盖，农村五保供养等其他针对特定群体的社会保障制度也得到了迅速发展和完善，政府对农村居民的社会保障责任逐渐回归，我国现代农村社会保障主体框架逐步形成。三是农村水、电、路、气、网等基础设施建设取得显著进展。

在强农惠农政策方面，一是为保证粮食市场供应、保护种粮农民利益，我国自2004年以来对稻谷和小麦实施最低收购价政策，并逐年大幅提高粮食最低收购价。2008年，针对部分农产品价格下跌和“卖难”问题，我国在主产区对玉米、大豆、油菜籽等实施

临时收储措施。二是对农业的各项补贴制度逐步建立。2002年，我国启动大豆良种补贴政策试点，补贴品种已扩大到水稻、小麦、玉米、油菜、棉花、马铃薯、花生、青稞等，其中水稻、小麦、玉米和棉花的良种补贴实现全覆盖。2004年，为加快农业机械化进程，建立农机具购置补贴，我国对农民购置先进适用的农机具给予补贴，并不断增加品种目录，加大补贴力度。同年，我国从粮食风险基金中拿出部分资金用于对种粮农民直接补贴。为减轻化肥、柴油等农资价格上涨对粮食生产的影响，2006年，我国出台农资综合补贴政策。这四项针对农民的直接补贴措施，成为我国农业补贴政策的重要组成部分。2007年，我国又开始实施农业保险保费补贴。各项直接补贴政策对调动农民种粮积极性，促进粮食连年增产和农民增收发挥了明显作用，受到了亿万农民的衷心拥护。

三、农村改革和维护农民工合法权益取得重要进展

在农村改革方面，一是农村税费改革，只用了六年时间就彻底终结了具有2600年历史的“皇粮国税”。同时，稳定推进乡镇机构、农村义务教育和县乡财政管理体制等配套改革，启动了国有农场税费改革、乡村债务化解、教育负债化解等工作。二是2004年全面放开粮食购销市场和价格。三是集体林权制度改革取得重大突破。基本完成明晰产权、承包到户的改革任务。全国集体林地基本建立起以农村集体经营组织内部家庭承包经营为基础、多种经营形式并存、责权利相统一的新经营体制。四是农村金融改革取得一定进展。以管理和风险责任全面移交省级人民政府为标志，农村信用社管理体制首轮改革顺利结束，农村信用社产权制度改革迈出新步

伐。农业发展银行贷款支持对象扩大到农林牧副渔生产、加工转化及农业科技等更广泛的农村经济领域。与此同时，我国开展农业银行改制工作，确立了农业银行为农服务的方向；开展新型农村金融机构试点工作；一些地方开始探索建立政府支持、企业和银行多方参与的农村信贷担保机制。

在维护农民工合法权益方面，2010年，我国农民工总量达到2.42亿人，其中外出农民工1.53亿人。① 在这一时期，我国相继出台《国务院关于解决农民工问题的若干意见》《中华人民共和国就业促进法》《中华人民共和国劳动合同法》《中华人民共和国社会保险法》《中华人民共和国劳动争议调解仲裁法》等重要法律法规和政策文件，并修改了《工伤保险条例》，形成解决农民工问题的政策法规体系，逐步解决了农民工工资拖欠问题，依法规范农民工劳动管理，农民工在接受技能培训、就业指导和社会保障，以及子女教育、计划生育、疾病预防等方面所获得的服务都有明显改善。

第四节　农业发展的“黄金十年”

从党的十六大到党的十八大，这十年被称为我国农业发展史上的“黄金十年”。其发展成就证明了党中央对农村的改革是正确的，而且对我们做好新时期的“三农”工作，促进城乡一体化发展具有重要的现实指导意义。

---

① 《2010年度人力资源和社会保障事业发展统计公报》，人社部网站，2011年7月20日。

一、为全面建成小康社会奠定坚实基础

党的十八大结合我国经济社会发展的实际情况，在党的十六大、党的十七大提出的全面建设小康社会的基础上，明确到2020年要全面建成小康社会的奋斗目标。全面建成小康社会，是一个让发展成果惠及十几亿人口的小康社会，是一个经济、政治、文化、社会、生态文明全面发展的小康社会，是为实现中华民族伟大复兴的中国梦奠定坚实基础的小康社会。要实现建成小康社会的目标，最艰巨、最繁重的任务还在农村。在这一时期，农村改革推动了我国农业和农村的飞速发展，促进了农民增收，为全面建成小康社会奠定了坚实基础。

（1）现代农业发展是全面建成小康社会的前提

党的十八大提出，到2020年我们要实现全面建成小康社会的宏伟目标。农业是国民经济的基础，也是全面建设小康社会的重要物质保障。只有不断强化农业的基础地位，千方百计提高农业生产力，才能为全面建成小康社会奠定雄厚的基础。在这一阶段，由于党中央、国务院在农业发展过程中不断坚持理论创新，坚持农业是“重中之重”思想，实行“工业反哺农业，城市支持乡村”的政策，采取一系列措施，在农村探索新的经营方式，推进农业产业化发展，加大农田水利基础设施建设和投入，特别是通过科技推动现代农业发展，探索出一条具有中国特色农业现代化发展道路。2002—2012年，我国实现了农业综合生产能力显著提高，为全面建成小康社会奠定了坚实的物质基础。我国现代农业发展的任务任重而道远，需要党和政府不断完善农业思想，仍然要坚持“重中之重”的思想，进一步加强农业基础设施建设，加快农业科技进步，促进农

业综合生产能力的提供，为农村全面建成小康社会打下坚实的基础。

（2）农民增收是我国全面建成小康社会的关键

我国农民收入水平决定着生活水平，更是影响着实现全面建成小康社会。在这一时期，党和政府始终把农民增收作为实现农村小康的关键环节。2004 年中央一号文件是新中国成立以来第一次由中共中央专门发布的关于促进农民增加收入的文件，它向全社会发出了关注农民增收的强烈的政策信号，此后党和政府采取“多予、少取、放活”的方针，实施了一系列农民增收政策：一是减轻农民负担，到 2006 年全部取消了农业税。二是实行最低收购价，自 2004 年以来我国对稻谷和小麦实施最低收购价政策，并逐年大幅提高粮食最低收购价。2008 年开始在主产区对玉米、大豆、油菜籽等实施临时收储措施。三是农业的各项补贴制度逐步建立。其中包括良种补贴、农机具购置补贴、种粮农民直补、农资综合补贴。中央财政用于农业补贴的资金逐年增加，2011 年，中央财政安排的上述各项直接补贴资金达 1406 亿元。[①] 党中央、国务院实行的这些政策充分调动了农民的种粮和生产积极性，对农民收入的增加发挥了明显的作用。我国农民收入主要由农产品生产等家庭经营性收入、工资性收入和转移性收入构成。2012 年，我国农民收入构成的特点是，农民增收渠道在增加，家庭经营性收入的比例在减少，而工资性收入和转移性收入持续增长。在各种因素的共同作用下，我国农民收入增长出现了“九连快”，2012 年，我国农民人均纯收入达到 7917 元，农村居民收入增速快于城市居民收入和GDP的增

---

① 韩俊：《推进“三农”理论和制度创新 开创“三农”工作新局面》，《中国经济时报》，2012 年 11 月 7 日。

速。随着农民收入的增加和农村市场建设及流通的发展，在国家扩大农村消费政策的刺激下，我国农村消费需求明显上升，农民的生活水平也在不断提高。2012 年，农村居民人均消费支出 5908 元，增速快于城市居民消费增速。①

二、为构建社会主义和谐社会提供重要保障

2012 年 11 月，党的十八大指出，“社会和谐是中国特色社会主义的本质属性。要把保障和改善民生放在更加突出的位置，加强和创新社会管理，正确处理改革发展稳定关系，团结一切可以团结的力量，最大限度增加和谐因素，增强社会创造活力，确保人民安居乐业、社会安定有序、国家长治久安”②。在这一时期，农村改革为社会主义和谐社会构建奠定了基础，积累了宝贵经验。只有在广大农村形成一个良好的和谐安定、健康向上的局面，真正保证广大农民安居乐业，我国农村社会稳定才能有坚实的基础，也才能保证国家的长治久安。

（1）农业发展为构建社会主义和谐社会提供物质保障

2006 年 10 月，党的十六届六中全会提出，社会要和谐，首先要发展。社会和谐在很大程度上取决于社会生产力的发展水平，取决

① 《我国农村改革发展回顾与“十二五”时期主要预期目标》，《人民日报》，2013 年 1 月 20 日。

② 胡锦涛：《坚定不移沿着中国特色社会主义道路前进 为全面建成小康社会而奋斗——在中国共产党第十八次全国代表大会上的报告》，北京：人民出版社，2012 年版，第 15 页。

于发展的协调性。[①] 按照马克思主义的历史唯物主义关于生产力决定生产关系的基本原理，要建立人与人、人与社会、人与自然之间的平等、和谐的关系，最关键的取决于生产力的发展水平，取决于发展的协调性。党的十六大将社会更加和谐列为全面建设小康社会的重要目标。在这一时期，党中央在建设社会主义和谐社会战略中，把加快农业发展作为解决“三农”问题的基础。农业是人们的生存之本，是第一产业，它的发展既能满足人们日常生活的需要，也能为工业发展提供重要的原料，同时还能够带动第三产业的发展。

（2）农业发展为构建社会主义和谐社会提供制度保障

党中央提出构建社会主义和谐社会以来，遇到的最大难题就是我国农村保障机制不健全、社会事业发展落后、农民的权益得不到保护、公共服务不完善，等等。在这一时期，党中央针对我国农村经济社会发展出现的矛盾，高度重视农村社会保障制度的建设和农民权利的维护，在坚持农村基本经营制度不变的基础上，解决被征地农民补偿、就业和社会保障问题，推动农民的各种专业合作组织的发展，完善农村金融服务体系，全面推行农村义务教育的“两免一补”，实现了新型农村合作医疗、农村最低生活保障制度和新型农村养老保险的全覆盖，建立健全与农民工特点与要求相符合的社会保障制度。我国农民老有所养、病有所医、困有所济的愿望正在逐步实现，我国城乡经济社会发展一体化格局的体制机制逐步形成。

---

① 《中共中央关于构建社会主义和谐社会若干重大问题的决定》，北京：人民出版社，2006年版，第17页。

三、为推进城乡一体化和城镇化建设提供宝贵经验

2012年11月，党的十八大指出，“解决好农业农村农民问题是全党工作的重中之重，城乡发展一体化是解决‘三农’问题的根本途径”[①]。城乡发展一体化就是改变我国城乡二元经济结构的体制，要把工业和农业、城市和乡村、城镇居民和农村居民作为一个整体，实现城乡在政策上的平等、产业上的互补、待遇上的一致，实现共同富裕。在这一时期，农村改革突出的特点之一，就是确立统筹城乡发展的基本方略，走出城乡互助、工农互促的协调发展道路，形成城乡一体化的发展格局。

（1）促进生产要素在城乡之间配置的一体化

生产要素是指进行生产经营活动时所需要的各种社会资源。一般认为生产要素包括劳动力、土地、资本、技术和信息、企业家才能等。造成我国城乡经济发展巨大差距的一个最直接的原因就是生产要素在城乡之间的不合理分配，极大地制约和影响了城乡一体化的进程。在这一时期，我国的农村改革重视资本、土地、技术、人才等要素在“三农”方面的配置。一是建立城乡资金良性互动机制。中央和地方各级财政加大了对“三农”的投入力度，通过加强农村基础设施建设、较大幅度增加农业补贴、加强农村民生工程投入等，引导社会资金流向农村地区；在财政投入方面首先确保农业和农村的发展需要，在这十年中，我国对“三农”的投入增长明显

---

① 胡锦涛：《坚定不移沿着中国特色社会主义道路前进 为全面建成小康社会而奋斗——在中国共产党第十八次全国代表大会上的报告》，北京：人民出版社，2012年版，第23页。

高于财政总量的增长，从体制和机制上促进城乡资金的良性互动。二是建立城乡土地资源良性互动机制。我国通过出台各种法规和政策完善农村土地承包，建立保护补偿机制，坚决保护基本农田，规定了18亿亩全国耕地“红线”，促成土地资源优化配置。三是建立城乡科技资源良性互动机制。我国加快推进农业科技创新步伐，建立农业技术推广机制，组织科技下乡，开展农业科技培训，培养新型农民，开展农业科技社会化服务水平。四是建立劳动力资源的良性互动机制。我国构建城乡公平统一的劳动力就业市场，让农村劳动力有更多的机会平等地参与就业。通过这些政策措施建立了资源在城乡之间良性互动的有效体制、机制，促进了我国生产要素在城乡之间的自由流动，也使城乡和工农关系逐渐走向和谐。

（2）促进城乡公共服务和各项权益的均等化

长期以来，由于我国社会形成的城乡二元结构，使城乡差距逐渐拉大。特别是由于户籍制度的原因，一个人一出生就具有“城镇人”或“农村人”的身份，并享有不同的生活条件和待遇。在这一时期，党中央、国务院努力改变城乡二元结构的局面，采取一系列措施，千方百计促进农民多渠道就业，努力提高农村教育卫生文化事业和农村社会保障水平，进一步加大农村基础设施建设力度。我国将公共资源更多地投向农村，使公共服务基本上覆盖了农村、社会事业向农村发展，逐步实现学有所教、劳有所得、病有所医、住有所居的目标，促进城乡公共服务均等化。同时，我国制定并实施解决农民工问题的政策措施，维护农民工的合法权益，逐步解决农民工工资偏低和拖欠的问题，农民工的劳动管理逐步规范，加强农民工就业培训和社会保障等。

城镇化与农业现代化、新农村建设的协调发展是我国工业化、信息化、城镇化和农业现代化发展的必然要求。我国顺应农村富余劳动力向城市转移的趋势，坚持走中国特色新型城镇化道路，提高城镇化质量，注重工业化、信息化、农业现代化对城镇化的引领、推动、支撑作用。我国深入推进新农村建设，加快现代农业发展，全面改善农村和农民生产生活条件，增加农民收入，促进农村经济社会发展，实现城镇化与新农村建设、农业现代化的良性互动。

第四章
全面深化农村改革（2012—2021年）

▼

党的十八大以来，面对错综复杂的国内外发展环境，党中央、国务院始终把解决好“三农”问题作为全党工作的重中之重。在这一时期，以习近平同志为核心的党中央先后调整了农业补贴政策，建立了以市场为导向的农产品价格形成机制，探索了农村产权制度改革，实行农村承包地“三权分置”；不断加大扶贫开发投入，实施乡村振兴战略，健全精准扶贫工作机制。在这一系列改革的推动下，诸多“三农”问题得到有效破解，脱贫攻坚战取得了全面胜利，开创了农业生产连年丰收、农民生活显著改善、农村社会和谐稳定的新局面，为全面推进农业农村现代化和新农村建设奠定了基础。

第一节　改革进入深水区

党的十八大以来，在全面深化改革的历史浪潮下，农村改革蹄疾步稳，征程更加波澜壮阔，其背后有着深刻的历史背景。

一、“三农”问题的主要矛盾

党的十八大以后，中国特色社会主义进入新时代，我国社会主要矛盾随之转化为人民日益增长的美好生活需要和不平衡不充分发展之间的矛盾，而这种不平衡不充分，突出反映在农业和乡村发展滞后方面。

（1）在农业方面，农产品阶段性供过于求和供给不足并存，农业供给质量亟待提高。随着我国经济社会的快速发展和城乡居民收入水平的不断提高，我国城乡居民开始从生存型消费向享受型消费转变，对农产品质量、品种和安全提出了更高要求。但我国农产品供给结构尚不能适应城乡居民消费升级的要求，如满足居民“吃饱”要求的小麦、玉米、大米三大主粮库存时有结余，但满足居民“吃好”要求的饲料粮却供给不足。同时，我国农产品生产以“大路货”为主，绿色优质农产品供给严重不足，甚至不时出现农产品质量安全问题，使农业生产面临着严峻挑战。

（2）在农村方面，基础设施和民生领域欠账较多，农村环境和生态问题比较突出，乡村发展整体水平亟待提升。农村的公路、水利、农田建设、信息物流等基础设施条件虽大幅提升，但仍不能适应农民生产生活的需要，其管理与养护机制亟待完善。教育、养老、医疗、卫生等基本公共服务的覆盖面和服务水平依然较低，特别是优质公共服务较为匮乏，一部分农民游离于基本保障之外，与城市基本公共服务体系差距较大。农业生产方式过于粗放，资源消耗量居高不下，环境承载力难堪重负，农村人居环境基础薄弱、重建轻管等问题比较突出，需要接续整治提升。

（3）在农民方面，适应生产力发展和市场竞争的能力不足，新型职业农民队伍建设亟须加强。随着城市化、工业化的快速发展和高收入的吸引，大量农村青壮年劳动力到城市务工，农民工数量由 2001 年的 1 亿人增加到了 2013 年的 2.69 亿人。[①] 城镇发展的“虹吸效应”导致乡村人才匮乏、景象凋敝，农地抛荒、农业兼业等问题十分普遍。农民从事农业的意愿不强，学习现代农业新知识、新技能的动力不足，与时代发展和乡村振兴对从事农业生产的新型职业农民需求存在矛盾。

这些“不平衡、不充分”的问题，不仅制约农业农村发展，也制约工业化、城镇化水平的提高，进而影响我国社会主义现代化建设全局。

二、新常态拓展农业农村改革发展空间

经过改革开放几十年的快速发展，我国经济发展进入新常态，中央提出推进经济增长由数量型向高质量转型，拓展了农业农村改革发展的空间。

党的十八大以来，针对经济长期高速增长累积的资源过度消耗、经济质量不高、结构性矛盾等问题，习近平总书记作出中国经济发展进入新常态的重大论断，并提出在新的发展理念指导下，以供给侧结构改革推动经济高质量发展。2017 年 10 月，党的十九大明确指出，中国特色社会主义进入新时代，把习近平新时代中国特色社会主义思想确立为党的指导思想，提出实施乡村振兴战略。经

① 《2013 年全国农民工监测调查报告》,《中国信息报》，2014 年 5 月 13 日。

济新常态背景下坚持新发展理念，实施乡村振兴战略，党中央对农业农村发展提出了新的更高要求。即需要通过进一步发挥改革作为经济社会发展强大动力的作用，使农业农村持续发挥好保障14亿人口对农产品数量和质量的正常需求，除满足人们最基本的生存功能外，进一步拓展功能外延，承担文化教育与传承、生态环境保护、社会保障、经济缓冲等方面的任务，提高农业农村发展质量，适应新阶段经济社会发展形势变化的要求。

与此同时，经过多年的发展，我国农村改革具备了较为充分的条件。工业化、新型城镇化加快推进，为以工促农、以城带乡带来持续牵引力。党的十八大以来，以习近平同志为核心的党中央高度重视工业发展，扎实推进工业转型升级和制造强国建设，装备制造业和技术密集型产业持续发展，中国特色新型工业化发展取得重大成就，为农业产业效率的提升提供了重要支撑。与此同时，城镇化稳步推进，党的十八大至党的十九大，这五年间我国城镇化率年均提高1.2个百分点，拉动8000多万农业转移人口成为城镇居民。

城乡居民消费规模扩大和消费结构升级，为农业农村改革增添巨大动力。随着我国发展阶段的变化和经济发展方式的转变，2017年，全国居民的恩格尔系数首次降到30%以下。[①] 城乡居民层次从中低端向中高端转变，消费形态由物质需求向娱乐需求转变。一方面，我国对农业产业持续以市场为导向，完善产品产业链，提高农产品供给质量，为做大做强市场规模提出了需求；另一方面，我国也不断倒逼农村以改革为动力，深入挖掘教育、文化、娱乐等方面

---

① 国家发展改革委员会：《2017年中国居民消费发展报告》，北京：人民出版社，2018年版，第9页。

的功能。

三、农村改革积累理论与实践经验

多年来，我国农村改革成绩斐然，积累了丰富的理论与实践经验。我国的改革是从农村发端，多年来，取得了举世瞩目的成就，并积累了相当丰富的理论与经验。1998 年 10 月，党的十五届三中全会便总结了包括“必须承认和充分保障农民的自主权，把调动广大农民积极性作为制定政策的首要出发点”在内的农村改革发展 20 年的基本经验。2008 年 10 月，党的十七届三中全会再次对 30 年的农村改革经验进行总结，并将这些经验作为实现新历史任务的重大原则提出了五个“必须”和“始终”。2018 年，党中央再次探讨和总结了农村改革的基本经验，这些基于实践和理论的新发展而不断推进的历史经验，为农村改革不断深入提供了重要遵循。

加快补齐农业农村短板成为全党共识，为农村改革汇集起强大凝聚力。经过多年持续不断发展，我国农业农村取得显著进步。在社会经济领域的重要性日益凸显，农业农村能否跟得上，将影响 2035 年社会主义现代化远景目标的实现。党中央通过在干部配备上优先考虑，在要素配置上优先满足，在资金投入上优先保障，在公共服务上优先安排，来推动农业农村加速追赶，赶上工业化、城镇化进程，并跑步实现现代化。这些举措都使农村改革具有坚实的保障。

第二节　加快推进农业农村现代化

一、新形势下农村土地制度改革

土地制度是一个国家最为重要的生产关系安排，是一切制度中最为基础的制度。2016 年 4 月，在安徽凤阳县小岗村召开的农村改革座谈会上，习近平总书记指出，“新形势下深化农村改革，主线仍然是处理好农民与土地的关系。”① 党的十八大以来，以习近平同志为核心的党中央抓牢主线，对深化农村土地制度改革作出了一系列重大决策部署。

（一）稳定和完善农村基本经营制度

党的十八大以来，党中央坚持把依法维护农民权益作为出发点和落脚点，坚持农村土地集体所有、坚持家庭经营基础性地位、坚持稳定土地承包关系，进一步深化农村土地制度改革，通过明晰土地产权，扩大土地权能，不断巩固和完善农村基本经营制度。

1. 扎实推进农村土地承包经营权确权登记颁证工作

2007 年 10 月，《中华人民共和国物权法》规定农村土地承包经营权属于“用益物权”后，党中央便提出开展农村土地承包经营权确权登记颁证工作，建立土地承包经营权登记制度。从 2009 年开始，农村土地承包经营权确权登记颁证试点工作采取一村一组、整乡整镇、整县推进和整省试点等多种方式稳步推进。

---

① 习近平：《在农村改革座谈会上的讲话》，《论坚持全面深化改革》，北京：中央文献出版社，2018 年版，第 258 页。

党的十八大以后，在充分总结试点经验的基础上，我国农村土地承包经营权确权登记颁证工作加快推进。2013年中央一号文件《中共中央、国务院关于加快发展现代农业进一步增强农村发展活力的若干意见》提出，全面开展农村土地确权登记颁证工作，并妥善解决农户承包地块面积不准、四至不清等问题。[①] 2014年11月，中共中央办公厅、国务院办公厅印发《关于引导农村土地经营权有序流转发展农业适度规模经营的意见》，要求建立健全农村土地承包经营权登记制度，并对农村土地承包经营权确权登记相关原则再次进行了确认，提出在充分尊重农民意愿的前提下确权到户到地，也可以确权确股不确地。[②]

2015年以后，土地承包经营权确权登记颁证工作全面推进。2015年中央一号文件《中共中央、国务院〈关于加大改革创新力度加快农业现代化建设的若干意见〉》提出，扩大土地承包经营权确权登记颁证工作整省推进试点范围，并明确了确权方式，即总体上确权到户，同时严格掌握确权确股不确地的范围。[③] 随后，农业部等六部门联合发布《关于认真做好农村土地承包经营权确权登记颁证工作的意见》，从统一思想认识、明确总体要求、把握政策原则、抓好重点任务和加强组织领导五个方面对2015年确权登记颁证工作作出了全面部署。这样，在此前山东、四川、安徽3个

① 《中共中央、国务院关于加快发展现代农业进一步增强农村发展活力的若干意见》，《中华人民共和国农业部公报》，2013年02期。

② 《中办国办印发〈关于引导农村土地经营权有序流转发展农业适度规模经营的意见〉》，《中华人民共和国农业部公报》，2014年12期。

③ 《中共中央、国务院印发〈关于加大改革创新力度加快农业现代化建设的若干意见〉》，《人民日报》，2015年2月2日。

省和其他省共27个整县开展试点的基础上，2015年又增加9个省（区）开展整省试点。经过不断推进试点工作，到2018年底，农村承包地确权登记颁证工作基本完成，全国共有2838个县（市、区）和开发区开展了农村承包地确权登记颁证工作，涉及2亿多农户。[①] 2019年中央一号文件《中共中央、国务院关于坚持农业农村优先发展做好“三农”工作的若干意见》提出，在基本完成承包地确权登记颁证工作基础上，开展“回头看”，做好收尾工作，妥善化解遗留问题，将土地承包经营权证书发放至农户手中。[②] 随着农业农村部在全国范围内组织开展承包地确权登记颁证“回头看”工作，农民真正吃了一颗长效“定心丸”。

2. 稳定土地承包关系

我国农村实行家庭联产承包之初，承包期一般较短。为调动农户增加投入、合理开发土地的积极性，延长土地承包期、稳定土地承包关系逐渐成为政策取向。1984年中央一号文件明确土地承包期一般应在15年以上。1993年，党中央提出原定耕地承包期到期后再延长30年不变。2008年10月，党的十七届三中全会通过《中共中央关于推进农村改革发展若干重大问题的决定》，进一步要求“现有土地承包关系保持稳定并长久不变”[③]。

党的十八大以来，随着第二轮承包期届满日益临近，农民群众和社会普遍关心承包到期后怎么办。2013年11月，党的十八届三

---

① 《农村承包地确权登记颁证工作基本完成》，农业农村部网站，2020年11月2日。

② 《中共中央、国务院关于坚持农业农村优先发展做好“三农”工作的若干意见》，《中华人民共和国国务院公报》，2019年07期。

③ 《中共中央关于推进农村改革发展若干重大问题的决定》，人民出版社，2008年版，第12页。

中全会延续了土地承包关系长久不变的政策。2017年10月，党的十九大提出"第二轮土地承包关系到期后再延长三十年"[①]。这也意味着从实行第一轮土地承包算起，我国农村土地承包关系将稳定75年，农民将有稳定的预期投入生产。2018年12月，十三届全国人大常委会第七次会议审议并通过《全国人民代表大会常务委员会关于修改〈中华人民共和国农村土地承包法〉的决定》，除了明确耕地、草地、林地承包期届满后再次延迟之外，赋予承包方土地经营权抵押、担保权能和受让方土地经营权再流转、融资担保权能。[②]2019年11月，中共中央、国务院印发《关于保持土地承包关系稳定并长久不变的意见》，提出要准确把握"长久不变"政策内涵，保持土地集体所有、家庭承包经营的基本制度长久不变，保持农户依法承包集体土地的基本权利长久不变，保持农户承包地稳定。2020年中央一号文件《中共中央、国务院关于抓好"三农"领域重点工作确保如期实现全面小康的意见》，要求开展第二轮土地承包到期后再延长30年试点，2020年11月，农业农村部、中央农办牵头7个部门和单位组成试点部际联席会议制度，加强部门协调配合，稳妥推进第二轮土地承包到期后再延长三十年试点工作。

3. 开展农村承包地的"三权分置"改革

改革开放以来，特别是21世纪以来，农村土地加速流转。从改革实践上看，农户流转的仅仅是承包地的经营权，而非承包经营

---

① 习近平：《决胜全面建成小康社会 夺取新时代中国特色社会主义伟大胜利——在中国共产党第十九次全国代表大会上的报告》，北京：人民出版社，2017年版，第32页。

② 《全国人民代表大会常务委员会关于修改〈中华人民共和国农村土地承包法〉的决定》，中国政府网，2018年12月30日。

权一同流转。但土地产权理论上并未实现相应的创新。

2013年7月，习近平总书记在湖北考察改革发展工作时强调，“深化农村改革，完善农村基本经营制度，要好好研究农村土地所有权、承包权、经营权三者之间的关系”[①]。进而提出土地承包权和经营权应该分置的设想。2014年11月，中共中央办公厅、国务院办公厅印发《关于引导农村土地经营权有序流转发展农业适度规模经营的意见》，提出“坚持农村土地集体所有权，稳定农户承包权，放活土地经营权”[②]。2015年10月召开的党的十八届五中全会和2016年中央一号文件《中共中央、国务院关于落实发展新理念加快农业现代化实现全面小康目标的若干意见》均明确要求，完善农村土地所有权、承包权、经营权分置办法。2016年4月，习近平总书记在安徽凤阳县小岗村进一步强调，“要顺应农民保留土地承包权、流转土地经营权的意愿，要把农民土地承包经营权分为承包权和经营权，实现承包权和经营权分置并行”[③]。

理论的创新进一步推动改革实践发展。2016年10月，在总结、巩固和完善已有农村土地制度改革成果的基础上，对地方实践做法进行梳理、比较和评价后，中共中央办公厅、国务院办公厅印发《关于完善农村土地所有权承包权经营权分置办法的意见》，全面阐述和回答了地方实践过程中的重大理论和实践问题，明确将农

---

① 习近平：《坚持和完善农村基本经营制度》，《论坚持全面深化改革》，北京：中央文献出版社，2018年版，第73页。

②《中办国办印发〈关于引导农村土地经营权有序流转发展农业适度规模经营的意见〉》，《中华人民共和国农业部公报》，2014年12期。

③ 习近平：《在农村改革座谈会上的讲话》，《论坚持全面深化改革》，北京：中央文献出版社，2018年版，第259页。

村土地所有权、承包权和经营权“三权分置”作为激发农村发展活力的制度突破点、创新点和支撑点。为进一步深化改革完善顶层制度设计，2018 年 12 月，十三届全国人大常委会第七次会议审议并通过《全国人民代表大会常务委员会关于修改〈中华人民共和国农村土地承包法〉的决定》，明确规定：“承包方承包土地后，享有土地承包经营权，可以自己经营，也可以保留土地承包权，流转其承包地的土地经营权，由他人经营，从而将三权分置政策转化为法律规范。[①]”2021 年 1 月，《中华人民共和国民法典》的实施进一步明确了土地承包经营权及土地经营权的物权属性。

（二）农村集体建设用地改革

农村集体建设用地，又叫乡（镇）村建设用地或农村集体土地建设用地，是指乡（镇）村集体经济组织和农村个人投资或集资，进行各项非农业建设所使用的土地。其中，问题比较突出，需要在改革中理顺关系的是农村集体经营性建设用地和农村宅基地。

1. 农村集体经营性建设用地改革

我国农村集体经营性建设用地改革的主要方向是通过转让、出租和入股等方式在市场上流转，实现与国有土地“同等入市、同权同价”，从而建立城乡统一的建设用地市场。党的十八大以后，我国农村集体经营性建设用地改革取得突破性进展。2013 年 11 月，党的十八届三中全会通过《中共中央关于全面深化改革若干重大问题的决定》，对农村集体经营性建设用地在符合规划和用途管制前

---

① 《全国人民代表大会常务委员会关于修改〈中华人民共和国农村土地承包法〉的决定》，《中华人民共和国全国人民代表大会常务委员会公报》，2019 年 01 期。

提下出让、租赁、入股，与国有土地“同等入市、同权同价”进行了明确规定，从而提出集体经营性建设用地入市交易的先决条件。2014年中央一号文件《中共中央、国务院关于全面深化农村改革加快推进农业现代化的若干意见》，要求有关部门尽快提出具体指导意见，规范有序推进这项工作。2014年12月，中共中央办公厅、国务院办公厅印发《关于农村土地征收、集体经营性建设用地入市、宅基地制度改革试点工作的意见》（以下简称《意见》），标志着农村集体经营性建设用地正式进入试点阶段。《意见》从完善农村集体经营性建设用地产权制度、赋予农村集体经营性建设用地产权制度权能和建立健全市场交易监管制度三方面对农村集体经营性建设用地存在着的权能不完整，不能同等入市、同权同价和交易规则亟待健全等问题提出了解决措施，并部署试点工作。2015年2月，全国人民代表大会常务委员会印发《决定授权国务院在北京市大兴区等33个试点县（市、区）行政区域暂时调整实施有关法律规定的决定》，指出授权试点地区暂时调整实施集体建设用地使用权不得出让等规定，授权期限截至2017年12月31日。同年3月，国土资源部召开试点工作部署暨培训会议，正式启动集体经营性建设用地入市改革试点工作。

按照党中央提出的分类进行试点工作的要求和相关部门的部署，首批集体经营性建设用地入市试点为15个。2016年9月，集体经营性建设用地入市扩大到全部33个试点县（市、区）。2017年11月，为更好地显化农村土地制度改革三项试点工作的整体性、系统性、协同性和综合效益，与《中华人民共和国土地管理法》修改工作做好衔接，十二届全国人大常委会第三十次会议决定，授权在试点地区暂时调整实施有关法律规定的期限延长至

2018年12月31日。2020年3月，中共中央、国务院印发《关于构建更加完善的要素市场化配置体制机制的意见》，要求推进土地要素市场化配置，建立健全城乡统一的建设用地市场。在充分吸收试点经验的基础上，2021年9月，新修订的《中华人民共和国土地管理法实施条例》明确了集体经营性建设用地入市交易规则，并提出集体经营性建设用地出让、出租应当签订书面合同，条例还对合同应该包括的内容进行了明确的规定。这也意味着农村集体经营性建设用地入市改革已形成相对成熟的规则体系。

2. 农村宅基地制度改革

农村宅基地制度改革事关我国农村社会的稳定和发展大局，以及农民切身利益，是深化农村改革的重要内容。党的十八大以来，酝酿多年的农村宅基地制度改革取得实质性进展。2013年11月，党的十八届三中全会指出，“保障农户宅基地用益物权，改革完善农村宅基地制度，选择若干试点，慎重稳妥推进农民住房财产权抵押、担保、转让，探索农民增加财产性收入渠道”[①]。这一政策为宅基地制度改革指明了基本方向。2014年12月，中央深化改革领导小组第七次会议审议通过《关于农村土地征收、集体经营性建设用地入市、宅基地制度改革试点工作的意见》，对宅基地权益保障和取得方式的完善、农民户有所居的多元化实现方式、进城落户农民自愿有偿退出或转让宅基地提出了具体说明，农村宅基地由此正式进入试点阶段。2015年，国土资源部批准15个县市作为农村宅基地制度改革试点。2017年11月，农村宅基地制度改革拓展到33

① 《中共中央关于全面深化改革若干重大问题的决定》，北京：人民出版社，2013年版，第23页。

个试点县（市、区），并在完善宅基地权益保障和取得方式、探索宅基地有偿使用和资源退出机制、完善宅基地审批制度等方面取得明显成效。针对农村宅基地试点过程中的问题，2021 年 9 月新修订的《中华人民共和国土地管理法实施条例》强调，禁止违背农民意愿强制流转宅基地。

在这一阶段，我国农村宅基地制度改革取得了积极进展。2018 年中央一号文件《中共中央、国务院关于实施乡村振兴战略的意见》作出探索农村宅基地所有权、资格权、使用权“三权分置”的改革部署。2020 年 6 月，中央全面深化改革委员会第十四次会议审议通过《深化农村宅基地制度改革试点方案》，强调要积极探索落实宅基地所有权、资格权、使用权“三权分置”。同年 9 月，全国 104 个县（市、区）以及 3 个地级市启动实施新一轮农村宅基地制度改革试点，重点围绕宅基地所有权、资格权、使用权“三权分置”进行探索。

（三）征地制度改革

农村土地征收是指国家为了公共利益的需要，对农民的土地通过法定程序征收为国有的行为。长期以来，农村土地的征收为城镇化发展和国家经济建设发挥了巨大作用，但同时土地征收制度存在的征收规范缺失、征收执行程序不严格、征收补偿不到位等问题逐渐凸现出来。2012 年 11 月，党的十八大提出，“改革征地制度，提高农民在土地增值收益中的分配比例”[①]。

① 胡锦涛：《坚定不移沿着中国特色社会主义道路前进 为全面建成小康社会而奋斗——在中国共产党第十八次全国代表大会上的报告》，北京：人民出版社，2012 年版，第 23 页。

2013 年中央一号文件提出，要保障被征地农民的生活水平，提高农民被征收土地增值部分的收益分配比例，尽快修订《中华人民共和国土地管理法》为农村土地征收提供法律支撑。[①] 2013 年 11 月，党的十八届三中全会通过《中共中央关于全面深化改革若干重大问题的决定》，提出除了增加被征地农民的补偿办法，即补偿农民被征收的集体土地外，还需解决农民失地后社会、就业等方面存在的问题。2014 年中央一号文件明确提出，要加快推进征地制度改革，缩小征地范围，逐步完善征地补偿办法，确定合理征地补偿标准。[②]

2014 年 12 月，中共中央办公厅、国务院办公厅联合印发《关于农村土地征收、集体经营性建设用地入市、宅基地制度改革试点工作的意见》，对征地过程中所出现的诸多问题进行了说明，涉及征地范围过大、程序不规范和被征地农民保障机制不完善等方面，要求建立征地社会稳定风险评估制度，并全面公开土地征收信息。2015 年 2 月，全国人大常委会印发《关于决定授权国务院在北京市大兴区等 33 个试点县（市、区）行政区域暂时调整实施有关法律规定的决定》，对失地农民的社会保障提出了具体的保障措施，即对失地农民进行就业培训、保障被征收农民的城镇社会保障，同时还提出有条件的地方可采取留地、留物业等方式安置失地农民。2021 年 9 月，新修订的《中华人民共和国土地管理法实施条例》

① 《中共中央 国务院关于加快发展现代农业进一步增强农村发展活力的若干意见》，《中华人民共和国农业部公报》，2013 年 02 期。
② 《中共中央、国务院印发〈关于全面深化农村改革加快推进农业现代化的若干意见〉》，《人民日报》，2014 年 1 月 20 日。

提出，将征地补偿安置方案的决定权交给市县一级人民政府，并进一步细化了土地征收程序，其中包括：发布土地征收预公告、开展土地现状调查和社会稳定风险评估、启动土地征收、公布土地征收范围和征收时间等。2020年3月，中共中央、国务院印发《关于构建更加完善的要素市场化配置体制机制的意见》，要求全面推开农村土地征收制度改革，扩大国有土地有偿使用范围。

二、深化农村集体产权制度改革

农村集体产权制度改革是一项管长远、管根本、管全局的重大制度安排，覆盖了所有的乡村，涉及所有农民的利益，在农村改革中具有“四梁八柱”的地位。党中央高度重视，并推动这项改革取得了积极进展。

2013年11月，党的十八届三中全会通过《中共中央关于全面深化改革若干重大问题的决定》，提出“保障农民集体经济组织成员权利，积极发展农民股份合作，赋予农民对集体资产股份占有、收益、有偿退出及抵押、担保、继承权”[①]。2014年9月29日，习近平总书记在中央全面深化改革领导小组第五次会议上进一步强调，“积极发展农民股份合作、赋予集体资产股份权能改革试点的目标方向，是要探索赋予农民更多财产权利，明确产权归属，完善各项权能，激活农村各类生产资源要素潜能，建立符合市场经济

① 《中共中央关于全面深化改革若干重大问题的决定》，北京：人民出版社，2013年版，第23页。

要求的农村集体经济运营新机制”[1]。同年 11 月，农业部、中央农办、国家林业局发布《积极发展农民股份合作赋予农民对集体资产股份权能改革试点方案》，拉开了集体产权制度改革的序幕。2015 年首批试点在 29 个县（市、区）开展，将集体经营性资产折股量化到人、确权到户。在初步进行试点的基础上，2016 年 12 月，中共中央、国务院印发《关于稳步推进农村集体产权制度改革的意见》，对推进改革作出总体安排。以之为指导，2017 年，北京市海淀区等 100 个县（市、区）成为第二批试点单位；2018 年试点范围继续扩大，3 省、50 个地市、150 个县（市、区）成为第三批改革试点单位。到 2020 年，农村集体产权制度改革已在我国全面推开。

（一）强化保障措施

（1）组织保障。2017 年，经国务院同意，建立由中央农办、农业农村部、中组部、全国人大农业农村委、全国人大常委会法工委、国家发改委、教育部、民政部、司法部、财政部、自然资源部、水利部、中国人民银行、国家税务总局、国家林业局等部门参加的全国农村集体产权制度改革部际联席会议制度，将部际联席会议办公室设在农业农村部，明确办公室工作规则，抽调 15 名左右的业务骨干，充实办公室工作力量。全国农村集体产权制度改革部际联席会议成立后，协同中央农办、农业农村部赴各地开展农村集体产权制度改革督查，推动改革任务落实落地。

（2）经济支持。为深化集体产权制度改革，2015 年 10 月，财

---

① 中共中央党史和文献研究院编：《习近平关于“三农”工作论述摘编》，北京：中央文献出版社，2019 年版，第 143-144 页。

政部发布《扶持村级集体经济发展试点的指导意见》，提出中央财政将通过以奖代补的方式支持地方试点工作，并进一步要求省级财政部门加大支持力度，市县也要给予必要支持。① 2016 年 7 月，财政部、国家发改委发出《关于不动产登记收费有关政策问题的通知》，明确规定因农村集体产权制度改革导致土地、房屋等确权变更而申请变更登记的，免收不动产登记费。② 同年 12 月，中共中央、国务院印发《关于稳步推进农村集体产权制度改革的意见》，进一步规定在农村集体产权制度改革中，除免收不动产登记费外，免征因权利人名称变更登记、资产产权变更登记涉及的契税免征签订产权转移书据涉及的印花税。2017 年 6 月，财政部、税务总局发出《关于支持农村集体产权制度改革有关税收政策的通知》，细化完善落实在农村集体产权制度改革中免征有关契税、印花税的优惠政策，并明确农村集体产权确权免收不动产登记费。2018 年 11 月，中组部、财政部、农业农村部联合发出《关于坚持和加强农村基层党组织领导扶持壮大村级集体经济的通知》，提出到 2022 年，中央财政资金在全国范围内扶持 10 万个左右的行政村，发展壮大集体经济。

（3）配套法律政策。为赋予农村集体经济组织法人资格，2017 年 3 月，十二届全国人大五次会议通过《中华人民共和国民法总则》，将农村集体经济组织列为一类特别法人，明确农村集体经济组织依法取得法人资格。2018 年 9 月，《十三届全国人大常委会立

---

① 《财政部关于印发〈扶持村级集体经济发展试点的指导意见〉的通知》，《中华人民共和国财政部文告》，2015 年 11 期。

② 《关于不动产登记收费有关政策问题的通知》，财政部网站，2016 年 10 月 21 日。

法规划》将农村集体经济组织方面的立法列为第三类项目。为顺应农村集体产权制度改革的要求，上海、江苏、浙江、广东等省市研究出台农村集体资产管理条例等地方性法规，为加强集体资产监督管理提供了法治保障。为建立集体经济组织登记赋码制度，农业农村部会同有关部门制定登记办法，规范登记事项，统一证书式样，明确由县级农业农村主管部门负责发放农村集体经济组织登记证书，并赋统一社会信用代码。同年 11 月，农业农村部首次为 10 个集体经济组织颁发了登记证书，这标志着我国农村集体经济组织首次有了统一的“身份证”，并可凭此证到有关部门办理公章刻制和银行开户等手续，以便开展经营管理活动。

（二）推动实施重点工作

集体产权制度改革主要是针对我国目前农村存在的集体产权不明晰、成员身份不确定、集体经济组织不完善、集体经济发展实力不强等问题而进行的，其重点工作也围绕着这些问题而进行。

（1）农村集体资产清产核资。全国农村集体家底基本摸清，是顺利推进农村集体产权制度改革的重要基础和前提。2016 年 12 月，中共中央、国务院印发《关于稳步推进农村集体产权制度改革的意见》（以下简称《意见》），提出改革的首要任务是对农村集体经济组织现有的资产进行清产核资，并要求从 2017 年开始，力争用 3 年左右时间基本完成。在此基础上，将经营性资产以股份或份额形式量化到集体成员，有序推进经营性资产股份合作制改革，力争用5年左右时间基本完成改革。[①] 按照《意见》要求，农业农村部加紧对清产核资工作的推进。2017年中央一号文件《中共中央、国务院关于深入推进农业供给侧结构性改革加快培育农业农村发展新动能的若干意见》要求全面加快集体建设用地确权登记颁证工作。2018年中央一号文件明确指出，全面开展农村集体资产清产核资，确认农村集体经济组织成员身份，保障农民集体资产权利。[②] 此外，农业农村部还会同有关部门研究制定清产核资政策文件、操作办法和报表体系，指导各地按照清查核实、公示确认、建立台账、审核备案、汇总上报、纳入平台"六大步骤"清查核实各类资产。到2020年，这项工作基本结束，全国共清查核实农村集体资产6.5万亿元。[③]

（2）确权到户。集体由成员构成，开展农村集体产权制度改革必须确认谁是集体成员，这是农村集体产权制度改革的关键。在确权到户过程中，绝大多数农村认定集体经济组织成员的办法，主要是以农民居住地和承担农村集体经济组织权利义务的情况作为认定标准：首先，前提条件是户口在本村集体内；其次，衡量申请认定的人何时出生，何时来到村集体，并且在集体里从事生产和生活的时间长短等条件。在实际操作过程中，各地以县或地市为单位制定符合实际的集体经济组织成员身份确认指导意见，明确政策底线，规范工作程序，并在成员身份确认中注重维护外嫁女等特殊人群的

① 《中共中央、国务院关于稳步推进农村集体产权制度改革的意见》，《人民日报》，2016年12月30日。
② 《中共中央、国务院关于实施乡村振兴战略的意见》，《人民日报》，2018年2月5日。
③ 《农村集体产权制度改革取得阶段性重要成效》，中国政府网，2020年8月21日。

合法权利。例如，安徽、吉林、云南、江西、新疆等省份的一些县市，以政府名义出台指导意见，明确成员身份的取得、确认、丧失等重要事项的条件，对外嫁女、回乡退养人员等特殊群体的成员身份确认作出原则性规定。

（3）股份制改革。开展股份合作制改革，建立新型农村集体经济组织，是农村集体产权制度改革的重头戏。在清产核资、成员确认的基础上，各地将农村集体经营性资产以股份或者份额形式量化到本集体成员。有的地方还在推进脱贫攻坚工作中，把财政投入村集体形成的资产确权到农民集体，并量化为本集体经济组织成员特别是贫困人口持有的股份。同时，规范资产股权管理。对于经营性资产折股量化到成员形成的股权，多数地方实行不随人口增减变动而调整的方式，一些地方探索实行“量化到人、确权到户、户内共享、长久不变”的股权静态管理模式。为进一步深化改革，各地还积极深化试点内容。有的地方在基层党组织领导下，探索明晰村民自治组织与村集体经济组织的职能关系，实行村民委员会事务和集体经济事务分离；有的地方探索集体资产股份有偿退出的条件和程序，自主开展集体资产股份抵（质）押贷款试点，为深化改革积累了经验。

（4）探索发展壮大集体经济。推动集体经济发展壮大，使农民群众共享改革红利，是农村集体产权制度改革的重要目的。各地用好用活各项扶持政策，探索出了多样化的新型集体经济发展模式。例如，重庆等地通过壮大集体经济，联农带农富农强农；浙江、江苏等省份通过“飞地”抱团等方式壮大集体经济实力，有效解决了区域内发展不平衡的问题。近年来，在农村集体产权制度改革的过程中，农村集体经济发展的路径已经大大拓宽。过去发展农村集体经济主要是租赁经营，现在已经拓展到发展新产业、新业态，尤其是乡村旅游。从各地经验看，集体可以承担很多小型项目，参与农业生产性服务，一些地方也开始发展农村养老养生服务。各地高度重视推进“资源变资产、资金变股金、农民变股东”改革（以下简称“三变”改革），使得集体经济更具活力，也使得农民获得更多实实在在的收益。“三变”改革最初是贵州六盘水探索出来的。在这一时期，重庆、陕西、安徽、甘肃等省市都在整省范围内推进。“三变”改革是我国完善利益联结机制、发展乡村产业、壮大农村集体经济的有效途径。

三、创建新型农业经营体系

党的十八大以来，随着我国农业现代化水平不断提高和政策扶持力度持续加大，农村新型农业经营主体不断涌现，土地流转和规模经营快速发展，农业社会化服务体系加快构建，新型农业体系建设取得长足进展。

（一）培育新型农业经营主体

在坚持家庭承包经营基础上，培育以家庭农场、专业大户、农民合作社、龙头企业为代表的、从事农业生产和服务的新型农业经营主体是关系我国农业现代化的重大战略。2013 年 11 月，党的十八届三中全会把“加快构建新型农业经营体系”作为健全城乡发展一体化体制机制的重要举措，提出了任务要求。此后颁布的中央一号文件都对这一问题进行了强调与部署。

2017 年 4 月，中央全面深化改革领导小组第三十四次会议审议通过《关于加快构建政策体系培育新型农业经营主体的意见》，首次从财政税收、基础设施建设、金融信贷、保险、市场营销、人才培养等方面，明确提出支持新型农业经营主体发展的政策框架，成为此后一段时期我国指导构建培育新型农业经营主体政策体系的纲领性文件，使新型农业经营主体迎来加快发展的良机。2017 年 12 月，十二届全国人大常委会第三十一次会议通过修订后的《中华人民共和国农民专业合作社法》，针对农民合作社发展的新形势做出必要调整。2019 年 2 月，中央农办、农业农村部、市场监管总局、国家发改委等 11 个部门发布《开展农民专业合作社“空壳社”专项清理工作方案》，集中清理“空壳社”，加强合作社规范管理，提升发展质量。同年 9 月，中央农办、农业农村部、国家发改委、财政部等 11 个部门发出《关于开展农民合作社规范提升行动的若干意见》，从完善章程制度、健全组织机构、规范财务管理、合理分配收益、加强登记管理 5 个方面明确了如何对农民合作社进行规范。同时，农业农村部办公厅发布《关于开展 2019 年农民合作社质量提升整县推进试点工作的通知》，要求以促进农民合作社规范提升为目标，整县推进试点。这一系列政策文件的颁布，推动了我国农民合作社的规范有序发展。

在家庭农场方面，2019 年 8 月，中央农办、农业农村部等 11 个部门和单位发布《关于实施家庭农场培育计划的指导意见》，要求到 2022 年，支持家庭农场发展的政策体系和管理制度进一步完善，家庭农场生产经营能力和带动能力得到巩固提升。[1] 2020 年 3

---

① 《关于实施家庭农场培育计划的指导意见》，《中华人民共和国农业农村部公报》，2019 年 09 期。

月，农业农村部发布《新型农业经营主体和服务主体高质量发展规划（2020—2022年）》，要求到2022年，家庭农场、农民合作社、农业社会化服务组织等各类新型农业经营主体和服务主体蓬勃发展，现代农业经营体系初步构建，各类主体质量、效益进一步提升，竞争能力进一步增强。[①]为推动新型农业经营主体高质量发展，2021年5月，中国人民银行、中央农办、农业农村部、财政部、中国银保监会、中国证监会联合发布《关于金融支持新型农业经营主体发展的意见》，从加强信息共享、健全金融服务组织体系、推动发展信用贷款、拓宽多元化融资渠道、提升农业保险服务能力、强化政策激励等方面对做好新型农业经营主体金融服务提出具体要求。

（二）发展多种形式适度规模经营

适度规模经营是我国发展现代农业的必由之路。2013年11月，党的十八届三中全会通过《中共中央关于全面深化改革若干重大问题的决定》，鼓励承包经营权在公开市场上向专业大户、家庭农场、农民合作社、农业企业流转，指出发展多种形式规模经营的方向。

为推动农业适度规模经营，2014年11月，中共中央办公厅、国务院办公厅印发《关于引导农村土地经营权有序流转发展农业适度规模经营的意见》，明确新形势下推进土地流转和规模经营的重要原则和核心内涵，鼓励承包农户依法采取转包、出租、互换、转

---

① 《农业农村部关于印发〈新型农业经营主体和服务主体高质量发展规划（2020—2022年）〉的通知》，《中华人民共和国农业农村部公报》，2020年03期。

让及入股等方式流转承包地，推动农村土地有序流转和农业适度规模经营健康发展。2015 年 7 月，财政部发布《关于支持多种形式适度规模经营促进转变农业发展方式的意见》，明确财政支持适度规模经营的总体思路和基本原则，并提出进一步加大对适度规模经营的政策倾斜力度的政策措施，这为多形式的农业适度规模经营提供了有力支持，多形式的农业适度规模经营更具规范性和合理性。截至 2020 年底，全国承包耕地土地经营权流转面积超过 5.32 亿亩，1400 多个县（市、区）、2.2 万多个乡镇建立起农村土地经营权流转市场或服务中心。家庭农场、农民合作社等新型经营主体各显身手，有序推动多种形式适度规模经营。①

（三）健全农业社会化服务体系

我国持续推动多元主体通过体制机制创新，提供农业社会化服务。从 2013 年开始，中央财政启动农业生产全程社会化服务试点，支持各类农业经营性服务组织从事良种示范、农资配送、信息提供等农业社会化服务。2015 年 3 月，中共中央、国务院印发《关于深化供销合作社综合改革的决定》，要求供销合作社由流通服务向全程农业社会化服务延伸，重点围绕农业生产服务、农产品流通服务、城乡社区综合服务、农村合作金融服务，加快构建综合性、规模化、可持续的为农服务体系。②2015 年和 2016 年，农业部在

① 《农村集体资产实现“底清账明”——深化改革，乡村焕发新活力》，《人民日报》，2021 年 8 月 8 日。
② 《中共中央、国务院关于深化供销合作社综合改革的决定》，《人民日报》，2015 年 4 月 3 日。

26个省份的62个县（市、区）组织开展了两批政府购买农业公益性服务试点，针对农业生产性服务关键领域和薄弱环节，以统防统治、农机作业、粮食烘干、集中育秧、统一供种等普惠性服务为重点，围绕购买服务内容、承接服务主体资质、购买服务程序、服务绩效评价和监督管理方式等，开展试点试验，取得了阶段性成效。2017年10月，党的十九大提出，“健全农业社会化服务体系，实现小农户和现代农业发展有机衔接”[①]。这对农业社会化服务进行了新的定位。在这一战略指导下，2019年2月，中共中央办公厅、国务院办公厅印发《关于促进小农户和现代农业发展有机衔接的意见》，要求完善针对小农户的扶持政策，加强面向小农户的社会化服务，把小农户引入现代农业发展轨道。

（1）推动农业社会化服务组织多元融合发展

一方面，加快推进农业生产托管服务。2017年9月，农业部、国家发改委、财政部联合发布《关于加快发展农业生产性服务业的指导意见》，提出把发展农业生产托管作为推进农业生产性服务业、带动普通农户发展适度规模经营的主推服务方式。同年9月，农业部办公厅发布《关于大力推进农业生产托管的指导意见》，对农业生产托管工作进行了全面部署。农业部办公厅与财政部办公厅于2017年6月、2019年7月先后发出《关于支持农业生产社会化服务工作的通知》和《关于进一步做好农业生产社会化服务工作的通知》，对农业生产托管项目实施作出明确规定。围绕服务规范化这一中心，农业农村部深入开展农业社会化服务标准

---

① 习近平：《决胜全面建成小康社会　夺取新时代中国特色社会主义伟大胜利——在中国共产党第十九次全国代表大会上的报告》，北京：人民出版社，2017年版，第32页。

和行业管理制度的分类研究和编制，以农业农村部办公厅名义印发《农业生产托管服务合同示范文本》，并附《农业生产托管服务标准指引》，大力加强服务标准建设、服务价格指导、服务组织监测和服务合同监管等制度建设。2020 年 10 月，全国农业生产托管工作推进会在山西召开，总结交流各地推进农业生产托管的经验做法，在全国上下统一了思想，明确工作重点和发展路径，推动生产托管加快发展。另一方面，推动服务组织联合融合发展。2020 年 3 月，农业农村部发布《新型农业经营主体和服务主体高质量发展规划（2020—2022 年）》，提出鼓励各类服务组织加强联合合作，推动服务链条横向拓展、纵向延伸，促进各主体多元互动、功能互补、融合发展。

（2）完善农业社会化服务支持政策

自 2013 年起，中央财政专门安排资金支持农业生产社会化服务，通过先服务后补助等方式，支持农村集体经济组织、农民专业合作社、农业服务专业户和服务类企业面向小农户开展社会化服务，重点支持小农户在粮棉油糖等重要农产品规模化生产中的关键和薄弱环节，推动实现农业社会化服务对现代农业发展的有效支撑。2013—2020 年，中央财政共安排支持农业生产社会化服务资金 190 亿元，其中 2020 年增加到 45 亿元，项目实施省份达到 29 个。[①] 2017 年 9 月，农业部、国家发改委、财政部联合印发《关于加快发展农业生产性服务业的指导意见》，提出要总结推广一些地方探索形成的“土地托管”、“代耕代种”、“联耕联种”、“农业

① 《中央财政支持农业生产社会化服务加快推进小农户和现代农业发展有机衔接》，中国政府网，2020 年 9 月 17 日。

共营制”等农业生产托管形式，把发展农业生产托管作为推进农业生产性服务业、带动普通农户发展适度规模经营的主推服务方式。[①]2021年7月，农业农村部发布《关于加快发展农业社会化服务的指导意见》，要求力争经过5到10年努力，基本形成组织结构合理、专业水平较高、服务能力较强、服务行为规范、全产业链覆盖的农业社会化服务体系。[②]为贯彻落实这一目标，2021年11月，农业农村部组织开展了为期三年的农业社会化服务创新试点，积极探索创新农业社会化服务的业态、模式、机制。

四、完善农业支持保护政策体系

在改革开放的浪潮中，我国形成了以价格政策、财政政策、金融政策为主体内容的农业支持保护体系。党的十八大以来，农业支持保护制度向着“覆盖全面、指向明确、重点突出、措施配套、操作简便”的方向进一步健全和完善。

（一）深化农产品价格形成机制改革

2013年12月，习近平总书记在中央农村工作会议上提出，“要按照市场定价、价补分离的原则，探索实行目标价格政策，完善粮食价格形成机制，逐步建立价格低时补生产者、价格高时补

① 《农业部 发展改革委 财政部关于加快发展农业生产性服务业的指导意见》，《中华人民共和国国务院公报》，2018年07期。
② 《农业农村部关于加快发展农业社会化服务的指导意见》，《中华人民共和国农业农村部公报》，2021年08期。

低收入消费者的机制”[1]。为农产品价格改革指明了方向。2015年10月，中共中央、国务院印发《关于推进价格机制改革的若干意见》，在“注重发挥市场形成价格作用”基础上，对改革内容作出具体部署。根据党中央部署，农产品价格形成机制按照市场化改革取向，市场定价、价补分离、主体多元的原则逐步推进。

（1）启动棉花和大豆目标价格改革试点，探索实行“市场化收购+目标价格补贴”

2008年以来，我国先后对主产区玉米、大豆、油菜籽、棉花、食糖等实行临时收储政策，政策实施以来，国内棉花、油料、食糖价格总体高位运行，有效地调动了农民种植积极性，但同时造成价格关系扭曲、市场活力减弱、国家收储压力急剧增加等问题。

2014年中央一号文件首次提出目标价格改革试点。同年，国家发改委会同有关部门启动了为期三年的新疆棉花、东北和内蒙古大豆目标价格改革试点，财政部及时制定出台了财政补贴机制，核心是当市场价格低于目标价格时，中央财政根据目标价格与市场价格的差价和国家统计局调查的试点省（区）大豆、棉花产量安排补贴资金，由省级政府负责将补贴资金兑付给种植者。由于目标价格在播种前公布，这一政策较好地引导了棉花、大豆生产。

2017年，我国取消大豆目标价格政策，实行“市场化收购+生产者补贴”。同时，继续完善棉花目标价格改革试点，将此前每年浮动的目标价格水平改为三年一定，2017年至2019年，新疆棉花

① 中共中央党史和文献研究院编：《习近平关于“三农”工作重要论述摘编》，北京：中央文献出版社，2019年版，第77页。

目标价格水平均为每吨 18600 元。[①]

（2）陆续取消玉米的临时收储价格，探索对玉米实行“市场化收购+生产者补贴”

2007 年，我国开始在东北三省及内蒙古自治区东四盟实施玉米临时收储政策，这对稳定粮食生产、维护农民利益、维护市场平稳运行发挥了重要作用。但随着国际国内市场变化，这种“托市价格”逐渐脱离了市场供求关系，造成库存积压、加工企业亏损、财政在流通环节支出负担不断增加等问题。

2016 年中央一号文件提出，在遵循“市场定价、价补分离”原则的前提下，“建立玉米生产者补贴制度”[②]。2016 年 5 月，财政部发布《关于建立玉米生产者补贴制度的实施意见》，决定在东北三省及内蒙古自治区取消玉米临时收储政策，改为“市场化收购+补贴”的新机制。同年 7 月至 9 月，东北各省区陆续下发建立玉米生产者补贴制度实施方案的通知。于是，以生产者补贴政策为核心举措的玉米收储政策改革正式启动实施。改革后，玉米价格由市场形成，供求关系靠市场调节，生产者随行就市出售，各类市场主体自主入市收购。2016—2021 年，政府对玉米生产者给予一定的直接补贴，保障种植者的基本收益。

（3）稳妥推进稻谷、小麦最低收购价及收储制度改革

稻谷和小麦是我国两大主粮。长期以来，我国实施的稻谷和小

---

① 《国家发展改革委 财政部关于深化棉花目标价格改革的通知》，中华人民共和国国家发展和改革委员会网站，2017 年 3 月 17 日。

② 《中共中央、国务院关于落实发展新理念加快农业现代化实现全面小康目标的若干意见》，《中华人民共和国国务院公报》，2016 年 06 期。

麦最低收购价政策虽然在一定程度上具有扭曲市场效应，但正是这一效应的存在，才有助于保障新形势下国家粮食安全。进入新时代以来，选择继续稳定并不断完善稻谷小麦最低收购价政策是国家战略的需要。2016 年 4 月，国家发改委、财政部和国家粮食局根据《粮食流通管理条例》等有关规定，结合实际情况，制定并发布《2016 年小麦和稻谷最低收购价执行预案》，在保持最低收购价政策基本稳定的同时，针对粮食供求形势变化，改变了价格水平刚性上涨的做法，打破了最低收购价只涨不跌的惯例*，并从 2018 年起，对有关稻谷主产省份给予适当补贴支持，以保持优势产区稻谷种植收益基本稳定，缓解稻谷价格大幅下降对农民种粮收益的影响。自 2020 年起，在最低收购价政策基础上，我国又对稻谷和小麦设置收购总量限制。

* 从 2016 年开始下调稻谷最低收购价，2018 年开始下调小麦最低收购价。

（二）完善农业补贴制度

为保护种粮农民利益，从 2004 年起，我国逐渐建立了以农业四项补贴**为代表，技术补贴和收入补贴相结合，专项补贴和综合补贴相配套的农业补贴政策体系框架。党的十八大以来，我国农业补贴制度向着提高指向性和精准性、更好发挥补贴效能的方向改革。

** 四项补贴指粮食直补、良种补贴、农机具购置补贴和农资综合补贴。

（1）农业支持保护补贴

我国农业支持保护补贴主要通过实行“三补合一”改革而来。2015 年 5 月，财政部和农业部发布《关于调整完善农业三项补贴政策的指导意见》，将粮食直补、综合直补、良种补贴三项补贴合并为农业支持保护补贴，选择安徽、山东、湖南、四川和浙江 5 个省开展试点，将 80%的农资综合补贴存量资金，加上种粮农民直接补贴和农作物良种补贴资金，用于耕地地力保护；20%的农资综合补贴存量资金，加上种粮大户补贴试点资金和三项补贴增量资金，按照全国统一调整完善政策的要求支持粮食适度规模经营。[①] 2016年起，我国全面推开“三补合一”改革，将种粮直补、农资综合补贴、良种补贴合并为“农业支持保护补贴”，政策目标调整为支持耕地地力保护和粮食适度规模经营。

（2）农业生产性补贴

关于农业生产性补贴，除配套农产品价格改革，我国实行棉花和大豆目标价格补贴以及玉米、大豆生产者补贴外，主要包括五个方面：一是农机购置补贴，按照“缩范围、降定额、促敞开”的原则进行补贴政策改革，将一些低端的、过剩的、低附加值的产品剔除补贴范围；对那些市场已饱和、市场价格已下降或者不是当地主导产业发展需求的产品，适当降低补贴标准；尽量做到在补贴范围内的产品能够敞开补贴。2017年，中央财政投入农机购置补贴资金为186亿元，扶持159万农户购置机具187万台（套），全国28个省份已实现补贴范围内全部机具敞开补贴。[②] 2018—2020年，全国农机购置补贴机具种类范围确定为15大类42个小类137个品目。二是农业科研与技术推广补助，明确农业科技投入公益性、基础性、社会性的改革定位。自2012年起，中央财政每年安排26亿元，实施基层农技推广体系改革与建设补助项目，支持健全基层农技推广体系，开展公益性农技推广服务，实现了农业县全覆盖。三

---

① 《财政部 农业部关于调整完善农业三项补贴政策的指导意见》，《中华人民共和国财政部文告》，2015年07期。

② 《2017年农机购置补贴政策实施概况》，财政部网站，2018年1月25日。

是基础设施建设补助，明确农村基础设施的公共产品定位，强化政府投入和主导责任，同时积极引导社会资本投入。2017年2月，国务院办公厅印发《关于创新农村基础设施投融资体制机制的指导意见》，要求以创新投融资体制机制为突破口，明确各级政府事权和投入责任，拓宽投融资渠道，优化投融资模式，加大建设投入，完善管护机制，全面提高农村基础设施建设和管理水平。① 四是农业结构调整资金。自2015年起，我国选择牛羊养殖基础好、玉米种植面积较大的县开展粮改饲试点工作，中央财政补助资金主要用于对养殖主体和收贮主体收储青贮玉米的补助。2017年，粮改饲试点面积扩大到1100多万亩，粮豆轮作补贴面积扩大到1000万亩，有力地促进了农牧结合、种养循环。② 五是农业产业发展资金。2018年，我国启动实施农村第一、第二、第三产业融合发展支持政策，支持新型经营主体发展产地初加工、电子商务、休闲农业等农村第一、第二、第三产业，通过“先建后补、以奖代补”方式，按已建项目总投资的一定比例给予一次性补贴。

（三）改革农业农村投资体制

党的十八大以来，党中央、国务院大力推进简政放权、放管结合、优化服务改革，投融资体制改革取得新的突破。农业农村领域，投资主体主要是财政，改革主要围绕投入资金“小散乱”、资

① 《国务院办公厅关于创新农村基础设施投融资体制机制的指导意见》，《中华人民共和国国务院公报》，2017年07期。

② 张天佐、郭永田、杨洁梅：《我国农业支持保护政策改革40年回顾与展望》（下），《农业工作通讯》，2018年21期。

金效率不高、带动力不强等突出问题发力。

（1）整合优化财政涉农资金和项目。2017 年 8 月，中央全面深化改革领导小组第三十八次会议审议通过《关于探索建立涉农资金统筹整合长效机制的意见》，提出探索建立涉农资金统筹整合长效机制是推进农业供给侧结构性改革的重要途径。在农田水利建设领域，将原分散在国家发改委、财政部、国土资源部和水利部的千亿斤粮食项目田间工程建设、农业综合开发、土地整治、农田水利建设等农田建设投资和项目管理的职责划入农业农村部，实现了涉农资金的大整合。在扶贫资金和现代农业产业发展资金方面，对“小而散”的项目投资全面实行切块下达，整合归并性质相同、内容相似的专项资金，清理取消不适应改革要求的项目，引导资金优先投向关键领域。

（2）强化财政资金撬动作用，构建多元投资格局。2015 年 5 月，国务院办公厅转发财政部、国家发改委、中国人民银行《关于在公共服务领域推广政府和社会资本合作模式指导意见的通知》，提出在农业领域，鼓励采用政府和社会资本合作模式，吸引社会资本参与提供公共服务。这是我国农业领域首个政府和社会资本合作指导文件。同年 7 月，财政部、农业部、中国银监会发布《关于财政支持建立农业信贷担保体系的指导意见》，积极推动建立全国农业信贷担保体系，正式破题财政撬动金融支农。2017 年 6 月，财政部、农业部发布《关于深入推进农业领域政府和社会资本合作的实施意见》，提出重点引导和鼓励社会资本参与农业绿色发展、高标准农田建设、现代农业产业园、田园综合体、农产品物流与交易平台、“互联网+”现代农业等六个重点领域的项目建设。这些政策文件共同强调了构建多元化农业投融资的新格局，即在原有政府投资的基础上，引导更多社会资本进入第一产业。

（四）完善农业金融制度

我国农业的可持续发展和产业化变革离不开投融资支持。除了依托财政支出外，金融机构利用自身的优势和政府有效结合，为农业提供投融资的有效支持。

（1）积极推进普惠金融实施

加快农村金融服务入村到户建设，不断加大农村金融设施布放力度，依托农村小超市、物资商店、卫生所等，建立惠农便利支付点。实施普惠金融发展规划，普惠金融改革试验区建设取得积极成效。2016 年 1 月，国务院印发《推进普惠金融发展规划（2016—2020 年）》，成为我国首个发展普惠金融的国家级战略规划，确立推进普惠金融发展的指导思想、基本原则和发展目标，从普惠金融服务机构、产品创新、基础设施、法律法规和教育宣传等方面提出了系列政策措施和保障手段，对推进普惠金融实施、加强领导协调、试点示范工程等方面做出相关安排。

（2）创新农村信贷担保体制

为解决农村金融机构合格抵押品相对不足造成的“贷款难”、“贷款贵”等问题，2014 年 4 月，中国人民银行在广东和山东开始了信贷资产质押再贷款的试点，2015 年以后，继续在 9 省扩大试点范围，引导地方金融扩大“三农”信贷投放。此前，盘活信贷资产只能依赖资产证券化，而中国人民银行将信贷资产列入再贷款抵押品范围，使得原先不易获得流动性的信贷资产又多了一条盘活渠道。同时，开展农村承包土地经营权和农民住房财产权抵押试点。2015 年 8 月，国务院印发《关于开展农村承包土地的经营权和农民住房财产权抵押贷款试点的指导意见》，提出以县（市、区）行政区域为单位开展“两权”抵押贷款试点。到2018年9月末，全国232个试点地区农地抵押贷款余额520亿元，同比增长76.3%，累计发放964亿元；59个试点地区农房抵押贷款余额292亿元，同比增长48.9%，累计发放516亿元。①

此外，党中央还积极稳妥地推进财政支持建立农业信贷担保体系相关工作。2015年7月，财政部、农业部、中国银监会发布《关于财政支持建立农业信贷担保体系的指导意见》，联合开展农业信贷担保体系建设，促进实现财政金融协同支农，破解农业发展的融资难、融资贵问题。2017年4月，经国务院批准，国家农业信贷担保联盟有限责任公司挂牌成立，33个省（自治区、直辖市、计划单列市）已组建农担公司并开始向县市延伸，多层次、广覆盖的全国农业信贷担保体系初见雏形。

（3）完善农业保险制度

农业保险是我国农村金融的重要组成部分。党的十八大以来，农业保险在覆盖面、品种数量、风险保障水平方面进一步改革完善。首先，启动农业大灾保险试点。2017年5月，财政部发出《关于在粮食主产省开展农业大灾保险试点的通知》，提出2017年至2018年，以面向全体农户基本险为基础，在13个粮食主产省选择200个产粮大县，推出保险金额覆盖直接物化成本和地租、面向适度规模经营农户的大灾保险产品，中央财政对中西部和东部试点县

① 《国务院关于全国农村承包土地的经营权和农民住房财产权抵押贷款试点情况的总结报告——2018年12月23日在第十三届全国人民代表大会常务委员会第七次会议上》，中国人大网，2018年12月23日。

的保费补贴比例分别提高到 47.5%和 45%。[①] 其次，启动三大粮食作物完全成本保险和收入保险试点。2018 年 8 月，财政部、农业农村部、中国银保监会发出《关于开展三大粮食作物完全成本保险和收入保险试点工作的通知》，提出从 2018 年开始，用 3 年时间，在 6 个省份各选择 4 个产粮大县，开展三大粮食作物完全成本保险和收入保险试点，推动保障水平在物化成本和地租成本的基础上进一步增加，促进农业保险转型升级。[②] 最后，启动优势农产品保险试点。2019 年 6 月，财政部发出《关于开展中央财政对地方优势特色农产品保险奖补试点的通知》，要求进一步完善农业保险制度，支持地方优势特色农产品保险发展，助力农民增收和农业农村现代化。[③]

为实行农业再保险制度，2014 年 11 月，中国农业保险再保险共同体成立，标志着我国农业再保险制度实现了从无到有的突破。2019 年 5 月，中央全面深化改革委员会第八次会议审议通过《关于加快农业保险高质量发展的指导意见》，明确提出要完善大灾风险分散机制，增加农业再保险供给，扩大农业再保险承保能力。2020 年 12 月，中国农业再保险股份有限公司正式成立，标志着我国农业再保险的发展进入一个新阶段。

① 《中央财政支持农村金融改革发展》，财政部网站，2018 年 7 月 16 日。
② 《关于开展三大粮食作物完全成本保险和收入保险试点工作的通知》，财政部网站，2018 年 8 月 31 日。
③ 《财政部关于开展中央财政对地方优势特色农产品保险奖补试点的通知》，中国政府网，2019 年 7 月 7 日。

（五）推动农业绿色发展

2017年7月，中央全面深化改革领导小组第三十七次会议强调，推进农业绿色发展是农业发展观的一场深刻革命，也是农业供给侧结构性改革的主攻方向。党的十八大以来，以改革为动力，农业向着绿色高效方向发展。

（1）构建农业绿色发展政策体系

农业绿色发展是我国生态文明建设的重要内容。党的十八大把生态文明建设纳入中国特色社会主义事业“五位一体”总布局。2015年4月，中共中央、国务院印发《关于加快推进生态文明建设的意见》，成为我国生态文明建设的纲领性文件，也成为推动农业绿色发展的根本指导。2016年中央一号文件提出推动农业绿色发展的任务。随后，农业绿色发展连续五年成为中央一号文件的重要内容。2017年9月，中共中央办公厅、国务院办公厅印发《关于创新体制机制推进农业绿色发展的意见》，这是党中央出台的第一个指导农业绿色发展的纲领性文件，为构建资源利用更加节约高效，产地环境更加清洁，生态系统更加稳定，绿色供给能力明显提升的农业绿色发展格局，建立了支持政策体系的基本框架。2021年8月，农业农村部、国家发改委、科技部、自然资源部、生态环境部、国家林草局联合发布《“十四五”全国农业绿色发展规划》，这是我国首部农业绿色发展专项规划，对“十四五”农业绿色发展工作作出系统部署和具体安排。

（2）实施农业绿色发展重要行动

2013年9月、2015年4月、2016年5月，国务院先后印发《大气污染防治行动计划》《水污染防治行动计划》《土壤污染防治行动计划》，要求集中力量打好大气、水和土壤污染防治三大战役。为治理农业面源污染，2015 年 4 月，农业部印发《关于打好农业面源污染防治攻坚战的实施意见》，提出到 2020 年实现农业用水总量控制，化肥、农药使用量减少，畜禽粪便、农作物秸秆、农膜基本资源化利用的“一控两减三基本”目标任务，正式打响了农业面源污染治理攻坚战。2018 年 11 月，生态环境部、农业农村部印发《农业农村污染治理攻坚战行动计划》，明确农业农村污染治理的总体要求、行动目标、主要任务和保障措施，对农业农村污染治理攻坚战作出部署。2019 年 6 月，农业农村部、国家发改委等六部门联合印发《关于加快推进农用地膜污染防治的意见》，首次全面系统提出地膜污染治理的总体要求、制度框架、重点任务保障措施，将地膜污染治理摆在至关重要的位置。2020 年 6 月，农业农村部办公厅、生态环境部办公厅联合印发《关于进一步明确畜禽粪污还田利用要求强化养殖污染监管的通知》，明确畜禽粪污还田利用标准，要求加强事中、事后监管，完善粪肥管理制度，加快构建种养结合、农牧循环的可持续发展新格局。①

（3）启动实施“农业绿色发展五大行动”

2017 年 5 月，农业部发出《关于实施农业绿色发展五大行动的通知》，将畜禽粪污资源化利用行动、果菜茶有机肥替代化肥行动、东北地区秸秆处理行动、农膜回收行动和以长江为重点的水生生物保护行动作为推动绿色发展方式的重要举措加以推进。改变传统生产方式，减少化肥等投入品的过量使用，优化农产品产地环

① 《农业农村部办公厅 生态环境部办公厅关于进一步明确畜禽粪污还田利用要求 强化养殖污染监管的通知》，《中华人民共和国农业农村部公报》，2020 年 07 期。

境，从源头上确保优质绿色农产品供给。[①]这有利于推进农业生产废弃物综合治理和资源化利用，把农业资源过高的利用强度缓下来、面源污染加重的趋势降下来。

（4）强化农业资源保护

为重点推进耕地数量、质量、生态“三位一体”保护，2016年5月，中央全面深化改革领导小组第二十四次会议审议通过《探索实行耕地轮作休耕制度试点方案》，要求重点在东北冷凉区、北方农牧交错区等地开展轮作试点。2017年1月，中共中央、国务院印发《关于加强耕地保护和改进占补平衡的意见》，提出守住18.65亿亩耕地的数量红线，以及到2020年确保建成8亿亩、力争建成10亿亩高标准农田的质量红线。[②]2021年7月，农业农村部、国家发改委、财政部、水利部、科技部、中科院、国家林草局联合印发《国家黑土地保护工程实施方案（2021—2025年）》，明确“十四五”期间将完成1亿亩黑土地保护利用任务，黑土耕地质量明显提升，土壤有机质含量平均提高10%以上。[③]

五、完善城乡融合发展体制机制

如何处理好工农关系、城乡关系，在一定程度上决定着现代化建设的成败。党的十八大指出推动城乡发展一体化是解决“三农”

---

① 《农业部关于实施农业绿色发展五大行动的通知》，《中华人民共和国农业部公报》，2017年05期。

② 《中共中央、国务院关于加强耕地保护和改进占补平衡的意见》，《人民日报》，2017年1月24日。

③ 《国家黑土地保护工程实施方案（2021—2025年）》，《农村工作通讯》，2021年17期。

问题的根本途径，此后，城乡发展经历了从城乡一体化向城乡融合发展的推进与演变。

（一）城乡融合发展的战略部署

2017年10月，党的十九大提出实施乡村振兴战略，将“城乡融合发展”放在重要位置，并作出建立健全城乡融合发展体制机制和政策体系的重大决策部署。2019年4月，中共中央、国务院印发《关于建立健全城乡融合发展体制机制和政策体系的意见》，提出采取分步实施的战略部署，实现关于建立健全城乡融合发展体制机制和政策体系的主要目标。*

* 主要目标分三步走。第一步：到2022年，城乡融合发展体制机制初步建立；第二步：到2035年，城乡融合发展体制机制更加完善；第三步：到本世纪中叶，城乡融合发展体制机制成熟定型。

2020年10月，党的十九届五中全会作出实施乡村建设行动的重大部署，旨在通过实施乡村建设行动，继续把公共基础设施建设的重点放在农村，在推进城乡基本公共服务均等化上持续发力，注重加强普惠性、兜底性、基础性民生建设，进一步推动城乡融合发展。2021年3月，《中华人民共和国国民经济和社会发展第十四个五年规划和2035年远景目标纲要》提出，推进以县城为重要载体的城镇化建设，加快县城补短板强弱项，推进公共服务、环境卫生、市政公用、产业配套等设施提级扩能，增强综合承载能力和治理能力。①

（二）加快推进户籍制度改革

党的十八大以来，我国户籍制度改革进程明显加快、力度明显

① 《中华人民共和国国民经济和社会发展第十四个五年规划和2035年远景目标纲要》，《人民日报》，2021年3月13日。

加大，户籍制度改革政策框架基本构建完成。党的十八大和党的十八届三中全会对加快推进户籍制度改革作出了部署，指明了方向，明确了路径。

（1）建立城乡统一的户口登记制度。2014年7月，国务院正式印发《关于进一步推进户籍制度改革的意见》，明确提出取消农业户口与非农业户口性质区分和由此衍生的蓝印户口等户口类型，统一登记为居民户口，体现户籍制度的人口登记管理功能。这意味着将从全国层面整体性地改变户籍原有的“身份属性”，变为“地域区分”，实现了我国城乡居民身份地位的平等。

（2）调整和完善户口迁移政策。为深入贯彻落实党的十八大、十八届三中全会和中央城镇化工作会议关于进一步推进户籍制度改革的要求，促进有能力在城镇稳定就业和生活的常住人口有序实现市民化，稳步推进城镇基本公共服务常住人口全覆盖，国务院发布《关于进一步推进户籍制度改革的意见》，针对小城市、中等城市、大城市、特大城市的户口迁移依次作出规定，推动形成全面放开建制镇和小城市落户、有序放开中等城市落户、合理确定大城市落户条件和严控特大城市人口规模的户籍调控管理体系。2016年9月，国务院办公厅发出《推动1亿非户籍人口在城市落户方案的通知》，鼓励有能力在城镇稳定就业和生活的农业转移人口举家进城落户。

（3）全面实施新型居住证制度。2016年1月，《居住证暂行条例》全面施行，这标志着“居住证”从此全面代替了“暂住证”。各省区市按照国务院的要求，对未落户的常住人口实施居住证制度。与此同时，有些城市还赋予居住证更多的与本地城市户籍居民同等的权利，居住证的“含金量”不断提高，使得持证者能够在就业、教育、卫生计生、社保、住房保障等方面享受基本权益，从而有助于全面落实市民化待遇。例如，武汉市流动人口持有居住证所能享受的权益对城镇户籍的完全替代率达到86.9%；在石家庄等城市，这种替代率已经达到90%以上。[①]

（三）推进城乡基本公共服务均等化

享有基本公共服务是公民的基本权利，也是城乡融合发展的重要内容。2006年10月，党的十六届六中全会便明确提出“逐步实现基本公共服务均等化”的战略任务。此后，党中央持续推进基本公共服务均等化在国家战略层面地位不断提升。2012年11月，党的十八大提出到2020年实现“基本公共服务均等化总体实现”的宏伟目标。2013年11月，党的十八届三中全会通过《中共中央关于全面深化改革若干重大问题的决定》，提出推进城乡基本公共服务均等化，城镇基本公共服务常住人口全覆盖等重大改革。2015年10月，党的十八届五中全会审议通过《中共中央关于制定国民经济和社会发展第十三个五年规划的建议》，首次将“增加公共服务供给”纳入共享发展的开篇阐述。2017年1月，国务院正式印发《“十三五”推进基本公共服务均等化规划》，明确国家基本公共服务制度框架，建立了国家基本公共服务清单制，是“十三五”乃至更长一段时期推进基本公共服务体系建设、促进基本公共服务均等化的综合性、基础性、指导性文件。2021年3月，《中华人民共和国国民经济和社会发展第十四个五年规划和2035年远景目标纲

① 陈鹏：《新一轮户籍制度改革：进展、问题及对策》，《行政管理改革》，2018年10期。

要》把“基本公共服务均等化水平明显提高”作为“十四五”时期我国经济社会发展主要目标的内容，并提出2035年“基本公共服务实现均等化”[①]。

党的十八大以来，我国城乡公共服务均等化全面推进。在社会保障方面，2014年2月，国务院印发《关于建立统一的城乡居民基本养老保险制度的意见》，提出将城乡居民基本养老保险制度合并，这一并轨标志着全国范围内城乡统一的居民基本养老保险制度建立。

（1）医疗卫生方面的改革。从2014年5月国务院办公厅发出《关于印发深化医药卫生体制改革2014年重点工作任务的通知》开始，党中央每年布置深化医药卫生体制改革重点工作任务，以推进城乡居民基本医保制度整合。

（2）教育方面的改革。2016年5月，中央全面深化改革领导小组第二十四次会议审议通过《关于统筹推进县域内城乡义务教育一体化改革发展的若干意见》，明确指出统筹推进县域内城乡义务教育一体化发展，对缩小城乡教育差距、促进教育公平具有重要意义。

（3）在城乡就业方面的改革。国务院分别于2014年9月和2016年7月印发《关于进一步做好为农民工服务工作的意见》《关于实施支持农业转移人口市民化若干财政政策的通知》，进一步清理针对农民工就业的歧视性规定，保障城乡劳动者平等就业的权利，完善城乡劳动者平等就业制度。

（4）在农村基础设施建设方面的改革。2019年7月，交通运

① 《中华人民共和国国民经济和社会发展第十四个五年规划和2035年远景目标纲要》，《人民日报》，2021年3月13日。

输部、国家发改委等八部门联合印发《关于推动“四好农村路”高质量发展的指导意见》，以实施补短板、促发展、助增收、提服务、强管养、重示范、夯基础、保安全“八大工程”为重点，推动农村公路发展从规模速度型向质量效益型转变。[①] 同年 8 月，交通运输部、国家邮政局、中国邮政集团公司联合印发《关于深化交通运输与邮政快递融合推进农村物流高质量发展的意见》，引导交通运输、邮政快递深度融合，推动农村物流高质量发展。2021 年 8 月，交通运输部、公安部、财政部等九部门联合印发《关于推动农村客运高质量发展的指导意见》，强调完善农村安全便捷的基础设施网络。与此同时，水利部联合国家发改委、财政部等有关部门印发《关于做好农村供水保障工作的指导意见》，明确此后 5 年乃至更长时期农村供水保障工作的指导思想、发展目标、重点任务和保障措施。

六、推进农村治理体系和治理能力现代化

我国全面推进乡村振兴迈出坚实步伐，对开新局、应变局、稳大局发挥了重要作用。党的十八大以来，我国农业发展取得历史性成就，农村社会发生巨大变化。这些变化也给党和国家的乡村治理提出了新的课题。

---

① 《多部门关于推动“四好农村路”高质量发展的指导意见》，交通运输部网站，2019 年 8 月 1 日。

（一）完善乡村治理顶层设计

（1）推进乡村治理的党内法规制度和政策体系

2018 年 12 月，党中央开始实施新修订的《中国共产党农村基层组织工作条例》。2019 年 6 月，中共中央办公厅、国务院办公厅印发《关于加强和改进乡村治理的指导意见》。同年 8 月，中共中央印发《中国共产党农村工作条例》。10 月，党的十九届四中全会通过《中共中央关于坚持和完善中国特色社会主义制度、推进国家治理体系和治理能力现代化若干重大问题的决定》。2021 年 4 月，中共中央、国务院印发《关于加强基层治理体系和治理能力现代化建设的意见》，这些共同构成了党领导人民推进乡村治理的党内法规制度和政策体系，确立了党组织统一领导、政府依法履职、各类组织积极协同、群众广泛参与，自治、法治、德治相结合的乡村治理体系，并把实现乡村治理体系和治理能力现代化纳入全面推进乡村振兴，加快农业农村现代化的重要内容予以统筹安排。

（2）推进乡村治理试点工作

2019 年 6 月，中央农办、农业农村部、中组部、中宣部、民政部、司法部联合发出《关于开展乡村治理体系建设试点示范工作的通知》，确定在 115 个县（市、区）开展为期三年的乡村治理体系建设试点示范工作。为期三年重点围绕加强农村基层基础工作，健全党组织领导的自治、法治、德治相结合的乡村治理体系开展。同时，中央农办、农业农村部、中宣部、民政部、司法部发出《关于开展乡村治理示范村镇创建工作的通知》，通过示范创建活动推动健全党组织领导的自治、法治、德治相结合的乡村治理体系，培育和树立一批乡村治理典型，发挥其引领示范和辐射带动作用，进一步促进乡村治理体系和治理能力现代化。2021 年 6 月，我国第二批乡村治理示范村镇创建工作有序推进。

（二）构建中国特色乡村治理体系

（1）加强农村基层党组织建设

农村基层党组织是治理乡村的领导力量和组织基础，党的十八大首次提出加强基层服务型党组织建设的重大任务。2014 年 5 月，中共中央办公厅印发《关于加强基层服务型党组织建设的意见》，对农村基层服务型党组织建设的主要任务进行了规定，使农村基层党组织的功能定位更加呈现整体性。2015 年 4 月，中组部、中央农办、国务院扶贫办联合发出《关于做好选派机关优秀干部到村任第一书记工作的通知》，肯定了一些地区通过选派机关优秀干部到村任第一书记、派干部驻村等加强农村基层党组织建设的成功经验。2018 年 10 月，中共中央印发《中国共产党支部工作条例（试行）》，明确规定村党支部应全面领导隶属本村的各类组织和各项工作，这有助于村党支部领导农村各类社会组织来推进乡村振兴战略的实施。2018 年 12 月，中共中央印发新修订的《中国共产党农村基层组织工作条例》，其中明确指出，党的农村基层组织应当加强对各类组织的统一领导。[①]

（2）深化农村基层自治实践

村民委员会是村民自我管理、自我教育、自我服务的基层群众性自治组织，实行民主选举、民主决策、民主管理、民主监督。

① 《中国共产党农村基层组织工作条例》，北京：中国法制出版社，2019 年版，第 10 页。

2018年12月，十三届全国人大常委会第七次会议修订了《中华人民共和国村民委员会组织法》。2018年12月，民政部、中组部、全国妇联等七部门联合发布《关于做好村规民约和居民公约工作的指导意见》，这是首个以中央和国家有关部门的名义出台的有关村规民约和居民公约工作的全国性指导文件，要求村规民约和居民公约应当遵循党的领导，依法制定；制定程序应经过征集民意、拟定草案、提请审核、审议表决、备案公布等五个环节，明确各级各部门承担的监督和组织责任，为做好村规民约工作提供了基本遵循。[1]

在全面从严治党的战略布局下，农村地区党风廉政责任制亦得到快速推进，如村干部述职述廉制度、村级“四议两公开”制度*、村务监督委员会工作制度，并且农村基层巡视巡察工作的开展也为农民群众举报不作为、生活腐化的村干部提供了新途径。

*“四议两公开”制度中，“四议”是指村党支部会提议、村“两委”会商议、党员大会审议、村民代表会议或村民会议决议；“两公开”是指决议公开、实施结果公开。

为加强村级组织运转经费保障，2016年，中组部、财政部联合发出《关于加强村级组织运转经费保障工作的通知》，确立以财政投入为主的稳定的经费保障制度。2020年6月，财政部、中组部联合发出《关于建立正常增长机制、进一步加强村级组织运转经费保障工作的通知》，要求村干部基本报酬和村级组织办公经费两项合计保障标准为每村每年不低于11万元，确保村级组织有人办事、有钱办事。

（3）推进法治乡村建设

2020年3月，中央全面依法治国委员会印发《关于加强法治乡村建设的意见》，强调走出一条符合中国国情、体现新时代特征

① 《民政部、中组部、全国妇联等7部门联合出台〈关于做好村规民约和居民公约工作的指导意见〉》，《中国民政》，2019年01期。

的中国特色社会主义法治乡村之路，为全面依法治国奠定坚实的基础，推动法治文化与民俗文化、乡土文化融合发展。[①]随后，司法部、民政部指导各地开展民主法治示范村（社区）创建活动，农村基层民主法治建设不断深入，基层社会治理法治化水平不断提高。此外，为建设平安乡村，我国还深入推进扫黑除恶专项斗争，严厉打击农村涉黑涉恶违法犯罪，将把持基层政权、利用家族宗教恶势力横行乡里、煽动村民闹事的农村黑恶势力作为打击重点。2021年7月，农业农村部、司法部印发《培育农村学法用法示范户实施方案》，提出坚持面向农民、深入农村，广泛开展农村学法用法教育，扎实推进农村学法用法示范户培育工作。[②]

（4）以德治为引领，建设文明乡村

为推进“三治”融合，提高乡村善治水平，2019年，中央农办、农业农村部、中组部、中宣部、民政部、司法部联合开展乡村治理体系建设试点示范工作，首批选择了115个县（市、区）开展为期三年的试点，鼓励地方探索“三治结合”的方法和路径，形成可复制、可推广的经验做法，为走中国特色社会主义乡村善治之路探索新路子、创造新模式。同年，中央农办、农业农村部、中宣部、民政部、司法部联合开展“百乡千村”乡村治理示范村镇创建工作，农业农村部等部门连续三年征集遴选全国乡村治理典型案例，树立形式多样、特色鲜明的乡村治理样板，充分发挥了典型经验的示范引领作用。并且在地方实践的基础上，总结乡村治理中积

① 《〈关于加强法治乡村建设的意见〉全文》，司法部网站，2020年3月27日。

② 《农业农村部 司法部关于印发〈培育农村学法用法示范户实施方案〉的通知》，《中华人民共和国农业农村部公报》，2021年08期。

分制、清单制、数字化等务实管用的治理方式，在全国范围推广。为树立良好的乡风民风家风，2019 年 9 月，中央农办、农业农村部、中组部、中央文明办等 11 个部门联合印发《关于进一步推进移风易俗建设文明乡风的指导意见》，要求建立健全村规民约监督和奖惩机制，注重运用舆论和道德的力量推动移风易俗行动，促进文明乡风建设。2020 年 5 月，民政部印发《关于开展婚俗改革试点工作的指导意见》，大力推进婚姻领域移风易俗，倡导全社会形成正确的婚姻家庭价值取向，遏制不正之风，加强农村思想道德建设，弘扬和践行社会主义核心价值观。

（三）创新扶贫工作体制机制

消除贫困，改善民生，实现共同富裕，是社会主义的本质要求。党的十八大以来，党中央高度重视扶贫开发，党中央、国务院多次召开会议研究扶贫开发问题，推动扶贫开发工作不断深入，推动具体政策举措落实落细，形成了精准扶贫、精准脱贫的基本方略。

2013 年 12 月，中共中央办公厅、国务院办公厅印发《关于创新机制扎实推进农村扶贫开发工作的意见》，首次提出新六大机制，即建立健全贫困县考核、精准扶贫工作、部驻村帮扶、财政专项扶贫资金管理、金融服务、社会参与六项工作机制；要求做好实施村级道路通畅、饮水安全、农村电力保障、危房改造、特色产业增收、乡村旅游扶贫、教育扶贫、卫生和计划生育、文化建设、贫困村信息化十项重点工作。这标志着我国的扶贫开发工作进入精准扶贫、精准脱贫阶段。2014 年 5 月，国务院扶贫办、中央农办等七部门印发《建立精准扶贫工作机制实施方案》，扶贫体制机制进一步创新。

2015 年 11 月，中共中央、国务院印发《关于打赢脱贫攻坚战的决定》，对“十三五”期间的扶贫工作作出全面部署。从目标要求来看，其核心是“两不愁三保障”，即到 2020 年，稳定实现农村贫困人口不愁吃、不愁穿，义务教育、基本医疗和住房安全有保障；从政策措施来看，关键是“坚持三个施策、解决好四个问题、实施五个一批工程、做到六个精准”，即坚持因人因地施策、因贫困原因施策、因贫困类型施策；解决好扶持谁、谁来扶、怎么扶、如何退问题；通过发展生产脱贫一批、易地搬迁脱贫一批、生态补偿脱贫一批、发展教育脱贫一批、社会保障兜底一批；做到扶持对象精准、项目安排精准、资金使用精准、措施到户精准、因村派人精准、脱贫成效精准。

2016 年 11 月，国务院印发《“十三五”脱贫攻坚规划》。2017 年 10 月，党的十九大将打赢精准脱贫攻坚战作为决胜全面建成小康社会的三大攻坚战之一作出重要部署。2018 年 6 月，中共中央、国务院印发《关于打赢脱贫攻坚战三年行动的指导意见》，进一步完善顶层设计、强化政策措施、加强统筹协调，建立省、市、县、乡、村“五级书记”抓脱贫攻坚的领导责任制，中西部 22 个省（自治区、直辖市）党政“一把手”向党中央签署脱贫攻坚责任书，健全东西部扶贫协作机制、各部门各单位定点扶贫机制和社会力量参与机制，推动脱贫攻坚工作更加有效开展。

随着精准扶贫精准脱贫方略的实施以及一系列含金量极高的政策和超常规举措的出台，2020 年底，我国如期完成新时代脱贫攻坚目标任务，现行标准下 9899 万农村贫困人口全部脱贫，832 个贫困县全部摘帽，12.8 万个贫困村全部出列，区域性整体贫困得到解决，完成消除绝对贫困的艰巨任务。

2020 年 12 月，在中央农村工作会议上，习近平总书记提出，

“现在，我们的使命就是全面推进乡村振兴，这是‘三农’工作重心的历史性转移”，“下一步，脱贫地区防止返贫的任务还很重，要做好巩固拓展脱贫攻坚成果同乡村振兴有效衔接，工作不留空档，政策不留空白，绝不能出现这边宣布全面脱贫，那边又出现规模性返贫”[①]。2021年中央一号文件《中共中央、国务院关于全面推进乡村振兴加快农业农村现代化的意见》对实现巩固拓展脱贫攻坚成果同乡村振兴有效衔接作出部署，提出脱贫攻坚目标任务完成后，对摆脱贫困的县，从脱贫之日起设立5年过渡期，做到扶上马送一程；健全防止返贫动态监测和帮扶机制，对易返贫致贫人口及时发现、及时帮扶，守住防止规模性返贫底线。[②]

第三节　农业农村发展取得历史性成就

党的十八大以来，以习近平同志为核心的党中央坚持全面深化农村改革，深入推动“三农”工作理论创新、实践创新、制度创新，推动我国农业农村发展取得重大成就，为实施乡村振兴战略奠定了良好基础，为党和国家事业全面开创新局面提供了有力支撑。

---

① 习近平:《坚持把解决好“三农”问题作为全党工作重中之重，举全党全社会之力推动乡村振兴》,《求是》，2022年07期。

②《中共中央、国务院关于全面推进乡村振兴加快农业农村现代化的意见》,《人民日报》，2021年2月22日。

一、土地制度改革取得重大进展，要素潜能有效激发

党的十八大以来，党中央总揽全局、统筹谋划，对深化农村土地制度改革作出了若干重大部署。党的十八届三中全会审议通过的《中共中央关于全面深化改革若干重大问题的决定》是本轮改革的总纲，按照其谋划的顶层设计，各地区围绕农村土地制度的重点领域和关键环节开展了一系列有益探索，许多重大改革进入实质推进或者试点阶段。

从 2014 年开始，农村承包地确权登记颁证工作从整省试点逐步全面推开，历时 5 年在全国 2838 个县（市、区）、3.4 万个乡镇、55 万多个行政村基本完成承包地确权登记颁证，2019 年组织开展“回头看”进一步巩固成果，将 15 亿亩承包地确权给 2 亿农户，并颁发土地承包经营权证书，取得显著成效。[①] 农村承包地确权登记颁证，彻底解决了农村承包土地面积不准、四至不清*、空间位置不明、权益保障难等问题。在此基础上，我国稳步推动农村土地流转和抵押交易，从而确立“三权分置”的理论与实践体系。

集体经营性建设用地入市、宅基地制度、农村土地征收改革试点，标志着我国土地制度改革的重点任务进入实质性的实践阶段。全国集体经营性建设用地入市改革，盘活了农村空闲和低效用地，为农村新产业新业态发展提供了用地空间。到 2018 年 6 月底，全国集体经营性建设用地入市地块 970 宗、2 万余亩，总价

* “四至”是地籍上每宗地四邻的名称。一宗地四个方位与相邻土地的交接界线。一般填写四邻的土地所有者或使用者单位和个人名称。四至不清主要就是在各种土地资料上填写四至不清楚，没有描述出土地的具体范围。

① 《农村承包地确权登记颁证工作基本完成》，农业农村部网站，2020 年 11 月 2 日。

款约193亿元，收取土地增值收益调节金15亿元。[①]宅基地制度改革试点在确保农民住有所居、农村和谐稳定的前提下，积极探索农民宅基地租赁、抵押等，既有效盘活了闲置的农房和宅基地，提高了土地利用效率，也大幅增加了农民的财产性收入。截至2018年6月底，全国共腾退零星、闲置宅基地9.7万户、7.2万亩，办理农房抵押贷款4.9万宗，共计98亿元。[②]人民群众的获得感明显增强。征地制度改革使农民在土地增值收益中的分配比例提高，让失地农民分享到更为合理的土地增值收益，土地要素的潜能大为激发。

二、集体产权制度改革稳步推进，发展活力大为增强

在我国农村改革的版图中，随着集体产权制度改革步伐的不断加快，集体产权的内涵愈加清晰，集体产权的价值更加深入人心。全国农村集体经济组织清产核资顺利完成，截至2019年底，全国拥有农村集体资产的5695个乡镇、60.2万个村、238.5万个组，共计299.2万个单位，完成1.2亿张报表在线数据报送。全国农村集体家底基本摸清，集体土地总面积65.5亿亩，账面资产6.5万亿元，其中经营性资产3.1万亿元；非经营性资产3.4万亿元。集体所属全资企业超过1.1万家，资产总额1.1万亿元。

此外，我国还有43.8万个村完成了经营性资产股份合作制改

① 《“三块地”改革试点临近“收官”——沉睡的农村土地加快苏醒》，《经济日报》，2018年10月23日。
② 《“三块地”改革试点临近“收官”——沉睡的农村土地加快苏醒》，《经济日报》，2018年10月23日。

革，确认集体经济组织成员6亿多人。[1]我国逐渐改变了过去集体产权不明晰，集体资产名义上"人人有份"，实际上由少数干部掌控和随意支配的尴尬局面，资产透明度极大提高。在明晰农村集体产权、引导农民发展股份合作的同时，改革也注重完善集体产权权能，赋予农民对农村集体资产股份占有、收益、有偿退出及抵押、担保、继承等相关权能。资产透明度极大提高还助推管理规范，一套长期有效的集体资产管理制也随之建立。在新型集体经济组织中，股东代表大会、理事会和监事会行使资产管理职能，财务管理、资产管理、民主监督、民主议事、收益分配等关键性问题都变得有章可循。

三、新型农业经营体系加快构建，农业现代化水平不断提高

随着我国各级政府不断出台支持政策，加大资金投入，各类新型农业经营主体和服务主体模式不断创新，现代农业经营体系加快构建，辐射带动小农户和促进农业规模经营稳步发展的能力显著增强，成为乡村振兴的重要推动力量。

各类新型农业经营主体和服务主体快速发展，且发展质量显著提升，成为推动我国现代农业发展的重要力量。截至2018年底，我国家庭农场达到近60万家，经营土地面积1.62亿亩，经营范围逐步走向多元化，从粮经结合，到种养结合，再到种养加一体化，经济实

① 《土地总面积65.5亿亩，账面资产6.5万亿元——全国农村集体"家底"摸清楚了》，《经济日报》，2020年7月14日。

力不断增强。我国依法登记的农民合作社达217.3万家，是2012年底的3倍多，且规范化水平不断提升，依法按交易量（额）分配盈余的农民合作社数量约是2012年的2.5倍，3.5万家农民合作社创办加工实体。我国从事农业生产托管的社会化服务组织数量达到37万个，以综合托管系数计算的农业生产托管面积为3.64亿亩，实现了集中连片种植和集约化经营，节约了生产成本，增加了经营效益。[①]

通过一系列举措，我国带动农户增产增收效果明显。截至2018年底，我国各类家庭农场年销售农产品总值1946.2亿元，平均每个家庭农场32.4万元。农民合作社在按交易量（额）返还盈余的基础上，平均为每个成员二次分配1400多元，我国有385.1万个建档立卡贫困户加入了农民合作社，农业生产托管服务组织的服务对象数量达到4630万个（户）。[②]新型农业经营主体和服务主体逐渐发展，不仅与小农户形成紧密的利益联结机制，逐步把小农户引入现代农业发展轨道，更促进了农村第一、第二、第三产业融合发展和农业劳动生产率不断提升。

党的十八大以来，我国农业支持保护政策体系不断发展完善，向着更加注重农业质量效益和竞争力提升、更加强化绿色生态导向转变。与此同时，财政资金引导和撬动作用显著增强。2018年，中央财政累计投入农业综合开发资金3827.1亿元，带动地方各级财政部门配套投入2264.75亿元，银行贷款、农民筹资投劳及其他资

---

① 《农业农村部关于印发〈新型农业经营主体和服务主体高质量发展规划（2020—2022年）〉的通知》，《中华人民共和国农村农业部公报》，2020年03期。

② 《农业农村部关于印发〈新型农业经营主体和服务主体高质量发展规划（2020—2022年）〉的通知》，《中华人民共和国农村农业部公报》，2020年03期。

金投入 3119.41 亿元，有力地带动了各类资金投入。[1]金融信贷、社会投资越来越成为农业投融资的重要组成部分，农业综合开发资金也逐步形成了“国家引导、配套投入、民办公助、滚动开发”的投入机制。

四、城乡融合发展取得重要进展，乡村治理水平有序提高

党的十八大以来，城乡融合发展取得历史性成就。我国城乡基本公共服务均等化扎实推进，建立了城乡统一的居民基本养老保险制度、居民基本医保和大病保险制度，城乡一体的基础设施建设取得显著成效。截至 2018 年底，我国城乡居民基本医保覆盖了 13.5 亿人、大病保险覆盖了 10.5 亿人，基本养老保险覆盖了 9.4 亿人。我国 99.6%的乡镇、99.5%的建制村通了硬化路，99.1%的乡镇、96.5%的建制村通了客车，95%的建制村连接了 4G网络。[2]农业转移人口市民化取得重大进展，农业转移人口进城落户的门槛不断降低。2018 年户籍人口和常住人口城镇化率分别提高到 43.37%、59.58%。[3]我国 95%的县通过县域义务教育基本均衡发展评估认定，城乡均等的公共就业创业服务水平明显提升。脱贫攻坚战取得决定性进展，农村贫困人

---

① 张天佐、郭永田、杨洁梅：《我国农业支持保护政策改革 40 年回顾与展望》（上），《农村工作通讯》，2018 年 20 期。
② 《国家发改委：截至 2018 年底，城乡居民基本医保覆盖 13.5 亿人》，人民网，2019 年 5 月 7 日。
③ 《中华人民共和国 2018 年国民经济和社会发展统计公报》，国家统计局网站，2019 年 2 月 28 日。

口累计减少了8239万人，贫困发生率从10.2%下降到了2018年的1.7%。[①]贫困地区农民人均可支配收入增速持续快于全国平均水平。

在这一时期，我国可持续发展能力稳步加强，形成有效的乡村治理合力。一方面，形成了多部门协调推进的工作格局。在国家层面，为了加强各部门间的统筹协调、形成工作合力，我国建立了中央农办牵头的全国加强乡村治理体系建设部际联席会议制度，有十多个部门作为联席会议制度的成员单位，共同协商和推进相关工作。同时，20多个省份成立了领导小组，定期商议一些重大事项，也建立了相应的部门联动工作机制。另一方面，农民参与乡村治理的积极性和自主性显著提升。例如，浙江桐乡探索的“三治结合”，最后上升为国家的要求、中央的决策。再如，“村民说事”是浙江象山的经验，这种村民说出自己的诉求愿望，村干部组织群众领办和解答，最终引导村民从反映个人诉求向协商村级事务转变，从要求村里解决问题向出主意想办法帮助村里解决问题转变，发挥村民在乡村治理中的积极作用的办法，在很多地方进行推广，通过“大事一起干、好坏大家判、事事有人管”，实现了农民想治理、愿治理、能治理，为乡村振兴提供了良好的氛围和环境。

通过乡村治理工作的推进，各地基层党组织建设进一步加强，村民议事协商形式不断创新，法治乡村建设深入推进，乡风文明建设得到加强，公共服务资源不断向乡镇和村下沉，乡村治理的能力和水平得到了大幅度提升。

---

① 《全国人民代表大会常务委员会专题调研组关于脱贫攻坚工作情况的调研报告——2019年2月26日在第十三届全国人民代表大会常务委员会第九次会议上》，中国人大网，2019年2月26日。

第四节　为乡村振兴注入新动能

一、以渐进性、市场化为基本取向

2013年9月，在中共中央召开的党外人士座谈会上，习近平总书记指出，“改革是由问题倒逼而产生，又在不断解决问题中而深化”[①]。党的十八大以来，党中央强化问题意识、坚持问题导向，牢牢抓住全面深化农村改革的“牛鼻子”，因地制宜、循序渐进，推动农村改革向市场化方向前进。

（1）坚持渐进式的改革方式

“摸着石头过河”是党对内对外开放的一条重要经验。2012年12月，在中央政治局第二次集体学习时，习近平总书记指出，“我国改革开放就是这样走过来的，是先试验、后总结、再推广不断积累的过程”，“这种渐进式改革，避免了因情况不明、举措不当而引起的社会动荡，为稳步推进改革、顺利实现目标提供了保证。摸着石头过河，符合人们对客观规律的认识过程，符合事物从量变到质变的辩证法”[②]。事实上“三农”问题在不同地区、不同发展阶段的特殊性，也决定了我国的农村改革必然是一个由点到面、由局部到整体的渐进式改革。因此，在改革过程中，党中央更加注重在推进方式上采取先试点、后推广的方式，通过试点积累改革经验，发

① 习近平：《关于〈中共中央关于全面深化改革若干重大问题的决定〉的说明》，《论坚持全面深化改革》，北京：中央文献出版社，2018年版，第27–28页。
② 习近平：《深化改革开放是坚持和发展中国特色社会主义的必由之路》，《论坚持全面深化改革》，北京：中央文献出版社，2018年版，第7页。

现改革中的问题，避免改革中的重大失误。在农村改革过程中，许多重大措施都是通过试点方式推进的，以农村集体产权制度改革为代表的改革甚至还延长试点时间，以进一步总结经验，消化改革的整体性和协同性效益。正如习近平总书记指出的，“我们是一个大国，决不能在根本性问题上出现颠覆性失误，一旦出现就无可挽回、无法弥补。同时，又不能因此就什么都不动、什么也不改，那样就是僵化、封闭、保守。要采取试点探索、投石问路的方法，取得了经验，形成了共识，看得很准了，感觉到推开很稳当了，再推开，积小胜为大胜”[①]。

（2）坚持市场化的改革方向

农业农村是最早引入市场机制的领域，农村经济体制改革的过程也是不断推进市场化进程、让市场在资源配置中不断发挥作用的过程。2014 年 5 月，在中央政治局第十五次集体学习时，习近平总书记指出，“我们要坚持社会主义市场经济改革方向，从广度和深度上推进市场化改革，减少政府对资源的直接配置，减少政府对微观经济活动的直接干预”[②]。改革开放以来，我国农村的发展变化证明了社会主义市场经济的取向是正确的，新时代农村改革仍然坚持了市场化取向，使市场在资源配置中起决定性作用，更好发挥政府作用。以农村土地改革为例，从实行农业用地所有权、承包权、经营权“三权分置”，在保障集体所有权、农户承包权的基础上，

---

① 习近平：《深化改革开放是坚持和发展中国特色社会主义的必由之路》，《论坚持全面深化改革》，北京：中央文献出版社，2018 年版，第 7 页。

② 习近平：《“看不见的手”和“看得见的手”都要用好》，《论坚持全面深化改革》，北京：中央文献出版社，2018 年版，第 105 页。

进一步放活并平等保护土地经营权，为扩大土地经营权流转市场创造条件，到探索宅基地所有权、资格权、使用权“三权分置”，落实宅基地集体所有权，保障宅基地农户资格权和农民房屋财产权，适度放活宅基地和农民房屋使用权，盘活闲置宅基地和闲置农房，提高利用效率，再到推进农村集体经营性建设用地入市改革，提高土地增值收益和财产性收入，让市场在土地资源配置中发挥更大作用，都体现了党的十八大以来，农村要素市场化配置机制更加健全，农村改革的市场化取向更加明确。

二、坚持以人民为中心的根本立场

以人民为中心的立场更加鲜明全心全意为人民服务，是马克思主义的根本立场，是中国共产党的根本宗旨。党的十八大以来，以习近平同志为核心的党中央在推动农村改革的过程中，始终把人民放在心中的最高位置，把人民立场作为根本政治立场，把人民利益摆在至高无上的地位，将实现好、维护好、发展好广大农民根本利益作为农村一切工作的出发点和落脚点。

以人民为中心的立场体现在改革过程中，党中央坚持以人为本，尊重人民主体地位，发挥群众首创精神，紧紧依靠人民推动改革。依靠群众的积极性、主动性、创造性来提高改革决策的科学性，是党的重要历史经验，对此，习近平总书记明确表示，“全会决定归纳了改革开放积累的宝贵经验，其中很重要的一条就是强调必须坚持以人为本，尊重人民主体地位，发挥群众首创精神，紧紧依靠人民推动改革。没有人民支持和参与，任何改革都不可能取得成功。无论遇到任何困难和挑战，只要有人民支持和参与，就没有克服不了的困难，就没有越不过的坎”[①]。从发动农民积极参与乡村治理，到激发农民脱贫攻坚的内生动力，党中央始终坚持把最广大人民的智慧和力量凝聚到改革上来，同人民一道把改革推向前进。习近平总书记深刻指出，“要发挥亿万农民的主体作用和首创精神，调动他们的积极性、主动性、创造性，并善于总结基层的实践创造，不断完善顶层设计”[②]。

以人民为中心的立场体现在改革过程中，党中央始终将维护广大农民的根本利益作为底线。习近平总书记指出，“推进任何一项重大改革，都要站在人民立场上把握和处理好涉及改革的重大问题，都要从人民利益出发谋划改革思路、制定改革举措”[③]。在土地改革过程中，习近平总书记明确表示，“农村土地制度改革是个大事，涉及的主体、包含的利益关系十分复杂，必须审慎稳妥推进。不管怎么改，不能把农村土地集体所有制改垮了，不能把耕地改少了，不能把粮食产量改下去了，不能把农民利益损害了”[④]。此外，我国农村改革中的一些问题，例如，农村改厕，有些地方自上而下强推，好心办坏事，建好的厕所不能用、不好用，成为“闹心工程”。再如，有的地方在推行合村并居过程中搞“一刀切”，想办好事但没尊重农民意愿，侵害了农民利益。这些问题都在党中央的高度重视下获得解决。不断实现好、维护好、发展好最广大人民的

① 习近平：《切实把思想统一到党的十八届三中全会精神上来》，《论坚持全面深化改革》，北京：中央文献出版社，2018年版，第54页。

② 中共中央党史和文献研究院编：《习近平关于“三农”工作重要论述摘编》，北京：中央文献出版社，2019年版，第24页。

③ 习近平：《切实把思想统一到党的十八届三中全会精神上来》，《论坚持全面深化改革》，北京：中央文献出版社，2018年版，第54页。

④ 习近平：《坚持和完善农村基本经营制度》，《论坚持全面深化改革》，北京：中央文献出版社，2018年版，第74页。

根本利益，使发展成果更多更公平惠及全体人民，在经济社会不断发展的基础上，朝着共同富裕方向稳步前进成为改革的鲜明特色。

三、改革的系统性和协同性显著增强

注重系统性、整体性、协同性是全面深化改革的内在要求，也是推进我国农业农村改革的重要方法。随着改革的不断深化，任何一个领域的改革都会影响到其他领域，都需要其他领域改革的配合。只有各方面改革相互促进，产生共振效果，才能放大改革的效应。党的十八大以来，为了确保党和国家的各项事业继续向前发展，农村改革更加注重超前谋划、顶层设计，更加注重系统性、整体性、协同性。从顶层设计上注重增强系统性、整体性、协同性。农村改革内容丰富、牵涉面广，既包括经济体制又包括政治体制、文化体制、社会体制、生态体制，既涉及生产力又涉及生产关系，既涉及经济基础又涉及上层建筑，每一项改革都会对其他改革产生重要影响，每一项改革又都需要其他改革协同配合，可谓牵一发而动全身，需要强化政策配套。2013 年 11 月，习近平总书记在党的十八届三中全会上所作的《关于〈中共中央关于全面深化改革若干重大问题的决定〉的说明》指出，“全面深化改革是一个复杂的系统工程，单靠某一个或某几个部门往往力不从心，这就需要建立更高层面的领导机制”[①] 。在农村改革过程中，党中央充分注重从全局的角度指导和协调各项改革举措，加强改革措施之间的衔接配套，

① 中共中央文献研究室编：《习近平关于全面深化改革论述摘编》，北京：中央文献出版社，2014 年版，第 138-139 页。

从源头上保障了改革的系统性、整体性、协同性。以土地制度改革为例，由于我国现行农地制度安排有着效率、平等和社会稳定等方面的功能，在农地经营权流转过程中，党中央不断优化社会保障制度，以解除农民后顾之忧，让农民敢于流转土地，并降低流转的交易成本和风险，从而充分提高农地的经营效率。

全面深化改革既要注重提高执政党的领导水平和执政能力，发挥好党总揽全局、协调各方的核心作用，又要充分发挥人民群众的积极性、主动性、创造性；既努力发挥政府在社会治理中的主导作用，又鼓励社会力量、社会组织、社会资本积极参与改革发展大业；既要发挥好中央统筹谋划、统一部署的作用，又需要地方打破利益固化的藩篱和壁垒齐心协力推进改革。党的十八大以来，党中央注重加强统一领导、协调各方力量，充分形成了改革合力，以农村脱贫攻坚为例，广泛动员全党全国各族人民以及社会各方面力量共同向贫困宣战，举国同心，合力攻坚，强化东西部扶贫协作，推动省市县各层面结对帮扶，促进人才、资金、技术向贫困地区流动；组织开展定点扶贫，中央和国家机关各部门、民主党派、人民团体、国有企业和人民军队等都积极行动，所有的国家扶贫开发工作重点县都有帮扶单位。各行各业发挥专业优势，开展产业扶贫、科技扶贫、教育扶贫、文化扶贫、健康扶贫、消费扶贫。民营企业、社会组织和公民个人热情参与，“万企帮万村”行动蓬勃开展。构建专项扶贫、行业扶贫、社会扶贫互为补充的大扶贫格局，形成跨地区、跨部门、跨单位、全社会共同参与的社会扶贫体系。最终完成了脱贫攻坚的历史任务。

2013 年 11 月，习近平总书记在党的十八届三中全会第二次全体会议上指出，“形成改革合力，最终要体现在各项改革举措协调共振上。政策不配套，实践当中必然疙疙瘩瘩，也就谈不上形成合力。要深入研究各领域改革关联性和各项改革举措耦合性，深入论证改革举措可行性，把握好全面深化改革的重大关系，使各项改革举措在政策取向上相互配合、在实施过程中相互促进、在改革成效上相得益彰，发生化学反应，产生共振效果”[①]。党的十八大以来，随着改革的深入推进，部分改革的协同效应开始显现。一些基础性重大改革取得突破，为相关改革推进铺平了道路。如农村承包土地“三权分置”改革，为开展农村承包土地经营权抵押贷款和推进农业适度规模经营创造了条件。有的主干性改革出台后，相应配套改革继续跟进，放大了改革总体效应。如户籍制度改革文件出台后，又推出了建立农业转移人口市民化“人地钱”挂钩机制等相关改革，推动形成促进农业转移人口市民化的合力。有的领域改革打出系列“组合拳”，如培育新型农业经营主体，针对不同类型主体、不同生产经营环节加快构建政策体系，形成了相关改革齐头并进的格局。

四、实现乡村振兴仍需向纵深领域推进

2012 年 12 月，习近平总书记在中央政治局第二次集体学习时强调，“改革开放只有进行时没有完成时”[②]。党的十八大以来，深化农村改革所面临的问题异常严峻敏感，改革的任务空前艰巨，复

① 习近平：《加强对全面深化改革的组织领导》，《论坚持全面深化改革》，北京：中央文献出版社，2018 年版，第 60–61 页。

② 习近平：《深化改革开放式坚持和发展中国特色社会主义的必由之路》，《论坚持全面深化改革》，北京：中央文献出版社，2018 年版，第 9 页。

杂性、艰巨性前所未有。

一方面，农村改革面临着国际形势风云变幻、国内改革发展稳定任务繁重等多重考验。在国际层面，世界经济复苏脆弱，气候变化挑战突出，我国经济社会发展各项任务极为繁重艰巨，对我国保障粮食安全和深化农村改革形成了一定的挑战；在国内层面，发展不平衡不充分问题在乡村仍然存在，主要体现在农业产业化水平不高，农业供给质量亟待提高；农村基础设施和公共服务相对滞后，城乡融合发展的机制亟待健全；农民收入总体不高，持续稳定增收的长效机制亟待建立；巩固提升脱贫攻坚成果的任务仍然十分艰巨。

另一方面，农民对改革成效期待越来越高，改革进入攻坚阶段。党的十八大以来，农民群众感受到实实在在的改革成效——脱贫攻坚取得伟大胜利，农民增收就业成效显著，农村人居环境大为提升，农村社会事业迅速发展。与此同时，伴随着全面建成小康社会的完成和全面建设社会主义现代化国家新征程的开启，农民期待着缩小城乡差距在新的历史阶段有着更清晰的答案，真正实现学有所教、劳有所得、病有所医、老有所养、住有所居，使改革发展成果更多更公平惠及全体人民，实现乡村振兴和全体人民共同富裕。

尽管深化改革的复杂性和艰巨性前所未有，但也要看到，党中央继续坚定不移推动农村改革的勇气。2016 年 5 月，习近平总书记在中央全面深化改革领导小组第二十四次会议上指出，“要认识到改革有阵痛、但不改革就是长痛的道理。对各种矛盾要做到心中有数，增强改革定力，抓住改革时间窗口，只要看准了的改革，就要一抓到底，务求必胜”[1]。2014 年 11 月，习近平总书记在亚太经合组织工商领导人峰会开幕式上强调，“中国改革已进入攻坚期和深水区，我们要敢于啃硬骨头、敢于涉险滩，敢于向积存多年的顽疾开刀”[2]。面对新时期深化农村改革面临更为复杂、更为艰巨、更富有挑战性的形势和任务，在以习近平同志为核心的党中央坚强领导下，在全国人民的不懈奋斗下，我们有信心把握时代潮流，立足中国实际，勠力同心、攻坚克难，坚定不移推进深化农村改革，实现乡村振兴的历史任务。

中国特色社会主义进入新时代，我国经济由高速增长转向高质量发展。面对新的国际、国内经济形势，我国为根本破解农业农村发展面临的深层次矛盾和问题，加快推进农业农村现代化进程，促进中国由农业大国向农业强国转变，实现农村农民共同富裕，要依靠全面深化改革，充分调动农民和基层的积极性，全面激发农业农村发展的内生活力和动力。

综观 40 多年的农业农村改革，我国取得了举世瞩目的成就，确立并完善了以家庭承包经营为基础的双层农业经营体制，构建了结构多元的中国特色社会主义农村市场经济体系。粮食产量和农业综合生产能力稳步提升，农民收入和生活水平显著改善，农村面貌发生翻天覆地的变化，全面建成小康社会目标如期实现，现行标准下 9899 万农村贫困人口全部脱贫，832 个贫困县全部摘帽，12.8

① 《坚定改革信心注重精准施策提高改革效应放大制度优势》，《人民日报》，2016 年 5 月 21 日。

② 中共中央文献研究室编：《习近平关于全面深化改革论述摘编》，北京：中央文献出版社，2014 年版，第 26 页。

万个贫困村全部出列，提前 10 年完成了联合国 2030 年可持续发展议程减贫目标，为保障世界粮食安全和全球减贫事业作出了巨大贡献。站在农村改革新的历史起点上，我们有理由为已经取得的成就感到自豪，但也必须清醒地认识到，距实现我国农业农村现代化的目标还任重而道远，改革仍在路上，而回顾和总结，是为了使尚无穷期的改革能够走得更加蹄疾步稳，未来取得更加辉煌的成就。

主要参考资料

1. 习近平. 习近平谈治国理政（第二卷）[M]. 北京：外文出版社，2017.
2. 习近平. 论坚持全面深化改革[M]. 北京：中央文献出版社，2018.
3. 习近平. 习近平谈治国理政（第三卷）[M]. 北京：外文出版社，2020.
4. 邓小平. 邓小平文选（第二卷）[M]. 北京：人民出版社，1994.
5. 邓小平. 邓小平文选（第三卷）[M]. 北京：人民出版社，1993.
6. 江泽民. 江泽民文选（第一卷）[M]. 北京：人民出版社，2006.
7. 江泽民. 江泽民文选（第二卷）[M]. 北京：人民出版社，2006.
8. 江泽民. 论社会主义市场经济[M]. 北京：中央文献出版社，2006.
9. 胡锦涛. 胡锦涛文选（第二卷）[M]. 北京：人民出版社，2016.
10. 中共中央文献研究室. 江泽民论有中国特色社会主义（专题摘编）[M]. 北京：中央文献出版社，2002.
11. 中共中央文献研究室. 习近平关于全面深化改革论述摘编[M]. 北京：中央文献出版社，2014.
12. 中共中央党史和文献研究院. 习近平关于“三农”工作重

要论述摘编[M]. 北京：中央文献出版社，2019.
13. 杜润生. 中国的土地改革[M]. 北京：当代中国出版社，1996.
14. 国家科学技术委员会. 中国农业科学技术政策[M]. 北京：中国农业出版社，1997.
15. 关锐捷. 中国农村改革二十年[M]. 石家庄：河北科学技术出版社，1998.
16. 杜润生. 中国农村制度变迁[M]. 成都：四川人民出版社，2003.
17. 陆学艺. “三农”新论——当前中国农业、农村、农民问题研究[M]. 北京：社会科学文献出版社，2005.
18. 韩俊. 中国经济改革 30 年：农村经济卷（1978—2008）[M]. 重庆：重庆大学出版社，2008.
19. 陈锡文、赵阳、罗丹. 中国农村改革 30 年回顾与展望[M]. 北京：人民出版社，2008.
20. 宋洪远. 中国农村改革三十年[M]. 北京：中国农业出版社，2008.
21. 韩俊. 调查中国农村（上、下）[M]. 北京：中国发展出版社，2009.
22. 陈锡文. 中国农村制度变迁 60 年[M]. 北京：人民出版社，2009.
23. 蔡昉. 中国经济转型 30 年[M]. 北京：社会科学文献出版社，2009.
24. 郑有贵. 目标与路径——中国共产党“三农”理论与实践 60 年[M]. 长沙：湖南人民出版社，2009.

25. 蔡昉. 三农、民生与经济增长[M]. 北京：北京师范大学出版社，2010.
26. 余信. 城乡统筹与农村改革发展[M]. 北京：人民出版社，2011.
27. 唐园结、孙林. 黄金十年：党的十六大以来强农惠农富农政策轨迹[M]. 北京：中国农业出版社，2012.
28. 韩俊等. 中国农村改革（2002—2012）[M]. 上海：上海远东出版社，2012.
29. 武力、郑有贵. 中国共产党三农思想政策史（1921—2013年）[M]. 北京：中国时代经济出版社，2013.
30. 王振川. 中国改革开放新时期年鉴（1987年）[M]. 北京：中国民主法制出版社，2015.
31. 陈锡文、罗丹、张征. 中国农村改革40年[M]. 北京：人民出版社，2018.
32. 宋洪远. 大国根基——中国农村改革40年[M]. 广州：广东经济出版社，2018.
33. 蒋永穆. 中国农村改革四十年回顾与经验[M]. 成都：四川大学出版社，2018.
34. 韩长赋. 农村改革40年[M]. 北京：中国农业出版社，2019.
35. 周进、龚云. 中国农村改革与发展研究[M]. 武汉：华中科技大学出版社，2019.
36. 张天佐. 深化农村改革与城乡融合发展[M]. 北京：中国农业出版社，2019.
37. 宋洪远. 近代以来中国农村变迁史论（1978—2012）[M].北京：清华大学出版社，2019.

38. 伍国勇等. 农村产权改革与乡村振兴战略对接研究[M]. 北京：人民出版社，2019.
39. 刘艳梅. 中国农村改革40年[M]. 石家庄：河北人民出版社，2019.
40. 陈锡文. 中国农村改革[M]. 北京：知识产权出版社，2020.
41. 黄善明、赵华、汤丽、甘娜、张瑞. 农村土地制度改革历程与现状研究[M]. 北京：科学出版社，2021.
42. 杜伟、赵华、黄善明. 深化农村集体经营性建设用地流转改革研究[M]. 北京：科学出版社，2021.
43. 陈锡文. 九十年代农村改革与发展面临的新问题[J]. 中国农村经济，1992（05）.
44. 我国乡镇企业经济效益显著——1991年度全国乡镇企业财务情况简析[J]. 中国集体经济，1992（09）.
45. 郭爱连. 在稳定中求发展——1992年全国农经机构队伍统计情况简析[J]. 农村经营管理，1993（07）.
46. 林毅夫. 90年代中国农村改革的主要问题与展望[J]. 管理世界，1994（03）.
47. 董晓林. 辉煌十五年：畜牧业在改革中稳定大发展[J]. 中国牧业通讯，1994（07）.
48. 周其仁. 中国农村改革：国家和所有权关系的变化（上）——一个经济制度变迁史的回顾[J]. 管理世界，1995（03）.
49. 张晓山. 深化农村改革促进农村发展[J]. 政策，2003（10）.
50. 龚建文. 从家庭联产承包责任制到新农村建设——中国农村改革30年回顾与展望[J]. 江西社会科学，2008（05）.
51. 蔡昉. 中国农村改革三十年——制度经济学的分析[J]. 中国

社会科学，2008（06）.
52. 蒋中一. 农村合作医疗制度的发展和取得的成效[J]. 经济研究参考，2008（32）.
53. 张天佐、郭永田、杨洁梅. 我国农业支持保护政策改革40年回顾与展望（下）[J]. 农业工作通讯，2018（21）.
54. 陈鹏. 新一轮户籍制度改革：进展、问题及对策[J]. 行政管理改革，2018（10）.
55. 宋洪远. 中国农村改革40年：回顾与思考[J]. 南京农业大学学报（社会科学版），2018（03）.

CHINA'S REFORM AND OPENING UP

第二部分

史料篇

口述资料

▼

杜润生：从包产到户到家庭联产承包经营责任制[①]

（2007 年 8 月 15、16 日）

严格地讲，我国的农村改革不是中央事先决定好的，而是中国农民的伟大创造。1978 年从春到夏，全国大部分地区出现了百年不遇的大旱灾，很多地区的粮食大幅度减产，有些地方甚至绝收。在这种情形下，“借地度荒”最早是河南搞起来的，包产到户最早是从温州永嘉县搞起来的，比安徽还早。这些都是部分地区的农民群众自发搞起来的，在全国包产到户并未成为主流。

在开始时，邓小平没有过问包产到户的问题。那时候，他主要考虑两个问题：第一步解决温饱问题，第二步解决小康问题。1980 年 3—4 月，在中央布置长期规划时，要解决贫困区的问题，我向姚依林提出，与其向贫困区输送粮食，困难很多，不如让他们实行包产到户。姚依林立即表示赞成。4 月 2 日，姚依林到邓小平那里

① 中国经济体制改革研究会编：《见证重大改革决策——改革亲历者口述历史》，北京：社会科学文献出版社，2018 年版，第 1–7 页。

去汇报，提到了这个问题，邓小平表示同意。这是因为，当时国家每年要向贫困地区输送很多的粮食，但通往贫困地区的交通状况非常差，既没有公路，也没有汽车，完全靠人力运送。往往粮食还没有送到，就被运送粮食的人在路上吃完了。因此，在解决贫困地区的群众吃饭问题上，中央是有共识的。

尽管如此，在当年9月中央召开的省委第一书记座谈会上，人们对包产到户的争论仍然很激烈。来自黑龙江的领导同志不赞成包产到户，怕影响农业机械化的“阳光大道”；来自贵州的领导同志则坚称：你走你的阳关道，我走我的独木桥!但为了解决贫困区的吃粮问题，中央与省级领导达成了共识，形成了“75号文件”：“在那些边远山区和贫困落后的地方，长期吃粮靠返销、生产靠贷款、生活靠救济的生产队，群众对集体丧失信心，因而要求包产到户的，应当支持群众的要求，可以包产到户，也可以包干到户，并在一个较长的时间内保持稳定。”应该说，在包产到户的问题上，党中央都是支持我的。“75号文件”发布后，不论在哪里实行包产到户都取得立竿见影的增产效果，说服了更多的怀疑者。

这里有一个问题。明明是分田单干的包产到户，为什么后来在文件上叫“家庭联产承包责任制”，还把它定为社会主义性质呢?我认为，社会主义的性质不取决于是否分田单干。一个制度当它还能促进生产的时候，就不会退出历史舞台！社会主义的性质不是由一件、两件事情决定的，是由整个社会制度来决定的。在我看来，“包产到户”是农民自己起的，是个“奶名”；我在农村工作会议上提出“家庭联产承包责任制”，这是个“官名”。就像小孩子一样，有一个奶名，还有一个学名。大家都同意，文件就这样通过了。

在邓小平、陈云的热情支持下，从1982年到1986年，连续五年，用中央一号文件的形式，将土地公有、家庭承包的双层经营制，定性为社会主义所有制的一种实现形式。同时，逐步放开农产品价格管制，恢复市场交易，允许农民自主经营，允许多种经济成分并存发展，进入市场竞争，共同向现代化农业进军。这期间，虽然也出现某些暂时的摩擦和反复，但未能阻止改革开放这个大趋势。这五个中央一号文件的制定过程，一般都是年初布置调查题目，我们派人下去，由各省份农口的党政部门和研究机构组织；到秋季总结，在各省份主管农业的书记和省农委主任参加的中央农村工作会议上展开讨论；冬季，由起草小组归纳执笔，最后上报中央决策，次年初发出。因此，五个中央一号文件，从始至终都是一个集体创作的过程。由中央农研室、农研中心、农村发展组，以及一些地方的人员参加，大家一起讨论，共同议定。

1982年：正式承认包产到户合法性

第一个中央一号文件的主要内容，是肯定多种形式的责任制，特别是包干到户、包产到户，深受群众欢迎，全国已经普遍化。这份文件提出，所有的责任制形式，包括包产到组、包干到户、包产到户，都是社会主义制度的自我完善，它不同于过去的分田单干，更不能当作资本主义去反对。

这个文件的核心是，第一次以中央的名义取消了包产到户的禁区，尊重群众的选择，并宣布长期不变。当时，许多地方的农民都担心，共产党的农村政策多变。文件说“长期不变”，最能打动人心，农民说中央一号文件是吃了“定心丸”，连一直批判资本主义思想的山西昔阳县大寨村也在1982年底实行了包产到户。文件的另一个要点是，尊重群众的选择，不同地区、不同条件，允许群众自由选择。同时，还提出疏通流通领域，把统购统销纳入改革的议程，有步骤地进行价格体系的改革。另外，重申了发展多种经营和社队企业，鼓励个体经济、私人经济和专业分工。

这个文件以《全国农村工作会议纪要》的形式报送给中央，邓小平看后说："完全同意。"陈云看后，叫秘书打来电话说："这是个好文件，可以得到干部和群众的拥护。"他还参加政治局会议，听取说明，最后说："文件好，说明也好，所提问题，我赞成。"至此，我心里就更加踏实了。

1983 年：放活农村工商业

1982 年 9 月，党的十二大提出，这几年来农村建立的各种形式的生产责任制，必须长期坚持，不能走"回头路"。为了扩大农村改革成果，我受中央委托，在党的十二大做了题为《农村工作历史性变化》的发言，阐明包产到户、包干到户的优点。当时，各地基层有一些争论：允不允许私人买拖拉机和汽车?允不允许私人跑长途运输?允不允许合伙入股修鱼池，按股分红?等等。针对上述问题，我们建议，要放活农村工商业。此外，我们还提出应该以公有制为主导，多种经济并存。除按劳分配之外，还应该允许按投入的生产要素分配，即按投入的资金、土地、技术实行分红，借以鼓励人们多留积累、多投入，以补充国家投入的不足。因此，1983 年的中央一号文件，定名为《当前农村经济政策的若干问题》。文件提出了"两个转化"和"三个一点"，即促进农业从自给、半自给经济向较大规模的商品生产转化，从传统农业向现代农业转化；党和政府各部门、各级领导干部都应该思想更解放一点，改革更大胆一点，工作更扎实一点。

1983 年，农村改革步伐加快，农村经济变化也很显著。一是家庭承包普及几乎每个村庄，一度按兵不动的黑龙江省委书记也改变态度，诚恳地劝诫各级同志，不要再坚持领导规定的那种体制了，还是尊重群众为好。二是农村劳动力从闲置状态下解放出来了，发展出多种门路的商品生产。

1984 年：疏通流通渠道，以竞争促发展

如果说前两个中央一号文件着力解决农业和农村工商业微观经营主体问题，那么，此后的中央一号文件则要解决发育市场机制的问题。此前二十多年，农村实行统购派购制度，除了对粮棉油实行统购，还对生猪、鸡蛋、糖料、桑丝、蚕茧、黄红麻、烤烟、水产品等实行派购，品种多达 132 种，几乎包括了所有的农副土特产品。事实上，农村产品交易均由公营商业高度垄断，而资金、土地、劳动力流动又受到多重限制。

经过深入调查，我主持的中央农村政策研究室整理出一个书面建议，提请中央书记处会议讨论。这份建议除了陈述情况，还提出农村经济迫切要求放松历史上多年形成的政府垄断、管制及其他阻碍农民进入市场的规定，以利于发展商品生产，摆脱穷困。我们提出的具体建议包括：（1）土地承包期延长 15 年，在此期间，允许有偿转让土地使用权；（2）允许农村社会资金自由流动，鼓励加入股份制合作、入股分红；（3）允许农民自理口粮进城镇做工、经商、办企业；（4）允许私人办企业雇工经营；（5）国营商业、供销社逐步开放贸易、退出市场垄断、改变服务方式，供销社回归民办。到会的领导同志大多主张再给农民吃一颗“定心丸”。对所提出的建议，（1）（2）（3）项原则上无异议通过。第（5）项，要商业、供销、财政部门进行清理，与粮食统购统销问题一并解决。准备第一步只留粮棉油统购，基本上取消各种派购。第（4）项雇工问题，经讨论，未能取得一致，不做结论。过去规定，雇工不超过8人不作为资本主义，超过8人的也允许试行。会后，请示邓小平，他说："不急于限制，看三年再说。"以上通过的内容，都写进了1984年的中央一号文件，即《关于一九八四年农村工作的通知》。

1985年：调整产业结构，取消统购统销

经过三个中央一号文件，对农村经济微观经营主体和宏观市场环境同时改革，1984年我国农业生产达到前后几年的峰顶。尤其是长期困扰我们的粮食问题，甚至由"手中有粮，心中不慌"，转变为"粮食多了，卖粮难"。

当时的主要问题是，农产品统派购制度的改革滞后于农村经济发展的新要求。我随领导下乡察看，得出的结论是"谷贱伤农"，靠现有的农业生产结构，不可能实现收入翻番任务，需要一个新的结构。其他中央领导人在听取农村情况汇报时也指出：统购制度鼓励各省保证征购和提高省内粮食自给率，这就迫使各省一定要制定计划保证粮食播种面积，影响了因地制宜安排种植业。例如，海南也提出粮食自给。其实那里多种热带经济作物，通过对外贸易交换点谷物，更合算、更受农民欢迎。华南地区都有这个问题。

这个道理谁都明白，问题在于农产品统派购制度行之已久，派生出分配问题和利益调整问题，惯性很强，改变甚难。好在正值党的十二届三中全会出台经济改革决议，城乡关系改善完全符合改革方向。因此，1984年的农村工作会议，众望所归，就把改革

统派购制度、调整产业结构作为1985年农村改革的中心课题。围绕这个中心，我们制定了1985年的中央一号文件，取名为《关于进一步活跃农村经济的十项政策》。

1986年：增加农业投入，调整工农城乡关系

1985年，改粮食统购制度为合同收购，合同之外，由政府议购改为市场收购；派购的132种农产品，只留桑丝、药材、烟草3种，其余均通过市场交易，由市场形成价格。在中央的支持下，这本来是一步到位的彻底改革，但由于未能及时调整工农、城乡的利益分配关系，出现了一些问题。当时，提高了对农民的粮食收购价格，却没有相应提高对城市居民的销售价格。这就造成粮食增产越多，财政补贴越多。到达峰顶的粮食产量及相应的交售量，尤其是大量的超购加价粮食，使得国家财政不堪重负。这时，国家按惯性维持了原有的城乡利益分配格局。为了保持城市非农集团的优越地位，就以降低农民的贸易优惠来减轻财政负担。具体措施是，取消了原先的超购加价50%的规定，将所有粮食按平均价收购。这大大减弱了对粮食增产激励。农民利益受损，随即表现为粮食和其他农产品供应减少。此后，我国农业尤其是粮食生产连年徘徊。对此，有的人就认为，包产到户潜力枯竭，该收场了，是这个制度造成粮食徘徊。更多的人认为，这是取消粮食超购加价的结果。

针对当时出现的农业成本上升、比较收益下降，1985年底的农村工作会议，就强调“摆正农业在国民经济中的地位”，会议形成的1986年中央一号文件即《关于一九八六年农村工作的部署》。

1987 年：确定深化农村改革三项目标

继 1986 年中央一号文件之后，1987 年确定了深化农村改革的三项目标：第一，确立农户自主权；第二，发育市场体系；第三，继续优化产业结构。这三项目标实现的程度，是衡量农村发展成功与否的标志。然而，理论上揭示不等于实际上解决问题。中国农业的进一步改革，受制于城市国有经济改革和政治体制改革。当时，我们认识到，中国的农村改革，一切“便宜”的方法都已经用尽；如果不触动深层结构，就很难再前进一步。正是因为此，农村改革一系列中央一号文件的历史使命告一段落。至今，中国农村改革并未终结，必须从全局改革中寻找前进道路。

段应碧：五个中央一号文件起草过程[①]

（2008 年 11 月 3 日）

问：能否谈谈关于五个中央一号文件起草的过程？

答：为什么说不管是中国的干部还是老百姓，特别是农民，对 20 世纪 80 年代中央出台的五个一号文件印象这么深刻呢？因为当时农民非常关心这件事：中央一号文件出来没有？怎么说呢？农民就是通过这个文件来看中央对“包产到户”、“包干到户”的态度。由于工作的关系，我连续参与了 20 世纪 80 年代中央指导农村工作的五个一号文件和 1987 年中央五号文件的起草，下面我分别讲一下这几个文件的起草过程。

第一个中央一号文件是关于“包干到户”性质、定位的突破，也就是承认“包干到户”是社会主义农业经济的组成部分，初步说明了“包产到户”不姓“资”，强调了要进一步放宽农村政策。文件指出：“目前实行的各种责任制，包括小段包工定额计酬，专业承包联产计酬，联产到劳，包产到户、到组，包干到户、到组，等等，都是社会主义集体经济的生产责任制。不论采取什么形式，只要群众不要求改变，就不要变动。”并明确了“包干到户”，“不同于合作化以前的小私有的个体经济，而是社会主义农业经济的组成部分；随着生产力的发展，它将会逐步发展成更为完善的集体经济”。因此，1982 年中央出台“一号文件”后，大家都看到了中央的态度，基本上没什么顾虑了，全国开始正式大规模搞“包产到

① 根据中国（海南）改革发展研究院口述改革历史访谈资料整理。

户”、“包干到户”。

第二个中央一号文件的关键问题是关于统分经营提法的起草。到 1982 年下半年的时候，关于农业生产责任制的问题，大的争论过去了，是该做结论的时候了，就是要正式给它定性，这也费了不少脑子。最后在文件里用的是：“党的十一届三中全会以来，我国农村发生了许多重大变化。其中，影响最深远的是，普遍实行了多种形式的农业生产责任制，而联产承包责任制越来越成为主要的形式。联产承包制采取了‘统一经营’与‘分散经营’相结合的原则，使集体优越性和个人积极性同时得到发挥。”“统分结合的双层经营体制”就是从这儿来的。

“双层经营”这个词，最早是杜老（即杜润生）提出来的。我记得当时在北京东二环的空军招待所，我们几个人就此问题谈了一个晚上。杜老提出将联产承包责任制的定义提法分两层，集体一层，家庭一层，两层结合在一块叫“双层经营”。那天晚上讨论的时候，大家也有个很大的担忧，即担心“双层经营”的提法通不过。但是在第二天大会上，杜老就讲到了“双层经营”这个词，传出去以后，虽然有些争论，但渐渐地大家都接受了，这个说法一直用到现在。当时在给中央汇报的时候，有的领导同志就说，虽然我不赞成，但我实在找不出来反对的理由。在修改的时候我们又费了很大的劲儿，最后才确定“以家庭联产承包责任制为主的、统分结合的双层经营体制”。1983 年中央一号文件在农村工作的很多方面，特别是农业生产发展的规划方面，对“双层经营”做了非常明确的定性。文件指出：“这种分散经营和统一经营相结合的经营方式具有广泛的适应性，既可适应当前手工劳动为主的状况和农业生产的特点，又能适应农业现代化进程中生产力发展的需要。在这种经营方式下，分户承包的家庭经营只不过是合作经济中的一个经营层次，是一种新型的家庭经济。它和过去私有的个体经济有着本质的区别，不应混同。因此，凡是群众要求实行这种办法的地方，都应当积极支持……应当始终允许多种责任制形式同时并存。”过去理论界和学术界一直有争论，1983 年的中央一号文件出来后，基本上就没什么争论了。

第三个中央一号文件在“包产到户”的问题上关键是关于 15 年承包期的争论，这个文件是逐步改出来的。

1984 年中央一号文件提出了一个关于延长承包期的问题。当时很多人说，既然“包产到户”、“包干到户”不是解决温饱问题的权宜之计，那就应该长期稳定。最后文件中写的是“土地承包期一般应在 15 年以上”，那么，“15 年”这个词是从哪儿出来的呢？也是大家讨论出来的。大家最早提的是 30 年，包括杜老讲的也是 30 年，因为 1962 年《农村人民公社工作条例修正草案》里有一条：“生产队是人民公社中的基本核算单位。它实行独立核算，自负盈亏，直接组织生产，组织收益的分配。这种制度定下来以后，至少 30 年不变。”农民知道这个“30 年不变”就意味着长期不变。我们起草文件的时候找不到其他相关资料说到底该写多长时间，所以开始写的也是 30 年。但是开会的时候会上好多人不赞成，当时很多人本来就不赞成“包产到户”，他们提出了很多反对理由，比如 30 年时间太长了，人心都散了，等等。所以，后来就折中一下，减半，写了 15 年。当时杜老让步说 15 年，我们几个也说就写“15 年以上”吧，反对的人说不行，要加个“一般”，不是都 15 年，也许只有三五年呢。所以，从开始讨论的“30 年”改为“15 年”，后来改为“应该是 15 年”，然后再改为“15 年以上”，最后改成“一般应在15年以上”。所以这句话不是一次就写成的，而是反反复复逐步改出来的。可以说，到此就彻底解决了“包产到户”的承包期问题了。到1984年中央一号文件出台以后，对于“包产到户”承包期的问题就几乎没有争论了，而且对于“包产到户”的性质、问题也说清楚了，承包期也延长了。农民热烈拥护，说第一个和第二个中央一号文件让我们吃了颗“定心丸”，1984年中央一号文件让我们吃了颗“长效定心丸”。

第四个中央一号文件是关于正式提出改革统派购制度的问题。1984年出现了一个情况：我们国家的粮食大幅度增产，当然也不仅是“包产到户”的功劳，但在中国破天荒地出现了一个“卖粮难”的问题。当时我们分析原因认为，根据粮食的产量、供需的总体水平，粮食还是供不应求的，因为当时还有好多人吃不饱肚子，主要还是流通问题。因为过去国家每年收多少粮食，都是有计划的，突然间粮食增产了，原来核定的销售指标却没有这么多，仓库放不下了。我们认为这是改革农产品统派购制度的一个好时机。其实，早在1982年中央一号文件中我们就尝试提出措施“疏通流通体制”，但是不敢说改革统派购制度，因为所有制、计划经济和按劳分配是社会主义生产关系的三大组成部分，不敢轻举妄动。在准备起草1985年中央一号文件的时候，我们农研室内部包括杜老，比较一致的看法是，有必要正式提出改革统派购制度，我们认为这是农村改革的第二步。第一步是着力解决农业和农村工商业微观经营主体问题，第二步就要解决微观经营主体农户和市场的连接问题，要搞活流通。为此我们也做了很多准备，但是后来又担心，如果把1985年中央一号文件的主题定在改革统派购制度的问题上，中央不同意，怎么办？后来大家商量说，算了吧，不以这个为主题，因此还是按指导农村工作的常规写了一套文件，然后提交中央农村工作会议讨论，最后向中央汇报。因为当时起草完文件要先开至少一个星期的讨论会，结果讨论会上大家吵来吵去，争论不休。

讨论会开到中途的时候，中央书记处要听汇报。晚上我们在京西宾馆商量，有些人就跟杜老提出是不是把统购统销的事说一下，因为发到会上的文件只是说要解决粮食，没有从改革统派购制度来说。所以杜老去汇报的时候说到这事，结果中央领导同志都赞成，说这个统派购制度应该改，可以改。

既然中央同意，我们就去改文件，所以在开会期间又重新写了一份文件，因此原来的文件就作废了，新的文件主题就是改革统派购制度。我是头天晚上熬通宵，第二天又写了一天，晚上将稿子交给刘堪；刘堪又熬通宵，第三天杜老一看，认为还可以，于是做了一些修改就发到会上了。会上，中央书记处把文件中的其他问题也都定了，并且把定下来的问题逐条罗列，因为是临时起草的，所以1985 年中央一号文件形成的时间最短。整个过程就是这样。

1985 年中央一号文件跟之前起草的稿子完全不一样。有些内容，比如农业生产的很多措施和关于农业生产的问题、科技问题和建设问题都定下来了，比原来写得简单，不像原来写的稿子论述性内容那么多，新的稿子言简意赅，就十条。20 世纪 80 年代，中央出台的所有一号文件，就只有 1985 年的中央一号文件最短，但这个文件意义很大，开启了对统派购制度的改革。当时对于这项改革是很慎重的，有些人担心：如果不给农民派任务，拿什么保证城市的供给呢？但是当时中央态度很明确，认为统派购制度是可以改的。就跟同意搞“包产到户”一样，除了中央谁敢定？邓小平说这个文件在改革上“迈出了相当勇敢的一步”。

第五个中央一号文件是关于增加农业投入的问题。1986年中央一号文件出台之前，因为1985年粮食产量下滑了，因此反对“包产到户”的人就站出来说“包产到户”的潜力已经挖尽了。所以当时找了很多专家讨论这事，分析为什么减产。有人提出了“超常规增产”，这个词一提出来，大家一下就接受了。“超常规增产”的意思简单来说，是在过去政府对农业有很多投入，已经形成了潜在的生产力，但是由于合作化体制压抑了农民的积极性，所以大量的投入，包括农田水利等建设的功用发挥不出来。“包产到户”把农民的积极性调动起来了，潜在的生产力变成了现实的生产力，这几年不增加投入也能够增长，不是“包产到户”的潜力挖尽了，而是被压抑的潜力已经发挥完了。从此以后，国家要增加投入，要形成新的生产能力。杜老反复讲这个道理，引导大家找国家要政策，增加投入。1986年中央一号文件肯定了农村改革的方针政策是正确的，必须继续贯彻执行。针对农业面临的停滞、徘徊和放松倾向，1986年中央一号文件强调进一步摆正农业在国民经济中的地位，并提出要增加农村投入。

到了1987年就不是中央一号文件了，而是“五号文件”。改为“五号文件”也是有一定原因的。当时我们搞文件，杜老、刘堪就说，咱们别搞中央一号文件了，压力太大了，标题就不好写。每年的中央一号文件把老百姓的胃口吊起来了，老百姓每年都在等这个文件。但是，大规模的争论也过去了，接下来就是常规性的工作，所以中央一号文件就改为了“五号文件”，这是一个原因。第二个原因，杜老认为应该对前面的五个中央一号文件做个总结，并指出下一步改革的方向，所以当时“五号文件”的标题就叫作《把农村改革引向深入》。第一段就是总结农村经济体制改革的进程：“农村经济体制改革的根本出发点，是发展社会主义的商品经济，促进农业现代化，使农村繁荣富裕起来。几年来，改革遵循坚持四项基本原则，坚持开放、搞活的方针前进，业已取得了重要成果，农村经济新体制的框架已经初步显现出来。”也不说这个新体制的框架到底是什么，因为当时是绝对不敢使用“市场经济”这个词的，但“商品经济”又说得不彻底，所以文件里干脆就不对此进行表述了。开始我们用的是构架，但是构架这词感觉太专业了，所以就改成了框架。下面很巧妙地列了自主权、市场体系、产业结构、经济形式、宏观调节五条体现，其实就是按照市场经济体制来描述的，这在当时是费了脑子的。

既然决定以后不搞中央一号文件了，我们就在文件最后写了几句相当于告别的话：“十一届三中全会以来，中央连续发出一系列指导农村改革的文件，推动了农村改革和农村经济的发展。这些文件是群众实践经验的总结，反映了几年来农村发展的历程，其基本精神和政策是一致的，都是为了建设具有中国特色的农村社会主义制度。中央希望农村各级领导，要组织干部群众进行系统的学习，全面理解新时期农村政策的精神，进一步动员起来，巩固和扩大改革的成果，促进农业生产，为争取今年农村经济的新增长，为建设繁荣富裕文明的社会主义新农村而奋斗。”意思就是以后不搞中央一号文件了。实际上，后来同样还是每年开一次农村经济工作会议，每年搞一个文件，都是在每年初，但不是中央一号文件了。

从 2004 年开始，中央再次开始搞一号文件了。我印象中在 2004 年的中央一号文件出台前，我国粮食产量连续下滑，农民增收呈现低速徘徊的艰难形势，农业和农村问题矛盾突出，中央希望尽快扭转这种形势，所以再次把农业和农村问题作为中央一号文件的主题，聚焦农民增收的热点问题，出台了三项前所未有的惠农政策：对种粮农民进行直接补贴、减轻农业税费负担、对重点农产品实行最低收购价制度。这几项惠农政策极大地调动了农民的生产积极性，当年就增产粮食 700 多亿斤。

王郁昭："省委六条"的出台[①]

（2014 年 4 月 10 日）

1977 年 6 月，万里任安徽省委第一书记，主政安徽省的工作。他来了以后，对稳定安徽形势、发展建设安徽主要采取了几个重要措施。

其中的一个措施，就是抓革命、抓生产。万里提出要以生产为中心，把安徽经济搞上去。1977 年 8 月 1 日，我到省里参加庆祝八一建军节的大会，省委第二书记顾卓新对我讲："你们报来的《关于落实党的农村经济政策的调查情况和今后意见的报告》，万里已经批了，你回去以后把那 135 篇报告，挑选几十篇比较好的印成一本册子，将来开县委书记会议的时候发给各地、市、县参考。"所以，我回来以后就选了有代表性的 15 篇调查报告，连同地委的报告和省委的批示，并把我在 1977 年 6 月 3 日召开的"落实农村经济政策"汇报会上所做的总结报告作为第一篇，印成一本册子——《认真落实党的农村经济政策——滁县地区调查材料汇编》，引起了很大的反响。

那么滁县反映的情况，是不是具有普遍性，是否符合安徽的实际呢？万里、顾卓新、赵守一等领导同志就下到全省各地进行调查研究，因为正好是小麦收了以后打场脱粒的时节，所以省委当时的调查就叫"麦场调查"。调查的结果是滁县地区的报告符合全省的情况。因此就决定省里也起草一个文件，这就是出台"省委六条"

① 根据中国（海南）改革发展研究院口述改革历史访谈资料整理。

的背景。

为了起草这个文件，安徽省农委专门到滁县地区全椒县开了座谈会，滁县地区抽调了300多名干部，对全区落实党在农村经济政策上存在的问题进行调查，经过80天写成了135篇调查报告。落实党的经济政策的情况，省委管农业的书记王光宇亲自主持这次会议。另外，他们也到其他地方进行了现场调查研究。

1977年11月，安徽省委召开农村工作会议，各县委书记对省委起草的文件进行了讨论。万里说："农业生产怎么搞好，管理怎么搞好，主要应当坚持因地制宜、因时制宜的原则，实事求是，走群众路线，抓农业机械化，这是完全对的，但是，最重要的生产力是人，是广大群众的社会主义积极性。没有人的积极性，一切无从谈起，机械化再好也难以发挥作用。调动人的积极性要靠政策，只要政策对头，干部带头，团结一切积极因素干社会主义，群众就会积极起来，农业就能上得快。"

"在这之前，省委批转过滁县地区一个材料，省委和许多地、市、县委都做了一些调查研究，向会议提出了六个问题，供大家讨论，主要是走群众路线，集思广益，把政策搞好，把管理搞好，我们是一个方针——以生产为中心；一个规定——关于当前农村经济政策几个问题的规定。"在这个会上基本没有什么大的争论。

经集体讨论研究，最后会议通过了这份文件，文件名是《关于当前农村经济政策几个问题的规定（试行草案）》，即安徽"省委六条"。"省委六条"的主要内容是：允许各个公社根据不同的生产特点建立各种各样的生产责任制，要尊重生产队的自主权；减轻社队和社员的负担；落实按劳分配政策；粮食分配要兼顾国家、集体和个人利益；允许和鼓励社员经营自留地，发展多种经营；开放集市贸易；等等。安徽新华社的张万舒说，“省委六条”基本上是以滁县的报告为基础写成的。

1978年2月，《人民日报》发表了一篇文章，题目是《一份省委文件的诞生》，这是由姚力文和安徽省新华分社记者田文喜两个人写的，还加了编者按。

邓小平特别重视安徽的“省委六条”，他对各省、市介绍了安徽“省委六条”的经验。在这个时候，广东省委第一书记习仲勋打电话到安徽，说要派人到安徽来学习经验。后来，来安徽的广东省副省长黄静波一行听了安徽省委的介绍后，就表示要到滁县地区看一看。当时我是滁县地委书记，接待他们到全椒县老观陈大队参观。大队的新、老书记向他们汇报了本村的情况后，就带他们看老百姓的庄稼生长情况，看新盖的房，看老百姓的门口、平日晒衣服被子的架子上，晒着的很多腌的鸭子，每户有一二十只，还有过年时杀猪腌的猪腿、肋条等，他们看了以后很羡慕，因为那时城市里的很多东西都要凭票供应，如粮票、肉票、油票、糖票、豆腐票、花生票等。

总之，当时安徽的“省委六条”影响很大。到地区传达的时候，老百姓听了一遍，有的地方还要求再念一遍。例如，来安县大英公社，原来在房子里开会，后来人越来越多，就转到院子里开会，念了一遍后，再念一遍。全椒县有一个老头儿听说有这个“省委六条”，很高兴，但他将信将疑，所以走了五六十里路到全椒县委，问有没有这个“省委六条”，全椒县委回应他“有”，并把“省委六条”的内容念给他听。说明当时安徽的“省委六条”在全国的影响是很大的。

全力抗旱，“借地度荒”

1978年，滁县地区遭遇了百年不遇的大旱。旱情从1978年的3月开始显现，春旱、夏旱，又秋旱，基本上没有下过透雨。所以1978年2月，安徽省委任命我为滁县地委书记，对我来说是“迎头一棒”。当时旱情的程度现在都很难想象。我举几个例子：当时兔子、野鸡、麻雀都看不到了，连毒蛇都到山上有泉眼的地方去了。滁县曲亭公社有个老百姓养了一头小猪，小猪也要吃水啊，他没有办法，就把小猪用绳子拴了牵到集市上去卖，结果没人买。最后太阳偏西的时候，这个老百姓就把拴小猪的绳子解开了，拍拍小猪的屁股自言自语地说：“你走吧，你逃命吧。”有的地方种玉米，开始时长得很好，但后来出天花（雄花）的时候，经40摄氏度左右的太阳一晒，天花干枯了，由金黄色变成了白色的雄花粉，玉米没有了，结成粒了。王光宇原先到嘉山县（现为明光市）时，一大片玉米长得很好，后来再去时看到天花都败了，他落泪了。所以说，旱情特别严重，老百姓吃水都特别困难。

新华社记者张万舒写了三篇“动态清样”：第一篇是《活着的人没有见过这样的大旱》；第二篇是《政策稳，人心定》；第三篇是《今年的损失明年补回来》。八九月间，民政部部长程子华、国务院救灾办公室副主任颜士庭，先后到滁县地区视察灾情。此外，万里曾经两次到滁县地区视察。他到种小麦的地里用力一扒，小麦种子还没有发芽；到黄豆地里去看，虽然都长得很好，但没有结荚。万里说：“这是不以人们的意志为转移的、不可抗拒的自然灾害，但一定要发动群众发扬天大旱、人大干的精神，千方百计抗旱保粮，把损失降低到最小限度。”

因此，滁县地区决定全力以赴进行抗旱。老百姓没有水吃，我们就送水下乡，橡皮袋子装上水，用车子送到各村。有时候老百姓看到送水的车子来了，他们就把车拦住，甚至跪在那里哀求："我这没有水，你把水留在这里吧。"那个时候，凡是有水的地方都在抽水，抗旱队把安徽省水电厅的 80 多台柴油机都要来了，水管子、柴油机一车一车地运到滁县地区。老百姓看了以后说："乖乖，像渡江战役打仗一样，水管子老粗，像大炮一样。"通过这些设备，我们到处建立翻水站，水塘干了，就在水塘里挖口小井，底下有水，就把水抽出来。

另外，万里曾当过北京市的副市长、市委书记，所以他就和当时的北京市顺义、大兴、怀柔、昌平、通县县委商量，让他们到滁县地区来帮助打井。他们来了以后，一看滁县是丘陵地区，不像北京是个平原，一打下去就有水，而且滁县地区有些地区是红砂层，红砂层没有水，要通过红砂层打到地下才能打到水。所以打井有的成功、有的失败。我记得凤阳县城南公社打井成功了，老百姓高兴得不得了；在定远县，丘陵上面打井也出水了；打井队在嘉山县县城关镇东侧还打出了自流井，水一天到晚地流，水量虽然不大，但老百姓很高兴，老百姓吃水有困难的时候，就提一桶回来。这都是我亲眼看到的情况。

当时万里看旱情这么严重，秋种种不下去，对来年群众的生活必然带来更大困难。他于 1978 年 9 月 8 日召开了安徽省委常委会议，提出：今冬明春的关键是搞好秋种，不能让农村大片土地抛荒。如果集体种不下了，可以把地借给老百姓，他能种多少就种多少，谁种谁收，不计征购。经过安徽省委常委讨论，这次会议形成了"借地度荒"的大胆决定，一是在完成秋种计划之后，凡是积极创造条件扩种小麦的，其扩种面积明年收购时不计统购，由生产队自己支配。二是要放手发动群众，充分利用“四旁”一切可以利用的空闲地、开荒地多种蔬菜、蚕豆，也可以种粮食，水库周围可以撒播油菜，谁种谁收谁有，集体无法种的，也可以划出一定数量的耕地借给社员种。

但政策出台后立刻引起了争议。有人说，集体不能种，那么个人就能种了吗？这不是单干吗？万里说，集体种不了的地，如果农户能利用他的劳动力，能种一点就种一点。如果秋种种不好，明年日子就不好过。万里强调，集体种不下的，农户能种，允许他种。

我们地委曾派干部下乡，要求每人口袋里、书包里装上一些油菜籽。你下乡去，看到哪个地方比较合适，你可以撒些油菜籽，将来可以长油菜嘛，老百姓可以吃油菜，有利于度荒。当时很多水库都干了，有的老百姓根据“借地度荒”的政策，就在水库旱的上游撒了油菜籽。结果呢，第二年油菜长得很好。所以，我们提出来个口号：“就是个大金娃娃也允许你抱到家”，谁种谁收谁有。

“三个秘密武器”

1978 年 9 月，滁县地区旱情严重。滁县地委于是召开三干会，布置抗旱救灾的任务。因为那时候关于真理标准的讨论已经进行了四个多月，大家思想开始解放了。所以，有公社书记在会上就提出了一个尖锐的问题，他说：“中国农业搞不好，为什么搞不好？难道我们这些公社书记都是笨蛋吗？我一个是笨蛋，两个是笨蛋，全地区 242 个公社书记都是笨蛋吗？难道只有外国人能把农业生产搞好？只有大寨才能搞好？建议地委放手让我们干，干好了不求有功，干坏了，我们自动下台。”我认为这个问题很有意思，说明干部思想解放了，敢讲话。所以我就说：“你们有什么话都可以说，实践是检验真理的标准，不要怕。”鼓励他们大胆地发言。

结果呢，发现了三个秘密的典型。哪三个典型呢？第一个典型是来安县烟陈公社杨渡大队魏郢生产队，1978 年春，他们把生产队二十几户人家分成了两个组，搞“包产到组”。这两个组，暗中比赛着干。结果，1978 年这个大旱之年，不但没有减产，而且粮食产量由 1977 年的 8 万多斤增长到 12 万多斤，油料超过历史最高水平。

第二个典型是天长县的新街公社，他们把棉花“包产到户”了。新街公社不是棉产区，棉花种植面积较少，是小宗作物。眼看着棉花苗要枯死，他们干脆把棉花“包产到户”，每一家分几垄子，老百姓早晨洗脸、刷牙都到田里去。所以这个公社的棉花苗没有旱死，秋后棉花比 1977 年增产 89.6%。

第三个典型是来安县广大公社。这个公社实行了干部岗位责任制，干部下乡包队，规定一定的指标，即把粮、棉、油、猪、禽、蛋等生产指标分解成 100 份。秋后算账，凡是增产的项目，公社发给你一定数量的奖金。所以到秋后结算时，这个公社在大旱之年没有减产反而增产。

这三个典型，有人称它们为“三个秘密武器”。我在总结发言的时候充分肯定了这三个典型。

会后，我临时有事到合肥，万里知道了，通知我到他那谈谈农村的情况。这是我第一次和他面对面直接谈话，从晚上七点谈到十点多，新华社记者张广友也在场。我把滁县地区的农村情况和存在的问题、抗旱救灾的情况汇报后，重点把这三个典型向他汇报了。万里听了以后非常重视，让我回去对这三个典型进行认真调查，写出调查报告，报到安徽省委。所以回到滁县地区以后，我和陆子修、崔传义到魏郢生产队对“包产到组”进行调查，张广友到广大公社了解情况，天长县新街公社就委托天长县政研室写出了报告。报到安徽省委以后，万里就让省委办公厅主任于廉打电话给我，说可以把这三个典型进行试点。经地委研究，决定每一个县可以在一个大队或公社进行试点。为此，滁县地委在10月20日以“滁地发〔1978〕96号文件”向各县发出了通告。为了能正确理解这三个典型的重大意义和在试点中应注意的问题，我亲自写了一个批语下发了。因为我亲自调查过，我认为他们这些办法都能够实现增产，对老百姓有好处，所以我支持他们。

这个文件发出以后，在全地区引起很大震动。嘉山县管店区委书记出于好意，委托一个人带话给我：“你的胆子这么大，你怎么能公然提倡‘包产到组’和‘包产到户’？你这是要犯大错误。”定远县藕五塘公社有人对地区农业局的局长说：“地委王书记胆子也太大了，怎么敢搞这样的试点，早晚要犯错误。”但是老百姓很拥护，原来只允许在一个大队或一个公社试点，结果不是试点的公社也自发地搞起了“包产到组”和小宗作物“包产到户”。到1979年3月，滁县地区已经普遍地搞起了“包产到组”。捂也捂不住了，你能试点，我不能试点吗？所以这个时候“包产到组”的生产队已发展到地区生产队总数的68.3%。在这种情况下，有少数地方在暗中搞了“包产到户”，名义上到组，实际上是到户。不久，就发生了“张浩来信”事件，使得搞了“包产到组”特别是暗地里搞了“包产到户”的地方，干部群众的思想一度混乱，人心惶惶。

“张浩来信”

1979年3月12日，国家农委在北京召开农村工作座谈会，安徽派省农委副主任周曰礼、滁县地区全椒县委书记王杰出席会议。这就是所谓的“七省三县座谈会”。在这个会议期间，出了一件事：甘肃有一个干部张浩，写了一封读者来信，3月15日在《人民日报》头版头条上刊登了，并加了编者按。信中说：“现在实行的‘三级所有，队为基础’，符合当前农村的实际情况，应充分稳定，不能随便变更”，“轻易地从‘队为基础’退回去，搞分田到组、包产到组，也是脱离群众、不得人心的。同样会搞乱‘三级所有，队为基础’的体制，搞乱干部、群众的思想，挫伤积极性，给生产造成危害，对搞农业机械化也是不利的。”编者按则说：“已经出现‘分田到组’‘包产到组’的地方，应当认真学习三中全会原则通过的《中共中央关于加快农业发展若干问题的决定（草案）》，正确贯彻执行党的政策，坚决纠正错误做法。”

来信发表之后，安徽代表坚决反对，在会议上发生了激烈的争论。安徽代表也写了一篇读者来信，标题为《正确看待联系产量的责任制》，几天之后在《人民日报》头版的中间位置发表了，《人民日报》也加了编者按，承认发表张浩的来信和编者按中有些提法不够确切。

3月15日那天，我正在嘉山县招待所吃早饭的时候，听到中央人民广播电台在播送“张浩来信”和《人民日报》的编者按，为之一震，急忙返回滁县。经过老嘉山公社时，我进了公社大队，问他们听了中央电台的广播没有，他们没有反应。于是我继续往前走，到了滁县的黄泥公社。一进门我就看见了公社书记蔡中芳，他张口第一句话就说：“你来得正好，我这里的老百姓听了中央电台的广播后，人心惶惶，纷纷来公社问，是不是我们又要犯错误？人心不稳，对春耕生产很不利。”我同他们进行了短暂的座谈后，就急忙回地委了。因为来不及召开地委常委会了，我要办公室主任陆子修起草一个电话通知，内容大概是这几条：第一，现在是春耕大忙的季节，各种形式的责任制一律不变，不要误农时。第二，各种形式的责任制，都是地委决定的，完全符合党的十一届三中全会精神，如果有什么问题，由地委领导负责。第三，要坚持实践是检验真理的唯一标准的观点。究竟哪一种责任制形式好，秋后看实践的结果。第四，有关部门要继续做好春耕物资的调拨工作和供应。第五，各县委要通过各种形式迅速把通知内容传达下去，做到家喻户晓，做好群众思想工作。电话通知下达各县县委后，嘉山县委书记贾长志说："现在是春耕大忙季节，就是刀架到我的脖子上我也不改。"凤阳县委书记陈庭元说："我是王小二盖猪圈—— 一心门朝南，我绝不改变。"滁县县委书记冯骏回答说："党的政策怎么能朝令夕改，定下来的事情不能随便改，所以我们坚决不动。"听到这样的回答，我很高兴。

3 月 16 日，万里突然来到全椒县，在古河区委开会。万里有规定，他到哪里，事先是不通知的。县委电话报告给我后，我马上坐车赶到了古河。我进去时，古河区委的同志正在向万里汇报干部群众由于"张浩来信"引起思想波动的事情。等他说完，我就把滁县黄泥公社干部群众的反映和地委发的五条通知做了汇报。万里说："你们现在还和'文化大革命'一样，听了北京来电就坐不住了，不就是《人民日报》发表了一封读者来信吗？你们为什么就这么慌？报社就好比公共汽车，你可以打票坐车，我也可以打票坐车。《人民日报》，别人可以写读者来信，你也可以写读者来信嘛。不管什么办法，只要能增产，对国家做贡献，集体多提高，人民生活能改善就是好办法。你们要知道，报社是不会管饭吃的，如果秋后老百姓没有饭吃，那我要找你县委书记、县长算账，我不会找报社。”大家听了万里的话，压在心里的一块石头落地了。接着他到了滁县，一路上我把滁县地区的情况做了汇报。吃过晚饭，已经很晚了。

第二天我们从地区到天长县，路上经过来安县。在来安县城东郊，万里看了一户姓唐的养猪专业户。他家养了九头大肥猪，还开了个豆腐坊。他的豆腐做得好，县委食堂、县城里的饭馆都订他家的豆腐，生意不错；他用做豆腐的浆水和豆腐渣喂猪，猪长得很肥；他还承包了几亩地，用猪粪施肥，庄稼长得很好，日子过得很红火。万里看了以后很高兴，他说每一头猪等于一个小化肥厂，就是要像这样形成多种经营，能做什么就做什么。

接着我们就去天长县。刚到天长县，万里就说要下车，之前安排的点他不去了。下车后，他到了上庄生产队，家家户户门都锁了，只有一户门开着，在外面能听到里面敲敲打打的声音。我们进院一看，有两个木匠在干活，正在做家具、打橱子。原来这是生产队长的家。木匠说他们都在外头田里干活。把生产队长找回来以后，生产队长说，我儿子今年要结婚，我请木匠打几件家具。这个生产队长院子里种了一大片蒜苗，长得密密麻麻的，很茂盛。万里就问：“你这个大蒜为什么种得这么密，怎么长大蒜头？”队长回答说：“我这二分地，我准备靠它卖一二百块钱。为什么呢？我现在要间苗，10 棵一把，拿稻草一缠，能卖几毛钱，这是第一次收入；蒜薹出来了，我们把蒜薹拔出来，拿到市场卖一块多钱一斤，这是第二次收入；大蒜头长大了，要卖两三块钱一斤，这是第三次收入，所以我这能卖一二百块钱。”万里听了以后，说：“他这么一块地方的蒜苗可以收入三次，中国的农民是聪明的。只要把群众的积极性调动起来，中国的农业一定可以搞好！”

3月18日，我们又到了嘉山县涧溪公社。看大门的人说社员都不在家，都下农村搞“包产到组”去了，只有一个岁数大的公社副主任因患感冒在家休息。这位公社副主任来了以后说：“我们正在搞‘包产到组’。现在大部分搞好了，只有少数生产队还在讨论。要经过老百姓讨论好多次才能把思想统一起来，所以现在正是讨论的时候，矛盾很多，但讨论完剩下的几个队很快就可以搞好。”我们听了很高兴。这个时候公社隔壁区委来了个秘书，一进门就对万里说：“你们来得正好，现在农村乱七八糟，思想混乱，吵得不得了啊。”我们问他什么不得了，他说现在都在争吵。这时公社副主任说：“只有争争吵吵，最后才能统一思想，这是很正常的。”我们离开后，万里在车上对我讲，公社副主任是深入基层的，知道怎么讨论怎么好，那个年轻的秘书，他根本没下乡，光是听说，不了解农村的实际情况。

到了嘉山县招待所，晚饭后，嘉山县委书记说，嘉山县京剧团为了配合国家恢复高考，编了一个剧本叫《唐太宗和戴胄》，想请万里去看戏。万里欣然同意。刚一出招待所的大门，后面就有人喊，说北京来电话找万里。万里就回去接电话，原来是国家农委主任王任重打来的。王任重说：“现在北京召开的七省三县座谈会，分歧很大，特别是安徽的代表，反应很激烈。”万里说：“现在是春耕大忙的季节。不管是什么形式的责任制，即使是‘包产到户’我也同意，实践是检验真理的唯一标准。我是秋后算账派，秋后看结果怎么样，搞得好可以继续搞，搞不好纠正过来就是了。”王任重同意万里的意见。

3月19日，我们到了定远与凤阳交接的地方——范岗公社，这里是大旱之年的重灾区。一进村家家户户都锁了门，突然看到一户门半开着，烟囱在冒烟，我们走进去一看，一位70多岁的老太太，正在揭锅盖子，蒸了一锅馒头，中间有两条“龙”，几个鸡蛋。万里问：“老大娘，去年你们受了灾，还有什么困难？”老大娘开始一怔，接着说：“幸亏政府政策好，发了救灾粮，没有什么困难，我蒸了两条‘龙’和几个鸡蛋给小孩子吃，可以辟邪。”接着我们到了公社，传达室的人说：“干部不在家，都下乡了。”万里问：“能不能找几个老百姓来谈谈？”传达室的人说：“可以到粮站去看看，来买救济粮的人多。”找来十几个人后，我们在公社召开座谈会，就讲搞“包产到组”和发救济粮的事情。这个时候有个青年人走了进来，他是上海下放的学生，说：“‘包产到组’，我找不到组，人家都不要我，他们地方上的村东头、村西头，姓张的、姓李的在一起成立一个组，我和另外两户是外来的，没有人愿意要我们，这怎么办呢？”万里说：“你找不到组，你们三户一起干嘛。”他说：“那怎么行？一个组起码要五户。”我就说：“万里是省委第一书记，说话当然算数。”万里反过来说：“他是你们的地委书记，我们可以同你们县委和公社党委说一说。”听到我们这么说他就放心了。

这个时候，有一个生产队的指导员站起来，他穿了一身旧军装，是位复员军人。他说凤阳有一种办法，比他们还好。万里问凤阳是什么办法，我就把凤阳“大包干到组”的情况说了一下。万里说那也可以啊。那个指导员就接着说，那他回去也照凤阳的办法改过来。万里讲：“你们已经搞好了，现在不要改，秋后你觉得凤阳的办法好，你们再改也不迟。”后来安徽省委仿照滁县地委“五条电话通知”的精神发了一份“省委代电”，重申前言，各种形式的责任制一律不变。全省经济稳定了。

小岗村的“大包干到户”

前面说到，在“包产到组”推开的过程中，有的地方暗中就搞了“包产到户”，表面上是到组，实际上是分到户了。其中凤阳县小岗村搞了“大包干到户”。我到小岗生产队看过，当时小岗生产队有 20 户人家，115 口人，老百姓家里穷得什么都没有，而且村里一个男的都没看到，只看到几个女的。我问她们：“你们男同志到哪里去了？”她们回答：“他们都出去讨饭了，没有回来。”我们就问：“你们为什么不搞生产？”她们只是笑笑不回答。这是我第一次到小岗的情况。

小岗村很穷，农民没有积极性，一到冬天就出去讨饭，后来在地区推广“包产到组”的时候，小岗村开始就分了 4 个小组，但搞不好，以后又分了 8 个小组，还是搞不好。因为十年“文化大革命”，小岗村损失很大，是名副其实的“三靠队”：生产靠贷款，吃饭靠返销，生活靠救济。1966 年以后，国家给了他们 11.4 万公斤的供应粮，贷款和无偿投资近 2 万元，现有的几头牛就是无偿投资买的。所以穷到这个程度，最后他们就干脆“包干到户”了。有一天晚上，他们就聚在一起秘密开会，按了 18 个手印，并签了一份秘密协议，协议上说明，他们“分田到户”，如果将来被人家发现了，他们坐牢了，全村要把他们的小孩子养活到 18 岁。

所以 1979 年的时候，他们就分户种地了。过去干活是排队一起干，现在他们是分户干，劳动的积极性很高，庄稼长得很好。周围村一看，说小岗村怎么变样了呢？世上没有不透风的墙，最后别的生产队知道他们“包干到户”了，就一下子揭穿小岗村了，说：

“小岗村搞‘包干到户’，他能搞，我们也要搞。”于是他们纷纷向公社提出要求。公社坐不住了，就对小岗村进行批评，命令小岗村还得合起来，不能搞。

以后这事又告到县里，县委书记陈庭元来了，公社书记向他反映：“他们搞了‘包干到户’，这是‘复辟’，是走资本主义道路。”县委书记就说：“哎呀，小岗村穷成这个样子，穷得已经‘灰’了，就叫他们试行一年吧。全县有3000多个生产队，就是他一个队‘复辟’了，也没有关系，影响不了大局。”县委书记做了这么个表态以后，我也知道了。我就事先不打招呼，到小岗村转了一圈，看庄稼长得确实不错，这个做法确实很好。

1979年10月，滁县地委在凤阳召开四干会，就是地委、县委、区委、公社一起开会，总结推广“包产到组”的经验。在这个会议前，我首先开了一个不讲话的现场会。什么叫不讲话的现场会？就是要大家到这个村的每家每户去看，看完之前不讲话，看他们的粮食囤子、锅灶、厕所、家庭设施等。可以找任何人谈话，找五保户也可以。我们只规定集合回程的时间。我们首先看了城南公社岳林大队的岳北生产队，看得很高兴。找老百姓谈话，老百姓说家里粮食都很多；五保户安排得也很好。第二个看了大庙公社后杨生产队。这个生产队穷了很多年，年轻人找不到老婆，女子不愿意嫁到后杨生产队。生产队长杨锦宇首先给我们介绍了情况，然后带我们到每家每户去看。杨锦宇介绍情况时说，他们村搞了“包产到组”以后，现在有一个青年找到了老婆，他的老婆是四川人。另外呢，他说他家现在是“开门5块钱”：家里的粮食很多，养了五六十只鸡，每天能收五六十个鸡蛋，鸡蛋每天能卖5块钱。另外他还盖了一座新房子。

看完回来以后，有的公社书记要求，能不能到小岗村去看一下？听说小岗村搞“包产到户”了。那时候中央文件明确规定不许“包产到户”，到那去看不就等于宣传“包产到户”吗?为了避嫌，最后我们决定趁着晚上，地委的各部委、县委书记和区委书记到小岗村看一看。那天我们在小岗村从西头看到东头，每家每户都看了一遍。他们的粮食以前是每年3万斤，实行“包干到户”的第一年，粮食产量就超过了13万斤，棉花、油粮都完成了任务，所以大家都很高兴。我们看完了以后，地委常委在小岗村生产队副队长严宏昌家随便谈了一下。大家都说很好，思想完全一致，对小岗“大包干”责任制表示支持。因此，我就决定允许小岗村干三年，进行试验，干得好还可以继续干。

就在这个时候，小岗村的村民炒了一大箩筐花生，叫参观的人吃，参观的人怕违背群众纪律都不敢吃，结果他们只好把那花生倒在我们坐的大客车里。回来以后，大家议论纷纷，说小岗村“包干到户”，增产最多，就要求也搞“包干到户”。因为当时中央的文件规定是不许“包产到户”的，所以，我在会议总结讲话时动了脑筋，变通了一下，说“包产到组”，三户就可以成为一个小组。实际上也就是父子组、兄弟组。会后，我打电话给安徽省委管农业的书记王光宇报告了这事，他表示同意。

所以我这一讲，凤阳的许多生产队一下子都搞了“包产到户”，而且给了个名字，叫“大包干”，并编了句顺口溜广为传唱：“大包干、大包干，直来直去不拐弯，保证国家的，留足集体的，剩多剩少都是自己的。”这下子影响很大，县委坐不住了。因为不仅是公社反对，区委和县政府的各个部门都有人反对。

公社书记就说：“你们不收回来，我就不发救济粮，不发种子，不供应化肥等。”以此相威胁。小岗村已经做起来了嘛，威胁他也不干。结果12月下旬他们就把小岗生产队的副队长、“大包干”的带头人之一严宏昌（小岗村唯一一个中学生）找到县委党校，对他进行批判，批他是资本主义复辟、倒退、走资本主义道路，说这是犯法的，甚至拍桌子威胁说要把他抓起来。

这时严宏昌急眼了，就说：“你们批判我，我这个事情地委王书记知道，他们批准我们干三年。”审问他的干部一听：“啊，地委同意你们搞三年？”他说不信打电话到地委去问。接着他们就给我打电话。我接了电话以后就告诉他们：“是的，我在那开会时，经几位地委常委研究，我们批准他们干三年，你们不要再批他了。马上省里要开会，我会后再对你们讲。”所以就暂时放他回去了。

接着安徽省在1980年1月2日召开了农村工作会议。我在会上做了发言，发言稿的题目是《顺应民心，积极引导》。在发言的最后，我脱离稿子，要求省委给“大包干”报个“户口”，承认它是社会主义生产责任制的一种形式。

我发言后，会场上很惊讶，讨论时争论很激烈。有的人甚至说：“你顺应民心，顺应的是社会主义还是资本主义的民心？”虽然有各种不同的意见，但最后还是赞许的人比较多。到了1月11日，万里对会议进行了总结，万里很风趣、很幽默地讲到了“包产到户”。“孩子已经生下来了，他妈妈挺高兴，哎呀，可解决大问题了，你不给他报户口，行吗？那天王郁昭同志说了，孩子挺好的，给报个户口吧，承认它也是生产责任制的一种形式，许多干部去看过，都热乎乎的，但是回来以后又凉了半截。为什么呢？不合法呀，要批判呀，说它是资本主义。那根本不是资本主义，‘包产到户’不是分田单干，分田单干也不等于资本主义，没有什么可怕的。不是我们提倡，我们的态度是不能打击群众的积极性，群众已经认可了，苦苦哀求‘让我们干两年好不好呀?’那就只能同意，批准!”万里的讲话在省电台播了，并在《安徽日报》发表了。这一搞不得了呀！安徽全省马上就轰动了，“省里都给报户口了”。当时是冬天，老百姓都在搞“冬修”（冬季修水利），回家后就“分田到户”。“包产到户”在全省就普遍推开了。但是这个“户口”只能在安徽地方，还不能在全国通行。

1980 年 2 月，中央决定调万里到中央工作，担任国务院副总理，兼国家农委主任。在离开之前，他到了小岗村，由我陪同，他也从西头往东头走了一遍。最后在严宏昌新盖的大房子里座谈。他说：“我早就想这样干了，现在你们干得很好。”严宏昌说：“别人说我们是复辟、倒退，今后我们还能继续干吗?”万里就说：“地委批准你干三年，我批准你干五年。干得好，你继续干，永远干下去。你们富起来都住两层的小楼，我就高兴了。以后谁讲你们复辟、倒退，这个官司由我万里去打。”万里讲得很干脆。后来万里从凤阳离开，到皖北去了。

做好撤职准备，但我问心无愧

1980 年 6 月 1 日，我去巢湖参加会议，因为去晚了一点，结果秘书送了一份文件给我看，即邓小平 1980 年 5 月 31 日的一篇谈话稿，题目是《关于农村政策问题》，并且打招呼，只许看不许抄，说这是一个征求意见的稿子。我一看这个稿子对我们非常有利。邓小平在这篇文章里说，农村政策放开了以后，有的地方搞了“包产到户”，像安徽的肥西，增产很多。“凤阳花鼓”唱的那个凤阳县，搞了“大包干到户”，也是一年翻身大变样。有的同志担心，这样搞是不是不利于集体经济的发展。他认为不必担心，关键在于发展生产力。生产力发展了以后，低级的集体经济就会向高级的集体经济转变，并且提出了四个条件。我一看，顾不上“不许抄录”的规定，当即我就叫秘书抄了下来。6月2日晚上，我冒着大雨回到滁县。6月3日，我召开地委书记和县委书记会议，传达了邓小平的那篇文稿，大家都很开心。

到了8月，安徽省委就在合肥开省委常委扩大会议，汇报对“包产到户”调查的情况。在这个汇报会上，有个地委书记带头发言，反对“包产到户”，为会议定了调子。接着其他各地市一起反对，围攻“包产到户”。但有几个市委书记，说穷的生产队可以搞“包产到户”，富的生产队不要搞“包产到户”。六安地委书记徐士奇讲：“我们共产党是为人民服务的，明明知道‘包产到户’能够增产，为什么不让人家搞，和老百姓对着干?”他重复了几遍：“我们为什么要和老百姓对着干?”有的地委书记干脆不发言。这时，安徽省委第二书记顾卓新说：“王郁昭你讲讲吧!”我被点名后站起来，说：“首先从理论上讲生产力和生产关系的原理，初中生都懂得生产力和生产关系的关系，但是贯彻起来是很困难的。我们老是改变生产关系，还没有搞几天就变，变来变去。根据我们调查，现在生产增产最多的就是‘包产到户’，其次就是‘包产到组’，再次增产不多的和减产的就是原来的生产队。我的结论就是，队不如组，组不如户。”这时有领导气冲冲地讲：“难道集体的生产就不如‘包产到户’、单干吗?”我回答说：“那些生产瞎指挥，干活‘大呼隆’，就不如‘包产到户’。”接着我有点动情地说：“我们滁县地区，‘包产到户’‘大包干到户’面已经很大了。如果省委领导同意我们搞，我们就继续完善提高把它搞好。如果不同意，你就下个红头文件，不许搞‘大包干到户’。按照党的原则，党员服从组织，下级服从上级，我改过来就是。我已经准备被撤职，但我问心无愧，我对得起党、对得起老百姓。”我眼泪都下来了。整个会场鸦雀无声，大家都看着我。

在这种情况下，顾卓新就说：“看来我们这个会议分歧很大，不好做总结了，我建议把邓小平那一篇《关于农村政策问题》的讲话稿念一遍，代替会议的总结。”这个时候省委秘书长就把那个文件拿出来，在会上念了一遍就散会了。散会以后，新华社分社的记者张万舒说：有人形容今天的会议，是在王郁昭“舌战群儒”和徐士奇“苦口婆心”的气氛中结束的。

当天晚上，我感觉肝有些痛，便于第二天到安徽医学院做了彩色B超的检查。医院一查，说我有脂肪肝，并且现在已经有肝腹水了。这一讲，我很紧张。就在这个时候来了电话，说省委第一书记找我，叫我到他家里去。在他家，他跟我讲了几句话：“你的工作不错，也有水平，不要因为这个事背包袱影响工作。”安抚了我一下。接着我就到省立医院了，经省立医院检查，说我有脂肪肝，但是没有肝腹水，所以我就放心了。

回到滁县地区后，我继续完善提高“大包干”，把它搞好。后来，“大包干”得到了邓小平的支持，迅速在全国普遍推广，只用了三年的时间，全国99%的社队都搞了“大包干”。这是广大农民的选择，其迅速在全国形成星火燎原之势。我记得邓小平有句话：“农村搞家庭联产承包，这个发明权是农民的。农村改革中的好多东西，都是基层创造出来，我们把它拿来加工提高作为全国的指导。”同时，我们不搞强迫，允许看、允许等。接着，农村突破了以后，迅速推动了城市的全面改革和开放。农村的改革解决了温饱问题，中国的粮食很快从 3000 亿斤发展到 6000 多亿斤，中国的贫困人口由 2.5 亿人一下子减少了 50%，温饱问题解决了。最后，农村改革还推动了乡镇企业的发展，邓小平说：“乡镇企业异军突起。”短短几年，乡镇企业的产值就占了全国工业产值的 1/3，推动了整个中国工业化的发展。另外，政策允许农民工在流动中就业，为解决中国农村的富余劳动力和二元经济结构做出了贡献。中国经济迅速发展，成为全世界第二大经济体。中国的国际地位有了很大的提高，也为现在的深化改革创造了条件。

回顾那段历史，在参与农村改革时，我是一个基层干部。我认为，看准了的问题就一定要坚定不移地走下去，要不断地提高农民的生活水平，推行家庭联产承包责任制。此外，在农村改革历程中，农村劳动力的问题也非常重要，尤其是在农工潮刚刚兴起的时候，有些人说他们是盲流，不允许他们出来。当时我的态度非常鲜明，我认为他们不是盲流，这应该是解决二元结构的关键措施，应该支持他们出来。因此，我发起组织了中国农村劳动力资源开发研究会，我被选为首任会长。可以说在这个问题上，我是走在前面的。还有就是在扶贫方面，我当时推动中国扶贫基金会带头进行机构改革，改成招聘制，没有机构编制。另外，我提出扶贫项目不要搞得太多，要集中几个项目，要搞就搞成品牌，所以原来的几十个项目，最后只剩下 5 个，这 5 个都被打造成了品牌，中国扶贫基金会也因此被评为全国AAAAA级慈善机构。我也获得了民政部颁发的“中国慈善贡献奖”的奖杯和证书，同时获得了“中国消除贫困成就奖”的奖杯和证书。回顾过往，虽至耄耋之年，我仍倍感欣慰。

常光南：向阳人民公社“撤社建乡”[①]

（2015 年 7 月 15 日）

“包产到组、包产到户”在农村推行以后，生产队的体制就发生了变化。过去人民公社的体制是“一大二公三平调”，“三级所有、队为基础”。现在公社只有名，没有实了，大队、生产队这个基础已经空了，没有集体财产，平调不了了。另外，还有一个问题，当时群众对公社有意见，公社已经不能调动群众的生产积极性了。那么在这种情况下，特别是我作为县委书记，就很有必要考虑这事该怎么解决了。广汉县委讨论过后决定，到农村搞个点试验一下。选在哪里呢？我就到农村去调查。

有一天，我到向阳公社去调研，党委书记叶文志带着我去检查生产，看农村包产到组的情况。我们经过酒厂门口的时候碰见一位 60 岁左右的老头儿，眼睛很红。我说：“老乡，你眼睛咋这么红嘞？”老头儿一指叶文志：“你问他。”我就很奇怪，问：“老叶，他眼睛咋红的？”叶文志说：“我把生产队、工业、商业都给人包了。他是酒厂的厂长，把酒厂给包了。为了完成任务，好多天晚上都睡不着觉。”我一想，叶文志行啊，包产到组把工业、商业、企业都包了，积极性这么高，想法这么先进。我说：“几十年里我们都在想办法调动社员的积极性，你这个调动得很成功，让人家晚上觉都睡不着，熬夜完成烤酒的任务。”我觉得叶文志行，而且向阳公社不大，才一万人口，比金鱼公社还小，将来如果搞错了也好纠正，

① 根据中国（海南）改革发展研究院口述改革历史访谈资料整理。

就决定把公社的改革试点选在向阳公社。

搞试点复杂得很，任务重，领导班子的工作很重要。我就让县委农工部的副部长黄希宇担任工作队长，叶文志担任第一书记，还有个书记叫李国寿，我就在那蹲点研究。在这个过程中，1979 年 6 月，当时四川省委书记带了我和杨汝岱去西欧考察，我们去了英国、瑞士、法国。在英国参观的时候，省委书记说："常光南，你好好看啊。"有一天我们到一个农场参观，那里是丘陵地区，半边山上种葡萄，半边山上种草。省委书记问："哎，先生，为什么你这半边葡萄半边草啊？"农场主回答说："我们是因地制宜，这半边山上阳光多，葡萄的质量好，含糖高，价格好。这半边山上阳光不行，我们就种草喂牛。"省委书记就回过头来说："常光南，你看人家就可以因地制宜，我们为什么不可以啊？"我说："书记啊，省里给我们派个任务，派到县上，县上派到公社，公社派到大队，大队派到生产队，这一套是规定死了的，因地制宜不得行。"省委书记说："邓小平同志以前就说过，叫我们开开眼界，学习外国好的经验。因地制宜这点我们应该学习。"

在参观工厂的时候，我发现人家工厂里人不多，尤其是领导不多，工厂一百多个工人，厂长、会计、采购都是同一个人。省委书记说："你看我们中国，小小的厂里，有厂长、副厂长、妇女干部、青年干部等一串的领导干部，行政成本太高了。你看人家一个人身兼数职，把工作搞得很好。"

所以回来以后，我就学习人家的先进管理经验，将企业、农业因地制宜。我在县里成立了农业公司、工业公司、商业公司。公司主要是管技术，比如农业公司就专门管农业，包括技术、播种、治虫、水利等。工业公司专门管工厂，商业公司管供销社。过去公社也管这些，但它是一把抓，上边一条线，到底下分好多条，所有事务都在公社里。所以，有人说公社干部是万金油，什么都懂，但门门都研究不深。我们成立了三个公司以后，在县里还成立了一个农工商联合总公司，专门管经济。

那么，行政工作哪里搞来？大家讨论说，我们今后要政企分开，找几个人成立行政组吧。我一听行政组就反感得很，因为“文化大革命”里总是这个组、那个组，而且行政组有啥权力？它代表什么？我觉得不行。有些人就说：“那成立个乡公所嘛。”又有人说，乡公所是1949年前的叫法，不大适应。叶文志就说：“乡公所不得行，成立乡政府嘛。”

正在我们讨论的时候，1980年3月1日，四川省委召集广汉县委的主要领导到金牛坝开会，我、夏更坤、当时广汉县委副书记胡世英、县委办公室主任郑学成四个人去了。到那以后，当时的四川省委书记和谭启龙、杨汝岱等几位主要领导在会议室里等我们。谭启龙说：“省委书记要调到北京去了，他对广汉的改革很关心，今天专门喊你们几位广汉县委主要领导来，研究广汉的试点，大家有什么问题可以提出来。”我们就汇报了广汉改革的举措，讲了我们成立了三个公司进行专门的分工管理。省委书记肯定了这个分工。我们说：“目前我们在考虑政企分开，讨论的时候有的说成立行政组，有的说行政组不行，有的说不如成立乡公所。”省委书记就说：“你们弄几个人成立个乡公所嘛，管行政工作。”他问谭启龙：“启龙同志意下如何？”谭启龙表示同意。省委书记说：“我同意搞个试点，将来出了问题，也好纠正嘛。”于是就这么定下来了。

散会以后，我们就讨论着将工业公司、农业公司、商业公司的人员都定了，但这个行政组咋个改法？有的说成立乡公所，有的说成立乡政府。有的说乡政府成立了，公社的牌子咋办？谁领导乡政府？乡政府领导公社？公社领导乡政府？到底谁领导谁？宪法规定，公社行政和企业都要管。讨论了很长时间，定不下来，只有一点很明确：行政组是要改的。

后来 7 月底，我到东北出差，因为之前吉林省省长张根生到广汉参观，我们商量了用我们的菜籽换他们的玉米，这次我到东北就是去挑要换的 3000 万斤玉米。在那里，我又碰见了省委书记，我们在招待所院子里一边散步，我一边就将现在的讨论情况向他汇报。省委书记说："那你的意见呢？"我的意见就是把公社的牌子换成乡政府。省委书记说："势在必行，可以。"

当时没有拿记事本，一回来我就急忙把这句话记下来了。回广汉以后，我就问其他人，"势在必行"是什么意思？叶文志、郑学成都说："这意思就是催你搞快点。"那就搞！我们向四川省委请示，把公社换成乡政府。四川省委研究同意了，我们就马上到向阳传达省委领导和县委讨论的结果，传达精神。

1980 年 8 月，我、夏更坤、当时广汉县委农工部部长皮硕、郑学成四人就到向阳去了。见到叶文志了，我说："今天要开个重要会议，找个背人的地方去。"他说："供销社的桥头有个二楼，上面很清静，我们到那去吧。"于是就组织了十几个人开会，除了我们县委的几人，公社这边有叶文志、李国寿，还有五六个社长。

会上，我把中央的、省委的、地委的（之前温江地委书记到广汉检查工作，我向他汇报了摘牌子的事，他说："上面同意你搞，你就搞嘛。"）和县委的讨论结果跟大家传达了。这之后，我们讨论了三个问题：第一，大家都同意把公社牌子取了，换成乡政府，牌子由叶文志来做，时间大家定。大家都同意了。第二，乡政府的乡长、副乡长谁担任？原来的公社干部咋个安排？我们进行了讨论，定下人选。第三，我说："这件事不往外宣传、不登报、不广播，不接受外地人来参观。"现在回想，当时的想法是有点幼稚，即使我们偷偷搞，牌子也是要挂出来的嘛，别人不可能不知道，但是当时心里还是有点怕，于是就定了这几条。

会议结束的第二天，我就召开了副队长以上的干部会做动员。因为有乡干部提出说："这事恐怕要给大家讲清楚，不然大家会误会的。"我就在这个干部会上将事情的经过、情况、改的原因都一一说清楚。我讲了公社的弊病，比如公社影响了大家的积极性，生产搞不上去，现在大队、生产队也空了，不能平调了；也讲了成立乡政府的优点，比如解放前我们就成立了乡公所，现在解放了，就成立乡政府，政府的威信很高，今后由人民政府管理行政，生产专门有人管。大家都表示同意。就剩下一个问题：公社牌子取了以后，政府谁来领导？党委领导。这之后，我们就意见全部统一了。

当时我们是趁着晚上换的牌子，还不敢在白天换。结果后来有个新华社的记者从那经过，他在向阳桥头的李豆腐饭馆吃饭的时候，看见有些群众围在那里，过去一看是挂了个乡政府的牌子。他用照相机拍下来，当晚就发到北京去了。第二天，全国人大常委会法制委员会的一位主任打来电话，接电话的是郑学成。

对方问："你们是不是把公社牌子取了，换成乡政府的了？"

郑学成说："有，我们搞个试点。"

"哪个叫你们搞试点的？"

"我们自己搞的，如果行就行，不行我们把它换过来。"

"好的，我们派人了解一下。"

他们就派工作组来了，第一个找的我，我就把情况讲了下。他们在向阳住了几天就回北京了。他们走的时候，我很担心，了解的结果究竟怎样？问是问不出来的，他们只是说："你们这个做法搞试点是可以的，群众也是满意的。只是一点：你们乡长不是选举的，是指定的，这个不对。"我心想这好说，可以选举，这是方法问题嘛。我接受了这个批评。

紧接着，日本的《读卖新闻》就从成都派来了六位记者。他们要求看我们向阳公社换成乡政府的牌子。我不同意，说政府不让宣传。我找来苏治良，让他带日本记者去参观，并悄悄叮嘱他：全县都可以看，就不准到向阳，不准他们看牌子啊。他们就坐上了《读卖新闻》的越野车到处转，转来转去人家也没看到向阳的牌子。他们问苏治良，苏治良就说："我们还没有到。"一直转到吃中午饭了，他们要走了，才说："是万里说四川省广汉县向阳把牌子换成乡政府了，让我们来广汉看的，既然你们今天没叫我们看，我们就算了，走了。"苏治良跟我说人家很生气。我说不要怕，没看到是对的。

有一天在温江开会，有个县委书记说："常光南你运气好，我们找省委书记找不着，你到东北都碰到了。你给我们讲讲嘛，他跟你说的什么？"我说没啥子。我不敢说。当时温江的地委书记说："今天还有点时间，跟我们说下嘛。"那我不能不说了，说啥呢？我想了一下，把公社牌子换成乡政府牌子的事给汇报了。大家听了都一愣，说这牌子换得好，应该这样搞。

吃饭的时候，一个老干部就把我说了一通，说我砍了"三面红旗"的最后一面旗，我腔都插不了，所以改革确实困难。回来后，我还是想不通，有个关系好的公社党委书记和我说："这是改革的方向，但是过程中挨骂是难免的。"我想我这是啥子改革嘛，邓小平提出“解放思想，把生产搞上去”，我就是跟着走的嘛。

后来，之前来的全国人大常委会法制委员会工作组向国务院汇报了情况。不久全国人大正式通知广汉县委，说：“请示了国务院的领导，你们搞试点是对的，应该肯定。”我这才放心了。再后来，中央对此发了正式文件，开了全国人民代表会议，讨论了宪法，正式确定建立乡政府。

在广汉包产到户、“撤社建乡”，包括养猪的问题上，四川省委领导都很支持。广汉出了个“猪八戒”，省委书记看了，说：“四川人口多，你们土地少，养猪是条出路，想了几十年怎么把猪养好，我看这户就可以。”还专门请了管畜牧的专家来总结经验，在全省推广。正是有了四川省委领导的支持，工作才能搞起来。

并且，“撤社建乡”这事是顺应民意的。我们成立了乡政府以后，群众的积极性大大提升了，农业、工业、商业都有了很大的变化，过去“干部下乡一把抓”，“样样懂，门门瘟”的情况得到了改变，生产产量多了，群众就变富裕了，大家都满意。

现在看来，“撤社建乡”这件事是搞对了。有中央领导和省里的支持，群众也拥护，广汉县委只是起了个打排球的“二传手”的作用，但是每次想到这些事，我心里都很高兴。我当时暗地里在本子上记了一句话——“求实与事，富民为先”，天天背，将它作为我的指导思想，只有群众富裕了，我才能说我搞得好。

常光南：从金鱼公社试点到广汉全县搞“包产到组”[①]

（2015 年 7 月 15 日）

广汉县是个好地方，气温好、水利好、土壤好、劳动力也很充足，但就是生产水平不高。1976 年，全县人均收入只有 78 元。这一年往前推 10 年，10 年里每人的收入只增长了 2.3 元。1977 年 10 月 10 日，广汉县委召开了公社党委书记会议，传达中央、省委领导关于解放思想、把生产搞上去的精神。因为我担任了县委书记以后，感觉责任重大，经常骑着自行车在各个公社跑，调查情况，所以会上我就讲道：有一天我转到一个生产队，看到那里生产搞得很好，水稻、玉米都比周围生产队的长得茂盛些、高一些。我就问旁边的一位老农，这生产搞得不错，咋搞的？他不敢说，让我问生产队长。我就找到了生产队长，说我是县委书记，来总结、学习一下你们的生产经验，你的生产搞得这么好，总有个窍门嘛。反复问了几遍，生产队长才告诉我，大家都磨洋工，生产搞不上去，我们就“包产到组”了。他把生产队分成三组，包产到组，人分了、土地分了、任务分了。其他的跟着走，猪、羊等家畜都跟着组走。

介绍完了情况，我就提出来，有些生产队搞得好，原因是他们“包产到组”了。与会的同志都说这个好，就是不敢搞。有的说，过了 10 多年了你还敢“包产”啊？有的说把它改成“定产”，有的说“定产”跟“包产”是一样的。当时大家讨论得很热闹，都认

① 根据中国（海南）改革发展研究院口述改革历史访谈资料整理。

为这么搞是对的，但就是不敢搞。其中金鱼公社的党委书记李明英站起来说：“常书记，只要你同意‘包产到组’，我保证一亩田平均增产100斤，增不到100斤你就撤我的职。”我心想，这个也不增加肥料，也不增加本钱，光靠“包产”增加100斤粮食是不容易的哟。当时我就说可以。

但是开了金鱼公社这个口子后，全县22个公社都要求搞“包产到组”。这时候，四川省委政策研究室的主任岳忠从德阳到广汉来考察工作了，我正好碰到他。我问：“岳主任，大家情绪很高，想搞‘包产到组’，从政策上看行不行？”他建议，先搞一个试点。大家说那就在金鱼公社搞个试点。因为金鱼公社之前就在河坝上搞了“包产”，虽然是沙子地，但是长得挺好。而且李明英承诺一亩田增产100斤，增不到100斤就撤他的职，决心很大。但是，其他公社也都要求搞，这样就放不平。最后我派广汉县委副书记夏更坤，跟农业局一位姓陈的同志到地委、省委去请示，我们要求全县搞“包产到组”行不行？夏更坤认得岳忠，就找到他，岳忠说这个他做不了主，找领导吧。于是岳忠就把他们带到了杨万选的办公室。汇报过后，杨万选说：“好是好，先搞试点，我支持你们搞试点。”夏更坤回来跟我汇报，我就决定先在金鱼公社搞试点，金鱼公社搞好了其他公社再推广，这就定下来了。

但是我们名义上还是不敢说“包产”，当时的叫法是“分组作业，定产定工，超产奖励”，其实搞的就是“包产到组”，组毕竟还是集体的，但是“包产到户”我们就万万不敢提了，虽然大家都明白“到户”比“到组”更好。说句实在话，我也知道搞这个有风险，但是我从1952年转业到地方担任区委书记起，搞了几十年农村工作，辛辛苦苦、兢兢业业，不休周末，晚上还加班，生产就是搞不好。我对不起群众，心里有愧啊！我在笔记本背面写了 8 个字："求实与事，富民为先。"我冒险搞"包产到组"，就是为了能搞好生产，让群众富裕起来。

就在金鱼公社搞"包产到组"的时候，杨万选带工作组来了，住了一个星期，专门研究"包产到组"。到秋后，金鱼公社的粮食产量增加了 500 多万斤，平均每亩增加 200 多斤。公社党委给县委写了一个报告，填了一张表。我拿到表格后高兴得很，说一个公社一年增加 500 多万斤，不简单。正好当时温江地委决定在大邑县召开"点小春"的现场会，参加的都是公社党委书记、县委书记。到大邑县，我要经过成都，于是就拿着这张表去省革委会报告。我先去找杨万选，他不在；我就去找杨汝岱，他一看很吃惊，决定要向四川省委报告。之后我就去大邑县开会了。

到大邑县报到的当天晚上，地委书记通知各县的县委书记先在大邑县委二楼会议室里开个会。我一进会议室就见省委书记在对面坐着，他边上空了个位置。他看见我，就说："常光南，来来来，坐到这里，今天晚上你唱主角，把一个公社一年增产 500 多万斤的情况跟大家说一下。"我说好，然后就如实地把金鱼公社的"包产"过程、增产的情况给大家做了汇报。汇报过后，省委书记就说："大家讨论下，看金鱼公社这个搞得搞不得，大家想不想搞？"灌县的县委书记说："搞是想搞，就是不敢搞。"新津的县委书记王友昌说："金鱼公社的'包产到组'是一个创造，应该搞，我回去搞。"这会上 10 个县委书记都发了言，多数人表了态要求搞。有个县委书记提出："搞是搞，但是'包产到组'把生产队都给瓦解了，那生产队它不就废了吗？"说这句话的县委书记他是想搞，但是就怕把生产队给瓦解了，要受批评，就先说出来看看省领导的态度如何。后来省委书记就说了："金鱼公社搞'包产到组'方向、道路没问题。社会主义的劳动制度就是多劳多得、少劳少得，符合这个原则。想搞的呢可以推广，还有看法的可以搞试点。"我心里一下子就高兴了，因为这些话肯定了方向，证明这条道路没问题。虽然这只是短短的几句话，但我都把它记下来了。

会议过后，各公社召开了社员会议，全县搞"包产到组"搞得热火朝天。有的呢，把组的范围划小，本来这个组二十户，他划个七八户、四五户；有的干脆就"包产到户"了。就跟当初"土改"似的，分田、丈量田、分牛，当时全县搞"包产到组"搞得相当热闹。省委发了简报，说金鱼公社一年增长了500多万斤，各地可以参观、学习。一下子各地都来了人，外省的也来了。周围的地区都带了县委书记到金鱼公社"看热闹"，我们当时一天到晚就忙着接待了。

正在这个时候，1979年3月15日的《人民日报》头版头条发表了一篇读者来信，还加了长长的编者按，说搞"包产到组"是倒退，"包产到户"是错误的。这报纸一登，县委政策研究办公室的主任边野，就拿着报纸叫我看："常书记你看，'包产到组'是倒退哦，你搞倒退，准备好挨批斗吧！"我当时看到这是《人民日报》头版头条发表的，就觉得来头不小，真是做好了挨批的准备。我那时就坐车子到省委去向省委书记汇报了这个情况。省委书记说："我们跟他搞的不一样。我们搞的是我们的。"本来我还怕被批斗，这下我心里又高兴了，回来继续在广汉推广"包产到户"。

邓天元：我们一直把“包产到户”瞒到1979年[①]

（2015年7月17日）

1970年冬，蓬溪县委发通知让我到群利公社工作，群利当时是全县最落后的一个地方，我知道这个情况，所以不愿意去。我记得当时是县委办公室主任夏伦说：“你是共产党员你不去谁去？”所以，最后我还是服从组织安排了。到群利公社以后，我做了很多事情，比如修水库、建沼气池等。但老百姓的温饱问题还是解决不了，所以我每天就琢磨着怎么解决这个难题。

从1971年起，栽完了红薯，我就按人头和养猪数量把种红薯的地分配给了老百姓，红薯叶子可以吃，挖根可以喂猪。要在这些地里种菜、种花生、种玉米随意，所以这是一个基础。看起来就那么一点地，由于各家各户管得好，收成能抵几个月的粮。

我记得是1974年，一些老人说：“周围那些鸡鸭猪糟蹋了的地，能不能拿给我们种点菜？”因为老百姓可以编围栏来围，集体不行。我认为这是一件好事情，我也采纳了。但是那时候分地有些争论，我就搞了个变通的办法，说搞公猪代养。很多人家买不起猪，又缺肥料，我就搞集体贷款，贷下来后，再从集体拿钱买。家庭困难的群众就给安排一头猪，你自己到市场上看，看中哪一头你就买哪一头，集体来给你付钱。我采取三个“一”的办法：“（猪的重量）涨一斤，给一个劳动日，给一斤粮。”但是我不直接给粮食，而是把屋子周围那些鸡鸭猪糟蹋了的地分给他们，一丈地抵十

① 根据中国（海南）改革发展研究院口述改革历史访谈资料整理。

斤粮，这就把问题解决了。接着，又有人提出把那些田边地角，荒着的、集体没种的土地包给私人种，我也是采取了这种方法。由于这么做，那些山坡田埂就被收拾得很好。

到1976年，我们就把旱地包完了。所谓旱地，就是没灌水的冬水田，这叫“水统旱包”。这样做以后，每年起码增产10%，而其他好多地方都是减产10%。我刚去群利的时候，有9000多亩耕地，1万多人，四五十万斤粮食；到我离开的时候，每年产100多万斤粮食了，翻了一倍多。老百姓越搞越有劲。到了1979年，我们已经是“水旱全包”了。但是这事一直没被发现，如果县里、区里有人来检查，大家都自觉地到一块地去劳动，任何一个村、任何一个地方都是这样的。因为吃得饱、舒畅，所以暗地里搞，一直没暴露。

我们一直瞒到1979年。我记得是1979年7月20日，栽完秧、栽完红薯，我们就到遂宁党校集中培训、学习。那天上午恰好遇到遂宁市几个县的武装部部长和政委开会，他们上午来得比较早。当时的遂宁市书记周裕德，跟我们说家里旱得不得了，人畜喝水都困难了，要我们多跟家里打电话联系，多出主意。晚上我们在礼堂开会，周裕德来讲话，说：“大家反映的情况你们要认真考虑下，多给家里出出主意。”等他讲完了，我也是放开了胆子，说：“你不要说得那么不得了，什么要大减产？我今年要大增产！”一百多人马上把脑袋转到我这边来了。

周裕德说：“你说你有什么办法？”我说：“办法多的是，就是有些人怕丢官帽。”这话把他气到了，他把军帽“啪”的一下扔到桌子上：“邓天元，我不要官帽，你现在说！”我说：“说起来不好，你到我那个地方去看为好。”

我为什么不说呢？说不得啊！当时是“宁要社会主义草，不要资本主义苗”，搞“包产到户”是违背中央路线的，所以不能说。他第二天就到我们乡去了，去了八天，挨个检查，发现我们早就偷偷搞起了“包产到户”，也看到当地老百姓的日子越过越好，于是肯定了我们的做法。1979 年，蓬溪县粮食产量人均减收 100 多斤，而群利乡人均增收了 100 多斤，差距有 300 多斤。

1979 年，周裕德肯定了我们的做法之后，每次去绵阳都挨批评。他对我说：“邓天元，阻力大得很。我每次去都挨批评，那些人都要跟我辩论。”

所以说我们的“包产到户”不是一天形成的，经历了许多磨难。那时候忙得很，我最迟六点钟起床，起来把脸洗了就跑村，哪怕是再远的村都得跑去看看。那个时候，内部传达的讲话精神是“办法再多一点，步子再快一点”，我们很受鼓舞。我觉得不管它是“社会主义的草”还是“资本主义的苗”，人民没有饭吃、没有衣服穿，总不是好主义。当时推行“包产到户”有阻力，我就开座谈会，年轻人座谈会、老年人座谈会、中年人座谈会、妇女座谈会我都开。老年人抵触不大，但是年轻人就大些，在政策上他们要敏感一些，我是想讲明白为什么要那么做。

1980 年，农业部来了位曾处长，他大概 60 岁，带着工作组来调查我们“包产到户”的情况。他大概住了半个月，到处走访，每天晚上都很晚回来。那半个月我们没有太多交流，直到快要走了的一天晚上，他说要跟我交流一下意见，说说他在群利乡的感受。他说，第一，“你们没有派人来跟着我们”。走到群利乡，没有人“带路”。美其名曰“带路”，实际上是说管着不要乱走，怕人走到差的地方去不满意。第二，“你们的老百姓生活过得不错”。他举了一个例子，说他走的地方、走的人家，在哪户人家坐着歇脚，都会给他泡茶，坐一会儿就是醪糟汤圆鸡蛋给端过来。中午没有去买什么，腊肉香肠就端出来了，这不容易，七月都有腊肉、香肠。第三，“你们的老百姓很和谐，走了你们乡这么多地方，没有骂政府的”。由于生活好，老百姓们和谐相处。曾处长很好，他和我交换意见以后说：“老邓，我走之前，想把省委、地委、县委等领导都召集到你这里来，在这里搞试点，你怕不怕？”我当然不怕！《四川日报》的记者那天也来了，我记得当时他们在讨论登报的标题，我们不敢说“包产到户”，只敢说“包干到户”，因为“包产到户”还是洪水猛兽。副标题是“记群利人民公社党委书记邓天元”。“包干到户”就那么登出来了。全县各区各乡都来参观了，他们问我们怎么做的，我们就把材料印给他们，那些表把多少人口、哪块田哪块地多少面积、多少产量等，都写得清清楚楚的。

和曾处长（来的）同一天，我们省的《农村工作通讯》来了两个年轻人，他们住了六七天，走的时候跟我说，不能搞那些，给我传达了“27 条规定”，同时还给我寄了很多不准“包产到户”的文件，隔一段时间给我寄一次，试图说服我。但是我一般翻了一下就不理会了。

我那个时候胆子更大了。“包产到户”后，每个生产队储备的粮有上万斤，每个队都有大粮仓。而重庆缺粮食，我们缺肥料，我就拿粮食跟他们换尿素肥。我修水库，水泥也是这么换来的：重庆东阳公社产水泥，他们要红薯，我就把红薯给他们运去，换来修水库的水泥。因为 1976 年我就把旱地包出去了，集体地只有水地了，所以生产都增产了，每年储备粮我都按 5%～10%储备。这样既把生产搞好了，也做生意赚了点钱，同时把乡里的建设也搞好了。

大概是1981年，群利公社的“包产到户”终于在全县推开。我觉得“包产到户”的意义，就是让农民吃饱穿暖，同时使市场物资丰富。当年我下了决心要搞“包产到户”，即使坐牢都要去搞，就是为老百姓考虑，只要能把人民的命救了就值得。我到现在都觉得是值得的。如果不是改革开放，我们这些人早就已经不在了，因为改革开放把生活改善了，有吃有穿，现在电风扇、空调家家户户都有，我们那个时候连电视都没有。生活品质提高了，身体也健康了，我很心满意足。

严宏昌：签契约按手印，偷偷“分田到户”①

（2015 年 8 月 12 日）

1978 年 8 月，我回到了小岗村。梨园公社副书记钱金喜组织小岗生产队新班子的选举，我被选上了。有个长辈叫关金珠，他一把拽着我肩膀，说：“宏昌呀，小岗村所有男娃全当过干部了，比你小的也都干过了，就剩你了，这回你就带领我们，一天只要有两顿菜稀饭喝我就满足了。”我听了心里头挺不是滋味，特别是他最后说的那句话，我听了眼泪都流下来了。他说：“宏昌呀，我不瞒你，我想喝一碗洋面浆，十年了，我都没喝上。”当时我这心里头，就像堵着个大疙瘩，我一直在考虑该怎么办，睡都睡不着。

我先是尝试了多划自留地的办法，结果证明这行不通。于是我请教了一些长辈，问小岗村究竟该怎么干？有个长辈说：“宏昌，我们还是怀念过去‘土改’那段时间，但现在没有这个政策啊。”我心里就有数了，其实我也早有这个打算。回来后，我第一个找了严学昌，和他说了我的想法。当时他说：“宏昌呀，这人人都想干，但是谁又敢干？”

最后我说，我们要瞒上不瞒下，偷偷干。小岗村就这 20 户，我们采取地下党的工作方法，单线联系，问问大家可愿意这么干？这么一问，大家都说愿意干。但是谁来带头？谁敢带头？这个问题我心里有数，但不吱声；大家心里也都有数，也不吱声。没人敢往外说呀！

---

① 根据中国（海南）改革发展研究院口述改革历史访谈资料整理。

于是我发通知下去，所有小岗村在外要饭的家主，回家一个，就扣下来一个，等所有当家的到齐了就要开重要会议。虽然我没讲开什么重要会议，但是大家心里都明白。等了一二十天，最后 18 个家主都到齐了，还少 2 户——关友德、严国昌到江西要饭没回来，又联系不上。已经回来的家主就找我说：“宏昌呀，我们不能在家等了，你看我们家老婆孩子都在外要饭，我们在家等这么多天了，再不出去就受不了了。”

所以我就想了个办法，由关友德的叔爷关廷珠、严国昌的大儿子严立坤为他们担保。这些安排好了，我马上回去通知大家，当天下午开会，地点就在严立华家。严立华家在村里最西头第二家，一般人不朝那儿去。严立华家没有板凳，就一张破桌子摆在中间，大家于是都蹲在地上。我看大家都到齐了，就拿出一包烟来拆开，一人一根。烟分完了，我就开始讲：“我招呼你们来参加这个‘重要会议’已经 20 多天了，今天才有机会聚到一起。我不说你们心里大概也都明白吧？我们小岗村，已经穷到了今天这种地步！吃了国家 20 来年的粮食供给，我们愧对党养活我们这么多年！我们是农民，有手有脚有力气，还有小岗这片土地，为什么会落到今天这种地步？我们不但不能为国家做贡献，反而拖了国家的后腿。作为小岗人来讲，我们直不起腰，见不得人啊！今天召集大家来，就是要大家一起找出小岗村怎么搞好下一步生产的办法，让我们不但不要吃国家的、用国家的，而且要对国家有贡献，这才是我们小岗人作为农民应该做的事。”

有长辈说：“宏昌讲得对，你那种办法，你不说我们大家都知道，用这种办法干，肯定能干好。你不要怀疑，我们都是过来人，现在小岗一头牛都没有，没法犁田，我们就用手挖爪刨，只要能把地分给我们干，我们保证干到粮食不但够自己吃，还对国家有贡献。但是有一条，谁敢带头这样干？”

我说：“既然你们说一定能干好，作为干部，我们就有责任带头干。但不管怎么说，‘农业学大寨’正在劲头上，这时候我们这种干法，肯定不符合国家政策。但是，马列主义的书我也看了不少，我们是干实事还是搞教条？我相信，如果我们能瞒住大家这样干一年，等我们取得效益的时候，就能理直气壮地向党汇报。如果我们的党认可了，我们就继续这样干。”

“我们天天唱《东方红》，我们的共产党是领导全国人民走向幸福的，是老百姓的大救星。社会主义要的是什么？要的是不断地前进、不断地发展，领导全国人民过上富裕生活。你们放心，如果我们走出了这条路，我相信党会对我们实事求是的。但是我有个要求，既然是我出来领着你们干，那你们收到的粮食，必须踊跃地贡献给国家，第一要保证国家的，第二要留足集体的，剩下的才是我们自己的。分地给你们，你们多出力、多投入，干得好，你家粮食就收得多，完成国家和集体的之后，你剩下的就多；你偷懒不投入、不出力，粮食就收得少，但你也得完成国家和集体的，那你剩的就少。如果你不答应我这条件，那就不行。”当时我给他们总结三句话：“完成国家的，留足集体的，剩下都是自己的。”

分地一家一户干，人人都愿意。但口说无凭，我要大家立下字据。我把刚刚发完烟剩下的淮北烟空盒子拆开，把两张纸都铺开，就在上面写。当时严立富坐在旁边，说：“宏昌，那字写得太小了，我当记工员的时候买的薄纸，还剩在家里。”他回家拿了两张薄纸，我在那上面写好了前面总结的三句话。最后有人说：“宏昌啊，那如果倒霉了，你到时候要怎么办？”大家就商量：“如果宏昌要倒霉了，我们剩下的人排着给他送牢饭。那如果大家都被逮去了呢，只要一天还能给二两稀饭喝呀，我们就认命了。”也有人说了：“都逮去是不可能的。”最后有人说：“那如果他被逮去了、坐牢了，这都很难说。他家的小孩怎么办？我建议只要我们家小孩能念书，也要保证他家的小孩能念书；我们家小孩有饭吃，也必须保证他家的小孩有饭吃；我们要饭，也领着他家的小孩，大家要把他家小孩养活到十八岁。”我就把大家说的“保证将我们的小孩养活到十八岁”随笔写上了。我加了个“们”字，因为这是由我们三个干部带头干的。

写好了，我把20户的名字都列上，还差个带头的。前面讨论了，“千将有头，万将有尾”，没领头的一切都是空的。我说：“既然你们要求了，那我就带着你们干。”最后我把我的名字签好了，还没盖章呢，我就问严俊昌、严立学，让他们在前面带头的地方签个名。他们都说在户里签，户里签就户里签吧，我就在带头的地方签上自己的名字，盖上我的私章，所以在那张契约上有我两个名字。

这里边还有个问题，当时写到日期，问谁都记不得，大家都在各地要饭，一天到晚只知道怎么弄一口吃的了，哪还知道是初一还是十五？而且我们农村都记农历不记阳历。后来大家说，应该差不多快到阳历新年了，估摸着就是12月了，所以我就写的12月。过了两天，我在供销社看见日期是11月26日，往前一推算，才知道那天应该是11月24日，我们把日期写错了。

契约书写好后，我要求他们不要告诉家人，只有今天参加会议的人知道。如果有人问这田怎么搞的，就说分到户来耕作，一亩地做好了给记多少分。大家都异口同声地说好，就按照这样办。

所以我们就开始分地。小岗队有千百亩地，从一个队里头，去分一户一户的地是不容易的。我们就采取一个队划成两组，两组再划成四组，四组再划成八组的方式，形成爷们组、弟兄组，那还不好分吗？这不就等于到户了吗？所有能分的全都分到各家，哪家要是觉得没分好，我们再去处理。当然这里面也有很多矛盾，我们都想尽办法解决了。

这之后不久就要过春节了，有人来告诉我，说公家牛房的牛粪被人抢了。那牛粪堆了多少年都没人往田里挑，当时我一听就笑了，说："可是真的？"他们说真的。我说这是好事，你们要挑也赶紧去挑。最后挑得连牛房的院墙土都被老百姓抢到田里去了，一二十年没看过这个效果，现在出现了，这就证明，群众的劳动积极性真的已经被激发了，这是好事。

于是我趁机招呼老百姓把小岗村的冬耕田翻出来，春天好生产，不然到春天都变成荒草地，没法耕种。我鼓励大家去亲戚所在的生产队借牛、借犁子，把冬耕田给犁了。这个冬天小岗村翻出了几百亩地。

但是这个时候犁冬耕田，公社和周边的生产队就怀疑了。人家说奇怪了，任何地方冬耕田都没犁，小岗村今年怎么一下犁了几百亩地？而且借的还都是外队的牛和犁耙。但我们什么都不说。

我想，这一次我带头干，我的责任非常大，开弓没有回头箭，如果这种方法干不赢，明年我肯定要进监狱；如果干赢了，用事实向党汇报，可能我还有一线希望。只能赢不能输啊！所以地犁过以后，我真是愁得睡不着觉，一天到晚除了翻书，就在想怎么做。

后来有一天我无意中买了两斤花生粒子，我父亲跟我说："今年冬耕田犁出来了，没有肥料，种别的庄稼肯定也长不好，但花生没有肥料照长，过去种地，哪块地孬我们就种花生。”父亲的话提醒了我，我就一粒一粒数花生，按最保守的算法算了一笔账，算完之后我高兴得一夜都睡不着觉，我认为种花生是最有把握的，肯定能干赢。

第二天天一亮我就开社员会，把种什么、怎么种、怎么算账跟社员讲解了一遍。我要求他们每家最少一口人种一亩花生，多了也不反对。家里有鸡的卖鸡，有猪的卖猪，能变钱的都卖掉，去买花生种子回来，能种多少种多少。今年把小板凳卖掉了，来年卖掉花生的钱就能换一把椅子，这还不放心吗？大家都说好，都愿意这么干。最后借不到钱的连自己的供应粮都卖掉了，到处去买花生种子。那年我们一下子种下去 300 多亩花生，人均种了将近 3 亩地！

我们种的是春花生，到接近立夏的时候，那花生棵像大盘口一样大，一棵一棵摆得像旗子似的，连片几百亩。周边的群众都感到新奇，整个滁县地区也找不到这样的效果。有人把情况反映到公社，公社就怀疑我们把地分到各家各户了，一次一次给我们施加压力，说我们一定是把地分了，把小岗村所有的供应粮、化肥、种子、牛草、贷款等，凡是国家给的都停了，一律不再享受。

化肥不给我，我就招呼老百姓在家搞农家肥；牛草不给我，我就想办法到别的公社去借、去赊。不给种子我可真没办法。那时候的种子在市场上买不到，全要制表到粮站去领。公社不给供应粮，家家都没有粮食烧锅。我就给群众开会，动员大家一定要自己解决困难。那时大人在田里干活，小孩拎着大茶缸、小罐子，拴上绳，到周边要饭，要来饭就拎到田里给大人吃。

我们就是这样把几百亩花生种了出来。之后，我就问上面要稻种，眼看打稻种的季节就要过去了，稻子在夏至后再种下去，就不结稻了。离夏至还剩三天，我找严立学和我一起去找公社书记张明楼。到那里跟他好说歹说，我都给他磕头了，他就是不给。我就跟他吵了一架，最后，实在没办法，我就和严立学回去了。

我回到家里正吃饭时，严俊昌跑来，一把抓住我肩膀晃着说："宏昌宏昌，赶快跑，上面恐怕来逮你了，你犯法了，有一辆小车在那停着，来了好几个人。"我说："就算我犯法了，我往哪儿跑啊？犯法就犯法，我哪儿都不去。"正说着呢，来了个人，就是梨园公社的青年团书记，他说："宏昌，后边有人找你，叫你去一趟。"我就跟他去了。

快走到地方的时候，张明楼书记指着我对一个人说："就是他第一个搞分田到各户。"等我走上前了，他就跟我介绍说："这是我们县委陈书记。"县委书记到农村，我从来没见过呀。陈书记说："是你把田分到户了吗？"我稍微迟疑了一下，想跟他说真话，又怕他不允许，心想该如何回答他。

正迟疑的时候，他说："我问过那边搓花生的妇女，那妇女说花生都是分到她们各家各户的，有这回事吗？"我说："花生是小农作物，是分到各家各户的。""不对吧？我听说你把所有的地都分掉了。"他这样说的时候，我就对他笑笑。他问我："你这样分到户，能干好吗？"我说："能干好，只要允许我这样干，我不但能干得叫老百姓不吃供应粮、不用救济钱，还要对国家做贡献。""你真能这样吗？你要真能做到，我三年不叫你对国家做贡献。"我一听，正合我意，就说："陈书记你要真叫我这样干，我保证到秋天就有效益。""那你要干不好呢？""我既然能把它分下去，我就能随时收回来。"

后来他单独把我拉到一旁，说："宏昌呀，你们这样干，我也知道能干好，但是现在没有这种政策，以前给你享受的牛草、贷款、供应粮的待遇，不能再给你们了，和政策不符呀，我看你就别要了。种子呢，我让张书记给你。”我说：“谢谢陈书记，什么都不给我，就给我一点稻种，我就满足了。”他说好，回过头对着张明楼说：“张书记呀，我看呀，小岗村他们的稻种你就给宏昌吧，再不给他，马上过期就不能种了。”张明楼没有办法，说那好吧。所以当天晚上我们就把稻种挑回来了，连夜分到各家各户。

陈庭元临走时又说：“张书记，正好你们板桥区的领导也在，你就叫他干一年吧，他已经分到各家各户了，并到一起，账也不好算。”张书记说：“那他这个算资本主义啊。”陈庭元就说：“好，我们就算他是资本主义了，我凤阳县 3000 多个生产队，他一个队搞资本主义他能搞到哪儿去？他不就是为了多收一点粮食，能吃饱饭吗?”陈庭元允许我们干一年，给我们吃了第一颗“定心丸”，我们对他相当尊敬。

在凤阳县委、县政府和板桥区领导的关怀下，我们放开手干。1979 年秋天，我们获得了丰收，当年油料作物总产 35200 斤，卖给国家 24933 斤，而我们小岗村的实际油料任务是 300 斤，一下子就完成了百十年的任务。我们的粮食总产 132370 斤，相当于 1966 年至 1970 年这 5 年粮食产量的总和，一下子卖给国家 24995 斤，而实际任务是 2800 斤，完成了国家多少年的任务啊！以前我们生产队，一头猪都不能贡献给国家。这一年，家家都留 1 头猪，向国家卖了 35 头肥猪，而实际任务是 1 头。所以我们这还不算踊跃对国家做贡献吗？上面领导来调查以后，肯定了我们的产量，说我们不是搞浮夸，是实实在在的还留有余地。

压力太大，县委也顶不住了

1979年，小岗村的人均收入达到400元以上。有些大户，一户就收全队过去一年的粮食。效益出来了，周边人一看，这小岗村一年有这么多的收入，人人都想这样分到各家各户干呀，所以大家都悄悄瞒上不瞒下地学了我们小岗村。

这样公社的压力就很大了啊。张明楼说：“小岗像瘟疫一样影响了人家。”紧接着《人民日报》的头版头条登了张浩的来信，批判“分田到户”。再加上地方的一些领导思想不统一，最后逼迫小岗村必须并起来。陈庭元表了态，他也顶不住了：“小岗是我同意干的，这一年成绩不少，就是国家的一些重点试验单位，也没有小岗这样好。小岗一年没要国家一分钱还搞得这么好，但是，现在政策的原因，而且周边又暗暗地都学了小岗，怎么办？我也知道责任重大，小岗是我允许干一年的，大不了我再叫它并回来。”

但是我坚持说现在不能并。这个点子是我想的，天上这个洞是我戳的，现在不管怎么样，再大的错误，由我去顶。我坚持保留我的意见。所以，之后板桥区委书记、副书记一天到晚盯着我、劝我。他们天天来找我，我就搪塞，老百姓还是相信我的多。虽然1979年5月我就已经被撤职了，但没想到老百姓还都听我的，他们说你不并，我们都不并。结果全队都不愿意并。

1979年秋天，凤阳县顶不住了，周边的芜湖、定远、嘉善都学小岗村也分了田，这股势头一直蔓延到和江苏的交界。压力太大了，最后没有办法，陈庭元来找我，做我的思想工作。我说：“陈书记，我既然这样做了，就不会再回头了。对与错，留给社会去评价。这一年小岗有这么大的效益，学小岗，哪个地方都会有这么大的效益，为什么不愿意这样做呢？”陈庭元最后说：“那你真不怕倒霉啊?”我说:“真不怕,将来还会有人像我这样做。我是王小二盖猪圈—— 一心门朝南了。陈书记你放心,我绝对不会并,我也绝对不会连累你。你对小岗这么关心,我心里感激你。如果我倒霉了,你受牵连了,小岗人就是要饭也要养活你陈书记。”当时陈书记眼泪都掉下来了。

最后他说:“好吧,后天你到凤阳去一趟,你敢去吗?”我说哪里我都敢去。说完他就走了。我没给家里任何人讲。那天天还没亮我就起来了,挨个看看孩子。

到了凤阳县,我直奔县委,吴庭美叫车把我送到了党校。

我一进去,陈庭元书记就介绍说,这就是小岗队的副队长严宏昌。我一看一屋子的人,七嘴八舌的,当场就给我定了性,说:“你是拉社会主义倒车,挖社会主义墙脚,你是走资本主义道路的。你还有什么话说?”

那我还能讲什么呢?我就只能跟他们辩论了,我说:“你说我拉社会主义倒车,究竟社会主义的方向是什么?是叫人要饭,还是叫人对国家有贡献?我们贫穷叫社会主义,还是我们富裕叫社会主义?你的那个社会主义和我讲的这个社会主义,是互不相符的。我认为我在搞社会主义,你认为你们在搞社会主义,我有点想不通。”最后我就把小岗村的经过,从前到后这一年的效益,对国家的贡献,一条一条讲给他们听。他们说不过我呀,我那是事实呀。那人就从座位上愤怒地站起来,把手一比量,说:“我们宁愿你们小岗一年三百六十五天都吃国家皇粮,也不准你们这样干!”有人说:“莫跟他讲了,把他送去吧。”这就想把我送进监狱。我说:“你今天把我送进去,我心里也是不服的!”

我要求给地区打个电话,因为之前地委书记王郁昭和几位常委看了小岗村的整个状况后，在我家碰头开会。王郁昭表态说："陈庭元能批你们干一年，今天我们地委就能批你们干三年。如果这三年，哪个说你什么的，随时随地找我。今天我们在场的七个人，找到哪个都算数。你直接找人也行，打电话找也行。"那时他就在我那个小笔记本上写号码，写好了，交给我。所以当时我就非要给地委打个电话，我说打了电话再逮我也不迟。

我要拿电话，有人就把电话拖过去了。我说："实在不给我打，我到邮电局花两毛钱打。"他说："你还有这机会吗？"我当时想，我是没这机会了，把我逮进监狱，我哪有这个机会呢？我就抢那个电话，一抢电话，有人就把电话给搂过去了。最后，蹲在墙根底下的陈庭元书记站起来说："你叫他打一个试试。"王郁昭的电话我死记烂背在心里头，正好那天派上用场了。

没打通之前，我心里是七上八下的。电话一打通，我心里怦怦跳呀，也不敢说话，心里不停地想，一直等那头说话了，我才跟他接上话。

"我找滁县地委王书记。"

"我就是呀。"

"我是小岗的严宏昌。"我心里这块石头一下子放下来了。

"你在哪儿？"

"我在凤阳，他们要把我往监狱里送呢。"

我正说着话，陈庭元上来，把电话抢过去了。王郁昭说："我听说你们现在要逮他？暂时莫逮，我们下个月 1 日到省里开会，我们再碰头。等从省里开会回来，你再逮他也不迟，现在先把他放回去。"陈庭元挂下电话说，地委的确有这个意见，不能逮，王书记叫暂时把他放回去，等下个月 1 号，到省里开会后再说。于是大家都不吱声了。

我说："陈书记，你叫我回去，我还是不敢回去呀。"他说："我马上跟你们梨园公社张明楼打个电话，你回去后，要一如既往地叫老百姓搞好生产。"因为我临走的时候，有很多老百姓不愿意播种了，化肥也不愿意朝田里撒了，他们知道我马上要倒霉了，这田过几天也不是自己的了，马上要并回去了。

后来我就回家了，到家已经晚上十点多了，娘儿几个在家哭呢，邻居都在我家坐着。正好这时我推门进家，大家非常惊讶，都问我情况。我说："被地委书记王郁昭救了，但是到下个月 1 号怎么定我，还不知道呢，我这两天还能在家陪你们。"

我那时心里也没有底。从那天起，我就天天在家写小岗这一年的经过，写小岗村从 1949 年中华人民共和国成立，到土地改革，再到我"包干"这一年的成果。我就这样一直写，没上过床睡觉，觉得时间不够，困了就趴桌子上眯瞪会儿，醒了再写。所以说，中央收到我那么多的材料，就是这样写出来的。接着陈庭元就派吴庭美来写小岗的调查报告，材料都是我提供的。我总认为他是被派来帮我打官司的，帮小岗人的"包干"打官司的，所以我天天在家里搜集材料，每天早上我起来送材料给他，送完就回来，再了解到有什么情况，我再送过去。

后来在省里的会上，吴庭美写的调查报告《一剂必不可少的补药——凤阳县梨园公社小岗生产队"包干到户"的调查》被陈庭元交给王郁昭，王郁昭转给万里。万里一连看了三遍，看完之后，他就想来小岗村看看了。

万里来小岗村

当时接到通知，说万里明天8点钟到小岗，我们既高兴又害怕。高兴的是万里要来小岗，怕的是如果他不准我们继续干，我可能当天就要被带走。我那时心里头始终堵得慌，七上八下的，不知道万里究竟是什么态度。我跟妻子说："我的命运就看明天万里对小岗的态度了。如果不准'包干'，你也不要伤心，带着小孩慢慢地过吧，我明天肯定会被人带走。"

我正说着，忽然有人敲我家门，我寻思这时候都11点多了，会是谁呢？起来开门一看，是我们板桥区委书记、副书记两人。

"都这么晚了，你们怎么这个时候来？"

"我们能睡着觉吗？明天万书记来，今晚提前来看看你。如果万书记不叫你干，这就是我们最后一面；如果万书记允许你这样干，你可能替我们说句话？说我们地方老百姓都愿意这样干，都要求要干。"

我非常感谢这两位书记，这么晚了，还来关心我们小岗村的事，还嘱咐我明天怎么汇报。我说："跟万书记汇报这事，你们放心，我搁家一天到晚写这些材料，这都是我轻车熟路的，叫我背我都背得出来。万书记来我会实实在在地汇报，一点空话都不讲，但是我有什么说什么，怎么做的我就怎么说，好也好，坏也好，我只说实话。"他们说："对，我们今天来就是这个意思，就是要你说实话，我们支持小岗的做法。如果省里不同意，哪怕你讲到北京，没有钱我俩给你出路费，我们工资也不高，一个月百十块钱，家庭还要生活，我们两个书记一人给你二百块钱。"我听到这里，心里感到一阵一阵的温暖，真是说不出的感激。这么冷的天，又是半夜，板桥区离我们十四五里路，两个人是急奔来的，那时连个脚踏车也没有，就是走来的，连茶水都没喝一口就走了，这让我很感动。

他们走后，我失眠了一整夜。第二天天一亮我就起来了，早饭也没吃，就在村里转。到了八点钟多一点，我就在村最西头等着，看见从一辆黑色轿车上下来一位穿黄大衣的大高个子，我估计就是万里，后面跟着市、县领导。我就朝前走去问："首长是万书记吗?"他对我点点头说："我是。"他跟我握握手。地方领导就介绍说这是小岗队的干部严宏昌。介绍完，我就指指我们村子，说："我们朝那头走，欢迎万书记来视察。"他问我是不是能随便看，我说："万书记您随意看，高兴看哪家，您就去看哪家，随便您看什么。"他说："看起来你这里是真的，你去过大寨吗?"我说："早年去过。"他说："大寨是固定的一条道路，固定的一个地方，固定的有人带着讲解，你走在路上要看到有个岔路，想过去到那家望望，就插个小牌子写着游人止步，或者写着谢绝参观；见到小孩想问话，小孩不理你，直接就跑掉了，问到大人，大人像哑巴一样不搭话，你这就跟大寨不一样了。"我说："万书记，随便您看，怎么看都不管。"

于是，万里从村西头到村东头挨家挨户地看，一家都不落。他看的是什么呢？第一，看粮食。各家有多少粮，用手往粮堆里拨拨，用脚踢踢，看有没有造假，看得非常仔细。我解释说："各位首长，我们这里不会有半点假，实实在在的，是什么粮食就是什么粮食。你看我们一家家门口堆的草垛，就是收庄稼的草呀，你看我们家门口的草垛大小能不能跟上过去生产队集体的草堆呀?"那些人看看说："对啊，这一家家都是这么多草在这儿堆着，那粮食肯定假不了。"第二，看各家的箱子。万里说，你们丰收了，是不是家家都添一点新衣服？箱子里放的都是什么？我说，过去要饭的时候，箱子里什么都没有，一件一件的破烂衣服都搭在一根绳上，现在添置新衣服了。第三，看各家的锅，他要看看老百姓吃的是什么，又看各家的桌椅板凳，看得非常仔细。

因为是一户一户地看，看到最后就到我家了，万里就坐下来了。当时我家里头就放了一张桌子，之前也没考虑到他一定会在哪家休息，所以临时把桌子搬过来放在中间，我坐在桌子那，坐西面朝东，他是坐东面朝西。这一张桌子就坐了我们俩，各级领导都坐在万里的后边。

我心里没有底啊，这跑了一圈，他从没跟我说过一句放心的话，我坐那的时候心里头怦怦地跳："万书记愿不愿意让我们这样干呢？"万里就讲了："你不要怕，我这次来小岗呢，也是会议一散就过来了，听说你们小岗搞了'包干到户'，不管怎么样，我今天来主要是想了解小岗的情况，你把小岗所有的前前后后的经过，讲给我听一下。"我说："万书记你要我从哪讲起？"他说："你从什么时候记事，就从什么时候开始讲。"他给我一下把时间线拉得那么长，当时我脑子里就一懵，哪还想得起来什么思路啊，心里七上八下的，讲话都讲不成句。他说："你想想，不要有顾虑，有什么你就给我说什么。"我心想怕也没用，于是稍微稳定了一下情绪，就开始向万书记汇报。我从 1949 年中华人民共和国成立和 1950 年"土改"开始讲起，一直讲到 1978 年的"大包干"、1979 年的大丰收，讲了将近 3 个小时。整个过程他只是听，一直不吱声。等我汇报完后，他说的第一句话是："我早就想这样干了，就是没人敢。"

听了万里的话，我心里的一块巨石陡然间落了下来。我说："万书记，谢谢你，谢谢你！"我的眼泪一直在眼眶里转。

万里接着讲到他在外国参观的经历，他考察了美国的农庄、日本的农庄和华人在国外搞的农庄，每家都有一排排的小瓦房，有的还有小拖拉机。当时听得我心里好羡慕，我们住的是篱笆墙、破草房，还东倒西歪的，瓦房、拖拉机我们想都不敢想呀！我说：“万书记，我们农村要能走到那一步就好了。”他说：“你们会的。如果照这样干下去，你们不仅会有拖拉机，也会有一排排小瓦房。”当时听万书记这话，感觉像在做梦一样，我们没敢往这处想呀。

最后我跟万里说：“我这样干，有人说我是‘拉社会主义倒车’。”他说：“有这回事啊？我们社会主义是要农民富裕起来，解放这么多年了，没想到农村还这么穷，我们都有责任啊！你们就这样干，县里叫你干一年，地区批你干三年，我批你们干五年！如果谁再说你，这个官司你交给我，我来帮你打！”我又说：“万书记，还有其他人也想学我们这样干。”一听我提到这个，板桥区委书记忙凑过来，对万里说：“其他的老百姓也想学小岗，怎么弄呢？”万里说：“谁要学就学呗，只要对国家有好处，对国家有贡献，能提高农民生活水平，谁愿学谁学，你们不要像唐僧对孙悟空那样老念紧箍咒，少念几遍紧箍咒他不就自然学成了吗？”

那一天，万里在我家的谈话，其实是冒着很大很大的风险的，当时中央没这个政策。他说：“我们要实事求是，今天我来看小岗，小岗是实实在在的，没有一点浮夸，我非常佩服，也非常满意，你们就这样干，我批你干五年，五年以后我再来看你们。”

中午十二点多他们就要走了，车子发动后，一连停了三次，万里下车叮嘱了我们三件事：“第一，你们一定要实事求是，不能搞浮夸风啊。第二，你们一定要多养猪，农村要想把粮食生产搞上去，要多积肥料，一头猪就是一个小化肥厂啊。你们每一户一年最少养两头猪，肥料也有了，到时候向国家贡献一头，自己留一头过年，生活也改善了。第三，一定不能卖‘过头粮’啊！每家收多少，除了对国家的贡献，自己要多存一点粮食，不能为了粮食产量搞浮夸，把粮食都卖给粮站去充斤数，最后自己不够吃。你们要记住，任何人叫你们卖，都不能卖‘过头粮’。”我说：“万书记，我向您保证，一定实实在在，粮食生产我们搞好，养殖业务我们也会搞好，并且坚决不卖‘过头粮’，留足粮食改善生活。”他说：“你们的生活水平能提高，我就放心了。”后来，我们一直按照万里的要求组织生产，一不求名，二不求官，三不求利，我们就实实在在地干，能做到什么样我们就做到什么样。

万里说的话真的实现了

万里走的第二天，全凤阳县都知道了，老百姓主动学小岗村，把土地都“包干”分掉了。因为万里给我们吃了一颗“定心丸”啊，凤阳县农村的“大包干”得到了省委书记的肯定，我们的心也就定下来了。

但是困难还是有的。头一年虽说人均收入达到 400 元，但我们的生产资料相当薄弱，好几家用一头牛，住的都是破草房，很多年得不到修缮。虽然说当年大家都有点收益，但是小岗村穷了 20 多年，每家都有很多债务要还，这一年小岗人把个人借款、公家贷款，全部还清了。我们向陈庭元申请了贷款和计划指标，买牛、买化肥，他同意了。这年秋天，我们有富余的人家都买了耕牛和肥料，每家都有一两吨肥料搁那准备生产，所以底气也足了。

从那以后，小岗村的粮食产量一年比一年高。1979 年我们收了 13 万多斤粮食，1980 年我们的粮食产量达到 22 万多斤，1981 年达到了 35 万多斤，一点点进步，一年比一年高。从没有牛到有牛，从有牛到有拖拉机，从拖拉机到半机械化，再到全面机械化，小岗村的粮食产量就这样一步步增加起来了，最高的时候粮食产量达到 60 多万斤。所以说在农业上，我们始终没放松。

在养殖方面，我们养了猪、鸡、鸭、鹅等禽畜，这部分的生产也没落后。另外，我们卖粮只卖余粮。今年收的粮食除了吃的，剩下的要一直留到第二年的粮食收下了，才把旧粮卖掉。我们就按着万里的话实实在在地干，用五年的时间真的实现了他说的盖瓦房。在过去，这是想都不敢想的。

1982 年，我写了一封信给万里，他那时候已经是分管农业的副总理，我请示他，农民能否买拖拉机？过去私人是不能买的。他给我回了一封信，允许我们买，但是需要计划指标。后来，我得到安徽省政府的支持，要来了计划指标，第一个买了四轮机*。所以一步步走下来，小岗村有了新面貌，万里当初说的话也实现了。

* 四轮机是指四轮拖拉机。

那时我们想都不敢想会过上现在这样的好日子，包括当时按手印的“包干”契约会成为国家文物，哪敢想啊！那时就是为了吃饭，能吃饱饭，也能对国家做贡献，这是我们农民的心愿。我们从来没有想过，小岗村能带头点燃中国农村改革这把火。我一直在想，没有党的十一届三中全会，没有最后党的认可，没有当时这么多领导默默的支持，也做不成这些事啊！我在没有政策的情况下这样做。对党、对这些领导，我能不爱他们吗？真是比亲情还亲呀！我唯一想的就是不能辜负各级领导的期望和关怀，只有把小岗村的生产红红火火地搞上去，才是我能给他们最好的报答。

严金昌：1978 年我们搞了“大包干”[①]

（2015 年 8 月 12 日）

1978 年我们搞了“大包干”，说实话，主要是为了吃饱饭，那时候的小岗队穷啊。当时在场按手印的有 18 户，其实还有 2 户人家，一个单身汉叫关友德，还有一个老头子严国昌，各算 1 户，这两人要饭没回来，所以当时在场的只有 18 户当家人。

搞“大包干”不是临时说干就干的，而是大家在一起酝酿了好长时间。当时生产队各方面条件都比较差，我们干一天活挣几毛钱，全年吃 200 多斤粮食，搞得缺吃少穿。小岗村没有一块砖，没有一片瓦，大家住的都是泥墙草房。200 多斤粮食哪够吃一年的？老百姓就到处要饭，没办法啊。我从 1973 年开始当生产队长，也干了好多年，但是干不好。

在 1978 年以前，由于各种原因，小岗村非常贫困。吃没得吃，穿没得穿，住没得住，大家都在外面要饭，心里不是滋味呀。说实话我也要过饭，我不好意思走到人家面前去，那真是眼泪往肚里滚。过得这么悲惨，往大了说对不起党、对不起国家，往小了说也对不起老婆孩子。

我们这个村没有一户不要饭的。所以在生活的逼迫下，大家走到一起，你一言我一语，谈谈我们怎么靠自己救自己。不能老是靠国家。我们本身就是农民，我们是种粮食的，为什么收不到粮食？后来大家一致认为，只有把地分开，各家各户干才行。不要说现在

---

① 根据中国（海南）改革发展研究院口述改革历史访谈资料整理。

还有牛有犁有耙，就是凭锄头刨，使锹扒，我们也会有饭吃。大家在一起酝酿了好长时间，一直到1978年11月，除了前面说的两户在外面要饭没回来，其他的都回来了，都说我们像这样一盘散沙似的不行，必须聚在一起正式讨论怎么干，怎么才能把地分开。我们小岗队有800多亩土地，怎么分给各家各户共115个人呢?

我记得那一天，天比较黑，伸手不见五指。当时我们都聚到严立华家。为什么决定在严立华家开会呢？因为他家在我们村前面，比较偏僻，我们搞“分田到户”是秘密的、偷着干的，不准任何人说出去。

说实话，开会的时候，我们的心情是比较沉重的，也知道这样干肯定犯法，是国家政策所不允许的。但大家一致认为，为了活命，为了自己能救自己，这不丢人，对得起国家，对得起老婆孩子，这条路走下去，就是杀头我们也心甘情愿。所以我们在分地的时候定下了契约：如果我们能干成，首先完成国家的，留足集体的，剩下的才是自己的。如果说干不成，干部坐牢我们送牢饭，干部杀头我们把他的小孩养活到18岁。为什么要按手印呢？就是为了约束自己，万一犯法了谁都不要推脱责任，你的手印按在这里，按照我们的话说，“既然逞英雄，就不要装孬种”，有责任大家共同承担。

我们是冬天分的地，为了不让旁人知道，这事需要秘密进行。全队的地亩册在家里画成框，一劈两半，东一组西一组。然后，东组划成四个组，西组划成四个组，一直划到爷们组、兄弟组，这样小块田就好分了，没有什么矛盾。如果大家都在一起分，矛盾就大了，不好分地。为了公平，我们在分地的时候采用的是抓阄的办法，抓到哪儿就是哪儿，有不满意的就私下协商沟通再换。那时候分地不管孬田好田，多个三亩五亩的，这都是无所谓的事情了，大家不斤斤计较，也不考虑这事能干长远，只考虑收一斤是一斤，能给我收一斤，我吃饱饭能干一年，我就心满意足了，以后怎么搞，那是国家政策问题。

渐渐地，有人到公社报告小岗村单干了。公社就来调查，我们不承认，都说我们搞小产包工呢。但世上没有不透风的墙，有些人无意中说出去了，所以最后我们还是承认了。于是公社就把我们的牛草、种子、贷款等，凡是国家给的，全部扣掉，不给小岗村了。

没有种子，我们去借种子；没有牛草，我们去借牛草；没有吃的，我们去要饭，吃了再干活。这样梨园公社的张明楼书记就顶不住了，他要向县里汇报。县委书记陈庭元听说后就到小岗村来实地考察。一开始我们都不承认，后来我们看到了县委书记的态度，他看到我们当时穷得呀，吃没得吃，住没得住，穿没得穿，有的家里都搞得不像样了，人穷水都值钱，很同情我们。我们认为他也是自家人，也就跟他承认了。

陈庭元回去开会讨论“分田单干”，但是在会议上没通过。所以，后来陈庭元又向地委书记王郁昭汇报了，等王郁昭来的时候，就接近秋天了。他一看我们庄稼长得那么好，特别高兴，因为农民的劳动积极性被调动起来了。但是他回去开常委会，这事也没通过。

虽然都没通过，但其实县里、市里没强制叫我们并起来，就等于是默认了。1979 年我们来了个大丰收，家家都收了很多粮食，这一年够以前十年的。真没想到能收这么多粮食！所以第一年我们就超额完成了国家交给我们的任务，还了一部分贷款，集体留了一部分粮食，剩下的都是我们自己的。过去舍不得卖粮啊，被饿怕了，就都把粮食储存在家里。

到了 1980 年春天，因为王郁昭跟万里汇报了小岗村的情况，万里就亲自到小岗来了，说要看看是不是有那么多粮食。

我们之前都不知道万里要来，到了小岗就挨家挨户地看。过去搞“浮夸风”，有生产队粮食搞假，底下搁上草，上面搁一层粮食，领导来检查了，就说你看我们粮食丰收了，实际上下面都是草。所以，万里到这考察得非常仔细，挨家挨户地看，挨个进去摸，看看究竟是不是粮食。最后，万里看到确实收了那么多粮食，心里特别高兴。

总而言之，还是党的好政策的功劳，没有党的好政策我们也干不成，我们能过上今天的日子，还是党的好政策给我们带来的，我们很感激。

段应碧："包干到户"是社会主义农业经济的组成部分[①]

（2015 年 12 月 22 日）

第一个中央一号文件中关于"包干到户"性质的突破，就是肯定了"包干到户"、"不同于合作化以前的小私有的个体经济，而是社会主义农业经济的组成部分"。文件指出，"目前实行的各种责任制，包括小段包工定额计酬，专业承包联产计酬，联产到劳，包产到户、到组，包干到户、到组，等等，都是社会主义集体经济的生产责任制。不论采取什么形式，只要群众不要求改变，就不要变动"。相比于 1980 年的"75 号文件"，1982 年中央一号文件在这方面有了很大的进步。

1982 年中央一号文件可以说是中央正式大规模搞农业文件的开始，因为 1980 年，万里任国家农委主任，他是主张"包产到户"的，农委的人胆子也大一点了；后来，中央决定撤销国家农委，1982 年 4 月成立了中央书记处农村政策研究室，1988 年改成中共中央农村政策研究室（以下简称农研室），而且是杜老（指杜润生）当农研室主任，大家于是放得开了。

当时我们起草文件，除了派大量人员进行调查以外，就是每天都在开会，有时候是请人来讲，有时候是我们自己开会，还有时候是请地方的领导一起来开会，就围绕"包产到户"将来究竟怎么搞的问题，每场会议都争论不休。当时很多人都参加了讨论，甚至还

① 根据中国（海南）改革发展研究院口述改革历史访谈资料整理。

负责起草一段稿子，最终把稿子和意见汇总到机关，由当时农研室副主任刘堪领着几个人起草稿子，我也是其中的一名“小兵”。我们是从来不在这些会议上发表意见的，就专心听他们争论，然后再琢磨。

当时起草这份文件的核心问题是：把“包干到户”说到什么程度？“包干到户”是不是社会主义？大家心里头都知道答案，可是过去批判了几十年“包干到户”、“包产到户”，要讲清楚它为什么就是社会主义的，也很不容易。最后还是杜老出了主意，就说它是“社会主义农业经济的组成部分”，不直接说它是社会主义，因为社会主义不止一个组成部分。前面说过了，这是个很重要的突破，承认了包括“包产到户”、“包干到户”在内的各种责任制，都是社会主义集体经济的生产责任制，并且说全国各地的情况很不同，各个地方、各个公社、各个队，责任制不能是同一种形式的，不能“一刀切”，即使在一个队里头，也可以不是一种形式，强调要采用多种形式。

说实在话，其实这份文件的起草，就是在这件事情上费工夫，我们几天几夜地琢磨这个东西，究竟怎么说才能让大家都接受？我们想要让文件达到一种效果：既能让搞“包产到户”、“包干到户”的人感受到支持，又要让反对的人找不出反对的理由。所以难就难在这个地方。

文件在中央通过，真正发出来以后，对生产起了很大的促进作用。大家一看，中央文件承认“包干到户”是社会主义农业经济的组成部分，肯定了“包产到户”，从此就基本打消了顾虑。所以，除了一些发达的地方，很快，全国基本上都搞了“包产到户”、“包干到户”。

中央指导“包产到户”的第一个文件

中央指导农村改革的文件从根源上说，还要从党的十一届三中全会说起。党的十一届三中全会召开之前，因为农业形势紧迫，中央就定下来要在党的十一届三中全会上讨论农业问题，在农业上采取措施，所以会前就起草了一份农业文件。这份文件是先由农林部政策研究室的人起草，再由当时管农业的副总理纪登奎领着国务院的“小班子”进行修改。

但是在党的十一届三中全会召开之前的中央工作会议上，会议方向发生了关键性转变，大家讨论了很长时间，最终确定了解放思想的新精神。那么，原来起草的农业文件就跟党的十一届三中全会新的精神完全不一致了，于是在中央工作会议后，据说是胡乔木用了几天时间，重新起草了一份稿子，这就是后来党的十一届三中全会原则通过的《中共中央关于加快农业发展若干问题的决定（草案）》（以下简称《决定》）。

这份《决定》，在农业上起了很大的作用。当然，这里面主要还是以阶级斗争为纲、学大寨运动、普及大寨县等，但是也提出了很多发展农业生产的措施，比如说大幅度提高粮食的收购价格，统购价提高 20%，超购价再提 50%，那是多大的力度呀；还包括恢复农业银行等 25 条措施，这 25 条措施对农业生产是很有利的；《决定》还在第四部分提出了要建立国家农业委员会。在这份文件里，明确讲了“不许包产到户，不许分田单干”，但是在前面讲到责任制形式的时候也讲了，“也可以在生产队统一核算和分配的前提下，包工到作业组，联系产量计算劳动报酬，实行超产奖励”，这意思就是“包产到组”了。虽然讲的是“到组”，但是大家都明白，弟兄三个不就是个“组”嘛，“到组”必然“到户”，所以不赞成“包产到户”的人马上就警惕了。另外，所谓的“联系产量计算劳动报酬”，当时在实际工作当中就有一批人，在偷偷摸摸搞“包产到户”的时候，他们不敢用“包产到户”这个名称，也不敢用“责任制”，所以他们说：“我们不是‘包产到户’，我们是‘联系产量计算劳动报酬’”，他们是用这个词。恰恰《决定》里面也使用了这个词，所以很多人心里头都明白，这句话暗含了很多意思。

说实在话，我到现在也不知道，当时他们起草《决定》的时候使用的这个词——“联系产量计算劳动报酬”是什么含义，是不是暗含着对“包产到户”的支持。但是有一点值得注意，这份文件在1978年党的十一届三中全会上是原则通过，还要拿到党的十一届四中全会上讨论的。从这里来看，好像他们也这么认为，这句话就是偷偷摸摸搞“包产到户”的一种理论解释，所以我是这么理解《决定》里的这句话的：它本身就是对“包产到户”的一种支持。事实上当时很多搞农业的人也是这么理解的。

“真正撕开口子了”

1979年3月，国家农业委员会召开了一个七省三县农村工作座谈会（我那时已经到国家农业委员会政策研究室工作了）。会议是在向阳招待所召开的，参会的七个省是广东、湖南、四川、江苏、安徽、河北、吉林，三个县是安徽全椒县、广东博罗县、四川广汉县，至于具体哪些人参加我现在不记得了，就记得有个安徽的农委主任周曰礼，还有一个全椒县的县委书记。

这次座谈会围绕“包产到户”进行了讨论，可以说会上的大多数人不赞成。所谓的“不赞成”，大多数人并不是从心里就不赞成，只是不好表态，赞成的是少数，赞成者以周曰礼为代表。这次座谈会中间出了个“张浩来信”事件，就是甘肃有个叫张浩的干部，说他回到河南一看，好多地方都“包产到组”了，说是“包产到组”实际上“到户”了，他反映的的确是事实。但是，《人民日报》加了一个很长的编者按，这个编者按一发，会上有些人坐不住了，包括杜老都在打听这是怎么回事。正在这里开会研究呢，就发表这样的来信，这是不是中央的意思？当时《人民日报》农村部的主任李克林也参会了，她在会上是支持“包产到户”的。大家就问她：“你在会上讲你是支持‘包产到户’的，《人民日报》怎么搞这么个东西?”她说跟她没有关系，她也不知道怎么回事儿。后来，参会的安徽的代表联系了《人民日报》，也写了一封来信，《人民日报》也加了编者按在头版发表了，这事就这么过去了。

这次会议开到一半，杜老把刘堪、裴润、张永千和我等几人找了过去，说他要跟中央汇报情况，让我们几个商量着起草一份汇报稿。这好办，一个晚上我们就整理出来了，但是又被一个问题卡住了，就是“包产到户”该怎么办，我们准备汇报稿的时候，稿子里面没有对这个发表意见。第二天杜老一看，不满意，这东西没有个态度不行啊，但是又不好表态，他就说了一句，“可以在孤门独户上做点文章”。

他这么一说，我们几个心里头就明白了，倒是真的可以在这儿开一个口子。因为在会上讨论的时候，贵州来的代表就说：“我们山顶上的那些人从来没有加入过社啊，名义上是在合作社里头，实际上他都是自个儿干活，你叫他到村里来干活，不行啊，从山上跑下来再回去，太不方便了。”所以说孤门独户还是可以搞的嘛。杜老这样说了之后，刘堪马上就把“偏远山区的孤门独户可以搞包产到户”加进去了。后来，杜老带着这个稿子到中央去汇报，大家都赞成这条，没有哪个人表示反对。于是，七省三县农村工作座谈会后发布的《关于农村工作问题座谈会纪要》里边就有一句话，“除某些副业生产的特殊需要和边远山区、交通不便的单家独户外，也不要‘包产到户’”，后来这句话就直接放到党的十一届四中全会通过的《中共中央关于加快农业发展若干问题的决定（草案）》里面了，就把原来的“两个不许”* 改了。所以要说真正开口子的还是这份《关于农村工作问题座谈会纪要》，因为在这之前谁都不敢说“包产到户”这四个字，这个文件居然说可以搞“包产到户”，虽然还有特定的条件，但也可以说是给“包产到户”撕开了个小口子，把这“两个不许”改成了“一个不许”、“一个不要”。这一改不得了，偷偷摸摸搞“包产到户”的人就欢欣雀跃了：“这下中央同意了，他说我们偏远山区可以搞。”这个文件一发，在当时的影响很大，把人们的思想都解放了，不管你有多少特定条件，反正“包产到户”是可以搞了。

* “两个不许”是指《中共中央关于加快农业发展若干问题的决定（草案）》中规定的“不许包产到户，不许分田单干”。

“75 号文件”：再度放宽

1979 年 6 月，国务院总理带着几个人下去做了个调研，调研回来后，杜老跟我们几个人讲：“照这意思，全国分三种情况：最穷的地方可以搞‘包产到户’；一般的地方就不要搞‘包产到户’了，巩固现行的生产责任制就行了；好的地方呢，就搞专业承包，已经搞‘包产到户’的地方也不要硬纠了。”于是他又让我们起草个文件，也就是后来说的“75 号文件”。这份文件里有明确的一条：“在那些边远山区和贫困落后的地区，长期‘吃粮靠返销，生产靠贷款，生活靠救济’的生产队**，群众对集体丧失信心，因而要求

** “吃粮靠返销，生产靠贷款，生活靠救济”的生产队简称“三靠队”。

‘包产到户’的，应当支持群众的要求，可以‘包产到户’，也可以‘包干到户’。”这样的生产队就大概占了全国生产队的三分之一吧。“75号文件”强调，“在社会主义工业、社会主义商业和集体农业占绝对优势的情况下，在生产队领导下实行的包产到户是依存于社会主义经济，而不会脱离社会主义轨道的，没有什么复辟资本主义的危险，因而并不可怕”。像“三靠队”这样的，老百姓已经对集体经济失去信心了，他们要搞“包产到户”，就应该允许。

这份文件是以各省、市、自治区党委第一书记座谈会的名义发出来的，在会上杜老有个汇报，因此这份文件的起草是这么一个过程：先有了文件初稿，再改写成杜老在会上的汇报稿，然后汇报稿加上领导的讲话，又修改成了一个文件，这就是“75号文件”。在省、市、自治区党委第一书记座谈会上，书记们的意见不一致，有的反对搞“包产到户”，有的主张搞“包产到户”，所谓“独木桥”、“阳关道”就是在这个会上争论的，会后有人把它写成了一篇文章叫《阳关道与独木桥——试谈包产到户的由来、利弊、性质和前景》，发表在《人民日报》上。

“75号文件”还有一个特点。起草时，刘堪提出文件里能不能没有“人民公社”四个字？从事实上看，大家心里都知道人民公社是要改的，不能再搞了。但当时谁敢说呢？刘堪变通了下，说：“咱们这次的文件就不使用‘农村人民公社’这个词了。”但是后来没有办法，非得使用“公社”这两个字不可，不能用别的替代，所以“75号文件”还有一个特点：第一次在中央文件里面，只出现了一次“农村人民公社”。“75号文件”发下去后，搞“包产到户”的就多了，可以说一半以上的生产队都搞起来了。当时杜老说了三种情况，但后两种情况，即贫困地区和一般地区、“三靠队”和一般社队，在实际工作中很难区分，大家都说自己是“三靠队”，都搞了“包产到户”，当时只有一些比较发达的地方坚持不搞“包产到户”。

在这之后就是1982年中央一号文件了，这份文件的情况在前文中已经说过，在此就不再赘述了。总之，第一个中央一号文件明确了各种责任制（包括“包产到户”、“包干到户”）等都是“社会主义集体经济的生产责任制”，并且“长期不变”，可以说是给农民吃了一颗“定心丸”，极大地调动了农民的生产积极性。1978年，我国粮食产量约为3000亿千克，搞了“包产到户”和“包干到户”以后，1984年，粮食就增加到了4000亿千克，农业总产值增长68%，农民人均收入增长166%，取得了举世瞩目的成就。

韦向生："选出来的干部才算数"
——新中国第一个"村委会"成立①

（2016 年 4 月 15 日）

合寨村在宜州市来说是比较偏僻的。1979 年底，我们村分田到户，1980 年就有收入了。当时村民口袋里面有钱，但还是不踏实，为什么呢？当时我们村是赌博的多、盗窃的多、乱砍滥伐的多、唱痞山歌的多、放浪荡牛马的多、搞封建迷信的多，但是管事的人少，总结起来就是"六多一少"。村里面临的这些问题让一些老人家很担心，说这样子下去怎么能得了，我们老百姓的牛、马都被人家偷了，林木都被人家砍了，生产、生活很不稳定。

另外，我们这里有一个里洞水库，常年蓄水，容量有 600 万立方米左右。这个水库供应整个屏南乡的农业用水。1980 年分田到户的时候，水库的设施老化了，而且因为林木被大量砍伐，水库蓄水量也在一直减少，抽不上水来，一到灌溉的季节，水库上游和下游的村都要用水。为了争水，大家吵得不可开交，甚至有人扬言总有一天要把水库扒开个口子，让水库的水流到他们田里去。为这事差点发生斗殴事件。

为了解决这些问题，大家商量要成立治安联防队，保护村里的财产，禁止赌博、盗窃等"六多"行为，重点要保护水库。1979 年 10 月 18 日，在晒谷坪上，大村、新堂、肯楞、乾朗四个屯的 120 多人召开了治安联防队成立大会。当时采用推选的形式选出了

① 根据中国（海南）改革发展研究院口述改革历史访谈资料整理。

联防队的成员，一个队长，四个队员。职责就是轮流放哨，拿手电筒来做信号，一有什么情况就及时在屯与屯之间传达，几个屯的村民一起来维护社会治安。当时我们也制定了村规民约，会上讨论后定下来了。

联防队成立后很有作用，有次我们发现一个偷牛的，联防队就立马发出信号，这个屯把这个路口封好，那个屯把那个路口封好，把这个盗牛的人堵在中间，最后把他捉拿归案。而且用水问题也解决了，由联防队出面沟通协调，最后规定每月 1 日到 5 日上游的村首先用水，6 日到 10 日把水放到下游来给我们用，用轮流的方式解决了争水的问题。

当时我们合寨大队的果地屯有 120 户人家，大概也有 800 人，那个屯还算比较大。1980 年 1 月 8 日，我们把全村的群众集中在一起开大会，成立村民委员会。以前没有村民委员会这个称呼，我们在之前讨论的时候，都认为现在需要一个管理村里事务的组织，但是这个组织该叫什么名字，我们也不知道该用什么好。后来有个人说："我在屏南赶街的时候，听到街上人说他们有'街委'，我们果地是村屯，可以叫'村委'。"大家都拍手说好，既接地气又符合我们村的情况。

那么在成立大会上，我们就用无记名投票的方式选出了村委会的成员，并立了一个村规，一共是 14 条，但是后来不知道怎么原件找不到了。果地村风整治得比较好。后来隔壁的果作屯一看，果地村成立村委会后治安等情况好多了，就也按照果地的模式成立了一个组织，因为果作屯和果地屯情况差不多，果作屯也有 120 多户。

1980 年 2 月 5 日，老主任韦焕能就在果作屯大樟树那里召开了一个群众大会。当时屯里面来了 85 位代表，就讨论如何解决我们村屯里面的一些问题。韦焕能说："我们果作社会治安非常混乱，现在我们召集大家，是想成立一个组织来管一管村里面的事情。"后来讨论来讨论去，最后决定以无记名投票的形式成立一个村民委员会。然后大家搞了一个牌子，写了果作村委挂在那里，这个名字也得到了果作屯全体代表的认可。成立这个组织一定要有领导吧，要有一个主任、两个副主任，还有一个会计、一个出纳，五个人。有人提议了，说现在果作屯有 6 个小队，那么就一个队出一个代表，从中选 5 个。大家觉得这个办法也不错，就以无记名投票的形式选了 5 个人，分别是韦焕能、韦友全、韦定陆、覃立轩、韦鹏舞。票数最多的就是主任，然后是两个副主任，最后是出纳、会计。当时这个组织成立以后，会计拿笔写了一个《村规民约》，立了 9 条规定，还写了一个《封山公约》，有 6 条规定，一共是 15 条规定，发给大家讨论。7 月 14 日，村里召开大会，把《村规民约》和《封山公约》定下来了，85 户群众都在这"两约"上按上了自己的手印。这是全国第一份《村规民约》，现在保存在宜州市档案馆。以下是《村规民约》和《封山公约》的内容：

村规民约

1. 必须提高思想觉悟，认真体会安定团结的重要意义。

2. 严禁赌博，不准在私宅、村里开设赌场，违者罚款 10 元。

3. 为了保苗夺丰收，严禁放猪，违者罚款 5 角，并给予赔偿损失处理。

4. 维护正常的娱乐活动，不准在村内、村附近对唱野山歌，违者罚款每人 10 元。

5. 不准在路边、田边、井边挖鸭虫，受损失的罚工修补。

6. 不准盗窃，违者按件加倍赔偿并罚款5元，情节严重者，呈报上级处理。

7. 捡拾东西，拿回交给村委，归还原主。

8. 不准在泉边、河边大便，不准在上游洗衣服、洗头梳发，晾晒蚊帐、床单等污染东西。

9. 讲卫生光荣，不讲卫生可耻，自觉做到码头经常冲洗，保护清洁。

封山公约

1. 严禁毁林开荒，违者每平方尺罚款5角。

2. 不准在封山内砍柴、挖树根、割草皮、打石头，违者每百斤罚款10元。

3. 村里风景树不准折枝乱砍，违者罚款15元。

4. 不准盗窃林木，违者每百斤罚款15元。

5. 实行护林有功奖、毁林者罚的办法，对维护林木有功者奖5%的资金。

6. 不准在育林区放牛羊群，每头罚款1元，外村罚款2元。

果作村委会

1980年7月14日

之前说了，果地屯当时也有一份《村规民约》，但是果地屯那份《村规民约》原件找不着了，后来果作跟果地就第一个村民委员会的发源地到底是哪里还争吵起来。果地屯的人说："我是1980

年1月8日就成立了，您果作屯是1980年2月5日才开始，我在先，我是发源地。”但是果作屯的有原始文件证明，果地的原件找不着了。而且其他村的村民也说：“当时我们都成立了联防队，也成立了村民委员会，我们也是第一。”怎么解决这个谁是第一的问题呢？后来合寨大队说：“大队包括了果地屯和果作屯，你们都不要争了，统称合寨村民委员会，发源地就是合寨村。”这个决定比较符合全村12个屯的群众的意愿，大家也没有什么意见，所以就定下来我们是改革开放后第一个村委会诞生地了。

有了村委会，有了《村规民约》，村里人心齐了，村里面的各种情况也比较好了。治安环境稳定了，偷牛盗马还有乱砍滥伐森林的现象都没有了，群众也比较安定，相处始终和谐。后来村委会选出来的这五个人就带领群众去搞基础设施建设，搞电、自来水、路、桥梁等。

在解决村民照明用电问题时，村里没有足够的资金，感觉很为难，于是跟村民商量怎么办。村民说大家有钱，但要村委会组织进行集资。村委会就根据村民意见按人口集资，人均出了12元，这就解决了资金紧张问题，搞好了电，村民终于用上盼望已久的电。当时由于资金款来自村民，村干部用钱时十分谨慎，会计出纳账目做得很清楚，还定期向村民张榜公布，从而取得村民的充分信任。

后来这个模式得到当时三岔公社的高度重视，他们派人过来调研，也发觉合寨这个模式比较好，能够有效管理一个地方并把这个地方稳定下来。后来河池市、宜州市还有广西民政厅也派了人过来调研我们的模式，都表示了认可。

回顾我们搞村民自治、选村委会的过程，我们觉得是走了一条正确的路。通过村民自治，我们合寨村发生了很大的变化。1990年，我们全村12个屯已经全部有自来水，家家户户都用上了电，每个屯都通上了水泥路，生活水平逐步地提高，还获得了“广西特色文化名村”等荣誉，同时通过村级组织的自治，我们取得了很多经验。

一是村级财务更加公开透明了。原来村里财务一年公开两次，现在村里财务一个季度公开一次，还成立了监督委员会，比如村里面的卫生由监督委员会去监督，有些村做不好的，由村委和监督委员会去督促他们落实、做好。

二是村民的民主意识提高了。最早还没成立村委会之前，村长就是由上级领导委派，村民根本没有选举权。委派你当你就当，不派你当就不能当，村民跟这个没有关系。当时的制度已经非常不符合我们合寨村的实际情况，村民都非常反对。

成立村民委员会以后，村民有了很多权利，包括选举的权利，还有知道村里面事情的权利，还有参与村委会管理的权利，参与权、知情权、管理权都有了，让村民意识到自己是村里的当家人，我们有责任、有义务选好我们村的领导。

所以每次村委会换届的时候，村民都非常关注这个问题。2008年的时候，村委会换届，我们合寨村的群众外出打工的多，当时为了让外面打工的村民也知道村里面换届了，也为了提高选举参与率，我们就允许用电话投票，让外面打工的人也可以投票。现场投票和电话投票两种投票方式，提高了合寨村的参选率，更加体现了我们的选举是公平、公正、公开的。

三是群众选出的村委会为群众解决了很多问题。村里群众最关心的问题是收入问题。为了致富，年轻人都出去打工了，村里留下来的都是老人、孩子。这些人生病了怎么办？为了解决外出打工人员的后顾之忧，我们成立了党群理事会，让党员和群众参与成立这个机构，来管一管老人的照顾、孩子的上学等问题，包括一些红白喜事都可以管。现在党群理事会运行得很好，我们对村里的残疾户、五保户、困难户，只要他们有需求、有问题都可以找党群理事会。每逢重阳节，党群理事会还去慰问关心老人，让他们过一个幸福的晚年。

建立村委会、实现村民自治后，我们村里面的的确确发生了很大的变化，村民的年均收入从20世纪80年代的八九十元，现在已经达到8600元，从这一点来讲，通过村民自治我们获得了幸福感。现在我们也把合寨村“中国第一个村民委员会”这个名声优势融入旅游元素，把我们合寨村的旅游开发出来，来建设合寨新农村，把我们合寨村各方面做得更好一些。

汪言海：宣传“包产到户”的前奏和铺垫[①]

（2016年4月16日）

1977年，我们安徽省出台了一个放宽农业的政策，全称是《关于当前农村经济政策几个问题的规定（试行草案）》（以下简称“省委六条”）。万里任安徽省委第一书记后，考察了农村的实际情况，认为安徽农业问题太大、农民生活太苦，于是经过五个多月的调查，反反复复、上上下下地研究，最后制定出了“省委六条”。“省委六条”出来后，在全国反响很大。

当时还在农村搞农业学大寨，普及大寨县，各地都设立了普及大寨县办公室。万里来了以后，安徽学大寨虽然也贯彻执行，但不是太积极，是很消极的，反倒是制定了“省委六条”放宽政策后，在全国影响很大。根据“省委六条”的精神，我写了一份“包产到组”的内部材料，被新华社的《国内动态清样》刊用了。事情是这样的：1978年八九月，有一天我看到六安县普及大寨县办公室的一份简报，点名批判一些区社的某些大队搞“三级半核算”，指责这种做法是“倒退”、是资本主义倾向，要坚决纠正。我从简报上提供的线索，顺藤摸瓜，调查了几个所谓搞“三级半核算”的大队。我记得，当时大队所在的公社，根本不敢派干部陪我调查，有的派会计，有的派兽医给我带路。原因是县里已经批判了，怕引火烧身。原来，“三级半核算”就是分组作业，联系产量计酬，简称“包产到组”。当时，人民公社是“三级所有，队为基础”，这被写

① 根据中国（海南）改革发展研究院口述改革历史访谈资料整理。

进了宪法。* 于是搞“包产到组”被批判为“三级半核算”。我在调查中发现，凡是搞了“包产到组”的地方，都调动了社员的劳动积极性，都比“包产到组”以前的生产队有较大幅度的增产。于是我选择了中店公社的红旗大队，写了一份调查报告，为“包产到组”正名。

当时，“包产到组”在国内尚属禁区。安徽省委制定的“省委六条”，放宽了农业政策，但只允许分组作业，不允许联产计酬。根据当时的情况，这个调查只能作为“内参”发稿。关于红旗大队“包产到组”的调查报告写好后，我送给六安县委审查，当时的县委书记坚决反对，我又找了分管农业的县委副书记和县革委会副主任，还有一个县办公室主任，他们看了都说这个办法好，鼓励我发稿，在这样的情况下，我才把这个内参发到省报。稿件首先在安徽日报社的《内部参考》刊登，后来，被新华社安徽分社知道了，他们便向总社转发。总社在《国内动态清样》以“绝密”件做了转载，供中央领导参阅，时间是 1978 年 11 月 20 日。这年底，党的十一届三中全会讨论通过了《中共中央关于加快农业发展若干问题的决定（草案）》，放宽了农业政策，允许联产计酬到组，实际上就是“包产到组”，为农村改革艰难地开了一个小口子。看了中央的这个决定，我很高兴，觉得自己做了一件有意义的事。我写的这篇调查报告对党的十一届三中全会放宽农村政策、允许联产计酬到组起了多大的作用，我不知道。但我相信，“历史的进步是由一种合力推动的”，我可能是这种合力的一部分吧。

那段时间，我根据“省委六条”精神写了多篇报道。我认为，这些报道，特别是关于“包产到组”的调查报告，是我宣传“包产到户”的前奏和铺垫。我宣传“包产到户”，在新闻界为农村改革

* 1978 年 3 月 5 日，五届全国人大一次会议通过《中华人民共和国宪法》，其中第一章第七条规定：“农村人民公社经济是社会主义劳动群众集体所有制经济，现在一般实行公社、生产大队、生产队三级所有，而以生产队为基本核算单位。生产大队在条件成熟的时候，可以向大队为基本核算单位过渡。”

开第一腔，不是偶然的，而是一个渐进的过程。

以“借地种麦”为名搞“包产到户”

肥西县的“包产到户”是怎样搞起来的？这件事情我也是后来在调查中才了解的，它应该与这一年的因干旱“借地种麦”有关，当时有“借地度荒，种保命麦”的说法。1978 年，安徽省遇到了百年不遇的大旱，江淮地区很多地方，从春到秋没有下过一场透雨，特别是在江淮丘陵地区，几乎所有的山塘、水库干枯了。鸟雀在天空飞着飞着就掉下来了，因为它没有水喝。塘里的龟、鳖、鱼也全部死掉了。当年 9 月，安徽进入了秋种季节，由于大旱，地硬得犁不动，种麦子要到很远的地方挑水种，眼看着因为大旱麦子种不下去，省领导就急了。

1978 年 9 月 8 日，安徽省委召开常委紧急会议，研究秋种问题。万里说：“现在麦子种不下，明年春荒怎么得了？即使国家调粮食给他们吃，他们也没有钱买啊。”所以万里就提出来了，与其集体种不下去，让地荒着，不如借给农民去种。9 月 8 日讨论的结果叫“借地种麦”：一是“把集体无法耕种的土地”借给农民种麦，每人三分地，超过计划扩种部分，不计征购，由生产队自己分配。二是鼓励农民利用“四旁”和开荒地多种粮食，谁种谁有。而且对外宣称是把集体不便于耕种的地借给社员去种。“借”是大智慧，“包”是当时的大忌，而“借”既不违背中央文件精神，又从安徽省的实际情况出发，调动了广大农民的积极性。“借地度荒”催生了“包产到户”，这是后话。

在那个时候下发文件是很慎重的，因为争议很大。为了减少阻力，万里亲自召开了江淮之间旱情最严重的县委书记会议，让他们知道安徽省委为什么要这么做，要求贯彻“借地种麦”的决议。于是，“借地种麦度荒”的政策，就像长了翅膀一样很快传遍江淮大地。

这个文件的具体内容我没有看到，据说推迟到 1978 年 10 月初才发下去的，但省委“借地种麦”的消息不胫而走，传得很快。近水楼台先得月，肥西县离省城最近，他们好多人就在省委机关工作。1978 年 9 月 15 日，肥西县当时的县委书记常振英在山南区检查工作，就向区委书记汤茂林传达了省委这个“借地”的决定。汤茂林一听就很兴奋，说：“那不如把地分给农民，农民干劲更大。”常振英一听，马上就制止，说不能分，叫“借地”，借与分是有严格界线的，性质不同。实际上安徽省委讲“借地”，也是很有分寸的，因为这是个很敏感的事情，“借地种麦”是在特殊年景下的特殊措施，应该说是符合安徽省实际情况的，没有违背中央文件精神。中央当时实施学大寨，是不允许搞“包产到户”的。安徽省委在这个问题上是既有勇气也有智慧的，只讲借，不讲分。汤茂林问，借多少呢？常振英说借三分地。汤茂林讲太少啦，常振英说：“具体怎么借，你们决定嘛。”有了县委书记的这句话，汤茂林胆子就大了，当晚他带了秘书权巡友到他们蹲点的柿树公社黄花大队去了，开了一个有 23 个党员和生产队长参加的会议，研究“借地种麦”问题。后来，《肥西县志》称这个会议为“黄花会议”。也就是说，肥西县的“包产到户”，最早就是从黄花大队“借地种麦”开始的。

“黄花会议”研究到底借多少，怎么借。具体怎么借呢，就是一个人一亩麦子、半亩油菜。名字叫什么呢？不叫“包产到户”，叫“四定一奖”，也就是定任务，每人 1 亩麦、半亩油菜；定工本费，1 亩 5 元；定工分，1 亩 200 分；定上缴，1 亩麦 200 斤，油菜 100 斤；超产全奖，减产全赔。这个决定在当时是胆大包天的，汤茂林觉得心里不踏实，因为这毕竟是个人决定。第二天一早，他回区里去，召开区委会议，大家一致同意这样做，因此就形成了区委的集体决议。因为大家都知道，在这样的大旱情况下，集体种麦任务是完不成的。

当天下午，区委 7 名委员全部到黄花大队宣布“四定一奖”政策。

9 月 17 日，黄花大队开始借地。除 100 亩不宜秋种的地外，全部借地到户。

9 月 20 日，汤茂林在黄花大队召开现场会，只通知附近 3 个公社即柿树公社、防虎公社和山南公社的党委书记和黄花大队附近 9 个大队党支部书记来开会，汤茂林是想在小范围内推广黄花大队的做法。结果，全区所有的公社书记和大队干部都去了，那个消息真灵通啊，一传十、十传百，大家很快都知道了。这个会议以后，山南区全区都搞了“借地种麦”。名义上是“借地种麦”，实际上很多大队、生产队，就以“借地种麦”为名，搞起了“包产到户”，这就是山南区走出的“第一步”。有人称汤茂林为“汤大胆”，毕竟这个“包产到户”没有中央文件支持，汤茂林他们心里是忐忑不安的。

山南区基本上搞起来了，很快就有了人民来信。9 月 20 日开的会，9 月下旬就有人民来信，并且写给省委、地委。很快，万里就看到了人民来信。随后，人民来信辗转到安徽省农委政策研究室主任周曰礼的手中，这时已经快到 11 月了。安徽省农委政策研究室的同志内心是支持“包产到户”的，就慢慢拖，拖到 12 月才去调查。一调查，发现山南区的秋种任务完成得既快又好。1978 年 11 月初，山南区种麦 10 万余亩、油菜 4.7 万亩，超额 9 万亩完成县里下达的秋种任务。他们回来汇报说山南区的做法收到的成效很大，万里也就没有追究了。

但这件事情在万里心中留下了深刻印象。1979 年 2 月 1 日，安徽省委派出两个调查组到农村，传达贯彻党的十一届三中全会通过的《中共中央关于加快农业发展若干问题的决定（草案）》。周曰礼带队到肥西县山南公社去宣讲中央的文件。在宣讲过程中，农民就跟他要求搞“包产到户”。农民说，1962 年“责任田”是救命田，我们要想把农业生产搞上去，你讲的那套东西，都不起作用，最好的办法就是“包产到户”。周曰礼经历过 1962 年“责任田”这件事，他对农民的心愿非常了解。2 月 4 日晚，周曰礼赶回合肥，向万里汇报了山南公社农民的意愿。2 月 6 日，万里就召开安徽省委常委紧急会议，听周曰礼的汇报，研究山南公社农民的要求。实际上，山南区以“借地种麦”为由头，很多地方已经搞起了“包产到户”，从秋种的效果来看，这个效果是非常好的。

但并不是所有的安徽省委常委都同意在山南公社搞“包产到户”的试点。在争论中，当时的安徽省委书记王光宇起了很大的作用。过去搞“责任田”的时候，王光宇就是安徽省委书记，他说“责任田”效果的确很好。讨论了一天，也争论了一天，最后万里下决心在山南搞“包产到户”的试点，但有个“三不”的规定，叫“不制止，不宣传，不登报”。

2 月 8 日，周曰礼赶回山南公社传达安徽省委的决定。2 月 16 日，万里召集江淮地区的六安、巢湖、滁县三地地委书记吹风会，说：“肥西县有的公社搞了‘包产到户’，错了我检讨。”仅过了 20

天，山南全区全面实行“包产到户”。又过了10天，肥西县40%的生产队实行“包产到户”。

在这种情况下万里还是有些紧张的，他要向中央汇报了。1979年之前，安徽省委就有人建议在山南公社搞试点，要经过中央批准，因为这是很敏感的事情，在中央文件明确规定不许“包产到户”、不许分田单干* 的情况下，下级要服从上级。在这之前，万里曾经讲过，“让山南搞试点，如果滑到资本主义的道路去，我们可以把它拉回来，如果减产了，我一个省还不能支持一个公社吗?”后来，周曰礼又汇报全山南区都搞了“包产到户”，万里还是这个话：“让它搞，一个区也没什么了不起，如果发展到资本主义道路上去，我们能把它拉回来，如果它减产了我们全省可以支援它。”“包产到户”发展到整个县了，他还是这样讲。但是，万里心里还是有些紧张的。本来是“三不”的，即“不制止，不宣传，不登报”，但现在这消息不胫而走，你不宣传，他们相互之间宣传起来了。在这种情况下，万里考虑要向中央汇报了。

* 1978年12月22日，党的十一届三中全会原则通过《中共中央关于加快农业发展若干问题的决定（草案）》，其中明确规定：“不许包产到户，不许分田单干。”

怎样汇报呢？安徽省委于1979年3月4日向中央发了电报。电报在谈了安徽省出现的各种生产责任制形式之后，说：“关于责任制的问题，我们认为，只要不改变集体所有制性质，不改变核算单位，可以允许有多种多样的形式……少数边远落后、生产长期上不去的地方，已经自发搞了‘包产到户’责任制的，我们也宣布暂时维持不变，以免造成不应有的波动，由于为数不多，允许做试验，看一年，以便从中总结经验教训。”

这是一种领导智慧，既体现了组织原则，又体现了从实际出发、实事求是的思想路线。这以后，山南区和肥西县的“包产到户”就一发不可收拾，并迅速扩展到其他的邻县。1979年这一年，万里两次到肥西县山南区调查研究，倾听基层干部和农民的意见，并提出问题和他们讨论。这种深入实际的工作作风是非常可贵的。

因此，我说肥西县的“包产到户”在我们安徽省是一个突破。1979 年和 1980 年，中央和国家机关单位 20 多位负责同志，23 个省市负责农业的领导同志，全国 11 所名牌大学（如北京大学、清华大学、复旦大学等）的经济学家、教授，都到肥西县山南区考察、研究，包括大寨村所在的山西省都派人来考察、研究，其影响之大，震惊了全国。

对肥西县山南区“包产到户”的调查

之前，我对肥西县“包产到户”是怎么搞起来的并不知道，因为它有一个“三不”的规定，即“不制止，不宣传，不登报”。

后来是怎么知道的呢？

那是 1979 年 7 月中旬的一天，我看到六安地区农业局有一个简报，说肥西县山南区在搞“包产到户”，引起了好多矛盾，并列举了“包产到户”的十大危害，说不符合社会主义方向，也违背中央文件精神。我看过以后，就问了个为什么：中央不准，又有那么多坏处，农民为什么要搞呢？我就想调查个水落石出。

1979 年 7 月 20 日我来到山南区，发现当时的肥西县委书记正坐镇山南举办党员干部学习班，搞思想转弯子，纠正“包产到户”。在山南区委办公室里，我看到肥西县委 7 月 16 日正式下发的 46 号文件。文件强调，“不许划小核算单位，不许包产到户”，“要把‘包产到户’的（地方）重新组织起来，把各种形式责任制中出现的偏向纠正过来”。

这天下午，山南区近千名党员和生产队长以上的干部在区委会礼堂听纠正“包产到户”的动员报告，我旁听了会议。动员报告讲得很严厉，说如果你坚持搞“包产到户”，是党员的，要考虑你的党籍，是干部的，要考虑你以后能不能当干部。会议气氛很沉闷，散会时，我发现多数人情绪很差，有的气呼呼的，甚至用肥西话说：“增产还犯法?”这句话给我留下了深刻的印象，至今难忘。

调查中，我听了汤茂林的情况介绍，他给我讲了八个字，即“又想、又怕、决心、担心”。他说：“‘又想’是因为‘包产到户’确实能增产。报产量可能有虚数，但午季* 粮食交售入库是真家伙。”他告诉我：“正常年景，全区午季麦子交售量为 110 万斤左右，去年最高为 170 万斤。今年到目前为止，已入库 1149 万斤，是正常年景的 10 倍，是最高年景的六七倍。”听着听着，我就在想：就一个“借地种麦”，一个“包产到户”，粮食就增产这么多，区粮站仓库满了，已经没有办法收购，农民排队交粮食，干部要去维持秩序，这是过去从来没有过的事情啊。汤茂林说：“‘又怕’呢，是因为‘三自一包’** 已被批评了，党的十一届三中全会通过的《中共中央关于加快农业发展若干问题的决定（草案）》明确规定，‘不许包产到户’和‘不许分田单干’，怕犯方向性错误。”汤茂林又说：“省里只叫试验。”而所谓“决心”，是指坚决贯彻中央和县委文件，纠正“包产到户”。他说：“叫我们带头搞倒退我们不能干。”

最后，汤茂林忧心忡忡地说：“一纠正，我担心明年粮食要大减产，向上、向下，都不好交代。”从他的担心，我发现他对“包产到户”还是很留恋的，后来的事实又表明，他并没有采取任何措施纠正“包产到户”。

* 午季是指夏季。

** “三自一包”中，“三自”是指“自留地、自由市场、自负盈亏”；“一包”是指“包产到户”。

那么，肥西县委为什么要出台一个纠正“包产到户”的46号文件呢？因为压力太大了，不光本县的一部分干部坚决反对，还有外地来山南考察的人也反对。县里感到压力太大，于是县委就出台了一个46号文件，要求坚决把“包产到户”纠正过来，把农民重新组织起来。我就是在这种情况下去采访的，我是想以一个记者的身份客观来采访的，但是很难听到真话。我在区社办公室采访时，这些干部几乎异口同声地讲“包产到户”有很多坏处，矛盾大、纠纷多。但是等我晚上钻到干部的宿舍个别谈话时，同样一个人的说法又不一样了。他会和我算他家“包产到户”后的收入账：增产多少，增收多少，再也不用当“超支户”了。

什么叫“超支户”？即某个农户一家人在生产队辛辛苦苦劳动了一年，一算账，他全家的劳动所得，领不回一家人的口粮，需要补交口粮款。但有的人家呢，养一头大肥猪，卖给食品站，得到几十块钱来交这个口粮款。如果这户人家穷得无法补交，一些劳动力比较强的“进款户”的分配就不能兑现，从而又挫伤了他们的劳动积极性。“超支户”越多，说明这个生产队越穷。“超支户”成为当时农村的一个老大难问题。

我在调查中发现，农民对于“包产到户”的要求是很迫切的，也一直是提心吊胆的。上面一来人，很多农民就趴在窗口听消息，生怕说不许干。有时候农民与农民之间发生纠纷，第三者就去劝说：“有话好商量，不要吵架，一吵架，让政府知道了就不让这样干了。”肥西县委的46号文件给农民泼了一瓢冷水。他们想不通，就问：“国家多得粮*，社员多吃粮，为什么不让干？”有的议论说不卖粮了，防止以后减产没得吃；有的则表示用罢耕罢种的办法来反抗。

* 多得粮是指多交征购任务。

为了弄清事实真相，我住到馆北大队唐大郢生产队。我一户一户地访谈，或者召开座谈会。这一调查，发现与先前在区社调查的情况大不相同，我发现农民对“包产到户”真是千盼万盼啊。听说省报有一个记者来调查“包产到户”，其他大队的农民也纷纷来向我反映“包产到户”的好处，要我为他们说话。有一个农民叫解广毕，是何冲大队小山头生产队的。他一笔一笔地给我算了增产增收账。他告诉我，听到县委书记说不让干，他像丢了魂似的，想不通。他只有小学文化程度，但是他一天没出工，三个中午没休息，给万里写信，反映“包产到户”的好处。社员们知道后，都要求在上面盖章按手印。他说：“我一人做事一人当，犯法坐牢我去，我不连累你们!”他对我说：“继续干，不仅今年大增产，明年还要大增产。要是‘归大堆’，明年肯定是乌龟过田埂——大跌跤子。”

7 月 25 日，馆北大队大队长赵其安的话给我更强烈的震撼。赵其安说：“我们大队年年吃回销粮，我们当干部的脸上无光。中央说实践是检验真理的唯一标准，这一条在农村还兴不兴?”赵其安毕竟是大队干部，说话很有分量。

我第一次在山南区调查了 10 天，先进生产队、落后生产队都去了，反对、赞成的两种意见也听了。听说有一个农机站站长叫董光凡，反对得很激烈，我专门找到他，听他一口气讲了 12 条罪状，我一一记了下来。这 12 条罪状分别是：“人干生分*了、人心干散掉了、班子干瘫掉了、耕牛干累死掉了、农具干毁掉了、机械干锈掉了、公房干倒掉了、大田干小掉了、科学种田干停掉了、公活干歇掉了、教育质量干低掉了、贫富悬殊干大了。”

* 生分指的是农民之间的矛盾纠纷多。

应该说，上述问题都不同程度地存在着，有的还比较严重，但不是普遍现象，我在调查中做了具体分析。例如，累死牛的问题，山南公社上报累死8头牛，但公社书记只能说出两头牛累死的原因。据区兽医站反映，“现在社员对耕牛在乎多了，饲料管理普遍比过去要好，发病率也比去年低。”再如反映最多的争水、争牛、争农具的问题。我分析：“争，有积极的一面，争的目的是增产，争的结果是能够增产。以往也有矛盾纠纷，如为评工争吵，为验收农活质量争吵，为分配不兑现争吵，等等。问题是，人们对过去的争吵习惯了，而对新形势下的争吵就大惊小怪。据一些大队、生产队干部反映，现在干部好当了，矛盾纠纷比以往少了。”由此可见，上述问题都是前进中的问题，是支流。因此，就连反对最凶的同志也承认：“这个办法（即‘包产到户’）能增产，对两头都有好处，一是多数社员可以很快富起来；二是国家可以多得粮食。”

为农村改革“开腔”

10天的调查使我被“包产到户”的威力所折服，也为农民的思想、情绪所感染，回到六安后我久久不能平静。写不写呢？说没有思想顾虑那是假的。我有家，也有妻女！但经过激烈的思想斗争后，我终于鼓起勇气，写了一篇5000多字的内部材料，叫《关于肥西县山南区包产到户的调查》。在调查的开头我写道：“半年的实践证明，这个办法深受绝大多数农民的欢迎，是现阶段高速发展农业生产的一个好办法。”在调查的结尾，针对肥西县委的46号文件，我又说：“对于这样一个既能增产，又受农民欢迎的办法，为什么不去完善它，而要急于判处‘死刑’呢？让山南区人民再实践它两年，天就塌下来了吗？”

我的态度是非常坚决的，观点是非常鲜明的，但在那个乍暖还寒的“季节”，我的这篇调查报告，不用说公开报道了，连《安徽日报》的“内参”也登不出来。当时报社记者部的同志认为这篇调查材料写得好，很有说服力，很快编发打出“内部参考”清样送审。分管领导对我很严厉，他说：“我们内参也不能鼓吹分田单干呀。”一句话就把我顶回去了，我很无奈。记者部有一个叫黎建图的同志，在我万般无奈的情况下，他挺身而出，愤愤不平地说：“我们为农民说话怎么就这么难，我就不信《人民日报》领导的胆子也这么小。”黎建图就冒险将这篇调查材料寄给人民日报社的朋友卢祖品。在《人民日报》刊登这样的内参，也是很不容易的。一般情况下只要一个分管的副总编辑签字就行了，但这篇调查报告是总编辑和两个副总编共同签字的，其中当时的总编辑胡绩伟还在生病住院，另外两个副总编分别叫李庄和秦川。我的这份调查报告很快刊登在《人民日报》1979 年 9 月 6 日第 1493 期《情况汇编》（机密件）上，并呈送中央领导参阅。这使我很感动，因为在当时决定刊登这样的内部材料也是需要胆识的。

在 1979 年 9 月、10 月，安徽省农委政策研究室又把我的这篇调查报告推荐给中国社会科学院写作组，并于同年 11 月 8 日在中国社科院内部刊物《未定稿》增刊上刊用。至此，山南区“包产到户”的真实情况终于通过两个不同的渠道反映到中央领导面前。

此后，我又对肥西县进行了连续四次的调查，写了一系列的调查报告，这也就是我后来被称为“新闻界为农村改革开第一腔”的原因。我要说的一点是，当时我撰写这一系列调查报告，是冒着风险的。

为什么说是冒险？“文化大革命”中批判的“三自一包”，人人皆知。其中的“三自”就是自由市场、自留地、自负盈亏；“一包”，就是“包产到户”。“包产到户”，命途多舛。从1978年底党的十一届三中全会算起，到1982年中央一号文件正式肯定“包产到户”是一种社会主义集体经济的生产责任制为止，围绕“包产到户”，全国争论了四个年头。在这样的背景下，我深知调查“包产到户”的风险，即使是写“内参”也有风险。

恩格斯讲过，历史的进步是由一种合力推动的，我仅仅是这个合力中很小的组成部分。农村第一步改革，是安徽人民的伟大创举，我仅仅是一个记录者而已。感谢这个伟大的改革时代。农民创造的“包产到户”，一举瓦解了束缚农民手脚的人民公社体制。其伟大之处在于，不仅解放了农村生产力，还使农村生产力中最活跃的要素——农民，获得了第二次解放；获得了对土地这一基本生产资料的经营自主权；获得了对劳动者自身及其劳动创造出的成果的基本支配权；获得了选择职业、改变生存空间的权利。正是有了农民第二次解放后所获得的这种“自由”，才有了中国农村乃至整个国家生产力的大解放。现在，全国已经有2.7亿农民工活跃在各条战线上，为中国的改革和建设做出了巨大的贡献。这个无与伦比的生产力的解放，无疑是“包产到户”的改革所释放出来的。

郭书田：从“头税轻，二费重，各种摊派无底洞”到取消农业税①

（2017 年 5 月 17 日）

关于减轻农民负担与改革农业税的问题，我一直为之呼吁。当时农民反映比较强烈的有两个问题：第一个就是工农业产品的价格“剪刀差”，这是影响农民收入的一个重要原因；第二个就是“三提五统”。我们在调查这个问题的时候，农民反映的三句话非常清楚：“头税轻，二费重，各种摊派无底洞。”

“头税轻”，指的是农业税，也就是我们所说的“皇粮国税”，就是“公粮”，这部分占农业总产值的 3%。这个占比比较低，农民是承认的。所以小岗村搞“包干到户”，第一句话就是交足国家的。因为农民知道不能欠国家的，农民懂得这一条，所以人家认可头税是轻的，只占 3%。

“二费重”是指“三提五统”。“三提”是指村这一级的公积金、公益金、干部管理费；“五统”是乡一级的，大都是政府的事情，主要是教育附加费、民兵训练、计划生育、民政优抚、民办交通费等，这部分的费用很重。

“各种摊派无底洞”，主要是指乱收费、乱罚款、乱集资，名目繁多，这是农民负担最重的。还有一个是“两工”问题，叫作劳动义务工与劳动积累工。这个乱收费收起来是没有底的，叫作“无底洞”，所以农民反映特别强烈。

---

① 根据中国（海南）改革发展研究院口述改革历史访谈资料整理。

关于“三提五统”的费重问题，我与一些老专家向中央建议，乡的五项统筹费，属于政府应负担的费用，应该取消。“两工”要严格控制数量，把无偿改为有偿。村的“三项提留”，在人民公社时就有，问题是数量太大，农民负担太重，应予以减轻。中央提出对农民应“多予少取”或“只予不取”，但是实际上是“少予多取”或“只取不予”，农民意见很大。农民除了按规定缴纳农业税外，还有四个轮子驱动（乡办、村办、个体、私营）的乡镇企业上缴的税金，数量是很大的。

我曾经统计过，多年来，农民纳税的总量超过国家财政支农的总支出，这是很不公平的，反映出城乡二元经济社会结构深层次的矛盾。

2000 年 2 月 23 日，我们给中央写了一份《从根本上解决农民负担问题的建议》，这个文件是由我牵头，还有几位老同志一起讨论写出的。根据粗略计算，农民一年的负担很重，其中包括农业税 310 亿元、屠宰税 20 亿元、教育附加费 69 亿元、“三提五统”900 亿元、“两工”1350 亿元等。我们的意见就是要改就彻底改，要下最大的决心，把“三提五统”取消，农业税不是提升，也不是降低的问题，就是要彻底免掉。

当时我还是有一点保守，没预料到会产生这么大的力量。2005 年底，我国把农业税等税费负担都取消了，我多年的一个心愿，终于实现了，当然是很高兴的。这项举措在我们国家农村改革历史上是一件了不起的大事啊，后来我们到农村调查情况的时候，农民都反映，共产党太好了。怎么个好法呢？农民说：“不但不跟我们要钱了，还给我们钱。”我说：“给你们钱指的是什么？”农民说粮食的“四项补贴”，乡村干部也不再是只向农民要粮要钱的人了。

所以，做一件好事，农民就会从内心感谢你，说共产党好。我认为我在农村搞多年政策研究，最大的体会就是善解民意，民心不可欺。在农村，民指的就是农民嘛，处处都要为农民着想，我多次讲这个意思，我说我们农村工作的一个出发点和落脚点就是维护农民的利益，让农民有真正的获得感。现在有个新的词语叫获得感，这就是衡量我们工作有没有政绩的唯一标准，没有第二个标准。

陈锡文：中国农村发展问题研究组的成立[①]

（2018 年 4 月 19 日）

1977、1978 级的大学生有一个很大的特点，其中有相当一部分是下乡插队回来的，或者是像我们这样到兵团、到农村去了之后考大学再回来的，这批人的一大特点就是在农村生活过。尽管那时候城市也不富裕，但像北京、上海这样大城市的人们到农村后，你还是能感觉到城乡之间的天壤之别，农民生活那种困苦。现在我们离开农村去上学，我们当中的一部分人还是有情结的，总希望上学了，能不能给自己生活过的农村做点什么。第一个原因是那个时候改革的大潮刚起；第二个原因就是改革的突破口在农村，邓小平同志讲中国的改革是从农村开始的，农村的改革很引人关注；第三个原因是这一批大学生中大部分从农村回到城市来上学，有人关注农村，所以那个时候北京大学的学生思想很活跃，都在吸取各种各样新的“养料”，包括国外的经济学、社会学的这类著作，也包括农村发生的各种新情况。那么学习了解后怎么办？大家就有交流。那时候学生中间的各种社团，现在叫社团，那会儿不叫社团，也不需要去注册登记，搞得很热闹。其中有一部分人非常关注农村，包括北大、人大、师大很多学校的学生，有空大家就开个学习会或读书会，大家谈谈各自的想法，慢慢地就形成了比较稳定的这么一些人，多的时候有 200 多人，经常在一起活动，就是关注农村问题。

① 根据中国（海南）改革发展研究院口述改革历史访谈资料整理。

大概到了1979年、1980年，有人提出来说，是不是可以专门成立一个什么样的研究组。于是就有人提议，能不能成立一个中国农村发展问题研究组。好在那时候没有社团管理，也不需要去登记。而且它客观上有些成立的条件，就是“文化大革命”结束以后，中央决定把中国科学院哲学社会科学学部单列出来，成立了中国社会科学院，在里边建立了工经所、农经所等，就专门有人在研究。当初中央为了适应研究农村情况的需要，又从地方专门抽调了一些人到农经所，这些人跟我们有联系，他们一方面指导我们，另一方面慢慢就成立了中国农村发展问题研究组。成立中国农村发展问题研究组这样的机构需要开展活动，尤其是假期出去调研，需要资金支持。当初社科院有一个重大课题可以立项，我印象中很清楚，大概是1980年的时候，社科院拿出了5000块钱资助研究组的活动。5000块在现在听起来是寥寥的，但那时候5000块钱可以干很多事情了。我们出去调研，包括到安徽滁县、凤阳的调研等，都是用的这个经费。活动开展很久之后，大概到了1981年的寒暑假期间，这个组织基本上就成立了，并且坚持利用节假日出去调研，写当时农村各种变化与问题的一些研究报告，供领导去参考。

到了1982年初，1977级大学生毕业了，1978级大学生也很快要毕业了。当初中央有个考虑，就是经过“十年文革”，国家机关长期没有进人、青黄不接，希望有一批人能充实进去。正好这批大学生毕业了，当初的机关老干部年龄也大了，下乡也不方便，所以当时就提出来，要进一批年轻人。

我就记得中央书记处研究决定先做一个试点，把中国农村发展问题研究组的学生中有一部分愿意留下来的，单独给了50个人的编制，就正式留了一部分人下来，起初大概不到50个人。当初对这项工作很支持的一个是杜润生，另一个是邓力群。杜润生因为是搞农村工作的，1981年底他是中央农村政策研究室的主任，他是支持这个工作的。邓力群是社科院的副院长，对研究工作也很支持，经费就是他支持的。所以，两位老人商量了说，50个人的编制放到哪里去，后来他们俩形成了共识，就是不要放在党政机关了，一放到党政机关，这些年轻人又没什么职务，去了弄不好天天打开水、拆信封、看报纸，还不如放在社科院，能自主搞一些调查研究。所以，这样就明确下来。1982年的春天，把这50个人的编制就放到了社会科学院，当时叫农业经济研究所，放在那个所里头，50个人的编制是独立的，就相当于一个研究室，但是没改名，就叫中国农村发展问题研究组。

我记得1982年夏天正式去报到了，当时组里有二十几个人，一直是做这个工作。所以从1979年开始到1982年，我其实本身就一直跟中央政策研究室在做很多研究工作。后来因为邓力群到了中央书记处政策研究室，杜老（即杜润生）在中央书记处农村政策研究室，明确这个研究组放在社科院之后，管理上，人事管理归属社科院，但是任务由这两个中央研究室派遣。

1982年、1981年夏天去安徽调研。我去的是滁州地区，现在叫滁州市，过去叫滁县地区，我在凤阳小岗村里住了18天。回来写的报告领导是比较夸奖的，就是说调研很深入，把“包产到户”、“包干到户”实行以后，农村的变化问题讲得很清楚。研究室的内部文稿基本都转载了，对各地推动这项工作也确实有指导作用。实际上，我们毕业的时候，第一个中央一号文件，也就是1982年中央一号文件已经出来了，当初就是要强调：第一，土地集体所有制，农村集体经济组织不能搞垮了；第二，就是要推动搞各种各样的生产责任制，而生产责任制又主要强调的是联产责任制。所以，我们分配工作之后，实际上按照杜老的指示，在 1982 年底起草 1983 年中央一号文件，也就是第二个中央一号文件。我记得毕业之后，大概 9 月底，滁县调查得差不多了，中国农村发展问题研究组又组织了三四十个人到江西的吉安、宜春、赣州这三个地方去做调研，了解当时农村基本状况。我记得我在吉安搞调研，大概待了两个月，调查回来也就接近年底了。

陈锡文：给“双包到户”定了性[①]

（2018 年 4 月 19 日）

1982 年，我在吉安调研了大概两个月，回来时已接近年底了。回来以后，我跟杜老（即杜润生）汇报情况，他就跟我讲：“‘双包到户’要上户口，得先有个名字，男的、女的总得说清楚，对吧？起个小名不行，‘包产到户’‘包干到户’是农民起的小名，政策要有个正式的称呼。”于是就开始考虑使用双层经营，后来规范的说法是“以家庭联产承包责任制为主的、统分结合（统一经营与分散经营相结合）的双层经营体制”。我记得在他的客厅里头，我还跟他争论，我说我下去调研了，你说的双层经营我觉得很难成立，因为已经包干到户了，农民自己搞生产经营。当然生产队里也在搞经营，比如有的搞个小的乡镇企业，有的搞个小的运输队建筑队，但这跟农户的经营是两种经营，它们是互相独立的，而不是双层经营。就种地来说，按双层经营的说法，底下一层是农户的承包经营，上面一层是集体的统一经营。这时候杜老就说：“好啦，下去吃饭去。”当时房间里还有其他人，我就不说话了。他带着我坐电梯下去，电梯里只有我、杜老和他的秘书。杜老很严肃地说，现在怎么可以不讲集体这一层呢？我印象很深刻。

1982 年，中央在农村工作方面开了两个会。先开了一个农村政治思想工作会议，因为当时干部思想普遍混乱，弄不清楚“双包到户”是不是否定集体经济，以后农业到底要走什么路，因此这个

---

① 根据中国（海南）改革发展研究院口述改革历史访谈资料整理。

会议的目的就是统一思想。另外，1982 年底召开了中央农村工作会议，这次会议开的时间比较长，比预想的还要长一两天。什么原因呢？1982 年的时候，农村已经出现了一种现象：有一部分人先富起来了，然后他可能就要自己搞个体经济、私营经济，这时他就要雇工了。对雇工这个问题，会上争论得很厉害。那么，到底该怎么办？会上就定不下来。要先富起来，共产党员当然也应当先富起来，那么雇工行不行？尤其是党员雇工行不行？这个问题很尖锐，在会上始终议而不决。这事就没确定说是行还是不行。后来，个体经济和私营企业渐渐地就有了身份和地位，这个问题也就不成问题了，所以政策是一步步往前推着走的。

在中央农村工作会上最终形成了 1983 年中央一号文件，也就是第二个中央一号文件。这份文件非常重要的内容就是明确肯定了联产承包责任制是“在党的领导下我国农民的伟大创造，是马克思主义农业合作化理论在我国实践中的新发展”，又大胆往前推了一步，把性质定下来了。因为 1982 年的时候还不敢那么明确地说“双包到户”是姓“资”还是姓“社”，总之是要改革，要推进的，同时又要坚持土地集体所有制。之后 1983 年中央一号文件给了“双包到户”非常明确的性质定位，农民也就放心了。

这份文件出台之前，各地对“双包到户”都争论得很厉害。1981 年夏天，我在滁县调查完回南京的路上，看见一河之隔的滁县地区的来安县和南京的六合县，河对岸江苏人竖了个大牌子，写着“坚决击退安徽包产到户，反资本主义”。所以，1983 年中央一号文件明确了“双包到户”的性质，这是很重要的，基本上把思想扭转过来了。到了 1983 年春节前，全国 29 个省、市、自治区基本上都表了态，正式同意“双包到户”。

把农业发展、国家富强和实现四个现代化相联系

1984 年中央一号文件中一个非常重要的内容就是规定承包期限。因为那时候中央没有统一规定，地方也不知道到底是让搞还是不让搞，各地的承包期都是各地自己定的。所以 1984 年中央一号文件就明确提出来：土地承包期一般应在 15 年以上，也就是后来说的 15 年不变了。而且我觉得这份文件有些话现在看仍然非常有分量，比如文件提出："不改变'八亿农民搞饭吃'的局面，农民富裕不起来，国家富强不起来，四个现代化也就无从实现。"所以文件提了一条，要让每个省、市、自治区都搞一点试点，什么试点呢？就是允许务工、经商、办服务业的农民自理口粮到集镇落户，这就是最早提出让农民进城的文件。

1984 年中央一号文件给我的印象很深，其中有三大政策：第一，土地承包期延长到 15 年。第二，允许农民自理口粮进城。第三，既然说要让农民自理口粮，进城去务工经商，显然人员有流动，那么土地也会有流动，于是文件就提出鼓励耕地向种田能手集中。这三件事我们一直做到现在。总的来说，我觉得 1984 年一号文件的意义是非常重大的，它把农业的发展、国家的富强和四个现代化的实现联系在一起了。

涉及全局，文件起草难度很大

坦率地说，农村改革最初要定的那些事，都通过 1982 年、1983 年、1984 年这三年的中央一号文件定下来了。到起草 1985 年、1986 年的中央一号文件时，大部分涉及农村的政策已经发布了。于是当时讨论得比较多的就是农村改革的第二步要怎么走，所以 1985 年中央一号文件就叫《中共中央、国务院关于进一步活跃

农村经济的十项政策》。其中有两项是比较重要的：第一，允许农村搞工副业。农村就这么点地，单凭种地农民是富不了的，于是鼓励发展多种经营，包括农村的工副业、乡镇企业等。第二，决定除个别品种外，国家不再向农民下达农产品统派购任务，按照不同情况，分别实行合同定购和市场收购。这项政策针对的是粮食和其他重要农产品统购统销的制度，这个问题很复杂。一方面粮食产量不断增长，1984 年第一次出现了“卖粮难”，当年粮食产量 8146 亿斤，这在当时的供求情况下大体够了。当然，一些贫困地区可能还有些农民没有吃饱，但总体上粮食是差不多够了。因为之前中央为了刺激农民的生产积极性，在 1978 年党的十一届三中全会原则通过的草案里头就提出了提高粮价，粮食统购价格从 1979 年夏粮上市起提高 20%，超购部分在这个基础上再加价 50%。粮价提高了，农民自然就愿意多生产、多卖粮了。

那么对国家来说，这个问题出在哪里？政府收的粮食越来越多，平均价格就会越来越贵。到 1984 年的时候财政受不了了，因为当时城里的改革还没开始，城镇居民收入低，所以当初定的政策是对农民的粮食收购要提价，但对城镇居民的销售粮价不许动，那么就“购销倒挂”了。这在粮食数量少的时候还行，数量大的情况下，财政就负担过重了。所以 1985 年中央一号文件第一次提出取消统购，实行合同定购和市场收购。这中间有一个大的变化就是粮食价格，在过去，比如说计划内收购的这部分，有个统购价，统购价是 1978 年定下来的 120%，但是完成统购任务之后，再收的那一部分政府要加价，加价这部分价格就等于 170%的价格。因为很多地方都是搞了“包产到户”以后，粮食产量才恢复正常的，绝大部分地方因为过去常年受灾，产量也很低，国家已经对他们免征购了。所以到最后，国家收购的都是超产的部分，财政负担太重。因此，国家就定了个政策叫“倒三七价格”，即三成按原统购价，七成按原超购价，两个权重加在一起算，这价格当然比统购价要高，但是比超购价要低。之前因为搞了“包产到户”和粮价提高，农民的劳动积极性大大提高，粮食产量不断增长；但是现在实行“倒三七价格”，粮食价格降下去了，农民的积极性也就降下去了。所以从 1985 年到 1988 年，连着 4 年粮食产量都是减产。这也就说明农村改革其实不可能是单兵突进的，它一定会涉及方方面面的问题，跟市民的关系、跟国家财政的关系肯定都有很多牵扯。也就是说到了 1985 年、1986 年，改革面临的形势变复杂了，对农村来说，也不是你自己有一个好主意，就打开一大缺口又大踏步往前进，而是需要从整个国家层面统一考虑，再向前推进。所以，我记得搞 1985 年、1986 年这两年的中央一号文件难度很大，因为都是涉及全局的事。

当时整个经济体制改革刚刚破题，计划经济这个概念还不能完全否定，1984 年 10 月 20 日，党的十二届三中全会第一次明确提出有计划的商品经济。让农村搞工业，原料从哪里来？能源从哪里来？市场在哪里？就计划经济来说，重要产品不光是农产品，还有钢材水泥等，都是统购统销的，都是国家统一调拨的，劳动力的就业也是国家统一分配的，所以你要再进一步放活农业，就要直接触碰计划经济体制了。我记得有一次陪杜老到辽宁去调研，在那儿开了个座谈会。杜老说同志们在会上的反映都挺好，但概括下来，目前大家的心态就是手足无措，进退失据，不知道到底该怎么弄。这要弄就得碰到大体制，你农民能搞的不就是这点儿地吗？谁来种，怎么种，一旦超出这个圈，这事就大了。

当时也定了很多政策。比如说，过去有一个概念叫“投机倒把”，就是列入国家统一收购、统一分配的这些产品，别人是不能来经营的。农民如果自己要经营粮油产品，就是不合法行为，你从这个地方倒卖到那个地方，就是“投机倒把”。当时这个问题争论得很厉害，农民说：“我国家任务都完成了，我自己又吃不了，你还不允许我卖吗？这个地方价格低，我就跑一百里去那里卖，怎么就不行？”于是就把这条稍微放开一些了，但是也加了限制：不能用机动车、汽车、卡车，允许你肩挑人背，最多弄个自行车，你驮得了多少，你驮呗。自行车毕竟不像汽车，它能跑多少，最多一二百里路。慢慢地“投机倒把”这个概念就这样被淡化掉了。

那么像雇工这类问题，1982 年的时候，邓小平同志说大家先放一下，看 3 年。几年后就没人说了，都觉得这很正常。所以，我觉得 1985 年、1986 年看似在改革上比较平淡，但是取得的一个突出成效，就是逐渐地让人们的思想观念转变了。5 年前根本不允许的、看作洪水猛兽的东西，5 年后人们就觉得很正常了，他家有钱开个铺子，工人不够，他雇工人有什么不对？也就是说这个社会现象被大家接受了，慢慢地就不成问题了。

但是当时也有一些荒唐的地方，比如说怎么定义个体经济，怎么定义私人企业？最后就找了马克思的《资本论》中的例子：资本家要过上资本家的日子，他要靠雇佣工人，如果剩余价值率为 50%的话，他雇一个工人，他的日子就跟工人一样苦，肯定是不行的；他雇两个工人剩余价值就大，他的生活比他们好一倍。但是马克思又说了，资本的本性是扩大再生产再投资，它不是仅仅为了过得好一些。所以，资本家雇佣八个人才能既过比较好的日子，还能扩大再生产。最后，咱们政策定的就是雇佣七个人以下是个体经济、八个人以上的私人经济就属于资本家经营了。但是，不管怎样，即使定义为私人企业，在当时换了一个词就不算资本家，这个社会现象大家都接受了。所以那几年就是这么过来的。

把中央一号文件停下来

1987年中央涉农文件是以“五号文件”发出的，到1988年就考虑不要再发了。因为最关键的是，之前每年发中央一号文件是有其必要性的，现实需要你对这一政策做出明确的解释，允许还是不允许，允许到什么程度，所以那几个文件在很多大的方面起了作用。但再往前就需要进一步探索了，所以大家就觉得好像也没有必要年年都发中央一号文件。我记得1984年底开会，研究1985年中央一号文件发不发的时候，其实已经有不少同志主张，没什么大政策，不必以后年年发关于农村的中央一号文件。后来去请示万里，他当时是国务院管农业的副总理。万里当时说，现在情况来看，还是得发。所以1985年、1986年还是发了中央一号文件。那么1987年发了个“五号文件”之后，像那种推动整个农村改革的文件，就停下来了。

这里我觉得有一点要跟大家讲清楚，现在大家都认为党中央指导农业农村的改革发展似乎就是中央一号文件，这样理解是不对的。我想中央发的很多文件大家都必须看到，比如说比较高层次的文件。一是党代会的报告，里头肯定是有农业部分的，那么这5年起草农业的文件，最大的依据就是党代会报告中关于农业的那部分论述，你要把它落实下来。二是每年都有一次全会，也一定会涉及农业，比如说党的十一届三中全会、党的十一届四中全会，通过的决定都是讲农业的。中央一号文件也是根据全会决定来制定的，并不是说农口这帮人自己就能变出来。党代会每次报告里肯定都会讲到农业。从全会来讲，1979 年党的十一届四中全会是专讲农业的；1991 年党的十三届八中全会通过了《中共中央关于进一步加强农业和农村工作的决定》；1998 年是农村改革 20 周年，当年召开的党的十五届三中全会，审议通过了《中共中央关于农业和农村工作若干重大问题的决定》；2008 年是农村改革 30 周年，党的十七届三中全会通过了《中共中央关于推进农村改革发展若干重大问题的决定》。这些不是中央一号文件，但是它们在党的政策制定方面的地位比中央一号文件还要高。除此之外，发布 1982 年中央一号文件之前，中央也连着发了好几个文件，比如 1980 年的“75 号文件”，还有 1983 年的“35 号文件”，都是关于农村改革的。1987 年以后，也有农业文件发布，有的是党中央发的，有的是国务院发的，有 3 号的，有 5 号的，也有十几号的，基本上每个年度党中央、国务院都有发出关于农业农村工作的文件。

陈锡文：取消农业税[1]

（2018 年 4 月 19 日）

农村税费改革是农村改革中一个非常关键的步骤。从某种意义上讲，农村税费改革调整了国家和农民之间的经济利益关系，对我们国家来说是一项特别重要的改革。

但是这件事情确实很难，为什么？中国是一个农业古国，农业税的历史特别长，而且是比较规范的。我们讲农业税，按照比较规范的说法，就是“按地亩征税”。从近代一直到现在，农民交“皇粮国税”不是天经地义的吗？农民自己这么认为，社会舆论也这么认为，所以真要取消农业税难度是很大的。

为什么在改革过程中农业税的问题会凸显出来？因为之前的人民公社体制是集体统一经营的，农民每年的收益都要先扣除国家和集体的部分后，再作个人分配。那么，属于交给国家的税，农民在拿到收益之前就已经交掉了。所以对每一个家庭来说，尽管很苦、收益很少，但是没有人是从自己兜里掏钱去交税的。

但是实行“包产到户”以后就不一样了，“包产到户”是“保证国家的，留足集体的，剩下才是自己的”，并且因为人民公社的体制被瓦解了，农民就开始要自己从收益里拿钱交税了。而且除了国家税之外，还有一些其他的税要收。这样就麻烦多了。

我记得很清楚，有一年夏天，我在凤阳小岗村调研的时候，就发现这个问题了。“包产到户”搞了两三年，农民的日子是比过去

① 根据中国（海南）改革发展研究院口述改革历史访谈资料整理。

好过了，家里的粮食早就满满的了。但是如果要农民掏点钱出来修路、搞水利，就会有些麻烦。有一天，我专门用了一天的时间，跟生产队大队长一起去农户家里收修路、搞水利的钱，大概每户要交两三块钱，结果觉得很难受。队长走到谁家去要钱，要不就没人（其实只是躲起来了），即使有人，也没有痛痛快快给钱的。男主人在外头跟生产队长谈，女主人就在家里头“指桑骂槐”、“拍桌子摔凳子”的，到最后，两三块钱揉成一个小纸团扔到门口，但大队长还是捡去了。我觉得很难受。

农村有很多公共事务要办，一定要有钱，如果地方财政没钱，当然就得让农民自己筹。所以这个问题实际上要从我们农村的经营体制来看，从过去集体统一核算、统一分配，先做扣除之后再分给农民，变成现在倒过来，农民自己创造收入自己来交，必然会产生矛盾。这里的问题就在于农村经营体制改了，但是国家的财政税收体制以及公共财政的建设没有跟上去，改革不配套。有些观念还是农民自己的事自己办，办事的钱农民自己出，所以矛盾就逐步被激化。

我记得 20 世纪 90 年代这个问题就已经很尖锐了，中央第一次高度关注这个问题应该是 1992 年。1992 年 12 月 24 日，江泽民在武汉主持召开湖北、湖南、江西、安徽、河南、四川六省农业和农村工作座谈会，专门研究减轻农民负担的问题。1998 年 9 月，还专门成立了由财政部、农业部、中央农村工作领导小组办公室的主要负责同志组成的国务院农村税费改革工作小组。我记得 20 世纪 90 年代，尤其是中期，中共中央办公厅每年都要发当年涉及农民负担恶性案件的情况通报，一般来说一个通报有将近 20 个案件，说明当时矛盾很尖锐。

于是中央也在考虑搞农村税费改革试点，其实有的地方已经先开始行动了，比如河北省和安徽省。20 世纪 90 年代的时候，河北省委搞了“公粮制改革”的试点，简单来说，就是把农民要交的“公粮”确定了，农民就交一次，之后不能再收取其他费用。安徽的阜阳地区也有搞改革试点，我也参加过他们的一些会议，听过他们的一些汇报，但是这个矛盾一直没得到彻底解决，所以中央也在研究有没有根治的办法。

1994 年，我到中央财经领导小组办公室工作，一直到 1998 年 10 月，我回到国务院发展研究中心。大概是 1999 年 5 月，中央财经领导小组办公室副主任段应碧和我聊到税费的问题，当时我们觉得可能有一个机遇可以抓住。为什么说是机遇呢？第一，1999 年进行了工资改革，当时国务院正在起草一个重要文件，也就是“12 号文件”，主要内容是提高党政机关、事业单位和国企职工的工资。段应碧说：“你看文件光考虑城里，咱们能不能借这个机会也给农村说一点儿话？”第二，1999 年是中华人民共和国成立 50 周年，所以说我们就在想能不能以 50 周年庆典的名义给中央递交报告。

我想这事能做，因为我所在的国务院发展研究中心是智囊机构，各方面还是比较宽松的。于是我跟段应碧策划商定了，以我个人的名义，写一份报告给国务院，他来想办法递上去。当时我们还没敢叫税费改革。当时我们只提了“停收一年农业税，免收一年农业税”，也做了一些测算，而且报告最后提到了免收农业税。但这钱从哪里来？税不收了，政府开支的钱怎么办？所以我们当时一块儿商量了一个主意，就是允许地方政府发债，先把缺口补上，然后再想办法。

报告写了以后，因为当时这个事情很敏感，以中央财经领导小组办公室的名义提，显然是不合适的，但又必须按程序，报告完了才能出。我记得那时候我回到农村发展研究部当部长，报告是以我个人的名义写的。那怎么报呢？我自己报当然也不合适，所以我就递交给了当时我们的主任王梦奎，由他亲自签批送给了朱镕基，再批给当时国家发改委等两个管流通体制的部门，他们对这个关于粮食流通体制改革的报告还算是接受的。

到了5月，我又递交了一个报告，报告的主要内容是“停收农业税一年试点”。这是件很大的事，以个人的名义送，也不太合适。于是我们就想了个办法，把报告编入王梦奎编的一个择要专送件给送上去了。

文件报上去没多久，大概6月在京西宾馆召开了部署落实“12号文件”的会议。在会上讲了“减一年免一年”，当时还没说税费改革，因为时间原因，也没来得及解释资金缺口要怎么解决（我们本来计划“缺口”允许地方政府算账，缺多少批准地方政府发债多少，以后再想办法还），所以大家都不同意。后来总理在做会议总结的时候，第一句话就讲：“这是个大事，大头不免，屠宰税能不能免掉?”这样说完，大家表示同意。屠宰税名义上大概要征收44亿元，实际能征收20亿元，所以就把这20亿元免掉了。第二句他就说：“既然大家都不同意，我只能下决心推进税费改革。”

总理说：“要马上研究一个税费改革的方案出来。”于是到1999年底，我们用了半年时间把方案弄出来了。整个测算下来，农民的负担有几个部分：一是农业四个税收，二是“三提五统”，也就是村里的“三提留”和乡镇村里边的“五统筹”，加在一起共十二项。这是很不合理的，虽然税率很低，但是征的费很多。所以当初方案设计的重点考虑，第一是要减轻负担，第二是要规范化，第三是要长期稳定。

经过反复测算，方案决定农业税按照农作物的常年产量和规定的税率依法征收。常年产量以 1998 年之前五年农作物的平均产量确定，并保持长期稳定。也就是说，随着产量的增加，实际上税率是在下降的。调整农业税税率，将原农业税附加并入新的农业税。新的农业税实行差别税率，最高不超过 7%。但是不许再征收乡镇“五统筹”费。这五件事属于公共财政的范畴，将来是要由国家出钱的。村里边的“三提留”由国家代收，叫农业税附加，以农业税正税的 20%为上限征收，收完这两项后别的都不许再收了。这么算下来，农民的负担是有所减轻的，1300 亿元中能降三四百亿元，而且讲得清楚了、变得规范了。另外，屠宰税完全取消了，农业特产税也进行了调整，按照农业税和农业特产税不重复交叉征收的原则进行征收，并提出了取消统一规定的劳动积累工和义务工。

2000 年农村税费改革开始试点。当时采用了让各省自愿报名的办法，中央财政和地方政府一起测算，实行税费改革之后，每个省会减收多少钱，中央负责补，因为这改革是要“割肉出血”的呀。最后只有安徽省报名了。我们给安徽省再三测算，最后算出来，安徽省大概要减收 10 亿元，所以中央也承诺了要补贴安徽省 10 亿元。2000 年一年，安徽省就按照方案在搞试点。到 2001 年开“两会”，本来“两会”前中央已经定了，国务院也做了方案，决定 2001 年要扩大农村税费改革试点。但是“两会”期间，安徽省代表团里有一位人大代表，是教育厅的副厅长，他在会上提了个很尖锐的问题：“农村税费负担重，可以说六七成都是因为义务教育，国家给义务教育的钱太少了。虽然大家都同意减轻农民负担，但是这不能让农村义务教育办不下去。”这个意见是很尖锐的，要解决只能靠中央多补贴。

另外，安徽在进行了一年的试点之后，最后决算发现这一年的亏空大概是17亿元，远不止10亿元，因为还有别的收费。这样朱镕基就有点担心了，原来说一个省补贴10亿元，现在一下上涨70%，每一个省再补7亿元，要是全国各个省都这么来，对财政来说压力太大，所以最后中央决定2001年暂缓扩大，安徽接着试。

到了2002年试点的范围就扩大了，到2003年已经全面铺开了。当初定的是农业税和附加合在一起最高收8.4%，到了2003年的时候，各方面条件开始有了，财政状况也比较好，所以进行改革的效果也比较好。当初之所以要进行税费改革，最重要的是保证农村社会的稳定，协调党群关系、干群关系。渐渐地，地方各级都意识到这是好事，都愿意干。所以到了2003年下半年，出现了很多往前推进的局面，有的地方自己就开始降低税率了，甚至有个别真正发达的地方，已经不收农业税了。

2003年，在研究2004年中央一号文件的时候，国务院就正式提出降低农业税税率，从7%降到5%，那么农业税附加就是1%，合在一起征税带农业税附加共6%，一共降了2.4%，这是在2004年推出去的。2004年3月5日，在十届全国人大二次会议上，《政府工作报告》就讲了，“逐步降低农业税税率，平均每年降低一个百分点以上，五年内取消农业税”，而实际上后来的进程比这更快。2004年中央一号文件出台之后，有的地方就走在更前头，有的降到3%，有的降到2%，还有的干脆就不要了。大概到2004年底，大部分地方都已经取消农业税了。

到了2005年，按照原来的计划，是进一步降到3%，这样农业税附加就是 0.6%，一共是 3.6%，但实际上很多地方已经干脆取消农业税了。2005 年底，十届全国人大常委会第十九次会议批准废除《中华人民共和国农业税条例》，宣布从 2006 年 1 月 1 日开始，取消农业税。

这事确实是意义重大。对农民来说，如果按照 1999 年的价格算，整体要少交 1300 亿元，这就变成他们的收入了。更重要的是在这个过程中提出了一个问题：过去很多农村的公共事务，中央财政、地方财政都没有出钱，是让农民自己办。现在不收农民的钱了，可事不能不办啊。所以又提出了一些新的政策，比如 2003 年开始建新农合制度、贫困地区开始将农村孩子义务教育费用全免，连课本也免费，等等，这些都是从那时候开始的。

推进税费改革后，我记得当初财政部金人庆的两句话很感人。第一句是“让公共财政的阳光普照农村大地”；第二句是“让公共财政的雨露滋润每个农民”。这时候国家才开始掏钱办农村公共事务，才有了公共财政的概念，也才把农业的生产、农民的生活和公共财政挂上钩。农业支持保护政策、农村基础设施建设、农村社会事业发展、基本公共服务的提供、基本保障制度的建立等，都是在那以后。

所以农村税费改革关系的不仅是农村，不仅是“三农”，它更是我们整个国家经济体制改革、经济运行当中非常关键的一个环节，其实是把农村和整个国家的财政体制、财税体制以及整个公共管理、公共服务、社会保障等都连到了一起，其意义是非常大的。

政策法规

▼

中共中央关于印发《当前农村经济政策的若干问题》的通知（节选）[1]

（1983 年 1 月 2 日）

现将经中央政治局讨论通过的《当前农村经济政策的若干问题》作为草案，发给你们试行。

中央要求：中央、国务院各部门和各地党委、政府的领导同志经常到农村了解新情况，总结新经验，解决新问题，并及时向中央报告。

当前农村经济政策的若干问题

（一九八二年十二月三十一日政治局讨论通过）

（中略）

---

① 中共中央文献研究室编，《十二大以来重要文献选编》（上），北京：中央文献出版社，2011 年版，第 215–230 页。

党的十一届三中全会以来，我国农村发生了许多重大变化。其中，影响最深远的是，普遍实行了多种形式的农业生产责任制，而联产承包制又越来越成为主要形式。联产承包制采取了统一经营与分散经营相结合的原则，使集体优越性和个人积极性同时得到发挥。这一制度的进一步完善和发展，必将使农业社会主义合作化的具体道路更加符合我国的实际。这是在党的领导下我国农民的伟大创造，是马克思主义农业合作化理论在我国实践中的新发展。

联产承包责任制和各项农村政策的推行，打破了我国农业生产长期停滞不前的局面，促进农业从自给半自给经济向着较大规模的商品生产转化，从传统农业向着现代农业转化。这种趋势，预示着我国农村经济的振兴将更快到来，从而为实现党的十二大的战略目标提供更为有利的条件。现在，方向已经明确，道路已经开通，群众正在前进。我们面临的主要的问题是，不少同志对这一历史性变革缺乏充分的思想准备，某些上层建筑的改革赶不上经济基础变化的需要。这种状况如果不改变，农民已经高涨起来的积极性就可能重新受到挫伤，已经活跃起来的农村经济就可能受到窒息。党和政府的各个部门，各级领导干部，都应力求做到：思想更解放一点，改革更大胆一点，工作更扎实一点，满腔热情地、积极主动地为人民服务，为基层服务，为生产服务，认真执行党的十二大确定的路线、方针和政策，依靠八亿农民和广大知识分子，为建设具有高度物质文明和高度精神文明的新农村贡献力量，使农村社会主义事业更加欣欣向荣，蒸蒸日上。

（一）为了力争实现到本世纪末全国工农业年总产值翻两番的任务和国家规定的农业发展指标，各地都要根据本地区的资源条件和经济技术条件，拟定自己的农业发展规划，并采取有力措施，保证实现。

实现农业发展目标，必须注意严格控制人口增长，合理利用自然资源，保持良好的生态环境。要在这样的前提下，改革农业经济结构，利用有限的耕地，实行集约经营，并把大量的剩余劳动力，转到多种经营的广阔天地中去；改革经济管理体制，发挥经济活力，开创商品生产日益发达的生动局面；继续实行对农业的技术改造，改善农业生产条件，加强农业科学技术和教育工作，使农业有一个比较先进的物质、技术基础。概括地说，就是要按照我国的国情，逐步实现农业的经济结构改革、体制改革和技术改革，走出一条具有中国特色的社会主义的农业发展道路。

（二）我国农村只有走农林牧副渔全面发展、农工商综合经营的道路，才能保持农业生态的良性循环和提高经济效益；才能满足工业发展和城乡人民的需要；才能使农村的剩余劳动力离土不离乡，建立多部门的经济结构；也才能使农民生活富裕起来，改变农村面貌，建设星罗棋布的小型经济文化中心，逐步缩小工农差别和城乡差别。

近几年，根据决不放松粮食生产、积极发展多种经营的正确方针，对农业结构进行了调整，效果是显著的。我国人口多耕地少，吃饭始终是第一位的大事。粮食是我国人民的主食，又是食品工业、饲料工业的重要原料，从全局着眼，解决粮食问题必须建立在自力更生的基础上。因此粮食生产一定要抓得很紧很紧，适宜种粮的耕地要保证种粮，实现粮食总产的稳定增长。同时要合理安排适当的耕地种植经济作物，将不宜耕种的土地还林还牧还渔。要面向广阔的山区、丘陵、草原和水面、海域、滩涂，有计划地开发建设，增加畜产品、水产品、林产品、木本粮油、果品等食品和工业原料。不论哪项生产，都要着重提高单位产量，讲求经济效益。

我国的畜牧业，特别是发展牛羊等草食动物，潜力很大。认为粮食不过关，畜牧业就无从发展的看法是不符合实际的。只要实行科学养畜，办好饲料工业，合理利用饲料资源，并不需要很长的时间，肉、蛋、奶等动物性食品就可能成倍增长。发展畜牧业，实行农林牧结合，反过来又会促进农业。

长期以来把农产品远距离运到城市加工，农村光生产原料的状况，不但造成农产品不必要的损耗浪费，而且限制了农村劳动者就业的范围和农产品综合利用的效益，这必须逐步地有计划地加以改变。今后新增加的农产品加工能力，都要尽可能接近原料产地。应当允许农民对完成交售任务后剩余的农产品进行加工和销售，使农产品做到多次利用，增加农民收入。但要注意统筹安排，保证国家财政收入和购销计划的完成。

（三）稳定和完善农业生产责任制，仍然是当前农村工作的主要任务。

联产承包责任制迅速发展，绝不是偶然的。它以农户或小组为承包单位，扩大了农民的自主权，发挥了小规模经营的长处，克服了管理过分集中、劳动“大呼隆”和平均主义的弊病，又继承了以往合作化的积极成果，坚持了土地等基本生产资料的公有制和某些统一经营的职能，使多年来新形成的生产力更好地发挥作用。这种分散经营和统一经营相结合的经营方式具有广泛的适应性，既可适应当前手工劳动为主的状况和农业生产的特点，又能适应农业现代化进程中生产力发展的需要。在这种经营方式下，分户承包的家庭经营只不过是合作经济中一个经营层次，是一种新型的家庭经济。它和过去小私有的个体经济有着本质的区别，不应混同。因此，凡是群众要求实行这种办法的地方，都应当积极支持。当然，群众不要求实行这种办法的，也不可勉强，应当始终允许多种责任制形式同时并存。

完善联产承包责任制的关键是，通过承包处理好统与分的关系。以统一经营为主的社队，要注意吸取分户承包的优点。例如，有些地方在农副工各业统一经营的基础上，实行了“专业承包、包干分配”的办法，效果很好。以分户经营为主的社队，要随着生产发展的需要，按照互利的原则，办好社员要求统一办的事情，如机耕、水利、植保、防疫、制种、配种等，都应统筹安排，统一管理，分别承包，建立制度，为农户服务。

林业、牧业、渔业、开发荒山、荒水以及其他多种经营方面，都要抓紧建立联产承包责任制。

要建立和健全承包合同制。这是完善农业生产责任制的重要环节，也有利于正确处理国家、集体、个人三者关系，把国家对农产品的收购同对农民的生产资料、生活资料供应结合起来。

要加强经营管理，建立健全财务制度。此外，有些地方还存在着土地分包欠妥当，缺乏鼓励改良土壤等对土地进行加工投资的措施，扶持困难户的办法不落实，干部岗位责任制不健全，干部待遇及各业报酬不合理等问题，要尽快妥善解决。

（四）适应商品生产的需要，发展多种多样的合作经济。

近年来随着多种经营的开展和联产承包制的建立，出现了大批专业户（重点户），包括承包专业户和自营专业户。它们一开始就以商品生产者的面貌出现，讲求经济效益，充分利用零散的资金和劳力，发挥了农村各种能手的作用，促进了生产的专业分工和多样化的经济联合。

经济联合是商品生产发展的必然要求，也是建设社会主义现代化农业的必由之路。当前，各项生产的产前产后的社会化服务，诸如供销、加工、贮藏、运输、技术、信息、信贷等各方面的服务，已逐渐成为广大农业生产者的迫切需要。适应这种客观需要，合作经济也将向这些领域伸展，并不断丰富自己的形式和内容。

长期以来，由于“左”倾错误的影响，流行着一些错误观念：一讲合作就只能合并全部生产资料，不允许保留一定范围的家庭经营；一讲合作就只限于按劳分配，不许有股金分红；一讲合作就只限于生产合作，而把产前产后某些环节的合作排斥在外；一讲合作就只限于按地区来组织，搞所有制的逐级过渡，不允许有跨地区的、多层次的联合。这些脱离实际的框框，现在开始被群众的实践打破了。

根据我国农村情况，在不同地区、不同生产类别、不同的经济条件下，合作经济的生产资料公有化程度，按劳分配方式以及合作的内容和形式，可以有所不同，保持各自的特点。例如：在实行劳动联合的同时，也可以实行资金联合，并可以在不触动单位、个人生产资料所有权的条件下，或者在保留家庭经营方式的条件下联合；在生产合作之外，还可以有供销、贮运、技术服务等环节上的联合；可以按地域联合，也可以跨地域联合。不论哪种联合，只要遵守劳动者之间自愿互利原则，接受国家的计划指导，有民主管理制度，有公共提留，积累归集体所有，实行按劳分配，或以按劳分配为主，同时有一定比例的股金分红，就都属于社会主义性质的合作经济。这样，根据经济发展的需要，自然而然地毫不勉强地通过多种形式、多种层次的经济联合，可以把众多的分散的生产者联结起来，使之成为整个社会主义经济的有机组成部分。

（五）人民公社的体制，要从两方面进行改革。这就是，实行生产责任制，特别是联产承包制；实行政社分设。

政社合一的体制要有准备、有步骤地改为政社分设，准备好一批改变一批。在政社尚未分设以前，社队要认真地担负起应负的行政职能，保证政权工作的正常进行。在政社分设后，基层政权组织，依照宪法建立。

人民公社原来的基本核算单位即生产队或大队，在实行联产承包以后，有的以统一经营为主，有的以分户经营为主。它们仍然是劳动群众集体所有制的合作经济。它们的管理机构还必须按照国家的计划指导安排某些生产项目，保证完成交售任务，管理集体的土地等基本生产资料和其他公共财产，为社员提供各种服务。为了经营好土地，这种地区性的合作经济组织是必要的。其名称、规模和管理机构的设置由群众民主决定。原来的公社一级和非基本核算单位的大队，是取消还是作为经济联合组织保留下来，应根据具体情况，与群众商定。公社一级的各种事业机构，原有的事业费照常拨付。

现有的社队企业，不但是支持农业生产的经济力量，而且可以为农民的多种经营提供服务，应在体制改革中认真保护，勿使削弱，更不得随意破坏、分散。社队企业也是合作经济，必须努力办好，继续充实发展。要认真进行调整和整顿，加强民主管理和群众监督，建立多种形式的生产责任制。有的企业可以试行经理（厂长）承包责任制。经理承包责任制的基本点是：企业的所有权和企业积累属于集体，经理在集体授权范围和承包期限内，全权处理企业业务；完成承包任务后，经理报酬从优，或按超额利润分成；完不成任务，或造成亏损的，经理要相应降低报酬或承担一定比例的亏损。在实行这种承包制时，要防止少数人仗权垄断的现象发生。

（六）我国是社会主义国家，不能允许剥削制度存在。但是我们又是一个发展中的国家，尤其在农村，生产力水平还比较低，商品生产不发达，允许资金、技术、劳力一定程度的流动和多种方式的结合，对发展社会主义经济是有利的。因此，对农村中新出现的某些经济现象，应当区别对待。例如，农户与农户之间的换工，丧失劳动能力或劳力不足者为维持生活所请的零工，合作经济之间请季节工或专业工、技术工，等等，均属群众之间的劳动互助或技术协作，都应当允许。农村个体工商户和种养业的能手，请帮手、带徒弟，可参照《国务院关于城镇非农业个体经济若干政策性规定》执行。

农民个人或联户购置农副产品加工机具、小型拖拉机和小型机动船，从事生产和运输，对发展农村商品生产，活跃农村经济是有利的，应当允许；大中型拖拉机和汽车，在现阶段原则上也不必禁止私人购置。各地可根据当地情况和油料供应的可能，规定可行的计划销售办法。国营企事业单位不要把应该更新的汽车卖给农民。

（七）我们现在正进入城乡社会主义商品生产大发展的时期，为了搞活商品流通，促进商品生产的发展，要坚持计划经济为主，市场调节为辅的方针，调整购销政策，改革国营商业体制，放手发展合作商业，适当发展个体商业。实现以国营商业为主导，多种商业经济形式并存。要打破城乡分割和地区封锁，广辟流通渠道。

第一，调整农副产品购销政策。对重要农副产品实行统购派购是完全必要的，但品种不宜过多。今后，对关系国计民生的少数重要农产品，继续实行统购派购；对农民完成统派购任务后的产品（包括粮食，不包括棉花）和非统购派购产品，应当允许多渠道经营。国营商业要积极开展议购议销业务，参与市场调节。供销社和农村其他合作商业组织，可以灵活购销。农民私人也可以经营。可以进城，可以出县、出省。撤销农副产品外运由归口单位审批的规定。凡属收购任务以外的农副产品，购销价格可以有升有降。

第二，对某些紧俏商品实行统派购时，一般不要采取全额收购的作法。凡是能够确定收购基数的，都要定出基数，几年不变，以便给生产者留有一定的产品处理权。要逐步推行购销合同制。合同一经签订，必须严格信守。

第三，发展合作商业。已有的合作商业组织，如农工商联合公司、社队企业产品经销部、贸易货栈等，在搞活农村经济和促进城乡物资交流中发挥了积极作用，但也存在一些问题，应当经过整顿，存利去弊，继续发展。

基层供销合作社应恢复合作商业性质，并扩大经营范围和服务领域，逐步办成供销、加工、贮藏、运输、技术等综合服务中心。原来的县供销社，应当成为基层供销社的联合经济组织。凡是没有进行供销合作社体制改革试点的地区，要抓紧进行试点；已进行试点的地区，要总结经验，逐步向面上推开。国务院有关部门要立即着手拟定供销社体制改革的具体方案，认真组织实施，争取尽快地、稳妥地在全国范围内完成这项改革。

第四，农村个体商业和各种服务业，经营灵活、方便群众，应当适当加以发展，并给予必要扶持。

农民个人或合伙进行长途贩运，有利于扩大农副产品销售，有利于解决产地积压、销地缺货的矛盾，也应当允许。但要经过工商登记，依法纳税，并限于贩运完成交售任务后允许上市的农副产品。

第五，国营商业要根据农民日益增长的需要，大力组织工业品下乡。同时，要允许集体和个体商业向批发站进货。要有合理的批零差价和地区差价，使经营者有利可得。

第六，农村流通领域放宽政策以后，要注意对农民进行国家、集体、个人利益“三兼顾”的教育，保证按质按量向国家完成交售任务，并争取多作贡献，支援国家建设，保证市场供应。同时要切实加强市场管理，坚决及时地处理各种违法行为。工商行政管理部门和税收、物价、公安、交通运输等部门，都要按照放宽政策的各项规定，制定有关的管理条例，以便有所遵循。

（八）要继续进行农业技术改造，建立与健全农业科学技术研究推广体系和培养农村建设人才的教育体系，使我国农村经济在日益完善的生产关系和不断进步的技术基础上，取得更快发展。

我国农业的技术改造应有自己的特色。一方面必须注意发扬传统农业所具有的精耕细作、节能低耗、维持生态平衡等优点；另一方面，又要在农村生产和建设的各个方面吸收现代技术和先进管理方法。要逐步增加对农业的投资。应重新研究和拟定在我国不同地区实行机械化的方案。当前应着重发展小型、多用、质优、价廉的农业机械，因地制宜地改善水利灌溉条件，增加化肥供应，改善氮磷钾比例结构，改良土壤，提高土地利用率和劳动生产率，要尽快发展取代高毒低效的农药。各项农产品加工业，饲料工业，交通和邮电事业，贮藏和烘干设备，小水电、风力、沼气、太阳能和薪炭林等能源开发，更带有急迫性质，必须抓紧。

要注意把从事农业科研、技术推广、教育培训等各方面的力量组织起来，形成一个合理分工、协调一致的工作体系，为农村建设提供富有成效的服务。多年来各地已积累了一批科研成果，一定要做好推广工作，使之运用于生产。要组织先进地区帮助后进地区，做好技术转移工作，使后进地区迅速提高生产水平。要继续选择一批对发展生产具有决定意义的科研项目，组织攻关。比如，良种的选育、病虫害的防治、动植物的防疫和检疫、生物资源的综合利用、生产的合理布局、生态平衡等方面，都要有新的突破和系统的科学技术积累。

适应农民中已经出现的学科学、用科学的热潮，各地要办好国家和集体的农业技术服务机构，通过技术承包制，建立科技示范户、技术服务公司、生产科技联合体、科技普及协会等等，普及农业科技知识，推广科技成果，为农民提供科技服务。

必须抓紧改革农村教育。要积极普及初等义务教育，扫除青壮年文盲，有步骤地增加农业中学和其它职业中学的比重。面向农村的高等院校和中等专业学校，要有一套新的招生和毕业生分配办法，打开人才通向农村的路子。要对农民进行各种形式的职业技术教育和培训。农村教育必须适应而不可脱离广大农民发展生产，劳动致富，渴望人才的要求，必须考虑而不可忽视乡村居民劳动、生活的特点。对于全国不同地区，应有不同要求和部署，以适应当地群众的财力物力状况和学生的接受水平。有关部门应及早制定改革方案，逐步实施。

农村有着大量的能工巧匠、生产能手、知识青年和复员退伍军人，要发挥他们的特长，支持他们建立技术服务组织，允许农村的任何经济组织招聘他们去工作，对自学成才，工作有成绩的，经过考核鉴定可授予技术职称。国家应尽早制订有利于鼓励技术人员到农村服务的人事制度，提高农村技术人员各方面的待遇。居住在城市的知识分子自愿到农村和边远地区服务的，即使是短期工作，也应予以鼓励。农业技术人员除工资收入外，允许他们同经济组织签订承包合同，在增产部分中按一定比例分红。

（九）加快农村建设，必须广辟资金来源。随着国家财政状况的好转，要逐步增加对农业的投资。但有限的国家投资只能用于群众力所不及的重大建设项目，如开发重点垦区、林区，兴修大型水利、电力工程、公路干线、电讯设施和储运设施等。其他小型农田基本建设和服务设施所需要的投资主要依靠农业本身的资金积累和劳动积累。

解决资金问题，首先要把农村经济搞活。搞活才能生财，搞活才能聚财。同时要教育农民懂得“一要吃饭、二要建设”的道理，各种合作经济组织，均应建立固定资产折旧、公共提留和必要的劳动积累三项制度。

农村有些基础设施，如仓库、公路、小水电等，可鼓励农民个人或合股集资兴办，并实行有偿使用制度，谁兴建谁得益，使资金能够回收和周转。农业银行和信用社应改善服务态度，在聚集资金，办理信贷，监督资金的使用方面发挥应有的作用。信用社应坚持合作金融组织的性质。

不论办什么事情，凡需动用民力的，都必须坚持量力而行的原则，切不可重复过去一切大办的错误做法。必须十分注意精简人员，节约开支，杜绝浪费，减轻农民负担。

（十）为使决不放松粮食生产、积极发展多种经营的方针落到实处，农、林、牧、副、渔等各业都应根据因地制宜、发挥优势、适当集中的原则，建立一批商品生产基地。这些基地，要有主产品，要有较高的商品率，还要有相应的供销、运输、加工、储藏、技术等的服务体系和能源、交通、邮电、水利等基础设施。大中小商品生产基地，包括小城镇的建设，应事前经过勘察、规划设计，经主管部门批准，纳入国家或地方基建计划。

生产基地的产品，应尽可能就地综合利用，调出成品或半成品。粮食生产基地，也要利用完成调出任务后剩余的粮食，兴办食品工业和饲料工业，发展畜牧业，以发挥一物多用的经济效益，减少运销耗费。

国营商业、外贸、轻工各部门和供销社也要在现有的基础上进一步办好商品生产基地，本着互利的原则，和当地农民建立多种形式的经济联系或联合经营。

国营农、林、牧、渔场，是国家重要的商品生产基地，应实行经济责任制，农工商综合经营，努力增加商品产量，提高商品质量，作出更大的贡献。

（十一）目前有些边远山区和少数民族地区，生产水平仍然很低，群众生活还有很多困难。必须给以高度关注，切实加强工作，力争尽快改变贫困面貌。

对这些地区，在各项政策上，要比其他地区更加放宽；在生产上要发挥当地资源的优势，并有效地利用国家财政扶持，开展多种经营，以工代赈，改变单纯救济作法。注意改善交通条件，解决能源困难，防治地方病，办好教育。

对牧区，应周密调查研究，完善生产、流通等各项经济政策。

（十二）森林过伐、耕地减少、人口膨胀，是我国农村的三大隐患。在大好形势下，我们对此必须头脑清醒，采取多方面的有力措施，认真对待。首先要坚决刹住乱砍、乱占的歪风，严格控制超计划生育。同时加强调查研究，有步骤地解决体制、政策问题和立法问题。

要认真执行各项林业政策，发动群众造林、护林，绿化祖国，增加植被，建设生态屏障。要适当扩大自留山，积极扶持育苗造林的专业户，办好国营和集体林场。明确宣布，林木谁种谁有；个人所造林木有继承权。

农民逐渐富裕以后，适当改善居住条件是好事。但要做好规划，严格控制占用耕地建房。要教育群众从我国人口多耕地少的实际出发，爱惜每一寸耕地。住房提倡紧凑、合理、适用、清洁，不能追求宽敞。农村集镇建设，要抓紧时间，在充分地进行调查研究的基础上，作出全面规划，经城乡建设部门和县人民政府批准后实行。

计划生育事关经济的发展和民族的兴衰，不能以任何借口稍有放松。应经过调查研究，进一步完善政策，调动大多数群众节制生育的自觉性和积极性。注意改进工作方法，加强宣传教育，防止强迫命令。要严格制止残害女婴甚至残害女婴母亲的行为。

解次上述三个问题，必须强调党员、干部带头，模范地执行政策，杜绝不正之风。县委和县人民政府要切实负起责任。县以下各级干部要有明确的责任制。

（十三）党在农村的工作，必须始终坚持两手抓的方针，一手抓物质文明，一手抓精神文明，使整个农村的物质生活不断改善，思想政治不断进步，文化知识不断提高。必须指出：农村的各项经济工作做好了，可以促进思想政治工作的开展，但终究不能代替思想政治工作；思想政治工作加强了，才能保证农村各项改革的健康发展。各地应根据中央即将发出的有关指示，发扬优良传统，把党的思想政治工作渗透到各项改革和生产活动中去，并保证各项改革和生产建设任务的进行。

要加强农村各种文化、卫生设施的建设。这些文化卫生设施，国家办，集体办，更要鼓励和扶持农民自己办。

要通过制订乡规民约，开展建立文明村、文明家庭的活动。整顿社会治安，加强治安保卫和民事调解组织。反对并制止各种不良风气和不法行为，增强乡邻团结，家庭和睦，改变村风村貌，树立社会主义新风尚。

（十四）系统地培训干部，提高干部素质，改善和加强党的领导。

建设具有中国特色的社会主义农业，我们虽然前进了一步，但从整体来说还处在探索之中。在这个历史大变革时期，各种过时的旧思想、旧习惯往往阻挡人们认识新形势，接受新事物，以致失时误事，造成损失。因此，各级领导必须首先做好干部思想教育工作，通过系统训练，组织调查，总结工作，整党整风，帮助他们进一步解放思想，开阔眼界，继续清除“左”的思想影响，破除束缚生产力发展的老框框，正确对待新生事物。同时，又要在具体决策时实事求是，力求稳妥，把原则性和灵活性结合起来。凡是不懂的事就努力向群众学习，向专家学习，向实践学习；凡属关系重大的事情，就要进行调查，经过试验；凡是大多数群众要求办而又能够办的事，就要认真对待，努力办好。要始终尊重群众的首创精神，从群众中来到群众中去，坚持分类指导，从当地实际情况出发。

随着商品生产的发展和市场的扩大，各有关部门的干部，都必须学会运用各种经济手段的本领，扩大工作领域，提高服务质量，通过自己的工作把农民组织起来，发挥计划指导的作用。

这几年各级党委和政府的有关机构，加强了系统的调查研究，为党制订农村政策提供了科学依据，在统一各行各业的行动方面也做了很多工作。在机构改革时，应注意保证工作的连续性，保留必要的人员，勿使工作受到削弱。

要关心和培养现有干部，鼓励他们积极工作，同时要不拘一格选拔人才，注意从中青年中选拔有一定实践经验和科学知识的干部，逐步建立一支与农业现代化相适应的干部队伍。

加强立法工作。建议国家机关对农村各类经济形式及其活动，加强法制管理，制定相应的法规。同时，对过去的有关法令、法规，要一一进行清理，宜留则留，宜废则废。所有立法都要以适当形式布告周知，以便做到有法可依，违法必究。

农业生产的持续增长，农民社会主义积极性的不断提高，证明党在农村的政策是正确的，广大干部是积极努力的，工作是卓有成效的。现在，党的十二大向我们提出了更加宏伟的目标，中央深信，各级党组织和所有干部一定能够出色地完成自己的光荣任务，我国农村经济的全面振兴一定会早日到来。

中共中央关于一九八四年农村工作的通知[①]

（1984年1月1日）

一

中共中央一九八三年一月发出的《当前农村经济政策的若干问题》，经过一年的试行，取得了明显的成效，证明所提出的基本目标、方针、政策是正确的；中央决定作为今后一个时期内指导农村工作的正式文件，继续贯彻执行。

一年来，经过全党全国各条战线广大干部和群众的共同努力，农业生产获得了创纪录的丰收，农村工作取得了令人鼓舞的进展。这个事实使我们更加坚信，只要保持党的政策的稳定性和持续性，在实践中不断总结新经验，解决新问题，就能团结并带领亿万农民群众，发展农村已经开创的新局面，实现党的十二大提出的宏伟目标，同时，走出一条具有中国特色的社会主义农业发展道路。

二

今年农村工作的重点是：在稳定和完善生产责任制的基础上，提高生产力水平，疏理流通渠道，发展商品生产。

农业生产责任制的普遍实行，带来了生产力的解放和商品生产的发展。由自给半自给经济向较大规模商品生产转化，是发展我国社会主义农村经济不可逾越的必然过程。只有发展商品生产，才能进一步促进社会分工，把生产力提高到一个新的水平，才能使农村繁

---

① 中共中央文献研究室编，《十二大以来重要文献选编》（上），北京：中央文献出版社，2011年版，第362–374页。

荣富裕起来，才能使我们的干部学会利用商品货币关系，利用价值规律，为计划经济服务，才能加速实现我国社会主义农业的现代化。

三

继续稳定和完善联产承包责任制，帮助农民在家庭经营的基础上扩大生产规模，提高经济效益。

（一）延长土地承包期，鼓励农民增加投资，培养地力，实行集约经营。

土地承包期一般应在十五年以上。生产周期长的和开发性的项目，如果树、林木、荒山、荒地等，承包期应当更长一些。在延长承包期以前，群众有调整土地要求的，可以本着“大稳定，小调整”的原则，经过充分商量，由集体统一调整。

鼓励土地逐步向种田能手集中。社员在承包期内，因无力耕种或转营他业而要求不包或少包土地的，可以将土地交给集体统一安排，也可以经集体同意，由社员自找对象协商转包，但不能擅自改变向集体承包合同的内容。转包条件可以根据当地情况，由双方商定。在目前实行粮食统购统销制度的条件下，可以允许由转入户为转出户提供一定数量的平价口粮。

对农民向土地的投资应予合理补偿。可以通过社员民主协商制定一些具体办法，例如给土地定等定级或定等估价，作为土地使用权转移时实行投资补偿的参考。对因掠夺经营而降低地力的，也应规定合理的赔偿办法。荒芜、弃耕的土地，集体应及时收回。

自留地、承包地均不准买卖，不准出租，不准转作宅基地和其他非农业用地。

（二）允许农民和集体的资金自由地或有组织地流动，不受地区限制。鼓励农民向各种企业投资入股；鼓励集体和农民本着自愿互利的原则，将资金集中起来，联合兴办各种企业，尤其要支持兴办开发性事业。国家保护投资者的合法权益。

（三）关于农村雇工问题，中央在《当前农村经济政策的若干问题》中已有原则规定，应继续依照执行。工商行政管理部门，要及时办理登记发证工作，加强管理。各有关部门要认真调查研究，以便在条件成熟时，进一步做出具体的政策规定。

目前雇请工人超过规定人数的企业，有的实行了一些有别于私人企业的制度，例如，从税后利润中留一定比例的积累，作为集体公有财产；规定股金分红和业主收入的限额；从利润中给工人以一定比例的劳动返还等等。这就在不同程度上具有了合作经济的因素，应当帮助它们继续完善提高，可以不按资本主义的雇工经营看待。

实行经理承包责任制的社队企业，有的虽然采取招雇工人的形式，但只要按照下列原则管理，就仍然是合作经济，不能看作私人雇工经营：（1）企业的所有权属于社队，留有足够的固定资产折旧费和一定比例的公共积累；（2）社队对企业的重大问题，如产品方向、公有固定资产的处理、基本分配原则等有决策权；（3）按规定向社队上交一定的利润；（4）经理只是在社队授权范围内全权处理企业业务；（5）实行按劳分配、民主管理，对个人投入的资金只按一定比例分红，经理报酬从优，但与工人收入不过分悬殊。

（四）农村在实行联产承包责任制基础上出现的专业户，带头勤劳致富，带头发展商品生产，带头改进生产技术，是农村发展中的新生事物，应当珍惜爱护，积极支持。最为有效的支持，是向他们提供必要的社会服务，满足他们对信息、供销和技术进步等方面的需求。有条件的地方，对粮食专业户和从事开发性生产的专业户，还可以通过合作经济内部平衡各业收入等办法，给以必要的经济鼓励。一些实行“统一经营、专业承包、包干分配”的合作经济组织，除专业户外，还采用专业队、专业组等分工形式，对促进商品生产的发展起了积极作用，应当总结完善提高。

专业户的发展是一个经济发展的过程，各地经济状况又很不平衡，因此不宜硬性规定专业户的统一标准和发展指标，物质奖励和资金扶持要适度。

要鼓励技术、劳力、资金、资源多种形式的结合，使农民能够在商品生产中，发挥各自的专长，逐步形成适当的经营规模。

（五）政社分设以后，农村经济组织应根据生产发展的需要，在群众自愿的基础上设置，形式与规模可以多种多样，不要自上而下强制推行某一种模式。

为了完善统一经营和分散经营相结合的体制，一般应设置以土地公有为基础的地区性合作经济组织。这种组织，可以叫农业合作社、经济联合社或群众选定的其他名称；可以以村（大队或联队）为范围设置，也可以以生产队为单位设置；可以同村民委员会分立，也可以一套班子两块牌子。以村为范围设置的，原生产队的资产不得平调，债权、债务要妥善处理。此外，农民还可不受地区限制，自愿参加或组成不同形式、不同规模的各种专业合作经济组织。

原公社一级已经形成经济实体的，应充分发挥其经济组织的作用；公社经济力量薄弱的，可以根据具体情况和群众意愿，建立不同形式的经济联合组织或协调服务组织；没有条件的地方也可以不设置。这些组织对地区性合作经济组织和其他专业合作经济组织，是平等互利或协调指导的关系，不再是行政隶属和逐级过渡的关系。

四

加强社会服务，促进农村商品生产的发展。

必须动员和组织各方面的力量，逐步建立起比较完备的商品生产服务体系，满足农民对技术、资会、供销、储藏、加工、运输和市场信息、经营辅导等方面的要求。这是一项刻不容缓的任务。它是商品生产赖以发展的基础，是合作经济不可缺少的运转环节，也是国家对农村经济实行计划指导的重要途径。

（一）国营经济各部门、各行业都要大力支援农业，尤其要重视向农业提供优质廉价的农用工业品，保证农业生产条件的不断改善。

国家设在农村的一切企事业单位，如国营农林牧渔场、工矿企业和水利水电、地质勘探、科学试验推广等单位，都要学习解放军，加强同附近农民的联系，按照互惠的原则，通过提供当地农民需要的各种服务，与农民共同建设农村的物质文明和精神文明，为促进商品生产发展、加强工农联盟、建设社会主义新农村做出新的贡献。这些企事业单位的领导机关应作出具体安排。

（二）供销社体制改革要深入进行下去，真正办成农民群众集体所有的合作商业，这是农民的要求，也是供销社本身发展的需要。须知：群众合作企业的性质恢复得越完全，为农业生产服务、为农民生活服务的观点树立得越牢固，供销社就会对群众越富于吸引力，就越会在农村商品流通中发挥其特有的作用，圆满完成国家委托和农民要求完成的各项任务；否则，就会日益萎缩下去，直至丧失本身独立存在的意义。为此，各级供销社要实行独立核算，自负盈亏，有关制度也要按合作企业性质进行改革。供销社的体制改革后，经营范围必须适当扩大，经营方式必须更加灵活。国营专业公司下伸到农村的收购单位，对计划收购部分，也应本着方便群众的原则，除直接就近收购外，尽量委托供销社代购。供销社还要积极发展生产、生活服务项目，逐步办成农村的综合服务中心。要发展多种形式的农工商联营，扶持生产，开拓销路，促进多产畅销，使供销社同农民结成经济利益共同体，成为国家和农民经济联系的纽带。

（三）信用社要进行改革，真正办成群众性的合作金融组织，在遵守国家金融政策和接受农业银行的领导、监督下独立自主地开展存贷业务。农村存款要优先用于农村，多存可以多贷。在保证农业贷款需要的前提下，可以经营农村工商信贷业务。贷款利率可以浮动。

农业银行要努力改善经营，切实做好农村信贷服务工作。

（四）地区性合作经济组织应当把工作重点转移到组织为农户服务的工作上来。首先要做好土地管理和承包合同管理；其次要管好水利设施和农业机械，组织植保、防疫，推广科学技术，兴办农田水利基本建设以及其他产前产后服务。不仅要依靠本身的力量，更重要的是要扶持各种服务性专业户的发展，并同供销社、信用社、农工商联合公司、多种经营服务公司、社队企业供销经理部、贸易货栈，以及农林技术推广站、畜牧兽医站、农业机械站、经营指导站等企事业单位建立联系，协同工作，更好地为农户服务。

（五）服务也是一种劳动交换，一般应是有偿的，农民可以自愿选择。这样才能持久有效，保证服务质量。

五

流通是商品生产过程中不可缺少的环节，抓生产必须抓流通。当前，流通领域与农村商品生产发展之间不相适应的状况越来越突出。必须坚持计划经济为主、市场调节为辅的原则，坚持国家、集体、个人一齐上的方针，继续进行农村商业体制的改革，进一步搞活农村经济。在放活过程中，要加强管理，克服可能出现的消极现象。

（一）继续调整农副产品购销政策。要随着生产的发展和市场供应的改善，继续减少统派购的品种和数量。鲜活产品要尽量放活，要有合理的季节差价、地区差价，以便活价促产，减少腐烂损耗；为保证出口和大城市供应，可以试行建立专门的生产基地或用平价生产资料换购。三类产品和统派购任务外的产品的价格要真正放开，允许国营商业、供销社按合理的进销差率灵活掌握购销价格，以便参与市场竞争和调节。经营中要尽量减少环节，组织产区、销区直线流通。

（二）改善农副产品收购办法。为了引导农民有计划地进行生产，农副产品统派购任务必须落实到生产单位，一定几年不变；大宗的三类产品和其他计划外产品，也要在安排生产之前与农民签订合同。购销合同一经签订，双方都不得任意变更。化肥、柴油等生产资料供应办法，也要认真改进。

在大品种的集中产区可组成生产者协会，推选代表，与当地收购单位沟通情况，协调关系，解决共同关心的问题。

（三）要依靠国家、集体和个人的力量，采取多种办法集资，兴建商品流通所需的冷库、仓库、交通、通讯等基础设施。国家和地方财政对此要作出适当的安排。国营商业和供销社要在税后利润中提取一定的比例，用于这一类建设。凡属商品流通基础设施，谁举办，谁经营，谁得益，国家在税收上给予照顾和优惠。

大力发展农村水陆交通运输，解决商品滞流问题。目前特别要抓紧解决粮食运销问题。国营交通运输部门要大力改善工作，挖掘运输潜力。同时积极发展集体和个体运输业，提倡组织运输合作社。

农村邮电通讯作为传递商品信息的重要手段，要不断发展，逐步形成普及的比较灵活的传递网。

大中城市在继续办好农贸市场的同时，要有计划地建立农副产品批发市场，有条件的地方要建立沟通市场信息、组织期货交易的农副产品贸易中心。此事应纳入城市建设规划。

（四）建议国务院责成有关部门，组成专门小组，对流通体制、价格体系等进行系统的调查研究，提出根本性的改革方案。

六

制止对农民的不合理摊派，减轻农民额外负担，保证农村合理的公共事业经费。中央、国务院各有关部门部署的农村教育、计划生育、民兵训练、优抚、交通等各项民办公助事业，都要逐项进行认真清理和改革。今后对这些经费，各地可根据农民的经济状况，由乡人民代表大会定项限额提出预算，报县人民政府批准，由基层统筹使用，一年定一次，中间不得任意追加，也不再从集体提留内开支。统筹费用的最高限额由各省、自治区、直辖市因地制宜确定。除此之外，任何部门不得另行向农民摊派任何费用，坚决防止“大办”之风再起。群众无力办的事，不要勉强去办。

合作经济组织内部各项费用的提留，也要根据经济条件，民主商定，量力而行。

要压缩非生产性开支，减少干部人数。干部的补贴要合理。

上述各项开支，不宜一律按田亩摊派，可由各地群众讨论确定适当的征收和提取办法。

尚未清理财务的社队，应争取于一九八四年内完成。

七

随着农村分工分业的发展，将有越来越多的人脱离耕地经营，从事林牧渔等生产，并将有较大部分转入小工业和小集镇服务业。这是一个必然的历史性进步，可为农业生产向深度广度进军，为改变人口和工业的布局创造条件。不改变“八亿农民搞饭吃”的局面，农民富裕不起来，国家富强不起来，四个现代化也就无从实现。

当前农村兴起的饲料工业、食品工业、建筑建材业和小能源工业，是最为社会所急需而又能较快发展的几个产业部门，应有计划地优先发展，有关部门和地方要给予积极的指导和扶持。鼓励城市技术人员下乡，倡导和组织不同地区、不同单位之间的人才和技术的流动，为发展农村工业增强技术力量。

现有社队企业是农村经济的重要支柱，有些是城市大工业不可缺少的助手。要继续抓紧整顿，建立和完善责任制，改善经营管理，采取适用技术，提高经济效益，促其健康发展。责任制的形式应根据企业的规模、生产特点和经营状况确定，防止少数人仗权垄断承包、压价承包和转手承包的现象发生。

家庭小工业，供销合作社办工业，国营和社队联办工业，各具有不可取代的经济作用和意义，应总结经验，努力办好。

农村工业应充分利用当地资源，面向国内外市场，特别是广大农村市场，以发挥自己的优势，与城市工业协调发展。

农村工业适当集中于集镇，可以节省能源、交通、仓库、给水、排污等方面的投资，并带动文化教育和其他服务事业的发展，使集镇逐步建设成为农村区域性的经济文化中心。建设集镇要做好规划，节约用地。一九八四年，各省、自治区、直辖市可选若干集镇进行试点，允许务工、经商、办服务业的农民自理口粮到集镇落户。

八

林牧渔业发展不足，商品供应紧张，这种状况必须扭转。要进一步放宽政策，加速对山区、水域、草原的开发。鼓励种草种树，改良草场，实行农林牧相辅发展；鼓励发展水产养殖，保护天然资源，实行养殖捕捞并举。要多方开辟食物来源，改善生态环境，并逐步提高少数民族地区和贫困地区的经济文化水平。

要继续贯彻执行《中共中央、国务院关于保护森林发展林业若干问题的决定》。集体林区在实行木材采伐“一本账”的计划中，要给社队留下适当数量的木材。这部分木材和抚育间伐材、困山材、小径材及其半成品等，应通过县林业部门或其委托的经营单位，统一组织同外地换粮换物或实行代销，所得利益的绝大部分应归林农。

根据国家或集体的安排，在荒山、荒沙、荒滩种草种树，谁种谁有，长期不变，可以继承，可以折价转让。林木砍伐依法，产品处理自主。专业户承包小流域治理，更应保证他们的应得利益。

牧区畜产品也宜确定收购基数，签订购销合同，任务以外允许议购议销。在有条件的地方，允许羊毛、皮革等工业原料进行“工牧直交”和活畜出境异地育肥。

牧区在落实畜群责任制的同时，应确定草场使用权，实行草场使用管理责任制。鼓励牧民进行牧业基本建设，保护草场，改良草种，提高产草率，保持草畜平衡，提高畜产品商品率。

对从事海、淡水养殖和水产品加工的，要从产品购留、资金信贷、苗种和饲料供应、技术服务等方面给予照顾。

国营农场应继续进行改革，实行联产承包责任制，办好家庭农场。机械化水平较高，不便家庭承包的，也可实行机组承包。应提倡农垦农工商联合企业同附近农民合作发展农产品加工业和其他方面的经济联合，不受商品生产分工和地区、部门的限制。

九

加强对农村工作的领导，提高干部的素质，培养农村建设人才。

我国农村正处在一个历史性转变的过程中，全党上下，都面临一个重新学习的任务。各级、各部门的干部都必须戒骄戒躁，从实际出发，扎扎实实地进行调查研究，努力通晓经济规律和自然规律，使自己的思想、能力、工作方法和工作作风来一个大的转变和提高。

现在，农村工作不能只抓几项主要产品的指标，而应重视综合发展；不但要增加生产，而且要引导农民学会经济核算，讲求经济效益；不但要关心生产，而且要关心交换、分配、消费等各个环节；不但要关心农业，而且必须关心国民经济各部门以及文化、教育、科技、卫生、体育等事业的发展。

我们既需要合格的领导者，又需要大量的具有新素质的生产者和经营者。要从今年开始在全国有计划地普训人才。要政治政策教育、科学技术教育、经营管理教育并进，争取在三五年内把基层主要干部轮训一遍，把基层的各类技术人员轮训一遍，同时，轮训一部分农村知识青年、专业户成员和劳动能手，并选送其中的优秀者经过考试到大、中专学校，实行定向培养。要以县为单位做出训练规划，建立训练中心，兴办各类专业学校和训练班。要注意发现、大胆提拔优秀人才充实基层领导。

十

党在农村的政策越放宽，商品经济越发展，就越需要加强农村思想政治工作和文化教育工作。各级党组织要充分认识：社会主义的物质文明和精神文明一齐抓，是我们党的长期战略方针。在农村不提清除精神污染的口号，但不能因此放松农村的思想政治工作。近些年来，农村中封建迷信、偷盗赌博、摧残妇女、传播淫秽书刊和极不健康的文艺活动等情况也是严重存在的，必须采取有效措施加以解决。在工作中要注意划清界限，不可把政策允许的经济活动同不正之风混同起来，不可把农民一般性偏离经济政策的行为同经济犯罪混同起来。对经济上的问题，主要采用加强引导和管理的办法解决；对思想上的问题，主要用正面教育的办法解决，都不可简单从事。在不断改善农民经济地位的同时，要进行马克思列宁主义和毛泽东思想的教育，进行爱国主义、社会主义教育，开展“五讲四美三热爱”和文明村、文明企业、五好家庭活动，增强农民对资本主义、封建主义思想侵蚀的抵御能力，保证党的各项政策的实施和各项经济任务的完成。

近年来，农村广大党员、干部，模范地执行党的政策，积极参加劳动，密切联系群众，对提高党在农民中的威信，做出了贡献。但是也有极少数党员、干部，在放宽经济政策的过程中，以权谋私，化公为私，侵占国家、集体和群众的利益，引起群众的严重不满。这类行为是同党员、干部的称号不相容的，必须进行教育，促其迅速改正；坚持不改的，要严肃处理。

加强农村党组织的建设。要按照中央的部署，进行整党，纯洁党的组织，发扬党的优良传统，提高党组织的战斗力，改变软弱涣散的状况，带领广大共产党员、共青团员和社会主义建设积极分子，团结亿万农民，为建设社会主义新农村而奋斗。

中共中央、国务院关于进一步活跃农村经济的十项政策[①]

（1985 年 1 月 1 日）

我国农村经过五年多成功的经济改革，迎来了新的形势。农村广大干部群众革新创业精神空前高涨，正在为广开生产门路、发展商品生产而奋发努力。生产全面增长，主要农产品供应紧缺的状况有了很大改善，为农村产业结构的改革提供了物质基础。以联产承包责任制为特征的合作制度，推动了农村劳力、资金、技术的流动和合理结合。十二届三中全会以后，以城市为重点的经济体制改革即将全面展开，城乡之间互相促进、协调发展的新局面将会出现。广大农村正面临着加速发展商品生产的极其有利的时机。

但是应当看到，在农村生产向商品经济转化中还存在着种种不协调现象。农业生产不能适应市场消费需求，产品数量增加而质量不高、品种不全，商品流通遇到阻碍；生产布局和产业结构不合理，地区优势不能发挥，一部分地区贫困面貌改变缓慢，产生这些问题的原因是多方面的，国家对农村经济的管理体制存在缺陷是一个重要原因。其中，农产品统购派购制度，过去曾起了保证供给、支持建设的积极作用，但随着生产的发展，它的弊端就日益表现出来，目前已经影响农村商品生产的发展和经济效益的提高。因此，在打破集体经济中的“大锅饭”之后，还必须进一步改革农村经济管理体制，在国家计划指导下，扩大市场调节，使农业生产适应市

① 《中共中央、国务院关于进一步活跃农村经济的十项政策》，《中华人民共和国国务院公报》，1985 年 09 期。

场的需求，促进农村产业结构的合理化，进一步把农村经济搞活。

为保证上述目标的实现，党中央和国务院经过研究，制定以下十项经济政策。

（一）改革农产品统派购制度

从今年起，除个别品种外，国家不再向农民下达农产品统购派购任务，按照不同情况，分别实行合同定购和市场收购。

粮食、棉花取消统购，改为合同定购。由商业部门在播种季节前与农民协商，签订定购合同。定购的粮食，国家确定按“倒三七”比例计价（即三成按原统购价，七成按原超购价）。定购以外的粮食可以自由上市。如果市场粮价低于原统购价，国家仍按原统购价敞开收购，保护农民的利益。定购的棉花，北方按“倒三七”，南方按“正四六”比例计价。定购以外的棉花也允许农民上市自销。

生猪、水产品和大中城市、工矿区的蔬菜，也要逐步取消派购，自由上市，自由交易，随行就市、按质论价，放开的时间和步骤，由各地自定。放开以后，国营商业要积极经营，参与市场调节。同时，一定要采取切实措施，保障城市消费者的利益。

其他统派购产品，也要分品种、分地区逐步放开。

取消统购派购以后，农产品不再受原来经营分工的限制，实行多渠道直线流通。农产品经营、加工、消费单位都可以直接与农民签订收购合同；农民也可以通过合作组织或建立生产者协会，主动与有关单位协商签订销售合同。

任何单位都不得再向农民下达指令性生产计划。

（二）大力帮助农村调整产业结构

要继续贯彻决不放松粮食生产、积极发展多种经营的方针。

今年，国家将以一定的财力物力支持粮棉集中产区发展农产品加工业，调整产业结构。还决定拿出一批粮食，按原统购价（费用按财政体制分担）销售给农村养殖户、国营养殖场、饲料加工厂、食品加工厂等单位，支持发展畜牧业、水产养殖业、林业等产业。困难的地方可以赊销。

在发展畜牧、水产业中，要特别注意扶持养殖专业户、专业村，并在一定区域范围内逐步建立和健全养殖业的良种繁育、饲料供应、疫病防治、产品加工、贮运销售等配套的商品生产服务环节。

（三）进一步放宽山区、林区政策

山区二十五度以上的坡耕地要有计划有步骤地退耕还林还牧，以发挥地利优势。口粮不足的，由国家销售或赊销。

集体林区取消木材统购，开放木材市场，允许林农和集体的木材自由上市，实行议购议销。木材收购部门可以用换购合同的形式收购一部分木材。砍伐须依法经政府批准，严禁乱砍滥伐。

中药材，除因保护自然资源必须严格控制的少数品种外，其余全部放开，自由购销。药材收购部门应根据供需状况，有重点地与产地签订收购合同。

国营林场，也可以实行职工家庭承包或同附近农民联营。

（四）积极兴办交通事业

修建公路继续实行民工建勤、民办公助的办法。

在经济比较发达地区，提倡社会集资修建公路，谁投资，谁收益。在山区和困难地区，由地方集资、农民出劳力修建公路，国家发放一部分粮、棉、布，作为修筑公路的投资，并支援一部分钢钎、炸药等物资。

省、自治区、直辖市政府，可以在国家批准的数额内，根据交通建设计划，量力发行部分公路、航道债券。

国家支持有关各省联合建立海上运输船队，解决南北交通运输的困难。

各类公路、航道、码头工程，采取招标承包方式兴建，国营、集体和个人均可参加投标。

国营交通企业闲置的车、船，可包给或出售、租赁给群众经营。增加今年农村汽车销量比重。鼓励农民合作办车队、船队。交通部门经营的各类交通设施，对国营和民营运输都要提供服务，一视同仁。交通行政管理要加强，但严禁以任何名义平调农民的车辆和船只，或无理干涉，滥收费用。

（五）对乡镇企业实行信贷、税收优惠。鼓励农民发展采矿和其他开发性事业

对饲料工业、食品工业、小能源工业的投资和其他乡镇企业的技术改造费，在贷款数额和利率上给予优惠。按税法规定，对新办乡镇企业定期免征所得税，期满后仍有困难的，可以继续定期减免。乡镇企业用于补助社会性开支的费用，可按利润的10%在税前列支。

根据有关矿产法规，鼓励农民采矿。开采的范围包括小矿、大矿的尾矿和在大矿周围划定的地方。国营矿冶企业通过收购产品和协作联营、技术指导等办法给予支持。有关管理部门要定出必要的章程和管理办法，既要保护矿产资源，又要防止对农民采矿不应有的限制与干涉。

严禁平调乡镇企业的财产。

（六）鼓励技术转移和人才流动

城市的各类科学技术人员经所在单位同意，可以停薪留职，应聘到农村工作。除党政机关的在职干部以外，具备条件的科学技术人员，在不影响本职工作的前提下，可以利用业余时间为农村提供服务，按合同取得报酬。科研推广单位、大专院校及城市企业，可以接受农村委托的研究项目，转让科研成果，提供技术咨询服务，或者与商品基地及其他农村生产单位组成“科研——生产联合体”，共担风险，共沾利益。鼓励各有关部门组织志愿服务队，赴农村和边疆少数民族地区，提供科技、教育、医务等方面的服务，有突出贡献的还应给予重奖。

提倡“东西互助”。沿海各地向西部转移技术，联合开发西部资源，分享利益。

鼓励集体或个人办好中小学校，特别是中等职业技术学校和专科学校。逐步改善中小学教师待遇。各大专院校要继续为农村举办各种专业班，定向培养科技人才。要按教育部规定的标准收费，不得任意加码。

（七）放活农村金融政策，提高资金的融通效益

信用社实行独立经营，自负盈亏。所组织的资金，除按规定向农业银行交付提存准备金外，全部归自己使用。在保证满足社员农业贷款之后，可以以余款经营农村工商信贷。可以跨地区开展存贷业务。信用社之间、信用社与各专业银行之间可以发生横向业务联系。存放利率允许参照银行所定基准利率上下浮动，有的可以接近市场利率。信用社必须遵守国家金融政策并接受农业银行业务领导。

适当发展民间信用。积极兴办农村保险事业。

农业银行要实行企业化经营，提高资金营运效率。

1987年以前的农村呆滞贷款，应该和可能收回的，各地收回后，可作为低息贷款，由各省、自治区、直辖市农业银行安排使用。

国家支援不发达地区资金和支援穷社穷队资金，由各省、自治区的管理机构统一使用，根据统一规划的建设方案，按项目定向投放，改变以往平均分散使用的方法。

（八）按照自愿互利原则和商品经济要求，积极发展和完善农村合作制

联产承包责任制和农户家庭经营长期不变。要继续完善土地承包办法和林业、牧业、水产业，乡镇企业的责任制。

有些合作经济采用了合股经营、股金分红的方法，资金可以入股，生产资料和投入基本建设的劳动也可以计价入股，经营所得利润的一部分按股分红。这种股份式合作，不改变入股者的财产所有权，避免了一讲合作就合并财产和平调劳力的弊病，却可以把分散的生产要素结合起来，较快地建立起新的经营规模，积累共有的财产。这种办法值得提倡，但必须坚持自愿互利，防止强制摊派。

农村一切加工、供销、科技等服务性事业，要国家、集体、个人一齐上，特别要支持以合作形式兴办。供销合作社应该完全独立核算，自负盈亏，自主经营，由群众民主管理。

地区性合作经济组织，要积极办好机械、水利、植保、经营管理等服务项目，并注意采取措施保护生态环境。

各种合作经济组织都应当拟订简明的章程，合作经济组织是群众自愿组成的，规章制度也要由群众民主制订；认为怎么办好就怎么订，愿意实行多久就实行多久。只要不违背国家的政策、法令，任何人都不得干涉。

凡要农民出钱兴办的事，都要经乡人民代表大会讨论，坚持“定项限额”。任何额外的摊派，农民有权拒绝。供应农民的生产资料，不得任意提价。一切有关的部门和单位，都要注意保护农民的利益，保护专业户的合法权益，并注意做好扶贫工作。

（九）进一步扩大城乡经济交往，加强对小城镇建设的指导

城市应继续办好各类农产品批发市场和贸易中心。在各级政府统一管理下，允许农民进城开店设坊，兴办服务业，提供各种劳务。城市要在用地和服务设施方面提供便利条件。运用经济杠杆，鼓励宜于分散生产或需要密集劳动的产业，从城市向小城镇和农村扩散。

县和县以下小城镇的发展规划，要适应商品经济的需要，并严格控制占地规模。规划区内的建设用地，可设土地开发公司实行商品化经营；也允许农村地区性合作经济组织按规划建成店房及服务设施自主经营或出租。小城镇的建设一定要根据财力和物力的可能，通过试点，逐步开展，注意避免盲目性，防止工业污染。城乡建设部门必须加强对小城镇建设的指导，同时，也要帮助搞好农村住宅建设的规划和设计。

增强县级政府管理和协调经济的能力。按照财政体制的划分原则，各省、自治区、直辖市可选择若干县，试行财政递增包干，在保证国家财政收入稳定增长的前提下，使县的机动财力也有所增加。

（十）发展对外经济、技术交流

各地均应创造条件，引进优良品种、先进技术、设备和资金，发展农产品及其加工品的出口。

靠近沿海开放城市和经济特区的农村，应当成为农业方面的对外窗口和“外引内联”的基地。珠江三角洲、长江三角洲、山东半岛、辽东半岛和其他沿海地区要逐步形成“贸工农”型生产结构，即按出口贸易的需要来发展农产品加工，按加工需要发展农业生产，引进先进技术，提高产品质量。对农产品的出口要放宽权限，鲜活产品允许产地对外经营。具体办法由外贸部门与有关省、市商定。

陆地边境地区，应积极创造条件，恢复和发展同邻国的边境贸易。

以上十项政策，是根据十二届三中全会关于经济体制改革的决定的基本精神，结合农村新情况制定的，这些政策的执行，必将进一步解放农村生产力，引来农业生产的新高涨。目前，正处在一个有利的时机，必须动员干部与群众，统一思想，统一行动，认真组织落实。有关部门要根据上述规定的原则，拟出具体实施方案。原有的政策、办法，凡与上述规定相抵触的，应即停止执行。

扩大市场调节，进一步放活经济之后，农民将从过去主要按国家计划生产转变到面向市场需求生产，国家对农业的计划管理，将从过去主要依靠行政领导转变到主要依靠经济手段。无论农民还是干部，都有一个适应和重新学习的过程。因此，改革必须非常积极又非常稳妥地进行。中央要求各级领导干部，亲自参加一个地方、一个单位的改革实践，取得直接的经验，以保证改革的顺利进行。

近年来，农村干部的作风有明显的改善，受到了群众的拥护。但是在少数地方，形式主义、摆花架子、浮夸不实，以权谋私等不正之风也出现苗头。各级领导务必保持清醒的头脑，善于用历史的经验教育干部，认真学习，遵纪守法，精心工作，使农村经济改革健康地进行，争取在建设社会主义的伟大事业中，不断取得新的胜利。

中共中央关于农业和农村工作若干重大问题的决定（节选）[①]

（1998 年 10 月 14 日中国共产党第十五届中央委员会第三次全体会议通过）

中国共产党第十五届中央委员会第三次全体会议分析了国内外形势，研究了农业和农村工作。全会考虑到：

——贯彻落实党的十五大提出的战略部署，实现我国跨世纪发展的宏伟目标，必须保持农业和农村经济的持续稳定发展。十二亿多人口，九亿在农村，是我国的基本国情。农业、农村和农民问题是关系改革开放和现代化建设全局的重大问题。没有农村的稳定就没有全国的稳定，没有农民的小康就没有全国人民的小康，没有农业的现代化就没有整个国民经济的现代化。稳住农村这个大头，就有了把握全局的主动权。

——我国改革率先从农村突破，并以磅礴之势迅速推向全国，取得了举世瞩目的伟大成就。认真总结二十年来农村改革积累的丰富经验，对于全党自觉坚持十一届三中全会以来的路线方针政策，进一步推动农村乃至全国的改革和发展，具有重要意义。

——面对当前亚洲金融危机的冲击和经济全球化的挑战，进一步加强农业，繁荣农村经济，提高农民购买力，有利于扩大内需，保持整个国民经济增长的良好势头，增加我国在国际合作与竞争中的回旋余地。在充分利用国外市场的同时，努力开拓国内市场特别

① 《中共中央关于农业和农村工作若干重大问题的决定》，北京：人民出版社，1998 年版。

是农村市场，是我国经济发展的基本立足点。

——在从温饱到小康，进而实现现代化的历史进程中，农村的经济建设和精神文明建设、民主法制建设、基层组织建设都面临许多新的问题。一些地方党的农村政策没有得到很好落实，近年农民收入增长缓慢，影响了积极性的充分发挥。农业基础设施薄弱，抗御自然灾害能力不强，人口、资源、环境压力加大。切实解决好这些问题，才能全面推进农村经济发展和社会进步，建成富裕民主文明的社会主义新农村。

全会认为，就农业和农村工作若干重大问题作出如下决定是适时和必要的。

一、农村改革二十年的基本经验

农村改革已经走过二十年光辉历程。实行家庭联产承包责任制，废除人民公社，突破计划经济模式，初步构筑了适应发展社会主义市场经济要求的农村新经济体制框架。这个根本性改革，解放和发展了农村生产力，带来农村经济和社会发展的历史性巨变：粮食和其他农产品大幅度增长，由长期短缺到总量大体平衡、丰年有余，基本解决了全国人民的吃饭问题；乡镇企业异军突起，带动农村产业结构、就业结构变革和小城镇发展，开创了一条有中国特色的农村现代化道路；农民生活水平显著提高，全国农村总体上进入由温饱向小康迈进的阶段；农民的思想观念顺应时代要求发生着深刻变化，农村精神文明和民主法制建设取得了明显进步。农村改革的成就，为全国改革、发展、稳定作出了重要贡献，使广大农民看到了走向富裕的光明前景，坚定了跟着中国共产党走有中国特色社会主义道路的信心。

农村改革二十年的基本经验是：

第一，必须承认并充分保障农民的自主权，把调动广大农民的积极性作为制定农村政策的首要出发点。这是政治上正确对待农民和巩固工农联盟的重大问题，是农村经济和社会发展的根本保证。调动农民的积极性，核心是保障农民的物质利益，尊重农民的民主权利。在任何时候，任何事情上，都必须遵循这个基本准则。

第二，必须发展公有制为主体的多种所有制经济，探索和完善农村公有制的有效实现形式，使生产关系适应生产力发展要求。实行土地集体所有、家庭承包经营，使用权同所有权分离，建立统分结合的双层经营体制，理顺了农村最基本的生产关系。这是能够极大促进生产力发展的农村集体所有制的有效实现形式。

第三，必须坚持以市场为取向的改革，为农村经济注入新的活力。确立农户自主经营的市场主体地位，鼓励农民面向市场发展商品生产，进入流通领域。改革农产品流通体制，主要由市场形成价格，在国家宏观调控下发挥市场对资源配置的基础性作用。加强和改善国家对粮食这一特殊商品的宏观调控，保护农民积极性，保证供给和价格基本稳定。农村经济转入社会主义市场经济的轨道，在这个新的条件下把农民的积极性引导到更高的阶段，对于实现农业的专业化、市场化、现代化具有全局性意义。

第四，必须充分尊重农民的首创精神，依靠群众推进改革的伟大事业。包产到户和乡镇企业，都是党领导下我国农民的伟大创造。坚持从群众中来、到群众中去的根本工作路线，以“三个有利于”为标准，鼓励试、允许看、不争论，及时总结经验，加强指导，对的就坚持，不对的就改正，把农村改革不断引向深入。

第五，必须从全局出发，高度重视农业，使农村改革和城市改革相互配合、协调发展。坚持以农业为基础，从政策、科技、投入等方面大力支持农业。首先启动农村改革，以农村的改革和发展推动城市，又以城市的改革和发展支持农村，这是中国改革的成功之路。

农村改革的成功是邓小平理论的伟大胜利。始终坚持以邓小平理论为指导，解放思想，实事求是，这是最根本的经验。有了这个理论，才能冲破僵化体制和陈旧观念的束缚，进行建设有中国特色社会主义的新探索。继续推进农村改革，必须牢牢掌握这个强大的思想武器。

二、农业和农村跨世纪发展的目标和方针

我国社会主义初级阶段是不发达的阶段，农村尤其不发达。表现在：生产力落后，主要靠手工劳动；市场化程度低，自给半自给经济占相当比重；农业人口多，就业压力大；科技教育文化落后，文盲半文盲数量较大；农民生活水平比较低，还有几千万人没有解决温饱；城乡差别大，农村发展也很不平衡。这些特点决定了，必须始终把发展农村经济、提高农业生产力水平作为整个农村工作的中心，一切政策都要有利于增强农村经济活力，放手依靠农民改变落后面貌，不断提高农民的物质文化生活水平。

十五大提出党在社会主义初级阶段的基本纲领和下世纪第一个十年的奋斗目标，为我国农业和农村走向现代化指明了方向。从现在起到二〇一〇年，建设有中国特色社会主义新农村的目标是：

——在经济上，坚持以公有制为主体、多种所有制经济共同发展，不断解放和发展农村生产力。基本建立以家庭承包经营为基础，以农业社会化服务体系、农产品市场体系和国家对农业的支持保护体系为支撑，适应发展社会主义市场经济要求的农村经济体

制；农业科技、装备水平和综合生产能力有显著提高，农产品更好地满足国民经济发展和人口增长、生活改善的需求；农村产业结构进一步优化，城镇化水平有较大提高；农民收入不断增加，农村全面实现小康，并逐步向更高的水平前进。

——在政治上，坚持中国共产党的领导，加强农村社会主义民主政治建设，进一步扩大基层民主，保证农民依法直接行使民主权利。全面推进村民自治，完善乡镇人民代表大会制度；乡镇机构精干，以党支部为核心的村级组织健全，干群关系密切；加强法治，保持农村良好的社会秩序和治安环境。

——在文化上，坚持全面推进农村社会主义精神文明建设，培养有理想、有道德、有文化、有纪律的新型农民。加强思想道德教育，倡导健康文明的社会风尚；发展教育事业，普及九年制义务教育，扫除青壮年文盲，普及科学技术知识；发展农村卫生、体育事业，使农民享有初级卫生保健；建设农村文化设施，丰富农民的精神文化生活。

实现我国农业和农村跨世纪发展目标，必须坚持以下十条方针：

（一）始终把农业放在国民经济发展的首位。农业是国民经济的基础。大力发展农业不仅是保障人民生活的要求，也是发展工业和第三产业的需要。调整国民收入分配格局，加大对农业的投入。加强农业立法和执法，支持和保护农业。

（二）长期稳定农村基本政策。以公有制为主体、多种所有制经济共同发展的基本经济制度，以家庭承包经营为基础、统分结合的经营制度，以劳动所得为主和按生产要素分配相结合的分配制度，必须长期坚持。在这个基础上，按照建立社会主义市场经济体制的要求，深化农村改革。

（三）不放松粮食生产，积极发展多种经营。必须稳定发展粮食生产，同时又要调整农村产业结构，实行农林牧副渔并举，并且把发展多种经营同支持和促进粮食生产结合起来，确保农产品有效供给和农民收入持续增长。

（四）实施科教兴农。农业的根本出路在科技、在教育。实行农科教结合，加强农业科学技术的研究和推广，注重人才培养，把农业和农村经济增长转到依靠科技进步和提高劳动者素质的轨道上来。

（五）实现农业可持续发展。必须加强以水利为重点的基础设施建设和林业建设，严格保护耕地、森林植被和水资源，防治水土流失、土地荒漠化和环境污染，改善生产条件，保护生态环境。

（六）大力发展乡镇企业，多渠道转移农业富余劳动力。立足农村，向生产的深度和广度进军，发展二、三产业，建设小城镇。开拓农村广阔的就业门路，同时适应城镇和发达地区的客观需要，引导农村劳动力合理有序流动。

（七）切实减轻农民负担。这是保护农村生产力，保持农村稳定的大事。坚持多予少取，让农民得到更多的实惠。农村各项建设都要尊重群众意愿，量力而行。

（八）实行计划生育基本国策。控制人口过快增长的重点和难点在农村。大力提倡少生优育，使农村人口同经济、社会发展相适应。

（九）推进农村基层民主政治建设。经济体制改革要求政治体制改革相配合。坚持和改善农村基层党组织的领导，加强乡镇政权和村民自治组织建设，依法保障农民当家作主的权利。

（十）物质文明建设和精神文明建设两手抓。两个文明都搞好，农村经济、社会协调发展，才是有中国特色社会主义的新农村。

三、长期稳定以家庭承包经营为基础、统分结合的双层经营体制

实行家庭承包经营，符合生产关系要适应生产力发展要求的规律，使农户获得充分的经营自主权，能够极大地调动农民的积极性，解放和发展农村生产力；符合农业生产自身的特点，可以使农户根据市场、气候、环境和农作物生长情况及时作出决策，保证生产顺利进行，也有利于农户自主安排剩余劳动力和剩余劳动时间，增加收入。这种经营方式，不仅适应以手工劳动为主的传统农业，也能适应采用先进科学技术和生产手段的现代农业，具有广泛的适应性和旺盛的生命力，必须长期坚持。家庭承包经营是集体经济组织内部的一个经营层次，是双层经营体制的基础，不能把它与集体统一经营割裂开来，对立起来，认为只有统一经营才是集体经济。要切实保障农户的土地承包权、生产自主权和经营收益权，使之成为独立的市场主体。农村集体经济组织要管理好集体资产，协调好利益关系，组织好生产服务和集体资源开发，壮大经济实力，特别要增强服务功能，解决一家一户难以解决的困难。

稳定完善双层经营体制，关键是稳定完善土地承包关系。土地是农业最基本的生产要素，又是农民最基本的生活保障。稳定土地承包关系，才能引导农民珍惜土地，增加投入，培肥地力，逐步提高产出率；才能解除农民的后顾之忧，保持农村稳定。这是党的农村政策的基石，决不能动摇。要坚定不移地贯彻土地承包期再延长三十年的政策，同时要抓紧制定确保农村土地承包关系长期稳定的法律法规，赋予农民长期而有保障的土地使用权。对于违背政策缩短土地承包期、收回承包地、多留机动地、提高承包费等错误做法，必须坚决纠正。土地使用权的合理流转，要坚持自愿、有偿的原则依法进行，不得以任何理由强制农户转让。少数确实具备条件

的地方，可以在提高农业集约化程度和群众自愿的基础上，发展多种形式的土地适度规模经营。

在家庭承包经营基础上，积极探索实现农业现代化的具体途径，是农村改革和发展的重大课题。农村出现的产业化经营，不受部门、地区和所有制的限制，把农产品的生产、加工、销售等环节连成一体，形成有机结合、相互促进的组织形式和经营机制。这样做，不动摇家庭经营的基础，不侵犯农民的财产权益，能够有效解决千家万户的农民进入市场、运用现代科技和扩大经营规模等问题，提高农业经济效益和市场化程度，是我国农业逐步走向现代化的现实途径之一。发展农业产业化经营，关键是培育具有市场开拓能力、能进行农产品深度加工、为农民提供服务和带动农户发展商品生产的“龙头企业”。要引导“龙头企业”同农民形成合理的利益关系，让农民得到实惠，实现共同发展。要充分利用现有的农产品加工、销售企业，不要盲目上新项目，避免重复建设。

要从农村经济现状和发展要求出发，继续完善所有制结构。在积极发展公有制经济的同时，采取灵活有效的政策措施，鼓励和引导农村个体、私营等非公有制经济有更大的发展。适应生产和市场需要，发展跨所有制、跨地区的多种形式的联合和合作。供销合作社、信用合作社要继续深化改革，更好地为农业、农民服务。农民采用多种多样的股份合作制形式兴办经济实体，是改革中的新事物，要积极扶持，正确引导，逐步完善。以农民的劳动联合和农民的资本联合为主的集体经济，更应鼓励发展。

四、深化农产品流通体制改革，完善农产品市场体系

进一步搞活农产品流通，尽快形成开放、统一、竞争、有序的农产品市场体系，为农民提供良好的市场环境，是农业和农村经济持续稳定发展的迫切需要。要根据各类农产品的不同特点和供求状况，采取相应的方式和步骤，改革农产品流通体制。

粮食是关系国计民生的战略物资。建立适应社会主义市场经济要求和我国国情的粮食流通体制，对于保证粮食安全、经济发展、社会稳定具有重大而深远的意义。深化粮食流通体制改革，必须把握好以下几点：第一，把立足国内保障粮食基本自给、保护农民种粮积极性、促进粮食生产稳定增长作为出发点。第二，管好粮食收购市场，保证国家掌握粮源，这对于增强国家调控能力、确保市场稳定至关重要。第三，放开粮食零售市场，实行多渠道经营，形成竞争机制，以满足市场的多样化需求。第四，国家建立粮食风险基金、储备和保护价收购制度，对粮食市场进行吞吐调节，保护农民和消费者的利益。第五，国有粮食企业要深化改革，实行政企分开，加强内部管理，减员增效，严格遵守国家粮食购销法规和政策。当前，各地和有关部门要按照中央的部署，统一认识，坚决贯彻按保护价敞开收购农民余粮、粮食收储企业实行顺价销售和粮食收购资金封闭运行三项政策，加快国有粮食企业自身改革，确立自主经营、自负盈亏的新机制，确保粮食流通体制改革顺利实施，达到预期的目标。

棉花流通体制改革，要在国家管好储备、进出口和质量的前提下，从一九九九年棉花年度起，放开购销价格，拓宽流通渠道，逐步建立起在国家宏观调控下，主要依靠市场机制实现棉花资源合理配置的新机制。烤烟、蚕茧、羊毛等工业原料，也要进一步深化流通体制改革。肉禽蛋菜果等鲜活农产品的流通，要进一步放开搞活。继续发展多种形式的初级市场，重点在农产品集散地发展区域性或全国性的批发市场，积极探索产销直挂、连锁经营、配送中心等新的流通方式。培育农民自己的流通组织，提高农民进入市场的组织化程度。加强市场设施建设，完善信息收集和发布制度，向农民提供及时准确的市场信息。健全市场法规，维护市场秩序，反对封锁和垄断。

加强农村商业网点建设，改革农业生产资料流通体制，积极开拓农村市场。同时，要引导农村资金、技术、劳动力等要素市场规范发展。

（中略）

十、加强农村基层党组织建设和干部队伍建设

建设有中国特色社会主义新农村，关键在于加强和改善党的领导，充分发挥乡（镇）党委和村党支部的领导核心作用，建设一支高素质的农村基层干部队伍。

党的农村基层组织是党在农村全部工作和战斗力的基础，是农村各种组织和各项工作的领导核心。最近几年的集中整顿已取得明显成效，但农村基层组织建设是一项长期而艰巨的任务，必须坚持不懈地抓下去。要全面加强村党支部建设和乡（镇）党委建设，同时发挥共青团、妇女、民兵等群众组织的作用，努力提高农村基层组织建设的整体水平。农村党员要带头执行党和国家的各项政策，带领群众共同致富，在两个文明建设中发挥先锋模范作用。

农村基层干部是团结带领广大农民脱贫致富奔小康的骨干力量，为农村的改革、发展和稳定作出了重要贡献，是完全可以信赖的。但这支队伍的整体素质同新形势新任务的要求还不完全适应，有的干部不能正确领会党的农村政策，执行中随意性较大，一些年

轻干部不熟悉农村改革进程和政策；有的文化水平低，思想观念陈旧，带领群众发展经济缺少办法；有的思想作风不正，办事不公，简单粗暴，甚至以权谋私，违法乱纪。这些问题必须认真加以解决。

建设高素质的农村基层干部队伍，总的要求是：深入学习邓小平理论和党的十五大精神，坚定走有中国特色社会主义道路的信念，提高贯彻执行党的路线方针政策、遵守国家法律法规的自觉性；认真实践全心全意为人民服务的根本宗旨，学会在新的历史条件下做好农民工作的方法；努力掌握社会主义市场经济知识、科技文化知识、法律知识，增强带领农民发展经济，搞好两个文明建设的本领。

提高政策水平是加强基层干部队伍建设的重要环节。党的政策是党的生命。农村基层干部应该认真学习和全面理解党的政策，执行中不打折扣、不走样；应该正确地向群众宣传解释各项政策，使之成为群众的自觉行动；应该结合实际贯彻落实政策，鼓励创造性，防止绝对化；应该模范地执行政策，要求群众做到的自己首先做好。要加强对农村基层干部的培训，建立健全定期轮训制度，充分发挥县、乡党校的作用，编写通俗易懂的教材。要把政治理论培训同业务能力培训、实用技术培训结合起来，突出政策和法制教育，提高基层干部正确执行政策、坚持依法办事、善于做群众工作的能力。

密切党群、干群关系，是加强农村基层干部队伍建设的紧迫任务。农村基层干部必须诚心诚意为群众服务，反对脱离群众、不干实事；坚持实事求是，反对虚假浮夸；坚持艰苦创业，反对奢侈浪费；遇事同群众商量，反对强迫命令；正确行使手中的权力，反对以权谋私；努力把完成上级任务和维护群众利益统一起来，反对不顾大局和损害群众利益。对农村基层干部思想作风方面存在的问题，要加强教育，认真解决。对滥用职权、践踏法纪的，要坚决查处。要把对农村基层干部的严格要求和关心爱护结合起来。宣传、表彰和奖励实绩突出、群众拥护的基层干部。重视从优秀的村干部中培养和选拔乡镇干部。要为村干部开展工作创造良好的环境，坚决制止各种打击报复村干部的行为。要支持和鼓励机关干部、军队转业干部和大中专毕业生到乡、村工作。

党管农村工作是我们党的一个传统，也是一个重大原则。全党要高度重视农业和农村工作，从中央到地方各级党委和政府都要把这项工作摆在重要地位，各行各业要大力支持农业。地、县两级要把主要精力和工作重心放在农业和农村工作上。坚定不移地贯彻执行党在农村的基本政策，把广大干部群众的积极性引导好、保护好、发挥好。正确认识新形势下的农民问题，善于用说服教育、示范引导、提供服务的方法处理同农民的关系。尊重自然规律和经济规律，实行民主科学决策，把开拓进取意识同求真务实精神统一起来。各级党委、政府和有关部门要改进领导方法和工作作风，多为基层办实事而不加重基层负担，不搞脱离实际的达标升级活动。各级领导干部要深入实际，加强调查研究，总结和推广农民在实践中创造的经验，特别是到贫困落后的地方去帮助解决困难和突出问题。

全会号召，全党动员起来，团结全国各族人民，在以江泽民同志为核心的党中央领导下，高举邓小平理论伟大旗帜，认真贯彻党的十五大精神，艰苦奋斗，扎实工作，努力开创我国农业和农村工作的新局面，把建设有中国特色社会主义伟大事业全面推向二十一世纪。

中共中央、国务院关于做好农业和农村工作的意见（节选）[1]

（2003年1月16日）

（上略）

一、加快农业区域布局调整，建设优势农产品产业带。推进优势农产品和特色农产品向优势产区集中，是农业结构调整的一项战略任务。农业部门要抓紧制定和实施优势农产品区域布局规划，优先选择出口潜力大的农产品和重要的大宗农产品，在资源条件好、生产规模大、区位优势明显的主产区，构建具有国际竞争力的产业带。要立足产业整体开发，形成名牌产品带动，标准化生产，龙头企业支撑，生产、加工、销售有机结合的高效农业产业体系。调整区域布局，要充分发挥各地的比较优势，遵循自然规律和经济规律，坚持以质取胜，尊重农民的生产经营自主权。国家用于农业的基本建设投资、农业综合开发等资金，要相对集中，向优势农产品和优势产区倾斜。推进农产品优质化、区域化，关键要抓良种。今年，要继续实施良种推广补贴制度，进一步扩大补贴范围，带动优质专用品种的推广，促进区域布局调整，形成产业带。

二、建立健全统一、权威的农产品质量标准体系和检验检测体系，全面实施“无公害食品行动计划”。这是维护消费者健康的重要保障，也是提高农业国际竞争力的迫切需要。要按照“统一标准、统一检测”的方向，尽快理顺管理体制，逐步建立统一、权威

---

① 中共中央文献研究室编，《十六大以来重要文献选编》（上），北京：中央文献出版社，2005年版，第128–141页。

的农产品质量标准体系和检验检测体系，切实解决目前农产品质量标准不一、多头检验、重复检验的问题。有关部门要对现行的农产品质量国家标准、行业标准和地方标准进行一次全面清理，加快采用国际标准的步伐，逐步统一农产品质量检测指标和检测方法；在调查研究的基础上，对现有检验检测机构进行评估并作适当调整，合理界定各级农产品检验检测机构的职能和任务，避免重复交叉，实现资源共享。要加强农产品检验检测设施建设，提高检验检测能力。

在总结试点经验的基础上，全面实施“无公害食品行动计划”。在所有省会城市、计划单列市、无公害和出口农产品生产基地，建立农产品质量安全例行监测制度，实行定点监测和抽查。今年，要全面开展农产品质量安全专项整治活动，重点查处使用违禁农药和兽药残留超标等问题，加强对农兽药生产、销售和使用的管理；继续开展农业生产资料打假活动，严厉查处制售假种子和伪劣农药、化肥等坑农伤农行为，进一步整顿规范农资市场秩序。

三、扶持龙头企业，推进农业产业化经营。发展农业产业化，有利于提高农业效益、增强农业竞争力，有利于推进农业现代化，也是对农村经营体制的创新和完善。各地和有关部门要把推进农业产业化作为新阶段农村工作的一件大事，落实好有关政策，加大扶持力度。近几年，为推进农业产业化，国家制定了一系列支持龙头企业的政策措施，各地要进一步做好落实工作，为促进龙头企业发展、增强企业的带动能力创造良好条件。要继续支持重点龙头企业。鼓励和引导各类工商企业参与农业开发，实行农业产业化经营。农业银行和有关金融机构要进一步改善对龙头企业的服务，根据龙头企业收购资金需求量大、季节性强等特点，合理确定开户银行和贷款条件，扩大贷款规模。同时，对龙头企业的收购资金贷款和有关融资，要加强监管，防止改变使用方向。

四、改革农业科技推广体制，加快农业科技成果转化。加强农业科技推广工作，是国家支持农业的有效形式，是新阶段发展农业的重要任务。要按照经营性服务和公益性职能分开的要求，改革农业科技推广体制。国家的农业技术推广机构主要承担公益性职能，包括重大和关键技术的引进、试验、示范，动植物病虫害及灾情的监测、预报和防治等，所需经费由财政供给。一般性技术推广工作和经营性服务项目，要通过兴办科技示范场、开展农资连锁经营、实行多种形式的技术承包等方式，逐步走向市场。同时，要积极培育多元化的农技推广服务组织，支持科研单位、大专院校、各种专业合作组织和龙头企业以多种形式开展农业技术推广服务。有关部门要抓紧制定方案，进行试点。为加快农业科技成果转化，要继续安排农业科技成果转化资金，建设好农业科技园区，组织实施现代农业高技术示范工程。广泛开展多种形式的农民科技培训，提高农业劳动者素质。

五、加强农村市场建设，发展现代流通方式。建立高效通畅的农产品和农业生产资料市场体系，是推进农业结构战略性调整的迫切需要，也是建设现代农业的重要组成部分。农产品市场建设，当前要以增强市场服务功能为重点，着力提高市场档次和管理水平，更好地发挥其商品集散、信息交流和价格形成的作用。要多渠道增加投入，重点搞好批发市场的信息收集发布、质量安全检测、电子结算和场地道路等配套设施建设。培育和规范市场主体，改进交易方式，提高流通效率。完善市场交易规则，严格市场准入制度，打击制售假冒伪劣商品和欺行霸市的不法行为。抓紧实施“金农”工程，加强农村市场信息服务。

实现农业现代化，必须推进流通现代化。连锁、超市、配送、电子商务等现代流通方式，有利于促进农业生产的标准化，增强生产者的品牌意识，确保农产品和农业生产资料的质量，开拓、净化城乡市场，要积极扶持，大力发展。大中城市要积极发展农产品连锁、超市、配送经营，推进农产品流通方式的现代化。供销合作社要充分利用自身的优势，在农村逐步发展农业生产资料和日用工业品的连锁经营，用现代流通方式改造传统经营网络。允许和鼓励各类工商企业到农村以连锁方式经营化肥等农业生产资料。

六、扩大优势农产品出口。积极开拓农产品国际市场，提高农业的国际竞争力，对于促进农业结构调整，增加农民收入具有重要作用。要选择出口潜力大、基础条件好的地方，集中力量建设一批与主要出口市场相适应、高起点、高水平的农产品出口基地。在出口基地，要率先采用国际标准，努力按进口国的质量卫生标准组织生产、加工和运输，对农业投入品、生产过程和市场准入实行全过程质量安全管理。要完善农产品出口服务体系，及时为出口企业提供国际农产品市场信息，对出口企业开展产品促销等活动给予必要的支持。加强出口农产品检验检疫收费管理，降低收费标准，减轻企业负担。有关部门要密切合作，加强对国际农产品市场和有关法律、政策、技术性贸易措施的跟踪和研究，落实和完善促进农产品出口的各项政策，强化对农产品进出口的宏观调控和管理。充分发挥农产品行业协会在协调出口价格、应对贸易纠纷、开展促销服务等方面的作用，更有效地开拓国际市场。

七、加强对农民进城务工就业的服务和管理，维护农民工的合法权益。农村劳动力到城镇就业和跨地区流动，是沟通城乡经济和发育要素市场的必然要求，也是增加农民收入的重要途径。各地要继续按照“公平对待，合理引导，完善管理，搞好服务”的方针，切实做好进城农民工的服务和管理工作。当前，要在继续清理对农民工的歧视性政策和各种乱收费的同时，集中力量解决好一些企业特别是房地产开发商、工程承包商拖欠克扣农民工工资、劳动条件恶劣、劳动安全和职业病防护没有保障等突出问题。严禁使用童工。劳动力输入地政府要将涉及农民工的治安管理、计划生育、社区管理等有关经费，纳入正常的财政预算支出范围。

随着产业结构升级和现代化建设步伐加快，城市对进城务工农民素质的要求越来越高，各地和有关部门要加强对农民工的职业技能培训，提高农民工的素质和就业能力。农业、劳动等部门要抓紧制定专门规划，积极推进这项工作。在继续鼓励劳动力输入地政府和用工企业开展定向培训的同时，重点支持输出地区开展农民工外出前的职业技能培训。要充分利用现有教育、培训资源，特别是城镇在职、退休的各种专门人才，开展多渠道、多形式的培训。允许农民工参加有关部门组织的职业技能鉴定，鉴定合格的，可以获得统一有效的职业资格证书。对农民工进行职业技能培训和职业技能鉴定，要坚持自愿原则，防止借培训、鉴定之名向农民工乱收费。

八、加快调整和改革，提高乡镇企业发展水平。乡镇企业为推进我国工业化进程、繁荣农村经济作出了历史性贡献，今后对扩大农民就业、增加农民收入仍将发挥重要作用。要适应新阶段农村经济发展和市场供求关系的变化，引导乡镇企业加快结构调整、体制创新和技术进步，走新型工业化道路。要加快乡镇企业技术改造步伐，继续实施“星火计划”，加大对规模以上乡镇企业的技改支持力度，引导企业广泛采用先进技术、设备和工艺，促进产品更新换代和产业结构优化升级。在积极发展乡村集体企业、增强集体经济实力的同时，为农村个体私营等非公有制企业创造更有利的发展环境。农村中小型企业适应现阶段我国农村生产力水平，对拓宽农民就业渠道、促进县域经济发展具有重要意义，要积极鼓励发展。乡镇企业要根据农业结构战略性调整和发展农业产业化经营的需要，突出发展农产品加工业和储藏、保鲜、运销业。在提高技术水平和保护环境的前提下，积极发展劳动密集型产业。

九、突出重点，完善功能，加快小城镇发展。加快农村劳动力转移，全面建设小康社会，离不开小城镇的健康发展。要进一步搞好小城镇发展规划，解决好目前小城镇布局分散、重点不突出的问题，集中力量建设好县城和少数在建制的中心镇。有关部门要抓紧确定重点发展的小城镇，编制科学合理的规划，严格按规划进行建设，防止一哄而起。引导乡镇企业逐步向小城镇集中，是进一步提高乡镇企业发展水平的迫切需要，也是培育小城镇经济的有效途径。各地要制定鼓励乡镇企业向小城镇集中的政策，通过集体建设用地流转、土地置换、分期缴纳土地出让金等形式，合理解决企业进镇的用地问题，降低企业搬迁的成本。要加强小城镇基础设施建设，着力完善小城镇功能，防止盲目扩张。要制定优惠政策，鼓励多渠道、多形式投资兴办小城镇基础设施和公用事业。凡能够商业化经营的基础设施和公用事业，在政府合理确定服务价格的前提下，应实行有偿使用和企业化运营。各级政府对小城镇基础设施建设，要给予必要的支持。

十、扩大退耕还林规模，加强草原生态治理。退耕还林是关系国家可持续发展的战略措施，也是当前调整农业结构、增加农民收入的有效途径。要利用目前粮食供给充裕的有利时机，进一步加大力度，加快进度，并长期坚持下去。各地要按照国家下达的计划，认真落实有关政策，切实做好各项工作。退耕还林规划要优先安排生态地位重要的区域，考虑退耕农民长期的生计需要。退耕还林工作，务必注重实效，严格检查验收，确保工程质量。加强封山育林和小流域综合治理，采取“淤地坝”等多种工程措施，搞好水土保持工作。

加强草原生态治理，是生态环境建设的重要内容，也是促进牧区经济发展、增加农牧民收入的重大措施。要按照“统筹规划、分类指导、突出重点、保护优先、加强建设、可持续利用”的总体要求，全面搞好草原生态建设。今年，要启动天然草原退牧还草工程，通过围栏和改良草场，实行禁牧、休牧、轮牧和舍饲圈养，改变传统放牧方式，恢复草原生态植被。已垦草原也要加快实施退耕还草。要按照“以水定草、以草定畜”的要求，搞好牧区水利建设，提高饲草生产和供给能力。

十一、调整农业投资结构，加大农村中小型基础设施建设力度。农村中小型基础设施建设，对直接增加农民收入、改善农村生产生活条件效果显著，要加快发展。今年，国家农业基本建设投资和财政支农资金，要继续围绕节水灌溉、人畜饮水、乡村道路、农村沼气、农村水电、草场围栏“六小”工程，扩大投资规模，充实建设内容。农村能源建设，要重点支持退耕还林地区发展农村沼气，启动“小水电代燃料”试点，巩固退耕还林成果。农村道路建设，要重点支持中西部地区改造县乡公路，争取用三年左右时间，使西部地区具备条件的县际公路实现等级油路，中部地区县到乡通油路。农村饮水建设，要在原有工作的基础上，继续解决中西部地区由于水源条件变化引起的人畜饮水困难问题。

各地要高度重视农村中小型基础设施建设工作，切实增加投入，加强项目管理，防止挤占挪用。开展农村中小型基础设施建设，在保证工程质量的前提下，要尽量多使用农民工，让农民从工程建设中多得实惠。鼓励个人、集体和各类经济主体多渠道投资建设农村中小型基础设施，实行谁投资、谁受益。国家和集体投资的基础设施，有条件的要采取承包、租赁、拍卖等形式，实行企业化管理和商业化运作，实现有效维护和运营。

十二、切实做好扶贫工作，提高扶贫开发成效。搞好新时期的扶贫开发工作，对于全面建设小康社会意义重大。要继续以中西部少数民族地区、革命老区、边疆地区和特困地区为重点，以改善生产生活条件和增加农民收入为核心，加大工作力度，提高扶贫成效。要突出重点，集中财力物力，分期分批抓好重点贫困村的扶贫开发。要优先解决少数民族贫困人口的住房、饮水和用电问题。对生态环境脆弱、丧失基本生存条件地区的贫困人口，要坚持自愿原则，积极稳妥地实施易地扶贫。今年，中央和地方都要继续增加扶贫投入，并切实管好用好扶贫资金，不允许搞与解决群众温饱无关的项目，更不允许用扶贫资金平衡地方财政预算。继续开展党政机关定点扶贫和东西协作扶贫，广泛动员社会各界参与扶贫，倡导城市居民向贫困地区开展捐赠活动，继续发挥人民解放军和武警部队在扶贫开发中的重要作用。对灾区和农村贫困人口，要及时发放救灾、救济粮款，认真落实农业税收灾歉减免政策，妥善安排好他们的生产生活。

十三、落实农村土地政策，维护农民合法权益。落实好农村土地政策，长期稳定农村土地承包关系，是亿万农民的愿望，也是保持农村乃至整个社会稳定的基础。当前，要切实做好《农村土地承包法》的宣传和贯彻实施工作。各地要组织乡村干部集中一段时间学习，在深刻领会法律精神的基础上，联系本地实际，认真加以落实。年内要对各地执行农村土地政策的情况进行一次检查。

近几年，一些地方征用农村土地补偿标准低、部分农民生活得不到保障和违法占地的问题比较突出。要加强土地利用总体规划和城镇建设规划的管制，禁止随意修改规划，滥占耕地。要区分公益性用地和经营性用地，合理确定补偿标准，妥善安置农民。有关部门要在调查研究基础上，进一步完善农村土地征用办法，逐步建立符合社会主义市场经济要求、有利于经济社会协调发展、有利于保护耕地、保护农民利益的土地征用制度。

十四、继续推进农村税费改革，切实减轻农民负担。农村税费改革试点取得了明显成效，农民负担明显减轻，改革目标基本实现。今年，农村税费改革试点工作要在总结经验、完善政策的基础上全面推开。先行试点的地方，要进一步推进配套改革，防止农民负担反弹，巩固和发展改革成果。去年进行试点的地方，要进一步落实好政策，加强督促检查，把工作做细，真正让农民满意。今年开展试点的地方，要切实做好基础性工作，扎扎实实地推进改革。要抓紧完善农业税征管办法，把农业税收纳入规范化、法制化轨道。农业税征收机关要坚持依法征税，保护农民合法权益。农民要依法纳税，履行应尽义务。各地要高度重视乡村债务问题，采取有效措施，制止新债发生。在摸清情况的基础上，探索债务化解办法，但不能突击清收尾欠，防止激化矛盾。认真落实涉农价格和收费公示制度。组织开展农业用水、用电、农机服务等农业生产性项目价格和收费专项治理，对全国农民建房收费进行专项检查。

十五、深化粮食购销体制改革，保护主产区和种粮农民利益。按保护价敞开收购农民余粮的政策，对抑制粮价过度下降、保护农民种粮积极性，起到了积极作用。在当前粮食供大于求的情况下，粮食流通体制改革要着眼于保护粮食主产区和种粮农民的利益，积极稳妥地推进。已经放开粮食购销的地方，要重点培育和规范粮食市场，促进本地区农业结构调整。粮食主产区要继续坚持保护价收购制度，合理确定保护价水平和收购范围，加快国有粮食企业改革，继续发挥国有粮食购销企业的收购主渠道作用，积极培育多种粮食市场主体参与粮食购销。完善粮食储备调节制度，增强对粮食市场的宏观调控能力。地方配套的粮食风险基金，要及时足额到位。国家用于农业和农村的投入，要注意向粮食主产区倾斜。

随着农村市场取向改革的不断深入和农业参与日趋激烈的国际竞争，要适时调整和转变对农业的支持和保护方式。结合粮食流通体制改革和农村税费改革，统筹考虑对农业和农民补贴方式的改革问题。有关部门要尽快研究提出方案，指导主产省选择部分县市先行试点。

十六、加快农村金融体制改革，加强对农业和农村经济的信贷支持。要适应新阶段农业和农村经济发展的要求，从农村实际出发，加快农村金融体制改革步伐，着力改善农村金融服务，加大信贷支农力度。农村信用社要进一步深化改革，总的要求是明晰产权关系，强化约束机制，增强服务功能，国家适当扶持，地方政府负责。要坚持为农业、农村和农民服务的宗旨，加大农业信贷投放，增加农户贷款，着力满足农户生产生活及投资方面的合理资金需求。农户小额信用贷款和农户联保贷款，对帮助农民调整结构效果明显，要进一步扩大规模，简化手续，加强管理。对中西部地区资金困难的农村信用社，要继续安排支农再贷款。农业银行要重点支持农业产业化经营和农村城镇化发展，进一步做好信贷扶贫工作。

国家政策性银行和其他国有商业银行也要加强对农业和农村经济发展的信贷支持。整顿农村信用秩序，引导规范民间借贷。

十七、积极发展农产品行业协会和农民专业合作组织，建立健全农业社会化服务体系。农产品行业协会和各种专业合作组织，是联结农户、企业和市场的纽带，对于提高农民的组织化程度，转变政府职能，增强农业竞争力，具有重要作用。农产品行业协会是独立的社团法人，实行自主决策，民主管理。协会成员可以是加工企业，可以是流通企业，也可以包括农民的专业合作组织。已有的农产品行业协会要适应新的要求，进行合理调整和改组、改造。要加强行业自律，搞好信息服务，维护成员权益。为推动农产品行业协会的发展，政府应赋予协会必要的职能和手段。要抓紧组建重要出口农产品的行业协会。加快制定有关法律法规，引导农民在自愿的基础上，按照民办、民管、民受益的原则，发展各种新型的农民专业合作组织。

十八、加强农村社会事业建设，促进农村全面发展。全面建设小康社会，必须高度重视农村社会事业的发展。要适应农村税费改革后的新形势，按照公共财政的原则，明确政府在农村社会事业发展方面的责任，把农村社会事业建设纳入财政支持范围，逐步提高投入比重。针对目前农村社会事业建设明显滞后的情况，有关部门要把加强农村教育、卫生、文化等社会事业作为工作重点，国家今后每年新增教育、卫生、文化等事业经费，主要用于农村，逐步缩小城乡社会事业发展的差距。要进一步落实好在国务院领导下，由地方政府负责、分级管理、以县为主的农村义务教育管理体制，确保农村教师工资的发放和学校正常运转所需的经费。继续实施农村中小学危房改造工程、贫困地区义务教育工程和中西部农村中小学远程教育工程，进一步改善农村义务教育办学条件。加强农村公共卫生工作，推进农村卫生服务体系建设，逐步建立和完善新型农村合作医疗制度和医疗救助制度。切实抓好农村计划生育工作，认真贯彻落实有关法律法规和政策措施，增加事业经费投入，推进人口与计划生育综合改革，更好地控制人口数量，提高人口素质。要扶持乡镇文化站的建设和农村广播电视“村村通”工程，丰富农民群众的文化生活。从农村实际出发，加强乡村环境整治，倡导文明、卫生的生活方式。采取有效措施，鼓励社会各方面力量参与农村社会事业建设，大力提倡通过东西互助、城乡互助、对口支援、军民共建等方式，帮助农村贫困地区发展社会事业。

十九、加强和改善党对农村工作的领导。全党要高度重视农业、农村和农民问题，从中央到地方各级党委、政府都要把解决好“三农”问题摆在重要地位，市、县两级要把主要精力和工作重心放在农业和农村工作上。要全面加强农村基层组织建设、精神文明建设和民主法制建设，促进农村社会主义物质文明、政治文明和精神文明的协调发展。要认真落实十六大对全面推进党的建设新的伟大工程作出的部署，巩固农村“三个代表”重要思想学习教育活动的成果，切实加强以村党组织为核心的村级组织配套建设，健全村党组织领导的充满活力的村民自治机制，积极探索让干部经常受教育、使农民长期得实惠的有效途径。深入开展创建“五个好”村党支部、“六个好”乡镇党委和农村基层组织建设先进县为内容的“三级联创”活动，建立健全农村基层组织建设常抓不懈的工作机制，为农村小康和现代化建设提供强有力的组织保证。继续搞好农村基层民主政治建设，依法完善村民自治，着力推进村务公开，加强民主管理。认真做好村委会换届选举工作。要深入推进群众性精神文明创建活动，努力提高农民群众的思想道德素质和农村社会的文明程度。在总结经验的基础上，不断扩大创建文明村镇、评选文明户活动开展的范围。继续组织文化、科技、卫生“三下乡”。加强农村法制建设，落实“四五”普法规划，深入开展农村法制宣传教育。及时化解农村矛盾纠纷，妥善处置群体性事件，慎用警力警械和强制措施，防止矛盾激化。进一步抓好农村社会治安综合治理，依法严厉打击各种违法犯罪活动，维护农村社会稳定。

（下略）

中共中央、国务院关于促进农民增加收入若干政策的意见（节选）①

（2003 年 12 月 31 日）

在党的十六大精神指引下，2003 年各地区各部门按照中央的要求，加大了解决“三农”问题的力度，抵御住了突如其来非典疫情的严重冲击，克服了多种自然灾害频繁发生的严重影响，实现了农业结构稳步调整，农村经济稳步发展，农村改革稳步推进，农民收入稳步增加，农村社会继续保持稳定。

同时，应当清醒地看到，当前农业和农村发展中还存在着许多矛盾和问题，突出的是农民增收困难。全国农民人均纯收入连续多年增长缓慢，粮食主产区农民收入增长幅度低于全国平均水平，许多纯农户的收入持续徘徊甚至下降，城乡居民收入差距仍在不断扩大。农民收入长期上不去，不仅影响农民生活水平提高，而且影响粮食生产和农产品供给；不仅制约农村经济发展，而且制约整个国民经济增长；不仅关系农村社会进步，而且关系全面建设小康社会目标的实现；不仅是重大的经济问题，而且是重大的政治问题。全党必须从贯彻“三个代表”重要思想，实现好、维护好、发展好广大农民群众根本利益的高度，进一步增强做好农民增收工作的紧迫感和主动性。

现阶段农民增收困难，是农业和农村内外部环境发生深刻变化的现实反映，也是城乡二元结构长期积累的各种深层次矛盾的集中

① 《中共中央、国务院关于促进农民增加收入若干政策的意见》，《中华人民共和国国务院公报》，2004 年 09 期。

反映。在农产品市场约束日益增强、农民收入来源日趋多元化的背景下，促进农民增收必须有新思路，采取综合性措施，在发展战略、经济体制、政策措施和工作机制上有一个大的转变。

当前和今后一个时期做好农民增收工作的总体要求是：各级党委和政府要认真贯彻十六大和十六届三中全会精神，牢固树立科学发展观，按照统筹城乡经济社会发展的要求，坚持“多予、少取、放活”的方针，调整农业结构，扩大农民就业，加快科技进步，深化农村改革，增加农业投入，强化对农业支持保护，力争实现农民收入较快增长，尽快扭转城乡居民收入差距不断扩大的趋势。

一、集中力量支持粮食主产区发展粮食产业，促进种粮农民增加收入

（一）加强主产区粮食生产能力建设。当前种粮效益低、主产区农民增收困难的问题尤为突出，必须采取切实有力的措施，尽快加以解决。抓住了种粮农民的增收问题，就抓住了农民增收的重点；调动了农民的种粮积极性，就抓住了粮食生产的根本；保护和提高了主产区的粮食生产能力，就稳住了全国粮食的大局。从2004年起，国家将实施优质粮食产业工程，选择一部分有基础、有潜力的粮食大县和国有农场，集中力量建设一批国家优质专用粮食基地。要着力支持主产区特别是中部粮食产区重点建设旱涝保收、稳产高产基本农田。扩大沃土工程实施规模，不断提高耕地质量。加强大宗粮食作物良种繁育、病虫害防治工程建设，强化技术集成能力，优先支持主产区推广一批有重大影响的优良品种和先进适用技术。围绕农田基本建设，加快中小型水利设施建设，扩大农田有效灌溉面积，提高排涝和抗旱能力。提高农业机械化水平，对农民个人、农场职工、农机专业户和直接从事农业生产的农机服务组织购置和更新大型农机具给予一定补贴。

（二）支持主产区进行粮食转化和加工。主产区要立足粮食优势促进农民增加收入、发展区域经济，并按照市场需求，把粮食产业做大做强。充分利用主产区丰富的饲料资源，积极发展农区畜牧业，通过小额贷款、贴息补助、提供保险服务等形式，支持农民和企业购买优良畜禽、繁育良种，通过发展养殖业带动粮食增值。按照国家产业政策要求，引导农产品加工业合理布局，扶持主产区发展以粮食为主要原料的农产品加工业，重点是发展精深加工。国家通过技改贷款贴息、投资参股、税收政策等措施，支持主产区建立和改造一批大型农产品加工、种子营销和农业科技型企业。

（三）增加对粮食主产区的投入。现有农业固定资产投资、农业综合开发资金、土地复垦基金等要相对集中使用，向主产区倾斜。继续增加农业综合开发资金，新增部分主要用于主产区。为切实支持粮食主产区振兴经济、促进农民增收，要开辟新的资金来源渠道。从2004年起，确定一定比例的国有土地出让金，用于支持农业土地开发，建设高标准基本农田，提高粮食综合生产能力。主销区和产销平衡区也要加强粮食生产能力建设。进一步密切产销区的关系。粮食销区的经营主体到产区建立粮食生产基地、仓储设施和加工企业，应享受国家对主产区的有关扶持政策。产区粮食企业到销区建立仓储、加工等设施，开拓粮食市场，销区政府应予以支持并实行必要的优惠政策。

二、继续推进农业结构调整，挖掘农业内部增收潜力

（四）全面提高农产品质量安全水平。近几年，农业结构调整

迈出较大步伐，方向正确，成效明显，要坚定不移地继续推进。要在保护和提高粮食综合生产能力的前提下，按照高产、优质、高效、生态、安全的要求，走精细化、集约化、产业化的道路，向农业发展的广度和深度进军，不断开拓农业增效增收的空间。要加快实施优势农产品区域布局规划，充分发挥各地的比较优势，继续调整农业区域布局。农产品市场和加工布局、技术推广和质量安全检验等服务体系的建设，都要着眼和有利于促进优势产业带的形成。2004 年要增加资金规模，在小麦、大豆等粮食优势产区扩大良种补贴范围。进一步加强农业标准化工作，深入开展农业标准化示范区建设。要进一步完善农产品的检验检测、安全监测及质量认证体系，推行农产品原产地标记制度，开展农业投入品强制性产品认证试点，扩大无公害食品、绿色食品、有机食品等优质农产品的生产和供应。加强动物防疫体系建设，实施重点区域动物疫病应急防治工程，鼓励乡村建立畜禽养殖小区，2004 年要启动兽医管理体制改革试点。加快实行法定检验和商业检验分开的制度，对法定检验要减少项目并给予财政补贴，对商业检验要控制收费标准并加强监管。

（五）加快发展农业产业化经营。各级财政要安排支持农业产业化发展的专项资金，较大幅度地增加对龙头企业的投入。对符合条件的龙头企业的技改贷款，可给予财政贴息。对龙头企业为农户提供培训、营销服务，以及研发引进新品种新技术、开展基地建设和污染治理等，可给予财政补助。创造条件，完善农产品加工的增值税政策。对新办的中小型农副产品加工企业，要加强创业扶持和服务。不管哪种所有制和经营形式的龙头企业，只要能带动农户，与农民建立起合理的利益联结机制，给农民带来实惠，都要在财政、税收、金融等方面一视同仁地给予支持。

（六）加强农业科研和技术推广。要围绕增强我国农业科技的创新能力、储备能力和转化能力，改革农业科技体制，较大幅度地增加预算内农业科研投入。继续安排引进国外先进农业科技成果的资金。增加农业科技成果转化资金。支持已有科研成果的中试和大面积示范推广。引导和推动企业成为农业技术创新主体，允许各类农业企业和民营农业科技组织申请使用国家有关农业科技的研发、引进和推广等资金。深化农业科技推广体制改革，加快形成国家推广机构和其他所有制推广组织共同发展、优势互补的农业技术推广体系。积极发挥农业科技示范场、科技园区、龙头企业和农民专业合作组织在农业科技推广中的作用。建立与农业产业带相适应的跨区域、专业性的新型农业科技推广服务组织。支持农业大中专院校参与农业技术的研究、推广。

三、发展农村二、三产业，拓宽农民增收渠道

（七）推进乡镇企业改革和调整。发展乡镇企业是充分利用农村各种资源和生产要素，全面发展农村经济、拓展农村内部就业空间的重要途径。要适应市场需求变化、产业结构升级和增长方式转变的要求，调整乡镇企业发展战略和发展模式，加快技术进步，加快体制和机制创新，重点发展农产品加工业、服务业和劳动密集型企业。加大对规模以上乡镇企业技术改造的支持力度，促进产品更新换代和产业优化升级。引导农村集体企业改制成股份制和股份合作制等混合所有制企业，鼓励有条件的乡镇企业建立现代企业制度。农村中小企业对增加农民就业作用明显，只要符合安全生产标准和环境保护要求，有利于资源的合理利用，都应当允许其存在和发展。有关部门要根据乡镇企业发展的新形势新情况，加强调查研

究，尽快制定促进乡镇企业改革和发展的指导性意见。

（八）大力发展农村个体私营等非公有制经济。法律法规未禁入的基础设施、公用事业及其他行业和领域，农村个体工商户和私营企业都可以进入。要在税收、投融资、资源使用、人才政策等方面，对农村个体工商户和私营企业给予支持。对合法经营的农村流动性小商小贩，除国家另有规定外，免于工商登记和收取有关税费。

（九）繁荣小城镇经济。小城镇建设要同壮大县域经济、发展乡镇企业、推进农业产业化经营、移民搬迁结合起来，引导更多的农民进入小城镇，逐步形成产业发展、人口聚集、市场扩大的良性互动机制，增强小城镇吸纳农村人口、带动农村发展的能力。国家固定资产投资要继续支持小城镇建设，引导金融机构按市场经济规律支持小城镇发展。重点渔区渔港、林区和垦区场部建设要与小城镇发展结合起来。有条件的地方，要加快推进村庄建设与环境整治。

四、改善农民进城就业环境，增加外出务工收入

（十）保障进城就业农民的合法权益。进一步清理和取消针对农民进城就业的歧视性规定和不合理收费，简化农民跨地区就业和进城务工的各种手续，防止变换手法向进城就业农民及用工单位乱收费。进城就业的农民工已经成为产业工人的重要组成部分，为城市创造了财富、提供了税收。城市政府要切实把对进城农民工的职业培训、子女教育、劳动保障及其他服务和管理经费，纳入正常的财政预算，已经落实的要完善政策，没有落实的要加快落实。对及时兑现进城就业农民工资、改善劳动条件、解决子女入学等问题，国家已有明确政策，各地区和有关部门要采取更得力的措施，明确牵头部门，落实管理责任，加强督促检查。健全有关法律法规，依法保障进城就业农民的各项权益。推进大中城市户籍制度改革，放宽农民进城就业和定居的条件。

（十一）加强对农村劳动力的职业技能培训。这是提高农民就业能力、增强我国产业竞争力的一项重要的基础性工作，各地区和有关部门要作为一件大事抓紧抓好。要根据市场和企业的需求，按照不同行业、不同工种对从业人员基本技能的要求，安排培训内容，实行定向培训，提高培训的针对性和适用性。要调动社会各方面参与农民职业技能培训的积极性，鼓励各类教育培训机构、用人单位开展对农民的职业技能培训。各级财政都要安排专门用于农民职业技能培训的资金。为提高培训资金的使用效率和培训效果，应由农民自主选择培训机构、培训内容和培训时间，政府对接受培训的农民给予一定的补贴和资助。要防止和纠正各种强制农民参加有偿培训和职业资格鉴定的错误做法。

五、发挥市场机制作用，搞活农产品流通

（十二）培育农产品营销主体。鼓励发展各类农产品专业合作组织、购销大户和农民经纪人。积极推进有关农民专业合作组织的立法工作。从2004年起，中央和地方要安排专门资金，支持农民专业合作组织开展信息、技术、培训、质量标准与认证、市场营销等服务。有关金融机构支持农民专业合作组织建设标准化生产基地、兴办仓储设施和加工企业、购置农产品运销设备，财政可适当给予贴息。深化供销社改革，发挥其带动农民进入市场的作用。加快发展农产品连锁、超市、配送经营，鼓励有条件的地方将城市农贸市场改建成超市，支持农业龙头企业到城市开办农产品超市，逐步把网络延伸到城市社区。进一步加强产地和销地批发市场建设，

创造条件发展现代物流业。加强农业生产资料市场管理，有关部门要保证货源充足、价格基本稳定，严厉打击制售假冒伪劣农资等坑农伤农行为。支持鲜活农产品运销，在全国建立高效率的绿色通道，各地要从实际出发进一步改善农产品的流通环境。

（十三）扩大优势农产品出口。要进一步完善促进我国优势农产品出口的政策措施。外贸发展基金要向促进农产品出口倾斜，主要用于支持企业研发新产品新技术、开拓国际市场、参与国际认证等，扶持出口生产基地。鼓励和引导农产品出口加工企业进入出口加工贸易区。抓紧启动园艺产品非疫区建设。完善农产品出口政策性信用保险制度。有关部门要密切跟踪监测和及时通报国内外市场供需、政策法规和疫病疫情、检验检疫标准等动态，为农产品出口企业提供信息服务。加强对外谈判交涉，签订我国与重点市场国家和地区的双边检验检疫和优惠贸易协定，为我国农产品出口创造有利环境。适应农产品国际贸易的新形势，加快建立健全禽肉、蔬菜、水果等重点出口农产品的行业和商品协会。

六、加强农村基础设施建设，为农民增收创造条件

（十四）继续增加财政对农业和农村发展的投入。加强农业基础建设、解决“三农”问题，必须进一步调整国民收入分配结构和财政支出结构。各级政府要依法安排并落实对农业和农村的预算支出，严格执行预算，建立健全财政支农资金的稳定增长机制。按照统一规划、明确分工、统筹安排的要求，整合现有各项支农投资，集中财力，突出重点，提高资金使用效率。积极运用税收、贴息、补助等多种经济杠杆，鼓励和引导各种社会资本投向农业和农村。各地区和有关部门要切实把发展农村社会事业作为工作重点，落实

好新增教育、卫生、文化等事业经费主要用于农村的政策规定，今后每年要对执行情况进行专项检查。

（十五）进一步加强农业和农村基础设施建设。国家固定资产投资用于农业和农村的比例要保持稳定，并逐步提高。适当调整对农业和农村的投资结构，增加支持农业结构调整和农村中小型基础设施建设的投入。节水灌溉、人畜饮水、乡村道路、农村沼气、农村水电、草场围栏等“六小工程”，对改善农民生产生活条件、带动农民就业、增加农民收入发挥着积极作用，要进一步增加投资规模，充实建设内容，扩大建设范围。各地要从实际出发，因地制宜地开展雨水集蓄、河渠整治、牧区水利、小流域治理、改水改厕和秸秆气化等各种小型设施建设。创新和完善农村基础设施建设的管理体制和运营机制。继续搞好生态建设，对天然林保护、退耕还林还草和湿地保护等生态工程，要统筹安排，因地制宜，巩固成果，注重实效。

七、深化农村改革，为农民增收减负提供体制保障

（十六）加快土地征用制度改革。各级政府要切实落实最严格的耕地保护制度，按照保障农民权益、控制征地规模的原则，严格遵守对非农占地的审批权限和审批程序，严格执行土地利用总体规划。要严格区分公益性用地和经营性用地，明确界定政府土地征用权和征用范围。完善土地征用程序和补偿机制，提高补偿标准，改进分配办法，妥善安置失地农民，并为他们提供社会保障。积极探索集体非农建设用地进入市场的途径和办法。

（十七）深化粮食流通体制改革。从 2004 年开始，国家将全面放开粮食收购和销售市场，实行购销多渠道经营。有关部门要抓紧

清理和修改不利于粮食自由流通的政策法规。加快国有粮食购销企业改革步伐，转变企业经营机制，完善粮食现货和期货市场，严禁地区封锁，搞好产销区协作，优化储备布局，加强粮食市场管理和宏观调控。当前，粮食主产区要注意发挥国有及国有控股粮食购销企业的主渠道作用。为保护种粮农民利益，要建立对农民的直接补贴制度。2004 年，国家从粮食风险基金中拿出部分资金，用于主产区种粮农民的直接补贴。其他地区也要对本省（区、市）粮食主产县（市）的种粮农民实行直接补贴。要本着调动农民种粮积极性的原则，制定便于操作和监督的实施办法，确保补贴资金真正落实到农民手中。

（十八）继续推进农村税费改革。要巩固和发展税费改革的成果，进一步减轻农民的税费负担，为最终实现城乡税制的统一创造条件。逐步降低农业税税率，2004 年农业税税率总体上降低 1 个百分点，同时取消除烟叶外的农业特产税。降低税率后减少的地方财政收入，沿海发达地区原则上由自己消化，粮食主产区和中西部地区由中央财政通过转移支付解决。有条件的地方，可以进一步降低农业税税率或免征农业税。各地要严格按照减税比例调减到户，真正让农民得到实惠；确保各级转移支付资金专款专用，及时足额下拨到位。要据实核减合法征占耕地而减少的计税面积。要加快推进配套改革，继续加强农民负担监督管理，防止农民负担反弹，巩固农村税费改革成果。进一步精简乡镇机构和财政供养人员，积极稳妥地调整乡镇建制，有条件的可实行并村，提倡干部交叉任职。优化农村学校布局和教师队伍。进一步清理和规范涉农行政事业性收费。巩固治理利用职权发行报刊的成果。积极探索化解乡村债务的有效途径。尽快制定农业税的征管办法。

（十九）改革和创新农村金融体制。要从农村实际和农民需要出发，按照有利于增加农户和企业贷款，有利于改善农村金融服务的要求，加快改革和创新农村金融体制。建立金融机构对农村社区服务的机制，明确县域内各金融机构为“三农”服务的义务。扩大农村贷款利率浮动幅度。进一步完善邮政储蓄的有关政策，加大农村信用社改革的力度，缓解农村资金外流。农业银行等商业银行要创新金融产品和服务方式，拓宽信贷资金支农渠道。农业发展银行等政策性银行要调整职能，合理分工，扩大对农业、农村的服务范围。要总结农村信用社改革试点经验，创造条件，在全国逐步推开。继续扩大农户小额信用贷款和农户联保贷款。鼓励有条件的地方，在严格监管、有效防范金融风险的前提下，通过吸引社会资本和外资，积极兴办直接为“三农”服务的多种所有制的金融组织。有关部门要针对农户和农村中小企业的实际情况，研究提出多种担保办法，探索实行动产抵押、仓单质押、权益质押等担保形式。鼓励政府出资的各类信用担保机构积极拓展符合农村特点的担保业务，有条件的地方可设立农业担保机构，鼓励现有商业性担保机构开展农村担保业务。加快建立政策性农业保险制度，选择部分产品和部分地区率先试点，有条件的地方可对参加种养业保险的农户给予一定的保费补贴。

八、继续做好扶贫开发工作，解决农村贫困人口和受灾群众的生产生活困难

（二十）完善扶贫开发机制。各级党委和政府要进一步加大扶贫开发力度，强化扶贫工作责任制，提高扶贫成效。2004 年国家继续增加扶贫资金投入。要在认真总结经验、切实摸清底数的基础

上，对尚未解决温饱的贫困人口，进一步采取更有针对性的扶贫措施，切实做到扶贫到村到户。对丧失劳动能力的特困人口，要实行社会救济，适当提高救济标准。对缺乏基本生存条件地区的贫困人口，要积极稳妥地进行生态移民和易地扶贫。对低收入贫困人口，要着力帮助改善生产生活条件，发展特色产业，开辟增收渠道，减少和防止返贫。健全扶贫投入机制，加强资金管理，提高使用效益，所有扶贫资金的使用都要实行公示、公告和报账制度，严格监督和审计，确保资金及时足额到位，真正使贫困户受益。

（二十一）认真安排好灾区和困难农户的生产生活。2003 年不少地方遭受了严重的自然灾害，一些农民生产生活遇到严重困难。各级党委和政府要切实负起责任，组织干部深入灾区和贫困地区，摸底排查，核实灾情，及时把救济款物发放到户，按规定减免有关税费，组织和引导灾区群众开展生产自救。有条件的地方要探索建立农民最低生活保障制度。落实好农垦企业参加企业职工基本养老保险的政策。

（下略）

中共中央、国务院关于推进社会主义新农村建设的若干意见（节选）[①]

（2005年12月31日）

党的十六届五中全会通过的《中共中央关于制定国民经济和社会发展第十一个五年规划的建议》，明确了今后5年我国经济社会发展的奋斗目标和行动纲领，提出了建设社会主义新农村的重大历史任务，为做好当前和今后一个时期的“三农”工作指明了方向。

近几年，党中央、国务院以科学发展观统领经济社会发展全局，按照统筹城乡发展的要求，采取了一系列支农惠农的重大政策。各地区各部门认真落实中央部署，切实加强“三农”工作，农业和农村发展出现了积极变化，迎来了新的发展机遇。粮食连续两年较大幅度增产，农业结构调整向纵深推进，农民收入较快增长，农村税费改革取得重大成果，社会事业进一步发展，农村基层组织建设得到加强，干群关系明显改善。农业和农村发展的好形势，对保持国民经济平稳较快增长和社会稳定，发挥了重要的支撑作用。但必须看到，当前农业和农村发展仍然处在艰难的爬坡阶段，农业基础设施脆弱、农村社会事业发展滞后、城乡居民收入差距扩大的矛盾依然突出，解决好“三农”问题仍然是工业化、城镇化进程中重大而艰巨的历史任务。各级党委和政府必须按照党的十六届五中全会的战略部署，始终把“三农”工作放在重中之重，切实把建设社会主义新农村的各项任务落到实处，加快农村全面小康和现代化

① 《中共中央、国务院关于推进社会主义新农村建设的若干意见》，北京：人民出版社，2006年版。

建设步伐。

一、统筹城乡经济社会发展，扎实推进社会主义新农村建设

（1）建设社会主义新农村是我国现代化进程中的重大历史任务。全面建设小康社会，最艰巨最繁重的任务在农村。加速推进现代化，必须妥善处理工农城乡关系。构建社会主义和谐社会，必须促进农村经济社会全面进步。农村人口众多是我国的国情，只有发展好农村经济，建设好农民的家园，让农民过上宽裕的生活，才能保障全体人民共享经济社会发展成果，才能不断扩大内需和促进国民经济持续发展。当前，我国总体上已进入以工促农、以城带乡的发展阶段，初步具备了加大力度扶持“三农”的能力和条件。“十一五”时期，必须抓住机遇，加快改变农村经济社会发展滞后的局面，扎实稳步推进社会主义新农村建设。

（2）围绕社会主义新农村建设做好农业和农村工作。“十一五”时期是社会主义新农村建设打下坚实基础的关键时期，是推进现代农业建设迈出重大步伐的关键时期，是构建新型工农城乡关系取得突破进展的关键时期，也是农村全面建设小康加速推进的关键时期。“十一五”时期要高举邓小平理论和“三个代表”重要思想伟大旗帜，全面贯彻落实科学发展观，统筹城乡经济社会发展，实行工业反哺农业、城市支持农村和“多予少取放活”的方针，按照“生产发展、生活宽裕、乡风文明、村容整洁、管理民主”的要求，协调推进农村经济建设、政治建设、文化建设、社会建设和党的建设。当前，要完善强化支农政策，建设现代农业，稳定发展粮食生产，积极调整农业结构，加强基础设施建设，加强农村民主政治建设和精神文明建设，加快社会事业发展，推进农村综合改革，

促进农民持续增收，确保社会主义新农村建设有良好开局。

（3）扎实稳步推进社会主义新农村建设。推进新农村建设是一项长期而繁重的历史任务，必须坚持以发展农村经济为中心，进一步解放和发展农村生产力，促进粮食稳定发展、农民持续增收；必须坚持农村基本经营制度，尊重农民的主体地位，不断创新农村体制机制；必须坚持以人为本，着力解决农民生产生活中最迫切的实际问题，切实让农民得到实惠；必须坚持科学规划，实行因地制宜、分类指导，有计划有步骤有重点地逐步推进；必须坚持发挥各方面积极性，依靠农民辛勤劳动、国家扶持和社会力量的广泛参与，使新农村建设成为全党全社会的共同行动。在推进新农村建设工作中，要注重实效，不搞形式主义；要量力而行，不盲目攀比；要民主商议，不强迫命令；要突出特色，不强求一律；要引导扶持，不包办代替。

（4）加快建立以工促农、以城带乡的长效机制。顺应经济社会发展阶段性变化和建设社会主义新农村的要求，坚持“多予少取放活”的方针，重点在“多予”上下功夫。调整国民收入分配格局，国家财政支出、预算内固定资产投资和信贷投放，要按照存量适度调整、增量重点倾斜的原则，不断增加对农业和农村的投入。扩大公共财政覆盖农村的范围，建立健全财政支农资金稳定增长机制。2006年，国家财政支农资金增量要高于上年，国债和预算内资金用于农村建设的比重要高于上年，其中直接用于改善农村生产生活条件的资金要高于上年，并逐步形成新农村建设稳定的资金来源。要把国家对基础设施建设投入的重点转向农村。提高耕地占用税税率，新增税收应主要用于“三农”。抓紧制定将土地出让金一部分收入用于农业土地开发的管理和监督办法，依法严格收缴土地出让金和新增建设用地有偿使用费，土地出让金用于农业土地开发的部分和新增建设用地有偿使用费安排的土地开发整理项目，都要将小型农田水利设施建设作为重要内容，建设标准农田。进一步加大支农资金整合力度，提高资金使用效率。金融机构要不断改善服务，加强对“三农”的支持。要加快建立有利于逐步改变城乡二元结构的体制，实行城乡劳动者平等就业的制度，建立健全与经济发展水平相适应的多种形式的农村社会保障制度。充分发挥市场配置资源的基础性作用，推进征地、户籍等制度改革，逐步形成城乡统一的要素市场，增强农村经济发展活力。

二、推进现代农业建设，强化社会主义新农村建设的产业支撑

（5）大力提高农业科技创新和转化能力。深化农业科研体制改革，加快建设国家创新基地和区域性农业科研中心，在机构设置、人员聘任和投资建设等方面实行新的运行机制。鼓励企业建立农业科技研发中心，国家在财税、金融和技术改造等方面给予扶持。改善农业技术创新的投资环境，发展农业科技创新风险投资。加强农业高技术研究，继续实施现代农业高技术产业化项目，尽快取得一批具有自主知识产权的重大农业科技成果。针对农业生产的迫切需要，加快农作物和畜禽良种繁育、动植物疫病防控、节约资源和防治污染技术的研发、推广。把农业科研投入放在公共财政支持的优先位置，提高农业科技在国家科技投入中的比重。继续安排农业科技成果转化资金和国外先进农业技术引进资金。加强种质资源和知识产权保护。要加快农业技术推广体系改革和建设，积极探索对公益性职能与经营性服务实行分类管理的办法，完善农技推广的社会化服务机制。深入实施农业科技入户工程，扩大重大农业技术推广项目专项补贴规模。鼓励各类农科教机构和社会力量参与多元化的农技推广服务。加强气象为农业服务，保障农业生产和农民生命财产安全。大力推进农业机械化，提高重要农时、重点作物、关键生产环节和粮食主产区的机械化作业水平。

（6）加强农村现代流通体系建设。积极推进农产品批发市场升级改造，促进入市农产品质量等级化、包装规格化。鼓励商贸企业、邮政系统和其他各类投资主体通过新建、兼并、联合、加盟等方式，在农村发展现代流通业。积极发展农产品、农业生产资料和消费品连锁经营，建立以集中采购、统一配送为核心的新型营销体系，改善农村市场环境。继续实施“万村千乡市场工程”，建设连锁化“农家店”。培育和发展农村经纪人队伍。加快农业标准化工作，健全检验检测体系，强化农业生产资料和饲料质量管理，进一步提高农产品质量安全水平。供销合作社要创新服务方式，广泛开展联合、合作经营，加快现代经营网络建设，为农产品流通和农民生产生活资料供应提供服务。2006 年要完善全国鲜活农产品“绿色通道”网络，实现省际互通。

（7）稳定发展粮食生产。确保国家粮食安全是保持国民经济平稳较快增长和社会稳定的重要基础。必须坚持立足国内实现粮食基本自给的方针，稳定发展粮食生产，持续增加种粮收益，不断提高生产能力，适度利用国际市场，积极保持供求平衡。坚决落实最严格的耕地保护制度，切实保护基本农田，保护农民的土地承包经营权。继续实施优质粮食产业工程和粮食丰产科技工程，加快建设大型商品粮生产基地和粮食产业带，稳定粮食播种面积，不断提高粮食单产、品质和生产效益。坚持和完善重点粮食品种最低收购价政策，保持合理的粮价水平，加强农业生产资料价格调控，保护种粮农民利益。继续执行对粮食主产县的奖励政策，增加中央财政对粮食主产县的奖励资金。

（8）积极推进农业结构调整。按照高产、优质、高效、生态、安全的要求，调整优化农业结构。加快建设优势农产品产业带，积极发展特色农业、绿色食品和生态农业，保护农产品知名品牌，培育壮大主导产业。继续实施种子工程。大力发展畜牧业，扩大畜禽良种补贴规模，推广健康养殖方式，安排专项投入支持标准化畜禽养殖小区建设试点。要加强动物疫病特别是禽流感等重大疫病防控的基础设施建设，完善突发疫情应急机制，加快推进兽医管理体制改革，稳定基层兽医队伍。积极发展水产业，扩大优质水产品养殖，发展远洋渔业，保护渔业资源，继续做好渔民转产转业工作。提高农产品国际竞争力，扩大园艺、畜牧、水产等优势农产品出口，加强农产品对外贸易磋商，提高我国农业应对国际贸易争端的能力。

（9）发展农业产业化经营。要着力培育一批竞争力、带动力强的龙头企业和企业集群示范基地，推广龙头企业、合作组织与农户有机结合的组织形式，让农民从产业化经营中得到更多的实惠。各级财政要增加扶持农业产业化发展资金，支持龙头企业发展，并可通过龙头企业资助农户参加农业保险。发展大宗农产品期货市场和“订单农业”。通过创新信贷担保手段和担保办法，切实解决龙头企业收购农产品资金不足的问题。开展农产品精深加工增值税改革试点。积极引导和支持农民发展各类专业合作经济组织，加快立法进程，加大扶持力度，建立有利于农民合作经济组织发展的信贷、财税和登记等制度。

（10）加快发展循环农业。要大力开发节约资源和保护环境的农业技术，重点推广废弃物综合利用技术、相关产业链接技术和可再生能源开发利用技术。制定相应的财税鼓励政策，组织实施生物质工程，推广秸秆气化、固化成型、发电、养畜等技术，开发生物质能源和生物基材料，培育生物质产业。积极发展节地、节水、节肥、节药、节种的节约型农业，鼓励生产和使用节电、节油农业机械和农产品加工设备，努力提高农业投入品的利用效率。加大力度防治农业面源污染。

三、促进农民持续增收，夯实社会主义新农村建设的经济基础

（11）拓宽农民增收渠道。要充分挖掘农业内部增收潜力，按照国内外市场需求，积极发展品质优良、特色明显、附加值高的优势农产品，推进“一村一品”，实现增值增效。要加快转移农村劳动力，不断增加农民的务工收入。鼓励和支持符合产业政策的乡镇企业发展，特别是劳动密集型企业和服务业。着力发展县城和在建制的重点镇，从财政、金融、税收和公共品投入等方面为小城镇发展创造有利条件，外来人口较多的城镇要从实际出发，完善社会管理职能。要着眼兴县富民，着力培育产业支撑，大力发展民营经济，引导企业和要素集聚，改善金融服务，增强县级管理能力，发展壮大县域经济。

（12）保障务工农民的合法权益。进一步清理和取消各种针对务工农民流动和进城就业的歧视性规定和不合理限制。建立健全城乡就业公共服务网络，为外出务工农民免费提供法律政策咨询、就业信息、就业指导和职业介绍。严格执行最低工资制度，建立工资保障金等制度，切实解决务工农民工资偏低和拖欠问题。完善劳动合同制度，加强务工农民的职业安全卫生保护。逐步建立务工农民

社会保障制度，依法将务工农民全部纳入工伤保险范围，探索适合务工农民特点的大病医疗保障和养老保险办法。认真解决务工农民的子女上学问题。

（13）稳定、完善、强化对农业和农民的直接补贴政策。要加强国家对农业和农民的支持保护体系。对农民实行的“三减免、三补贴”和退耕还林补贴等政策，深受欢迎，效果明显，要继续稳定、完善和强化。2006 年，粮食主产区要将种粮直接补贴的资金规模提高到粮食风险基金的 50%以上，其他地区也要根据实际情况加大对种粮农民的补贴力度。增加良种补贴和农机具购置补贴。适应农业生产和市场变化的需要，建立和完善对种粮农民的支持保护制度。

（14）加强扶贫开发工作。要因地制宜地实行整村推进的扶贫开发方式，加大力度改善贫困地区的生产生活条件，抓好贫困地区劳动力的转移培训，扶持龙头企业带动贫困地区调整结构，拓宽贫困农户增收渠道。对缺乏生存条件地区的贫困人口实行易地扶贫。继续增加扶贫投入，完善管理机制，提高使用效益。继续动员中央和国家机关、沿海发达地区和社会各界参与扶贫开发事业。切实做好贫困缺粮地区的粮食供应工作。

（下略）

中共中央、国务院关于积极发展现代农业扎实推进社会主义新农村建设的若干意见（节选）①

（2006年12月31日）

农业丰则基础强，农民富则国家盛，农村稳则社会安。加强“三农”工作，积极发展现代农业，扎实推进社会主义新农村建设，是全面落实科学发展观、构建社会主义和谐社会的必然要求，是加快社会主义现代化建设的重大任务。

2006年以来，各地区各部门认真贯彻中央部署，社会主义新农村建设开局良好。在自然灾害较重的情况下，粮食继续增产，农民持续增收，农村综合改革稳步推进，农村公共事业明显加强，农村社会更加稳定。但当前农村发展仍存在许多突出矛盾和问题，农业基础设施依然薄弱，农民稳定增收依然困难，农村社会事业发展依然滞后，改变农村落后面貌、缩小城乡差距仍需付出艰苦努力。要增强危机感，坚持解决好“三农”问题是全党工作重中之重的战略思想丝毫不能动摇，促进农业稳定发展、农民持续增收的重要任务丝毫不能放松，支农惠农的政策力度丝毫不能减弱，扎实推进新农村建设的各项工作丝毫不能松懈。

发展现代农业是社会主义新农村建设的首要任务，是以科学发展观统领农村工作的必然要求。推进现代农业建设，顺应我国经济发展的客观趋势，符合当今世界农业发展的一般规律，是促进农民增加收入的基本途径，是提高农业综合生产能力的重要举措，是建

---

①《中共中央、国务院关于积极发展现代农业扎实推进社会主义新农村建设的若干意见》，《人民日报》，2007年1月30日。

设社会主义新农村的产业基础。要用现代物质条件装备农业，用现代科学技术改造农业，用现代产业体系提升农业，用现代经营形式推进农业，用现代发展理念引领农业，用培养新型农民发展农业，提高农业水利化、机械化和信息化水平，提高土地产出率、资源利用率和农业劳动生产率，提高农业素质、效益和竞争力。建设现代农业的过程，就是改造传统农业、不断发展农村生产力的过程，就是转变农业增长方式、促进农业又好又快发展的过程。必须把建设现代农业作为贯穿新农村建设和现代化全过程的一项长期艰巨任务，切实抓紧抓好。

2007年农业和农村工作的总体要求是：以邓小平理论和“三个代表”重要思想为指导，全面落实科学发展观，坚持把解决好“三农”问题作为全党工作的重中之重，统筹城乡经济社会发展，实行工业反哺农业、城市支持农村和多予少取放活的方针，巩固、完善、加强支农惠农政策，切实加大农业投入，积极推进现代农业建设，强化农村公共服务，深化农村综合改革，促进粮食稳定发展、农民持续增收、农村更加和谐，确保新农村建设取得新的进展，巩固和发展农业农村的好形势。

一、加大对“三农”的投入力度，建立促进现代农业建设的投入保障机制

增加农业投入，是建设现代农业、强化农业基础的迫切需要。必须不断开辟新的农业投入渠道，逐步形成农民积极筹资投劳、政府持续加大投入、社会力量广泛参与的多元化投入机制。特别要抓住当前经济发展较快和财政增收较多的时机，继续巩固、完善、加强支农惠农政策，切实加大对“三农”的投入，实实在在为农民办一些实事。

（一）大幅度增加对“三农”的投入。各级政府要切实把基础设施建设和社会事业发展的重点转向农村，国家财政新增教育、卫生、文化等事业经费和固定资产投资增量主要用于农村，逐步加大政府土地出让收入用于农村的比重。要建立“三农”投入稳定增长机制，积极调整财政支出结构、固定资产投资结构和信贷投放结构，中央和县级以上地方财政每年对农业总投入的增长幅度应当高于其财政经常性收入的增长幅度，尽快形成新农村建设稳定的资金来源。2007 年，财政支农投入的增量要继续高于上年，国家固定资产投资用于农村的增量要继续高于上年，土地出让收入用于农村建设的增量要继续高于上年。建设用地税费提高后新增收入主要用于“三农”。加快制定农村金融整体改革方案，努力形成商业金融、合作金融、政策性金融和小额贷款组织互为补充、功能齐备的农村金融体系，探索建立多种形式的担保机制，引导金融机构增加对“三农”的信贷投放。加大支农资金整合力度，抓紧建立支农投资规划、计划衔接和部门信息沟通工作机制，完善投入管理办法，集中用于重点地区、重点项目，提高支农资金使用效益。要注重发挥政府资金的带动作用，引导农民和社会各方面资金投入农村建设。加快农业投入立法进程，加强执法检查。

（二）健全农业支持补贴制度。近几年实行的各项补贴政策，深受基层和农民欢迎，要不断巩固、完善和加强，逐步形成目标清晰、受益直接、类型多样、操作简便的农业补贴制度。各地用于种粮农民直接补贴的资金要达到粮食风险基金的 50%以上。加大良种补贴力度，扩大补贴范围和品种。扩大农机具购置补贴规模、补贴机型和范围。加大农业生产资料综合补贴力度。中央财政要加大对产粮大县的奖励力度，增加对财政困难县乡增收节支的补助。同时，继续对重点地区、重点粮食品种实行最低收购价政策，并逐步完善办法、健全制度。

（三）建立农业风险防范机制。要加强自然灾害和重大动植物病虫害预测预报和预警应急体系建设，提高农业防灾减灾能力。积极发展农业保险，按照政府引导、政策支持、市场运作、农民自愿的原则，建立完善农业保险体系。扩大农业政策性保险试点范围，各级财政对农户参加农业保险给予保费补贴，完善农业巨灾风险转移分摊机制，探索建立中央、地方财政支持的农业再保险体系。鼓励龙头企业、中介组织帮助农户参加农业保险。

（四）鼓励农民和社会力量投资现代农业。充分发挥农民在建设新农村和发展现代农业中的主体作用，引导农民发扬自力更生精神，增加生产投入和智力投入，提高科学种田和集约经营水平。完善农村“一事一议”筹资筹劳办法，支持各地对“一事一议”建设公益设施实行奖励补助制度。对农户投资投劳兴建直接受益的生产生活设施，可给予适当补助。综合运用税收、补助、参股、贴息、担保等手段，为社会力量投资建设现代农业创造良好环境。企业捐款和投资建设农村公益设施，可以按规定享受相应的税收优惠政策。

二、加快农业基础建设，提高现代农业的设施装备水平

改善农业设施装备，是建设现代农业的重要内容。必须下决心增加投入，加强基础设施建设，加快改变农村生产生活条件落后的局面。

（一）大力抓好农田水利建设。要把加强农田水利设施建设作为现代农业建设的一件大事来抓。加快大型灌区续建配套和节水改造，搞好末级渠系建设，推行灌溉用水总量控制和定额管理。扩大大型泵站技术改造实施范围和规模。农业综合开发要增加对中型灌区节水改造投入。加强丘陵山区抗旱水源建设，加快西南地区中小型水源工程建设。增加小型农田水利工程建设补助专项资金规模。加大病险水库除险加固力度，加强中小河流治理，改善农村水环境。引导农民开展直接受益的农田水利工程建设，推广农民用水户参与灌溉管理的有效做法。

（二）切实提高耕地质量。强化和落实耕地保护责任制，切实控制农用地转为建设用地的规模。合理引导农村节约集约用地，切实防止破坏耕作层的农业生产行为。加大土地复垦、整理力度。按照田地平整、土壤肥沃、路渠配套的要求，加快建设旱涝保收、高产稳产的高标准农田。加快实施沃土工程，重点支持有机肥积造和水肥一体化设施建设，鼓励农民发展绿肥、秸秆还田和施用农家肥。扩大土壤有机质提升补贴项目试点规模和范围。增加农业综合开发投入，积极支持高标准农田建设。

（三）加快发展农村清洁能源。继续增加农村沼气建设投入，支持有条件的地方开展养殖场大中型沼气建设。在适宜地区积极发展秸秆气化和太阳能、风能等清洁能源，加快绿色能源示范县建设，实施西北地区百万户太阳灶建设工程。加快实施乡村清洁工程，推进人畜粪便、农作物秸秆、生活垃圾和污水的综合治理和转化利用。加强农村水能资源开发规划和管理，扩大小水电代燃料工程实施范围和规模，加大对贫困地区农村水电开发的投入和信贷支持。

（四）加大乡村基础设施建设力度。“十一五”时期，要解决1.6亿农村人口的饮水安全问题，优先解决人口较少民族、水库移民、血吸虫病区和农村学校的安全饮水，争取到2015年基本实现农村人口安全饮水目标，有条件的地方可加快步伐。加大农村公路建设力度，加强农村公路养护和管理，完善农村公路筹资建设和养护机制。继续推进农村电网改造和建设，落实城乡同网同价政策，加快户户通电工程建设，实施新农村电气化建设“百千万”工程。鼓励农民在政府支持下，自愿筹资筹劳开展农村小型基础设施建设。治理农村人居环境，搞好村庄治理规划和试点，节约农村建设用地。继续发展小城镇和县域经济，充分发挥辐射周边农村的功能，带动现代农业发展，促进基础设施和公共服务向农村延伸。

（五）发展新型农用工业。农用工业是增强农业物质装备的重要依托。积极发展新型肥料、低毒高效农药、多功能农业机械及可降解农膜等新型农业投入品。优化肥料结构，加快发展适合不同土壤、不同作物特点的专用肥、缓释肥。加大对新农药创制工程支持力度，推进农药产品更新换代。加快农机行业技术创新和结构调整，重点发展大中型拖拉机、多功能通用型高效联合收割机及各种专用农机产品。尽快制定有利于农用工业发展的支持政策。

（六）提高农业可持续发展能力。鼓励发展循环农业、生态农业，有条件的地方可加快发展有机农业。继续推进天然林保护、退耕还林等重大生态工程建设，进一步完善政策、巩固成果。启动石漠化综合治理工程，继续实施沿海防护林工程。完善森林生态效益补偿基金制度，探索建立草原生态补偿机制。加快实施退牧还草工程。加强森林草原防火工作。加快长江、黄河上中游和西南石灰岩等地区水土流失治理，启动坡耕地水土流失综合整治工程。加强农村环境保护，减少农业面源污染，搞好江河湖海的水污染治理。

三、推进农业科技创新，强化建设现代农业的科技支撑

科技进步是突破资源和市场对我国农业双重制约的根本出路。必须着眼增强农业科技自主创新能力，加快农业科技成果转化应用，提高科技对农业增长的贡献率，促进农业集约生产、清洁生产、安全生产和可持续发展。

（一）加强农业科技创新体系建设。大幅度增加农业科研投入，加强国家基地、区域性农业科研中心创新能力建设。启动农业行业科研专项，支持农业科技项目。着力扶持对现代农业建设有重要支撑作用的技术研发。继续安排农业科技成果转化资金和国外先进农业技术引进资金。加快推进农业技术成果的集成创新和中试熟化。深化农业科研院所改革，开展稳定支持农业科研院所的试点工作，逐步提高农业科研院所的人均事业费水平。建立鼓励科研人员科技创新的激励机制。充分发挥大专院校在农业科技研究中的作用。引导涉农企业开展技术创新活动，企业与科研单位进行农业技术合作、向基地农户推广农业新品种新技术所发生的有关费用，享受企业所得税的相关优惠政策。对于涉农企业符合国家产业政策和有关规定引进的加工生产设备，允许免征进口关税和进口环节增值税。

（二）推进农业科技进村入户。积极探索农业科技成果进村入户的有效机制和办法，形成以技术指导员为纽带，以示范户为核心，连接周边农户的技术传播网络。继续加强基层农业技术推广体系建设，健全公益性职能经费保障机制，改善推广条件，提高人员素质。推进农科教结合，发挥农业院校在农业技术推广中的积极作用。增大国家富民强县科技专项资金规模，提高基层农业科技成果转化能力。继续支持重大农业技术推广，加快实施科技入户工程。着力培育科技大户，发挥对农民的示范带动作用。

（三）大力推广资源节约型农业技术。要积极开发运用各种节约型农业技术，提高农业资源和投入品使用效率。大力普及节水灌溉技术，启动旱作节水农业示范工程。扩大测土配方施肥的实施范围和补贴规模，进一步推广诊断施肥、精准施肥等先进施肥技术。改革农业耕作制度和种植方式，开展免耕栽培技术推广补贴试点，加快普及农作物精量半精量播种技术。积极推广集约、高效、生态畜禽水产养殖技术，降低饲料和能源消耗。

（四）积极发展农业机械化。要改善农机装备结构，提升农机装备水平，走符合国情、符合各地实际的农业机械化发展道路。加快粮食生产机械化进程，因地制宜地拓展农业机械化的作业和服务领域，在重点农时季节组织开展跨区域的机耕、机播、机收作业服务。建设农机化试验示范基地，大力推广水稻插秧、土地深松、化肥深施、秸秆粉碎还田等农机化技术。鼓励农业生产经营者共同使用、合作经营农业机械，积极培育和发展农机大户和农机专业服务组织，推进农机服务市场化、产业化。加强农机安全监理工作。

（五）加快农业信息化建设。用信息技术装备农业，对于加速改造传统农业具有重要意义。健全农业信息收集和发布制度，整合涉农信息资源，推动农业信息数据收集整理规范化、标准化。加强信息服务平台建设，深入实施“金农”工程，建立国家、省、市、县四级农业信息网络互联中心。加快建设一批标准统一、实用性强的公用农业数据库。加强农村一体化的信息基础设施建设，创新服务模式，启动农村信息化示范工程。积极发挥气象为农业生产和农民生活服务的作用。鼓励有条件的地方在农业生产中积极采用全球卫星定位系统、地理信息系统、遥感和管理信息系统等技术。

四、开发农业多种功能，健全发展现代农业的产业体系

农业不仅具有食品保障功能，而且具有原料供给、就业增收、生态保护、观光休闲、文化传承等功能。建设现代农业，必须注重开发农业的多种功能，向农业的广度和深度进军，促进农业结构不断优化升级。

（一）促进粮食稳定发展。继续坚持立足国内保障粮食基本自给的方针，逐步构建供给稳定、调控有力、运转高效的粮食安全保障体系。2007 年，要努力稳定粮食播种面积，提高单产、优化品种、改善品质。继续实施优质粮食产业、种子、植保和粮食丰产科技等工程。推进粮食优势产业带建设，鼓励有条件的地方适度发展连片种植，加大对粮食加工转化的扶持力度。支持粮食主产区发展粮食生产和促进经济增长，水利建设、中低产田改造和农产品加工转化等资金和项目安排，要向粮食主产区倾斜。加强对粮食生产、消费、库存及进出口的监测和调控，建立和完善粮食安全预警系统，维护国内粮食市场稳定。

（二）发展健康养殖业。健康养殖直接关系人民群众的生命安全。转变养殖观念，调整养殖模式，做大做强畜牧产业。按照预防为主、关口前移的要求，积极推行健康养殖方式，加强饲料安全管理，从源头上把好养殖产品质量安全关。牧区要积极推广舍饲半舍饲饲养，农区有条件的要发展规模养殖和畜禽养殖小区。扩大对养殖小区的补贴规模，继续安排奶牛良种补贴资金。加大动物疫病防控投入力度，加强基层兽医队伍建设，健全重大动物疫情监测和应急处置机制，建立和完善动物标识及疫病可追溯体系。水产养殖业要推广优良品种，加强水产养殖品种病害防治，提高健康养殖水平。

（三）大力发展特色农业。要立足当地自然和人文优势，培育主

导产品，优化区域布局。适应人们日益多样化的物质文化需求，因地制宜地发展特而专、新而奇、精而美的各种物质、非物质产品和产业，特别要重视发展园艺业、特种养殖业和乡村旅游业。通过规划引导、政策支持、示范带动等办法，支持“一村一品”发展。加快培育一批特色明显、类型多样、竞争力强的专业村、专业乡镇。

（四）扶持农业产业化龙头企业发展。龙头企业是引导农民发展现代农业的重要带动力量。通过贴息补助、投资参股和税收优惠等政策，支持农产品加工业发展。中央和省级财政要专门安排扶持农产品加工的补助资金，支持龙头企业开展技术引进和技术改造。完善农产品加工业增值税政策，减轻农产品加工企业税负。落实扶持农业产业化经营的各项政策，各级财政要逐步增加对农业产业化的资金投入。农业综合开发资金要积极支持农业产业化发展。金融机构要加大对龙头企业的信贷支持，重点解决农产品收购资金困难问题。有关部门要加强对龙头企业的指导和服务。

（五）推进生物质产业发展。以生物能源、生物基产品和生物质原料为主要内容的生物质产业，是拓展农业功能、促进资源高效利用的朝阳产业。加快开发以农作物秸秆等为主要原料的生物质燃料、肥料、饲料，启动农作物秸秆生物气化和固化成型燃料试点项目，支持秸秆饲料化利用。加强生物质产业技术研发、示范、储备和推广，组织实施农林生物质科技工程。鼓励有条件的地方利用荒山、荒地等资源，发展生物质原料作物种植。加快制定有利于生物质产业发展的扶持政策。

五、健全农村市场体系，发展适应现代农业要求的物流产业

发达的物流产业和完善的市场体系，是现代农业的重要保障。

必须强化农村流通基础设施建设，发展现代流通方式和新型流通业态，培育多元化、多层次的市场流通主体，构建开放统一、竞争有序的市场体系。

（一）建设农产品流通设施和发展新型流通业态。采取优惠财税措施，支持农村流通基础设施建设和物流企业发展。要合理布局，加快建设一批设施先进、功能完善、交易规范的鲜活农产品批发市场。大力发展农村连锁经营、电子商务等现代流通方式。加快建设“万村千乡市场”、“双百市场”、“新农村现代流通网络”和“农村商务信息服务”等工程。支持龙头企业、农民专业合作组织等直接向城市超市、社区菜市场和便利店配送农产品。积极支持农资超市和农家店建设，对农资和农村日用消费品连锁经营，实行企业总部统一办理工商注册登记和经营审批手续。切实落实鲜活农产品运输绿色通道政策。改善农民进城销售农产品的市场环境。进一步规范和完善农产品期货市场，充分发挥引导生产、稳定市场、规避风险的作用。

（二）加强农产品质量安全监管和市场服务。认真贯彻农产品质量安全法，提高农产品质量安全监管能力。加快完善农产品质量安全标准体系，建立农产品质量可追溯制度。在重点地区、品种、环节和企业，加快推行标准化生产和管理。实行农药、兽药专营和添加剂规范使用制度，实施良好农业操作规范试点。继续加强农产品生产环境和产品质量检验检测，搞好无公害农产品、绿色食品、有机食品认证，依法保护农产品注册商标、地理标志和知名品牌。严格执行转基因食品、液态奶等农产品标识制度。加强农业领域知识产权保护。启动实施农产品质量安全检验检测体系建设规划。加强对农资生产经营和农村食品药品质量安全监管，探索建立农资流通企业信用档案制度和质量保障赔偿机制。

（三）加强农产品进出口调控。加快实施农业“走出去”战略。加强农产品出口基地建设，实行企业出口产品卫生注册制度和国际认证，推进农产品检测结果国际互认。支持农产品出口企业在国外市场注册品牌，开展海外市场研究、营销策划、产品推介活动。有关部门和行业协会要积极开展农产品技术标准、国际市场促销等培训服务。搞好对农产品出口的信贷和保险服务。减免出口农产品检验检疫费用，简化检验检疫程序，加快农产品特别是鲜活产品出口的通关速度。加强对大宗农产品进口的调控和管理，保护农民利益，维护国内生产和市场稳定。

（四）积极发展多元化市场流通主体。加快培育农村经纪人、农产品运销专业户和农村各类流通中介组织。采取财税、金融等措施，鼓励各类工商企业通过收购、兼并、参股和特许经营等方式，参与农村市场建设和农产品、农资经营，培育一批大型涉农商贸企业集团。供销合作社要推进开放办社，发展联合与合作，提高经营活力和市场竞争力。邮政系统要发挥邮递物流网络的优势，拓展为农服务领域。国有粮食企业要加快改革步伐，发挥衔接产销、稳定市场的作用。商贸、医药、通信、文化等企业要积极开拓农村市场。

六、培养新型农民，造就建设现代农业的人才队伍

建设现代农业，最终要靠有文化、懂技术、会经营的新型农民。必须发挥农村的人力资源优势，大幅度增加人力资源开发投入，全面提高农村劳动者素质，为推进新农村建设提供强大的人才智力支持。

（一）培育现代农业经营主体。普遍开展农业生产技能培训，扩大新型农民科技培训工程和科普惠农兴村计划规模，组织实施新农村实用人才培训工程，努力把广大农户培养成有较强市场意识、有较高生产技能、有一定管理能力的现代农业经营者。积极发展种养专业大户、农民专业合作组织、龙头企业和集体经济组织等各类适应现代农业发展要求的经营主体。采取各类支持政策，鼓励外出务工农民带技术、带资金回乡创业，成为建设现代农业的带头人。支持工商企业、大专院校和中等职业学校毕业生、乡土人才创办现代农业企业。

（二）加强农民转移就业培训和权益保护。加大“阳光工程”等农村劳动力转移就业培训支持力度，进一步提高补贴标准，充实培训内容，创新培训方式，完善培训机制。适应制造业发展需要，从农民工中培育一批中高级技工。鼓励用工企业和培训机构开展定向、订单培训。组织动员社会力量广泛参与农民转移就业培训。按照城乡统一、公平就业的要求，进一步完善农民外出就业的制度保障。做好农民工就业的公共服务工作，加快解决农民工的子女上学、工伤、医疗和养老保障等问题，切实提高农民工的生活质量和社会地位。

（三）加快发展农村社会事业。这是增强农民综合素质的必然要求，也是构建社会主义和谐社会的重要内容。继续改善农村办学条件，促进城乡义务教育均衡发展。2007 年全国农村义务教育阶段学生全部免除学杂费，对家庭经济困难学生免费提供教科书并补助寄宿生生活费，有条件的地方可扩大免、补实施范围。加快发展农村职业技术教育和农村成人教育，扩大职业教育面向农村的招生规模。加大对大专院校和中等职业学校农林类专业学生的助学力度，有条件的地方可减免种植、养殖专业学生的学费。努力扫除农村青壮年文盲。继续扩大新型农村合作医疗制度试点范围，加强规范管理，扩大农民受益面，并不断完善农村医疗救助制度。加强农村计划生育工作，全面推行农村计划生育家庭奖励扶助政策，加大少生快富工程实施力度。增加农村文化事业投入，加强农村公共文化服务体系建设，加快广播电视“村村通”和农村文化信息资源共享工程建设步伐。

（四）提高农村公共服务人员能力。建立农村基层干部、农村教师、乡村医生、计划生育工作者、基层农技推广人员及其他与农民生产生活相关服务人员的培训制度，加强在岗培训，提高服务能力。进一步转换乡镇事业单位用人机制，积极探索由受益农民参与基层服务人员业绩考核评定的相关办法。加大城市教师、医务人员、文化工作者支援农村的力度，完善鼓励大专院校和中等职业学校毕业生到农村服务的有关办法，引导他们到农村创业。有条件的地方，可选拔大专院校和中等职业学校毕业生到乡村任职，改善农村基层干部队伍结构。

七、深化农村综合改革，创新推动现代农业发展的体制机制

深化农村综合改革，是巩固农村税费改革成果、推进现代农业建设的客观要求。必须加快改革步伐，为建设现代农业提供体制机制保障。

（一）深化农村综合改革。有条件的地方要在全省范围内开展乡镇机构改革试点，暂不具备条件的省份要进一步扩大市、县试点范围，从乡村实际出发转变乡镇政府职能，完善农村基层行政管理体制和工作机制，提高农村公共服务水平。认真落实农村义务教育经费保障机制改革措施，搞好教育人事制度改革，加强农村教师队

伍建设。建立健全财力与事权相匹配的省以下财政管理体制，进一步完善财政转移支付制度，增强基层政府公共产品和公共服务的供给能力。中央和省级财政要安排一定资金，对地方推进农村综合改革给予奖励补助。

（二）统筹推进农村其他改革。进一步发挥中国农业银行、中国农业发展银行在农村金融中的骨干和支柱作用，继续深化农村信用社改革，尽快明确县域内各金融机构新增存款投放当地的比例，引导邮政储蓄等资金返还农村，大力发展农村小额贷款，在贫困地区先行开展发育农村多种所有制金融组织的试点。坚持农村基本经营制度，稳定土地承包关系，规范土地承包经营权流转，加快征地制度改革。稳定渔民的水域滩涂养殖使用权。加快推进农村集体林权制度改革，明晰林地使用权和林木所有权，放活经营权，落实处置权，继续搞好国有林区林权制度改革试点。积极搞好水权制度改革，探索建立水权分配、登记、转让等各项管理制度。继续推进农垦体制改革，转换企业经营机制，发挥农垦企业在现代农业建设中的示范带动作用。

（三）清理化解乡村债务。全面清理核实乡村债务，摸清底数，锁定旧债，制止发生新债，积极探索化解债务的措施和办法，优先化解农村义务教育、基础设施建设和社会公益事业发展等方面的债务。各地要妥善处理好历年农业税尾欠，在严格把握政策和加强审核的前提下，该减免的要坚决减免，能豁免的应予以豁免。中央和省级财政要安排一定奖励资金，鼓励地方主动化解乡村债务。

（四）大力发展农民专业合作组织。认真贯彻农民专业合作社法，支持农民专业合作组织加快发展。各地要加快制定推动农民专业合作社发展的实施细则，有关部门要抓紧出台具体登记办法、财务会计制度和配套支持措施。要采取有利于农民专业合作组织发展的税收和金融政策，增大农民专业合作社建设示范项目资金规模，着力支持农民专业合作组织开展市场营销、信息服务、技术培训、农产品加工储藏和农资采购经营。

八、加强党对农村工作的领导，确保现代农业建设取得实效

党管农村工作是我们党的一个传统和重大原则，也是建设现代农业、推进社会主义新农村建设的根本保证。全党要高度重视“三农”工作，把建设现代农业作为一件大事列入重要议事日程，切实抓紧抓好。要适应农村经济社会深刻变化的新形势，调整工作思路，转变工作作风，改进工作方法。

（一）各级党委和政府要坚持不懈抓好“三农”工作。各级党政主要领导要亲自抓“三农”工作，省、市、县党委要有负责同志分管“三农”工作。充实和加强“三农”工作综合机构，贯彻落实好党的支农惠农政策。各部门要树立全局观念，强化服务意识，更加积极主动地支持现代农业建设。各级领导干部要转变作风，深入乡村、深入群众，帮助基层解决实际问题。要进一步细分地域类型，细化工作措施，更有针对性地搞好分类指导。加强农村基层组织建设，巩固和发展农村保持共产党员先进性教育活动成果。继续开展农村党的建设“三级联创”活动，选好配强乡村党组织领导班子，加强以村党组织为核心的村级组织配套建设。加快推进农村党员干部现代远程教育工程，大力推进村级组织活动场所建设。积极探索从优秀村干部中考录乡镇公务员、选任乡镇领导干部的有效途径，关心村干部的工作和生活，合理提高村干部的待遇和保障水平。加强农村基层党风廉政建设，增强农村基层党组织的创造力、凝聚力、战斗力。

（二）加强和改进农村社会管理。针对农村经济社会发展的新变化，要创新农村社会管理体制机制，切实加强维护农村社会稳定工作。拓宽农村社情民意表达渠道，建立健全矛盾纠纷的排查调处机制，综合运用多种手段和办法，妥善解决农村社会的苗头性、倾向性问题。深入开展平安农村建设，加强农村警务建设，搞好农村社会治安综合治理，保持农村安定有序。在农村广泛开展法制宣传教育，增强群众的法律意识，引导农民以理性合法的方式表达利益诉求，依法行使权利、履行义务。建立农村应急管理体制，提高危机处置能力。

（三）促进农村和谐发展。健全村党组织领导的充满活力的村民自治机制，完善村务公开制度，促进农村基层民主健康发展。加强农村精神文明建设，开展以“八荣八耻”为主要内容的社会主义荣辱观教育，推进群众性精神文明创建活动，引导农民崇尚科学、抵制迷信、移风易俗。加大对中西部地区特别是老少边穷地区发展社会事业、改善生产生活条件的支持力度。继续搞好开发式扶贫，实行整村推进扶贫方式，分户制定更有针对性的扶贫措施，提高扶贫开发成效。在全国范围建立农村最低生活保障制度，各地应根据当地经济发展水平和财力状况，确定低保对象范围、标准，鼓励已建立制度的地区完善制度，支持未建立制度的地区建立制度，中央财政对财政困难地区给予适当补助。有条件的地方，可探索建立多种形式的农村养老保险制度。高度重视农村残疾人事业，妥善解决外出务工农民家庭的实际困难。做好农村消防及其他安全工作，坚决制止污染企业向农村扩散，强化对各类地质灾害的监控，做好救灾救济工作，切实增强群众安全感。

（下略）

中共中央关于推进农村改革发展若干重大问题的决定（节选）[①]

（2008 年 10 月 12 日中国共产党第十七届中央委员会第三次全体会议通过）

中国共产党第十七届中央委员会第三次全体会议全面分析了形势和任务，认为在改革开放三十周年之际，系统回顾总结我国农村改革发展的光辉历程和宝贵经验，进一步统一全党全社会认识，加快推进社会主义新农村建设，大力推动城乡统筹发展，对于全面贯彻党的十七大精神，深入贯彻落实科学发展观，夺取全面建设小康社会新胜利、开创中国特色社会主义事业新局面，具有重大而深远的意义。全会研究了新形势下推进农村改革发展的若干重大问题，作出如下决定。

一、新形势下推进农村改革发展的重大意义

农业、农村、农民问题关系党和国家事业发展全局。在革命、建设、改革各个历史时期，我们党坚持把马克思主义基本原理同我国具体实际相结合，始终高度重视、认真对待、着力解决农业、农村、农民问题，成功开辟了新民主主义革命胜利道路和社会主义事业发展道路。

一九七八年，党的十一届三中全会作出把党和国家工作中心转移到经济建设上来、实行改革开放的历史性决策。我们党全面把握

① 《中共中央关于推进农村改革发展若干重大问题的决定》，北京：人民出版社，2008 年版。

国内外发展大局，尊重农民首创精神，率先在农村发起改革，并以磅礴之势推向全国，领导人民谱写了改革发展的壮丽史诗。在波澜壮阔的改革开放进程中，我们党坚持以马克思列宁主义、毛泽东思想、邓小平理论和“三个代表”重要思想为指导，深入贯彻落实科学发展观，解放思想、实事求是、与时俱进，不断推进农村改革发展，使我国农村发生了翻天覆地的巨大变化。废除人民公社，确立以家庭承包经营为基础、统分结合的双层经营体制，全面放开农产品市场，取消农业税，对农民实行直接补贴，初步形成了适合我国国情和社会生产力发展要求的农村经济体制；粮食生产不断跃上新台阶，农产品供应日益丰富，农民收入大幅增加，扶贫开发成效显著，依靠自己力量稳定解决了十三亿人口吃饭问题；乡镇企业异军突起，小城镇蓬勃发展，农村市场兴旺繁荣，农村劳动力大规模转移就业，亿万农民工成为产业工人重要组成部分，中国特色工业化、城镇化、农业现代化加快推进，切实巩固了新时期工农联盟；农村社会主义民主政治建设和精神文明建设不断加强，社会事业加速发展，显著提高了广大农民思想道德素质、科学文化素质和健康素质；农村党的建设不断加强，以村党组织为核心的村级组织配套建设全面推进，有效夯实了党在农村的执政基础。农村改革发展的伟大实践，极大调动了亿万农民积极性，极大解放和发展了农村社会生产力，极大改善了广大农民物质文化生活。更为重要的是，农村改革发展的伟大实践，为建立和完善我国社会主义初级阶段基本经济制度和社会主义市场经济体制进行了创造性探索，为实现人民生活从温饱不足到总体小康的历史性跨越、推进社会主义现代化作出了巨大贡献，为战胜各种困难和风险、保持社会大局稳定奠定了坚实基础，为成功开辟中国特色社会主义道路、形成中国特色社会主义理论体系积累了宝贵经验。

实践充分证明，只有坚持把解决好农业、农村、农民问题作为全党工作重中之重，坚持农业基础地位，坚持社会主义市场经济改革方向，坚持走中国特色农业现代化道路，坚持保障农民物质利益和民主权利，才能不断解放和发展农村社会生产力，推动农村经济社会全面发展。

当前，国际形势继续发生深刻变化，我国改革发展进入关键阶段。我们要抓住和用好重要战略机遇期，胜利实现全面建设小康社会的宏伟目标，加快推进社会主义现代化，就要更加自觉地把继续解放思想落实到坚持改革开放、推动科学发展、促进社会和谐上来，毫不动摇地推进农村改革发展。继续解放思想，必须结合农村改革发展这个伟大实践，大胆探索、勇于开拓，以新的理念和思路破解农村发展难题，为推动党的理论创新、实践创新提供不竭源泉。坚持改革开放，必须把握农村改革这个重点，在统筹城乡改革上取得重大突破，给农村发展注入新的动力，为整个经济社会发展增添新的活力。推动科学发展，必须加强农业发展这个基础，确保国家粮食安全和主要农产品有效供给，促进农业增产、农民增收、农村繁荣，为经济社会全面协调可持续发展提供有力支撑。促进社会和谐，必须抓住农村稳定这个大局，完善农村社会管理，促进社会公平正义，保证农民安居乐业，为实现国家长治久安打下坚实基础。

我国农村正在发生新的变革，我国农业参与国际合作和竞争正面临新的局面，推进农村改革发展具备许多有利条件，也面对不少困难和挑战，特别是城乡二元结构造成的深层次矛盾突出。农村经济体制尚不完善，农业生产经营组织化程度低，农产品市场体系、农业社会化服务体系、国家农业支持保护体系不健全，构建城乡经济社会发展一体化体制机制要求紧迫；农业发展方式依然粗放，农业基础设施和技术装备落后，耕地大量减少，人口资源环境约束增强，气候变化影响加剧，自然灾害频发，国际粮食供求矛盾突出，保障国家粮食安全和主要农产品供求平衡压力增大；农村社会事业和公共服务水平较低，区域发展和城乡居民收入差距扩大，改变农村落后面貌任务艰巨；农村社会利益格局深刻变化，一些地方农村基层组织软弱涣散，加强农村民主法制建设、基层组织建设、社会管理任务繁重。总之，农业基础仍然薄弱，最需要加强；农村发展仍然滞后，最需要扶持；农民增收仍然困难，最需要加快。我们必须居安思危、加倍努力，不断巩固和发展农村好形势。

全党必须深刻认识到，农业是安天下、稳民心的战略产业，没有农业现代化就没有国家现代化，没有农村繁荣稳定就没有全国繁荣稳定，没有农民全面小康就没有全国人民全面小康。我国总体上已进入以工促农、以城带乡的发展阶段，进入加快改造传统农业、走中国特色农业现代化道路的关键时刻，进入着力破除城乡二元结构、形成城乡经济社会发展一体化新格局的重要时期。我们要牢牢把握我国社会主义初级阶段的基本国情和当前发展的阶段性特征，适应农村改革发展新形势，顺应亿万农民过上美好生活新期待，抓住时机、乘势而上，努力开辟中国特色农业现代化的广阔道路，奋力开创社会主义新农村建设的崭新局面。

二、推进农村改革发展的指导思想、目标任务、重大原则

新形势下推进农村改革发展，要全面贯彻党的十七大精神，高举中国特色社会主义伟大旗帜，以邓小平理论和“三个代表”重要思想为指导，深入贯彻落实科学发展观，把建设社会主义新农村作

为战略任务，把走中国特色农业现代化道路作为基本方向，把加快形成城乡经济社会发展一体化新格局作为根本要求，坚持工业反哺农业、城市支持农村和多予少取放活方针，创新体制机制，加强农业基础，增加农民收入，保障农民权益，促进农村和谐，充分调动广大农民的积极性、主动性、创造性，推动农村经济社会又好又快发展。

根据党的十七大提出的实现全面建设小康社会奋斗目标的新要求和建设生产发展、生活宽裕、乡风文明、村容整洁、管理民主的社会主义新农村要求，到二〇二〇年，农村改革发展基本目标任务是：农村经济体制更加健全，城乡经济社会发展一体化体制机制基本建立；现代农业建设取得显著进展，农业综合生产能力明显提高，国家粮食安全和主要农产品供给得到有效保障；农民人均纯收入比二〇〇八年翻一番，消费水平大幅提升，绝对贫困现象基本消除；农村基层组织建设进一步加强，村民自治制度更加完善，农民民主权利得到切实保障；城乡基本公共服务均等化明显推进，农村文化进一步繁荣，农民基本文化权益得到更好落实，农村人人享有接受良好教育的机会，农村基本生活保障、基本医疗卫生制度更加健全，农村社会管理体系进一步完善；资源节约型、环境友好型农业生产体系基本形成，农村人居和生态环境明显改善，可持续发展能力不断增强。

实现上述目标任务，要遵循以下重大原则。

——必须巩固和加强农业基础地位，始终把解决好十几亿人口吃饭问题作为治国安邦的头等大事。坚持立足国内实现粮食基本自给方针，加大国家对农业支持保护力度，深入实施科教兴农战略，加快现代农业建设，实现农业全面稳定发展，为推动经济发展、促进社会和谐、维护国家安全奠定坚实基础。

——必须切实保障农民权益，始终把实现好、维护好、发展好广大农民根本利益作为农村一切工作的出发点和落脚点。坚持以人为本，尊重农民意愿，着力解决农民最关心最直接最现实的利益问题，保障农民政治、经济、文化、社会权益，提高农民综合素质，促进农民全面发展，充分发挥农民主体作用和首创精神，紧紧依靠亿万农民建设社会主义新农村。

——必须不断解放和发展农村社会生产力，始终把改革创新作为农村发展的根本动力。坚持不懈推进农村改革和制度创新，提高改革决策的科学性，增强改革措施的协调性，充分发挥市场在资源配置中的基础性作用，加强和改善国家对农业农村发展的调控和引导，健全符合社会主义市场经济要求的农村经济体制，调整不适应农村社会生产力发展要求的生产关系和上层建筑，使农村经济社会发展充满活力。

——必须统筹城乡经济社会发展，始终把着力构建新型工农、城乡关系作为加快推进现代化的重大战略。统筹工业化、城镇化、农业现代化建设，加快建立健全以工促农、以城带乡长效机制，调整国民收入分配格局，巩固和完善强农惠农政策，把国家基础设施建设和社会事业发展重点放在农村，推进城乡基本公共服务均等化，实现城乡、区域协调发展，使广大农民平等参与现代化进程、共享改革发展成果。

——必须坚持党管农村工作，始终把加强和改善党对农村工作的领导作为推进农村改革发展的政治保证。坚持一切从实际出发，坚持党在农村的基本政策，加强农村基层组织和基层政权建设，完善党管农村工作体制机制和方式方法，保持党同农民群众的血肉联系，巩固党在农村的执政基础，形成推进农村改革发展强大合力。

三、大力推进改革创新，加强农村制度建设

实现农村发展战略目标，推进中国特色农业现代化，必须按照统筹城乡发展要求，抓紧在农村体制改革关键环节上取得突破，进一步放开搞活农村经济，优化农村发展外部环境，强化农村发展制度保障。

（一）稳定和完善农村基本经营制度。以家庭承包经营为基础、统分结合的双层经营体制，是适应社会主义市场经济体制、符合农业生产特点的农村基本经营制度，是党的农村政策的基石，必须毫不动摇地坚持。赋予农民更加充分而有保障的土地承包经营权，现有土地承包关系要保持稳定并长久不变。推进农业经营体制机制创新，加快农业经营方式转变。家庭经营要向采用先进科技和生产手段的方向转变，增加技术、资本等生产要素投入，着力提高集约化水平；统一经营要向发展农户联合与合作，形成多元化、多层次、多形式经营服务体系的方向转变，发展集体经济、增强集体组织服务功能，培育农民新型合作组织，发展各种农业社会化服务组织，鼓励龙头企业与农民建立紧密型利益联结机制，着力提高组织化程度。按照服务农民、进退自由、权利平等、管理民主的要求，扶持农民专业合作社加快发展，使之成为引领农民参与国内外市场竞争的现代农业经营组织。全面推进集体林权制度改革，扩大国有林场和重点国有林区林权制度改革试点。推进国有农场体制改革。稳定和完善草原承包经营制度。

（二）健全严格规范的农村土地管理制度。土地制度是农村的基础制度。按照产权明晰、用途管制、节约集约、严格管理的原

则，进一步完善农村土地管理制度。坚持最严格的耕地保护制度，层层落实责任，坚决守住十八亿亩耕地红线。划定永久基本农田，建立保护补偿机制，确保基本农田总量不减少、用途不改变、质量有提高。继续推进土地整理复垦开发，耕地实行先补后占，不得跨省区市进行占补平衡。搞好农村土地确权、登记、颁证工作。完善土地承包经营权权能，依法保障农民对承包土地的占有、使用、收益等权利。加强土地承包经营权流转管理和服务，建立健全土地承包经营权流转市场，按照依法自愿有偿原则，允许农民以转包、出租、互换、转让、股份合作等形式流转土地承包经营权，发展多种形式的适度规模经营。有条件的地方可以发展专业大户、家庭农场、农民专业合作社等规模经营主体。土地承包经营权流转，不得改变土地集体所有性质，不得改变土地用途，不得损害农民土地承包权益。实行最严格的节约用地制度，从严控制城乡建设用地总规模。完善农村宅基地制度，严格宅基地管理，依法保障农户宅基地用益物权。农村宅基地和村庄整理所节约的土地，首先要复垦为耕地，调剂为建设用地的必须符合土地利用规划、纳入年度建设用地计划，并优先满足集体建设用地。改革征地制度，严格界定公益性和经营性建设用地，逐步缩小征地范围，完善征地补偿机制。依法征收农村集体土地，按照同地同价原则及时足额给农村集体组织和农民合理补偿，解决好被征地农民就业、住房、社会保障。在土地利用规划确定的城镇建设用地范围外，经批准占用农村集体土地建设非公益性项目，允许农民依法通过多种方式参与开发经营并保障农民合法权益。逐步建立城乡统一的建设用地市场，对依法取得的农村集体经营性建设用地，必须通过统一有形的土地市场、以公开规范的方式转让土地使用权，在符合规划的前提下与国有土地享有平等权益。抓紧完善相关法律法规和配套政策，规范推进农村土地管理制度改革。

（三）完善农业支持保护制度。健全农业投入保障制度，调整财政支出、固定资产投资、信贷投放结构，保证各级财政对农业投入增长幅度高于经常性收入增长幅度，大幅度增加国家对农村基础设施建设和社会事业发展的投入，大幅度提高政府土地出让收益、耕地占用税新增收入用于农业的比例，大幅度增加对中西部地区农村公益性建设项目的投入。国家在中西部地区安排的病险水库除险加固、生态建设等公益性建设项目，逐步取消县及县以下资金配套。拓宽农业投入来源渠道，整合投资项目，加强投资监管，提高资金使用效益。健全农业补贴制度，扩大范围，提高标准，完善办法，特别要支持增粮增收，逐年较大幅度增加农民种粮补贴。完善与农业生产资料价格上涨挂钩的农资综合补贴动态调整机制。健全农产品价格保护制度，完善农产品市场调控体系，稳步提高粮食最低收购价，改善其他主要农产品价格保护办法，充实主要农产品储备，优化农产品进出口和吞吐调节机制，保持农产品价格合理水平。完善粮食等主要农产品价格形成机制，理顺比价关系，充分发挥市场价格对增产增收的促进作用。健全农业生态环境补偿制度，形成有利于保护耕地、水域、森林、草原、湿地等自然资源和农业物种资源的激励机制。

（四）建立现代农村金融制度。农村金融是现代农村经济的核心。创新农村金融体制，放宽农村金融准入政策，加快建立商业性金融、合作性金融、政策性金融相结合，资本充足、功能健全、服务完善、运行安全的农村金融体系。加大对农村金融政策支持力度，拓宽融资渠道，综合运用财税杠杆和货币政策工具，定向实行税收减免和费用补贴，引导更多信贷资金和社会资金投向农村。各类金融机构都要积极支持农村改革发展。坚持农业银行为农服务的方向，强化职能、落实责任，稳定和发展农村服务网络。拓展农业发展银行支农领域，加大政策性金融对农业开发和农村基础设施建设中长期信贷支持。扩大邮政储蓄银行涉农业务范围。县域内银行业金融机构新吸收的存款，主要用于当地发放贷款。改善农村信用社法人治理结构，保持县（市）社法人地位稳定，发挥为农民服务主力军作用。规范发展多种形式的新型农村金融机构和以服务农村为主的地区性中小银行。加强监管，大力发展小额信贷，鼓励发展适合农村特点和需要的各种微型金融服务。允许农村小型金融组织从金融机构融入资金。允许有条件的农民专业合作社开展信用合作。规范和引导民间借贷健康发展。加快农村信用体系建设。建立政府扶持、多方参与、市场运作的农村信贷担保机制。扩大农村有效担保物范围。发展农村保险事业，健全政策性农业保险制度，加快建立农业再保险和巨灾风险分散机制。加强农产品期货市场建设。

（五）建立促进城乡经济社会发展一体化制度。尽快在城乡规划、产业布局、基础设施建设、公共服务一体化等方面取得突破，促进公共资源在城乡之间均衡配置、生产要素在城乡之间自由流动，推动城乡经济社会发展融合。统筹土地利用和城乡规划，合理安排市县域城镇建设、农田保护、产业聚集、村落分布、生态涵养等空间布局。统筹城乡产业发展，优化农村产业结构，发展农村服务业和乡镇企业，引导城市资金、技术、人才、管理等生产要素向农村流动。统筹城乡基础设施建设和公共服务，全面提高财政保障农村公共事业水平，逐步建立城乡统一的公共服务制度。统筹城乡劳动就业，加快建立城乡统一的人力资源市场，引导农民有序外出就业，鼓励农民就近转移就业，扶持农民工返乡创业。加强农民工权益保护，逐步实现农民工劳动报酬、子女就学、公共卫生、住房租购等与城镇居民享有同等待遇，改善农民工劳动条件，保障生产安全，扩大农民工工伤、医疗、养老保险覆盖面，尽快制定和实施农民工养老保险关系转移接续办法。统筹城乡社会管理，推进户籍制度改革，放宽中小城市落户条件，使在城镇稳定就业和居住的农民有序转变为城镇居民。推动流动人口服务和管理体制创新。扩大县域发展自主权，增加对县的一般性转移支付、促进财力与事权相匹配，增强县域经济活力和实力。推进省直接管理县（市）财政体制改革，优先将农业大县纳入改革范围。有条件的地方可依法探索省直接管理县（市）的体制。坚持走中国特色城镇化道路，发挥好大中城市对农村的辐射带动作用，依法赋予经济发展快、人口吸纳能力强的小城镇相应行政管理权限，促进大中小城市和小城镇协调发展，形成城镇化和新农村建设互促共进机制。积极推进统筹城乡综合配套改革试验。

（六）健全农村民主管理制度。坚持党的领导、人民当家作主、依法治国有机统一，发展农村基层民主，以扩大有序参与、推进信息公开、健全议事协商、强化权力监督为重点，加强基层政权建设，扩大村民自治范围，保障农民享有更多更切实的民主权利。逐步实行城乡按相同人口比例选举人大代表，扩大农民在县乡人大代表中的比例，密切人大代表同农民的联系，继续推进农村综合改革，二〇一二年基本完成乡镇机构改革任务，着力增强乡镇政府社会管理和公共服务职能。完善与农民政治参与积极性不断提高相适应的乡镇治理机制，实行政务公开，依法保障农民知情权、参与权、表达权、监督权。健全村党组织领导的充满活力的村民自治机制，深入开展以直接选举、公正有序为基本要求的民主选举实践，以村民会议、村民代表会议、村民议事为主要形式的民主决策实践，以自我教育、自我管理、自我服务为主要目的的民主管理实践，以村务公开、财务监督、群众评议为主要内容的民主监督实践，推进村民自治制度化、规范化、程序化。加强农村法制建设，完善涉农法律法规，增强依法行政能力，强化涉农执法监督和司法保护。加强农村法制宣传教育，搞好法律服务，提高农民法律意识，推进农村依法治理。培育农村服务性、公益性、互助性社会组织，完善社会自治功能。采取多种措施增强基层财力，逐步解决一些行政村运转困难问题，积极稳妥化解乡村债务。继续做好农民负担监督管理工作，完善村民一事一议筹资筹劳办法，健全农村公益事业建设机制。

四、积极发展现代农业，提高农业综合生产能力

发展现代农业，必须按照高产、优质、高效、生态、安全的要求，加快转变农业发展方式，推进农业科技进步和创新，加强农业物质技术装备，健全农业产业体系，提高土地产出率、资源利用率、劳动生产率，增强农业抗风险能力、国际竞争能力、可持续发展能力。要明确目标、制定规划、加大投入，集中力量办好关系全局、影响长远的大事。

（一）确保国家粮食安全。粮食安全任何时候都不能放松，必须长抓不懈。加快构建供给稳定、储备充足、调控有力、运转高效的粮食安全保障体系。把发展粮食生产放在现代农业建设的首位，稳定播种面积，优化品种结构，提高单产水平，不断增强综合生产能力。各地区都要明确和落实粮食发展目标，强化扶持政策，落实储备任务，分担国家粮食安全责任。抓紧实施粮食战略工程，推进国家粮食核心产区和后备产区建设，加快落实全国新增千亿斤粮食生产能力建设规划，以县为单位集中投入、整体开发，今年起组织实施。支持粮食生产的政策措施向主产区倾斜，建立主产区利益补偿制度，加大对产粮大县财政奖励和粮食产业建设项目扶持力度，加快实现粮食增产、农民增收、财力增强相协调，充分调动农民种粮、地方抓粮的积极性。完善粮食风险基金政策，逐步取消主产区资金配套。产销平衡区和主销区要加强产粮大县建设，确保区域内粮田面积不减少、粮食自给水平不下降。坚持放开市场，积极搞活流通，完善产销衔接。提高全社会节粮意识，强化从生产到消费全过程节粮措施。加强粮食领域国际交流合作，为改善全球粮食供给作出贡献。

（二）推进农业结构战略性调整。以市场需求为导向、科技创新为手段、质量效益为目标，构建现代农业产业体系。搞好产业布局规划，科学确定区域农业发展重点，形成优势突出和特色鲜明的产业带，引导加工、流通、储运设施建设向优势产区聚集。采取有力措施支持发展油料生产，提高食用植物油自给水平。鼓励和支持优势产区集中发展棉花、糖料、马铃薯等大宗产品，推进蔬菜、水果、茶叶、花卉等园艺产品集约化、设施化生产，因地制宜发展特色产业和乡村旅游业。加快发展畜牧业，支持规模化饲养，加强品种改良和疫病防控。推进水产健康养殖，扶持和壮大远洋渔业。发展林业产业，繁荣山区经济。发展农业产业化经营，促进农产品加工业结构升级，扶持壮大龙头企业，培育知名品牌。强化主要农产品生产大县财政奖励政策，完善农产品加工业发展税收支持政策。加强农业标准化和农产品质量安全工作，严格产地环境、投入品使用、生产过程、产品质量全程监控，切实落实农产品生产、收购、储运、加工、销售各环节的质量安全监管责任，杜绝不合格产品进入市场。支持发展绿色食品和有机食品，加大农产品注册商标和地理标志保护力度。加强海峡两岸农业合作。

（三）加快农业科技创新。农业发展的根本出路在科技进步。顺应世界科技发展潮流，着眼于建设现代农业，大力推进农业科技自主创新，加强原始创新、集成创新和引进消化吸收再创新，不断促进农业技术集成化、劳动过程机械化、生产经营信息化。加大农业科技投入，建立农业科技创新基金，支持农业基础性、前沿性科学研究，力争在关键领域和核心技术上实现重大突破。加强农业技术研发和集成，重点支持生物技术、良种培育、丰产栽培、农业节水、疫病防控、防灾减灾等领域科技创新，实施转基因生物新品种培育科技重大专项，尽快获得一批具有重要应用价值的优良品种。适应农业规模化、精准化、设施化等要求，加快开发多功能、智能化、经济型农业装备设施，重点在田间作业、设施栽培、健康养殖、精深加工、储运保鲜等环节取得新进展。推进农业信息服务技术发展，重点开发信息采集、精准作业和管理信息、农村远程数字化和可视化、气象预测预报和灾害预警等技术。深化科技体制改革，加快农业科技创新体系和现代农业产业技术体系建设，加强对公益性农业科研机构和农业院校的支持。依托重大农业科研项目、重点学科、科研基地，加强农业科技创新团队建设，培育农业科技高层次人才特别是领军人才。稳定和壮大农业科技人才队伍，加强农业技术推广普及，开展农民技术培训。加快农业科技成果转化，促进产学研、农科教结合，支持高等学校、科研院所同农民专业合作社、龙头企业、农户开展多种形式技术合作。继续办好国家农业高新技术产业示范区。发挥国有农场运用先进技术和建设现代农业的示范作用。

（四）加强农业基础设施建设。以农田水利为重点的农业基础设施是现代农业的重要物质条件。大规模实施土地整治，搞好规划、统筹安排、连片推进，加快中低产田改造，鼓励农民开展土壤改良，推广测土配方施肥和保护性耕作，提高耕地质量，大幅度增加高产稳产农田比重。搞好水利基础设施建设，加强大江大河大湖治理，集中建成一批大中型水利骨干工程，加快大中型灌区、排灌泵站配套改造、水源工程建设，力争二〇二〇年基本完成大型灌区续建配套和节水改造任务。加快病险水库除险加固，确保二〇一〇年底完成大中型和重点小型水库除险加固任务。创新投资机制，采取以奖代补等形式，鼓励和支持农民广泛开展小型农田水利设施、小流域综合治理等项目建设。推广节水灌溉，搞好旱作农业示范工程。支持农用工业发展，加快推进农业机械化。按照现代化水平高、覆盖范围广的要求，加强良种繁育体系和农产品批发市场网络建设，加快建设现代粮食物流体系和鲜活农产品冷链物流系统。

（五）建立新型农业社会化服务体系。建设覆盖全程、综合配套、便捷高效的社会化服务体系，是发展现代农业的必然要求。加快构建以公共服务机构为依托、合作经济组织为基础、龙头企业为骨干、其他社会力量为补充，公益性服务和经营性服务相结合、专项服务和综合服务相协调的新型农业社会化服务体系。加强农业公共服务能力建设，创新管理体制，提高人员素质，力争三年内在全国普遍健全乡镇或区域性农业技术推广、动植物疫病防控、农产品质量监管等公共服务机构，逐步建立村级服务站点。支持供销合作社、农民专业合作社、专业服务公司、专业技术协会、农民经纪人、龙头企业等提供多种形式的生产经营服务。开拓农村市场，推进农村流通现代化。健全农产品市场体系，完善农业信息收集和发布制度，发展农产品现代流通方式，减免运销环节收费，长期实行绿色通道政策，加快形成流通成本低、运行效率高的农产品营销网络。保障农用生产资料供应，整顿和规范农村市场秩序，严厉惩治坑农害农行为。

（六）促进农业可持续发展。按照建设生态文明的要求，发展节约型农业、循环农业、生态农业，加强生态环境保护。继续推进林业重点工程建设，延长天然林保护工程实施期限，完善政策、巩固退耕还林成果，开展植树造林，提高森林覆盖率。实施草原建设和保护工程，推进退牧还草，发展灌溉草场，恢复草原生态植被。强化水资源保护。加强水生生物资源养护，加大增殖放流力度。推进重点流域和区域水土流失综合防治，加快荒漠化石漠化治理，加强自然保护区建设。保护珍稀物种和种质资源，防范外来动植物疫病和有害物种入侵。多渠道筹集森林、草原、水土保持等生态效益补偿资金，逐步提高补偿标准。积极培育以非粮油作物为原料的生物质产业，推进农林副产品和废弃物能源化、资源化利用。推广节能减排技术，加强农村工业、生活污染和农业面源污染防治。

（七）扩大农业对外开放。坚持“引进来”和“走出去”相结合，提高统筹利用国际国内两个市场、两种资源能力，拓展农业对外开放广度和深度。按照鼓励出口劳动密集型和技术密集型产品、适度进口结构性短缺产品的原则，完善农产品进出口战略规划和调控机制，加强国际市场研究和信息服务。强化农产品进出口检验检疫和监管，提高出口优势产品附加值和质量安全水平。引导外商投资发展现代农业。健全符合世界贸易组织规则的外商经营农产品和农业生产资料准入制度，建立外资并购境内涉农企业安全审查机制。统筹开展对外农业合作，培育农业跨国经营企业，逐步建立农产品国际产销加工储运体系。积极参与国际农产品贸易规则和标准制定，促进形成公平合理的贸易秩序。

五、加快发展农村公共事业，促进农村社会全面进步

建设社会主义新农村，形成城乡经济社会发展一体化新格局，必须扩大公共财政覆盖农村范围，发展农村公共事业，使广大农民学有所教、劳有所得、病有所医、老有所养、住有所居。

（一）繁荣发展农村文化。社会主义文化建设是社会主义新农村建设的重要内容和重要保证。坚持用社会主义先进文化占领农村阵地，满足农民日益增长的精神文化需求，提高农民思想道德素质。扎实开展社会主义核心价值体系建设，坚持用中国特色社会主义理论体系武装农村党员、教育农民群众，引导农民牢固树立爱国主义、集体主义、社会主义思想。推进广播电视村村通、文化信息资源共享、乡镇综合文化站和村文化室建设、农村电影放映、农家书屋等重点文化惠民工程，建立稳定的农村文化投入保障机制，尽快形成完备的农村公共文化服务体系。扶持农村题材文化产品创作生产，开展农民乐于参与、便于参与的文化活动，建立文化科技卫生“三下乡”长效机制，支持农民兴办演出团体和其他文化团体，引导城市文化机构到农村拓展服务。重视丰富农民工文化生活，帮助他们提高素质。广泛开展文明村镇、文明集市、文明户、志愿服务等群众性精神文明创建活动，倡导农民崇尚科学、诚信守法、抵制迷信、移风易俗，遵守公民基本道德规范，养成健康文明生活方式，形成男女平等、尊老爱幼、邻里和睦、勤劳致富、扶贫济困的社会风尚。加强农村文物、非物质文化遗产、历史文化名镇名村保护。发展农村体育事业，开展农民健身活动。

（二）大力办好农村教育事业。发展农村教育，促进教育公平，提高农民科学文化素质，培育有文化、懂技术、会经营的新型农民。巩固农村义务教育普及成果，提高义务教育质量，完善义务教育免费政策和经费保障机制，保障经济困难家庭儿童、留守儿童特别是女童平等就学、完成学业，改善农村学生营养状况，促进城乡义务教育均衡发展。加快普及农村高中阶段教育，重点加快发展农村中等职业教育并逐步实行免费。健全县域职业教育培训网络，加强农民技能培训，广泛培养农村实用人才。大力扶持贫困地区、民族地区农村教育。增强高校为农输送人才和服务能力，办好涉农学科专业，鼓励人才到农村第一线工作，对到农村履行服务期的毕业生代偿学费和助学贷款，在研究生招录和教师选聘时优先。保障和改善农村教师工资待遇和工作条件，健全农村教师培养培训制度，提高教师素质。健全城乡教师交流机制，继续选派城市教师下乡支教。发展农村学前教育、特殊教育、继续教育。加强远程教育，及时把优质教育资源送到农村。

（三）促进农村医疗卫生事业发展。基本医疗卫生服务关系广大农民幸福安康，必须尽快惠及全体农民。巩固和发展新型农村合作医疗制度，提高筹资标准和财政补助水平，坚持大病住院保障为主、兼顾门诊医疗保障。完善农村医疗救助制度。坚持政府主导，整合城乡卫生资源，建立健全农村三级医疗卫生服务网络，重点办好县级医院并在每个乡镇办好一所卫生院，支持村卫生室建设，向农民提供安全价廉的基本医疗服务。加强农村卫生人才队伍建设，定向免费培养培训农村卫生人才，妥善解决乡村医生补贴，完善城市医师支援农村制度。坚持预防为主，扩大农村免费公共卫生服务和免费免疫范围，加大地方病、传染病及人畜共患病防治力度。加强农村药品配送和监管。积极发展中医药和民族医药服务。广泛开展爱国卫生运动，重视健康教育。加强农村妇幼保健，逐步推行住院分娩补助政策。坚持计划生育的基本国策，推进优生优育，稳定农村低生育水平，完善和落实计划生育奖励扶助制度，有效治理出生人口性别比偏高问题。

（四）健全农村社会保障体系。贯彻广覆盖、保基本、多层次、可持续原则，加快健全农村社会保障体系。按照个人缴费、集体补助、政府补贴相结合的要求，建立新型农村社会养老保险制度。创造条件探索城乡养老保险制度有效衔接办法。做好被征地农民社会保障，做到先保后征，使被征地农民基本生活长期有保障。完善农村最低生活保障制度，加大中央和省级财政补助力度，做到应保尽保，不断提高保障标准和补助水平。全面落实农村五保供养政策，确保供养水平达到当地村民平均生活水平。完善农村受灾群众救助制度。落实好军烈属和伤残病退伍军人等优抚政策。发展以扶老、助残、救孤、济困、赈灾为重点的社会福利和慈善事业。发展农村老龄服务。加强农村残疾预防和残疾人康复工作，促进农村残疾人事业发展。

（五）加强农村基础设施和环境建设。把农村建设成为广大农民的美好家园，必须切实改善农民生产生活条件。科学制定乡镇村庄建设规划。加快农村饮水安全工程建设，五年内解决农村饮水安全问题。加强农村公路建设，确保“十一五”期末基本实现乡镇通油（水泥）路，进而普遍实现行政村通油（水泥）路，逐步形成城乡公交资源相互衔接、方便快捷的客运网络。推进农村能源建设，扩大电网供电人口覆盖率，推广沼气、秸秆利用、小水电、风能、太阳能等可再生能源技术，形成清洁、经济的农村能源体系。实施农村清洁工程，加快改水、改厨、改厕、改圈，开展垃圾集中处理，不断改善农村卫生条件和人居环境。推进广电网、电信网、互联网“三网融合”，积极发挥信息化为农服务作用。发展农村邮政服务。健全农村公共设施维护机制，提高综合利用效能。

（六）推进农村扶贫开发。搞好新阶段扶贫开发，对确保全体人民共享改革发展成果具有重大意义，必须作为长期历史任务持之以恒抓紧抓好。完善国家扶贫战略和政策体系，坚持开发式扶贫方针，实现农村最低生活保障制度和扶贫开发政策有效衔接。实行新的扶贫标准，对农村低收入人口全面实施扶贫政策，把尽快稳定解决扶贫对象温饱并实现脱贫致富作为新阶段扶贫开发的首要任务。重点提高农村贫困人口自我发展能力，对没有劳动力或劳动能力丧失的贫困人口实行社会救助。加大对革命老区、民族地区、边疆地区、贫困地区发展扶持力度。继续开展党政机关定点扶贫和东西扶贫协作，充分发挥企业、学校、科研院所、军队和社会各界在扶贫开发中的积极作用。加强反贫困领域国际交流合作。

（七）加强农村防灾减灾能力建设。我国农村自然灾害多、受灾地域广、防灾抗灾力量弱，必须切实加强农村防灾减灾工作。加强灾害性天气、地质灾害、地震监测预警，提高监测水平，完善处置预案，加强专业力量建设，提高应急救援能力，宣传普及防灾减灾知识，提高灾害处置能力和农民避灾自救能力。加强防洪排涝抗旱设施和监测预警能力建设，加快农村危房改造，提高农村道路、供电、供水、通信设施抗灾保障能力，提高农村学校、医院等公共设施建筑质量，落实安全标准和责任。全力做好汶川地震灾区农村恢复重建工作，加大投入，对口支援，发动群众，加快受灾农户住房重建，搞好农业生产设施重建，尽早恢复农业生产和农村经济。采取综合措施，促进灾区生态环境尽快修复并不断改善。

（八）强化农村社会管理。坚持服务农民、依靠农民，完善农村社会管理体制机制，加强农村社区建设，保持农村社会和谐稳定。健全党和政府主导的维护农民权益机制，拓宽农村社情民意表达渠道，做好农村信访工作，加强人民调解，及时排查化解矛盾纠纷。农村广大干部要进村入户做好下访工作，切实把矛盾和问题解决在基层、化解在萌芽状态。深入开展平安创建活动，加强农村政法工作，推进农村警务建设，实行群防群治，搞好社会治安综合治理。建立健全农村应急管理体制，提高危机处置能力。巩固和发展平等团结互助和谐的社会主义民族关系。全面贯彻党的宗教工作基本方针，依法管理宗教事务。反对和制止利用宗教、宗族势力干预农村公共事务，坚决取缔邪教组织，严厉打击黑恶势力。

六、加强和改善党的领导，为推进农村改革发展提供坚强政治保证

推进农村改革发展，关键在党。要把党的执政能力建设和先进性建设作为主线，以改革创新精神全面推进农村党的建设，认真开展深入学习实践科学发展观活动，增强各级党组织的创造力、凝聚力、战斗力，不断提高党领导农村工作水平。

（一）完善党领导农村工作体制机制。强化党委统一领导、党政齐抓共管、农村工作综合部门组织协调、有关部门各负其责的农村工作领导体制和工作机制。各级党委和政府要坚持把农村工作摆上重要议事日程，在政策制定、工作部署、财力投放、干部配备上

切实体现全党工作重中之重的战略思想，加强对农村改革发展理论和实践问题的调查研究，坚持因地制宜、分类指导，创造性地开展工作，党委和政府主要领导要亲自抓农村工作，省市县党委要有负责同志分管农村工作，县（市）党委要把工作重心和主要精力放在农村工作上。加强党委农村工作综合部门建设，建立职能明确、权责一致、运转协调的农业行政管理体制。注重选好配强县乡党政领导班子特别是主要负责人。坚持和完善“米袋子”省长负责制、“菜篮子”市长负责制。完善体现科学发展观和正确政绩观要求的干部考核评价体系，把粮食生产、农民增收、耕地保护、环境治理、和谐稳定作为考核地方特别是县（市）领导班子绩效的重要内容。支持人大、政协履行职能，发挥民主党派、人民团体和社会组织积极作用，共同推进农村改革发展。

（二）加强农村基层组织建设。党的农村基层组织是党在农村工作的基础。以领导班子建设为重点、健全党组织为保证、三级联创活动为载体，把党组织建设成为推动科学发展、带领农民致富、密切联系群众、维护农村稳定的坚强领导核心。改革和完善农村基层组织领导班子选举办法，抓好以村党组织为核心的村级组织配套建设，领导和支持村委会、集体经济组织、共青团、妇代会、民兵等组织和乡镇企业工会组织依照法律法规和章程开展工作。创新农村党的基层组织设置形式，推广在农村社区、农民专业合作社、专业协会和产业链上建立党组织的做法。加强农民工中党的工作。健全城乡党的基层组织互帮互助机制，构建城乡统筹的基层党建新格局。抓紧村级组织活动场所建设，两年内覆盖全部行政村。

（三）加强农村基层干部队伍建设。建设一支守信念、讲奉献、有本领、重品行的农村基层干部队伍，对做好农村工作至关重要。着力拓宽农村基层干部来源，提高他们的素质，解除他们的后顾之忧，调动他们的工作积极性。注重从农村致富能手、退伍军人、外出务工返乡农民中选拔村干部。引导高校毕业生到村任职，实施一村一名大学生计划。鼓励党政机关和企事业单位优秀年轻干部到村帮助工作。加大从优秀村干部中考录乡镇公务员和选任乡镇领导干部力度。探索村党组织书记跨村任职。通过财政转移支付和党费补助等途径，形成农村基层组织建设、村干部报酬和养老保险、党员干部培训资金保障机制。整合培训资源，广泛培训农村基层干部，增强他们带领农民建设社会主义新农村的本领。扎实推进农村党员干部现代远程教育，两年内实现全国乡村网络基本覆盖。

（四）加强农村党员队伍建设。巩固和发展先进性教育活动成果，做好发展党员工作，改进党员教育管理，增强党员意识，建设高素质农村党员队伍。扩大党内基层民主，尊重党员主体地位，保证党员按照党章规定履行义务、行使权利。组织农村党员学习党的理论和路线方针政策、法律法规、实用技术。广泛开展党员设岗定责、依岗承诺、创先争优等活动。关心爱护党员，建立健全党内激励、关怀、帮扶机制，增强党组织的亲和力。加强和改进流动党员管理，建立健全城乡一体党员动态管理机制。加大在优秀青年农民中发展党员力度。探索发展党员新机制，不断提高发展党员质量。

（五）加强农村党风廉政建设。大力发扬党的优良传统和作风，密切党群干群关系，是做好农村改革发展工作的重要保证。坚持教育、制度、监督、改革、纠风、惩治相结合，推进农村惩治和预防腐败体系建设。以树立理想信念和加强思想道德建设为基础，深入开展反腐倡廉教育，弘扬求真务实、公道正派、艰苦奋斗的作风，筑牢党员、干部服务群众、廉洁自律的思想基础。以规范和制约权力运行为核心，全面推进政务公开、村务公开、党务公开，健全农村集体资金、资产、资源管理制度，做到用制度管权、管事、管人。以维护农民权益为重点，围绕党的农村政策落实情况加强监督检查，切实纠正损害农民利益的突出问题，严肃查处涉农违纪违法案件。广大党员、干部要坚持权为民所用、情为民所系、利为民所谋，关心群众疾苦，倾听群众呼声，集中群众智慧，讲实话、办实事、求实效，坚决反对形式主义、官僚主义，努力创造实实在在的业绩。

（下略）

中共中央、国务院关于加快发展现代农业进一步增强农村发展活力的若干意见[①]

（2012 年 12 月 31 日）

全面贯彻落实党的十八大精神，坚定不移沿着中国特色社会主义道路前进，为全面建成小康社会而奋斗，必须固本强基，始终把解决好农业农村农民问题作为全党工作重中之重，把城乡发展一体化作为解决“三农”问题的根本途径；必须统筹协调，促进工业化、信息化、城镇化、农业现代化同步发展，着力强化现代农业基础支撑，深入推进社会主义新农村建设。

党的十六大以来，我们深入贯彻落实科学发展观，全面推进“三农”实践创新、理论创新、制度创新，全面确立重中之重、统筹城乡、“四化同步”等战略思想，全面制定一系列多予少取放活和工业反哺农业、城市支持农村的重大政策，全面构建农业生产经营、农业支持保护、农村社会保障、城乡协调发展的制度框架，农业生产得到很大发展、农村面貌得到很大改善、农民群众得到很大实惠，农业农村发展实现了历史性跨越，迎来了又一个黄金期，初步探索出一条中国特色农业现代化道路。粮食产量实现“九连增”，农业综合生产能力迈上新台阶。农民增收实现“九连快”，农村贫困人口生存和温饱问题基本解决。农村民生加速改善，办了许多深得民心的大事好事。农村综合改革和集体林权制度改革取得重大进展，城乡分割的体制障碍加快破除。农村党群干群关系明显改善，

① 《中共中央、国务院关于加快发展现代农业进一步增强农村发展活力的若干意见》，《中华人民共和国农业农村部公报》，2013 年 02 期。

农村社会保持和谐稳定。农业农村形势好，为我国综合国力在国际风云变幻中大幅提升，为现代化建设在重重风险挑战中昂首迈进，为党和国家事业在各种困难考验中兴旺发达，注入了强劲动力，增添了应对底气，赢得了战略主动。实践证明，中央推动农村改革发展的大政方针完全正确，出台的强农惠农富农政策卓有成效。

伴随工业化、城镇化深入推进，我国农业农村发展正在进入新的阶段，呈现出农业综合生产成本上升、农产品供求结构性矛盾突出、农村社会结构加速转型、城乡发展加快融合的态势。人多地少水缺的矛盾加剧，农产品需求总量刚性增长、消费结构快速升级，农业对外依存度明显提高，保障国家粮食安全和重要农产品有效供给任务艰巨；农村劳动力大量流动，农户兼业化、村庄空心化、人口老龄化趋势明显，农民利益诉求多元，加强和创新农村社会管理势在必行；国民经济与农村发展的关联度显著增强，农业资源要素流失加快，建立城乡要素平等交换机制的要求更为迫切，缩小城乡区域发展差距和居民收入分配差距任重道远。我们必须顺应阶段变化，遵循发展规律，增强忧患意识，举全党全国之力持之以恒强化农业、惠及农村、富裕农民。

2013 年农业农村工作的总体要求是：全面贯彻党的十八大精神，以邓小平理论、“三个代表”重要思想、科学发展观为指导，落实“四化同步”的战略部署，按照保供增收惠民生、改革创新添活力的工作目标，加大农村改革力度、政策扶持力度、科技驱动力度，围绕现代农业建设，充分发挥农村基本经营制度的优越性，着力构建集约化、专业化、组织化、社会化相结合的新型农业经营体系，进一步解放和发展农村社会生产力，巩固和发展农业农村大好形势。

一、建立重要农产品供给保障机制，努力夯实现代农业物质基础

确保国家粮食安全，保障重要农产品有效供给，始终是发展现代农业的首要任务。必须毫不放松粮食生产，加快构建现代农业产业体系，着力强化农业物质技术支撑。

1．稳定发展农业生产。粮食生产要坚持稳定面积、优化结构、主攻单产的总要求，确保丰产丰收。继续开展粮食稳定增产行动，着力加强800个产粮大县基础设施建设，推进东北四省区节水增粮行动、粮食丰产科技工程。支持优势产区棉花、油料、糖料生产基地建设。扩大粮棉油糖高产创建规模，在重点产区实行整建制推进，集成推广区域性、标准化高产高效模式。深入实施测土配方施肥，加强重大病虫害监测预警与联防联控能力建设。加大新一轮“菜篮子”工程实施力度，扩大园艺作物标准园和畜禽水产品标准化养殖示范场创建规模。以奖代补支持现代农业示范区建设试点。推进种养业良种工程，加快农作物制种基地和新品种引进示范场建设。加强渔船升级改造、渔政执法船艇建造和避风港建设，支持发展远洋渔业。

2．强化农业物质技术装备。落实和完善最严格的耕地保护制度，加大力度推进高标准农田建设。加快大中型灌区配套改造、灌排泵站更新改造、中小河流治理，扩大小型农田水利重点县覆盖范围，大力发展高效节水灌溉，加大雨水集蓄利用、堰塘整治等工程建设力度，提高防汛抗旱减灾能力。加大财政对小型水库建设和除险加固支持力度。及时足额计提并管好用好从土地出让收益中提取的农田水利建设资金。加快落实农业灌排工程运行管理费用由财政适当补助的政策。加强农业科技创新能力条件建设和知识产权保护，继续实施种业发展等重点科技专项，加快粮棉油糖等农机装备、高效安全肥料农药兽药研发。推进国家农业科技园区和高新技

术产业示范区建设。

3. 提高农产品流通效率。统筹规划农产品市场流通网络布局，重点支持重要农产品集散地、优势农产品产地市场建设，加强农产品期货市场建设，适时增加新的农产品期货品种，培育具有国内外影响力的农产品价格形成和交易中心。加快推进以城市标准化菜市场、生鲜超市、城乡集贸市场为主体的农产品零售市场建设。加强粮油仓储物流设施建设，发展农产品冷冻贮藏、分级包装、电子结算。健全覆盖农产品收集、加工、运输、销售各环节的冷链物流体系。大力培育现代流通方式和新型流通业态，发展农产品网上交易、连锁分销和农民网店。继续实施“北粮南运”、“南菜北运”、“西果东送”、万村千乡市场工程、新农村现代流通网络工程，启动农产品现代流通综合示范区创建。支持供销合作社、大型商贸集团、邮政系统开展农产品流通。深入实施商标富农工程，强化农产品地理标志和商标保护。

4. 完善农产品市场调控。充分发挥价格对农业生产和农民增收的激励作用，按照生产成本加合理利润的原则，继续提高小麦、稻谷最低收购价，适时启动玉米、大豆、油菜籽、棉花、食糖等农产品临时收储。优化粮食等大宗农产品储备品种结构和区域布局，完善粮棉油糖进口转储制度。健全重要农产品市场监测预警机制，认真执行生猪市场价格调控预案，改善鲜活农产品调控办法。完善农产品进出口税收调控政策，加强进口关税配额管理，健全大宗品种进口报告制度，强化敏感品种进口监测。推动进口来源多元化，规范进出口秩序，打击走私行为。加强和完善农产品信息统计发布制度，建立市场调控效果评估制度。扩大农资产品储备品种。

5. 提升食品安全水平。改革和健全食品安全监管体制，加强综合协调联动，落实从田头到餐桌的全程监管责任，加快形成符合国情、科学完善的食品安全体系。健全农产品质量安全和食品安全追溯体系。强化农业生产过程环境监测，严格农业投入品生产经营使用管理，积极开展农业面源污染和畜禽养殖污染防治。支持农产品批发市场食品安全检测室（站）建设，补助检验检测费用。健全基层食品安全工作体系，加大监管机构建设投入，全面提升监管能力和水平。

二、健全农业支持保护制度，不断加大强农惠农富农政策力度

适应农业进入高投入、高成本、高风险发展时期的客观要求，必须更加自觉、更加坚定地加强对农业的支持保护。要在稳定完善强化行之有效政策基础上，着力构建“三农”投入稳定增长长效机制，确保总量持续增加、比例稳步提高。

1. 加大农业补贴力度。按照增加总量、优化存量、用好增量、加强监管的要求，不断强化农业补贴政策，完善主产区利益补偿、耕地保护补偿、生态补偿办法，加快让农业获得合理利润、让主产区财力逐步达到全国或全省平均水平。继续增加农业补贴资金规模，新增补贴向主产区和优势产区集中，向专业大户、家庭农场、农民合作社等新型生产经营主体倾斜。落实好对种粮农民直接补贴、良种补贴政策，扩大农机具购置补贴规模，推进农机以旧换新试点。完善农资综合补贴动态调整机制，逐步扩大种粮大户补贴试点范围。继续实施农业防灾减灾稳产增产关键技术补助和土壤有机质提升补助，支持开展农作物病虫害专业化统防统治，启动低毒低残留农药和高效缓释肥料使用补助试点。完善畜牧业生产扶持政策，支持发展肉牛肉羊，落实远洋渔业补贴及税收减免政策。增加产粮（油）大县奖励资金，实施生猪调出大县奖励政策，研究制定粮食作物制种大县奖励政策。增加农业综合开发财政资金投入。现代农业生产发展资金重点支持粮食及地方优势特色产业加快发展。

2．改善农村金融服务。加强国家对农村金融改革发展的扶持和引导，切实加大商业性金融支农力度，充分发挥政策性金融和合作性金融作用，确保持续加大涉农信贷投放。创新金融产品和服务，优先满足农户信贷需求，加大新型生产经营主体信贷支持力度。加强财税杠杆与金融政策的有效配合，落实县域金融机构涉农贷款增量奖励、农村金融机构定向费用补贴、农户贷款税收优惠、小额担保贷款贴息等政策。稳定县（市）农村信用社法人地位，继续深化农村信用社改革。探索农业银行服务“三农”新模式，强化农业发展银行政策性职能定位，鼓励国家开发银行推动现代农业和新农村建设。支持社会资本参与设立新型农村金融机构。改善农村支付服务条件，畅通支付结算渠道。加强涉农信贷与保险协作配合，创新符合农村特点的抵（质）押担保方式和融资工具，建立多层次、多形式的农业信用担保体系。扩大林权抵押贷款规模，完善林业贷款贴息政策。健全政策性农业保险制度，完善农业保险保费补贴政策，加大对中西部地区、生产大县农业保险保费补贴力度，适当提高部分险种的保费补贴比例。开展农作物制种、渔业、农机、农房保险和重点国有林区森林保险保费补贴试点。推进建立财政支持的农业保险大灾风险分散机制。支持符合条件的农业产业化龙头企业和各类农业相关企业通过多层次资本市场筹集发展资金。

3．鼓励社会资本投向新农村建设。各行各业制定发展规划、安排项目、增加投资要主动向农村倾斜。引导国有企业参与和支持农业农村发展。鼓励企业和社会组织采取投资筹资、捐款捐助、人才和技术支持等方式在农村兴办医疗卫生、教育培训、社会福利、社会服务、文化旅游体育等各类事业，按规定享受税收优惠、管护费用补助等政策。落实公益性捐赠农村公益事业项目支出所得税前扣除政策。鼓励企业以多种投资方式建设农村生产生活基础设施。

三、创新农业生产经营体制，稳步提高农民组织化程度

农业生产经营组织创新是推进现代农业建设的核心和基础。要尊重和保障农户生产经营的主体地位，培育和壮大新型农业生产经营组织，充分激发农村生产要素潜能。

1．稳定农村土地承包关系。抓紧研究现有土地承包关系保持稳定并长久不变的具体实现形式，完善相关法律制度。坚持依法自愿有偿原则，引导农村土地承包经营权有序流转，鼓励和支持承包土地向专业大户、家庭农场、农民合作社流转，发展多种形式的适度规模经营。结合农田基本建设，鼓励农民采取互利互换方式，解决承包地块细碎化问题。土地流转不得搞强迫命令，确保不损害农民权益、不改变土地用途、不破坏农业综合生产能力。探索建立严格的工商企业租赁农户承包耕地（林地、草原）准入和监管制度。规范土地流转程序，逐步健全县乡村三级服务网络，强化信息沟通、政策咨询、合同签订、价格评估等流转服务。加强农村土地承包经营纠纷调解仲裁体系建设。深化国有农垦管理体制改革，扩大国有农场办社会职能改革试点。稳步推进农村综合改革示范试点。

2．努力提高农户集约经营水平。按照规模化、专业化、标准化发展要求，引导农户采用先进适用技术和现代生产要素，加快转变农业生产经营方式。创造良好的政策和法律环境，采取奖励补助等多种办法，扶持联户经营、专业大户、家庭农场。大力培育新型农民和农村实用人才，着力加强农业职业教育和职业培训。充分利用各类培训资源，加大专业大户、家庭农场经营者培训力度，提高他们的生产技能和经营管理水平。制定专门计划，对符合条件的中高等学校毕业生、退役军人、返乡农民工务农创业给予补助和贷款支持。

3. 大力支持发展多种形式的新型农民合作组织。农民合作社是带动农户进入市场的基本主体，是发展农村集体经济的新型实体，是创新农村社会管理的有效载体。按照积极发展、逐步规范、强化扶持、提升素质的要求，加大力度、加快步伐发展农民合作社，切实提高引领带动能力和市场竞争能力。鼓励农民兴办专业合作和股份合作等多元化、多类型合作社。实行部门联合评定示范社机制，分级建立示范社名录，把示范社作为政策扶持重点。安排部分财政投资项目直接投向符合条件的合作社，引导国家补助项目形成的资产移交合作社管护，指导合作社建立健全项目资产管护机制。增加农民合作社发展资金，支持合作社改善生产经营条件、增强发展能力。逐步扩大农村土地整理、农业综合开发、农田水利建设、农技推广等涉农项目由合作社承担的规模。对示范社建设鲜活农产品仓储物流设施、兴办农产品加工业给予补助。在信用评定基础上对示范社开展联合授信，有条件的地方予以贷款贴息，规范合作社开展信用合作。完善合作社税收优惠政策，把合作社纳入国民经济统计并作为单独纳税主体列入税务登记，做好合作社发票领用等工作。创新适合合作社生产经营特点的保险产品和服务。建立合作社带头人人才库和培训基地，广泛开展合作社带头人、经营管理人员和辅导员培训，引导高校毕业生到合作社工作。落实设施农用地政策，合作社生产设施用地和附属设施用地按农用地管理。引导农民合作社以产品和产业为纽带开展合作与联合，积极探索合作社联社登记管理办法。抓紧研究修订农民专业合作社法。

4．培育壮大龙头企业。支持龙头企业通过兼并、重组、收购、控股等方式组建大型企业集团。创建农业产业化示范基地，促进龙头企业集群发展。推动龙头企业与农户建立紧密型利益联结机制，采取保底收购、股份分红、利润返还等方式，让农户更多分享加工销售收益。鼓励和引导城市工商资本到农村发展适合企业化经营的种养业。增加扶持农业产业化资金，支持龙头企业建设原料基地、节能减排、培育品牌。逐步扩大农产品加工增值税进项税额核定扣除试点行业范围。适当扩大农产品产地初加工补助项目试点范围。

四、构建农业社会化服务新机制，大力培育发展多元服务主体

建设中国特色现代农业，必须建立完善的农业社会化服务体系。要坚持主体多元化、服务专业化、运行市场化的方向，充分发挥公共服务机构作用，加快构建公益性服务与经营性服务相结合、专项服务与综合服务相协调的新型农业社会化服务体系。

1．强化农业公益性服务体系。不断提升乡镇或区域性农业技术推广、动植物疫病防控、农产品质量监管等公共服务机构的服务能力。继续实施基层农技推广体系改革与建设项目，建立补助经费与服务绩效挂钩的激励机制。继续实施农业技术推广机构条件建设项目，不断改善推广条件。支持高等学校、职业院校、科研院所通过建设新农村发展研究院、农业综合服务示范基地等方式，面向农村开展农业技术推广。加强乡镇或小流域水利、基层林业公共服务机构和抗旱服务组织、防汛机动抢险队伍建设。充分发挥供销合作社在农业社会化服务中的重要作用。加快推进农村气象信息服务和人工影响天气工作体系与能力建设，提高农业气象服务和农村气象灾害防御水平。

2. 培育农业经营性服务组织。支持农民合作社、专业服务公司、专业技术协会、农民用水合作组织、农民经纪人、涉农企业等为农业生产经营提供低成本、便利化、全方位的服务，发挥经营性服务组织的生力军作用。采取政府订购、定向委托、奖励补助、招投标等方式，引导经营性服务组织参与公益性服务，大力开展病虫害统防统治、动物疫病防控、农田灌排、地膜覆盖和回收等生产性服务。推进科技特派员农村科技创业行动。培育会计审计、资产评估、政策法律咨询等涉农中介服务组织。对符合条件的农业经营性服务业务免征营业税。

3. 创新服务方式和手段。鼓励搭建区域性农业社会化服务综合平台。发展专家大院、院县共建、农村科技服务超市、庄稼医院、专业服务公司加合作社加农户、涉农企业加专家加农户等服务模式，积极推行技物结合、技术承包、全程托管服务，促进农业先进适用技术到田到户。开展农业社会化服务示范县创建。整合资源建设乡村综合服务社和服务中心。加快用信息化手段推进现代农业建设，启动金农工程二期，推动国家农村信息化试点省建设。发展农业信息服务，重点开发信息采集、精准作业、农村远程数字化和可视化、气象预测预报、灾害预警等技术。

五、改革农村集体产权制度，有效保障农民财产权利

建立归属清晰、权能完整、流转顺畅、保护严格的农村集体产权制度，是激发农业农村发展活力的内在要求。必须健全农村集体经济组织资金资产资源管理制度，依法保障农民的土地承包经营权、宅基地使用权、集体收益分配权。

1. 全面开展农村土地确权登记颁证工作。健全农村土地承包经营权登记制度，强化对农村耕地、林地等各类土地承包经营权的物权保护。用5年时间基本完成农村土地承包经营权确权登记颁证工作，妥善解决农户承包地块面积不准、四至不清等问题。加快包括农村宅基地在内的农村集体土地所有权和建设用地使用权地籍调查，尽快完成确权登记颁证工作。农村土地确权登记颁证工作经费纳入地方财政预算，中央财政予以补助。各级党委和政府要高度重视，有关部门要密切配合，确保按时完成农村土地确权登记颁证工作。深化集体林权制度改革，提高林权证发证率和到户率。推进国有林场改革试点，探索国有林区改革。加快推进牧区草原承包工作，启动牧区草原承包经营权确权登记颁证试点。

2. 加快推进征地制度改革。依法征收农民集体所有土地，要提高农民在土地增值收益中的分配比例，确保被征地农民生活水平有提高、长远生计有保障。加快修订土地管理法，尽快出台农民集体所有土地征收补偿条例。完善征地补偿办法，合理确定补偿标准，严格征地程序，约束征地行为，补偿资金不落实的不得批准和实施征地。改革和完善农村宅基地制度，加强管理，依法保障农户宅基地使用权。依法推进农村土地综合整治，严格规范城乡建设用地增减挂钩试点和集体经营性建设用地流转。农村集体非经营性建设用地不得进入市场。

3. 加强农村集体“三资”管理。因地制宜探索集体经济多种有效实现形式，不断壮大集体经济实力。以清产核资、资产量化、股权管理为主要内容，加快推进农村集体“三资”管理的制度化、规范化、信息化。健全农村集体财务预决算、收入管理、开支审批、资产台账和资源登记等制度，严格农村集体资产承包、租赁、处置和资源开发利用的民主程序，支持建设农村集体“三资”信息化监管平台。鼓励具备条件的地方推进农村集体产权股份合作制改革。探索集体经济组织成员资格界定的具体办法。

六、改进农村公共服务机制，积极推进城乡公共资源均衡配置

按照提高水平、完善机制、逐步并轨的要求，大力推动社会事业发展和基础设施建设向农村倾斜，努力缩小城乡差距，加快实现城乡基本公共服务均等化。

1. 加强农村基础设施建设。加大公共财政对农村基础设施建设的覆盖力度，逐步建立投入保障和运行管护机制。“十二五”期间基本解决农村饮水安全问题。农村电网升级改造要注重改善农村居民用电和农业生产经营供电设施，中央投资继续支持农村水电供电区电网改造和农村水电增效扩容改造。推进西部地区、连片特困地区乡镇、建制村通沥青（水泥）路建设和东中部地区县乡公路改造、连通工程建设，加大农村公路桥梁、安保工程建设和渡口改造力度，继续推进农村乡镇客运站网建设。加快宽带网络等农村信息基础设施建设。促进农村沼气可持续发展，优化项目结构，创新管理方式，鼓励新技术研发应用。加大力度推进农村危房改造和国有林区（场）棚户区、国有垦区危房改造，加快实施游牧民定居工程和以船为家渔民上岸安居工程。健全村级公益事业一事一议财政奖补机制，积极推进公益性乡村债务清理化解试点。科学规划村庄建设，严格规划管理，合理控制建设强度，注重方便农民生产生活，保持乡村功能和特色。制定专门规划，启动专项工程，加大力度保护有历史文化价值和民族、地域元素的传统村落和民居。农村居民点迁建和村庄撤并，必须尊重农民意愿，经村民会议同意。不提倡、不鼓励在城镇规划区外拆并村庄、建设大规模的农民集中居住区，不得强制农民搬迁和上楼居住。加强山洪、地质灾害防治，加大避灾移民搬迁投入。

2. 大力发展农村社会事业。完善农村中小学校舍建设改造长效机制。办好村小学和教学点，改善办学条件，配强师资力量，方便农村学生就近上学。设立专项资金，对在连片特困地区乡、村学校和教学点工作的教师给予生活补助。深入实施农村重点文化惠民工程，建立农村文化投入保障机制。健全农村三级医疗卫生服务网络，加强乡村医生队伍建设。继续提高新型农村合作医疗政府补助标准，积极推进异地结算。健全新型农村社会养老保险政策体系，建立科学合理的保障水平调整机制，研究探索与其他养老保险制度衔接整合的政策措施。加强农村最低生活保障的规范管理，有条件的地方研究制定城乡最低生活保障相对统一的标准。完善农村优抚制度，加快农村社会养老服务体系建设。加大扶贫开发投入，全面实施连片特困地区区域发展与扶贫攻坚规划。搞好农村人口和计划生育工作。

3. 有序推进农业转移人口市民化。把推进人口城镇化特别是农民工在城镇落户作为城镇化的重要任务。加快改革户籍制度，落实放宽中小城市和小城镇落户条件的政策。加强农民工职业培训、社会保障、权益保护，推动农民工平等享有劳动报酬、子女教育、公共卫生、计划生育、住房租购、文化服务等基本权益，努力实现城镇基本公共服务常住人口全覆盖。各级党委、政府和社会各界要高度重视农村留守儿童、留守妇女、留守老人问题，加强生产扶持、社会救助、人文关怀，切实保障他们的基本权益和人身安全。

4．推进农村生态文明建设。加强农村生态建设、环境保护和综合整治，努力建设美丽乡村。加大三北防护林、天然林保护等重大生态修复工程实施力度，推进荒漠化、石漠化、水土流失综合治理。巩固退耕还林成果，统筹安排新的退耕还林任务。探索开展沙化土地封禁保护区建设试点工作。加强国家木材战略储备基地和林区基础设施建设，提高中央财政国家级公益林补偿标准，增加湿地保护投入，完善林木良种、造林、森林抚育等林业补贴政策，积极发展林下经济。继续实施草原生态保护补助奖励政策。加强农作物秸秆综合利用。搞好农村垃圾、污水处理和土壤环境治理，实施乡村清洁工程，加快农村河道、水环境综合整治。发展乡村旅游和休闲农业。创建生态文明示范县和示范村镇。开展宜居村镇建设综合技术集成示范。

七、完善乡村治理机制，切实加强以党组织为核心的农村基层组织建设

顺应农村经济社会结构、城乡利益格局、农民思想观念的深刻变化，加强农村基层党建工作，不断推进农村基层民主政治建设，提高农村社会管理科学化水平，建立健全符合国情、规范有序、充满活力的乡村治理机制。

1．强化农村基层党组织建设。切实发挥基层党组织战斗堡垒作用，夯实党在农村的执政基础。扩大农村党组织和党的工作覆盖面，加强基层党组织带头人队伍建设。强化村干部“一定三有”政策，健全村级组织运转和基本公共服务经费保障机制，提升推动农村发展、服务农民群众能力。加强农民合作社党建工作，完善组织设置，理顺隶属关系，探索功能定位。加强农村党风廉政建设，强

化农村基层干部教育、管理和监督，开展集中查办和预防涉农惠农领域贪污贿赂等职务犯罪专项工作，坚决查处发生在农民身边的腐败问题。

2. 加强农村基层民主管理。进一步健全村党组织领导的充满活力的村民自治机制，继续推广“四议两公开”等工作法。充分发挥村务监督委员会作用，逐步建立责权明晰、衔接配套、运转有效的村级民主监督机制。不断完善村务公开民主管理，以县（市、区）为单位统一公开目录和时间，丰富公开内容，规范公开程序，实现村务公开由事后公开向事前、事中延伸。深入推进乡镇政务公开，推行乡镇财政预算、公共资源配置、重大建设项目、社会公益事业等领域的信息公开。有序发展民事调解、文化娱乐、红白喜事理事会等社区性社会组织，发挥农民自我管理、自我服务、自我教育、自我监督的作用。

3. 维护农民群众合法权益。坚持党和政府主导，依法维护、统筹兼顾广大农民群众多种利益，畅通和规范诉求表达、利益协调、权益保障渠道，加强农村信访工作，引导群众依法理性维护自身权益。通过人民调解、行政调解、司法调解等有效途径，妥善处理农村各种矛盾纠纷。依法保障外出村民在本村、外来人口在居住村的民主权利和物质利益。推进和谐矿区建设。建立减轻农民负担长效机制。巩固乡镇机构改革成果，加强社会管理和公共服务职能，推动乡镇干部直接联系服务群众。

4. 保障农村社会公共安全。加强农村抗灾救灾、警务消防、疫病防控等设施建设，严格执行农村学校、医院等公共设施建筑质量标准，增强农村突发公共事件和自然灾害的应对处置能力。深化农村平安建设，完善立体化社会治安防控体系，落实在农村警务室连续工作一定年限人员的有关激励政策。加强农村交通安全管理，创建平安畅通县市。依法打击乡村黑恶势力、黄赌毒和各种刑事犯罪。切实加强农村精神文明建设，深入开展群众性精神文明创建活动，全面提高农民思想道德素质和科学文化素质。加强农村法制宣传教育，落实党的民族和宗教政策，树立健康文明、遵纪守法的社会新风尚。

各级党委和政府要切实加强和改善对“三农”工作的领导，确保劲头不松懈、力度不减弱、力量有加强。各级党政领导干部要把熟悉党的“三农”政策和国情农情作为必修课，把善于做好新时期“三农”工作当作基本功，切实转变工作作风，深入基层调查研究，不断提高“三农”工作水平。要坚持从实际出发，因地制宜、分类指导各地推动“三农”工作。各地区各部门要明确职责分工，加强监督检查，实施绩效评价，开展强农惠农富农政策执行情况“回头看”，确保不折不扣落到实处。尊重农民首创精神，鼓励各地积极探索、勇于改革、大胆创新，做好农村改革试验区工作，及时总结推广各地成功经验。

加快发展现代农业，进一步增强农村发展活力，意义重大、任务繁重。让我们紧密团结在以习近平同志为总书记的党中央周围，奋力拼搏，锐意进取，求真务实，再创农村改革发展新的辉煌！

中共中央、国务院关于全面深化农村改革加快推进农业现代化的若干意见[①]

（2014年1月2日）

2013年，农业农村发展持续向好、稳中有进，粮食生产再创历史新高，城乡居民收入差距继续缩小，农村改革向纵深推进，农村民生有新的改善，农村社会保持和谐稳定。

我国经济社会发展正处在转型期，农村改革发展面临的环境更加复杂、困难挑战增多。工业化信息化城镇化快速发展对同步推进农业现代化的要求更为紧迫，保障粮食等重要农产品供给与资源环境承载能力的矛盾日益尖锐，经济社会结构深刻变化对创新农村社会管理提出了亟待破解的课题。必须全面贯彻落实党的十八大和十八届三中全会精神，进一步解放思想，稳中求进，改革创新，坚决破除体制机制弊端，坚持农业基础地位不动摇，加快推进农业现代化。

全面深化农村改革，要坚持社会主义市场经济改革方向，处理好政府和市场的关系，激发农村经济社会活力；要鼓励探索创新，在明确底线的前提下，支持地方先行先试，尊重农民群众实践创造；要因地制宜、循序渐进，不搞“一刀切”、不追求一步到位，允许采取差异性、过渡性的制度和政策安排；要城乡统筹联动，赋予农民更多财产权利，推进城乡要素平等交换和公共资源均衡配置，让农民平等参与现代化进程、共同分享现代化成果。

① 中共中央文献研究室编,《十八大以来重要文献选编（上）》，北京：中央文献出版社，2014年版，第702–716页。

推进中国特色农业现代化，要始终把改革作为根本动力，立足国情农情，顺应时代要求，坚持家庭经营为基础与多种经营形式共同发展，传统精耕细作与现代物质技术装备相辅相成，实现高产高效与资源生态永续利用协调兼顾，加强政府支持保护与发挥市场配置资源决定性作用功能互补。要以解决好地怎么种为导向加快构建新型农业经营体系，以解决好地少水缺的资源环境约束为导向深入推进农业发展方式转变，以满足吃得好吃得安全为导向大力发展优质安全农产品，努力走出一条生产技术先进、经营规模适度、市场竞争力强、生态环境可持续的中国特色新型农业现代化道路。

2014 年及今后一个时期，农业农村工作要以邓小平理论、“三个代表”重要思想、科学发展观为指导，按照稳定政策、改革创新、持续发展的总要求，力争在体制机制创新上取得新突破，在现代农业发展上取得新成就，在社会主义新农村建设上取得新进展，为保持经济社会持续健康发展提供有力支撑。

一、完善国家粮食安全保障体系

1. 抓紧构建新形势下的国家粮食安全战略。把饭碗牢牢端在自己手上，是治国理政必须长期坚持的基本方针。综合考虑国内资源环境条件、粮食供求格局和国际贸易环境变化，实施以我为主、立足国内、确保产能、适度进口、科技支撑的国家粮食安全战略。任何时候都不能放松国内粮食生产，严守耕地保护红线，划定永久基本农田，不断提升农业综合生产能力，确保谷物基本自给、口粮绝对安全。更加积极地利用国际农产品市场和农业资源，有效调剂和补充国内粮食供给。在重视粮食数量的同时，更加注重品质和质量安全；在保障当期供给的同时，更加注重农业可持续发展。加大力度落实“米袋子”省长负责制，进一步明确中央和地方的粮食安全责任与分工，主销区也要确立粮食面积底线、保证一定的口粮自给率。增强全社会节粮意识，在生产流通消费全程推广节粮减损设施和技术。

2. 完善粮食等重要农产品价格形成机制。继续坚持市场定价原则，探索推进农产品价格形成机制与政府补贴脱钩的改革，逐步建立农产品目标价格制度，在市场价格过高时补贴低收入消费者，在市场价格低于目标价格时按差价补贴生产者，切实保证农民收益。2014 年，启动东北和内蒙古大豆、新疆棉花目标价格补贴试点，探索粮食、生猪等农产品目标价格保险试点，开展粮食生产规模经营主体营销贷款试点。继续执行稻谷、小麦最低收购价政策和玉米、油菜籽、食糖临时收储政策。

3. 健全农产品市场调控制度。综合运用储备吞吐、进出口调节等手段，合理确定不同农产品价格波动调控区间，保障重要农产品市场基本稳定。科学确定重要农产品储备功能和规模，强化地方尤其是主销区的储备责任，优化区域布局和品种结构。完善中央储备粮管理体制，鼓励符合条件的多元市场主体参与大宗农产品政策性收储。健全“菜篮子”市长负责制考核激励机制，完善生猪市场价格调控体系，抓好牛羊肉生产供应。进一步开展国家对农业大县的直接统计调查。编制发布权威性的农产品价格指数。

4. 合理利用国际农产品市场。抓紧制定重要农产品国际贸易战略，加强进口农产品规划指导，优化进口来源地布局，建立稳定可靠的贸易关系。有关部门要密切配合，加强进出境动植物检验检疫，打击农产品进出口走私行为，保障进口农产品质量安全和国内产业安全。加快实施农业走出去战略，培育具有国际竞争力的粮棉油等大型企业。支持到境外特别是与周边国家开展互利共赢的农业生产和进出口合作。鼓励金融机构积极创新为农产品国际贸易和农业走出去服务的金融品种和方式。探索建立农产品国际贸易基金和海外农业发展基金。

5．强化农产品质量和食品安全监管。建立最严格的覆盖全过程的食品安全监管制度，完善法律法规和标准体系，落实地方政府属地管理和生产经营主体责任。支持标准化生产、重点产品风险监测预警、食品追溯体系建设，加大批发市场质量安全检验检测费用补助力度。加快推进县乡食品、农产品质量安全检测体系和监管能力建设。严格农业投入品管理，大力开展园艺作物标准园、畜禽规模化养殖、水产健康养殖等创建活动。完善农产品质量和食品安全工作考核评价制度，开展示范市、县创建试点。

二、强化农业支持保护制度

6．健全“三农”投入稳定增长机制。完善财政支农政策，增加“三农”支出。公共财政要坚持把“三农”作为支出重点，中央基建投资继续向“三农”倾斜，优先保证“三农”投入稳定增长。拓宽“三农”投入资金渠道，充分发挥财政资金引导作用，通过贴息、奖励、风险补偿、税费减免等措施，带动金融和社会资金更多投入农业农村。

7．完善农业补贴政策。按照稳定存量、增加总量、完善方法、逐步调整的要求，积极开展改进农业补贴办法的试点试验。继续实行种粮农民直接补贴、良种补贴、农资综合补贴等政策，新增补贴向粮食等重要农产品、新型农业经营主体、主产区倾斜。在有条件的地方开展按实际粮食播种面积或产量对生产者补贴试点，提高补贴精准性、指向性。加大农机购置补贴力度，完善补贴办法，继续推进农机报废更新补贴试点。强化农业防灾减灾稳产增产关键技术补助。继续实施畜牧良种补贴政策。

8. 加快建立利益补偿机制。加大对粮食主产区的财政转移支付力度，增加对商品粮生产大省和粮油猪生产大县的奖励补助，鼓励主销区通过多种方式到主产区投资建设粮食生产基地，更多地承担国家粮食储备任务，完善粮食主产区利益补偿机制。支持粮食主产区发展粮食加工业。降低或取消产粮大县直接用于粮食生产等建设项目资金配套。完善森林、草原、湿地、水土保持等生态补偿制度，继续执行公益林补偿、草原生态保护补助奖励政策，建立江河源头区、重要水源地、重要水生态修复治理区和蓄滞洪区生态补偿机制。支持地方开展耕地保护补偿。

9. 整合和统筹使用涉农资金。稳步推进从财政预算编制环节清理和归并整合涉农资金。支持黑龙江省进行涉农资金整合试点，在认真总结经验基础上，推动符合条件的地方开展涉农资金整合试验。改革项目审批制度，创造条件逐步下放中央和省级涉农资金项目审批权限。改革项目管理办法，加快项目实施和预算执行，切实提高监管水平。加强专项扶贫资金监管，强化省、市两级政府对资金和项目的监督责任，县级政府切实管好用好扶贫资金。盘活农业结余资金和超规定期限的结转资金，由同级预算统筹限时用于农田水利等建设。

10. 完善农田水利建设管护机制。深化水利工程管理体制改革，加快落实灌排工程运行维护经费财政补助政策。开展农田水利设施产权制度改革和创新运行管护机制试点，落实小型水利工程管护主体、责任和经费。通过以奖代补、先建后补等方式，探索农田水利基本建设新机制。深入推进农业水价综合改革。加大各级政府水利建设投入，落实和完善土地出让收益计提农田水利资金政策，提高水资源费征收标准、加大征收力度。完善大中型水利工程建设征地补偿政策。谋划建设一批关系国计民生的重大水利工程，加强水源工程建设和雨洪水资源化利用，启动实施全国抗旱规划，提高农业抗御水旱灾害能力。实施全国高标准农田建设总体规划，加大投入力度，规范建设标准，探索监管维护机制。

11. 推进农业科技创新。深化农业科技体制改革，对具备条件的项目，实施法人责任制和专员制，推行农业领域国家科技报告制度。明晰和保护财政资助科研成果产权，创新成果转化机制，发展农业科技成果托管中心和交易市场。采取多种方式，引导和支持科研机构与企业联合研发。加大农业科技创新平台基地建设和技术集成推广力度，推动发展国家农业科技园区协同创新战略联盟，支持现代农业产业技术体系建设。加强以分子育种为重点的基础研究和生物技术开发，建设以农业物联网和精准装备为重点的农业全程信息化和机械化技术体系，推进以设施农业和农产品精深加工为重点的新兴产业技术研发，组织重大农业科技攻关。继续开展高产创建，加大农业先进适用技术推广应用和农民技术培训力度。发挥现代农业示范区的引领作用。加强农用航空建设。将农业作为财政科技投入优先领域，引导金融信贷、风险投资等进入农业科技创新领域。推行科技特派员制度，发挥高校在农业科研和农技推广中的作用。

12. 加快发展现代种业和农业机械化。建立以企业为主体的育种创新体系，推进种业人才、资源、技术向企业流动，做大做强育繁推一体化种子企业，培育推广一批高产、优质、抗逆、适应机械化生产的突破性新品种。推行种子企业委托经营制度，强化种子全程可追溯管理。加快推进大田作物生产全程机械化，主攻机插秧、机采棉、甘蔗机收等薄弱环节，实现作物品种、栽培技术和机械装备的集成配套。积极发展农机作业、维修、租赁等社会化服务，支持发展农机合作社等服务组织。

13．加强农产品市场体系建设。着力加强促进农产品公平交易和提高流通效率的制度建设，加快制定全国农产品市场发展规划，落实部门协调机制，加强以大型农产品批发市场为骨干、覆盖全国的市场流通网络建设，开展公益性农产品批发市场建设试点。健全大宗农产品期货交易品种体系。加快发展主产区大宗农产品现代化仓储物流设施，完善鲜活农产品冷链物流体系。支持产地小型农产品收集市场、集配中心建设。完善农村物流服务体系，推进农产品现代流通综合示范区创建，加快邮政系统服务“三农”综合平台建设。实施粮食收储、供应安全保障工程。启动农村流通设施和农产品批发市场信息化提升工程，加强农产品电子商务平台建设。加快清除农产品市场壁垒。

三、建立农业可持续发展长效机制

14．促进生态友好型农业发展。落实最严格的耕地保护制度、节约集约用地制度、水资源管理制度、环境保护制度，强化监督考核和激励约束。分区域规模化推进高效节水灌溉行动。大力推进机械化深松整地和秸秆还田等综合利用，加快实施土壤有机质提升补贴项目，支持开展病虫害绿色防控和病死畜禽无害化处理。加大农业面源污染防治力度，支持高效肥和低残留农药使用、规模养殖场畜禽粪便资源化利用、新型农业经营主体使用有机肥、推广高标准农膜和残膜回收等试点。

15. 开展农业资源休养生息试点。抓紧编制农业环境突出问题治理总体规划和农业可持续发展规划。启动重金属污染耕地修复试点。从 2014 年开始，继续在陡坡耕地、严重沙化耕地、重要水源地实施退耕还林还草。开展华北地下水超采漏斗区综合治理、湿地生态效益补偿和退耕还湿试点。通过财政奖补、结构调整等综合措施，保证修复区农民总体收入水平不降低。

16. 加大生态保护建设力度。抓紧划定生态保护红线。继续实施天然林保护、京津风沙源治理二期等林业重大工程。在东北、内蒙古重点国有林区，进行停止天然林商业性采伐试点。推进林区森林防火设施建设和矿区植被恢复。完善林木良种、造林、森林抚育等林业补贴政策。加强沙化土地封禁保护。加大天然草原退牧还草工程实施力度，启动南方草地开发利用和草原自然保护区建设工程。支持饲草料基地的品种改良、水利建设、鼠虫害和毒草防治。加大海洋生态保护力度，加强海岛基础设施建设。严格控制渔业捕捞强度，继续实施增殖放流和水产养殖生态环境修复补助政策。实施江河湖泊综合整治、水土保持重点建设工程，开展生态清洁小流域建设。

四、深化农村土地制度改革

17. 完善农村土地承包政策。稳定农村土地承包关系并保持长久不变，在坚持和完善最严格的耕地保护制度前提下，赋予农民对承包地占有、使用、收益、流转及承包经营权抵押、担保权能。在落实农村土地集体所有权的基础上，稳定农户承包权、放活土地经营权，允许承包土地的经营权向金融机构抵押融资。有关部门要抓紧研究提出规范的实施办法，建立配套的抵押资产处置机制，推动修订相关法律法规。切实加强组织领导，抓紧抓实农村土地承包经营权确权登记颁证工作，充分依靠农民群众自主协商解决工作中遇到的矛盾和问题，可以确权确地，也可以确权确股不确地，确权登记颁证工作经费纳入地方财政预算，中央财政给予补助。稳定和完善草原承包经营制度，2015年基本完成草原确权承包和基本草原划定工作。切实维护妇女的土地承包权益。加强农村经营管理体系建设。深化农村综合改革，完善集体林权制度改革，健全国有林区经营管理体制，继续推进国有农场办社会职能改革。

18. 引导和规范农村集体经营性建设用地入市。在符合规划和用途管制的前提下，允许农村集体经营性建设用地出让、租赁、入股，实行与国有土地同等入市、同权同价，加快建立农村集体经营性建设用地产权流转和增值收益分配制度。有关部门要尽快提出具体指导意见，并推动修订相关法律法规。各地要按照中央统一部署，规范有序推进这项工作。

19. 完善农村宅基地管理制度。改革农村宅基地制度，完善农村宅基地分配政策，在保障农户宅基地用益物权前提下，选择若干试点，慎重稳妥推进农民住房财产权抵押、担保、转让。有关部门要抓紧提出具体试点方案，各地不得自行其是、抢跑越线。完善城乡建设用地增减挂钩试点工作，切实保证耕地数量不减少、质量有提高。加快包括农村宅基地在内的农村地籍调查和农村集体建设用地使用权确权登记颁证工作。

20. 加快推进征地制度改革。缩小征地范围，规范征地程序，完善对被征地农民合理、规范、多元保障机制。抓紧修订有关法律法规，保障农民公平分享土地增值收益，改变对被征地农民的补偿办法，除补偿农民被征收的集体土地外，还必须对农民的住房、社保、就业培训给予合理保障。因地制宜采取留地安置、补偿等多种方式，确保被征地农民长期受益。提高森林植被恢复费征收标准。健全征地争议调处裁决机制，保障被征地农民的知情权、参与权、申诉权、监督权。

五、构建新型农业经营体系

21．发展多种形式规模经营。鼓励有条件的农户流转承包土地的经营权，加快健全土地经营权流转市场，完善县乡村三级服务和管理网络。探索建立工商企业流转农业用地风险保障金制度，严禁农用地非农化。有条件的地方，可对流转土地给予奖补。土地流转和适度规模经营要尊重农民意愿，不能强制推动。

22．扶持发展新型农业经营主体。鼓励发展专业合作、股份合作等多种形式的农民合作社，引导规范运行，着力加强能力建设。允许财政项目资金直接投向符合条件的合作社，允许财政补助形成的资产转交合作社持有和管护，有关部门要建立规范透明的管理制度。推进财政支持农民合作社创新试点，引导发展农民专业合作社联合社。按照自愿原则开展家庭农场登记。鼓励发展混合所有制农业产业化龙头企业，推动集群发展，密切与农户、农民合作社的利益联结关系。在国家年度建设用地指标中单列一定比例专门用于新型农业经营主体建设配套辅助设施。鼓励地方政府和民间出资设立融资性担保公司，为新型农业经营主体提供贷款担保服务。加大对新型职业农民和新型农业经营主体领办人的教育培训力度。落实和完善相关税收优惠政策，支持农民合作社发展农产品加工流通。

23．健全农业社会化服务体系。稳定农业公共服务机构，健全经费保障、绩效考核激励机制。采取财政扶持、税费优惠、信贷支持等措施，大力发展主体多元、形式多样、竞争充分的社会化服务，推行合作式、订单式、托管式等服务模式，扩大农业生产全程社会化服务试点范围。通过政府购买服务等方式，支持具有资质的经营性服务组织从事农业公益性服务。扶持发展农民用水合作组织、防汛抗旱专业队、专业技术协会、农民经纪人队伍。完善农村基层气象防灾减灾组织体系，开展面向新型农业经营主体的直通式气象服务。

24. 加快供销合作社改革发展。发挥供销合作社扎根农村、联系农民、点多面广的优势，积极稳妥开展供销合作社综合改革试点。按照改造自我、服务农民的要求，创新组织体系和服务机制，努力把供销合作社打造成为农民生产生活服务的生力军和综合平台。支持供销合作社加强新农村现代流通网络和农产品批发市场建设。

六、加快农村金融制度创新

25. 强化金融机构服务“三农”职责。稳定大中型商业银行的县域网点，扩展乡镇服务网络，根据自身业务结构和特点，建立适应“三农”需要的专门机构和独立运营机制。强化商业金融对“三农”和县域小微企业的服务能力，扩大县域分支机构业务授权，不断提高存贷比和涉农贷款比例，将涉农信贷投放情况纳入信贷政策导向效果评估和综合考评体系。稳步扩大农业银行“三农”金融事业部改革试点。鼓励邮政储蓄银行拓展农村金融业务。支持农业发展银行开展农业开发和农村基础设施建设中长期贷款业务，建立差别监管体制。增强农村信用社支农服务功能，保持县域法人地位长期稳定。积极发展村镇银行，逐步实现县市全覆盖，符合条件的适当调整主发起行与其他股东的持股比例。支持由社会资本发起设立服务“三农”的县域中小型银行和金融租赁公司。对小额贷款公司，要拓宽融资渠道，完善管理政策，加快接入征信系统，发挥支农支小作用。支持符合条件的农业企业在主板、创业板发行上市，督促上市农业企业改善治理结构，引导暂不具备上市条件的高成长性、创新型农业企业到全国中小企股份转让系统进行股权公开挂牌与转让，推动证券期货经营机构开发适合“三农”的个性化产品。

26. 发展新型农村合作金融组织。在管理民主、运行规范、带动力强的农民合作社和供销合作社基础上，培育发展农村合作金融，不断丰富农村地区金融机构类型。坚持社员制、封闭性原则，在不对外吸储放贷、不支付固定回报的前提下，推动社区性农村资金互助组织发展。完善地方农村金融管理体制，明确地方政府对新型农村合作金融监管职责，鼓励地方建立风险补偿基金，有效防范金融风险。适时制定农村合作金融发展管理办法。

27. 加大农业保险支持力度。提高中央、省级财政对主要粮食作物保险的保费补贴比例，逐步减少或取消产粮大县县级保费补贴，不断提高稻谷、小麦、玉米三大粮食品种保险的覆盖面和风险保障水平。鼓励保险机构开展特色优势农产品保险，有条件的地方提供保费补贴，中央财政通过以奖代补等方式予以支持。扩大畜产品及森林保险范围和覆盖区域。鼓励开展多种形式的互助合作保险。规范农业保险大灾风险准备金管理，加快建立财政支持的农业保险大灾风险分散机制。探索开办涉农金融领域的贷款保证保险和信用保险等业务。

七、健全城乡发展一体化体制机制

28．开展村庄人居环境整治。加快编制村庄规划，推行以奖促治政策，以治理垃圾、污水为重点，改善村庄人居环境。实施村内道路硬化工程，加强村内道路、供排水等公用设施的运行管护，有条件的地方建立住户付费、村集体补贴、财政补助相结合的管护经费保障制度。制定传统村落保护发展规划，抓紧把有历史文化等价值的传统村落和民居列入保护名录，切实加大投入和保护力度。提高农村饮水安全工程建设标准，加强水源地水质监测与保护，有条件的地方推进城镇供水管网向农村延伸。以西部和集中连片特困地区为重点加快农村公路建设，加强农村公路养护和安全管理，推进城乡道路客运一体化。因地制宜发展户用沼气和规模化沼气。在地震高风险区实施农村民居地震安全工程。加快农村互联网基础设施建设，推进信息进村入户。

29．推进城乡基本公共服务均等化。加快改善农村义务教育薄弱学校基本办学条件，适当提高农村义务教育生均公用经费标准。大力支持发展农村学前教育。落实中等职业教育国家助学政策，紧密结合市场需求，加强农村职业教育和技能培训。支持和规范农村民办教育。提高重点高校招收农村学生比例。有效整合各类农村文化惠民项目和资源，推动县乡公共文化体育设施和服务标准化建设。深化农村基层医疗卫生机构综合改革，实施中西部全科医生特岗计划。继续提高新型农村合作医疗的筹资标准和保障水平，完善重大疾病保险和救助制度，推动基本医疗保险制度城乡统筹。稳定农村计划生育网络和队伍，开展城乡计生卫生公共服务均等化试点。整合城乡居民基本养老保险制度，逐步建立基础养老金标准正常调整机制，加快构建农村社会养老服务体系。加强农村最低生活保障的规范管理。开展农村公共服务标准化试点工作。着力创新扶贫开发工作机制，改进对国家扶贫开发工作重点县的考核办法，提高扶贫精准度，抓紧落实扶贫开发重点工作。

30. 加快推动农业转移人口市民化。积极推进户籍制度改革，建立城乡统一的户口登记制度，促进有能力在城镇合法稳定就业和生活的常住人口有序实现市民化。全面实行流动人口居住证制度，逐步推进居住证持有人享有与居住地居民相同的基本公共服务，保障农民工同工同酬。鼓励各地从实际出发制定相关政策，解决好辖区内农业转移人口在本地城镇的落户问题。

八、改善乡村治理机制

31. 加强农村基层党的建设。深入开展党的群众路线教育实践活动，推动农村基层服务型党组织建设。进一步加强农民合作社、专业技术协会等的党建工作，创新和完善组织设置，理顺隶属关系。加强农村基层党组织带头人队伍和党员队伍建设，提升村干部“一定三有”保障水平。总结宣传农村基层干部先进典型，树立正确舆论导向。加强城乡基层党建资源整合，建立稳定的村级组织运转经费保障制度。加强农村党风廉政建设，强化农村基层干部教育管理和监督，改进农村基层干部作风，坚决查处和纠正涉农领域侵害群众利益的腐败问题和加重农民负担行为。

32. 健全基层民主制度。强化党组织的领导核心作用，巩固和加强党在农村的执政基础，完善和创新村民自治机制，充分发挥其他社会组织的积极功能。深化乡镇行政体制改革，完善乡镇政府功能。深入推进村务公开、政务公开和党务公开，实现村民自治制度化和规范化。探索不同情况下村民自治的有效实现形式，农村社区建设试点单位和集体土地所有权在村民小组的地方，可开展以社区、村民小组为基本单元的村民自治试点。

33．创新基层管理服务。按照方便农民群众生产生活、提高公共资源配置效率的原则，健全农村基层管理服务体系。推动农村集体产权股份合作制改革，保障农民集体经济组织成员权利，赋予农民对落实到户的集体资产股份占有、收益、有偿退出及抵押、担保、继承权，建立农村产权流转交易市场，加强农村集体资金、资产、资源管理，提高集体经济组织资产运营管理水平，发展壮大农村集体经济。扩大小城镇对农村基本公共服务供给的有效覆盖，统筹推进农村基层公共服务资源有效整合和设施共建共享，有条件的地方稳步推进农村社区化管理服务。总结推广“枫桥经验”，创新群众工作机制。深入推进农村精神文明建设，倡导移风易俗，培养良好道德风尚，提高农民综合素质。加强对农村留守儿童、留守妇女、留守老年人的关爱和服务。发展农村残疾人事业。健全农村治安防控体系，充分发挥司法调解、人民调解的作用，维护农村社会和谐安定。

各级党委和政府要切实加强对“三农”工作的领导，把握好农村改革的方向和节奏，谋划好农业农村发展的思路和方法，落实好党在农村的各项方针和政策。各级党政干部要真正了解农民群众的诉求和期盼，真心实意解决农民群众生产生活中的实际问题。进一步加强党委农村工作综合部门建设，强化统筹协调、决策服务等职能。加强对农村改革试验区工作的指导，加大改革放权和政策支持力度，充实试验内容，完善工作机制，及时总结推广成功经验。

让我们紧密团结在以习近平同志为总书记的党中央周围，积极进取，锐意创新，力求农村改革发展取得新突破新进展。

中共中央、国务院关于加大改革创新力度加快农业现代化建设的若干意见（节选）①

（2015 年 1 月 1 日）

2014 年，各地区各部门认真贯彻落实党中央、国务院决策部署，加大深化农村改革力度，粮食产量实现“十一连增”，农民收入继续较快增长，农村公共事业持续发展，农村社会和谐稳定，为稳增长、调结构、促改革、惠民生作出了突出贡献。

当前，我国经济发展进入新常态，正从高速增长转向中高速增长，如何在经济增速放缓背景下继续强化农业基础地位、促进农民持续增收，是必须破解的一个重大课题。国内农业生产成本快速攀升，大宗农产品价格普遍高于国际市场，如何在“双重挤压”下创新农业支持保护政策、提高农业竞争力，是必须面对的一个重大考验。我国农业资源短缺，开发过度、污染加重，如何在资源环境硬约束下保障农产品有效供给和质量安全、提升农业可持续发展能力，是必须应对的一个重大挑战。城乡资源要素流动加速，城乡互动联系增强，如何在城镇化深入发展背景下加快新农村建设步伐、实现城乡共同繁荣，是必须解决好的一个重大问题。破解这些难题，是今后一个时期“三农”工作的重大任务。必须始终坚持把解决好“三农”问题作为全党工作的重中之重，靠改革添动力，以法治作保障，加快推进中国特色农业现代化。

2015 年，农业农村工作要全面贯彻落实党的十八大和十八届

---

① 中共中央文献研究室编，《十八大以来重要文献选编》（中），北京：中央文献出版社，2016 年版，第 273–290 页。

三中、四中全会精神，以邓小平理论、“三个代表”重要思想、科学发展观为指导，深入贯彻习近平总书记系列重要讲话精神，主动适应经济发展新常态，按照稳粮增收、提质增效、创新驱动的总要求，继续全面深化农村改革，全面推进农村法治建设，推动新型工业化、信息化、城镇化和农业现代化同步发展，努力在提高粮食生产能力上挖掘新潜力，在优化农业结构上开辟新途径，在转变农业发展方式上寻求新突破，在促进农民增收上获得新成效，在建设新农村上迈出新步伐，为经济社会持续健康发展提供有力支撑。

（中略）

二、围绕促进农民增收，加大惠农政策力度

中国要富，农民必须富。富裕农民，必须充分挖掘农业内部增收潜力，开发农村二三产业增收空间，拓宽农村外部增收渠道，加大政策助农增收力度，努力在经济发展新常态下保持城乡居民收入差距持续缩小的势头。

8. 优先保证农业农村投入。增加农民收入，必须明确政府对改善农业农村发展条件的责任。坚持把农业农村作为各级财政支出的优先保障领域，加快建立投入稳定增长机制，持续增加财政农业农村支出，中央基建投资继续向农业农村倾斜。优化财政支农支出结构，重点支持农民增收、农村重大改革、农业基础设施建设、农业结构调整、农业可持续发展、农村民生改善。转换投入方式，创新涉农资金运行机制，充分发挥财政资金的引导和杠杆作用。改革涉农转移支付制度，下放审批权限，有效整合财政农业农村投入。切实加强涉农资金监管，建立规范透明的管理制度，杜绝任何形式的挤占挪用、层层截留、虚报冒领，确保资金使用见到实效。

9. 提高农业补贴政策效能。增加农民收入，必须健全国家对农业的支持保护体系。保持农业补贴政策连续性和稳定性，逐步扩大“绿箱”支持政策实施规模和范围，调整改进“黄箱”支持政策，充分发挥政策惠农增收效应。继续实施种粮农民直接补贴、良种补贴、农机具购置补贴、农资综合补贴等政策。选择部分地方开展改革试点，提高补贴的导向性和效能。完善农机具购置补贴政策，向主产区和新型农业经营主体倾斜，扩大节水灌溉设备购置补贴范围。实施农业生产重大技术措施推广补助政策。实施粮油生产大县、粮食作物制种大县、生猪调出大县、牛羊养殖大县财政奖励补助政策。扩大现代农业示范区奖补范围。健全粮食主产区利益补偿、耕地保护补偿、生态补偿制度。

10. 完善农产品价格形成机制。增加农民收入，必须保持农产品价格合理水平。继续执行稻谷、小麦最低收购价政策，完善重要农产品临时收储政策。总结新疆棉花、东北和内蒙古大豆目标价格改革试点经验，完善补贴方式，降低操作成本，确保补贴资金及时足额兑现到农户。积极开展农产品价格保险试点。合理确定粮食、棉花、食糖、肉类等重要农产品储备规模。完善国家粮食储备吞吐调节机制，加强储备粮监管。落实新增地方粮食储备规模计划，建立重要商品商贸企业代储制度，完善制糖企业代储制度。运用现代信息技术，完善种植面积和产量统计调查，改进成本和价格监测办法。

11. 强化农业社会化服务。增加农民收入，必须完善农业服务体系，帮助农民降成本、控风险。抓好农业生产全程社会化服务机制创新试点，重点支持为农户提供代耕代收、统防统治、烘干储藏等服务。稳定和加强基层农技推广等公益性服务机构，健全经费保障和激励机制，改善基层农技推广人员工作和生活条件。发挥农村专业技术协会在农技推广中的作用。采取购买服务等方式，鼓励和引导社会力量参与公益性服务。加大中央、省级财政对主要粮食作物保险的保费补贴力度。将主要粮食作物制种保险纳入中央财政保费补贴目录。中央财政补贴险种的保险金额应覆盖直接物化成本。加快研究出台对地方特色优势农产品保险的中央财政以奖代补政策。扩大森林保险范围。支持邮政系统更好服务“三农”。创新气象为农服务机制，推动融入农业社会化服务体系。

12. 推进农村一二三产业融合发展。增加农民收入，必须延长农业产业链、提高农业附加值。立足资源优势，以市场需求为导向，大力发展特色种养业、农产品加工业、农村服务业，扶持发展一村一品、一乡（县）一业，壮大县域经济，带动农民就业致富。积极开发农业多种功能，挖掘乡村生态休闲、旅游观光、文化教育价值。扶持建设一批具有历史、地域、民族特点的特色景观旅游村镇，打造形式多样、特色鲜明的乡村旅游休闲产品。加大对乡村旅游休闲基础设施建设的投入，增强线上线下营销能力，提高管理水平和服务质量。研究制定促进乡村旅游休闲发展的用地、财政、金融等扶持政策，落实税收优惠政策。激活农村要素资源，增加农民财产性收入。

13. 拓宽农村外部增收渠道。增加农民收入，必须促进农民转移就业和创业。实施农民工职业技能提升计划。落实同工同酬政策，依法保障农民工劳动报酬权益，建立农民工工资正常支付的长效机制。保障进城农民工及其随迁家属平等享受城镇基本公共服务，扩大城镇社会保险对农民工的覆盖面，开展好农民工职业病防治和帮扶行动，完善随迁子女在当地接受义务教育和参加中高考相关政策，探索农民工享受城镇保障性住房的具体办法。加快户籍制度改革，建立居住证制度，分类推进农业转移人口在城镇落户并享有与当地居民同等待遇。现阶段，不得将农民进城落户与退出土地承包经营权、宅基地使用权、集体收益分配权相挂钩。引导有技能、资金和管理经验的农民工返乡创业，落实定向减税和普遍性降费政策，降低创业成本和企业负担。优化中西部中小城市、小城镇产业发展环境，为农民就地就近转移就业创造条件。

14. 大力推进农村扶贫开发。增加农民收入，必须加快农村贫困人口脱贫致富步伐。以集中连片特困地区为重点，加大投入和工作力度，加快片区规划实施，打好扶贫开发攻坚战。推进精准扶贫，制定并落实建档立卡的贫困村和贫困户帮扶措施。加强集中连片特困地区基础设施建设、生态保护和基本公共服务，加大用地政策支持力度，实施整村推进、移民搬迁、乡村旅游扶贫等工程。扶贫项目审批权原则上要下放到县，省市切实履行监管责任。建立公告公示制度，全面公开扶贫对象、资金安排、项目建设等情况。健全社会扶贫组织动员机制，搭建社会参与扶贫开发平台。完善干部驻村帮扶制度。加强贫困监测，建立健全贫困县考核、约束、退出等机制。经济发达地区要不断提高扶贫开发水平。

三、围绕城乡发展一体化，深入推进新农村建设

中国要美，农村必须美。繁荣农村，必须坚持不懈推进社会主义新农村建设。要强化规划引领作用，加快提升农村基础设施水平，推进城乡基本公共服务均等化，让农村成为农民安居乐业的美丽家园。

15. 加大农村基础设施建设力度。确保如期完成“十二五”农村饮水安全工程规划任务，推动农村饮水提质增效，继续执行税收优惠政策。推进城镇供水管网向农村延伸。继续实施农村电网改造升级工程。因地制宜采取电网延伸和光伏、风电、小水电等供电方式，2015 年解决无电人口用电问题。加快推进西部地区和集中连片特困地区农村公路建设。强化农村公路养护管理的资金投入和机制创新，切实加强农村客运和农村校车安全管理。完善农村沼气建管机制。加大农村危房改造力度，统筹搞好农房抗震改造。深入推进农村广播电视、通信等村村通工程，加快农村信息基础设施建设和宽带普及，推进信息进村入户。

16. 提升农村公共服务水平。全面改善农村义务教育薄弱学校基本办学条件，提高农村学校教学质量。因地制宜保留并办好村小学和教学点。支持乡村两级公办和普惠性民办幼儿园建设。加快发展高中阶段教育，以未能继续升学的初中、高中毕业生为重点，推进中等职业教育和职业技能培训全覆盖，逐步实现免费中等职业教育。积极发展农业职业教育，大力培养新型职业农民。全面推进基础教育数字教育资源开发与应用，扩大农村地区优质教育资源覆盖面。提高重点高校招收农村学生比例。加强乡村教师队伍建设，落实好集中连片特困地区乡村教师生活补助政策。国家教育经费要向边疆地区、民族地区、革命老区倾斜。建立新型农村合作医疗可持续筹资机制，同步提高人均财政补助和个人缴费标准，进一步提高实际报销水平。全面开展城乡居民大病保险，加强农村基层基本医疗、公共卫生能力和乡村医生队伍建设。推进各级定点医疗机构与省内新型农村合作医疗信息系统的互联互通，积极发展惠及农村的远程会诊系统。拓展重大文化惠民项目服务“三农”内容。加强农村最低生活保障制度规范管理，全面建立临时救助制度，改进农村社会救助工作。落实统一的城乡居民基本养老保险制度。支持建设多种农村养老服务和文化体育设施。整合利用现有设施场地和资源，构建农村基层综合公共服务平台。

17. 全面推进农村人居环境整治。完善县域村镇体系规划和村庄规划，强化规划的科学性和约束力。改善农民居住条件，搞好农村公共服务设施配套，推进山水林田路综合治理。继续支持农村环境集中连片整治，加快推进农村河塘综合整治，开展农村垃圾专项整治，加大农村污水处理和改厕力度，加快改善村庄卫生状况。加强农村周边工业“三废”排放和城市生活垃圾堆放监管治理。完善村级公益事业一事一议财政奖补机制，扩大农村公共服务运行维护机制试点范围，重点支持村内公益事业建设与管护。完善传统村落名录和开展传统民居调查，落实传统村落和民居保护规划。鼓励各地从实际出发开展美丽乡村创建示范。有序推进村庄整治，切实防止违背农民意愿大规模撤并村庄、大拆大建。

18. 引导和鼓励社会资本投向农村建设。鼓励社会资本投向农村基础设施建设和在农村兴办各类事业。对于政府主导、财政支持的农村公益性工程和项目，可采取购买服务、政府与社会资本合作等方式，引导企业和社会组织参与建设、管护和运营。对于能够商业化运营的农村服务业，向社会资本全面开放。制定鼓励社会资本参与农村建设目录，研究制定财税、金融等支持政策。探索建立乡镇政府职能转移目录，将适合社会兴办的公共服务交由社会组织承担。

19. 加强农村思想道德建设。针对农村特点，围绕培育和践行社会主义核心价值观，深入开展中国特色社会主义和中国梦宣传教育，广泛开展形势政策宣传教育，提高农民综合素质，提升农村社会文明程度，凝聚起建设社会主义新农村的强大精神力量。深入推进农村精神文明创建活动，扎实开展好家风好家训活动，继续开展好媳妇、好儿女、好公婆等评选表彰活动，开展寻找最美乡村教师、医生、村官等活动，凝聚起向上、崇善、爱美的强大正能量。倡导文艺工作者深入农村，创作富有乡土气息、讴歌农村时代变迁的优秀文艺作品，提供健康有益、喜闻乐见的文化服务。创新乡贤文化，弘扬善行义举，以乡情乡愁为纽带吸引和凝聚各方人士支持家乡建设，传承乡村文明。

20．切实加强农村基层党建工作。认真贯彻落实党要管党、从严治党的要求，加强以党组织为核心的农村基层组织建设，充分发挥农村基层党组织的战斗堡垒作用，深入整顿软弱涣散基层党组织，不断夯实党在农村基层执政的组织基础。创新和完善农村基层党组织设置，扩大组织覆盖和工作覆盖。加强乡村两级党组织班子建设，进一步选好管好用好带头人。严肃农村基层党内政治生活，加强党员日常教育管理，发挥党员先锋模范作用。严肃处理违反党规党纪的行为，坚决查处发生在农民身边的不正之风和腐败问题。以农村基层服务型党组织建设为抓手，强化县乡村三级便民服务网络建设，多为群众办实事、办好事，通过服务贴近群众、团结群众、引导群众、赢得群众。严格落实党建工作责任制，全面开展市县乡党委书记抓基层党建工作述职评议考核。

四、围绕增添农村发展活力，全面深化农村改革

全面深化改革，必须把农村改革放在突出位置。要按照中央总体部署，完善顶层设计，抓好试点试验，不断总结深化，加强督查落实，确保改有所进、改有所成，进一步激发农村经济社会发展活力。

21．加快构建新型农业经营体系。坚持和完善农村基本经营制

度，坚持农民家庭经营主体地位，引导土地经营权规范有序流转，创新土地流转和规模经营方式，积极发展多种形式适度规模经营，提高农民组织化程度。鼓励发展规模适度的农户家庭农场，完善对粮食生产规模经营主体的支持服务体系。引导农民专业合作社拓宽服务领域，促进规范发展，实行年度报告公示制度，深入推进示范社创建行动。推进农业产业化示范基地建设和龙头企业转型升级。引导农民以土地经营权入股合作社和龙头企业。鼓励工商资本发展适合企业化经营的现代种养业、农产品加工流通和农业社会化服务。土地经营权流转要尊重农民意愿，不得硬性下指标、强制推动。尽快制定工商资本租赁农地的准入和监管办法，严禁擅自改变农业用途。

22. 推进农村集体产权制度改革。探索农村集体所有制有效实现形式，创新农村集体经济运行机制。出台稳步推进农村集体产权制度改革的意见。对土地等资源性资产，重点是抓紧抓实土地承包经营权确权登记颁证工作，扩大整省推进试点范围，总体上要确地到户，从严掌握确权确股不确地的范围。对非经营性资产，重点是探索有利于提高公共服务能力的集体统一运营管理有效机制。对经营性资产，重点是明晰产权归属，将资产折股量化到本集体经济组织成员，发展多种形式的股份合作。开展赋予农民对集体资产股份权能改革试点，试点过程中要防止侵蚀农民利益，试点各项工作应严格限制在本集体经济组织内部。健全农村集体“三资”管理监督和收益分配制度。充分发挥县乡农村土地承包经营权、林权流转服务平台作用，引导农村产权流转交易市场健康发展。完善有利于推进农村集体产权制度改革的税费政策。

23. 稳步推进农村土地制度改革试点。在确保土地公有制性质不改变、耕地红线不突破、农民利益不受损的前提下，按照中央统一部署，审慎稳妥推进农村土地制度改革。分类实施农村土地征收、集体经营性建设用地入市、宅基地制度改革试点。制定缩小征地范围的办法。建立兼顾国家、集体、个人的土地增值收益分配机制，合理提高个人收益。完善对被征地农民合理、规范、多元保障机制。赋予符合规划和用途管制的农村集体经营性建设用地出让、租赁、入股权能，建立健全市场交易规则和服务监管机制。依法保障农民宅基地权益，改革农民住宅用地取得方式，探索农民住房保障的新机制。加强对试点工作的指导监督，切实做到封闭运行、风险可控，边试点、边总结、边完善，形成可复制、可推广的改革成果。

24. 推进农村金融体制改革。要主动适应农村实际、农业特点、农民需求，不断深化农村金融改革创新。综合运用财政税收、货币信贷、金融监管等政策措施，推动金融资源继续向“三农”倾斜，确保农业信贷总量持续增加、涉农贷款比例不降低。完善涉农贷款统计制度，优化涉农贷款结构。延续并完善支持农村金融发展的有关税收政策。开展信贷资产质押再贷款试点，提供更优惠的支农再贷款利率。鼓励各类商业银行创新“三农”金融服务。农业银行三农金融事业部改革试点覆盖全部县域支行。农业发展银行要在强化政策性功能定位的同时，加大对水利、贫困地区公路等农业农村基础设施建设的贷款力度，审慎发展自营性业务。国家开发银行要创新服务“三农”融资模式，进一步加大对农业农村建设的中长期信贷投放。提高农村信用社资本实力和治理水平，牢牢坚持立足县域、服务“三农”的定位。鼓励邮政储蓄银行拓展农村金融业务。提高村镇银行在农村的覆盖面。积极探索新型农村合作金融发展的有效途径，稳妥开展农民合作社内部资金互助试点，落实地方政府监管责任。做好承包土地的经营权和农民住房财产权抵押担保贷款试点工作。鼓励开展“三农”融资担保业务，大力发展政府支持的“三农”融资担保和再担保机构，完善银担合作机制。支持银行业金融机构发行“三农”专项金融债，鼓励符合条件的涉农企业发行债券。开展大型农机具融资租赁试点。完善对新型农业经营主体的金融服务。强化农村普惠金融。继续加大小额担保财政贴息贷款等对农村妇女的支持力度。

25. 深化水利和林业改革。建立健全水权制度，开展水权确权登记试点，探索多种形式的水权流转方式。推进农业水价综合改革，积极推广水价改革和水权交易的成功经验，建立农业灌溉用水总量控制和定额管理制度，加强农业用水计量，合理调整农业水价，建立精准补贴机制。吸引社会资本参与水利工程建设和运营。鼓励发展农民用水合作组织，扶持其成为小型农田水利工程建设和管护主体。积极发展农村水利工程专业化管理。建立健全最严格的林地、湿地保护制度。深化集体林权制度改革。稳步推进国有林场改革和国有林区改革，明确生态公益功能定位，加强森林资源保护培育。建立国家用材林储备制度。积极发展符合林业特点的多种融资业务，吸引社会资本参与碳汇林业建设。

26. 加快供销合作社和农垦改革发展。全面深化供销合作社综合改革，坚持为农服务方向，着力推进基层社改造，创新联合社治理机制，拓展为农服务领域，把供销合作社打造成全国性为“三农”提供综合服务的骨干力量。抓紧制定供销合作社条例。加快研究出台推进农垦改革发展的政策措施，深化农场企业化、垦区集团化、股权多元化改革，创新行业指导管理体制、企业市场化经营体制、农场经营管理体制。明晰农垦国有资产权属关系，建立符合农垦特点的国有资产监管体制。进一步推进农垦办社会职能改革。发挥农垦独特优势，积极培育规模化农业经营主体，把农垦建成重要农产品生产基地和现代农业的示范带动力量。

27. 创新和完善乡村治理机制。在有实际需要的地方，扩大以村民小组为基本单元的村民自治试点，继续搞好以社区为基本单元的村民自治试点，探索符合各地实际的村民自治有效实现形式。进一步规范村“两委”职责和村务决策管理程序，完善村务监督委员会的制度设计，健全村民对村务实行有效监督的机制，加强对村干部行使权力的监督制约，确保监督务实管用。激发农村社会组织活力，重点培育和优先发展农村专业协会类、公益慈善类、社区服务类等社会组织。构建农村立体化社会治安防控体系，开展突出治安问题专项整治，推进平安乡镇、平安村庄建设。

（下略）

中共中央、国务院关于落实发展新理念加快农业现代化实现全面小康目标的若干意见（节选）[①]

（2015 年 12 月 31 日）

党的十八届五中全会通过的《中共中央关于制定国民经济和社会发展第十三个五年规划的建议》，对做好新时期农业农村工作作出了重要部署。各地区各部门要牢固树立和深入贯彻落实创新、协调、绿色、开放、共享的发展理念，大力推进农业现代化，确保亿万农民与全国人民一道迈入全面小康社会。

"十二五"时期，是农业农村发展的又一个黄金期。粮食连年高位增产，实现了农业综合生产能力质的飞跃；农民收入持续较快增长，扭转了城乡居民收入差距扩大的态势；农村基础设施和公共服务明显改善，提高了农民群众的民生保障水平；农村社会和谐稳定，夯实了党在农村的执政基础。实践证明，党的"三农"政策是完全正确的，亿万农民是衷心拥护的。

当前，我国农业农村发展环境发生重大变化，既面临诸多有利条件，又必须加快破解各种难题。一方面，加快补齐农业农村短板成为全党共识，为开创"三农"工作新局面汇聚强大推动力；新型城镇化加快推进，为以工促农、以城带乡带来持续牵引力；城乡居民消费结构加快升级，为拓展农业农村发展空间增添巨大带动力；新一轮科技革命和产业变革正在孕育兴起，为农业转型升级注入强劲驱动力；农村各项改革全面展开，为农业农村现代化提供不竭源

① 《中共中央、国务院关于落实发展新理念加快农业现代化实现全面小康目标的若干意见》，《中华人民共和国国务院公报》，2016 年 06 期。

动力。另一方面，在经济发展新常态背景下，如何促进农民收入稳定较快增长，加快缩小城乡差距，确保如期实现全面小康，是必须完成的历史任务；在资源环境约束趋紧背景下，如何加快转变农业发展方式，确保粮食等重要农产品有效供给，实现绿色发展和资源永续利用，是必须破解的现实难题；在受国际农产品市场影响加深背景下，如何统筹利用国际国内两个市场、两种资源，提升我国农业竞争力，赢得参与国际市场竞争的主动权，是必须应对的重大挑战。农业是全面建成小康社会、实现现代化的基础。我们一定要切实增强做好“三农”工作的责任感、使命感、紧迫感，任何时候都不能忽视农业、忘记农民、淡漠农村，在认识的高度、重视的程度、投入的力度上保持好势头，始终把解决好“三农”问题作为全党工作重中之重，坚持强农惠农富农政策不减弱，推进农村全面小康建设不松劲，加快发展现代农业，加快促进农民增收，加快建设社会主义新农村，不断巩固和发展农业农村好形势。

“十三五”时期推进农村改革发展，要高举中国特色社会主义伟大旗帜，全面贯彻党的十八大和十八届三中、四中、五中全会精神，以邓小平理论、“三个代表”重要思想、科学发展观为指导，深入贯彻习近平总书记系列重要讲话精神，坚持全面建成小康社会、全面深化改革、全面依法治国、全面从严治党的战略布局，把坚持农民主体地位、增进农民福祉作为农村一切工作的出发点和落脚点，用发展新理念破解“三农”新难题，厚植农业农村发展优势，加大创新驱动力度，推进农业供给侧结构性改革，加快转变农业发展方式，保持农业稳定发展和农民持续增收，走产出高效、产品安全、资源节约、环境友好的农业现代化道路，推动新型城镇化与新农村建设双轮驱动、互促共进，让广大农民平等参与现代化进程、共同分享现代化成果。

到2020年，现代农业建设取得明显进展，粮食产能进一步巩固提升，国家粮食安全和重要农产品供给得到有效保障，农产品供给体系的质量和效率显著提高；农民生活达到全面小康水平，农村居民人均收入比2010年翻一番，城乡居民收入差距继续缩小；我国现行标准下农村贫困人口实现脱贫，贫困县全部摘帽，解决区域性整体贫困；农民素质和农村社会文明程度显著提升，社会主义新农村建设水平进一步提高；农村基本经济制度、农业支持保护制度、农村社会治理制度、城乡发展一体化体制机制进一步完善。

（中略）

四、推动城乡协调发展，提高新农村建设水平

加快补齐农业农村短板，必须坚持工业反哺农业、城市支持农村，促进城乡公共资源均衡配置、城乡要素平等交换，稳步提高城乡基本公共服务均等化水平。

17．加快农村基础设施建设。把国家财政支持的基础设施建设重点放在农村，建好、管好、护好、运营好农村基础设施，实现城乡差距显著缩小。健全农村基础设施投入长效机制，促进城乡基础设施互联互通、共建共享。强化农村饮用水水源保护。实施农村饮水安全巩固提升工程。推动城镇供水设施向周边农村延伸。加快实施农村电网改造升级工程，开展农村“低电压”综合治理，发展绿色小水电。加快实现所有具备条件的乡镇和建制村通硬化路、通班车，推动一定人口规模的自然村通公路。创造条件推进城乡客运一体化。加快国有林区防火应急道路建设。将农村公路养护资金逐步纳入地方财政预算。发展农村规模化沼气。加大农村危房改造力

度，统筹搞好农房抗震改造，通过贷款贴息、集中建设公租房等方式，加快解决农村困难家庭的住房安全问题。加强农村防灾减灾体系建设。研究出台创新农村基础设施投融资体制机制的政策意见。

18. 提高农村公共服务水平。把社会事业发展的重点放在农村和接纳农业转移人口较多的城镇，加快推动城镇公共服务向农村延伸。加快发展农村学前教育，坚持公办民办并举，扩大农村普惠性学前教育资源。建立城乡统一、重在农村的义务教育经费保障机制。全面改善贫困地区义务教育薄弱学校基本办学条件，改善农村学校寄宿条件，办好乡村小规模学校，推进学校标准化建设。加快普及高中阶段教育，逐步分类推进中等职业教育免除学杂费，率先从建档立卡的家庭经济困难学生实施普通高中免除学杂费，实现家庭经济困难学生资助全覆盖。深入实施农村贫困地区定向招生等专项计划，对民族自治县实现全覆盖。加强乡村教师队伍建设，拓展教师补充渠道，推动城镇优秀教师向乡村学校流动。办好农村特殊教育。整合城乡居民基本医疗保险制度，适当提高政府补助标准、个人缴费和受益水平。全面实施城乡居民大病保险制度。健全城乡医疗救助制度。完善城乡居民养老保险参保缴费激励约束机制，引导参保人员选择较高档次缴费。改进农村低保申请家庭经济状况核查机制，实现农村低保制度与扶贫开发政策有效衔接。建立健全农村留守儿童和妇女、老人关爱服务体系。建立健全农村困境儿童福利保障和未成年人社会保护制度。积极发展农村社会工作和志愿服务。切实维护农村妇女在财产分配、婚姻生育、政治参与等方面的合法权益，让女性获得公平的教育机会、就业机会、财产性收入、金融资源。加强农村养老服务体系、残疾人康复和供养托养设施建设。深化农村殡葬改革，依法管理、改进服务。推进农村基层综合公共服务资源优化整合。全面加强农村公共文化服务体系建设，继续实施文化惠民项目。在农村建设基层综合性文化服务中心，整合基层宣传文化、党员教育、科学普及、体育健身等设施，整合文化信息资源共享、农村电影放映、农家书屋等项目，发挥基层文化公共设施整体效应。

19. 开展农村人居环境整治行动和美丽宜居乡村建设。遵循乡村自身发展规律，体现农村特点，注重乡土味道，保留乡村风貌，努力建设农民幸福家园。科学编制县域乡村建设规划和村庄规划，提升民居设计水平，强化乡村建设规划许可管理。继续推进农村环境综合整治，完善以奖促治政策，扩大连片整治范围。实施农村生活垃圾治理 5 年专项行动。采取城镇管网延伸、集中处理和分散处理等多种方式，加快农村生活污水治理和改厕。全面启动村庄绿化工程，开展生态乡村建设，推广绿色建材，建设节能农房。开展农村宜居水环境建设，实施农村清洁河道行动，建设生态清洁型小流域。发挥好村级公益事业一事一议财政奖补资金作用，支持改善村内公共设施和人居环境。普遍建立村庄保洁制度。坚持城乡环境治理并重，逐步把农村环境整治支出纳入地方财政预算，中央财政给予差异化奖补，政策性金融机构提供长期低息贷款，探索政府购买服务、专业公司一体化建设运营机制。加大传统村落、民居和历史文化名村名镇保护力度。开展生态文明示范村镇建设。鼓励各地因地制宜探索各具特色的美丽宜居乡村建设模式。

20. 推进农村劳动力转移就业创业和农民工市民化。健全农村劳动力转移就业服务体系，大力促进就地就近转移就业创业，稳定并扩大外出农民工规模，支持农民工返乡创业。大力发展特色县域经济和农村服务业，加快培育中小城市和特色小城镇，增强吸纳农业转移人口能力。加大对农村灵活就业、新就业形态的支持。鼓励各地设立农村妇女就业创业基金，加大妇女小额担保贷款实施力度，加强妇女技能培训，支持农村妇女发展家庭手工业。实施新生代农民工职业技能提升计划，开展农村贫困家庭子女、未升学初高中毕业生、农民工、退役军人免费接受职业培训行动。依法维护农民工合法劳动权益，完善城乡劳动者平等就业制度，建立健全农民工工资支付保障长效机制。进一步推进户籍制度改革，落实 1 亿左右农民工和其他常住人口在城镇定居落户的目标，保障进城落户农民工与城镇居民有同等权利和义务，加快提高户籍人口城镇化率。全面实施居住证制度，建立健全与居住年限等条件相挂钩的基本公共服务提供机制，努力实现基本公共服务常住人口全覆盖。落实和完善农民工随迁子女在当地参加中考、高考政策。将符合条件的农民工纳入城镇社会保障和城镇住房保障实施范围。健全财政转移支付同农业转移人口市民化挂钩机制，建立城镇建设用地增加规模同吸纳农业转移人口落户数量挂钩机制。维护进城落户农民土地承包权、宅基地使用权、集体收益分配权，支持引导其依法自愿有偿转让上述权益。

21．实施脱贫攻坚工程。实施精准扶贫、精准脱贫，因人因地施策，分类扶持贫困家庭，坚决打赢脱贫攻坚战。通过产业扶持、转移就业、易地搬迁等措施解决 5000 万左右贫困人口脱贫；对完全或部分丧失劳动能力的 2000 多万贫困人口，全部纳入低保覆盖范围，实行社保政策兜底脱贫。实行脱贫工作责任制，进一步完善中央统筹、省（自治区、直辖市）负总责、市（地）县抓落实的工作机制。各级党委和政府要把脱贫攻坚作为重大政治任务扛在肩上，各部门要步调一致、协同作战、履职尽责，切实把民生项目、惠民政策最大限度向贫困地区倾斜。广泛动员社会各方面力量积极参与扶贫开发。实行最严格的脱贫攻坚考核督查问责。

五、深入推进农村改革，增强农村发展内生动力

破解“三农”难题，必须坚持不懈推进体制机制创新，着力破除城乡二元结构的体制障碍，激发亿万农民创新创业活力，释放农业农村发展新动能。

22. 改革完善粮食等重要农产品价格形成机制和收储制度。坚持市场化改革取向与保护农民利益并重，采取“分品种施策、渐进式推进”的办法，完善农产品市场调控制度。继续执行并完善稻谷、小麦最低收购价政策。深入推进新疆棉花、东北地区大豆目标价格改革试点。按照市场定价、价补分离的原则，积极稳妥推进玉米收储制度改革，在使玉米价格反映市场供求关系的同时，综合考虑农民合理收益、财政承受能力、产业链协调发展等因素，建立玉米生产者补贴制度。按照政策性职能和经营性职能分离的原则，改革完善中央储备粮管理体制。深化国有粮食企业改革，发展多元化市场购销主体。科学确定粮食等重要农产品国家储备规模，完善吞吐调节机制。

23. 健全农业农村投入持续增长机制。优先保障财政对农业农村的投入，坚持将农业农村作为国家固定资产投资的重点领域，确保力度不减弱、总量有增加。充分发挥财政政策导向功能和财政资金杠杆作用，鼓励和引导金融资本、工商资本更多投向农业农村。加大专项建设基金对扶贫、水利、农村产业融合、农产品批发市场等“三农”领域重点项目和工程支持力度。发挥规划引领作用，完善资金使用和项目管理办法，多层级深入推进涉农资金整合统筹，实施省级涉农资金管理改革和市县涉农资金整合试点，改进资金使用绩效考核办法。将种粮农民直接补贴、良种补贴、农资综合补贴合并为农业支持保护补贴，重点支持耕地地力保护和粮食产能提升。完善农机购置补贴政策。用3年左右时间建立健全全国农业信贷担保体系，2016年推动省级农业信贷担保机构正式建立并开始运营。加大对农产品主产区和重点生态功能区的转移支付力度。完善主产区利益补偿机制。逐步将农垦系统纳入国家农业支持和民生改善政策覆盖范围。研究出台完善农民收入增长支持政策体系的指导意见。

24．推动金融资源更多向农村倾斜。加快构建多层次、广覆盖、可持续的农村金融服务体系，发展农村普惠金融，降低融资成本，全面激活农村金融服务链条。进一步改善存取款、支付等基本金融服务。稳定农村信用社县域法人地位，提高治理水平和服务能力。开展农村信用社省联社改革试点，逐步淡出行政管理，强化服务职能。鼓励国有和股份制金融机构拓展“三农”业务。深化中国农业银行三农金融事业部改革，加大“三农”金融产品创新和重点领域信贷投入力度。发挥国家开发银行优势和作用，加强服务“三农”融资模式创新。强化中国农业发展银行政策性职能，加大中长期“三农”信贷投放力度。支持中国邮政储蓄银行建立三农金融事业部，打造专业化为农服务体系。创新村镇银行设立模式，扩大覆盖面。引导互联网金融、移动金融在农村规范发展。扩大在农民合作社内部开展信用合作试点的范围，健全风险防范化解机制，落实地方政府监管责任。开展农村金融综合改革试验，探索创新农村金融组织和服务。发展农村金融租赁业务。在风险可控前提下，稳妥有序推进农村承包土地的经营权和农民住房财产权抵押贷款试点。

积极发展林权抵押贷款。创设农产品期货品种，开展农产品期权试点。支持涉农企业依托多层次资本市场融资，加大债券市场服务“三农”力度。全面推进农村信用体系建设。加快建立“三农”融资担保体系。完善中央与地方双层金融监管机制，切实防范农村金融风险。强化农村金融消费者风险教育和保护。完善“三农”贷款统计，突出农户贷款、新型农业经营主体贷款、扶贫贴息贷款等。

25. 完善农业保险制度。把农业保险作为支持农业的重要手段，扩大农业保险覆盖面、增加保险品种、提高风险保障水平。积极开发适应新型农业经营主体需求的保险品种。探索开展重要农产品目标价格保险，以及收入保险、天气指数保险试点。支持地方发展特色优势农产品保险、渔业保险、设施农业保险。完善森林保险制度。探索建立农业补贴、涉农信贷、农产品期货和农业保险联动机制。积极探索农业保险保单质押贷款和农户信用保证保险。稳步扩大“保险+期货”试点。鼓励和支持保险资金开展支农融资业务创新试点。进一步完善农业保险大灾风险分散机制。

26. 深化农村集体产权制度改革。到2020年基本完成土地等农村集体资源性资产确权登记颁证、经营性资产折股量化到本集体经济组织成员，健全非经营性资产集体统一运营管理机制。稳定农村土地承包关系，落实集体所有权，稳定农户承包权，放活土地经营权，完善“三权分置”办法，明确农村土地承包关系长久不变的具体规定。继续扩大农村承包地确权登记颁证整省推进试点。依法推进土地经营权有序流转，鼓励和引导农户自愿互换承包地块实现连片耕种。研究制定稳定和完善农村基本经营制度的指导意见。加快推进房地一体的农村集体建设用地和宅基地使用权确权登记颁证，所需工作经费纳入地方财政预算。推进农村土地征收、集体经营性建设用地入市、宅基地制度改革试点。完善宅基地权益保障和取得方式，探索农民住房保障新机制。总结农村集体经营性建设用地入市改革试点经验，适当提高农民集体和个人分享的增值收益，抓紧出台土地增值收益调节金征管办法。完善和拓展城乡建设用地增减挂钩试点，将指标交易收益用于改善农民生产生活条件。探索将通过土地整治增加的耕地作为占补平衡补充耕地的指标，按照谁投入、谁受益的原则返还指标交易收益。研究国家重大工程建设补充耕地由国家统筹的具体办法。加快编制村级土地利用规划。探索将财政资金投入农业农村形成的经营性资产，通过股权量化到户，让集体组织成员长期分享资产收益。制定促进农村集体产权制度改革的税收优惠政策。开展扶持村级集体经济发展试点。深入推进供销合作社综合改革，提升为农服务能力。完善集体林权制度，引导林权规范有序流转，鼓励发展家庭林场、股份合作林场。完善草原承包经营制度。

（下略）

中共中央、国务院关于深入推进农业供给侧结构性改革 加快培育农业农村发展新动能的若干意见（节选）[①]

（2016 年 12 月 31 日）

经过多年不懈努力，我国农业农村发展不断迈上新台阶，已进入新的历史阶段。农业的主要矛盾由总量不足转变为结构性矛盾，突出表现为阶段性供过于求和供给不足并存，矛盾的主要方面在供给侧。近几年，我国在农业转方式、调结构、促改革等方面进行积极探索，为进一步推进农业转型升级打下一定基础，但农产品供求结构失衡、要素配置不合理、资源环境压力大、农民收入持续增长乏力等问题仍很突出，增加产量与提升品质、成本攀升与价格低迷、库存高企与销售不畅、小生产与大市场、国内外价格倒挂等矛盾亟待破解。必须顺应新形势新要求，坚持问题导向，调整工作重心，深入推进农业供给侧结构性改革，加快培育农业农村发展新动能，开创农业现代化建设新局面。

推进农业供给侧结构性改革，要在确保国家粮食安全的基础上，紧紧围绕市场需求变化，以增加农民收入、保障有效供给为主要目标，以提高农业供给质量为主攻方向，以体制改革和机制创新为根本途径，优化农业产业体系、生产体系、经营体系，提高土地产出率、资源利用率、劳动生产率，促进农业农村发展由过度依赖资源消耗、主要满足量的需求，向追求绿色生态可持续、更加注重

① 《中共中央、国务院关于深入推进农业供给侧结构性改革 加快培育农业农村发展新动能的若干意见》，《中华人民共和国国务院公报》，2017 年 06 期。

满足质的需求转变。

推进农业供给侧结构性改革是一个长期过程，处理好政府和市场关系、协调好各方面利益，面临许多重大考验。必须直面困难和挑战，坚定不移推进改革，勇于承受改革阵痛，尽力降低改革成本，积极防范改革风险，确保粮食生产能力不降低、农民增收势头不逆转、农村稳定不出问题。

2017年农业农村工作，要全面贯彻党的十八大和十八届三中、四中、五中、六中全会精神，以邓小平理论、“三个代表”重要思想、科学发展观为指导，深入贯彻习近平总书记系列重要讲话精神和治国理政新理念新思想新战略，坚持新发展理念，协调推进农业现代化与新型城镇化，以推进农业供给侧结构性改革为主线，围绕农业增效、农民增收、农村增绿，加强科技创新引领，加快结构调整步伐，加大农村改革力度，提高农业综合效益和竞争力，推动社会主义新农村建设取得新的进展，力争农村全面小康建设迈出更大步伐。

（中略）

五、补齐农业农村短板，夯实农村共享发展基础

22. 持续加强农田基本建设。深入实施藏粮于地、藏粮于技战略，严守耕地红线，保护优化粮食产能。全面落实永久基本农田特殊保护政策措施，实施耕地质量保护和提升行动，持续推进中低产田改造。加快高标准农田建设，提高建设质量。有条件的地区可以将晒场、烘干、机具库棚、有机肥积造等配套设施纳入高标准农田建设范围。引导金融机构对高标准农田建设提供信贷支持。允许通过土地整治增加的耕地作为占补平衡补充耕地的指标在省域内调剂，按规定或合同约定取得指标调剂收益。推进重大水利工程建设，抓紧修复水毁灾损农业设施和水利工程，加强水利薄弱环节和“五小水利”工程建设。因地制宜推进平原地区农村机井油改电。

23. 深入开展农村人居环境治理和美丽宜居乡村建设。推进农村生活垃圾治理专项行动，促进垃圾分类和资源化利用，选择适宜模式开展农村生活污水治理，加大力度支持农村环境集中连片综合治理和改厕。开展城乡垃圾乱排乱放集中排查整治行动。实施农村新能源行动，推进光伏发电，逐步扩大农村电力、燃气和清洁型煤供给。加快修订村庄和集镇规划建设管理条例，大力推进县域乡村建设规划编制工作。推动建筑设计下乡，开展田园建筑示范。深入开展建好、管好、护好、运营好农村公路工作，深化农村公路管养体制改革，积极推进城乡交通运输一体化。实施农村饮水安全巩固提升工程和新一轮农村电网改造升级工程。完善农村危房改造政策，提高补助标准，集中支持建档立卡贫困户、低保户、分散供养特困人员和贫困残疾人家庭等重点对象。开展农村地区枯井、河塘、饮用水、自建房、客运和校车等方面安全隐患排查治理工作。推进光纤到村建设，加快实现4G网络农村全覆盖。推进建制村直接通邮。开展农村人居环境和美丽宜居乡村示范创建。加强农村公共文化服务体系建设，统筹实施重点文化惠民项目，完善基层综合性文化服务设施，在农村地区深入开展送地方戏活动。支持重要农业文化遗产保护。

24. 提升农村基本公共服务水平。全面落实城乡统一、重在农村的义务教育经费保障机制，加强乡村教师队伍建设。继续提高城乡居民基本医疗保险筹资水平，加快推进城乡居民医保制度整合，推进基本医保全国联网和异地就医结算。加强农村基层卫生人才培养。完善农村低保对象认定办法，科学合理确定农村低保标准。扎实推进农村低保制度与扶贫开发政策有效衔接，做好农村低保兜底工作。完善城乡居民养老保险筹资和保障机制。健全农村留守儿童和妇女、老人、残疾人关爱服务体系。

（中略）

六、加大农村改革力度，激活农业农村内生发展动力

26. 深化粮食等重要农产品价格形成机制和收储制度改革。坚持并完善稻谷、小麦最低收购价政策，合理调整最低收购价水平，形成合理比价关系。坚定推进玉米市场定价、价补分离改革，健全生产者补贴制度，鼓励多元市场主体入市收购，防止出现卖粮难。采取综合措施促进过腹转化、加工转化，多渠道拓展消费需求，加快消化玉米等库存。调整完善新疆棉花目标价格政策，改进补贴方式。调整大豆目标价格政策。科学确定粮食等重要农产品国家储备规模，优化中央储备粮品种结构和区域布局，改革完善中央储备粮管理体制，充分发挥政策性职能作用，严格政策性粮食监督管理，严防跑冒滴漏，确保储存安全。支持家庭农场、农民合作社科学储粮。

27. 完善农业补贴制度。进一步提高农业补贴政策的指向性和精准性，重点补主产区、适度规模经营、农民收入、绿色生态。深入推进农业“三项补贴”制度改革。完善粮食主产区利益补偿机制，稳定产粮大县奖励政策，调整产粮大省奖励资金使用范围，盘活粮食风险基金。完善农机购置补贴政策，加大对粮棉油糖和饲草料生产全程机械化所需机具的补贴力度。深入实施新一轮草原生态保护补助奖励政策。健全林业补贴政策，扩大湿地生态效益补偿实施范围。

28．改革财政支农投入机制。坚持把农业农村作为财政支出的优先保障领域，确保农业农村投入适度增加，着力优化投入结构，创新使用方式，提升支农效能。固定资产投资继续向农业农村倾斜。发挥规划统筹引领作用，多层次多形式推进涉农资金整合。推进专项转移支付预算编制环节源头整合改革，探索实行“大专项+任务清单”管理方式。创新财政资金使用方式，推广政府和社会资本合作，实行以奖代补和贴息，支持建立担保机制，鼓励地方建立风险补偿基金，撬动金融和社会资本更多投向农业农村。建立健全全国农业信贷担保体系，推进省级信贷担保机构向市县延伸，支持有条件的市县尽快建立担保机构，实现实质性运营。拓宽农业农村基础设施投融资渠道，支持社会资本以特许经营、参股控股等方式参与农林水利、农垦等项目建设运营。鼓励地方政府和社会资本设立各类农业农村发展投资基金。加大地方政府债券支持农村基础设施建设力度。在符合有关法律和规定的前提下，探索以市场化方式筹集资金，用于农业农村建设。研究制定引导和规范工商资本投资农业农村的具体意见。对各级财政支持的各类小型项目，优先安排农村集体经济组织、农民合作组织等作为建设管护主体，强化农民参与和全程监督。

29．加快农村金融创新。强化激励约束机制，确保“三农”贷款投放持续增长。支持金融机构增加县域网点，适当下放县域分支机构业务审批权限。对涉农业务较多的金融机构，进一步完善差别化考核办法。落实涉农贷款增量奖励政策。支持农村商业银行、农村合作银行、村镇银行等农村中小金融机构立足县域，加大服务“三农”力度，健全内部控制和风险管理制度。规范发展农村资金互助组织，严格落实监管主体和责任。开展农民合作社内部信用合作试点，鼓励发展农业互助保险。支持国家开发银行创新信贷投放方式。完善农业发展银行风险补偿机制和资本金补充制度，加大对粮食多元市场主体入市收购的信贷支持力度。深化农业银行三农金融事业部改革，对达标县域机构执行优惠的存款准备金率。加快完善邮储银行三农金融事业部运作机制，研究给予相关优惠政策。抓紧研究制定农村信用社省联社改革方案。优化村镇银行设立模式，提高县市覆盖面。鼓励金融机构积极利用互联网技术，为农业经营主体提供小额存贷款、支付结算和保险等金融服务。推进信用户、信用村、信用乡镇创建。支持金融机构开展适合新型农业经营主体的订单融资和应收账款融资业务。深入推进承包土地的经营权和农民住房财产权抵押贷款试点，探索开展大型农机具、农业生产设施抵押贷款业务。加快农村各类资源资产权属认定，推动部门确权信息与银行业金融机构联网共享。持续推进农业保险扩面、增品、提标，开发满足新型农业经营主体需求的保险产品，采取以奖代补方式支持地方开展特色农产品保险。鼓励地方多渠道筹集资金，支持扩大农产品价格指数保险试点。探索建立农产品收入保险制度。支持符合条件的涉农企业上市融资、发行债券、兼并重组。在健全风险阻断机制前提下，完善财政与金融支农协作模式。鼓励金融机构发行“三农”专项金融债。扩大银行与保险公司合作，发展保证保险贷款产品。深入推进农产品期货、期权市场建设，积极引导涉农企业利用期货、期权管理市场风险，稳步扩大“保险+期货”试点。严厉打击农村非法集资和金融诈骗。积极推动农村金融立法。

30. 深化农村集体产权制度改革。落实农村土地集体所有权、农户承包权、土地经营权“三权分置”办法。加快推进农村承包地确权登记颁证，扩大整省试点范围。统筹协调推进农村土地征收、集体经营性建设用地入市、宅基地制度改革试点。全面加快“房地一体”的农村宅基地和集体建设用地确权登记颁证工作。认真总结农村宅基地制度改革试点经验，在充分保障农户宅基地用益物权、防止外部资本侵占控制的前提下，落实宅基地集体所有权，维护农户依法取得的宅基地占有和使用权，探索农村集体组织以出租、合作等方式盘活利用空闲农房及宅基地，增加农民财产性收入。允许地方多渠道筹集资金，按规定用于村集体对进城落户农民自愿退出承包地、宅基地的补偿。抓紧研究制定农村集体经济组织相关法律，赋予农村集体经济组织法人资格。全面开展农村集体资产清产核资。稳妥有序、由点及面推进农村集体经营性资产股份合作制改革，确认成员身份，量化经营性资产，保障农民集体资产权利。从实际出发探索发展集体经济有效途径，鼓励地方开展资源变资产、资金变股金、农民变股东等改革，增强集体经济发展活力和实力。研究制定支持农村集体产权制度改革的税收政策。深化集体林权制度改革。加快水权水市场建设，推进水资源使用权确权和进场交易。加快农村产权交易市场建设。

31．探索建立农业农村发展用地保障机制。优化城乡建设用地布局，合理安排农业农村各业用地。完善新增建设用地保障机制，将年度新增建设用地计划指标确定一定比例用于支持农村新产业新业态发展。加快编制村级土地利用规划。在控制农村建设用地总量、不占用永久基本农田前提下，加大盘活农村存量建设用地力度。允许通过村庄整治、宅基地整理等节约的建设用地采取入股、联营等方式，重点支持乡村休闲旅游养老等产业和农村三产融合发展，严禁违法违规开发房地产或建私人庄园会所。完善农业用地政策，积极支持农产品冷链、初加工、休闲采摘、仓储等设施建设。

改进耕地占补平衡管理办法，严格落实耕地占补平衡责任，探索对资源匮乏省份补充耕地实行国家统筹。

32. 健全农业劳动力转移就业和农村创业创新体制。完善城乡劳动者平等就业制度，健全农业劳动力转移就业服务体系，鼓励多渠道就业，切实保障农民工合法权益，着力解决新生代、身患职业病等农民工群体面临的突出问题。支持进城农民工返乡创业，带动现代农业和农村新产业新业态发展。鼓励高校毕业生、企业主、农业科技人员、留学归国人员等各类人才回乡下乡创业创新，将现代科技、生产方式和经营模式引入农村。整合落实支持农村创业创新的市场准入、财政税收、金融服务、用地用电、创业培训、社会保障等方面优惠政策。鼓励各地建立返乡创业园、创业孵化基地、创客服务平台，开设开放式服务窗口，提供一站式服务。

33. 统筹推进农村各项改革。继续深化供销合作社综合改革，增强为农服务能力。稳步推进国有林区和国有林场改革，加快转型升级。深化农垦改革，培育具有竞争力的现代农业企业集团。深化经济发达镇行政管理体制改革。全面推行河长制，确保 2018 年年底前全面建立省市县乡四级河长体系。扩大水资源税改革试点。继续加强农村改革试验区和国家现代农业示范区工作。开展农村综合性改革试点试验。尊重农民实践创造，鼓励基层先行先试，完善激励机制和容错机制。加强对农村各类改革试点试验的指导督查，及时总结可复制可推广经验，推动相关政策出台和法律法规修改，为推进农业供给侧结构性改革提供法治保障。扎实做好第三次全国农业普查工作。

（下略）

中共中央、国务院关于实施乡村振兴战略的意见（节选）[①]

（2018 年 1 月 2 日）

实施乡村振兴战略，是党的十九大作出的重大决策部署，是决胜全面建成小康社会、全面建设社会主义现代化国家的重大历史任务，是新时代“三农”工作的总抓手。现就实施乡村振兴战略提出如下意见。

（中略）

六、加强农村基层基础工作，构建乡村治理新体系

乡村振兴，治理有效是基础。必须把夯实基层基础作为固本之策，建立健全党委领导、政府负责、社会协同、公众参与、法治保障的现代乡村社会治理体制，坚持自治、法治、德治相结合，确保乡村社会充满活力、和谐有序。

（一）加强农村基层党组织建设。扎实推进抓党建促乡村振兴，突出政治功能，提升组织力，抓乡促村，把农村基层党组织建成坚强战斗堡垒。强化农村基层党组织领导核心地位，创新组织设置和活动方式，持续整顿软弱涣散村党组织，稳妥有序开展不合格党员处置工作，着力引导农村党员发挥先锋模范作用。建立选派第一书记工作长效机制，全面向贫困村、软弱涣散村和集体经济薄弱村党组织派出第一书记。实施农村带头人队伍整体优化提升行动，

① 《中共中央、国务院关于实施乡村振兴战略的意见》，北京：人民出版社，2018 年版。

注重吸引高校毕业生、农民工、机关企事业单位优秀党员干部到村任职，选优配强村党组织书记。健全从优秀村党组织书记中选拔乡镇领导干部、考录乡镇机关公务员、招聘乡镇事业编制人员制度。加大在优秀青年农民中发展党员力度。建立农村党员定期培训制度。全面落实村级组织运转经费保障政策。推行村级小微权力清单制度，加大基层小微权力腐败惩处力度。严厉整治惠农补贴、集体资产管理、土地征收等领域侵害农民利益的不正之风和腐败问题。

（二）深化村民自治实践。坚持自治为基，加强农村群众性自治组织建设，健全和创新村党组织领导的充满活力的村民自治机制。推动村党组织书记通过选举担任村委会主任。发挥自治章程、村规民约的积极作用。全面建立健全村务监督委员会，推行村级事务阳光工程。依托村民会议、村民代表会议、村民议事会、村民理事会、村民监事会等，形成民事民议、民事民办、民事民管的多层次基层协商格局。积极发挥新乡贤作用。推动乡村治理重心下移，尽可能把资源、服务、管理下放到基层。继续开展以村民小组或自然村为基本单元的村民自治试点工作。加强农村社区治理创新。创新基层管理体制机制，整合优化公共服务和行政审批职责，打造“一门式办理”、“一站式服务”的综合服务平台。在村庄普遍建立网上服务站点，逐步形成完善的乡村便民服务体系。大力培育服务性、公益性、互助性农村社会组织，积极发展农村社会工作和志愿服务。集中清理上级对村级组织考核评比多、创建达标多、检查督查多等突出问题。维护村民委员会、农村集体经济组织、农村合作经济组织的特别法人地位和权利。

（三）建设法治乡村。坚持法治为本，树立依法治理理念，强化法律在维护农民权益、规范市场运行、农业支持保护、生态环境治理、化解农村社会矛盾等方面的权威地位。增强基层干部法治观念、法治为民意识，将政府涉农各项工作纳入法治化轨道。深入推进综合行政执法改革向基层延伸，创新监管方式，推动执法队伍整合、执法力量下沉，提高执法能力和水平。建立健全乡村调解、县市仲裁、司法保障的农村土地承包经营纠纷调处机制。加大农村普法力度，提高农民法治素养，引导广大农民增强尊法学法守法用法意识。健全农村公共法律服务体系，加强对农民的法律援助和司法救助。

（四）提升乡村德治水平。深入挖掘乡村熟人社会蕴含的道德规范，结合时代要求进行创新，强化道德教化作用，引导农民向上向善、孝老爱亲、重义守信、勤俭持家。建立道德激励约束机制，引导农民自我管理、自我教育、自我服务、自我提高，实现家庭和睦、邻里和谐、干群融洽。广泛开展好媳妇、好儿女、好公婆等评选表彰活动，开展寻找最美乡村教师、医生、村官、家庭等活动。深入宣传道德模范、身边好人的典型事迹，弘扬真善美，传播正能量。

（五）建设平安乡村。健全落实社会治安综合治理领导责任制，大力推进农村社会治安防控体系建设，推动社会治安防控力量下沉。深入开展扫黑除恶专项斗争，严厉打击农村黑恶势力、宗族恶势力，严厉打击黄赌毒盗拐骗等违法犯罪。依法加大对农村非法宗教活动和境外渗透活动打击力度，依法制止利用宗教干预农村公共事务，继续整治农村乱建庙宇、滥塑宗教造像。完善县乡村三级综治中心功能和运行机制。健全农村公共安全体系，持续开展农村安全隐患治理。加强农村警务、消防、安全生产工作，坚决遏制重特大安全事故。探索以网格化管理为抓手、以现代信息技术为支撑，实现基层服务和管理精细化精准化。推进农村“雪亮工程”建设。

七、提高农村民生保障水平，塑造美丽乡村新风貌

乡村振兴，生活富裕是根本。要坚持人人尽责、人人享有，按照抓重点、补短板、强弱项的要求，围绕农民群众最关心最直接最现实的利益问题，一件事情接着一件事情办，一年接着一年干，把乡村建设成为幸福美丽新家园。

（一）优先发展农村教育事业。高度重视发展农村义务教育，推动建立以城带乡、整体推进、城乡一体、均衡发展的义务教育发展机制。全面改善薄弱学校基本办学条件，加强寄宿制学校建设。实施农村义务教育学生营养改善计划。发展农村学前教育。推进农村普及高中阶段教育，支持教育基础薄弱县普通高中建设，加强职业教育，逐步分类推进中等职业教育免除学杂费。健全学生资助制度，使绝大多数农村新增劳动力接受高中阶段教育、更多接受高等教育。把农村需要的人群纳入特殊教育体系。以市县为单位，推动优质学校辐射农村薄弱学校常态化。统筹配置城乡师资，并向乡村倾斜，建好建强乡村教师队伍。

（二）促进农村劳动力转移就业和农民增收。健全覆盖城乡的公共就业服务体系，大规模开展职业技能培训，促进农民工多渠道转移就业，提高就业质量。深化户籍制度改革，促进有条件、有意愿、在城镇有稳定就业和住所的农业转移人口在城镇有序落户，依法平等享受城镇公共服务。加强扶持引导服务，实施乡村就业创业促进行动，大力发展文化、科技、旅游、生态等乡村特色产业，振兴传统工艺。培育一批家庭工场、手工作坊、乡村车间，鼓励在乡村地区兴办环境友好型企业，实现乡村经济多元化，提供更多就业岗位。拓宽农民增收渠道，鼓励农民勤劳守法致富，增加农村低收入者收入，扩大农村中等收入群体，保持农村居民收入增速快于城

镇居民。

（三）推动农村基础设施提档升级。继续把基础设施建设重点放在农村，加快农村公路、供水、供气、环保、电网、物流、信息、广播电视等基础设施建设，推动城乡基础设施互联互通。以示范县为载体全面推进“四好农村路”建设，加快实施通村组硬化路建设。加大成品油消费税转移支付资金用于农村公路养护力度。推进节水供水重大水利工程，实施农村饮水安全巩固提升工程。加快新一轮农村电网改造升级，制定农村通动力电规划，推进农村可再生能源开发利用。实施数字乡村战略，做好整体规划设计，加快农村地区宽带网络和第四代移动通信网络覆盖步伐，开发适应“三农”特点的信息技术、产品、应用和服务，推动远程医疗、远程教育等应用普及，弥合城乡数字鸿沟。提升气象为农服务能力。加强农村防灾减灾救灾能力建设。抓紧研究提出深化农村公共基础设施管护体制改革指导意见。

（四）加强农村社会保障体系建设。完善统一的城乡居民基本医疗保险制度和大病保险制度，做好农民重特大疾病救助工作。巩固城乡居民医保全国异地就医联网直接结算。完善城乡居民基本养老保险制度，建立城乡居民基本养老保险待遇确定和基础养老金标准正常调整机制。统筹城乡社会救助体系，完善最低生活保障制度，做好农村社会救助兜底工作。将进城落户农业转移人口全部纳入城镇住房保障体系。构建多层次农村养老保障体系，创新多元化照料服务模式。健全农村留守儿童和妇女、老年人以及困境儿童关爱服务体系。加强和改善农村残疾人服务。

（五）推进健康乡村建设。强化农村公共卫生服务，加强慢性病综合防控，大力推进农村地区精神卫生、职业病和重大传染病防治。完善基本公共卫生服务项目补助政策，加强基层医疗卫生服务体系建设，支持乡镇卫生院和村卫生室改善条件。加强乡村中医药服务。开展和规范家庭医生签约服务，加强妇幼、老人、残疾人等重点人群健康服务。倡导优生优育。深入开展乡村爱国卫生运动。

（六）持续改善农村人居环境。实施农村人居环境整治三年行动计划，以农村垃圾、污水治理和村容村貌提升为主攻方向，整合各种资源，强化各种举措，稳步有序推进农村人居环境突出问题治理。坚持不懈推进农村“厕所革命”，大力开展农村户用卫生厕所建设和改造，同步实施粪污治理，加快实现农村无害化卫生厕所全覆盖，努力补齐影响农民群众生活品质的短板。总结推广适用不同地区的农村污水治理模式，加强技术支撑和指导。深入推进农村环境综合整治。推进北方地区农村散煤替代，有条件的地方有序推进煤改气、煤改电和新能源利用。逐步建立农村低收入群体安全住房保障机制。强化新建农房规划管控，加强“空心村”服务管理和改造。保护保留乡村风貌，开展田园建筑示范，培养乡村传统建筑名匠。实施乡村绿化行动，全面保护古树名木。持续推进宜居宜业的美丽乡村建设。

八、打好精准脱贫攻坚战，增强贫困群众获得感

乡村振兴，摆脱贫困是前提。必须坚持精准扶贫、精准脱贫，把提高脱贫质量放在首位，既不降低扶贫标准，也不吊高胃口，采取更加有力的举措、更加集中的支持、更加精细的工作，坚决打好精准脱贫这场对全面建成小康社会具有决定性意义的攻坚战。

（一）瞄准贫困人口精准帮扶。对有劳动能力的贫困人口，强化产业和就业扶持，着力做好产销衔接、劳务对接，实现稳定脱贫。有序推进易地扶贫搬迁，让搬迁群众搬得出、稳得住、能致富。对完全或部分丧失劳动能力的特殊贫困人口，综合实施保障性扶贫政策，确保病有所医、残有所助、生活有兜底。做好农村最低生活保障工作的动态化精细化管理，把符合条件的贫困人口全部纳入保障范围。

（二）聚焦深度贫困地区集中发力。全面改善贫困地区生产生活条件，确保实现贫困地区基本公共服务主要指标接近全国平均水平。以解决突出制约问题为重点，以重大扶贫工程和到村到户帮扶为抓手，加大政策倾斜和扶贫资金整合力度，着力改善深度贫困地区发展条件，增强贫困农户发展能力，重点攻克深度贫困地区脱贫任务。新增脱贫攻坚资金项目主要投向深度贫困地区，增加金融投入对深度贫困地区的支持，新增建设用地指标优先保障深度贫困地区发展用地需要。

（三）激发贫困人口内生动力。把扶贫同扶志、扶智结合起来，把救急纾困和内生脱贫结合起来，提升贫困群众发展生产和务工经商的基本技能，实现可持续稳固脱贫。引导贫困群众克服等靠要思想，逐步消除精神贫困。要打破贫困均衡，促进形成自强自立、争先脱贫的精神风貌。改进帮扶方式方法，更多采用生产奖补、劳务补助、以工代赈等机制，推动贫困群众通过自己的辛勤劳动脱贫致富。

（四）强化脱贫攻坚责任和监督。坚持中央统筹省负总责市县抓落实的工作机制，强化党政一把手负总责的责任制。强化县级党委作为全县脱贫攻坚总指挥部的关键作用，脱贫攻坚期内贫困县县级党政正职要保持稳定。开展扶贫领域腐败和作风问题专项治理，切实加强扶贫资金管理，对挪用和贪污扶贫款项的行为严惩不贷。将2018年作为脱贫攻坚作风建设年，集中力量解决突出作风问题。科学确定脱贫摘帽时间，对弄虚作假、搞数字脱贫的严肃查处。完善扶贫督查巡查、考核评估办法，除党中央、国务院统一部署外，各部门一律不准再组织其他检查考评。严格控制各地开展增加一线扶贫干部负担的各类检查考评，切实给基层减轻工作负担。关心爱护战斗在扶贫第一线的基层干部，制定激励政策，为他们工作生活排忧解难，保护和调动他们的工作积极性。做好实施乡村振兴战略与打好精准脱贫攻坚战的有机衔接。制定坚决打好精准脱贫攻坚战三年行动指导意见。研究提出持续减贫的意见。

九、推进体制机制创新，强化乡村振兴制度性供给

实施乡村振兴战略，必须把制度建设贯穿其中。要以完善产权制度和要素市场化配置为重点，激活主体、激活要素、激活市场，着力增强改革的系统性、整体性、协同性。

（一）巩固和完善农村基本经营制度。落实农村土地承包关系稳定并长久不变政策，衔接落实好第二轮土地承包到期后再延长30年的政策，让农民吃上长效“定心丸”。全面完成土地承包经营权确权登记颁证工作，实现承包土地信息联通共享。完善农村承包地“三权分置”制度，在依法保护集体土地所有权和农户承包权前提下，平等保护土地经营权。农村承包土地经营权可以依法向金融机构融资担保、入股从事农业产业化经营。实施新型农业经营主体培育工程，培育发展家庭农场、合作社、龙头企业、社会化服务组织和农业产业化联合体，发展多种形式适度规模经营。

（二）深化农村土地制度改革。系统总结农村土地征收、集体经营性建设用地入市、宅基地制度改革试点经验，逐步扩大试点，加快土地管理法修改，完善农村土地利用管理政策体系。扎实推进房地一体的农村集体建设用地和宅基地使用权确权登记颁证。完善农民闲置宅基地和闲置农房政策，探索宅基地所有权、资格权、使用权“三权分置”，落实宅基地集体所有权，保障宅基地农户资格权和农民房屋财产权，适度放活宅基地和农民房屋使用权，不得违规违法买卖宅基地，严格实行土地用途管制，严格禁止下乡利用农村宅基地建设别墅大院和私人会馆。在符合土地利用总体规划前提下，允许县级政府通过村土地利用规划，调整优化村庄用地布局，有效利用农村零星分散的存量建设用地；预留部分规划建设用地指标用于单独选址的农业设施和休闲旅游设施等建设。对利用收储农村闲置建设用地发展农村新产业新业态的，给予新增建设用地指标奖励。进一步完善设施农用地政策。

（三）深入推进农村集体产权制度改革。全面开展农村集体资产清产核资、集体成员身份确认，加快推进集体经营性资产股份合作制改革。推动资源变资产、资金变股金、农民变股东，探索农村集体经济新的实现形式和运行机制。坚持农村集体产权制度改革正确方向，发挥村党组织对集体经济组织的领导核心作用，防止内部少数人控制和外部资本侵占集体资产。维护进城落户农民土地承包权、宅基地使用权、集体收益分配权，引导进城落户农民依法自愿有偿转让上述权益。研究制定农村集体经济组织法，充实农村集体产权权能。全面深化供销合作社综合改革，深入推进集体林权、水利设施产权等领域改革，做好农村综合改革、农村改革试验区等工作。

（四）完善农业支持保护制度。以提升农业质量效益和竞争力为目标，强化绿色生态导向，创新完善政策工具和手段，扩大“绿箱”政策的实施范围和规模，加快建立新型农业支持保护政策体系。深化农产品收储制度和价格形成机制改革，加快培育多元市场购销主体，改革完善中央储备粮管理体制。通过完善拍卖机制、定向销售、包干销售等，加快消化政策性粮食库存。落实和完善对农民直接补贴制度，提高补贴效能。健全粮食主产区利益补偿机制。探索开展稻谷、小麦、玉米三大粮食作物完全成本保险和收入保险试点，加快建立多层次农业保险体系。

（下略）

中共中央、国务院关于坚持农业农村优先发展做好“三农”工作的若干意见（节选）[①]

（2019 年 1 月 3 日）

（上略）

一、聚力精准施策，决战决胜脱贫攻坚

（一）不折不扣完成脱贫攻坚任务。咬定既定脱贫目标，落实已有政策部署，到 2020 年确保现行标准下农村贫困人口实现脱贫、贫困县全部摘帽、解决区域性整体贫困。坚持现行扶贫标准，全面排查解决影响“两不愁三保障”实现的突出问题，防止盲目拔高标准、吊高胃口，杜绝数字脱贫、虚假脱贫。加强脱贫监测。进一步压实脱贫攻坚责任，落实最严格的考核评估，精准问责问效。继续加强东西部扶贫协作和中央单位定点扶贫。

深入推进抓党建促脱贫攻坚。组织开展常态化约谈，发现问题随时约谈。用好脱贫攻坚专项巡视成果，推动落实脱贫攻坚政治责任。

（二）主攻深度贫困地区。瞄准制约深度贫困地区精准脱贫的重点难点问题，列出清单，逐项明确责任，对账销号。重大工程建设项目继续向深度贫困地区倾斜，特色产业扶贫、易地扶贫搬迁、生态扶贫、金融扶贫、社会帮扶、干部人才等政策措施向深度贫困地区倾斜。各级财政优先加大“三区三州”脱贫攻坚资金投入。对“三区三州”外贫困人口多、贫困发生率高、脱贫难度大的深度贫困地区，也要统筹资金项目，加大扶持力度。

---

① 《中共中央、国务院关于坚持农业农村优先发展做好“三农”工作的若干意见》，《中华人民共和国国务院公报》，2019 年 07 期。

（三）着力解决突出问题。注重发展长效扶贫产业，着力解决产销脱节、风险保障不足等问题，提高贫困人口参与度和直接受益水平。强化易地扶贫搬迁后续措施，着力解决重搬迁、轻后续帮扶问题，确保搬迁一户、稳定脱贫一户。加强贫困地区义务教育控辍保学，避免因贫失学辍学。落实基本医疗保险、大病保险、医疗救助等多重保障措施，筑牢乡村卫生服务网底，保障贫困人口基本医疗需求。扎实推进生态扶贫，促进扶贫开发与生态保护相协调。坚持扶贫与扶志扶智相结合，加强贫困地区职业教育和技能培训，加强开发式扶贫与保障性扶贫统筹衔接，着力解决"一兜了之"和部分贫困人口等靠要问题，增强贫困群众内生动力和自我发展能力。切实加强一线精准帮扶力量，选优配强驻村工作队伍。关心关爱扶贫干部，加大工作支持力度，帮助解决实际困难，解除后顾之忧。持续开展扶贫领域腐败和作风问题专项治理，严厉查处虚报冒领、贪占挪用和优亲厚友、吃拿卡要等问题。

（四）巩固和扩大脱贫攻坚成果。攻坚期内贫困县、贫困村、贫困人口退出后，相关扶贫政策保持稳定，减少和防止贫困人口返贫。研究解决收入水平略高于建档立卡贫困户的群众缺乏政策支持等新问题。坚持和推广脱贫攻坚中的好经验好做法好路子。做好脱贫攻坚与乡村振兴的衔接，对摘帽后的贫困县要通过实施乡村振兴战略巩固发展成果，接续推动经济社会发展和群众生活改善。总结脱贫攻坚的实践创造和伟大精神。及早谋划脱贫攻坚目标任务2020年完成后的战略思路。

二、夯实农业基础，保障重要农产品有效供给

（一）稳定粮食产量。毫不放松抓好粮食生产，推动藏粮于地、藏粮于技落实落地，确保粮食播种面积稳定在16.5亿亩。稳定完善扶持粮食生产政策举措，挖掘品种、技术、减灾等稳产增产潜力，保障农民种粮基本收益。发挥粮食主产区优势，完善粮食主产区利益补偿机制，健全产粮大县奖补政策。压实主销区和产销平衡区稳定粮食生产责任。严守18亿亩耕地红线，全面落实永久基本农田特殊保护制度，确保永久基本农田保持在15.46亿亩以上。建设现代气象为农服务体系。强化粮食安全省长责任制考核。

（二）完成高标准农田建设任务。巩固和提高粮食生产能力，到2020年确保建成8亿亩高标准农田。修编全国高标准农田建设总体规划，统一规划布局、建设标准、组织实施、验收考核、上图入库。加强资金整合，创新投融资模式，建立多元筹资机制。实施区域化整体建设，推进田水林路电综合配套，同步发展高效节水灌溉。全面完成粮食生产功能区和重要农产品生产保护区划定任务，高标准农田建设项目优先向“两区”安排。恢复启动新疆优质棉生产基地建设，将糖料蔗“双高”基地建设范围覆盖到划定的所有保护区。进一步加强农田水利建设。推进大中型灌区续建配套节水改造与现代化建设。加大东北黑土地保护力度。加强华北地区地下水超采综合治理。推进重金属污染耕地治理修复和种植结构调整试点。

（三）调整优化农业结构。大力发展紧缺和绿色优质农产品生产，推进农业由增产导向转向提质导向。深入推进优质粮食工程。实施大豆振兴计划，多途径扩大种植面积。支持长江流域油菜生产，推进新品种新技术示范推广和全程机械化。积极发展木本油料。实施奶业振兴行动，加强优质奶源基地建设，升级改造中小奶牛养殖场，实施婴幼儿配方奶粉提升行动。合理调整粮经饲结构，发展青贮玉米、苜蓿等优质饲草料生产。合理确定内陆水域养殖规模，压减近海、湖库过密网箱养殖，推进海洋牧场建设，规范有序发展远洋渔业。降低江河湖泊和近海渔业捕捞强度，全面实施长江水生生物保护区禁捕。实施农产品质量安全保障工程，健全监管体系、监测体系、追溯体系。加大非洲猪瘟等动物疫情监测防控力度，严格落实防控举措，确保产业安全。

（四）加快突破农业关键核心技术。强化创新驱动发展，实施农业关键核心技术攻关行动，培育一批农业战略科技创新力量，推动生物种业、重型农机、智慧农业、绿色投入品等领域自主创新。建设农业领域国家重点实验室等科技创新平台基地，打造产学研深度融合平台，加强国家现代农业产业技术体系、科技创新联盟、产业创新中心、高新技术产业示范区、科技园区等建设。强化企业技术创新主体地位，培育农业科技创新型企业，支持符合条件的企业牵头实施技术创新项目。继续组织实施水稻、小麦、玉米、大豆和畜禽良种联合攻关，加快选育和推广优质草种。支持薄弱环节适用农机研发，促进农机装备产业转型升级，加快推进农业机械化。加强农业领域知识产权创造与应用。加快先进实用技术集成创新与推广应用。建立健全农业科研成果产权制度，赋予科研人员科技成果所有权，完善人才评价和流动保障机制，落实兼职兼薪、成果权益分配政策。

（五）实施重要农产品保障战略。加强顶层设计和系统规划，立足国内保障粮食等重要农产品供给，统筹用好国际国内两个市场、两种资源，科学确定国内重要农产品保障水平，健全保障体系，提高国内安全保障能力。将稻谷、小麦作为必保品种，稳定玉米生产，确保谷物基本自给、口粮绝对安全。加快推进粮食安全保障立法进程。在提质增效基础上，巩固棉花、油料、糖料、天然橡胶生产能力。加快推进并支持农业走出去，加强“一带一路”农业国际合作，主动扩大国内紧缺农产品进口，拓展多元化进口渠道，培育一批跨国农业企业集团，提高农业对外合作水平。加大农产品反走私综合治理力度。

三、扎实推进乡村建设，加快补齐农村人居环境和公共服务短板

（一）抓好农村人居环境整治三年行动。深入学习推广浙江“千村示范、万村整治”工程经验，全面推开以农村垃圾污水治理、厕所革命和村容村貌提升为重点的农村人居环境整治，确保到2020年实现农村人居环境阶段性明显改善，村庄环境基本干净整洁有序，村民环境与健康意识普遍增强。鼓励各地立足实际、因地制宜，合理选择简便易行、长期管用的整治模式，集中攻克技术难题。建立地方为主、中央补助的政府投入机制。中央财政对农村厕所革命整村推进等给予补助，对农村人居环境整治先进县给予奖励。中央预算内投资安排专门资金支持农村人居环境整治。允许县级按规定统筹整合相关资金，集中用于农村人居环境整治。鼓励社会力量积极参与，将农村人居环境整治与发展乡村休闲旅游等有机结合。广泛开展村庄清洁行动。开展美丽宜居村庄和最美庭院创建活动。农村人居环境整治工作要同农村经济发展水平相适应、同当地文化和风土人情相协调，注重实效，防止做表面文章。

（二）实施村庄基础设施建设工程。推进农村饮水安全巩固提升工程，加强农村饮用水水源地保护，加快解决农村“吃水难”和饮水不安全问题。全面推进“四好农村路”建设，加大“路长制”和示范县实施力度，实现具备条件的建制村全部通硬化路，有条件的地区向自然村延伸。加强村内道路建设。全面实施乡村电气化提升工程，加快完成新一轮农村电网改造。完善县乡村物流基础设施网络，支持产地建设农产品贮藏保鲜、分级包装等设施，鼓励企业在县乡和具备条件的村建立物流配送网点。加快推进宽带网络向村庄延伸，推进提速降费。继续推进农村危房改造。健全村庄基础设施建管长效机制，明确各方管护责任，鼓励地方将管护费用纳入财政预算。

（三）提升农村公共服务水平。全面提升农村教育、医疗卫生、社会保障、养老、文化体育等公共服务水平，加快推进城乡基本公共服务均等化。推动城乡义务教育一体化发展，深入实施农村义务教育学生营养改善计划。实施高中阶段教育普及攻坚计划，加强农村儿童健康改善和早期教育、学前教育。加快标准化村卫生室建设，实施全科医生特岗计划。建立健全统一的城乡居民基本医疗保险制度，同步整合城乡居民大病保险。完善城乡居民基本养老保险待遇确定和基础养老金正常调整机制。统筹城乡社会救助体系，完善最低生活保障制度、优抚安置制度。加快推进农村基层综合性文化服务中心建设。完善农村留守儿童和妇女、老年人关爱服务体系，支持多层次农村养老事业发展，加强和改善农村残疾人服务。推动建立城乡统筹的基本公共服务经费投入机制，完善农村基本公共服务标准。

（四）加强农村污染治理和生态环境保护。统筹推进山水林田湖草系统治理，推动农业农村绿色发展。加大农业面源污染治理力度，开展农业节肥节药行动，实现化肥农药使用量负增长。发展生态循环农业，推进畜禽粪污、秸秆、农膜等农业废弃物资源化利用，实现畜牧养殖大县粪污资源化利用整县治理全覆盖，下大力气治理白色污染。扩大轮作休耕制度试点。创建农业绿色发展先行区。实施乡村绿化美化行动，建设一批森林乡村，保护古树名木，开展湿地生态效益补偿和退耕还湿。全面保护天然林。加强“三北”地区退化防护林修复。扩大退耕还林还草，稳步实施退牧还草。实施新一轮草原生态保护补助奖励政策。落实河长制、湖长制，推进农村水环境治理，严格乡村河湖水域岸线等水生态空间管理。

（五）强化乡村规划引领。把加强规划管理作为乡村振兴的基础性工作，实现规划管理全覆盖。以县为单位抓紧编制或修编村庄布局规划，县级党委和政府要统筹推进乡村规划工作。按照先规划后建设的原则，通盘考虑土地利用、产业发展、居民点建设、人居环境整治、生态保护和历史文化传承，注重保持乡土风貌，编制多规合一的实用性村庄规划。加强农村建房许可管理。

四、发展壮大乡村产业，拓宽农民增收渠道

（一）加快发展乡村特色产业。因地制宜发展多样性特色农业，倡导“一村一品”、“一县一业”。积极发展果菜茶、食用菌、杂粮杂豆、薯类、中药材、特色养殖、林特花卉苗木等产业。支持建设一批特色农产品优势区。创新发展具有民族和地域特色的乡村手工业，大力挖掘农村能工巧匠，培育一批家庭工厂、手工作坊、乡村车间。健全特色农产品质量标准体系，强化农产品地理标志和商标保护，创响一批“土字号”、“乡字号”特色产品品牌。

（二）大力发展现代农产品加工业。以“粮头食尾”、“农头工尾”为抓手，支持主产区依托县域形成农产品加工产业集群，尽可能把产业链留在县域，改变农村卖原料、城市搞加工的格局。支持发展适合家庭农场和农民合作社经营的农产品初加工，支持县域发展农产品精深加工，建成一批农产品专业村镇和加工强县。统筹农产品产地、集散地、销地批发市场建设，加强农产品物流骨干网络和冷链物流体系建设。培育农业产业化龙头企业和联合体，推进现代农业产业园、农村产业融合发展示范园、农业产业强镇建设。健全农村一二三产业融合发展利益联结机制，让农民更多分享产业增值收益。

（三）发展乡村新型服务业。支持供销、邮政、农业服务公司、农民合作社等开展农技推广、土地托管、代耕代种、统防统治、烘干收储等农业生产性服务。充分发挥乡村资源、生态和文化优势，发展适应城乡居民需要的休闲旅游、餐饮民宿、文化体验、健康养生、养老服务等产业。加强乡村旅游基础设施建设，改善卫生、交通、信息、邮政等公共服务设施。

（四）实施数字乡村战略。深入推进“互联网+农业”，扩大农业物联网示范应用。推进重要农产品全产业链大数据建设，加强国家数字农业农村系统建设。继续开展电子商务进农村综合示范，实施“互联网+”农产品出村进城工程。全面推进信息进村入户，依托“互联网+”推动公共服务向农村延伸。

（五）促进农村劳动力转移就业。落实更加积极的就业政策，加强就业服务和职业技能培训，促进农村劳动力多渠道转移就业和增收。发展壮大县域经济，引导产业有序梯度转移，支持适宜产业向小城镇集聚发展，扶持发展吸纳就业能力强的乡村企业，支持企业在乡村兴办生产车间、就业基地，增加农民就地就近就业岗位。稳定农民工就业，保障工资及时足额发放。加快农业转移人口市民化，推进城镇基本公共服务常住人口全覆盖。

（六）支持乡村创新创业。鼓励外出农民工、高校毕业生、退伍军人、城市各类人才返乡下乡创新创业，支持建立多种形式的创业支撑服务平台，完善乡村创新创业支持服务体系。落实好减税降费政策，鼓励地方设立乡村就业创业引导基金，加快解决用地、信贷等困难。加强创新创业孵化平台建设，支持创建一批返乡创业园，支持发展小微企业。

五、全面深化农村改革，激发乡村发展活力

（一）巩固和完善农村基本经营制度。坚持家庭经营基础性地位，赋予双层经营体制新的内涵。突出抓好家庭农场和农民合作社两类新型农业经营主体，启动家庭农场培育计划，开展农民合作社规范提升行动，深入推进示范合作社建设，建立健全支持家庭农场、农民合作社发展的政策体系和管理制度。落实扶持小农户和现代农业发展有机衔接的政策，完善“农户+合作社”、“农户+公司”利益联结机制。加快培育各类社会化服务组织，为一家一户提供全程社会化服务。加快出台完善草原承包经营制度的意见。加快推进农业水价综合改革，健全节水激励机制。继续深化供销合作社综合改革，制定供销合作社条例。深化集体林权制度和国有林区林场改革。大力推进农垦垦区集团化、农场企业化改革。

（二）深化农村土地制度改革。保持农村土地承包关系稳定并长久不变，研究出台配套政策，指导各地明确第二轮土地承包到期后延包的具体办法，确保政策衔接平稳过渡。完善落实集体所有权、稳定农户承包权、放活土地经营权的法律法规和政策体系。在基本完成承包地确权登记颁证工作基础上，开展“回头看”，做好收尾工作，妥善化解遗留问题，将土地承包经营权证书发放至农户手中。健全土地流转规范管理制度，发展多种形式农业适度规模经营，允许承包土地的经营权担保融资。总结好农村土地制度三项改革试点经验，巩固改革成果。坚持农村土地集体所有、不搞私有化，坚持农地农用、防止非农化，坚持保障农民土地权益、不得以退出承包地和宅基地作为农民进城落户条件，进一步深化农村土地制度改革。在修改相关法律的基础上，完善配套制度，全面推开农村土地征收制度改革和农村集体经营性建设用地入市改革，加快建

立城乡统一的建设用地市场。加快推进宅基地使用权确权登记颁证工作，力争2020年基本完成。稳慎推进农村宅基地制度改革，拓展改革试点，丰富试点内容，完善制度设计。抓紧制定加强农村宅基地管理指导意见。研究起草农村宅基地使用条例。开展闲置宅基地复垦试点。允许在县域内开展全域乡村闲置校舍、厂房、废弃地等整治，盘活建设用地重点用于支持乡村新产业新业态和返乡下乡创业。严格农业设施用地管理，满足合理需求。巩固"大棚房"问题整治成果。按照"取之于农，主要用之于农"的要求，调整完善土地出让收入使用范围，提高农业农村投入比例，重点用于农村人居环境整治、村庄基础设施建设和高标准农田建设。扎实开展新增耕地指标和城乡建设用地增减挂钩节余指标跨省域调剂使用，调剂收益全部用于巩固脱贫攻坚成果和支持乡村振兴。加快修订土地管理法、物权法等法律法规。

（三）深入推进农村集体产权制度改革。按期完成全国农村集体资产清产核资，加快农村集体资产监督管理平台建设，建立健全集体资产各项管理制度。指导农村集体经济组织在民主协商的基础上，做好成员身份确认，注重保护外嫁女等特殊人群的合法权利，加快推进农村集体经营性资产股份合作制改革，继续扩大试点范围。总结推广资源变资产、资金变股金、农民变股东经验。完善农村集体产权权能，积极探索集体资产股权质押贷款办法。研究制定农村集体经济组织法。健全农村产权流转交易市场，推动农村各类产权流转交易公开规范运行。研究完善适合农村集体经济组织特点的税收优惠政策。

（四）完善农业支持保护制度。按照增加总量、优化存量、提高效能的原则，强化高质量绿色发展导向，加快构建新型农业补贴政策体系。按照适应世贸组织规则、保护农民利益、支持农业发展的原则，抓紧研究制定完善农业支持保护政策的意见。调整改进“黄箱”政策，扩大“绿箱”政策使用范围。按照更好发挥市场机制作用取向，完善稻谷和小麦最低收购价政策。完善玉米和大豆生产者补贴政策。健全农业信贷担保费率补助和以奖代补机制，研究制定担保机构业务考核的具体办法，加快做大担保规模。按照扩面增品提标的要求，完善农业保险政策。推进稻谷、小麦、玉米完全成本保险和收入保险试点。扩大农业大灾保险试点和“保险+期货”试点。探索对地方优势特色农产品保险实施以奖代补试点。打通金融服务“三农”各个环节，建立县域银行业金融机构服务“三农”的激励约束机制，实现普惠性涉农贷款增速总体高于各项贷款平均增速。推动农村商业银行、农村合作银行、农村信用社逐步回归本源，为本地“三农”服务。研究制定商业银行“三农”事业部绩效考核和激励的具体办法。用好差别化准备金率和差异化监管等政策，切实降低“三农”信贷担保服务门槛，鼓励银行业金融机构加大对乡村振兴和脱贫攻坚中长期信贷支持力度。支持重点领域特色农产品期货期权品种上市。

六、完善乡村治理机制，保持农村社会和谐稳定

（一）增强乡村治理能力。建立健全党组织领导的自治、法治、德治相结合的领导体制和工作机制，发挥群众参与治理主体作用。开展乡村治理体系建设试点和乡村治理示范村镇创建。加强自治组织规范化制度化建设，健全村级议事协商制度，推进村级事务公开，加强村级权力有效监督。指导农村普遍制定或修订村规民约。推进农村基层依法治理，建立健全公共法律服务体系。加强农业综合执法。

（二）加强农村精神文明建设。引导农民践行社会主义核心价值观，巩固党在农村的思想阵地。加强宣传教育，做好农民群众的思想工作，宣传党的路线方针和强农惠农富农政策，引导农民听党话、感党恩、跟党走。开展新时代文明实践中心建设试点，抓好县级融媒体中心建设。深化拓展群众性精神文明创建活动，推出一批农村精神文明建设示范县、文明村镇、最美家庭，挖掘和树立道德榜样典型，发挥示范引领作用。支持建设文化礼堂、文化广场等设施，培育特色文化村镇、村寨。持续推进农村移风易俗工作，引导和鼓励农村基层群众性自治组织采取约束性强的措施，对婚丧陋习、天价彩礼、孝道式微、老无所养等不良社会风气进行治理。

（三）持续推进平安乡村建设。深入推进扫黑除恶专项斗争，严厉打击农村黑恶势力，杜绝“村霸”等黑恶势力对基层政权的侵蚀。严厉打击敌对势力、邪教组织、非法宗教活动向农村地区的渗透。推进纪检监察工作向基层延伸，坚决查处发生在农民身边的不正之风和腐败问题。健全落实社会治安综合治理领导责任制。深化拓展网格化服务管理，整合配优基层一线平安建设力量，把更多资源、服务、管理放到农村社区。加强乡村交通、消防、公共卫生、食品药品安全、地质灾害等公共安全事件易发领域隐患排查和专项治理。加快建设信息化、智能化农村社会治安防控体系，继续推进农村“雪亮工程”建设。坚持发展新时代“枫桥经验”，完善农村矛盾纠纷排查调处化解机制，提高服务群众、维护稳定的能力和水平。

（后略）

中共中央、国务院关于抓好“三农”领域重点工作确保如期实现全面小康的意见（节选）[①]

（2020年1月2日）

（上略）

一、坚决打赢脱贫攻坚战

（一）全面完成脱贫任务。脱贫攻坚已经取得决定性成就，绝大多数贫困人口已经脱贫，现在到了攻城拔寨、全面收官的阶段。要坚持精准扶贫，以更加有力的举措、更加精细的工作，在普遍实现“两不愁”基础上，全面解决“三保障”和饮水安全问题，确保剩余贫困人口如期脱贫。进一步聚焦“三区三州”等深度贫困地区，瞄准突出问题和薄弱环节集中发力，狠抓政策落实。对深度贫困地区贫困人口多、贫困发生率高、脱贫难度大的县和行政村，要组织精锐力量强力帮扶、挂牌督战。对特殊贫困群体，要落实落细低保、医保、养老保险、特困人员救助供养、临时救助等综合社会保障政策，实现应保尽保。各级财政要继续增加专项扶贫资金，中央财政新增部分主要用于“三区三州”等深度贫困地区。优化城乡建设用地增减挂钩、扶贫小额信贷等支持政策。深入推进抓党建促脱贫攻坚。

（二）巩固脱贫成果防止返贫。各地要对已脱贫人口开展全面排查，认真查找漏洞缺项，一项一项整改清零，一户一户对账销号。总结推广各地经验做法，健全监测预警机制，加强对不稳定脱

---

① 《中共中央、国务院关于抓好“三农”领域重点工作确保如期实现全面小康的意见》，人民出版社，2020年版。

贫户、边缘户的动态监测，将返贫人口和新发生贫困人口及时纳入帮扶，为巩固脱贫成果提供制度保障。强化产业扶贫、就业扶贫，深入开展消费扶贫，加大易地扶贫搬迁后续扶持力度。扩大贫困地区退耕还林还草规模。深化扶志扶智，激发贫困人口内生动力。

（三）做好考核验收和宣传工作。严把贫困退出关，严格执行贫困退出标准和程序，坚决杜绝数字脱贫、虚假脱贫，确保脱贫成果经得起历史检验。加强常态化督导，及时发现问题、督促整改。开展脱贫攻坚普查。扎实做好脱贫攻坚宣传工作，全面展现新时代扶贫脱贫壮阔实践，全面宣传扶贫事业历史性成就，深刻揭示脱贫攻坚伟大成就背后的制度优势，向世界讲好中国减贫生动故事。

（四）保持脱贫攻坚政策总体稳定。坚持贫困县摘帽不摘责任、不摘政策、不摘帮扶、不摘监管。强化脱贫攻坚责任落实，继续执行对贫困县的主要扶持政策，进一步加大东西部扶贫协作、对口支援、定点扶贫、社会扶贫力度，稳定扶贫工作队伍，强化基层帮扶力量。持续开展扶贫领域腐败和作风问题专项治理。对已实现稳定脱贫的县，各省（自治区、直辖市）可以根据实际情况统筹安排专项扶贫资金，支持非贫困县、非贫困村贫困人口脱贫。

（五）研究接续推进减贫工作。脱贫攻坚任务完成后，我国贫困状况将发生重大变化，扶贫工作重心转向解决相对贫困，扶贫工作方式由集中作战调整为常态推进。要研究建立解决相对贫困的长效机制，推动减贫战略和工作体系平稳转型。加强解决相对贫困问题顶层设计，纳入实施乡村振兴战略统筹安排。抓紧研究制定脱贫攻坚与实施乡村振兴战略有机衔接的意见。

二、对标全面建成小康社会加快补上农村基础设施和公共服务短板

（六）加大农村公共基础设施建设力度。推动“四好农村路”示范创建提质扩面，启动省域、市域范围内示范创建。在完成具备条件的建制村通硬化路和通客车任务基础上，有序推进较大人口规模自然村（组）等通硬化路建设。支持村内道路建设和改造。加大成品油税费改革转移支付对农村公路养护的支持力度。加快农村公路条例立法进程。加强农村道路交通安全管理。完成“三区三州”和抵边村寨电网升级改造攻坚计划。基本实现行政村光纤网络和第四代移动通信网络普遍覆盖。落实农村公共基础设施管护责任，应由政府承担的管护费用纳入政府预算。做好村庄规划工作。

（七）提高农村供水保障水平。全面完成农村饮水安全巩固提升工程任务。统筹布局农村饮水基础设施建设，在人口相对集中的地区推进规模化供水工程建设。有条件的地区将城市管网向农村延伸，推进城乡供水一体化。中央财政加大支持力度，补助中西部地区、原中央苏区农村饮水安全工程维修养护。加强农村饮用水水源保护，做好水质监测。

（八）扎实搞好农村人居环境整治。分类推进农村厕所革命，东部地区、中西部城市近郊区等有基础有条件的地区要基本完成农村户用厕所无害化改造，其他地区实事求是确定目标任务。各地要选择适宜的技术和改厕模式，先搞试点，证明切实可行后再推行。全面推进农村生活垃圾治理，开展就地分类、源头减量试点。梯次推进农村生活污水治理，优先解决乡镇所在地和中心村生活污水问题。开展农村黑臭水体整治。支持农民群众开展村庄清洁和绿化行动，推进“美丽家园”建设。鼓励有条件的地方对农村人居环境公

共设施维修养护进行补助。

（九）提高农村教育质量。加强乡镇寄宿制学校建设，统筹乡村小规模学校布局，改善办学条件，提高教学质量。加强乡村教师队伍建设，全面推行义务教育阶段教师“县管校聘”，有计划安排县城学校教师到乡村支教。落实中小学教师平均工资收入水平不低于或高于当地公务员平均工资收入水平政策，教师职称评聘向乡村学校教师倾斜，符合条件的乡村学校教师纳入当地政府住房保障体系。持续推进农村义务教育控辍保学专项行动，巩固义务教育普及成果。增加学位供给，有效解决农民工随迁子女上学问题。重视农村学前教育，多渠道增加普惠性学前教育资源供给。加强农村特殊教育。大力提升中西部地区乡村教师国家通用语言文字能力，加强贫困地区学前儿童普通话教育。扩大职业教育学校在农村招生规模，提高职业教育质量。

（十）加强农村基层医疗卫生服务。办好县级医院，推进标准化乡镇卫生院建设，改造提升村卫生室，消除医疗服务空白点。稳步推进紧密型县城医疗卫生共同体建设。加强乡村医生队伍建设，适当简化本科及以上学历医学毕业生或经住院医师规范化培训合格的全科医生招聘程序。对应聘到中西部地区和艰苦边远地区乡村工作的应届高校医学毕业生，给予大学期间学费补偿、国家助学贷款代偿。允许各地盘活用好基层卫生机构现有编制资源，乡镇卫生院可优先聘用符合条件的村医。加强基层疾病预防控制队伍建设，做好重大疾病和传染病防控。将农村适龄妇女宫颈癌和乳腺癌检查纳入基本公共卫生服务范围。

（十一）加强农村社会保障。适当提高城乡居民基本医疗保险财政补助和个人缴费标准。提高城乡居民基本医保、大病保险、医疗救助经办服务水平，地级市域范围内实现“一站式服务、一窗口办理、一单制结算”。加强农村低保对象动态精准管理，合理提高低保等社会救助水平。完善农村留守儿童和妇女、老年人关爱服务体系。发展农村互助式养老，多形式建设日间照料中心，改善失能老年人和重度残疾人护理服务。

（十二）改善乡村公共文化服务。推动基本公共文化服务向乡村延伸，扩大乡村文化惠民工程覆盖面。鼓励城市文艺团体和文艺工作者定期送文化下乡。实施乡村文化人才培养工程，支持乡土文艺团组发展，扶持农村非遗传承人、民间艺人收徒传艺，发展优秀戏曲曲艺、少数民族文化、民间文化。保护好历史文化名镇（村）、传统村落、民族村寨、传统建筑、农业文化遗产、古树名木等。以“庆丰收、迎小康”为主题办好中国农民丰收节。

（十三）治理农村生态环境突出问题。大力推进畜禽粪污资源化利用，基本完成大规模养殖场粪污治理设施建设。深入开展农药化肥减量行动，加强农膜污染治理，推进秸秆综合利用。在长江流域重点水域实行常年禁捕，做好渔民退捕工作。推广黑土地保护有效治理模式，推进侵蚀沟治理，启动实施东北黑土地保护性耕作行动计划。稳步推进农用地土壤污染管控和修复利用。继续实施华北地区地下水超采综合治理。启动农村水系综合整治试点。

（中略）

四、加强农村基层治理

（十九）充分发挥党组织领导作用。农村基层党组织是党在农村全部工作和战斗力的基础。要认真落实《中国共产党农村基层组织工作条例》，组织群众发展乡村产业，增强集体经济实力，带领群众共同致富；动员群众参与乡村治理，增强主人翁意识，维护农村和谐稳定；教育引导群众革除陈规陋习，弘扬公序良俗，培育文明乡风；密切联系群众，提高服务群众能力，把群众紧密团结在党的周围，筑牢党在农村的执政基础。全面落实村党组织书记县级党委备案管理制度，建立村“两委”成员县级联审常态化机制，持续整顿软弱涣散村党组织，发挥党组织在农村各种组织中的领导作用。严格村党组织书记监督管理，建立健全党委组织部门牵头协调，民政、农业农村等部门共同参与、加强指导的村务监督机制，全面落实“四议两公开”。加大农村基层巡察工作力度。强化基层纪检监察组织与村务监督委员会的沟通协作、有效衔接，形成监督合力。加大在青年农民中发展党员力度。持续向贫困村、软弱涣散村、集体经济薄弱村派驻第一书记。加强村级组织运转经费保障。健全激励村干部干事创业机制。选优配强乡镇领导班子特别是乡镇党委书记。在乡村开展“听党话、感党恩、跟党走”宣讲活动。

（二十）健全乡村治理工作体系。坚持县乡村联动，推动社会治理和服务重心向基层下移，把更多资源下沉到乡镇和村，提高乡村治理效能。县级是“一线指挥部”，要加强统筹谋划，落实领导责任，强化大抓基层的工作导向，增强群众工作本领。建立县级领导干部和县直部门主要负责人包村制度。乡镇是为农服务中心，要加强管理服务，整合审批、服务、执法等方面力量，建立健全统一管理服务平台，实现一站式办理。充实农村人居环境整治、宅基地管理、集体资产管理、民生保障、社会服务等工作力量。行政村是基本治理单元，要强化自我管理、自我服务、自我教育、自我监督，健全基层民主制度，完善村规民约，推进村民自治制度化、规范化、程序化。扎实开展自治、法治、德治相结合的乡村治理体系建设试点示范，推广乡村治理创新性典型案例经验。注重发挥家庭家教家风在乡村治理中的重要作用。

（二十一）调处化解乡村矛盾纠纷。坚持和发展新时代“枫桥经验”，进一步加强人民调解工作，做到小事不出村、大事不出乡、矛盾不上交。畅通农民群众诉求表达渠道，及时妥善处理农民群众合理诉求。持续整治侵害农民利益行为，妥善化解土地承包、征地拆迁、农民工工资、环境污染等方面矛盾。推行领导干部特别是市县领导干部定期下基层接访制度，积极化解信访积案。组织开展“一村一法律顾问”等形式多样的法律服务。对直接关系农民切身利益、容易引发社会稳定风险的重大决策事项，要先进行风险评估。

（二十二）深入推进平安乡村建设。推动扫黑除恶专项斗争向纵深推进，严厉打击非法侵占农村集体资产、扶贫惠农资金和侵犯农村妇女儿童人身权利等违法犯罪行为，推进反腐败斗争和基层“拍蝇”，建立防范和整治“村霸”长效机制。依法管理农村宗教事务，制止非法宗教活动，防范邪教向农村渗透，防止封建迷信蔓延。加强农村社会治安工作，推行网格化管理和服务。开展农村假冒伪劣食品治理行动。打击制售假劣农资违法违规行为。加强农村防灾减灾能力建设。全面排查整治农村各类安全隐患。

五、强化农村补短板保障措施

（二十三）优先保障“三农”投入。加大中央和地方财政“三农”投入力度，中央预算内投资继续向农业农村倾斜，确保财政投入与补上全面小康“三农”领域突出短板相适应。地方政府要在一般债券支出中安排一定规模支持符合条件的易地扶贫搬迁和乡村振兴项目建设。各地应有序扩大用于支持乡村振兴的专项债券发行规模。中央和省级各部门要根据补短板的需要优化涉农资金使用结构。按照“取之于农、主要用之于农”要求，抓紧出台调整完善土地出让收入使用范围进一步提高农业农村投入比例的意见。调整完善农机购置补贴范围，赋予省级更大自主权。研究本轮草原生态保护补奖政策到期后的政策。强化对“三农”信贷的货币、财税、监管政策正向激励，给予低成本资金支持，提高风险容忍度，优化精准奖补措施。对机构法人在县域、业务在县域的金融机构，适度扩大支农支小再贷款额度。深化农村信用社改革，坚持县域法人地位。加强考核引导，合理提升资金外流严重县的存贷比。鼓励商业银行发行“三农”、小微企业等专项金融债券。落实农户小额贷款税收优惠政策。符合条件的家庭农场等新型农业经营主体可按规定享受现行小微企业相关贷款税收减免政策。合理设置农业贷款期限，使其与农业生产周期相匹配。发挥全国农业信贷担保体系作用，做大面向新型农业经营主体的担保业务。推动温室大棚、养殖圈舍、大型农机、土地经营权依法合规抵押融资。稳妥扩大农村普惠金融改革试点，鼓励地方政府开展县域农户、中小企业信用等级评价，加快构建线上线下相结合、“银保担”风险共担的普惠金融服务体系，推出更多免抵押、免担保、低利率、可持续的普惠金融产品。抓好农业保险保费补贴政策落实，督促保险机构及时足额理赔。优化“保险+期货”试点模式，继续推进农产品期货期权品种上市。

（二十四）破解乡村发展用地难题。坚守耕地和永久基本农田保护红线。完善乡村产业发展用地政策体系，明确用地类型和供地方式，实行分类管理。将农业种植养殖配建的保鲜冷藏、晾晒存贮、农机库房、分拣包装、废弃物处理、管理看护房等辅助设施用地纳入农用地管理，根据生产实际合理确定辅助设施用地规模上限。农业设施用地可以使用耕地。强化农业设施用地监管，严禁以农业设施用地为名从事非农建设。开展乡村全域土地综合整治试点，优化农村生产、生活、生态空间布局。在符合国土空间规划前提下，通过村庄整治、土地整理等方式节余的农村集体建设用地优先用于发展乡村产业项目。新编县乡级国土空间规划应安排不少于10%的建设用地指标，重点保障乡村产业发展用地。省级制定土地利用年度计划时，应安排至少5%新增建设用地指标保障乡村重点产业和项目用地。农村集体建设用地可以通过入股、租用等方式直接用于发展乡村产业。按照“放管服”改革要求，对农村集体建设用地审批进行全面梳理，简化审批审核程序，下放审批权限。推进乡村建设审批“多审合一、多证合一”改革。抓紧出台支持农村一二三产业融合发展用地的政策意见。

（二十五）推动人才下乡。培养更多知农爱农、扎根乡村的人才，推动更多科技成果应用到田间地头。畅通各类人才下乡渠道，支持大学生、退役军人、企业家等到农村干事创业。整合利用农业广播学校、农业科研院所、涉农院校、农业龙头企业等各类资源，加快构建高素质农民教育培训体系。落实县域内人才统筹培养使用制度。有组织地动员城市科研人员、工程师、规划师、建筑师、教师、医生下乡服务。城市中小学教师、医生晋升高级职称前，原则上要有1年以上农村基层工作服务经历。优化涉农学科专业设置，探索对急需紧缺涉农专业实行“提前批次”录取。抓紧出台推进乡村人才振兴的意见。

（二十六）强化科技支撑作用。加强农业关键核心技术攻关，部署一批重大科技项目，抢占科技制高点。加强农业生物技术研发，大力实施种业自主创新工程，实施国家农业种质资源保护利用工程，推进南繁科研育种基地建设。加快大中型、智能化、复合型农业机械研发和应用，支持丘陵山区农田宜机化改造。深入实施科技特派员制度，进一步发展壮大科技特派员队伍。采取长期稳定的支持方式，加强现代农业产业技术体系建设，扩大对特色优势农产品覆盖范围，面向农业全产业链配置科技资源。加强农业产业科技创新中心建设。加强国家农业高新技术产业示范区、国家农业科技园区等创新平台基地建设。加快现代气象为农服务体系建设。

（二十七）抓好农村重点改革任务。完善农村基本经营制度，开展第二轮土地承包到期后再延长 30 年试点，在试点基础上研究制定延包的具体办法。鼓励发展多种形式适度规模经营，健全面向小农户的农业社会化服务体系。制定农村集体经营性建设用地入市配套制度。严格农村宅基地管理，加强对乡镇审批宅基地监管，防止土地占用失控。扎实推进宅基地使用权确权登记颁证。以探索宅基地所有权、资格权、使用权“三权分置”为重点，进一步深化农村宅基地制度改革试点。全面推开农村集体产权制度改革试点，有序开展集体成员身份确认、集体资产折股量化、股份合作制改革、集体经济组织登记赋码等工作。探索拓宽农村集体经济发展路径，强化集体资产管理。继续深化供销合作社综合改革，提高为农服务能力。加快推进农垦、国有林区林场、集体林权制度、草原承包经营制度、农业水价等改革。深化农业综合行政执法改革，完善执法体系，提高执法能力。

（下略）

中共中央、国务院关于全面推进乡村振兴 加快农业农村现代化的意见（节选）①

（2021 年 1 月 4 日）

（上略）

二、实现巩固拓展脱贫攻坚成果同乡村振兴有效衔接

（三）设立衔接过渡期。脱贫攻坚目标任务完成后，对摆脱贫困的县，从脱贫之日起设立 5 年过渡期，做到扶上马送一程。过渡期内保持现有主要帮扶政策总体稳定，并逐项分类优化调整，合理把握节奏、力度和时限，逐步实现由集中资源支持脱贫攻坚向全面推进乡村振兴平稳过渡，推动“三农”工作重心历史性转移。抓紧出台各项政策完善优化的具体实施办法，确保工作不留空档、政策不留空白。

（四）持续巩固拓展脱贫攻坚成果。健全防止返贫动态监测和帮扶机制，对易返贫致贫人口及时发现、及时帮扶，守住防止规模性返贫底线。以大中型集中安置区为重点，扎实做好易地搬迁后续帮扶工作，持续加大就业和产业扶持力度，继续完善安置区配套基础设施、产业园区配套设施、公共服务设施，切实提升社区治理能力。加强扶贫项目资产管理和监督。

（五）接续推进脱贫地区乡村振兴。实施脱贫地区特色种养业提升行动，广泛开展农产品产销对接活动，深化拓展消费帮扶。持续做好有组织劳务输出工作。统筹用好公益岗位，对符合条件的就

① 《中共中央、国务院关于全面推进乡村振兴 加快农业农村现代化的意见》，北京：人民出版社，2021 年版。

业困难人员进行就业援助。在农业农村基础设施建设领域推广以工代赈方式，吸纳更多脱贫人口和低收入人口就地就近就业。在脱贫地区重点建设一批区域性和跨区域重大基础设施工程。加大对脱贫县乡村振兴支持力度。在西部地区脱贫县中确定一批国家乡村振兴重点帮扶县集中支持。支持各地自主选择部分脱贫县作为乡村振兴重点帮扶县。坚持和完善东西部协作和对口支援、社会力量参与帮扶等机制。

（六）加强农村低收入人口常态化帮扶。开展农村低收入人口动态监测，实行分层分类帮扶。对有劳动能力的农村低收入人口，坚持开发式帮扶，帮助其提高内生发展能力，发展产业、参与就业，依靠双手勤劳致富。对脱贫人口中丧失劳动能力且无法通过产业就业获得稳定收入的人口，以现有社会保障体系为基础，按规定纳入农村低保或特困人员救助供养范围，并按困难类型及时给予专项救助、临时救助。

三、加快推进农业现代化

（七）提升粮食和重要农产品供给保障能力。地方各级党委和政府要切实扛起粮食安全政治责任，实行粮食安全党政同责。深入实施重要农产品保障战略，完善粮食安全省长责任制和“菜篮子”市长负责制，确保粮、棉、油、糖、肉等供给安全。“十四五”时期各省（自治区、直辖市）要稳定粮食播种面积、提高单产水平。加强粮食生产功能区和重要农产品生产保护区建设。建设国家粮食安全产业带。稳定种粮农民补贴，让种粮有合理收益。坚持并完善稻谷、小麦最低收购价政策，完善玉米、大豆生产者补贴政策。深入推进农业结构调整，推动品种培优、品质提升、品牌打造和标准化生产。鼓励发展青贮玉米等优质饲草饲料，稳定大豆生产，多措并举发展油菜、花生等油料作物。健全产粮大县支持政策体系。扩大稻谷、小麦、玉米三大粮食作物完全成本保险和收入保险试点范围，支持有条件的省份降低产粮大县三大粮食作物农业保险保费县级补贴比例。深入推进优质粮食工程。加快构建现代养殖体系，保护生猪基础产能，健全生猪产业平稳有序发展长效机制，积极发展牛羊产业，继续实施奶业振兴行动，推进水产绿色健康养殖。推进渔港建设和管理改革。促进木本粮油和林下经济发展。优化农产品贸易布局，实施农产品进口多元化战略，支持企业融入全球农产品供应链。保持打击重点农产品走私高压态势。加强口岸检疫和外来入侵物种防控。开展粮食节约行动，减少生产、流通、加工、存储、消费环节粮食损耗浪费。

（八）打好种业翻身仗。农业现代化，种子是基础。加强农业种质资源保护开发利用，加快第三次农作物种质资源、畜禽种质资源调查收集，加强国家作物、畜禽和海洋渔业生物种质资源库建设。对育种基础性研究以及重点育种项目给予长期稳定支持。加快实施农业生物育种重大科技项目。深入实施农作物和畜禽良种联合攻关。实施新一轮畜禽遗传改良计划和现代种业提升工程。尊重科学、严格监管，有序推进生物育种产业化应用。加强育种领域知识产权保护。支持种业龙头企业建立健全商业化育种体系，加快建设南繁硅谷，加强制种基地和良种繁育体系建设，研究重大品种研发与推广后补助政策，促进育繁推一体化发展。

（九）坚决守住 18 亿亩耕地红线。统筹布局生态、农业、城镇等功能空间，科学划定各类空间管控边界，严格实行土地用途管制。采取“长牙齿”的措施，落实最严格的耕地保护制度。严禁违规占用耕地和违背自然规律绿化造林、挖湖造景，严格控制非农建设占用耕地，深入推进农村乱占耕地建房专项整治行动，坚决遏制耕地“非农化”、防止“非粮化”。明确耕地利用优先序，永久基本农田重点用于粮食特别是口粮生产，一般耕地主要用于粮食和棉、油、糖、蔬菜等农产品及饲草饲料生产。明确耕地和永久基本农田不同的管制目标和管制强度，严格控制耕地转为林地、园地等其他类型农用地，强化土地流转用途监管，确保耕地数量不减少、质量有提高。实施新一轮高标准农田建设规划，提高建设标准和质量，健全管护机制，多渠道筹集建设资金，中央和地方共同加大粮食主产区高标准农田建设投入，2021 年建设 1 亿亩旱涝保收、高产稳产高标准农田。在高标准农田建设中增加的耕地作为占补平衡补充耕地指标在省域内调剂，所得收益用于高标准农田建设。加强和改进建设占用耕地占补平衡管理，严格新增耕地核实认定和监管。健全耕地数量和质量监测监管机制，加强耕地保护督察和执法监督，开展“十三五”时期省级政府耕地保护责任目标考核。

（十）强化现代农业科技和物质装备支撑。实施大中型灌区续建配套和现代化改造。到 2025 年全部完成现有病险水库除险加固。坚持农业科技自立自强，完善农业科技领域基础研究稳定支持机制，深化体制改革，布局建设一批创新基地平台。深入开展乡村振兴科技支撑行动。支持高校为乡村振兴提供智力服务。加强农业科技社会化服务体系建设，深入推行科技特派员制度。打造国家热带农业科学中心。提高农机装备自主研制能力，支持高端智能、丘陵山区农机装备研发制造，加大购置补贴力度，开展农机作业补贴。强化动物防疫和农作物病虫害防治体系建设，提升防控能力。

（十一）构建现代乡村产业体系。依托乡村特色优势资源，打造农业全产业链，把产业链主体留在县城，让农民更多分享产业增值收益。加快健全现代农业全产业链标准体系，推动新型农业经营主体按标生产，培育农业龙头企业标准“领跑者”。立足县域布局特色农产品产地初加工和精深加工，建设现代农业产业园、农业产业强镇、优势特色产业集群。推进公益性农产品市场和农产品流通骨干网络建设。开发休闲农业和乡村旅游精品线路，完善配套设施。推进农村一二三产业融合发展示范园和科技示范园区建设。把农业现代化示范区作为推进农业现代化的重要抓手，围绕提高农业产业体系、生产体系、经营体系现代化水平，建立指标体系，加强资源整合、政策集成，以县（市、区）为单位开展创建，到 2025 年创建 500 个左右示范区，形成梯次推进农业现代化的格局。创建现代林业产业示范区。组织开展“万企兴万村”行动。稳步推进反映全产业链价值的农业及相关产业统计核算。

（十二）推进农业绿色发展。实施国家黑土地保护工程，推广保护性耕作模式。健全耕地休耕轮作制度。持续推进化肥农药减量增效，推广农作物病虫害绿色防控产品和技术。加强畜禽粪污资源化利用。全面实施秸秆综合利用和农膜、农药包装物回收行动，加强可降解农膜研发推广。在长江经济带、黄河流域建设一批农业面源污染综合治理示范县。支持国家农业绿色发展先行区建设。加强农产品质量和食品安全监管，发展绿色农产品、有机农产品和地理标志农产品，试行食用农产品达标合格证制度，推进国家农产品质量安全县创建。加强水生生物资源养护，推进以长江为重点的渔政执法能力建设，确保十年禁渔令有效落实，做好退捕渔民安置保障工作。发展节水农业和旱作农业。推进荒漠化、石漠化、坡耕地水土流失综合治理和土壤污染防治、重点区域地下水保护与超采治理。实施水系连通及农村水系综合整治，强化河湖长制。巩固退耕还林还草成果，完善政策、有序推进。实行林长制。科学开展大规模国土绿化行动。完善草原生态保护补助奖励政策，全面推进草原禁牧轮牧休牧，加强草原鼠害防治，稳步恢复草原生态环境。

（十三）推进现代农业经营体系建设。突出抓好家庭农场和农民合作社两类经营主体，鼓励发展多种形式适度规模经营。实施家庭农场培育计划，把农业规模经营户培育成有活力的家庭农场。推进农民合作社质量提升，加大对运行规范的农民合作社扶持力度。发展壮大农业专业化社会化服务组织，将先进适用的品种、投入品、技术、装备导入小农户。支持市场主体建设区域性农业全产业链综合服务中心。支持农业产业化龙头企业创新发展、做大做强。深化供销合作社综合改革，开展生产、供销、信用“三位一体”综合合作试点，健全服务农民生产生活综合平台。培育高素质农民，组织参加技能评价、学历教育，设立专门面向农民的技能大赛。吸引城市各方面人才到农村创业创新，参与乡村振兴和现代农业建设。

四、大力实施乡村建设行动

（十四）加快推进村庄规划工作。2021年基本完成县级国土空间规划编制，明确村庄布局分类。积极有序推进“多规合一”实用性村庄规划编制，对有条件、有需求的村庄尽快实现村庄规划全覆盖。对暂时没有编制规划的村庄，严格按照县乡两级国土空间规划中确定的用途管制和建设管理要求进行建设。编制村庄规划要立足现有基础，保留乡村特色风貌，不搞大拆大建。按照规划有序开展各项建设，严肃查处违规乱建行为。健全农房建设质量安全法律法规和监管体制，3 年内完成安全隐患排查整治。完善建设标准和规范，提高农房设计水平和建设质量。继续实施农村危房改造和地震高裂度设防地区农房抗震改造。加强村庄风貌引导，保护传统村落、传统民居和历史文化名村名镇。加大农村地区文化遗产遗迹保护力度。乡村建设是为农民而建，要因地制宜、稳扎稳打，不刮风搞运动。严格规范村庄撤并，不得违背农民意愿、强迫农民上楼，把好事办好、把实事办实。

（十五）加强乡村公共基础设施建设。继续把公共基础设施建设的重点放在农村，着力推进往村覆盖、往户延伸。实施农村道路畅通工程。有序实施较大人口规模自然村（组）通硬化路。加强农村资源路、产业路、旅游路和村内主干道建设。推进农村公路建设项目更多向进村入户倾斜。继续通过中央车购税补助地方资金、成品油税费改革转移支付、地方政府债券等渠道，按规定支持农村道路发展。继续开展“四好农村路”示范创建。全面实施路长制。开展城乡交通一体化示范创建工作。加强农村道路桥梁安全隐患排查，落实管养主体责任。强化农村道路交通安全监管。实施农村供水保障工程。加强中小型水库等稳定水源工程建设和水源保护，实施规模化供水工程建设和小型工程标准化改造，有条件的地区推进城乡供水一体化，到 2025 年农村自来水普及率达到 88%。完善农村水价水费形成机制和工程长效运营机制。实施乡村清洁能源建设工程。加大农村电网建设力度，全面巩固提升农村电力保障水平。推进燃气下乡，支持建设安全可靠的乡村储气罐站和微管网供气系统。发展农村生物质能源。加强煤炭清洁化利用。实施数字乡村建设发展工程。推动农村千兆光网、第五代移动通信（5G）、移动物联网与城市同步规划建设。完善电信普遍服务补偿机制，支持农村及偏远地区信息通信基础设施建设。加快建设农业农村遥感卫星等天基设施。发展智慧农业，建立农业农村大数据体系，推动新一代信息技术与农业生产经营深度融合。完善农业气象综合监测网络，提升农业气象灾害防范能力。加强乡村公共服务、社会治理等数字化智能化建设。实施村级综合服务设施提升工程。加强村级客运站点、文化体育、公共照明等服务设施建设。

（十六）实施农村人居环境整治提升五年行动。分类有序推进农村厕所革命，加快研发干旱、寒冷地区卫生厕所适用技术和产品，加强中西部地区农村户用厕所改造。统筹农村改厕和污水、黑臭水体治理，因地制宜建设污水处理设施。健全农村生活垃圾收运处置体系，推进源头分类减量、资源化处理利用，建设一批有机废弃物综合处置利用设施。健全农村人居环境设施管护机制。有条件的地区推广城乡环卫一体化第三方治理。深入推进村庄清洁和绿化行动。开展美丽宜居村庄和美丽庭院示范创建活动。

（十七）提升农村基本公共服务水平。建立城乡公共资源均衡配置机制，强化农村基本公共服务供给县乡村统筹，逐步实现标准统一、制度并轨。提高农村教育质量，多渠道增加农村普惠性学前教育资源供给，继续改善乡镇寄宿制学校办学条件，保留并办好必要的乡村小规模学校，在县城和中心镇新建改扩建一批高中和中等职业学校。完善农村特殊教育保障机制。推进县域内义务教育学校校长教师交流轮岗，支持建设城乡学校共同体。面向农民就业创业需求，发展职业技术教育与技能培训，建设一批产教融合基地。开展耕读教育。加快发展面向乡村的网络教育。加大涉农高校、涉农职业院校、涉农学科专业建设力度。全面推进健康乡村建设，提升村卫生室标准化建设和健康管理水平，推动乡村医生向执业（助理）医师转变，采取派驻、巡诊等方式提高基层卫生服务水平。提升乡镇卫生院医疗服务能力，选建一批中心卫生院。加强县级医院建设，持续提升县级疾控机构应对重大疫情及突发公共卫生事件能力。加强县域紧密型医共体建设，实行医保总额预算管理。加强妇幼、老年人、残疾人等重点人群健康服务。健全统筹城乡的就业政策和服务体系，推动公共就业服务机构向乡村延伸。深入实施新生代农民工职业技能提升计划。完善统一的城乡居民基本医疗保险制度，合理提高政府补助标准和个人缴费标准，健全重大疾病医疗保险和救助制度。落实城乡居民基本养老保险待遇确定和正常调整机制。推进城乡低保制度统筹发展，逐步提高特困人员供养服务质量。加强对农村留守儿童和妇女、老年人以及困境儿童的关爱服务。健全县乡村衔接的三级养老服务网络，推动村级幸福院、日间照料中心等养老服务设施建设，发展农村普惠型养老服务和互助性养老。推进农村公益性殡葬设施建设。推进城乡公共文化服务体系一体建设，创新实施文化惠民工程。

（十八）全面促进农村消费。加快完善县乡村三级农村物流体系，改造提升农村寄递物流基础设施，深入推进电子商务进农村和农产品出村进城，推动城乡生产与消费有效对接。促进农村居民耐用消费品更新换代。加快实施农产品仓储保鲜冷链物流设施建设工程，推进田头小型仓储保鲜冷链设施、产地低温直销配送中心、国家骨干冷链物流基地建设。完善农村生活性服务业支持政策，发展线上线下相结合的服务网点，推动便利化、精细化、品质化发展，满足农村居民消费升级需要，吸引城市居民下乡消费。

（十九）加快县域内城乡融合发展。推进以人为核心的新型城镇化，促进大中小城市和小城镇协调发展。把县域作为城乡融合发展的重要切入点，强化统筹谋划和顶层设计，破除城乡分割的体制弊端，加快打通城乡要素平等交换、双向流动的制度性通道。统筹县域产业、基础设施、公共服务、基本农田、生态保护、城镇开发、村落分布等空间布局，强化县城综合服务能力，把乡镇建设成为服务农民的区域中心，实现县乡村功能衔接互补。壮大县域经济，承接适宜产业转移，培育支柱产业。加快小城镇发展，完善基础设施和公共服务，发挥小城镇连接城市、服务乡村作用。推进以县城为重要载体的城镇化建设，有条件的地区按照小城市标准建设县城。积极推进扩权强镇，规划建设一批重点镇。开展乡村全域土地综合整治试点。推动在县域就业的农民工就地市民化，增加适应进城农民刚性需求的住房供给。鼓励地方建设返乡入乡创业园和孵化实训基地。

（二十）强化农业农村优先发展投入保障。继续把农业农村作为一般公共预算优先保障领域。中央预算内投资进一步向农业农村倾斜。制定落实提高土地出让收益用于农业农村比例考核办法，确保按规定提高用于农业农村的比例。各地区各部门要进一步完善涉农资金统筹整合长效机制。支持地方政府发行一般债券和专项债券用于现代农业设施建设和乡村建设行动，制定出台操作指引，做好高质量项目储备工作。发挥财政投入引领作用，支持以市场化方式设立乡村振兴基金，撬动金融资本、社会力量参与，重点支持乡村产业发展。坚持为农服务宗旨，持续深化农村金融改革。运用支农支小再贷款、再贴现等政策工具，实施最优惠的存款准备金率，加大对机构法人在县域、业务在县域的金融机构的支持力度，推动农村金融机构回归本源。鼓励银行业金融机构建立服务乡村振兴的内设机构。明确地方政府监管和风险处置责任，稳妥规范开展农民合作社内部信用合作试点。保持农村信用合作社等县域农村金融机构法人地位和数量总体稳定，做好监督管理、风险化解、深化改革工作。完善涉农金融机构治理结构和内控机制，强化金融监管部门的监管责任。支持市县构建域内共享的涉农信用信息数据库，用3年时间基本建成比较完善的新型农业经营主体信用体系。发展农村数字普惠金融。大力开展农户小额信用贷款、保单质押贷款、农机具和大棚设施抵押贷款业务。鼓励开发专属金融产品支持新型农业经营主体和农村新产业新业态，增加首贷、信用贷。加大对农业农村基础设施投融资的中长期信贷支持。加强对农业信贷担保放大倍数的量化考核，提高农业信贷担保规模。将地方优势特色农产品保险以奖代补做法逐步扩大到全国。健全农业再保险制度。发挥“保险+期货”在服务乡村产业发展中的作用。

（二十一）深入推进农村改革。完善农村产权制度和要素市场化配置机制，充分激发农村发展内生动力。坚持农村土地农民集体所有制不动摇，坚持家庭承包经营基础性地位不动摇，有序开展第二轮土地承包到期后再延长30年试点，保持农村土地承包关系稳定并长久不变，健全土地经营权流转服务体系。积极探索实施农村集体经营性建设用地入市制度。完善盘活农村存量建设用地政策，实行负面清单管理，优先保障乡村产业发展、乡村建设用地。根据乡村休闲观光等产业分散布局的实际需要，探索灵活多样的供地新方式。加强宅基地管理，稳慎推进农村宅基地制度改革试点，探索宅基地所有权、资格权、使用权分置有效实现形式。规范开展房地一体宅基地日常登记颁证工作。规范开展城乡建设用地增减挂钩，完善审批实施程序、节余指标调剂及收益分配机制。2021年基本完成农村集体产权制度改革阶段性任务，发展壮大新型农村集体经济。保障进城落户农民土地承包权、宅基地使用权、集体收益分配权，研究制定依法自愿有偿转让的具体办法。加强农村产权流转交易和管理信息网络平台建设，提供综合性交易服务。加快农业综合行政执法信息化建设。深入推进农业水价综合改革。继续深化农村集体林权制度改革。

（下略）

农村土地经营权流转管理办法[①]

（农业农村部2021年第1次常务会议审议通过）

第一章　总则

第一条　为了规范农村土地经营权（以下简称土地经营权）流转行为，保障流转当事人合法权益，加快农业农村现代化，维护农村社会和谐稳定，根据《中华人民共和国农村土地承包法》等法律及有关规定，制定本办法。

第二条　土地经营权流转应当坚持农村土地农民集体所有、农户家庭承包经营的基本制度，保持农村土地承包关系稳定并长久不变，遵循依法、自愿、有偿原则，任何组织和个人不得强迫或者阻碍承包方流转土地经营权。

第三条　土地经营权流转不得损害农村集体经济组织和利害关系人的合法权益，不得破坏农业综合生产能力和农业生态环境，不得改变承包土地的所有权性质及其农业用途，确保农地农用，优先用于粮食生产，制止耕地"非农化"、防止耕地"非粮化"。

第四条　土地经营权流转应当因地制宜、循序渐进，把握好流转、集中、规模经营的度，流转规模应当与城镇化进程和农村劳动力转移规模相适应，与农业科技进步和生产手段改进程度相适应，与农业社会化服务水平提高相适应，鼓励各地建立多种形式的土地经营权流转风险防范和保障机制。

① 《农村土地经营权流转管理办法》，《中华人民共和国国务院公报》，2021年11期。

第五条　农业农村部负责全国土地经营权流转及流转合同管理的指导。

县级以上地方人民政府农业农村主管（农村经营管理）部门依照职责，负责本行政区域内土地经营权流转及流转合同管理。

乡（镇）人民政府负责本行政区域内土地经营权流转及流转合同管理。

第二章　流转当事人

第六条　承包方在承包期限内有权依法自主决定土地经营权是否流转，以及流转对象、方式、期限等。

第七条　土地经营权流转收益归承包方所有，任何组织和个人不得擅自截留、扣缴。

第八条　承包方自愿委托发包方、中介组织或者他人流转其土地经营权的，应当由承包方出具流转委托书。委托书应当载明委托的事项、权限和期限等，并由委托人和受托人签字或者盖章。

没有承包方的书面委托，任何组织和个人无权以任何方式决定流转承包方的土地经营权。

第九条　土地经营权流转的受让方应当为具有农业经营能力或者资质的组织和个人。在同等条件下，本集体经济组织成员享有优先权。

第十条　土地经营权流转的方式、期限、价款和具体条件，由流转双方平等协商确定。流转期限届满后，受让方享有以同等条件优先续约的权利。

第十一条　受让方应当依照有关法律法规保护土地，禁止改变土地的农业用途。禁止闲置、荒芜耕地，禁止占用耕地建窑、建坟或者擅自在耕地上建房、挖砂、采石、采矿、取土等。禁止占用永久基本农田发展林果业和挖塘养鱼。

第十二条　受让方将流转取得的土地经营权再流转以及向金融机构融资担保的，应当事先取得承包方书面同意，并向发包方备案。

第十三条　经承包方同意，受让方依法投资改良土壤，建设农业生产附属、配套设施，及农业生产中直接用于作物种植和畜禽水产养殖设施的，土地经营权流转合同到期或者未到期由承包方依法提前收回承包土地时，受让方有权获得合理补偿。具体补偿办法可在土地经营权流转合同中约定或者由双方协商确定。

第三章　流转方式

第十四条　承包方可以采取出租（转包）、入股或者其他符合有关法律和国家政策规定的方式流转土地经营权。

出租（转包），是指承包方将部分或者全部土地经营权，租赁给他人从事农业生产经营。

入股，是指承包方将部分或者全部土地经营权作价出资，成为公司、合作经济组织等股东或者成员，并用于农业生产经营。

第十五条　承包方依法采取出租（转包）、入股或者其他方式将土地经营权部分或者全部流转的，承包方与发包方的承包关系不变，双方享有的权利和承担的义务不变。

第十六条　承包方自愿将土地经营权入股公司发展农业产业化经营的，可以采取优先股等方式降低承包方风险。公司解散时入股土地应当退回原承包方。

第四章　流转合同

第十七条　承包方流转土地经营权，应当与受让方在协商一致的基础上签订书面流转合同，并向发包方备案。

承包方将土地交由他人代耕不超过一年的，可以不签订书面合同。

第十八条　承包方委托发包方、中介组织或者他人流转土地经营权的，流转合同应当由承包方或者其书面委托的受托人签订。

第十九条　土地经营权流转合同一般包括以下内容：

（一）双方当事人的姓名或者名称、住所、联系方式等；

（二）流转土地的名称、四至、面积、质量等级、土地类型、地块代码等；

（三）流转的期限和起止日期；

（四）流转方式；

（五）流转土地的用途；

（六）双方当事人的权利和义务；

（七）流转价款或者股份分红，以及支付方式和支付时间；

（八）合同到期后地上附着物及相关设施的处理；

（九）土地被依法征收、征用、占用时有关补偿费的归属；

（十）违约责任。

土地经营权流转合同示范文本由农业农村部制定。

第二十条　承包方不得单方解除土地经营权流转合同，但受让方有下列情形之一的除外：

（一）擅自改变土地的农业用途；

（二）弃耕抛荒连续两年以上；

（三）给土地造成严重损害或者严重破坏土地生态环境；

（四）其他严重违约行为。

有以上情形，承包方在合理期限内不解除土地经营权流转合同的，发包方有权要求终止土地经营权流转合同。

受让方对土地和土地生态环境造成的损害应当依法予以赔偿。

第五章　流转管理

第二十一条　发包方对承包方流转土地经营权、受让方再流转土地经营权以及承包方、受让方利用土地经营权融资担保的，应当办理备案，并报告乡（镇）人民政府农村土地承包管理部门。

第二十二条　乡（镇）人民政府农村土地承包管理部门应当向达成流转意向的双方提供统一文本格式的流转合同，并指导签订。流转合同中有违反法律法规的，应当及时予以纠正。

第二十三条　乡（镇）人民政府农村土地承包管理部门应当建立土地经营权流转台账，及时准确记载流转情况。

第二十四条　乡（镇）人民政府农村土地承包管理部门应当对土地经营权流转有关文件、资料及流转合同等进行归档并妥善保管。

第二十五条　鼓励各地建立土地经营权流转市场或者农村产权交易市场。县级以上地方人民政府农业农村主管（农村经营管理）部门应当加强业务指导，督促其建立健全运行规则，规范开展土地经营权流转政策咨询、信息发布、合同签订、交易鉴证、权益评估、融资担保、档案管理等服务。

第二十六条　县级以上地方人民政府农业农村主管（农村经营管理）部门应当按照统一标准和技术规范建立国家、省、市、县等互联互通的农村土地承包信息应用平台，健全土地经营权流转合同网签制度，提升土地经营权流转规范化、信息化管理水平。

第二十七条　县级以上地方人民政府农业农村主管（农村经营管理）部门应当加强对乡（镇）人民政府农村土地承包管理部门工作的指导。乡（镇）人民政府农村土地承包管理部门应当依法开展土地经营权流转的指导和管理工作。

第二十八条　县级以上地方人民政府农业农村主管（农村经营管理）部门应当加强服务，鼓励受让方发展粮食生产；鼓励和引导工商企业等社会资本（包括法人、非法人组织或者自然人等）发展适合企业化经营的现代种养业。

县级以上地方人民政府农业农村主管（农村经营管理）部门应当根据自然经济条件、农村劳动力转移情况、农业机械化水平等因素，引导受让方发展适度规模经营，防止垒大户。

第二十九条　县级以上地方人民政府对工商企业等社会资本流转土地经营权，依法建立分级资格审查和项目审核制度。审查审核的一般程序如下：

（一）受让主体与承包方就流转面积、期限、价款等进行协商并签订流转意向协议书。涉及未承包到户集体土地等集体资源的，应当按照法定程序经本集体经济组织成员的村民会议三分之二以上成员或者三分之二以上村民代表的同意，并与集体经济组织签订流转意向协议书。

（二）受让主体按照分级审查审核规定，分别向乡（镇）人民政府农村土地承包管理部门或者县级以上地方人民政府农业农村主管（农村经营管理）部门提出申请，并提交流转意向协议书、农业经营能力或者资质证明、流转项目规划等相关材料。

（三）县级以上地方人民政府或者乡（镇）人民政府应当依法

组织相关职能部门、农村集体经济组织代表、农民代表、专家等就土地用途、受让主体农业经营能力，以及经营项目是否符合粮食生产等产业规划等进行审查审核，并于受理之日起20个工作日内作出审查审核意见。

（四）审查审核通过的，受让主体与承包方签订土地经营权流转合同。未按规定提交审查审核申请或者审查审核未通过的，不得开展土地经营权流转活动。

第三十条　县级以上地方人民政府依法建立工商企业等社会资本通过流转取得土地经营权的风险防范制度，加强事中事后监管，及时查处纠正违法违规行为。

鼓励承包方和受让方在土地经营权流转市场或者农村产权交易市场公开交易。

对整村（组）土地经营权流转面积较大、涉及农户较多、经营风险较高的项目，流转双方可以协商设立风险保障金。

鼓励保险机构为土地经营权流转提供流转履约保证保险等多种形式保险服务。

第三十一条　农村集体经济组织为工商企业等社会资本流转土地经营权提供服务的，可以收取适量管理费用。收取管理费用的金额和方式应当由农村集体经济组织、承包方和工商企业等社会资本三方协商确定。管理费用应当纳入农村集体经济组织会计核算和财务管理，主要用于农田基本建设或者其他公益性支出。

第三十二条　县级以上地方人民政府可以根据本办法，结合本行政区域实际，制定工商企业等社会资本通过流转取得土地经营权的资格审查、项目审核和风险防范实施细则。

第三十三条　土地经营权流转发生争议或者纠纷的，当事人可以协商解决，也可以请求村民委员会、乡（镇）人民政府等进行调解。

当事人不愿意协商、调解或者协商、调解不成的，可以向农村土地承包仲裁机构申请仲裁，也可以直接向人民法院提起诉讼。

第六章　附则

第三十四条　本办法所称农村土地，是指除林地、草地以外的，农民集体所有和国家所有依法由农民集体使用的耕地和其他用于农业的土地。

本办法所称农村土地经营权流转，是指在承包方与发包方承包关系保持不变的前提下，承包方依法在一定期限内将土地经营权部分或者全部交由他人自主开展农业生产经营的行为。

第三十五条　通过招标、拍卖和公开协商等方式承包荒山、荒沟、荒丘、荒滩等农村土地，经依法登记取得权属证书的，可以流转土地经营权，其流转管理参照本办法执行。

第三十六条　本办法自 2021 年 3 月 1 日起施行。农业部 2005 年 1 月 19 日发布的《农村土地承包经营权流转管理办法》（农业部令第 47 号）同时废止。

报刊摘要

▼

中国农村经济改革

（杜鹰，《发现》，1991 年 01 期）

1990 年的农村经济形势

01. 1990 年是国家“七五”计划的最后一年，也是中国经济为克服所面临的困难而进行全面治理整顿的第二年。在治理整顿中，加强农业的基础地位，扭转近年农业生产（主要是粮食、棉花）徘徊不前的局面，是调整严重失调的国民经济结构的关键所在。为此，自 1988 年秋季以来，中国政府制定了一系列旨在促进农业生产加快步伐的计划和措施。两年来，这些政策措施已经取得了明显的成效。继去年粮食产量达到历史最高水平之后，今年的粮食生产又取得突破性进展，并出现了农林牧副渔各业全面发展的好势头。

02. 据有关部门预测，1990 年主要农产品和乡镇企业的增长实绩指标如下：粮食总产 42500 万吨，比去年增产 1750 万吨，增长 3.4%；棉花总产 420 万吨，比去年增产 45 万吨，增长 12%；油料总产 1560 万吨，增产 265 万吨，增长 20%；糖料总产 6514 万吨，增产710万吨，增长12%，其他经济作物，除烟叶、苎麻减产外，水果、蚕茧、黄红麻都可望增产，猪、牛、羊等肉类产量可达2700多万吨，比去年增加70多万吨，增长2.6%。预计乡镇企业年总产值为9200多亿元，比去年增长10%以上，出口创汇130多亿美元，上交国家税金410亿元，分别比去年增长30%和12.3%。在农村社会总产值中，非农业产值的比重继1987年首次超过农业份额后，1990年将达到56%，比上年提高近一个百分点。

03. 今年的农业生产形势之好，是近年来的历史上少见的。连续两年取得农业丰收的主要原因有三：一是从中央到地方，各级政府贯彻以农业为基础的指导思想，加强了对农业的领导；二是在全国农村反复强调稳定家庭联产承包制，稳定农村改革中形成的各项基本政策；三是气候条件较好。在这个前提下，全国上下为夺取农业丰收做出了多方面的重大努力。

——大规模开展农田水利基本建设，改变生产条件。去年国务院作出《关于大力开展农田水利基本建设的决定》以后，去冬今春，全国共投入劳动积累工42亿个，完成土石方48亿立方米，新增、恢复、改善灌溉面积，改造中低产田面积均比上年增长30%左右。

——农作物播种面积增加1866万亩，其中粮田增加1414万亩，经济作物增加597万亩，今年播种面积增加，主要是通过南方开发冬季农业和北方扩大间作套种面积实现的。

——农业生产投入增加。中央在财政困难的情况下，农业基本建设投资增加10亿元，财政支农资金增加17.7亿元，农业贷款规模增加几百亿元。由于种植业相对收益上升，今年1—9月份，农民人均种植业生产投资比去年同期增加6.7元，增长9.8%，占全部农民家庭生产经营费用支出的比重上升到60.1%，在去年提高3.7个百分点的基础上又提高3.9个百分点。化肥供给总资源比上年增加约200万吨，1—7月的销售量比去年同期增长4.5%。

——提高部分农产品定购价格。去年将粮食定购价格提高18%，今年又提高棉花、油料收购价格，提价幅度分别为27.1%、28.4%。

——依靠科技振兴农业。去年11月国务院作出《关于依靠科技振兴农业，加强农业科技成果推广工作的决定》，在更大区域和面积上推广丰产高产技术，科技兴农措施更为落实。

——组织农业综合开发。三年来，国家立项的开发区已达34片，总投资42亿元，计划改造中低产田8300万亩，开荒1000多万亩。开发资金主要来自纳入各级财政预算的农业综合开发基金。

04. 两年的农业丰收，表明我国农业，主要是粮食、棉花，经过几年徘徊之后，发生了新的转机，为全局治理整顿、深化改革的顺利进行，为实现市场物价的稳定和社会的安定，提供了充足的物质条件、发挥了重要作用，表明我国农业的发展潜力是很大的，只要不断改善农业生产的基本条件和外部政策环境，是有可能保持农业的持续稳定发展的。

05. 在观察当前农村形势时，我们对治理整顿中农业形势好转的一面予以充分估价和肯定，它表明近两年来农业和农村政策调整的效果，总的来说是积极的；但是，同时我们也清醒地看到，我国农业发展的长期背景仍然是严峻的，近期农村经济发展在政策调整中也存在着一些不容忽视的新问题。这些问题主要是：

虽然今年粮食生产有较大增长，但是目前的粮食生产能力并没有明显超出当年的粮食需求量，也并未完成原定“七五”计划，且人均占有量比1984年反而减少15公斤。气候条件特别好，是今年粮食增产的主要因素之一，我国农业在很大程度上仍然是靠天吃饭，这个基本格局没有根本改观。水利失修、农机老化，基础设施薄弱，技术进步缓慢，以及价格扭曲和投资（尤其是农业长期资金筹措）不足等老问题仍然存在，加之人增地减趋势，这些都增加了今后若干年实现农业发展目标的难度。

农业丰收后，近期面临的一个突出矛盾，就是卖粮难、卖猪难、卖其他农产品难的问题。从去年第四季度起，全国粮价已连续12个月下跌。为了防止“谷贱伤农”，国务院作出了建立国家粮食储备制度的重大决策，但由于仓容和收购资金存在较大缺口，粮食企业费用开支增大，亏损严重，工作难度很大。其他农产品卖难，滞销、积压、市场价格下跌的趋势仍在加剧。市场传递给农民的信号与政策导向上要求继续增加农产品供给的信号不一致，对于保持农民生产积极性和明年农业生产将产生不利影响。

农村中的就业压力增加。据统计，1989年乡镇企业在调整中数量减少37万户，今年上半年又减少79.6万户，合计减少116.6万户，去年乡镇企业职工减少178万人，今年上半年又减少450万人，据估计，到今年年底，两年累计将减少1000万人，非农劳动力占农村总劳动力的比重将比1988年下降2个百分点。这种状况，不仅对近期农民收入和农村社会稳定产生不利影响，而且加大了今后非农劳动力转移的压力。

农民实际收入下降。据住户抽样调查，1989年农民人均纯收入名义增长10.4%，扣除物价因素，实际下降1.6%；今年1—9月份，农民人均现金收入447元，比去年同期增长1.1%，扣除物价因素，实际现金收入下降3.7%。预计农民全年实际纯收入与去年大体持平或略减少。农民实际收入下降的主要成因是：①非农就业机会和来自非农产业收入减少。今年前三季度，农民从二、三产业得到的现金收入为 96.4 元，比去年同期减少 4 元，下降 4%。②农民收入中来自乡镇企业的部分由往年大幅度增长转为持平。③农副产品收购价格指数下降，前三季度，农民因此项少收入 6 元。④农村物价上涨高于城市，1—8 月份，城镇生活费用价格指数仅提高 1.1%。而农村则提高 4.2%，农业生产资料价格指数上升 6.6%，与农副产品收购价格下降形成鲜明对比。农民实际收入下降，是改革十余年来的首次。由于实际收入下降，农民消费支出和实际生产投资支出收缩，成为导致国内市场疲软的主要因素之一。今年 1—8 月，国内社会商品零售额比去年同期增长 2.7%，其中县和县以下社会商品零售额则比去年同期下降 5.5%。

06. 纵观当前农村经济形势，有两个显著特点：一是出现了主要农产品全面增长的可喜势头，二是农民实际收入的下降令人担忧。这两点与前几年农村经济增长格局恰恰相反。前几年，大宗农产品生产不景气，而农民收入靠发展非农产业和多种经营持续增长。这两种增长格局尽管表现方式不同，但其中的偏差都是同长期阻碍农业和农村经济发展的那些深层体制问题相关联的。这表明，农业在治理整顿中取得的成果能否巩固并得到进一步发展，取决于能否通过深化改革，在主要农产品增长和农民收入之间建立起良性循环关系，建立起保障农业和农村经济长期稳定发展的机制和体制。

农村改革的回顾与前瞻

07. 中国农村经济体制改革已经走过了 12 年的历程。12 年的改革，使农村经济从微观组织结构到经营活动的运行机制，都发生了广泛而深刻的变化。农村改革在以下几个方面已经取得实质性进展，并被看作农村经济新体制的基本框架：（1）确立了以家庭联产承包制为基础的基本经营制度；（2）农产品的商品率和进入市场交换的部分逐步扩大，生产要素市场正在逐步发育；（3）单一的生产资料所有制结构被打破，多种经济成分和多种经济形式得到了发展；（4）农村经济从封闭走向开放，向多部门综合经营的方向发展；（5）政府对农村经济的调控方式得到改善，价格、税收、利率、契约等经济法律手段的作用明显加强。在改革的成功推动下，农村经济获得了惊人的发展和显著的成就。1978—1989 年十一年间，中国农村社会总产值增长了 3 倍，年平均增长 13.5%；农业总产值增长了 88.3%，年平均增长 5.9%，比改革前 26 年的平均增长率高出 3.2 个百分点；主要农产品的增长速度均超过各个历史时期，粮食总产量增长 33.7%，棉花增长 74.8%，油料增长 148%，肉类产量增长 172%；乡镇企业产值在 11 年中以年平均 30%的速度递增，非农产业产值占农村社会总产值的比重从 30.5%上升到 54.9%；农民人均纯收入从 133.6 元增加到 601.5 元，增长了 3.5 倍，平均每年增加 42.5 元，而改革前 28 年平均每年仅增加 3.2 元。这些事实充分说明，中国农村改革是成功的，政府在这一时期实施的政策方向是正确的，得到了农民的衷心拥护。

08. 但是，中国农村改革的实际进程并不是径情直遂的。12 年来中国农村改革走过了一条并不平坦的道路，其间既有包产到户成功变革带来的巨大喜悦，也有因改革努力受挫而带来的普遍困惑。1985 年以后，农业增长形势的逆转，1988 年前后通货膨胀局面的出现，治理整顿中农村经济已经解决和尚未解决的问题，都表明农村改革的复杂性和长期性远远超出我们最初的想象。因此，客观地描述农村改革进程中发生某些变化的由来，认清农村改革面临的基本矛盾、难题和我们可能采取的行动，可能是必要的。

09. 迄今为止的农村改革大体经历了三个阶段：

突破阶段（1978—1984）。这一阶段的农村改革相当顺利。家庭联产承包制的变革，从局部地区发端并扩展到全国所有省市，从最初被认为是解决温饱问题的权宜之计，到最终被确认为是农村中要长期坚持的基本经营制度，仅用了短短几年的时间。家庭联产承包制的普遍实行，打破了人民公社体制政社合一，行政命令、平均主义和吃“大锅饭”种种痼疾，从根本上改变了农村微观经济组织结构。农户作为从事商品性生产经营活动的基本主体，强化了农村基本生产单位的预算约束和激励机制，使农业生产的内在动力大大加强，从而推动了这一时期农业和种植业的高速增长。农村改革的成功和生产效率的提高，顺理成章地提出了变革农村产业结构和改变外部政策环境的更高层次的要求，并鼓舞和支持了城市经济体制改革的全面展开。

全面探索阶段（1985—1988）。1985 年前后，中国政府作出了进一步改革农产品统购统销制度和变革农村产业结构等重大决策。粮食由国家统一收购改为合同定购和市场收购的“双轨制”，除棉花等四种产品外，其他各类农产品价格放开，由市场调节供求；鼓励农民兴办各种经济形式的乡镇企业，发展各项非农产业。这一阶段的改革，促进了农村分工分业的发展，扩展了传统的商品流通渠道和交换半径，推动了农村经济结构以前所未有的速率迅速变革，强化了市场机制在农村资金配置上的调节作用，取得了显著的绩效。但是，改革的深化也日益面临着始料不及的复杂局面和种种不协调的现象：粮食购销体制改革未达到预期目标，从合同定购退回到实际上的统购，价格放开的农产品面临过于剧烈的市场波动，引起生产者和消费者的普遍不安，农民进入非农产业领城的摩擦不断加剧，加大了基础工业资源供给的压力。与此同时，农村中固有的组织结构脆弱和农业生产条件脆弱的矛盾开始显现，农业得不到足够的资源补偿和资金供给的问题日益突出，最终导致农业特别是种植业的发展速度骤然下降。而同期，国民经济在工业过热增长的推动下，呈加速发展势头，工农业发展速度差距和农产品供求缺口由此拉开，农业和工业的发展速度之比从前六年的 1∶1.1 扩大到 1∶4.3，致使国民经济发展的基本比例关系遭到破坏。上述矛盾和问题的累积，加上国民经济其他重大比例关系的失调，触发了严重的通货膨胀，迫使国民经济不得不进入新一轮的调整时期。

调整阶段（1988 年秋至今）。为了抑制通货膨胀，调整产业结构，扭转经济效益下降的不利局面，中国政府在 1988 年 8 月提出了治理整顿的经济工作方针。在治理整顿中所采取的政策措施，如紧缩财政和货币、压缩基本建设规模、控制加工工业的过快增长（包括乡镇企业）、控制消费基金膨胀、适当集中财力，提高中央的调控能力，等等，构成了这一时期农村经济发展和改革的宏观背景。就农村范围而言，治理整顿中的农村在强调基本政策稳定的前提下，具体政策措施的调整沿着两条线索展开：（1）在资源配置上，强调加强农业投入并同时控制调整乡镇企业的速度和结构；（2）在调节控制手段上，更强调发挥农村社区组织在连接国家的宏观计划与分散的农户计划之间的协调作用，以保证资源配置方向调整的有效性。

10. 1985 年到 1988 年农村改革出现波折的直接原因，在于农业的发展陷入了困境。其间，种植业产值年均增长速度仅为

0.9%，远低于1978—1984年的6.8%，已无法支撑农村产业结构的变革和国民经济的高速增长。而导致农业陷于困境的直接原因，最主要的是投入不足。中国农村资金积累总额从1987年的430亿元扩大到1978年的2000亿元左右（其中包括财政、信贷、集体和农户四个资金来源），但其中用于农业投资的比重从64%急骤下降到19%，绝对量虽有所增加，但扣除物价因素，基本持平，与同期农业总产出增长了77%相比，投资缺口和“吃老本”、“欠新账”的问题是十分明显的。

11. 农业陷入困境和农业投入不足的原因，并不能简单化地用“农业被忽视”的一般性理由去说明。更深层次的原因，要从农村在新旧体制交替阶段上所面临的基本矛盾中去寻求。事实上，在1985年前后，这个基本矛盾就已经摆在我们面前了。那就是：一方面，改革已经促使国民经济流程及其微观基础发生了根本性的变化。在农村中，人民公社作为高度集中的计划管理体制基础的一部分已经解体，要素的流动性大大增强，并衍生出一批以利润最大化驱动的新的经营主体（这里既包括农户、乡镇企业，也包括与农业相关的商业金融组织），它们的投资和经营活动愈来愈按照比较利益的原则行事，从而价格机制在引导资源分配上的作用大大强化了。但是另一方面，以农产品、基础工业品、劳务和其他要素价格偏低，而工业制成品价格偏高为主要特征的传统价格体系，却并没有因体制环境和微观主体行为的变化而改变。这种扭曲的价格体系一方面抑制资源向粮棉油生产流入，另一方面又刺激加工工业（包括乡镇企业）投资的畸形膨胀。两种体制因素并存并同时作用于经济生活的结果，必然造成这样一种格局：微观经济主体愈是活跃，发展的内在冲动愈是强烈，国民经济在保持总量平衡和结构平衡上的难度也就愈大，以至当矛盾累积到一定点以后，不得不用包括行政手段在内的多种手段强制性地恢复平衡。近年来国民经济在膨胀与紧缩中交替循环，前述农村经济两种相反增长格局的交替出现，实际上就是这一基本矛盾的真实写照。

12. 这个问题在过去的体制下并不表现为现实的矛盾，是因为与传统价格体系相配套，还建立了以国营企业和人民公社为基础、以行政性分配资源为主要内容的计划管理体制，以保证资源分配的有效性。但是在微观主体行为更多地由市场导向，而计划控制又大大松懈的情况下，仍然扭曲的价格体系就极易诱发资源配置上的误导。因此，我们现在碰到的问题，是在改革过程中，特别是在新旧体制交替过程中碰到的极为特殊的问题，传统的发展战略及其政策环境，与改革所引发的微观经济主体和部分管理体制的变革之间发生了尖锐的摩擦和矛盾。

13. 一般而言，这种新旧体制因素并存并同时发挥作用的局面，只能是一种暂时状态，它的基本特性是不可能长期保持的。因为两种体制因素之间的矛盾摩擦、冲突和互相抵消，难免造成整个政策环境的不协调甚至是紊乱，从而对经济增长所必需的稳定性构成潜在的威胁。而保持经济增长的稳定性，正如已有的经验所证明的那样，不仅是保持社会稳定的基本前提，而且是改革得以顺利进行的必要条件。这也正是我们在 1985 年以后，希望通过深化改革尽快完成新旧体制转轨任务的基本考虑。但是，要实质性地推进以价格改革为中心的全面配套改革，其复杂程度和所需要的时间远远超出了我们最初的设想。因为传统的价格体系是在服从以往工业化战略目标的过程中形成的。它实质上承担着国民收入再分配并保证这种分配的结果更有利于手工业资金积累的特殊职能，并以此为核心，形成了一整套行政性分配资源的体制。因此，当我们提出深化农村改革的任务时，我们实际上面对的，已经是整个国民经济发展战略和经济体制全面转轨的双重任务了。由此可见，农村改革的成功，不仅需要有兼及城乡改革的通盘考虑，不仅需要保持农村改革各个子过程的协调，不仅需要正确处理改革进程中快变因素与慢变因素的关系，而且最终取决于城市改革的实质性进展和工业效率的提高。单独在农民的世界里是不可能建立起一个有计划的商品经济新体制的，而城市体制改革的复杂程度和难度又要远远超过农村。这就决定了，农村改革不可能“毕其功于一役”，它注定是一个渐进的、长期的过程。

14. 经过若干波折之后，我们对改革的复杂性、长期性和渐进性有了比以往更深切的体会和更清醒的认识。从这个角度来重新检讨 1985 年以后的农村改革，可以得出以下几点有价值的认识：（1）改革的基本取向是正确的。通过进一步深化农村内外部政策和体制环境的改革，完成从单一计划机制到计划与市场调节机制相结合的转换，以适应农村微观组织结构业已发生的变革，是农村经济乃至国民经济成长的内在要求，也是求得前述基本矛盾解决的根本出路。（2）由于认识的局限性，也由于农村第一步改革意外成功所带来的负面影响，对深化农村改革的成功的预期超过了对它所面临的实际困难的估计。（3）在实现改革目标的整体方案中，缺乏某些过渡性内容的设计。由于新体制取代旧体制不可能一蹴而就，因此这种针对中间过程中特殊性问题的安排是必要的，以便将新旧两种体制因素并存而带来的消极影响控制在最低限度。（4）在推进改革的过程中，始终不能放松对经济发展实际过程的管理。尤其是在市场机制尚未充分发挥作用，而行政调控能力又大大软化的情况下，为了避免出现管理上的真空，保持对整个经济的宏观调控能力是必要的。

15. 到 1988 年前后，严重的通货膨胀所引起的经济生活和社会生活的紊乱，已不可回避地将稳定经济和恢复正常经济秩序的任务提到了经济工作的首位。从全局的角度来看，当务之急是恢复国民经济总量平衡和调整不合理的经济结构，又考虑到政府在宏观调控能力大大下降、手段严重不足的情况下，不得不采取某些行政措施来尽快恢复平衡，因此不应把治理整顿以及在此期间采取的某些措施看成改革的倒退。事实上，如果不这样做，不仅在回旋余地极少的情况下做不到继续推进经济体制改革，而且会增加旧体制复归的可能性。因此，问题的关键，不在于要不要治理整顿，也不在于治理整顿中具体手段的采用，而在于通过治理整顿，能否为最终通过改革来建立农村新体制创造适宜的经济环境。

16. 治理整顿与深化改革的目标并不矛盾。事实上，在治理整顿期间，我们在巩固完善已有改革成果和深化农村改革方面做了大量的工作和有益的探索。在农村基层经济组织建设中，通过完善双层经营体制和发展社会化服务体系，为农户提供产前产中产后服务的工作得到普遍加强；在乡镇企业立法工作方面，农业部和国务院先后制定颁发了《农民股份合作企业暂行规定》和《中华人民共和国乡村集体所有制企业条例》；在流通领域，通过进一步完善农用生产资料专营办法，制止和取缔人为阻碍流通、滥设关卡、分割市场的行为，通过加强工商行政和税收管理、加强执法机构廉政建设等措施，扭转了流通秩序混乱的局面，在粮食购销体制改革上，国务院先后作出了建立郑州小麦批发市场和国家粮食专项储备制度等具有重大意义的决策。可以预见，随着农产品有效供给的增加、农业经济形势的好转和农村产业结构的优化，农村改革将积极稳妥地迈出新的步伐。

17. 当然，迄今为止的治理整顿还没有解决阻碍农村经济发展的深层矛盾。从根本上讲，如前所述的那些深层次的体制问题，只有通过体制改革的深化才能解决。相对于传统体制而言，农村改革是市场取向的，其目标是建立社会主义商品经济的新体制。改革的这种规定性是由经济发展的内在要求所决定的，并不因暂时的政策调整而改变。在今后的改革进程中，我们将认真总结经验，在坚持农村改革基本方向的前提下，充分考虑各种制约因素，把握城乡改革各个侧面的相互联系，与未来的改革目标相衔接，审时度势、因势利导、分阶段分区域地推进改革。就近中期的改革而言，我们将做好以下几项工作：

（1）进一步深化粮食购销体制改革。1988 年以来，一些省区主动进行粮食购销体制改革的超前探索，积累了大量丰富的经验，证明这项改革不仅具有必要性、可行性，而且其风险也是可以控制的。目前，随着粮食供求形势的有利变化，推进这项改革的时机正在成熟。近期深化粮食购销体制改革的基本思路是“稳购、压销、提价、包干”，争取在两年内将平价销售压缩到只保口粮、军粮和部分救灾粮，在口粮销售上，根据各地情况，分别采取核减定量，提高销价、暗补改明补，拉开品质差价等不同办法，改全民补贴为仅对低收入人口的补贴，建立合理分担价格上涨的机制。与此同时，通过建立储备调节制度和批发市场，培育粮食流通主体，分离政府与企业职能，安定市场价格，完善对粮食市场的宏观调控。

（2）土地制度建设。现行农村土地集体所有制，较之私有制和国有制，在政治、经济上更合算，应在稳定中完善“两权分离”的经营方式。当务之急，一是防止耕地经营规模的进一步析化，继续搞好“两田制”、“三田制”的试验，通过招标承包责任田，引入竞争机制，提高土地的使用效率；二是依据有偿、有效、有利于社会稳定的原则，确立集体统一管理下的土地合理流转机制，并把它放在深化土地制度改革的重要位置上；三是完善承包办法，土地承包使用费的提取应公开化、规范化；四是明确和扩大集体对土地出卖、租赁、折股、抵押的处分权和权利行使的规则。

（3）在农业基本经营制度上，在完善“双层经营”的同时，进一步发育多种形式的农民专业合作组织。社区性和专业性合作组织的发展，均有利于市场结构的发育和供求关系的稳定，也有利于减少行政强制干预和发挥农民在参与社区生活中的作用。在合作组织的建设中，应把着眼点放在分散农户提供产前产中产后服务上，明确组织内部的权利义务关系，建立健全财务制度、管理制度和民主办事程序，保护农户已经取得的财产权利和政治权利。各类合作经济组织的法律地位也应予以明确保障。

（4）坚持以产权界定为核心内容的乡镇企业制度建设。乡镇企业制度建设可以采取股份制形式，使企业内部和企业外部各层利益当事人的收益和风险责任对应起来。建立健全农村企业统计、会计、现金、票据管理和经营核算等基本制度；要保障农民企业家和各类乡镇企业的合法地位；鼓励乡镇企业任何跨社区的要素流动和重新组合，推广和发展农村工业小区的建设，加快农村地区城市化步伐。

（5）在农产品流通体制方面，除棉花、烟草等由国家统一收购，粮、油等完成国家定购任务以外的农产品，都实行放开经营、多渠道流通。积极组织农民参与流通，保护乡村集体商业和个体运销户的合法经营活动与正当权益，同时，对现有延伸到基层的国家商业组织进行功能和组织改造；有组织地建立和发育包括农村集市、现货批发市场和期货市场在内的农产品市场体系，为扩大农产品集散和城乡交换创造条件，国家相应建立农产品流通宏观调节体系。

（6）农村金融体制改革。国家应避免将社会资金大部纳入指令性计划范围，以免挫伤新投资主体的积极性和阻滞金融市场发育；同时又应通过建立农业基金制度、发行长期债券、开办证券交易、利率补贴等手段调节社会资金的流向。对国家农业银行和信用社系统的改革要强化其内部约束，从长期看，因其内部功能冲突，使政策目标和营利目标均无法充分实现，因此有必要对现有农村金融系统进行重组和改造。促进近年来得到长足发展的农民合作基金会的健康发育，培植现代信用关系，为社区范围的农业开发和各业发展提供筹资融资新渠道。通过以上各方面的长期努力，逐步建立起政策金融、商业金融和合作金融三位一体的农村金融体制。

（7）继续推进局部地区的超前改革试验，为全局改革提供经验。

农村改革试验区工作概要

18. 中国农村改革试验区是根据中共中央（1987）5 号文件的精神建立起来的。创办试验区，是中央依据农村形势发生的阶段性变化，为深化农村改革所作出的一项重要战略部署。与此前的一个时期相比，深化农村改革面临着日益增多的难题：改革的任务已经从最初较为单纯的农业微观组织结构的改革，扩展到大规模发展现代商品经济所必需的组织、制度和规则的全面建设，我们面临着大量超经验的问题，农村改革思想准备和理论准备不足的潜在弱点开始显现；随着改革领域拓展到城乡体制的方方面面，随着地区间发展水平和差异的扩大，统一协调改革步调的难度增加，手段和信息严重不足；尤其是改革的深入开始触及深层利益结构的调整，这一方面使改革的风险性增大了，另一方面又由于改革重心转向城市，致使利益关系调整的回旋余地缩小。形势的变化使全面推进改革的困难更大、风险更大，但是停滞不前将付出更大的代价。在新旧体制交替和僵持时期，能否主动推进改革，不仅关系到已有改革成果的巩固，而且关系到能否把握改革的主动权。改革成败的关键之一，是能否适应客观形势的变化，分散风险，分解困难，因势利导地调整改革推进的方略。农村改革试验区，就是在这样的背景下被纳入农村改革总体战略的。

19. 从 1987 年初开始，试验区的数量逐年增加，包括年内将获批准的湖南省怀化地区山区综合开发试验区和海南省农业综合开发试验区，迄今为止，经国务院批准备案，我们已在全国 17 个省、自治区、直辖市建立了 22 个农村改革试验区。试验区总人口已逾 6000 万人。试验区工作的基本任务和工作目标，是为全国深化农村改革探路，通过有组织的改革试验操作，为中央和地方制定有关农村改革的政策和法规提供系统的经验依据。为此，要求在试验工作中充分体现改革与发展相结合的原则，并将工作重点放在组织制度建设和组织制度创新上。依据上述目标和原则，各试验区从近中期全局决策最关心的问题出发，结合当地的实际，确定改革试验选题并开展工作。到目前为止，已建立的试验区的试验内容，大体上覆盖了农村深化改革的主要问题领域，形成了一个比较完整的试验体系。主要试验内容可以划分成以下 7 个系列：（1）粮食购销体制改革；（2）土地制度建设；（3）基层合作经济组织建设；（4）乡镇企业制度建设；（5）农村金融体制改革；（6）林、牧、渔业，国营农场和贫困区体制改革；（7）农业综合开发中的组织制度建设。

20. 试验区的改革与非试验区的改革的区别，在于它设有专门的领导组织机构和一整套相对严密的工作程序。试验区工作的领导责任在省一级，试验区所在省都成立了由省一级农村工作负责人牵头、各有关部门负责人参加的农村改革试验区领导小组，在试验区所在地还设有下一级的领导小组和常设的工作班子。在机构变动后，农业部受国务院委托，下设农村改革试验办公室，具体负责全国试验区的指导和协调工作。试验区的工作程序大体分 6 个阶段：（1）前期调查研究；（2）确定选题；（3）选择试验地点、培训干部；（4）试验方案付诸实施；（5）对试验过程进行跟踪监测、分析和调试；（6）经验总结并转入常规工作。

21. 试验区工作的开展已有近四年的时间。从整体上讲，试验区工作已从初创布局阶段转入稳步推进阶段。1989 年以来，试验区工作面临着新的形势，主要是大环境的变化对改革试验的制约因素增强，试验区工作也面临着如何进一步深化的问题。针对这种情况，1989 年 12 月召开的第 6 次全国农村改革试验区工作会议，提出今年的工作继续贯彻执行“巩固、深化、提高、配套”的方针，要求各地加强领导，树立长期办好试验区的思想，继续发扬勇于探索创新的精神，争取试验区工作取得更大成效。各试验区都据此制定了今年的工作计划。

22. 今年以来，尽管不利因素增多，不同试验项目和试验区受治理整顿和经济紧缩的影响不同，进展不平衡，但是总的来看，试验区工作仍然取得了一定的进展和成效。具体情况是：

——粮食购销体制改革试验。新乡、玉林两个试验区去年以来将工作重点放在第一阶段改革内容的巩固完善和出台第二阶段改革方案的准备工作上。今年，新乡已迈出第二阶段改革的第一步，从

7月1日起，将糕点业、酿造业、饮食业用粮油分步全部放开，明年将稳步推进销售制度改革；玉林进一步压缩居民口粮定量，适当拉开大米品质差价，改进粮食部门结算制度，健全粮改风险基金，粮食批发市场建设已完成第一期工程。今年9月份，在玉林召开的全国农村改革试验区粮食购销体制改革研讨会，系统总结了两地的粮改经验，引起有关部门的重视。

——土地制度建设和规模经营试验。湄潭试验区在去年制定4项制度的基础上，今年拟定了《湄潭农村集体土地制度基本条例（草案）》，“承包期内新增人口不再分地”，土地有偿承包，收回土地“招标发标”，允许农户承包地“自愿互换”、“有偿或无偿转包”等政策试验内容，已被纳入《贵州省土地管理法实施细则》；平度全面进行土地升降缓测评工作，兑现奖罚，兑现率占实行“两田制”村社的83%，乡村两级合作基金会和乡镇农业服务站已普遍建立，开始运转；江苏吴、锡、常土地规模经营试验仍处在试点阶段，试点单位和单位规模有所扩大；南海县试验内容有所调整，试验主线仍需进一步明确；顺义县土地规模经营试验将完善农场内部管理制度作为全年重点工作来抓，处理好集体与个人、积累与分配的关系。

——合作经济组织建设。尚志市今年新组建粮食生产者协会484个，使农民专业生产者协会进一步壮大，已制定并准备颁发《尚志市农民专业合作组织基本规则》；玉田县合作经济组织今年全部建立“干部目标岗位责任制”，制定了《玉田县农村地区性合作经济组织条例》，最近出台了“玉田县经济联合社”试验项目；礼泉县对第一批建立的合作经济组织进行达标验收，达标率91%。上述三个试验区均配套开展土地制度和合作基金会试点工作。

——乡镇企业制度建设。阜阳、温州自去年以来均开展个体、私营企业的股份制试点工作。温州继去年底颁发《关于股份合作企业规范化若干问题的通知》后，今年对300家企业进行验收，6月份又发出上述通知的《补充规定》，为建立股票市场做准备，成立了“温州市股权转让咨询服务所”；周村就乡镇企业实行股份合作制的细则、办法，制定了4份文件。阜阳的5个工业小区遇到困难，正在积极调整，劳务输出和乡镇企业培训中心试验项目进展良好。

——农村金融体制改革。广汉试验区继续探索专业银行企业化经营路子。在工商银行试行总规模控制下的资产负债管理；广汉金融投资公司、大通金融服务社等经核查验收，鼓励其继续发展；农民合作基金会从乡镇一级延伸到村，全市37个合作基金会已集资1141万元。在其他试验区，农民合作基金会和企业金融服务社也得到进一步发展。

——林牧渔业等改革试验。福建三明集体林区已出台15个试验项目，其中扩大试点和已在面上推广的各3项。黑龙江苇河林业局和绥滨农场进一步完善场内承包责任制，绥滨农场在家庭承包农场基础上建立了186个生产协作体，并制定相应章程。内蒙古镶黄旗推行生活草场、责任草场“两场制”，评定草场等级，实行有偿使用；河北黄骅和广东汕尾两个渔业体改试验区自去年5月建立，目前工作已走上正轨，汕尾水产品批发市场建设已开始起步，建立了5家渔业联合公司；黄骅试验区将建立渔民协会和渔业合作基金会等列为第一批试验项目，并已出台；贵州毕节在贫困区开发中，控制人口增长，开展多种经营，发展各类乡镇企业，并建立了若干试验小区。

——农业综合开发组织制度建设。湖南怀化地区的山区综合开发和海南农业综合开发试验区均已制定试验方案。前者的试验内容分为开发主体、开发形式和开发环境建设三个层次；后者改革试验的主要内容是利用热带作物优势集中连片开发，推行土地的租赁、拍卖，建立批发市场。

各试验区在开展试验工作的同时，通过举办培训班、组织理论研讨和经验交流，开展专题研究，提高工作人员的理论和操作水平。试验的监测工作有所加强。

23. 目前试验区工作中存在的主要问题是：（1）在治理整顿期间，原来允许试验区突破某些政策的条件变化，对试验的正常进行有直接或间接影响，产生了新的协调问题。需要对各种正负因素的影响加以清理，以便明确下一步改革试验的思路和出发点。（2）经过近四年的改革试验，各试验区已积累了大量的经验材料，对这些经验材料的总结、分析和评价工作滞后，影响试验的深入和成果的推广，反映出工作质量和工作人员的素质有待进一步提高。（3）对试验效果的监测工作，由于涉及复杂的评价标准，缺乏专业人员和手段等问题，需要改进和加强。（4）一些新增试验区缺乏必要的资金支持。（5）对试验的指导工作需要加强，有必要采取组织措施和建立专门渠道，使各类专业人员参与试验区工作。

24. 经过近四年的实践，试验区在农村改革中发挥了重要的作用，主要体现在以下几个方面：（1）提高对农村改革的指导水平。通过开拓性的探索，试验区积累了大量的思想材料和操作经验，使我们对农村改革的认识更加全面、更加系统，使政策的制定得以在验证的基础上加以完善，使之更加具体化、规范化。近年来，试验区的一些成果，已被中央和省一级的政策制定部门和立法机构所采纳和吸收。（2）起到示范和带动作用。试验区工作的超前性和创新性使试验成果本身产生示范效应，试验区的做法和思路更容易得到普及，有的试验成果已在省一级或全国推广。更为有意义的是，试验区走出了一条分区改革和突破的道路，将对今后农村改革的全局部署产生积极影响。（3）储备功能，包括理论、政策、干部的储备。试验区对面上讲具有超前性，对改革进程讲又是后备队，这对于今后的农村改革将发挥重要作用。（4）推动了当地的经济发展，并通过当地经济的发展，鼓舞和支持了改革的信心和全局改革的进程。试验区这些不可替代的功能，表明了它存在的必要性，也表明了中央建立试验区的决策是正确的。

25. 农村改革试验区卓有成效的工作，使创办试验区的必要性正在为愈来愈多的人们所认识和承认，这是继续办好农村改革试验区的坚实基础。农村改革试验区工作始终受到中国政府的重视。今年 3 月份召开的七届人大三次会议《政府工作报告》，强调“要继续办好农村改革试验区”。在试验区的指导和协调机构发生变动的过程中，党中央、国务院，以及农业部的领导人多次指出，试验区工作不能中断，对试验区工作的领导只能加强，不能削弱。还应该指出的是，世界银行以中国农村改革试验区的建立为重要依据向中国提供的第一期农村部门调整贷款，以及世界银行专家对试验区的多次实地考察，对于推进农村改革试验工作和中国农村改革和发展进程，起到了积极的和重要的作用，我们高度评价并希望这种良好的合作关系继续保持下去。今后，我们将一如既往地承担起为全局改革探路的重任，使农村改革试验区的工作更加富有成效。

改革目标：在社会主义条件下建立市场经济体制（节选）

（杜润生，《中国农村经济》，1992 年 12 期）

不管一个国家的制度如何，从农业社会向工业社会过渡是这个国家由贫困走向富裕，从不发达走向发达的前提。截至 50 年代，中国经历了几千年的历史发展过程，但始终是一个农业国，我国由农业社会转化为工业社会，要经历一系列产业结构的变化，第一产业和第二、三产业所占比重有升有降，资源利用方式随产业结构变化进行不断更新，由劳动密集到资本密集再到技术密集。本世纪末实现小康目标，需要达到一系列具体指标，这些指标的实现就是上述产业结构变更过程的一个阶段性成果。

产业结构变更是否成功，取决于资源配置方式的优劣。任何一国都存在资源稀缺问题。资源投入产出率高低，表示国民生产效益大小，也决定国民真实所得多少。任何一个国家不能不谋求优化资源配置，实现低消耗高效益这样一种经济目标。如何配置资源，当代有两种模式可供选择：计划经济或是市场经济。当然，事实上，纯粹的计划经济或纯粹的市场经济都是没有的，可供选择的是以计划经济为主体，或以市场经济为主体，即主体的选择。

传统的主张是，既是社会主义国家，那就应当也只可以选择计划经济。选择市场经济等于选择资本主义，换句话说，市场经济和社会主义是不相容的。社会主义已成为全球人类近 1/3 居民的实践。因此，市场经济与社会主义的有无相容性已经越出纯理论的探讨，变成一个国家经济决策的现实问题。这可以依据当代人类大规模的历史实践资料进行验证，得出结论，用于指导行动。

一

我国人民在完成民主革命后，在开始工业化进程时，经济发展的初始水平很低。1952年，全国靠农业获取收入的人口达85.2%，户均经营耕地只有1.2公顷，农业人口人均收入只有29元。就在这样一个起点上，在新中国成立后的经济恢复时期，提出了实现国家工业化的任务。与此同时，着手对农业、手工业和资本主义工商业的社会改造。当时，在理论上认为社会主义以公有制为基础，即已具备实行计划经济的条件，可以取消市场交换，何况，尚有苏联的先行经验可供参照。

计划经济和社会主义公有制，是中国经济建设的两大支柱，它们具有很强的资源动员力，使我们得以在短时间内调动全国资源，迅速建立起一个民族工业体系。经济组织社会化程度很高，使我们在进行高速工业化建设的同时，形成上下连贯为一体的组织网络，维护了平均式分配制度，保持了社会稳定。

计划经济要求各部门经济成比例的平衡发展，我们办到了吗?没有。以农业、重工业、轻工业为例，长期处于不平衡状况。重工业太重，轻工业太轻，农业基础薄弱。毛泽东同志50年代就看出这个问题，提出正确处理十大关系，由于选择了优先发展重工业战略，把全国资源投向倾斜于重工业，而重工业属于资本密集型产业，是资源消耗最高的产业，对于我们这样一个缺乏资金积累的国家来说，重工业的发展不能不削减工业、农业的投资。不仅如此，为建成重工业体系，还须转移农村资源，解决初始积累。历时数十年的统购统销，不仅是政府完成农产品征购的手段，同时也是通过以价代税方式向农业提取积累的手段。从统计资料看，在30多年中工业平均提供的财政收入占财政总收入的70%以上，而农业提供的财政税收不足10%。实际上，农业提供的约6000亿元的资金正是通过统购统销这种暗税流入工业化进程的。长期压低农业品价格，使农业在城乡交换中，处于不利地位，致使以农业为基础的方针难以贯彻执行。轻工业处境，不比农业好多少，消费品严重短缺，不得不实行限购，凭证分配，这些足以证明这个论断。

社会主义要求城乡差别逐步缩小直至消亡。计划经济体制下，办到没有？没有。一般国家由农业国转化为工业国，都需经历“两减两增”结构性变化，即农业在国民经济中所占份额下降，而农业产值增长，农村就业人口减少，而农村人均占有资源（土地和其他资产）增加。我们的发展恰恰背离了这种演变规律。当国民经济中工业份额上升到70%、农业份额下降到30%时，农村人口比重仍占80%，人均占有资源只就土地一项说，不是增加而是递减。农村存在数量很大的隐蔽性失业，劳动生产率仅有城市工人的1/10，八亿农民没饭吃的局面迄今仍未根本改变。城乡收入差距未见缩小，1978年仍停留在2.4∶1的比例。城市先进农村落后，这种两极走向，并未能通过计划校正过来。

同样的情况也存在于地区发展的差距方面，由于计划经济体制中，产品价格是由政府核定而不是由市场形成，不能反映资源稀缺程度，起不到引导人们合理利用资源、优化利用方式的作用。土地、能源本是稀缺的，但土地产品、能源产品却是低价的，这些产品提价会影响相关部门的成本价格，因此长期不动或少动，加工业的地方从中得益，从而加深了地区间发展的不平衡，任何一个地区资源种类占有绝不可能一应俱全，必然是有所余有所缺。管死价格，就不可能通过交换，余缺互补，发挥各自拥有的比较优势，使双方互利互惠。在发展过程中地区之间有先富后富之别，是必然的，但最终应走上共同富裕的道路。可靠的办法，应当是形成全国统一市场，按市场价格进行平等交换。对贫困地区的某些优惠还是必要的，但只能作为辅助手段。30 年之后，在经济普遍有所发展的基础上，地区差距是不断拉大的，贫困区比重依然很大，问题出在经济体制上的障碍。

新中国成立初期，为保障国家经济政治上的稳定，采取高度集中的计划经济体制，控制资源投向，以便在原料生产和大型制造业方面，奠定必要的基础，是可行的、必要的。但长期地保持投资倾斜政策，不顾及社会多元化需求，势必脱离群众，并使经济关系不断扭曲，从而造成资源利用方式的浪费，如果在 60 年代及时加以校正，使整个国民经济重新纳入协调发展轨道，尚不失为很现实的选择。这在发展中国家是有先例可循的，条件是必须对外实行开放政策，对内实行改革，市场经济体制代替计划经济体制，面对形势的估计和建设经验不足，组织这样大的转变，是不具备条件的。但客观上，社会运行所积累的经济上政治上的矛盾，却困扰着国家领导层，不能不有所回应。

二

70 年代后期，我国经济生活已接近崩溃的边沿，经济建设再不能忽视了，阶级斗争为纲的口号，不能不抛弃了，农村人民公社，既是一种经济制度，也是计划经济的载体，此时已成为发展农业生产的障碍。鉴于“吃饭第一”，“农民是大头”，1978 年十一届三中全会，首先提出发展农业，改变农村生产关系问题。改革任务就从这里揭开了序幕。

改革任务，不能不是全面的全国行动，农村超前进行是可能的，但不能独立完成这一任务，因为改革的主要使命是由计划经济向市场经济体制过渡。从政府职能转换，企业机制改革，到社会各种制度创新等，工作重心均在城市，必须经过城乡联合行动，改革才能最后完成。

1978 年至 1984 年是农村改革开始阶段。主要是改革原来的人民公社体制，实行家庭联产承包制，以双层经营取代昔日的集体高度统一经营，此时，宏观环境尚未加以变革，计划经济透过统购统销仍在照旧运行。只是微观经济主体发生了变化，农地经营由生产队转到农户手中，仅仅这一项改革，利用原有水利建设和科技因素，加上政府调整粮棉购价，就产生了巨大的增产效应，连年以 7.8%的速率增产，1984 年粮食产量达到 4 亿吨的新高峰。农民年均收入增长 13.4%，这是多年受压抑的农业潜在生产力集中释放的结果，就在这时，出现了人们意料不到的卖粮难和“打白条”现象，粮食当期产量，既超越政府财力，也超越市场的当时消费水平，多年缺粮养成人们“多多益善”的看法不适用了，需要采取新的措施了。

现行土地政策的症结

（陈锡文，《中国改革》，1998 年 08 期）

十几年来中国的土地政策内容基本稳定，主要有三点：坚持土地所有权；稳定农民承包权；放开土地使用权。但是在实施过程中面临两方面问题，一方面政策本身不完善、有缺陷，在执行中有些难以贯彻落实；另一方面政策难以完全执行，这不全是基层农村干部的问题，还有其他部门的问题。政策缺陷表现在四个方面：

一是政策中强调明确集体土地所有权，但是，到底属哪一级集体所有没有说清楚。中国农村集体分为乡镇、村、组三级，在人民公社时期土地使用权的归属就比较复杂，60%在生产队（即现在的组），40%在大队（村）一级。村、组在全国的差别很大，有些地方出现了村一级侵占组一级土地所有权的情况，造成了承包关系不稳定。同时，按全国人大常委会的规定，组一级不是一个独立的组织，土地发包权都在村一级，许多没有所有权的村一级组织出面发包土地，就造成了经济纠纷和财产问题。

二是政策明确规定长期稳定农民土地承包权，但在实际操作中没有说明什么人有权承包土地，即什么人算是集体组织的成员。这不是土地政策带来的，而是集体经济组织制度造成的，所有农民都认为无论新婚嫁娶的本村人都天然具有分配土地的权利，造成了土地承包关系不断随人口变化做出调整，土地与人口的矛盾亟待解决。

三是规定农民承包土地要承担义务，其中向乡村社会交纳公共开支，由于理论上的问题和政策上的漏洞，没有明确提出这部分费用属于地租还是管理费用，这一费用标准的确定成了很大的问题，造成村里需要多少开支就向农民收取多少钱，农民交纳的费用往往与他们实际经营结果发生很大脱节，给农民造成过重负担。中国政府不断强调减轻农民负担，但到现在还没有解决的原因在于：对于农民承包土地到底交给集体多少费用没有明确规定。

四是 90 年代以来农地转为非农地过程中的经济利益问题。90 年代以来随着经济增长速度的提高，被占用的农地越来越多，农民承包的土地被占用之后，理所当然要得到补偿甚至要解决他们的就业问题。能否处理好这个关系关系到农村的稳定。但现行的城市土地政策中明确规定农村集体组织中的土地不能直接进入二级市场，只有在政府征集土地后转包给土地开发商，从土地上获利的不是农民而是中间开发商。为什么不允许农民作为原有土地所有者自主地进入土地市场，按照土地市场价格来出卖土地使用权？而这样造成土地增值部分与农民无关。农民认为，如果征用土地为了公益事业，可以接受，但经营性的使用，则很不公平。

另外，在土地政策的执行过程中也存在三个问题：第一，人地关系的变化是客观存在的，如果更多地强调提高土地生产率，政策应长期不变，否则会影响农民对土地的投资，不利于防止土地规模细碎化。而从社会保障来看，土地是保证农民生活的主要条件要不断调整。政策规定“要长期稳定，随人地关系的变化大稳定小调整”，这种不清晰的法律语言使人们的理解不同，做法就产生分歧。第二，中央、省级部门下达给农村的各种社会、经济任务给土地政策带来很多问题。比如要求农村办好学校、医疗卫生机构等，应该说有利于农村发展，但是在现有的财政状况下，政府对农村提出的资金要求往往不能满足，同时中央又严格控制向农民收取各种费用，作为农村最基层的乡、村一级干部，既要完成任务解决资金问题，又不能从农民口袋里掏钱，于是就利用手中的权力调整土地高价转让以达到任务标准。第三，乡村基层干部有时故意违反政策。原因有三：一是为了满足权力的要求，按中央政府规定，土地承包期为 30 年，全国人大常委会规定村长的任期是 3 年，如果这两条政策同时很好地执行的话，至少有 8 位村长在一个承包期内没有权力调整土地，许多村长对此有怨言，于是有的地方 2~3 年就调一次，后任村长又爱表示前任有许多错误再把土地调回来造成了土地承包关系不稳定，这关键在于 30 年承包政策只是政策而不是法律，不会有人因违反政策受到刑事处罚；二是为了满足自身的利益，通过土地调整为自己、亲朋牟利，至少也要让村一级组织成员在开支上松快一些；三是稳定土地承包关系，保障农民生存条件及调动农民对土地投入的积极性，土地作为生产要素有流动的必要性，这是土地政策的最基本考虑，但没有完全实现。

土地成为农村矛盾的焦点，这只是表面现象，需要发掘更深层的矛盾，制定解决方案。

首先，需要配套政策的建立。人地关系的矛盾看起来是土地政策问题，但实际上与农村基层经济组织的矛盾相关联。由于集体经济组织与合作经济组织的差别，加入集体经济没有任何代价加剧了人地矛盾。没有组织制度的创新，很难完善土地制度。

农村财税制度的矛盾。农民的税赋包括农业税，在一定程度上是一种地产税。从 80 年代中期随着生产结构的调整，国家征收农业特产税和牲畜屠宰税，农村基层就发生过不搞特产也要按土地面积缴税，即猪头税变成人头税的问题，因而没有完善健全的税收制度，就不可能把土地政策搞好。基层政府机构庞大，人员过多也无形中加大了农民负担，因此要彻底进行农村基层组织的改革。此外，还要对村镇一级进行更严格的监管，采取行政办法约束基层干部过大的权力，强化和完善村干部民主选举制度，推行财务公开和账务公开制度。与此同时进一步完善农村三项制度——土地承包制、农民负担、集体财务管理制度。这对完善土地制度及贯彻落实有很大帮助。

中国人多地少的情况将在很长时期内难以改变，政府对完善土地制度、建立健全土地使用权的流动市场的目标很明确，但这要经过很漫长的时间才能实现。

农村税费改革开启了统筹城乡发展的新时代

（韩俊，《发展研究》，2002 年 04 期）

农村税费改革从 2000 年试点到 2003 年全面推进，再到 2006 年全部取消农业税，只用 6 年时间就彻底终结了具有 2600 年历史的“皇粮国税”：这项改革是农民直接得实惠最多、具有划时代意义的一项重大变革。这一旨在根治农村乱收费、减轻农民负担的波澜壮阔的改革，推动了公共财政对“三农”全方位的覆盖，带动了农村社会事业和公共服务供给机制的重大变革，成为改革城乡分割二元体制的切入点和突破口，开启了统筹城乡经济社会发展的新时代。

走中国特色的兴农富农之路——党的十六大以来“三农”政策的演进

（白雪秋，《中共福建省委党校学报》，2010 年 01 期）

党的十六大以来，党中央围绕统筹城乡经济社会发展的战略，在解决“三农”问题和处理工农关系、城乡关系方面提出了一系列的新思想、新论断、新举措，明确回答了新时期为什么要重视“三农”、怎样重视“三农”等重大理论和实践问题。不仅将解决“三农”问题作为全党工作的重中之重，而且制定了对“三农”倾斜的“多予、少取、放活”的基本方针；既准确做出了我国已经进入“以工补农、以城带乡”发展阶段的判断，也相应地找到了实施统筹城乡发展战略的根本途径——建设社会主义新农村。党的十七大以后，又适时开始了全面推进农村改革发展的战略部署，以着力促进城乡一体化发展。至此，中国特色的兴农富农战略思路已全面形成并充分展开。

当前我国农村改革发展的形势

（陈锡文，《中国合作经济》，2012 年 08 期）

新世纪以来，我国的农业、农村发展处在一个比较好的历史时期。其中，有两个重大的标志，一是我国粮食总产量连续 8 年提高。2003 年至 2011 年，我国粮食总产量从 8614 亿斤提高到 11424 亿斤，增长了 2810 亿斤，平均每年增长超过 351 亿斤。二是农民收入持续较快增长。2003 年至 2011 年，农民年人均纯收入从 2622 元提高到 6977 元，增加了 4300 多元，平均每年增加 544 元。分析我国农业农村发展形势好的根源，第一，得益于整体经济发展形势好。过去十几年，我国GDP一直保持高增长率，这在世界上并不多见。2000 年至 2011 年，我国的GDP总量从不足 9.92 万亿元增加到 47.16 万亿元，财政收入从 1.34 万亿元增加到超过 10.37 万亿元，增长非常迅猛。正是由于全局的经济状态比较好，很多过去在农业农村想办而没有能力办的事情，现在有能力办了。第二，进入新世纪以后，党中央、国务院与时俱进地不断深化对“三农”问题的认识，不断升华解决“三农”问题的理论，不断推出强农、惠农、富农的政策。第三，广大农民群众和农村基层干部坚韧不拔地为追求他们自己的美好生活而不断付出努力。这三个方面相结合，才促成了我国农业、农村发展的好形势，而且持续 8 年，确实很不容易。

关于深化农村改革的几个问题

（韩长赋，《农村工作通讯》，2014 年 22 期）

农村改革是全面深化改革的重要组成部分，中央高度重视，社会各界十分关注。党的十八届三中全会以来，各级农业部门认真贯彻中央部署，扎实推进农村改革，各项工作进展顺利。但必须看到，农村改革政策性强、涉及面广、利益关系错综复杂，各方面对农村改革的看法和理解也不尽一致，改革实践遇到的新情况新问题很多，需要我们准确把握中央精神，深入研究农村实际，进一步统一思想、廓清认识、明确重点，积极稳妥地推进农村改革。

中国农村改革 40 年：回顾与思考

（宋洪远，《南京农业大学学报（社会科学版）》，2018 年 03 期）

发端于 1978 年的农村改革，已经走过了 40 年的光辉历程。农村改革的巨大成就，不仅带来了农村经济社会的历史性变化，而且有力地支持了整个国民经济社会的深刻变革。农村改革的创新实践，不仅为我国成功实现经济体制转轨积累了宝贵经验，而且为世界一些国家实现经济转型提供了有益借鉴。本文将对中国农村改革 40 年的历程、成就和经验作一个初步的回顾和总结，对今后一段时期全面深化农村改革的目标和思路提出基本看法，并围绕农村改革八个需要着力推进的重点领域和关键环节进行初步分析。

从城乡一体化到乡村振兴——十八大以来中国城乡关系演变的路径及发展趋势

（孔祥智、张效榕，《教学与研究》，2018 年 04 期）

十八大以来，中国形成了城乡一体化战略下的新型城乡关系，农业农村取得了长足的发展。在取得一系列成果的基础上，城乡关系进入了城乡融合的新阶段，即通过要素、区域及生活方式的融合促进城乡发展。新时代下，中国城乡的深层融合、城市的快速发展以及人民的新需求要求乡村振兴，实现农业农村现代化。实施乡村振兴战略，需从产业、人才、文化、生态、组织等方面入手。

中国农村改革 40 年的基本经验

（彭海红，《中国农村经济》，2018 年 08 期）

40 年来，农村改革取得了巨大成就，积累了丰富经验。其中有些经验是新形势下深化农村改革应该继续坚持、能保证改革的社会主义道路与方向的基本经验。这些基本经验包括：坚持和发展农村的根本经济制度，坚持农村改革的根本政治优势，坚持农村的基本政治制度，坚持社会主义市场经济的改革方向，坚持改革的人民史观。本文在综合分析农村改革基本经验的基础上，对改革中的错误思潮特别是土地私有化思潮进行了分析和批判，认为农村土地集体所有制具有土地私有制不可比拟的制度优势，它是农村改革取得巨大成就的根本制度基础。中国 40 年农村改革，遵循了社会主义的本质要求，体现了社会主义制度在农村的自我完善和发展，也为新时代实施乡村振兴战略奠定了良好的基础。

我国农村改革的光辉历程与基本经验

（万宝瑞，《农业经济问题》，2018 年 10 期）

1978 年，党的十一届三中全会的胜利召开吹响了改革开放的号角。40 年来，我国农业生产、农村面貌、农民生活都发生了翻天覆地的变化，农村改革取得了巨大成就，积累了丰富经验，为进一步深化农村改革奠定了良好基础。新时代全面深化农村改革，必须实施好乡村振兴战略，其中重点要抓好五个方面工作：搞好乡村振兴规划，注重技术创新、理论创新和制度创新，推动农业发展方式转变，推进农村人居环境整治，培育乡村振兴人才队伍。

农业农村改革 40 年主要经验及其对乡村振兴的启示

（张云华，《改革》，2018 年 12 期）

纵览农业农村改革四十年的历程，有两条经验最为关键，即赋权和市场化。主要表现在：推行家庭承包责任制，赋予农民土地承包权与经营自主权；逐步赋予农民流转土地经营权的权利，建立并完善土地经营权市场；改革农村集体经营性资产的产权制度，赋予农民对集体资产的股份权能；改革农产品购销体制与价格形成机制，从计划管制、双轨制到逐步推进市场化；放开农村劳动力政策，实现农村劳动力要素市场化；放松农村投资限制，乡镇企业整合凝聚各类资源促进农村经济全面搞活。加快乡村振兴，应进一步赋权，改革农村土地制度与集体产权制度，建立健全农村产权制度与交易市场；进一步推进市场化，改革粮食最低收购价政策，建立健全以市场为取向的粮食价格形成机制与收储制度。

新中国70年的农村产权制度：演进脉络与改革思路

（高强、孔祥智，《理论探索》，2019年06期）

农村产权制度改革主要通过重构集体所有制下“三块地、一块产”的产权体系，从而形成一种更有效率的制度安排。农村产权制度改革有其特定的制度特性及历史背景，其本质是在不同发展阶段下的中国特色社会主义实现路径选择。集体所有制演进、集体经济内涵拓展以及农业农村发展实践推动了农村产权制度改革。新中国成立以来，我国农村产权制度经历了五个不同的发展阶段，并呈现出单一产权、二元产权以及多元产权等演化特征。合理界定和安排农村产权制度，建立一套与乡村振兴相适应的产权制度安排，是当前和今后一段时期深化农村改革的关键所在。

中国农村产权制度改革历程与新时代实践

（陈健，《经济体制改革》，2019年06期）

中国农村改革始终围绕着不断落实和保护农民产权而进行，从实施“农民土地所有权”，“三级集体所有、家庭联产承包责任制”等，到“三权分置”、“土地确权”，经历了五个阶段的改革和发展，对新时代深化农村产权制度改革具有重要的启示作用。新时代，我国农村产权制度改革存在农村新型经济组织法律主体地位缺失等困境。为此，应通过完善相关法律法规、引入共享经济模式盘活农村空置住宅、发展农村社区股份合作社、减轻新型经济组织和农民税费负担、加快对新型集体经济组织进行顶层设计等举措深化农村产权改革，补齐农村发展短板，促进乡村振兴。

新中国 70 年农业农村改革进程回顾、核心问题与未来展望

（王钊、曾令果，《改革》，2019 年 09 期）

新中国 70 年农业农村改革大致可以划分为四个阶段。农业农村改革的核心问题包括产权制度改革、经营制度改革、资源配置方式、农业农村保护机制改革、乡村治理体制机制创新、脱贫攻坚体制机制创新、农村社会保障制度建设等。新时代深化农业农村改革面临着新的形势，应以正确处理好农民与土地的关系问题为主线，以构建新型工农城乡关系为重要遵循，坚持以人为核心的价值取向，统筹考虑农业现代化与农村现代化的综合推进。新时代深化农业农村改革应高度重视从改革方案出台到落地见效的执行问题、从局部试点到全面推行的经验总结与推广问题、从机构调整到职能融合的管理体制调整问题、从政策突破到法治保障的政策衔接配套问题。

新中国成立 70 年农村土地制度改革的历史经验与未来思考

（罗玉辉，《经济学家》，2020 年 02 期）

中国农村土地制度改革的主线始终是围绕“公平”与“效率”展开的。新中国成立之初，我国农村进行了世界历史上第二次大规模的集体所有制运动；改革开放后，我国农村建立了“家庭承包经营制”以赋予农民群众更加自主的生产经营权；21 世纪以来尤其是党的十八大以来，将提高中国农业的资本有机构成作为改革重心，我国农村实施了“土地确权”和“三权分置”的政策服务于农民的土地流转。在以上农村土地制度的改革历程中，本文对农村土地制度改革的经验进行归纳。如始终坚持农村土地集体所有制；改革主体由政府主导型转为农民主导型；通过土地权能多元化实现农民更多的土地权益；增强农业资本的有机构成为土地制度改革的主旋律等。最后，本文也对未来我国农村土地制度的深化改革提出了相关思考。

我国农村要素市场化配置改革历程、基本经验与深化路径

（孔祥智、周振，《农业经济问题》，2020 年 07 期）

改革开放 40 多年来，我国农村要素市场化配置改革经历了赋予农民土地和劳动力自主配置权利、放宽要素流动限制与盘活闲置资源资产三个阶段，农村要素市场化配置水平明显提升，既促进了

农业农村发展，又推进了我国工业化和城镇化进程，为构建更加完善的要素市场化配置体制机制积累了宝贵经验。针对当前我国农村要素市场化配置中存在的资源资产盘活不够、要素跨城乡和跨区域流动不畅、农村产权保护力度不足等问题，建议持续做好资源要素盘活、流动与保护等工作，为建设高标准市场体系、推动经济社会高质量发展奠定坚实制度基础。

我国农村集体产权制改革历程及理论贡献
——以浙江省为例

（燕传林，《中国集体经济》，2021 年 08 期）

农村集体产权股份合作制改革是中国农民继家庭联产承包责任制改革后的又一伟大创举。浙江农村股份合作制改革始于 20 世纪 90 年代，经历了一个从自发探索到试点示范、从引导鼓励到全面推进的发展历程。到 2015 年底，浙江在全国率先全面完成农村集体经济股份合作制改革，之后转入对改革的完善深化阶段。股份合作制改革是对马克思“重建个人所有制”思想的一种积极探索，是党的思想路线和群众路线的生动践行，创新了集体资产的产权制度，体现了共同富裕思想，从不同路径丰富和发展了中国特色社会主义理论。

建党百年农村土地制度改革的基本历程与历史经验

（张兰、冯淑怡，《农业经济问题》，2021 年 12 期）

本文以建党百年为时间轴，遵循“阶段目标—土地政策（制度）—改革成效及问题”的逻辑思路，围绕土地产权制度和市场化政策两方面，系统梳理党的百年农村土地制度改革的基本历程，归纳总结有益于新时代深化农村土地制度改革的经验启示。研究表明，依据不同时期的阶段目标，党中央制定了不同的农村土地政策，有效解决了各时期的土地问题，满足了农民的土地要求，进而推动社会变革，实现了中华民族从站起来到富起来、强起来的伟大飞跃。建党百年农村土地制度改革具有以下经验启示，一是始终坚持党的领导，确保改革沿着正确的方向发展；二是始终坚持以人民为中心，最大限度维护人民的根本利益；三是始终坚持实事求是，因地制宜、分类施策，并依据新形势、新需要不断调整和创新土地政策；四是始终坚持市场化改革方向，在推进和完善产权制度改革基础上，逐步增强市场在土地资源配置中的作用，同时强化政府管理和服务作用；五是始终坚持公平与效率相统一，在维护农民公平享有农村土地承载的福利保障的同时，通过更高效的制度安排提升土地利用效益和创造更多物质财富。

著作介绍

▼

《中国农村经济改革》

（杜润生著，中国社会科学出版社 1985 年出版）

本书收录了原中央书记处农村政策研究室主任杜润生自 1980 年 9 月至 1984 年 12 月这段时期内的讲话、文章，共计 48 篇。党的十一届三中全会以后，我国经济体制的改革，首先在农村展开。农村改革事业已经取得了巨大的成就。在我国农村这个具有历史意义的伟大变革中，作为中央农村工作部门的负责人之一，杜润生对农村经济改革的有关问题做过许多重要的论述，选编成册。

《中国农村改革决策纪事》

（杜润生主编，中央文献出版社 1999 年出版）

本书是农村改革前段历程的真实回顾。农民的创造，如何转化上升为中央和地方政府的决策？某些地方的创新如何经过集中完善推广于全国各地区？关于这些问题，本书的撰稿人都是当时的知情者、参与者，他们以其亲身经历，提供了具有研究价值的史料，澄清了一些事实真相。全书近一半作者为省部级领导干部和当时几个农业大省的农口主要负责同志。中央决策的背景和片段，包括从农业合作化到家庭联产承包责任制、回顾1979年七省农口干部座谈会、对农村改革初期两件事的回忆、五个“中央一号文件”诞生的经过、关于农村雇工问题的争论、农村土地承包期十五年政策的出台经过等；地方改革进程包括中国农民的伟大创造——“大包干”联产承包制产生与发展的回顾、“包干到户”之火燃遍神州、回忆20世纪80年代初期湛江地区的农村改革、广州市蔬菜购销体制改革回顾等。

《当代中国的农业合作制》

（杜润生主编，当代中国出版社2002年出版）

本书主要记述了从1949年至1993年当代中国农业合作（集体）经济组织的发展历程及其历史经验。本书内容包括：中华人民共和国成立前的农业互助合作、农业合作化初步奠定基础、农业合作化加速进行的提前完成、人民公社的建立和调整、人民公社体制调整后的十六年、合作经济体制改革的十五年、林业合作制的发展、牧业合作制的发展和渔业合作制的发展。每篇都进行小结，并附有大事记和相关统计资料。

《中国农村制度变迁》

（杜润生著，四川人民出版社 2003 年出版）

本书收录了杜润生从 1980 年至 2000 年的 53 篇讲话和文章。其中 31 篇系首次出版。在这 20 余年，前 10 余年杜润生处于农村工作的领导岗位，其论述主要是回答农村改革与发展中面临的认识问题和实际问题，为党中央、国务院提供有关的决策咨询；后 10 余年杜润生离开了领导工作岗位，其研究和论述的重点，更多的是从国民经济的全局上，从经济体制改革与政治体制改革相配套的基点上，探索与农村改革和发展相关联的因素，继续对农业、农民和农村问题的研究。全书用市场经济激励群众，用民主政治团结群众的表述，可以说是对杜润生学术观点和领导思想的简要概括。

《“三农”新论——当前中国农业、农村、农民问题研究》

（陆学艺著，社会科学文献出版社 2005 年出版）

本书是关于“三农”问题研究的著作。作者始终以极大的学术热情投入农村、农业、农民问题的调查研究，从学术研究的视角，客观描述和分析了“三农”问题，并以其独特的角度论述了经济社会发展对“三农”问题的影响。

《中国经济改革 30 年：农村经济卷（1978—2008）》

（韩俊著，重庆大学出版社 2008 年出版）

本书完整地体现我国农村改革的背景、过程、阶段和成就，包括改革发展脉络、基本经验、重大事件、关键问题和前景展望等内容。着重介绍了从 2002 年至 2008 年我国农村改革的进展和经验，突出了对我国“三农”重大政策走向的前瞻性分析。本书全面介绍和论述了农村改革实践的重大成就，如废除人民公社制度、冲破计划经济体制的束缚、改革单一的集体所有制结构、调整单一的农村产业结构，发展乡镇企业、实行股份合作制、取消对农民进城务工经商的不合理限制、告别 2600 年的农业税制度、实行村民自治、推进社会主义新农村建设等。

《调查中国农村》（上、下）

（韩俊主编，中国发展出版社 2009 年出版）

本书是国务院发展研究中心农村经济研究部历时近 10 年完成的一本全方位对中国农村进行权威性调查的大型报告。调查覆盖全国 200 多个县市、3300 多个村庄、9000 多个农户，研究内容涉及新农村建设、粮食安全、农民负担与县乡财政、农民工就业与创业、土地制度与失地农民、农民组织、农村财政、农村金融、农村教育、农村医疗卫生、食品安全、农业资源管理、农村治理等。

《中国农村制度变迁60年》

（陈锡文著，人民出版社2009年出版）

本书梳理了我国农村制度变迁的基本过程，农业农村面临的基本形势和主要问题，并展望下一步改革的基本框架。全书从农业经营制度、农村土地制度、农业生产技术服务制度、粮食流通体制、农产品国际贸易制度、农村非农产业发展和农村劳动力转移就业制度、农业财税制度、农村金融制度、农村公共服务制度、农村社会管理制度十个主要方面，详细阐述我国农业农村在60年中经历的深刻制度变革以及取得的巨大发展成就。

《目标与路径——中国共产党“三农”理论与实践60年》

（郑有贵著，湖南人民出版社2009年出版）

本书以“三农”政策目标及其实现路径选择为主线，立足我国“三农”历史，运用发展经济学、制度经济学的理论和实证研究、规范研究、比较研究等方法，从纵论与综论两个层面，对新中国成立60年以来中国共产党关于“三农”问题的理论与实践展开深入系统的研究，并就未来现代农业、社会主义新农村和城乡一体化发展趋势与政策选择进行前瞻性的讨论。

《中国农村改革（2002—2012）》

（韩俊 等著，上海远东出版社 2012 年出版）

从 2003 年开始，我国各地全面推开了以减轻农民负担为中心的农村税费改革。本书汇集和提炼了这些研究成果，从新农村建设、农村卫生等方面对农村改革的政策和经验进行了系统总结和深入分析，对党的十六大以来“三农”工作实践创新、理论创新、制度创新进行了全面总结，对“三农”领域发生的深刻重大变化进行了分析，并提出了在制度层面顺势而为解决“三农”问题的新思路、新政策、新建议。

《黄金十年：党的十六大以来强农惠农富农政策轨迹》

（唐园结、孙林主编，中国农业出版社 2012 年出版）

本书汇总了党的十六大、十七大以来有关涉农政策性文件的摘编；党的十六大以来党中央、国务院出台的有关“三农”工作的九个“一号文件”；《农民日报》有关评论员撰写的学习贯彻党的十六大、十七大中央全会和历次中央农村工作会议精神系列评论；国内权威专家对“三农”政策精神解读；此外，本书还汇总了以这一时期党中央在强农惠农富农等方面做出的重大理论创新、实践创新和制度创新。通过这些文件、评论和解读，清晰描绘了我国农业农村改革的基本线路图。

《中国农村改革 40 年》

（陈锡文、罗丹、张征著，人民出版社 2018 年出版）

本书从农村改革伊始的历史背景、逻辑演变入手，既涵盖了农村的土地制度、集体经济组织制度、乡村治理体系、农业支持和保护体系、城乡融合发展的体制机制、粮食购销体制等影响中国农村乃至整个经济社会发展的重大制度演进，也涉及农民收入和生活、脱贫攻坚、农业农村可持续发展，以及新时代的乡村振兴战略，全书展现了中国农村改革发展的宏观图景、历史缘由和政策脉络。

《大国根基：中国农村改革 40 年》

（宋洪远主编，广东经济出版社 2018 年出版）

本书通过回顾与思考粮食生产和食品安全、农村土地管理制度、农村基本经营制度、农产品流通和市场、农业支持保护制度、城乡发展一体化、农村财税金融制度、乡村治理机制、农业科技创新与技术推广、资源环境与生态建设、农业对外开放、农村劳动力转移、农村扶贫开发十三个部分内容，从全局到细分领域详细回顾分析了自 1978 年改革开放至 2018 年，在党的领导下我国在农村农业建设上取得的历史性进展和巨大成就，展望了我国农村农业的未来发展。

《中国农村改革40年研究》

（魏后凯主编，经济管理出版社2018年出版）

本书对改革开放40年来中国农村改革与发展做出全面的研究与评述。作者从宏观和微观管理体制、管理制度、乡镇企业和农村合作经济组织、农村劳动力市场等多重视角，对中国农村改革与发展40年的历程进行了全景扫描，运用理论联系实际的科学方法，深入研究、分析、探讨了改革的过程、成功经验和存在的问题及原因，提出了解决问题的应对思路与策略建议，进而对农村改革与发展的前景作出了展望。

《中国农村改革四十年：回顾与经验》

（蒋永穆　等著，四川大学出版社2018年出版）

本书在前人研究的基础上，深度聚焦农村改革40年的历史与经验，系统梳理农村改革的思想演进，深入回顾农村改革的历史变迁，充分归纳农村改革的主要成效，深刻总结农村改革的基本经验，力图做到理论逻辑、历史逻辑、实践逻辑充分结合。本书将农村改革的突破口——家庭联产承包责任制作为研究的起点，着重探讨了农村改革的三大维度——农业、农民和农村。在农业维度，主要研究中国特色的农业现代化道路的探索过程；在农民维度，主要研究农民收入增长情况和中国特色的减贫道路推进情况；在农村维度，主要研究社会主义新农村建设情况。

《农村改革40年：理论与实践——庆祝农村改革40周年座谈会文集》

（韩长赋主编，中国农业出版社2019年出版）

为庆祝农村改革40周年座谈会成功召开，专家共提交论文22篇，从不同方面对40年农村改革进行了系统回顾，针对深化改革中的许多重大问题提出了真知灼见，就进一步深化农村改革提出意见，充分体现了学术性、资料性、实证性和历史感的统一。本书将庆祝农村改革40周年而作的论文和报告汇集起来，站在新的历史起点上，回顾农村改革伟大历程，总结农村改革发展成就经验，提出深化农村改革的思路政策，畅谈乡村振兴的美好未来。

《中国农村改革与发展研究》

（周进、龚云著，华中科技大学出版社2019年出版）

本书以中国特色社会主义理论体系，尤其是习近平新时代中国特色社会主义思想为指导，站在中国特色社会主义事业发展和改革开放全局的视角，紧紧围绕探索中国特色社会主义农村发展道路的主题主线、主流本质，运用大量一手资料，从农村民主政治发展与乡村治理体系建设、农业现代化与经济发展、农村社会建设与民生保障、农村社会主义精神建设与文化发展、农村环境治理保护与美丽乡村建设等方面，全面梳理、研究、呈现改革开放40年来中国农村、农业、农民改革与发展的历程和路径、重点和亮点、经验和启示，展现中国乡村40年发生的翻天覆地变化，深刻总结中国农村改革与发展40年的成就与经验，揭示中国农村改革与发展的规律与趋势。

《深化农村改革与城乡融合发展》

（张天佐主编，中国农业出版社2019年出版）

本书收集整理了2013年至2017年由农业部软科学委员会资助的20余项课题的研究成果，分别从农村土地制度改革、农村集体产权制度改革、培育新型农业经营主体、发展多种形式规模经营、建立新型农业社会化服务体系、创新乡村治理体系、深化农垦系统体制改革、建立城乡融合发展机制和完善农业法律制度保障等方面，对深化农村改革、促进城乡融合发展专题下的相关问题进行探讨。

《农村产权改革与乡村振兴战略对接研究》

（伍国勇　等著，人民出版社2019年出版）

本书以经典经济理论（外部性、产权理论等）、生态理论、系统理论为基础，运用生态经济学、环境经济学、经济地理学、行为经济学有关理论与方法，深入剖析乡村振兴的主要内涵，将其分为“产业、组织、人才、文化、生态”五大振兴，深入研究五大振兴的现状、问题、具体内容及难点。为破解宏大的“乡村振兴”目标落地难题，该书选择了农村产权改革为切入点和破题点，分别研究农村产权改革与“乡村振兴”五大方面的衔接机制和模式，探寻促进五大振兴的关键影响因素，在给出丰富案例的同时提出各项支撑政策措施，以促进我国“乡村振兴”目标的实现。

《中国农村改革：回顾与展望》

（陈锡文著，知识产权出版社 2020 年出版）

本书全面回顾了农村改革发展的历程，系统总结了农村改革发展取得的巨大成就和宝贵经验，深刻分析了农业农村面临的突出问题和挑战，论述了农业为何更适合于家庭经营，坚持农村土地集体所有制与实行农业家庭承包经营并不矛盾，农业实行家庭承包经营不是权宜之计而是我国农村集体经济组织应当长期坚持并不断完善的基本经营制度；内容包括农村改革背景、农村改革已取得的成就、农村经济改革与发展所面临的转折、农村土地制度建设、农村财产制度、农村基层经济组织制度建设等。

《深化农村集体经营性建设用地流转改革研究》

（杜伟、赵华、黄善明著，科学出版社 2021 年出版）

本书首先回顾了农村集体经营性建设用地流转从被全面禁止到逐步放开的改革历程，剖析相关正式制度与改革探索之间的潜在冲突，探讨农村集体经营性建设用地流转改革中有关主体的利益问题；其次，对我国东部、中部以及西部各县区农村集体经营性建设用地流转改革实践进行典型案例的考察，详细分析农村集体经营性建设用地流转的产权问题、利益关系问题、制度协调问题等改革难点问题；最后，从农村集体经营性建设用地流转的供求主体以及交易对象、交易程序与流转制度等方面，提出深入推进农村集体经营性建设用地流转改革的对策建议。

《农村土地制度改革历程与现状研究》

（黄善明　等著，科学出版社 2021 年出版）

本书以马克思主义经济学有关生产力与生产关系、经济基础与上层建筑的理论为指导，同时借鉴西方土地理论和制度经济学的合理观点，对我国农地制度的历史变革进行了系统回顾，对 1949 年以来我国土地制度变迁进行了系统梳理和深入分析，对农村土地制度演变的形式特征、决定因素以及功能定位，乡村振兴战略背景下农村土地制度改革的指导思想与基本任务，“三权分置”改革中的若干争议性问题进行了较为系统的理论分析。

重要文献索引

▼

政策文件

《中共中央关于加快农业发展若干问题的决定》，人民出版社，1979年版。

《国务院关于调整农村社队企业工商税收负担的若干规定》，《中国财政》，1981年04期。

《国务院关于新扩大的自留地、饲料地照征农业税的通知》，《中华人民共和国国务院公报》，1981年16期。

《国务院关于严格控制农村劳动力进城做工和农业人口转为非农业人口的通知》，《劳动工作》，1982年02期。

《全国农村工作会议纪要》，《中华人民共和国国务院公报》，1982年08期。

《国务院关于疏通城乡商品流通渠道扩大工业品下乡的决定》，《中华人民共和国国务院公报》，1982年11期。

《国务院办公厅转发商业部关于完成粮油统购任务后实行多渠道经营若干问题的试行规定的通知》，《中华人民共和国国务院公报》，1983年02期。

《国家经济体制改革委员会、商业部关于改革农村商品流通体制若干问题的试行规定》,《中华人民共和国国务院公报》，1983 年 04 期。

《关于加强和改革农村学校教育若干问题的通知》,《人民教育》，1983 年 06 期。

《中共中央 国务院关于深入扎实地开展绿化祖国运动的指示》,《中华人民共和国国务院公报》，1984 年 04 期。

《国务院关于农村个体工商业的若干规定》,《中华人民共和国国务院公报》，1984 年 04 期。

《中共中央 国务院转发农牧渔业部和部党组〈关于开创社队企业新局面的报告〉的通知》,《中华人民共和国国务院公报》，1984 年 05 期。

《国家经济体制改革委员会、商业部、农牧渔业部关于进一步做好农村商品流通工作的报告》,《中华人民共和国国务院公报》，1984 年 17 期。

《中共中央 国务院关于实行政社分开建立乡政府的通知》,《中华人民共和国国务院公报》，1984 年 23 期。

《国务院批转商业部关于调整农副产品购销政策组织多渠道经营报告的通知》,《中华人民共和国国务院公报》，1984 年 23 期。

《国务院关于农民进入集镇落户问题的通知》,《中华人民共和国国务院公报》，1984 年 26 期。

《国务院批转民政部等部门关于扶持农村贫困户发展生产治穷致富的请示的通知》,《中华人民共和国国务院公报》，1985 年 14 期。

《国务院批转财政部关于农业税改为按粮食“倒三七”比例价折征代金问题的请示的通知》,《中华人民共和国国务院公报》，1985 年 16 期。

《中共中央 国务院关于制止向农民乱派款、乱收费的通知》,《中华人民共和国国务院公报》，1985 年 31 期。

《国务院办公厅转发水利电力部〈关于加强农田水利设施管理工作报告〉的通知》,《中华人民共和国国务院公报》，1985 年 32 期。

《关于一九八四年农村工作的通知》，载中共中央文献研究室编，《十二大以来重要文献选编（上）》，人民出版社，1986年版，第424–438页。

《关于进一步活跃农村经济的十项政策》，载中共中央文献研究室编，《十二大以来重要文献选编（中）》，人民出版社，1986年版，第610–619页。

《中共中央 国务院关于加强土地管理、制止乱占耕地的通知》，《中华人民共和国国务院公报》，1986年09期。

《国家体改委、商业部、财政部关于深化供销合作社体制改革的意见》，《中华人民共和国国务院公报》，1987年17期。

《国务院关于加强贫困地区经济开发工作的通知》，《中华人民共和国国务院公报》，1987年26期。

《把农村改革引向深入》，载中共中央文献研究室编，《十二大以来重要文献选编（下）》，人民出版社，1988年版，第1227–1242页。

《国务院关于建立农业发展基金增加农业资金投入的通知》，《中华人民共和国国务院公报》，1988年27期。

《国务院关于大力开展农田水利基本建设的决定》，《中华人民共和国国务院公报》，1989年21期。

《国务院关于依靠科技进步振兴农业加强农业科技成果推广工作的决定》，《中华人民共和国国务院公报》，1989年24期。

《国务院关于加强农业社会化服务体系建设的通知》，《中华人民共和国国务院公报》，1991年38期。

《国务院关于进一步搞活农产品流通的通知》，《中华人民共和国国务院公报》，1991年39期。

《国务院批转农业部关于促进乡镇企业持续健康发展报告的通知》，

《中华人民共和国国务院公报》，1992 年 08 期。

《国务院关于发展高产优质高效农业的决定》，《中华人民共和国国务院公报》，1992 年 25 期。

《农业部关于进一步加强科教兴农工作的决定》，《中华人民共和国国务院公报》，1992 年 25 期。

《中共中央办公厅、国务院办公厅关于切实减轻农民负担的紧急通知》，《中华人民共和国国务院公报》，1993 年 07 期。

《建设部、国家计委、国家体改委、国家科委、农业部、民政部关于印发〈关于加强小城镇建设的若干意见〉的通知》，《江西政报》，1995 年 01 期。

《中共中央 国务院关于深化供销合作社改革的决定》，《中华人民共和国国务院公报》，1995 年 05 期。

《关于稳定和完善土地承包关系的意见》，《中华人民共和国国务院公报》，1995 年 09 期。

《国务院办公厅转发民政部关于进一步做好农村社会养老保险工作意见的通知》，《中华人民共和国国务院公报》，1995 年 26 期。

《国务院关于加强农村集体资产管理工作的通知》，《中华人民共和国国务院公报》，1995 年 33 期。

《中共中央国务院关于当前农业和农村经济发展的若干政策措施》，载中共中央文献研究室编，《十四大以来重要文献选编（中）》，人民出版社，1996 年版，第 480–493 页。

《国务院关于农村金融体制改革的决定》，《中华人民共和国国务院公报》，1996 年 26 期。

《中共中央 国务院关于切实做好减轻农民负担工作的决定》，《中华人民共和国国务院公报》，1997 年 12 期。

《国务院批转公安部小城镇户籍管理制度改革试点方案和关于完善农村户籍管理制度意见的通知》,《中华人民共和国国务院公报》，1997年20期。

《中共中央关于农业和农村工作若干重大问题的决定》，人民出版社，1998年版。

《关于我国乡镇企业情况和今后改革与发展意见的报告》,《河南省人民政府公报》，1998年03期。

《国务院关于深化棉花流通体制改革的决定》,《中华人民共和国国务院公报》，1998年32期。

《中共中央国务院关于尽快解决农村贫困人口温饱问题的决定》，载中共中央文献研究室编,《十四大以来重要文献选编（下）》，人民出版社，1999年版，第2089–2101页。

《国务院关于农村金融体制改革的决定》，载中共中央文献研究室编,《十四大以来重要文献选编（下）》，人民出版社，1999年版，第2006–2016页。

《中共中央国务院关于一九九七年农业和农村工作的意见》，载中共中央文献研究室编,《十四大以来重要文献选编（下）》，人民出版社，1999年版，第2283–2298页。

《中共中央国务院关于进一步加强土地管理切实保护耕地的通知》，载中共中央文献研究室编,《十四大以来重要文献选编（下）》，人民出版社，1999年版，第2458–2467页。

《中共中央办公厅国务院办公厅关于进一步稳定和完善农村土地承包关系的通知》，载中共中央文献研究室编,《十四大以来重要文献选编（下）》，人民出版社，1999年版，第2595–2601页。

《国务院办公厅转发农业部关于当前调整农业生产结构若干意见的

通知》,《中华人民共和国国务院公报》，1999 年 28 期。

《国务院办公厅转发农业部等部门关于稳定基层农业技术推广体系意见的通知》,《中华人民共和国国务院公报》，1999 年 35 期。

《中共中央国务院关于一九九八年农业和农村工作的意见》，载中共中央文献研究室编,《十五大以来重要文献选编（上）》，人民出版社，2000 年版，第 188–201 页。

《国务院关于进一步深化粮食流通体制改革的决定》，载中共中央文献研究室编,《十四大以来重要文献选编（上）》，人民出版社，2000 年版，第 344–356 页。

《中共中央 国务院关于促进小城镇健康发展的若干意见》,《河南省人民政府公报》，2000 年 08 期。

《中共中央 国务院关于做好二〇〇〇年农业和农村工作的意见》,《中华人民共和国国务院公报》，2000 年 09 期。

《中共中央国务院关于进行农村税费改革试点工作的通知》，载中共中央文献研究室编,《十四大以来重要文献选编（中）》，人民出版社，2001 年版，第 1144–1153 页。

《国务院关于进一步完善粮食生产和流通有关政策措施的通知》，载中共中央文献研究室编,《十四大以来重要文献选编（中）》，人民出版社，2001 年版，第 1280–1289 页。

《中共中央国务院关于二〇〇一年农业和农村工作的意见》，载中共中央文献研究室编,《十四大以来重要文献选编（中）》，人民出版社，2001 年版，第 1588–1602 页。

《关于进一步做好农村税费改革试点工作的通知》,《中华人民共和国国务院公报》，2001 年 15 期。

《国务院批转公安部关于推进小城镇户籍管理制度改革意见的通

知》,《中华人民共和国国务院公报》，2001 年 15 期。

《国务院关于印发〈农业科技发展纲要（2001—2010 年）〉的通知》,《中华人民共和国国务院公报》，2001 年 19 期。

《中共中央办公厅、国务院办公厅关于切实做好当前减轻农民负担工作的通知》,《中华人民共和国国务院公报》，2001 年 22 期。

《国家计委 财政部关于全面清理整顿外出或外来务工人员收费的通知》,《中华人民共和国财政部文告》，2001 年 30 期。

《中国农村初级卫生保健发展纲要（2001—2010 年）》,《中国卫生质量管理》，2002 年 05 期。

《国务院办公厅转发财政部关于农业综合开发若干意见的通知》,《中华人民共和国国务院公报》，2002 年 09 期。

《国务院办公厅关于做好 2002 年扩大农村税费改革试点工作的通知》,《中华人民共和国国务院公报》，2002 年 14 期。

《国务院关于全面推进农村税费改革试点工作的意见》,《中华人民共和国国务院公报》，2002 年 14 期。

《中共中央办公厅、国务院办公厅关于进一步做好村民委员会换届选举工作的通知》,《中华人民共和国国务院公报》，2002 年 25 期。

《中共中央国务院关于做好 2002 年农业和农村工作的意见》，载中共中央文献研究室编,《十五大以来重要文献选编（下）》，中央文献出版社，2003 年版，第 2195–2206 页。

《国务院办公厅关于做好农民进城务工就业管理和服务工作的通知》,《中华人民共和国国务院公报》，2003 年 05 期。

《国务院办公厅转发卫生部等部门关于建立新型农村合作医疗制度意见的通知》,《中华人民共和国国务院公报》，2003 年 06 期。

《国务院关于全面推进农村税费改革试点工作的意见》,《中华人民共和国国务院公报》，2003 年 14 期。

《国务院关于进一步加强农村教育工作的决定》，《中华人民共和国国务院公报》，2003 年 31 期。

《国务院办公厅转发农业部等部门 2003—2010 年全国农民工培训规划的通知》，《中华人民共和国国务院公报》，2003 年 31 期。

《财政部 农业部 国家税务总局关于 2004 年降低农业税税率和在部分粮食主产区进行免征农业税》，《中华人民共和国财政部文告》，2004 年 04 期。

《中共中央 国务院关于促进农民增加收入若干政策的意见》，《中华人民共和国国务院公报》，2004 年 09 期。

《中共中央办公厅、国务院办公厅关于健全和完善村务公开和民主管理制度的意见》，《中华人民共和国国务院公报》，2004 年 24 期。

《中共中央国务院关于进一步加强农村工作提高农业综合生产能力若干政策的意见》，人民出版社，2005 年版。

《中共中央国务院关于做好农业和农村工作的意见》，载中共中央文献研究室编，《十六大以来重要文献选编（上）》，中央文献出版社，2005 年版，第 128–141 页。

《国务院扶贫开发领导小组办公室 中央精神文明建设指导委员会办公室 教育部 科技部 交通部 水利部 农业部 卫生部 国家广电总局 国家林业局关于共同做好整村推进扶贫开发构建和谐文明新村工作的意见》，《中华人民共和国教育部公报》，2005 年 10 期。

《中共中央国务院关于推进社会主义新农村建设的若干意见》，人民出版社，2006 年版。

《国务院关于解决农民工问题的若干意见》，《中华人民共和国国务院公报》，2006 年 10 期。

《中共中央国务院关于积极发展现代农业扎实推进社会主义新农村建设的若干意见》,《人民日报》, 2007 年 1 月 30 日。

《中共中央关于进一步加强和完善农业生产责任制的几个问题的通知》, 中国经济网, 2007 年 6 月 13 日。

《中共中央国务院关于切实加强农业基础建设进一步促进农业发展农民增收的若干意见》, 人民出版社, 2008 年版。

《中共中央关于推进农村改革发展若干重大问题的决定》, 人民出版社, 2008 年版。

《中共中央国务院关于 2009 年促进农业稳定发展农民持续增收的若干意见》, 人民出版社, 2009 年版。

《中共中央办公厅 国务院办公厅关于加强和改进村民委员会选举工作的通知》,《中华人民共和国国务院公报》, 2009 年 16 期。

《中共中央国务院关于加大统筹城乡发展力度 进一步夯实农业农村发展基础的若干意见》, 人民出版社, 2010 年版。

《国务院办公厅转发国家计委关于进一步调整食糖生产和流通有关政策意见的通知》, 中国政府网, 2010 年 11 月 12 日。

《中共中央国务院关于加快水利改革发展的决定》, 人民出版社, 2011 年版。

《中国农村扶贫开发纲要(2011—2020 年)》, 人民出版社, 2011 年版。

《国务院关于加强粮食管理稳定粮食市场的决定》, 中国政府网, 2011 年 8 月 31 日。

《中共中央关于印发〈当前农村经济政策的若干问题〉的通知》, 载中共中央文献研究室编,《十二大以来重要文献选编(上)》, 中央文献出版社, 2011 年版, 第 215–230 页。

《中共中央关于进一步加强农业和农村工作的决定》, 载中共中央文献研究室编,《十三大以来重要文献选编(下)》,中央文献出版社,2011年版,第278–300页。

《中共中央关于做好农户承包地使用权流转工作的通知》,载中共中央文献研究室编,《十五大以来重要文献选编(下)》,中央文献出版社,2011年版,第376–380页。

《关于加快推进农业科技创新持续增强农产品供给保障能力的若干意见》,人民出版社,2012年版。

《国务院办公厅关于积极稳妥推进户籍管理制度改革的通知》,《中华人民共和国国务院公报》,2012年07期。

《中共中央 国务院关于加快发展现代农业进一步增强农村发展活力的若干意见》,《中华人民共和国农业农村部公报》,2013年02期。

《关于引导农村土地经营权有序流转发展农业适度规模经营的意见》,《人民日报》,2014年11月21日。

《国务院关于进一步做好为农民工服务工作的意见》,《中华人民共和国国务院公报》,2014年29期。

《中共中央国务院关于全面深化农村改革加快推进农业现代化的若干意见》,载中共中央文献研究室编,《十八大以来重要文献选编(上)》,中央文献出版社,2014年版,第702–716页。

《中共中央国务院关于打赢脱贫攻坚战的决定》,人民出版社,2015年版。

《关于认真做好农村土地承包经营权确权登记颁证工作的意见》,《中华人民共和国农业部公报》,2015年03期。

《农业部关于打好农业面源污染防治攻坚战的实施意见》,农业农村部网站,2015年4月13日。

《财政部 农业部关于调整完善农业三项补贴政策的指导意见》,《中华人民共和国财政部文告》，2015 年 07 期。

《关于支持多种形式适度规模经营促进转变农业发展方式的意见》，财政部网站，2015 年 7 月 9 日。

《财政部关于印发〈扶持村级集体经济发展试点的指导意见〉的通知》，《中华人民共和国财政部文告》，2015 年 11 期。

《国务院办公厅转发财政部发展改革委人民银行关于在公共服务领域推广政府和社会资本合作模式指导意见的通知》，《中华人民共和国国务院公报》，2015 年 16 期。

《国务院关于开展农村承包土地的经营权和农民住房财产权抵押贷款试点的指导意见》，《中华人民共和国国务院公报》，2015 年 26 期。

《国务院关于印发推进普惠金融发展规划（2016—2020 年）的通知》，《中华人民共和国国务院公报》，2016 年 03 期。

《中共中央 国务院关于落实发展新理念加快农业现代化实现全面小康目标的若干意见》，《中华人民共和国国务院公报》，2016 年 06 期。

《农业部等十部委办局关于印发探索实行耕地轮作休耕制度试点方案的通知》，《中华人民共和国农业农村部公报》，2016 年 07 期。

《关于深化粮食购销体制改革的通知》，中国政府网，2016 年 7 月 28 日。

《关于不动产登记收费有关政策问题的通知》，财政部网站，2016 年 10 月 21 日。

《印发〈关于完善农村土地所有权承包权经营权分置办法的意见〉》，《人民日报》，2016 年 10 月 31 日。

《财政部关于建立玉米生产者补贴制度的实施意见》，财政部网站，2016 年 11 月 30 日。

《国务院关于统筹推进县域内城乡义务教育一体化改革发展的若干

意见》,《中华人民共和国国务院公报》，2016 年 21 期。

《国务院关于实施支持农业转移人口市民化若干财政政策的通知》,《中华人民共和国国务院公报》，2016 年 24 期。

《国务院关于进一步推进户籍制度改革的意见》，载中共中央文献研究室编,《十八大以来重要文献选编（中）》，中央文献出版社，2016 年版，第 28–34 页。

《中共中央 国务院关于加大改革创新力度加快农业现代化建设的若干意见》，载中共中央文献研究室编,《十八大以来重要文献选编（中）》，中央文献出版社，2016 年版，第 273–290 页。

《中共中央 国务院关于稳步推进农村集体产权制度改革的意见》,《中华人民共和国国务院公报》，2017 年 03 期。

《中共中央 国务院关于加强耕地保护和改进占补平衡的意见》,《中华人民共和国国务院公报》，2017 年 05 期。

《农业部关于实施农业绿色发展五大行动的通知》,《中华人民共和国农业农村部公报》，2017 年 05 期。

《财政部关于在粮食主产省开展农业大灾保险试点的通知》，财政部网站，2017 年 5 月 17 日。

《中共中央 国务院关于深入推进农业供给侧结构性改革 加快培育农业农村发展新动能的若干意见》,《中华人民共和国国务院公报》，2017 年 06 期。

《财政部、税务总局关于支持农村集体产权制度改革有关税收政策的通知》，国家税务总局网站，2017 年 6 月 22 日。

《农业部、国家发展改革委、财政部关于加快发展农业生产性服务业的指导意见》,《中华人民共和国农业农村部公报》，2017 年 09 期。

《国务院关于探索建立涉农资金统筹整合长效机制的意见》，中国政府网，2017 年 12 月 21 日。

《中共中央办公厅、国务院办公厅印发〈关于加快构建政策体系培育新型农业经营主体的意见〉》，《中华人民共和国国务院公报》，2017 年 17 期。

《中共中央办公厅、国务院办公厅印发〈关于创新体制机制推进农业绿色发展的意见〉》，《中华人民共和国国务院公报》，2017 年 29 期。

《中共中央国务院关于实施乡村振兴战略的意见》，人民出版社，2018 年版。

《中共中央国务院关于打赢脱贫攻坚战三年行动的指导意见》，人民出版社，2018 年版。

《国务院关于深化粮食棉花化肥购销体制改革的通知》，中国政府网，2018 年 4 月 18 日。

《国务院批转农林部关于加强种子工作的报告》，中国政府网，2018 年 5 月 29 日。

《中共中央国务院关于坚持农业农村优先发展做好“三农”工作的若干意见》，人民出版社，2019 年版。

《关于促进小农户和现代农业发展有机衔接的意见》，人民出版社，2019 年版。

《中共中央国务院关于建立健全城乡融合发展体制机制和政策体系的意见》，人民出版社，2019 年版。

《关于加强和改进乡村治理的指导意见》，人民出版社，2019 年版。

《中共中央国务院关于保持土地承包关系稳定并长久不变的意见》，人民出版社，2019 年版。

《关于印发〈开展农民专业合作社“空壳社”专项清理工作方案〉的通知》，《中华人民共和国农业农村部公报》，2019 年 03 期。

《生态环境部、农业农村部关于印发农业农村污染治理攻坚战行动计划的通知》,《中华人民共和国国务院公报》,2019年05期。

《财政部关于开展中央财政对地方优势特色农产品保险奖补试点的通知》,《中华人民共和国财政部文告》,2019年07期。

《农业农村部、国家发展改革委、工业和信息化部、财政部、生态环境部、国家市场监督管理总局关于加快推进农用地膜污染防治的意见》,《中华人民共和国农业农村部公报》,2019年07期。

《中央农村工作领导小组办公室、农业农村部、中央组织部、中央宣传部、民政部、司法部关于开展乡村治理体系建设试点示范工作的通知》,《中华人民共和国农业农村部公报》,2019年07期。

《中央农村工作领导小组办公室、农业农村部、中央宣传部、民政部、司法部关于开展乡村治理示范村镇创建工作的通知》,《中华人民共和国农业农村部公报》,2019年07期。

《农业农村部办公厅、财政部办公厅关于进一步做好农业生产社会化服务工作的通知》,《中华人民共和国农业农村部公报》,2019年08期。

《关于开展农民合作社规范提升行动的若干意见》,《中华人民共和国农业农村部公报》,2019年09期。

《关于实施家庭农场培育计划的指导意见》,《中华人民共和国农业农村部公报》,2019年09期。

《农业农村部办公厅关于开展2019年农民合作社质量提升整县推进试点工作的通知》,《中华人民共和国农业农村部公报》,2019年09期。

《关于印发〈关于加快农业保险高质量发展的指导意见〉的通知》,农业农村部网站,2019年9月19日。

《中共中央 国务院关于建立健全城乡融合发展体制机制和政策体系的意见》,《中华人民共和国国务院公报》,2019年14期。

《中共中央国务院关于抓好“三农”领域重点工作确保如期实现全面小康的意见》，人民出版社，2020 年版。

《农业农村部关于印发〈新型农业经营主体和服务主体高质量发展规划（2020—2022 年）〉的通知》，《中华人民共和国农业农村部公报》，2020 年 03 期。

《农业农村部关于印发〈新型农业经营主体和服务主体高质量发展规划（2020—2022 年）〉的通知》，农业农村部网站，2020 年 3 月 27 日。

《农业农村部办公厅关于印发〈农业生产托管服务合同示范文本〉的通知》，《中华人民共和国农业农村部公报》，2020 年 07 期。

《农业农村部办公厅 生态环境部办公厅关于进一步明确畜禽粪污还田利用要求 强化养殖污染监管的通知》，《中华人民共和国农业农村部公报》，2020 年 07 期。

《中共中央国务院关于加强基层治理体系和治理能力现代化建设的意见》，人民出版社，2021 年版。

《中共中央国务院关于全面推进乡村振兴加快农业农村现代化的意见》，人民出版社，2021 年版。

《中共中央关于印发〈中国共产党农村工作条例〉的通知》，载中共中央文献研究室编，《十九大以来重要文献选编（中）》，中央文献出版社，2021 年版，第 157–166 页。

《农业农村部关于加快发展农业社会化服务的指导意见》，《中华人民共和国农业农村部公报》，2021 年 08 期。

《农业农村部 司法部关于印发〈培育农村学法用法示范户实施方案〉的通知》，《中华人民共和国农业农村部公报》，2021 年 08 期。

《人民银行 中央农办 农业农村部 财政部 银保监会 证监会关于金融支持新型农业经营主体发展的意见》，《中华人民共和国国务院公报》，2021 年 21 期。

《水利部 发展改革委 财政部 人力资源社会保障部 生态环境部 住房城乡建设部 农业农村部 卫生健康委 乡村振兴局关于做好农村供水保障工作的指导意见》，《中华人民共和国国务院公报》，2021 年 32 期。

法律规章

《农业部国营农场农机化管理暂行细则》，农业农村部网站，1989 年 5 月 10 日。

《中华人民共和国乡村集体所有制企业条例》，《中华人民共和国国务院公报》，1990 年 11 期。

《农民承担费用和劳务管理条例》，《中华人民共和国国务院公报》，1991 年 41 期。

《劳动部关于颁布〈农村劳动力跨省流动就业管理暂行规定〉的通知》，《劳动理论与实践》，1995 年 01 期。

《进出口农作物种子（苗）管理暂行办法》，《中华人民共和国国务院公报》，1997 年 14 期。

《基本农田保护条例》，《中华人民共和国国务院公报》，1998 年 34 期。

《中华人民共和国乡镇企业法》，法律出版社，2002 年版。

《农药限制使用管理规定》，《中华人民共和国国务院公报》，2003 年 09 期。

《中华人民共和国农村土地承包经营权证管理办法》，《中华人民共和国农业部公报》，2004 年 01 期。

《农作物种质资源管理办法》，《中华人民共和国国务院公报》，2004 年 02 期。

《农业基本建设项目管理办法》，《中华人民共和国农业部公报》，

2004年09期。

《农作物种子质量监督抽查管理办法》,《中华人民共和国农业部公报》，2005年04期。

《农业机械试验鉴定办法》,《中华人民共和国农业部公报》，2005年08期。

《关于印发〈农业生产资料监督管理工作暂行规定〉的通知》,《中华人民共和国农业部公报》，2005年11期。

《农业机械维修管理规定》,《中华人民共和国国务院公报》，2007年02期。

《农业转基因生物加工审批办法》,《中华人民共和国国务院公报》，2007年02期。

《农业行政处罚程序规定》,《中华人民共和国国务院公报》，2007年15期。

《农民专业合作社登记管理条例》,《中华人民共和国国务院公报》，2007年20期。

《农产品产地安全管理办法》,《中华人民共和国国务院公报》，2007年27期。

《农产品包装和标识管理办法》,《中华人民共和国国务院公报》，2007年27期。

《农药登记资料规定》,《中华人民共和国农业部公报》，2008年01期。

《农民专业合作社示范章程》,《中华人民共和国国务院公报》，2008年07期。

《农作物种子生产经营许可证管理办法》,《中华人民共和国农业部公报》，2011年09期。

《中华人民共和国农业技术推广法》，法律出版社，2012年版。

《中华人民共和国农业法》，中国法制出版社，2013 年版。

《农作物种子标签和使用说明管理办法》，《中华人民共和国国务院公报》，2016 年 30 期。

《农药管理条例》，中国政府网，2017 年 4 月 1 日。

《农药管理条例》，中国法制出版社，2017 年版。

《中华人民共和国农民专业合作社法》，中国法制出版社，2018 年版。

《中华人民共和国农村土地承包法》，法律出版社，2019 年版。

《中华人民共和国村民委员会组织法》，中国法制出版社，2019 年版。

《农业转基因生物安全管理条例》，中国政府网，2020 年 12 月 26 日。

《中华人民共和国土地管理法实施条例》，中国法制出版社，2021 年版。

《中华人民共和国乡村振兴促进法》，法律出版社，2021 年版。

《农村土地承包经营权流转管理办法》，《中华人民共和国国务院公报》，2021 年 11 期。

《农村土地经营权流转管理办法》，《中华人民共和国国务院公报》，2021 年 11 期。

期刊文章

杜润生，《农业生产责任制与农村经济体制改革》，《中共山西省委党校学报》，1981 年 03 期。

周其仁、王小强，《双包后农村基层单位经济职能的变化和公社体制改革——安徽滁县地区调查》，《农业经济丛刊》，1982 年 01 期。

杜润生，《关于农村生产专业化、商品化问题》，《中国农村经济》，1985 年 03 期。

李庆曾，《谈我国农村土地所有制结构改革》，《农业经济问题》，

1986年04期。

发展研究所综合课题组，《农民、市场和制度创新——包产到户八年后农村发展面临的深层改革》，《经济研究》，1987年01期。

蔡昉，《农村经济发展特征与下一步改革》，《经济研究》，1987年08期。

周其仁，《十年农村改革：实质进展与制度创新》，《教学与研究》，1988年05期。

陆学艺，《重新认识农民问题——十年来中国农民的变化》，《社会学研究》，1989年06期。

杜鹰，《中国农村经济改革》，《发现》，1991年01期。

陈锡文，《九十年代农村改革与发展面临的新问题》，《中国农村经济》，1992年05期。

唐洪潜、杜受祜、郭晓鸣，《关于制定农业合作社法两个问题的看法》，《农村经济》，1992年07期。

《我国乡镇企业经济效益显著——1991年度全国乡镇企业财务情况简析》，《中国集体经济》，1992年09期。

杜润生，《改革目标在社会主义条件下建立市场经济体制》，《中国农村经济》，1992年12期。

郭爱连，《在稳定中求发展——1992年全国农经机构队伍统计情况简析》，《农村经营管理》，1993年07期。

林毅夫，《90年代中国农村改革的主要问题与展望》，《管理世界》，1994年03期。

董晓林，《辉煌十五年：畜牧业在改革中稳定大发展》，《中国牧业通讯》，1994年07期。

周其仁，《中国农村改革：国家和所有权关系的变化（上）——一个经济制度变迁史的回顾》,《管理世界》, 1995 年 03 期。

杜润生,《经济转换时期的中国农业》,《改革》, 1995 年 04 期。

杜鹰,《深化农村改革面临的主要问题》,《经济研究参考》, 1997 年 25 期。

张晓山,《农村股份合作企业产权制度研究》,《中国社会科学》, 1998 年 02 期。

尹成杰,《对农业产业化经营利益分配机制的思考》,《中国农村经济》, 1998 年 02 期。

陈锡文,《现行土地政策的症结》,《中国改革》, 1998 年 08 期。

韩俊,《关于农村集体经济与合作经济的若干理论与政策问题》,《中国农村经济》, 1998 年 12 期。

韩俊,《中国农村土地制度建设三题》,《管理世界》, 1999 年 03 期。

阎庆民、向恒,《农村合作金融产权制度改革研究》,《金融研究》, 2001 年 07 期。

党国英,《以市场化为目标改造农村社会经济制度——当前农村政策的一个评论》,《中国农村观察》, 2002 年 03 期。

韩俊,《农村税费改革开启了统筹城乡发展的新时代》,《发展研究》, 2002 年 04 期。

尹成杰,《关于农业产业化经营的思考》,《管理世界》, 2002 年 04 期。

吴敬琏,《农村剩余劳动力转移与“三农”问题》,《宏观经济研究》, 2002 年 06 期。

马晓河、崔红志,《建立土地流转制度，促进区域农业生产规模化经营》,《管理世界》, 2002 年 11 期。

陆学艺,《农民工问题要从根本上治理》,《特区理论与实践》, 2003 年 07 期。

王骏,《试论江泽民的“三农”思想》,《党的文献》,2003 年 05 期。

张晓山,《深化农村改革 促进农村发展》,《政策》,2003 年 10 期。

王梦奎,《中国现代化进程中的两大难题：城乡差距和地区差距》,《农业经济问题》,2004 年 05 期。

农业部农村经济研究中心课题组,《我国农业技术推广体系调查与改革思路》,《中国农村经济》,2005 年 02 期。

党国英,《当前中国农村土地制度改革的现状与问题》,《华中师范大学学报（人文社会科学版）》,2005 年 04 期。

马晓河、方松海,《我国农村公共品的供给现状、问题与对策》,《农业经济问题》,2005 年 04 期。

陈锡文、韩俊、赵阳,《我国农村公共财政制度研究》,《宏观经济研究》,2005 年 05 期。

段应碧,《农村发展亟待三大突破一大转移》,《农村工作通讯》,2005 年 09 期。

李炳坤,《扎实稳步推进社会主义新农村建设》,《中国农村经济》,2005 年 11 期。

陆学艺,《“三农”问题的核心是农民问题》,《社会科学研究》,2006 年 01 期。

陈钢、刘林,《科技进步对我国农业贡献率已大幅提升》,《中国西部科技》,2006 年 30 期。

龚建文,《从家庭联产承包责任制到新农村建设——中国农村改革30 年回顾与展望》,《江西社会科学》,2008 年 05 期。

蔡昉,《中国农村改革三十年——制度经济学的分析》,《中国社会科学》,2008 年 06 期。

党国英,《我国乡村治理改革回顾与展望》,《社会科学战线》,

2008 年 12 期。

蒋中一，《农村合作医疗制度的发展和取得的成效》，《经济研究参考》，2008 年 32 期。

陆学艺，《农村第一步改革的回顾与思考》，《社会科学战线》，2009 年 01 期。

陈锡文，《当前农村改革发展的形势和总体思路》，《浙江大学学报（人文社会科学版）预印本》，2009 年 03 期。

韩俊，《制约农民收入增长的制度性因素》，《求是》，2009 年 05 期。

张晓山，《农民专业合作社的发展趋势探析》，《管理世界》，2009 年 05 期。

徐大兵，《新中国成立六十年来农产品流通体制改革回顾与前瞻》，《商业研究》，2009 年 07 期。

白雪秋，《走中国特色的兴农富农之路——党的十六大以来“三农”政策的演进》，《中共福建省委党校学报》，2010 年 01 期。

周小川，《深化农村金融改革 进一步提升农村信用社资本及其质量》，《投资研究》，2012 年 01 期。

陈锡文，《当前我国农村改革发展的形势》，《中国合作经济》，2012 年 08 期。

韩俊，《中国“三农”问题的症结与政策展望》，《中国农村经济》，2013 年 01 期。

杜鹰，《关于新时期“三农”工作的几个问题》，《宏观经济管理》，2013 年 03 期。

陆学艺、杨桂宏，《破除城乡二元结构体制是解决“三农”问题的根本途径》，《中国农业大学学报（社会科学版）》，2013 年 03 期。

韩长赋，《关于深化农村改革的几个问题》，《农业工作通讯》，

2014 年 22 期。

宋洪远、高强,《农村集体产权制度改革轨迹及其困境摆脱》, 2015 年 02 期。

余佶,《改革历程与经验——基于十八大以来 6 个中央“一号文件”的透视》,《中国井冈山干部学院学报》, 2015 年 05 期。

尹成杰,《关于推进农业保险创新发展的理性思考》,《农业经济问题》, 2015 年 06 期。

魏后凯,《中国农业发展的结构性矛盾及其政策转型》,《中国农村经济》, 2017 年 05 期。

李周,《乡村振兴战略的主要含义、实施策略和预期变化》,《求索》, 2018 年 02 期。

宋洪远,《中国农村改革 40 年: 回顾与思考》,《南京农业大学学报（社会科学版）》, 2018 年 03 期。

陈锡文,《从农村改革四十年看乡村振兴战略的提出》,《行政管理改革》, 2018 年 04 期。

孔祥智、张效榕,《从城乡一体化到乡村振兴——十八大以来中国城乡关系演变的路径及发展趋势》,《教学与研究》, 2018 年 04 期。

彭海红,《中国农村改革 40 年的基本经验》,《中国农村经济》, 2018 年 08 期。

蒋和平,《改革开放四十年来我国农业农村现代化发展与未来发展思路》,《农业经济问题》, 2018 年 08 期。

万宝瑞,《我国农村改革的光辉历程与基本经验》,《农业经济问题》, 2018 年 10 期。

陈鹏,《新一轮户籍制度改革: 进展、问题及对策》,《行政管理改革》, 2018 年 10 期。

张云华,《农业农村改革40年主要经验及其对乡村振兴的启示》,《改革》,2018年12期。

张晓山、韩俊、魏后凯、何秀荣、朱玲,《改革开放40年与农业农村经济发展》,《经济学动态》,2018年12期。

张天佐、郭永田、杨洁梅,《我国农业支持保护政策改革40年回顾与展望》(下),《农业工作通讯》,2018年21期。

韩长赋,《中国农村土地制度改革的历史变迁与创新实践》,《农村.农业.农民(B版)》,2019年01期。

韩长赋,《中国农村土地制度改革》,《农业经济问题》,2019年01期。

陈锡文,《农村改革四十年的突破、成就和启示》,《中国农业文摘–农业工程》,2019年02期。

周进、龚云,《中国农村改革发展的成就与经验》,《中国井冈山干部学院学报》,2019年04期。

陈健,《中国农村产权制度改革历程与新时代实践》,《经济体制改革》,2019年06期。

高强、孔祥智,《新中国70年的农村产权制度:演进脉络与改革思路》,《理论探索》,2019年06期。

王钊、曾令果,《新中国70年农业农村改革进程回顾、核心问题与未来展望》,《改革》,2019年09期。

罗玉辉,《新中国成立70年农村土地制度改革的历史经验与未来思考》,《经济学家》,2020年02期。

张晓山,《完善农村基本经营制度 夯实乡村治理基础》,《中国农村经济》,2020年06期。

孔祥智、周振,《我国农村要素市场化配置改革历程、基本经验与深化路径》,《农业经济问题》,2020年07期。

尹成杰,《后疫情时代粮食发展与粮食安全》,《农业经济问题》,2021年01期。

燕传林,《我国农村集体产权制改革历程及理论贡献——以浙江省为例》,《中国集体经济》,2021年08期。

张兰、冯淑怡,《建党百年农村土地制度改革的基本历程与历史经验》,《农业经济问题》,2021年12期。

新闻报道

《落实政策成群鸭子涌进合肥市》,《人民日报》,1978年8月28日。

《千方百计解决吃鱼问题》,《人民日报》,1978年10月18日。

《社员马大富真富了》,《人民日报》,1979年1月13日。

《农业劳动报酬联系产量计算的调查》,《人民日报》,1979年3月7日。

《刘村五队社员依靠集体力量,发展农工副业由穷变富》,《人民日报》,1979年5月11日。

范敬宜,《莫把"开头"当"过头"》,《辽宁日报》,1979年5月13日。

《金凤凰飞进光棍堂,马文志一家在落实政策后家境大变》,《人民日报》,1979年8月16日。

《穷队逢雨露 姑娘找上门》,《人民日报》,1979年9月21日。

《高邮县跃进大队发挥有技术专长社员的作用,队队副业收入超万元》,《人民日报》,1980年2月4日。

《会计伢嫌我的油壶小》,《孝感报》,1980年6月15日。

《应城县农民杨小运说他家今年愿向国家交售两万斤粮食只要求卖给他家一辆永久牌自行车》,《人民日报》,1981年9月18日。

慕青,《抢财神》,《新华社》,1982年11月18日。

《蓟县三千货郎向官商发起挑战》，《经济参考》，1983年1月19日。

《论农业产业化》，《人民日报》，1995年12月11日。

《“龙井”茶农的喜与忧》，《人民日报》，1985年12月25日。

《农业经济管理的一项重大改革——凤阳县在农村实行“大包干”办法值得提倡》，《安徽日报》，1989年8月8日。

《龙头企业联手闯市场》，《人民日报》，1997年12月22日。

《农业产业化经营的问题与出路》，《人民日报》，1997年12月26日。

吴兴华，《因地制宜因人施教，永州强化农民科技素质》，《人民日报》，1997年12月31日。

裴秀菊，《培训下乡科技入户，都陵建成三级农技网》，《人民日报》，1997年12月31日。

《江泽民在江苏上海浙江考察农村时强调沿海发达地区要率先基本实现农业现代化》，《人民日报》，1998年10月8日。

《努力开创我国农业和农村工作新局面》，《人民日报 》，1998年10月15日。

《迈进光辉灿烂的新世纪》，《人民日报》，2001年1月1日。

《中国的农村扶贫开发》，《人民日报》，2001年10月15日。

《农产品也须跳“国标”舞》，《人民日报》，2002年1月15日。

王彦田、王科，《继续推进国有企业改革和发展 积极探索适合农业发展新路子》，《人民日报》，2002年3月12日。

夏珺，《城乡统筹解决“三农”问题》，《人民日报》，2002年11月28日。

刘毅，《抓住工作重点 解决“三农”问题》，《人民日报》，2003年3月10日。

白天亮，《“三化联动”解决“三农”难题》，《人民日报》，2003

年 3 月 14 日。

《坚持为农业农村农民服务的宗旨 做好深化农村信用社改革试点工作》,《人民日报》, 2003 年 8 月 19 日。

《学习“金盾”服务“三农”》,《人民日报》, 2004 年 2 月 23 日。

《把各项农业政策落到实处》,《人民日报》, 2004 年 6 月 25 日。

宋学春、高云才、曲昌荣、陈娟,《保持农业和农村发展好势头》,《人民日报》, 2005 年 3 月 11 日。

张毅,《珍惜“三农”发展新的机遇》,《人民日报》, 2005 年 11 月 20 日。

《努力开创“三农”工作新局面》,《人民日报》, 2006 年 10 月 13 日。

《坚持把“三农”问题放在经济社会发展全局的突出位置》,《人民日报》, 2006 年 12 月 12 日。

《加强“三农”工作,建设社会主义新农村》,《人民日报》, 2007 年 8 月 24 日。

《进一步夯实农业基础》,《人民日报》, 2008 年 1 月 31 日。

于文静,《畅谈改革开放以来农业农村发展成就》,《人民日报》, 2008 年 12 月 6 日。

《农村改革发展 30 年大事记》,《人民日报》, 2008 年 12 月 14 日。

王圣志,《认真贯彻落实中央关于农业农村工作决策部署 切实抓好当前“三农”各项工作》,《人民日报》, 2009 年 2 月 1 日。

《毫不松懈抓好当前农村改革发展各项工作 千方百计实现农业稳定发展农民持续增收》,《人民日报》, 2009 年 9 月 26 日。

陈仁泽、吴宏耀,《推动公共资源向农村倾斜》,《人民日报》, 2010 年 2 月 3 日。

王先明,《在回观历史中探求“三农”发展趋向》,《人民日报》,

2010年10月22日。

毛磊、张烁,《大力推进农业发展方式转变 深化基层农技推广机构改革》,《人民日报》,2010年10月26日。

陈锡文、陈仁泽,《强基础:稳住农业 赢得主动》,《人民日报》,2011年3月6日。

赵洪祝,《同步推进“三化”加快城乡发展一体化》,《人民日报》,2011年3月28日。

许涛,《加强农村教师队伍建设为促进教育公平提供坚实保障》,《光明日报》,2011年9月7日。

赵永平,《“三农”投入再加力 农业基础更给力》,《人民日报》,2012年2月7日。

李红梅,《用“中国办法”造福百姓》,《人民日报》,2012年4月7日。

韩长赋,《巩固发展农业农村经济好形势》,《人民日报》,2012年12月19日。

《改革创新增强农村发展活力》,《光明日报》,2013年2月1日。

《积极稳妥地推进农村改革》,《农民日报》,2013年12月23日。

《汪洋:期待安徽农村改革再为人先》,《农民日报》,2014年3月7日。

《深化农村改革要牢牢把握三条硬杠杠》,《农民日报》,2014年3月19日。

《强农富农的关键一招——谈农村土地制度改革》,《光明日报》,2014年8月22日。

《汪洋在新疆考察调研时强调扎实推进棉花目标价格改革试点工作》,《人民日报》,2014年9月1日。

《农村改革试验使命光荣责任重大》,《农民日报》, 2014 年 12 月 1 日。

《落实中央一号文件精神 继续全面深化农村改革》,《光明日报》, 2015 年 2 月 2 日。

《让农村改革落地生根》,《人民日报》, 2015 年 2 月 6 日。

《争做农村改革促进派》,《农民日报》, 2015 年 9 月 11 日。

《释放“1+1 > 2”的改革综合效应》,《农民日报》, 2015 年 11 月 3 日。

《深化农村改革 决胜全面小康》,《农民日报》, 2015 年 11 月 10 日。

《深化农村改革先从产权制度入手》,《农民日报》, 2015 年 11 月 16 日。

《坚持精准扶贫脱贫 提高脱贫攻坚成效——各地干部群众热议习近平总书记在中央扶贫开发工作会议重要讲话》,《经济日报》, 2015 年 12 月 5 日。

《深化农村改革强动力》,《农民日报》, 2016 年 2 月 5 日。

《国办印发意见试点贫困县统筹整合使用财政涉农资金》,《人民日报》, 2016 年 4 月 23 日。

《以改革深耕希望的田野》,《人民日报》, 2016 年 4 月 29 日。

《“三农”发展“改”是动力》,《人民日报》, 2016 年 5 月 5 日。

《农村改革发展,“稳”是基础》,《人民日报》, 2016 年 5 月 24 日。

《我国农业结构调整进展顺利》,《经济日报》, 2016 年 8 月 1 日。

《将农村集体产权制度改革推向深入》,《农民日报》, 2017 年 1 月 3 日。

《积极稳妥推进农村集体产权制度改革》,《农民日报》, 2017 年 1 月 5 日。

《全国农民专业合作社达 193 万多家 46.8%的农户入社》,《经济日报》, 2017 年 9 月 5 日。

《加大改革力度 激活内生动力》,《农民日报》，2017 年 10 月 16 日。

《四川省成都市郫都区深化农村土地制度改革三项试点工作》,《人民日报》，2018 年 9 月 9 日。

《胡春华出席首届中国农民丰收节主场活动时强调全面汇聚推进乡村振兴的强大合力》,《人民日报》，2018 年 9 月 24 日。

《改革开放 40 年我国农业农村巨变历程》,《人民日报》，2018 年 9 月 26 日。

《“三块地”改革试点临近“收官”——沉睡的农村土地加快苏醒》,《经济日报》，2018 年 10 月 23 日。

《四十年后再出发——致敬中国农民和农村改革》,《农民日报》，2018 年 12 月 7 日。

《胡春华在庆祝农村改革四十周年座谈会上强调扎实推进新一轮农村改革》,《人民日报》，2018 年 12 月 11 日。

《谱写农村改革新篇章》,《农民日报》，2018 年 12 月 20 日。

《农村改革不能懈怠》,《人民日报》，2019 年 2 月 22 日。

《要用好深化改革这个法宝》,《农民日报》，2019 年 3 月 15 日。

《将“登记赋码”这项工作抓实抓好》,《农民日报》，2019 年 3 月 22 日。

《高质量推进农村集体产权制度改革》,《农民日报》，2020 年 8 月 24 日。

《农村集体资产实现“底清账明”——深化改革，乡村焕发新活力》,《人民日报》，2021 年 8 月 8 日。

《谱写农业农村改革发展新的华彩乐章——习近平总书记关于“三农”工作重要论述综述》,《人民日报》，2021 年 9 月 23 日。

著作介绍

杜润生著,《中国农村经济改革》，中国社会科学出版社，1985年版。

吴象著,《农村改革与农村商品经济》，经济科学出版社，1988年版。

杜润生等著,《思考与选择——关于中国农村改革和发展问题研究》，中共中央党校出版社，1990年版。

何康、王郁昭主编,《中国农村改革十年》，中国人民大学出版社，1990年版。

何康编著,《八十年代中国农业改革与发展》，农业出版社，1991年版。

王仕元、李修义、杨世文主编,《中国改革全书（1978—1991）：农村改革卷》，大连出版社，1992年版。

陈吉元主编,《九十年代农村改革与发展大思路》，山西经济出版社，1993年版。

杜润生主编,《中国的土地改革》，当代中国出版社，1996年版。

吴象著,《再谈农村改革与发展：农村经济论集之四》，经济科学出版社，1997年版。

关锐捷主编,《中国农村改革二十年》，河北科学技术出版社，1998年版。

杜润生主编,《中国农村改革决策纪事》，中央文献出版社，1999年版。

余国耀、吴镕、姬业成著,《中国农民命运大转折：农村改革决策纪实》，珠海出版社，1999年版。

吴象著,《中国农村改革实录》，浙江人民出版社，2001年版。

杜润生主编,《当代中国的农业合作制》，当代中国出版社，2002年版。

杜润生著，《中国农村制度变迁》，四川人民出版社，2003年版。

刘斌、张兆刚、霍功编著，《中国三农问题报告》，中国发展出版社，2004年版。

段应碧、宋洪远主编，《中国农村改革重大政策问题调研报告》，中国财政经济出版社，2004年版。

党国英著，《农村改革攻坚》，水利水电出版社，2005年版。

陆学艺著，《"三农"新论——当前中国农业、农村、农民问题研究》，社会科学文献出版社，2005年版。

王惠平著，《中国农村改革与发展：从税费改革到综合改革》，中国时代经济出版社，2007年版。

韩俊著，《中国经济改革30年：农村经济卷（1978—2008）》，重庆大学出版社，2008年版。

宋洪远主编，《中国农村改革30年》，中国农业出版社，2008年版。

蔡昉、王德文、都阳著，《中国农村改革与变迁：30年历程和经验分析》，格致出版社，2008年版。

陈锡文、赵阳、罗丹著，《中国农村改革30年回顾与展望》，人民出版社，2008年版。

郭书田主编，《中国农村改革开放经历回顾》，中国农业出版社，2008年版。

张晓山主编，《中国农村改革30年研究》，经济管理出版社，2008年版。

韩俊等著，《破解三农难题：30年农村改革与发展》，中国发展出版社，2008年版。

国家统计局农村社会经济调查司编，《历史的跨越——农村改革开放30年》，中国统计出版社，2008年版。

郑有贵、李成贵主编,《一号文件与中国农村改革》，安徽人民出版社，2008 年版。

陈锡文著,《中国农村制度变迁 60 年》，人民出版社，2009 年版。

韩俊主编,《调查中国农村》(上、下)，中国发展出版社，2009 年版。

韩俊主编,《中国农村土地问题调查》，上海远东出版社，2009 年版。

中共中央党史研究室第三研究部编,《新时期农村改革与发展》，中共党史出版社，2009 年版。

郑有贵著,《目标与路径——中国共产党“三农”理论与实践 60 年》，湖南人民出版社，2009 年版。

张晓山主编,《中国农村改革与发展概论》，中国社会科学出版社，2010 年版。

蔡昉著,《三农、民生与经济增长》，北京师范大学出版社，2010 年版。

蔡昉著,《三农、民生与经济增长：中国特色改革与发展探索》，北京师范大学出版社，2010 年版。

余信编,《城乡统筹与农村改革发展》，人民出版社，2011 年版。

韩俊等著,《中国农村改革（2002—2012）》，上海远东出版社，2012 年版。

唐园结、孙林主编,《黄金十年：党的十六大以来强农惠农富农政策轨迹》，中国农业出版社，2012 年版。

武力、郑有贵主编,《中国共产党三农思想政策史（1921—2013 年）》，中国时代经济出版社，2013 年版。

尹成杰主编,《深化农村改革的理论与实践探索》，中国农业出版社，2015 年版。

孙中华著,《深化农村改革研究与探索》，中国农业出版社，2017

年版。

李周著,《中国农业改革与发展》，社会科学文献出版社，2017 年版。

陈锡文、罗丹、张征著,《中国农村改革 40 年》，人民出版社，2018 年版。

宋洪远主编,《大国根基：中国农村改革 40 年》，广东经济出版社，2018 年版。

魏后凯主编,《中国农村改革 40 年研究》，经济管理出版社，2018 年版。

魏后凯、闫坤主编,《中国农村发展与改革研究：农村发展研究所建所 40 周年纪念文集》(全 2 册)，中国社会科学出版社，2018 年版。

叶兴庆、张云华、伍振军、周群力等著,《农业农村改革若干重大问题研究》，中国发展出版社，2018 年版。

蒋永穆等著,《中国农村改革四十年：回顾与经验》，四川大学出版社，2018 年版。

刘艳梅编著,《中国农村改革 40 年》，河北人民出版社，2019 年版。

吴象著,《伟大的历程——中国农村改革起步实录》，浙江人民出版社，2019 年版。

韩俊著,《农村改革试验区改革实践案例集》，中国财政经济出版社，2019 年版。

吴象著,《中国农村改革发展历程》，山西经济出版社，2019 年版。

韩长赋主编,《农村改革 40 年：理论与实践——庆祝农村改革 40 周年座谈会文集》，中国农业出版社，2019 年版。

周进、龚云著,《中国农村改革与发展研究》，华中科技大学出版社，2019 年版。

张天佐主编,《深化农村改革与城乡融合发展》，中国农业出版社，

2019 年版。

宋洪远主编,《近代以来中国农村变迁史论（1978—2012）》，清华大学出版社，2019 年版。

伍国勇等著,《农村产权改革与乡村振兴战略对接研究》，人民出版社，2019 年版。

陈锡文著,《中国农村改革：回顾与展望》，知识产权出版社，2020 年版。

张天佐主编,《深化农村改革与城乡融合发展》，中国农业出版社，2020 年版。

杜伟、赵华、黄善明著,《深化农村集体经营性建设用地流转改革研究》，科学出版社，2021 年版。

黄善明等著,《农村土地制度改革历程与现状研究》，科学出版社，2021 年版。

吴宏耀主编,《2021 年农村改革试验区改革实践案例集》，中国农业出版社，2021 年版。

中国农业农村改革大事记

▼

1978 年

1 月 4—26 日，国务院在北京召开第三次全国农业机械化会议。

2 月 13 日，财政部发出《关于对农村社、队办的小铁矿、小煤窑、小电站、小水泥厂免征工商税和所得税的通知》。

5 月 20 日，国务院批转农林部《关于加强种子工作的报告》。

6 月 23 日，中共中央转发湖南省湘乡县委《关于认真落实党的政策，努力减轻农民不合理负担的报告》。

10 月 18 日，《人民日报》发表题为《千方百计解决吃鱼问题》的社论，传达了中共中央、国务院对渔业问题十分关注的信号。

11 月 24 日，安徽省凤阳县小岗村 18 户农民，冒着风险，在包干合同书上按下手印，创造了“保证国家的，留足集体的，剩下都是自己的”的包干到户。这个办法简便易行，深受农民欢迎，揭开了我国农村改革的序幕。

11 月 25 日，三北（西北、华北、东北）防护林体系工程建设启动。

12 月 2 日，国务院批转财政部《关于减轻农村税收负担问题的报告》。

12 月 12 日，中共中央批转《全国知识青年上山下乡工作会议纪要》和《国务院关于知识青年上山下乡若干问题的试行规定》，提出对城市中学生的安排，实行“进学校、上山下乡、支援边疆、城市安排”四个方向的原则。

12月18—22日，党的十一届三中全会在北京举行，原则上同意将《中共中央关于加快农业发展若干问题的决定（草案）》和《农村人民公社工作条例（试行草案）》发到各省、自治区、市讨论和试行。

1979年

2月17—23日，五届全国人大常委会第六次会议决定设立国家农业委员会，撤销农林部，设立农业部。会议原则通过《中华人民共和国森林法（试行）》，并根据国务院的提议，决定3月12日为我国的植树节。

2月23日，国务院下发《关于恢复中国农业银行的通知》。

6月15日，万里在安徽省凤阳县农村调查时，肯定了当地实行的“大包干”。随后，《安徽日报》发表《凤阳县在农村实行“大包干”》一文，向安徽全省介绍了这一做法。

7月3日，国务院印发《关于发展社队企业若干问题的规定（试行草案）》，要求“社队企业有一个大发展”，鼓励农村发展种养业、加工业、建筑业、运输业和各种服务行业。

9月25—28日，党的十一届四中全会在北京召开，正式通过《中共中央关于加快农业发展若干问题的决定》，从充分调动农民的生产积极性和切实加强国家对农业的物质支持和技术支持的指导思想出发，提出发展农业生产力的25项政策和措施。

11月10日，中国农业银行发布《农村社队企业贷款试行办法》，规定发放贷款要按照客观经济规律办事，讲求经济效果，发挥银行信贷的促进和监督作用。

12月2—8日，新中国成立以来第一次全国农村房屋建设工作会议在青岛举行，要求各地认真做好农村房屋建设规划，把新村建设纳入农业基本建设规划，对山、水、田、林、路、村通盘考虑，合理安排。

1980 年

1 月 11 日—2 月 2 日，国家农委在北京召开全国农村人民公社经营管理会议，其间安徽省代表以《联系产量责任制的强大生命力》为题，介绍了安徽农村实行包产到户的情况和好处。

5 月 8 日，国务院批准发布国家农委、农业部、农垦部、国务院科技干部局制定的《农业技术干部技术职称暂行规定》，这是新中国成立以来，第一次就农业技术干部的技术职称问题发布规定。

6 月 23 日—7 月 2 日，国家农委在北京召开东北商品粮基地建设座谈会。

8 月 4 日，国务院批转国家农委《关于东北商品粮基地建设座谈会纪要》。

9 月 14—22 日，中共中央召开各省、市、自治区党委第一书记座谈会，讨论加强和完善农业生产责任制问题。

9 月 27 日，中共中央印发《关于进一步加强和完善农业生产责任制的几个问题》，提出集体经济是我国农业向现代化前进的不可动摇的基础；允许多种经营形式、多种劳动组织、多种计酬办法同时存在；要继续鼓励社员发展家庭副业，以活跃繁荣农村经济。

1981 年

1 月 30 日，国务院印发《关于调整农村社队企业工商税收负担的若干规定》。

2 月 27 日，国务院批转卫生部《关于合理解决赤脚医生补助问题的报告》。

3 月 8 日，中共中央、国务院印发《关于保护森林发展林业若干问题的决定》。

3 月 26 日，国家科委、国家农委等 12 个部委联合发布《关于切实加强农业科技推广工作加速农业发展的联合通知》，指出发展农业，一是靠政策，二是靠科学；农业科技推广工作是整个科技工作的重要组成部分。

3 月 30 日，中共中央、国务院转发国家农委《关于积极发展农村多种经营的报告》，指出积极发展多种经营，是繁荣我国农村经济的一项战略性措施；提出“决不放松粮食生产、积极开展多种经营”的农业发展方针。

5 月 4 日，国务院印发《关于社队企业贯彻国民经济调整方针的若干规定》，充分肯定社队企业是农村经济的重要组成部分，符合农村经济综合发展的方向。

7 月 3 日，国家农委批转水利部《关于在全国加强农田水利工作责任制的报告》，提出不论实行何种生产责任制，均必须注意使农田水利工程的效益得到应有发挥，尤其是实行包产到户、包干到户的地方，更应注意此事。

7 月 13 日，国务院下发《关于新扩大的自留地、饲料地照征农业税的通知》，决定各地适当扩大自留地、饲料地后，对这部分土地原来负担的农业税应继续征收，不要减免。

10 月 5—21 日，全国农村工作会议在北京召开，指出实行各种形式的农业生产责任制，要加强党的领导，坚持集体化方向；农业生产搞责任制长期不变，责任制的形式多样化不变，基本生产资料（主要是土地）的集体所有制长期不变。

12 月 13 日，五届全国人大四次会议通过《关于开展全民义务植树运动的决议》，规定凡条件具备的地方，年满11岁的中华人民共和国公民，除老弱病残者外，因地制宜，每人每年义务植树3到5棵，或者完成相应劳动量的育苗、管护和其他绿化任务。

12月30日，国务院下发《关于严格控制农村劳动力进城做工和农业人口转为非农业人口的通知》，要求采取有效措施，严格控制农村劳动力进城做工和农业人口转为非农业人口，严格控制从农村招工。

1982年

1月1日，中共中央批转《全国农村工作会议纪要》，强调包产到户等各种生产责任制都是社会主义集体经济的生产责任制；提出在建立与完善农业生产责任制的过程中，必须坚持土地的集体所有制，切实注意保护耕地和合理利用耕地。

1月13日，国务院批转国家农委、农业部《关于整顿社队财务的意见》。

2月9日，国务院批转国家经委、国家计委《关于抓好小商品、中小农具生产和供应的意见》。

2月13日，国务院公布《村镇建房用地管理条例》，对村镇建房用地限额和省、地、县三级具体审批权限等问题作出规定，并督促所属县级人民政府及时制订出具体宅基地面积标准，抓紧进行村镇规划（规划可先粗后细，首先解决合理布局、控制用地问题），迅速建立起村镇建房审批制度，做到有章可循、有人管理，坚决刹住乱占滥用耕地之风。

3月18日，国务院印发《关于调整农村社队企业工商税收负担的补充规定》。

4月7日，国务院批转农垦部《关于在精简机构中请各地加强对国营农场领导的报告》。

5月4日，五届全国人大常委会第二十三次会议原则批准《国家建设征用土地条例》，并决定撤销国家农业委员会，将农业部、农垦部、国家水产总局合并，设立农牧渔业部。

6月17日，国务院印发《关于疏通城乡商品流通渠道扩大工业品下乡的决定》，提出改变工业品流通按城乡分工的体制为商品分工、城乡通开的新体制，国营批发公司应当积极支持和辅助基层供销社经营，做好农村生产资料和日用工业品的供应工作。

9月1—11日，党的十二大在北京召开，题为《全面开创社会主义现代化建设的新局面》的报告提出在控制人口增长、保护各种农业资源、保持生态平衡的同时，加强农业的基本建设，改善农业生产条件，实行科学种田，在有限的耕地上生产出更多的粮食和经济作物，并且全面发展林、牧、副、渔各业，以满足工业发展和人民生活水平的需要。

10月17日，中共中央、国务院批转农牧渔业部《关于加速发展淡水渔业的报告》，提出要落实水面使用权，长期使用不变；国家只对国营渔业生产单位和商品鱼基地的产品实行派购政策，其他社队养鱼和社员家庭养鱼，一般不派购。

10月20日，中共中央、国务院印发《关于制止乱砍滥伐森林的紧急指示》，要求各地采取果断措施，限期制止乱砍滥伐森林的事件。

10月27日—11月5日，中宣部、中央书记处农村政策研究室在北京联合召开全国农村思想政治工作会议。

10月29日，中共中央办公厅、国务院办公厅转发中央书记处农村政策研究室、城乡建设环境保护部《关于切实解决滥占耕地建房问题的报告》。

1983 年

1 月 2 日，中共中央印发《当前农村经济政策的若干问题》，提出稳定和完善农业生产责任制是农村工作的主要任务；发展多种多样的合作经济是商品生产的必然要求；坚持以计划经济为主、市场调节为辅的方针，调整购销政策，改革国营商业体制，放手发展合作商业，适当发展个体商业；人民公社的体制要从两方面进行改革，即实行生产责任制特别是联产承包，实行政社分设。

1 月 22 日，国务院办公厅转发商业部起草的《关于完成粮油统购任务后实行多渠道经营若干问题的试行规定》，提出粮食是关系国计民生的第一位重要物资，坚持计划经济为主、市场调节为辅的方针，坚持统购统销政策，坚持国家、集体和个人利益三兼顾和以丰补歉的原则；对农民完成征购、超购任务以后的余粮，允许多渠道经营。

2 月 5 日，国务院印发《城乡集市贸易管理办法》，规定城乡集市贸易的管理，应当在国家计划指导下，充分发挥市场调节的辅助作用，坚持“活而不乱、管而不死”的原则。

2 月 11 日，国务院批转国家体改委、商业部《关于改革农村商品流通体制若干问题的试行规定》。

4 月 22 日，国务院批转劳动人事部、农牧渔业部、林业部、财政部《关于加强农林第一线科技队伍的报告》，提出通过各种渠道，充实和加强农林第一线的科技力量，建立和健全为农民服务的农林科技推广体系；逐步增加农林事业经费，以改善农业第一线科技人员工作条件和生活条件。

5 月 6 日，中共中央、国务院下发《关于加强和改革农村学校教育若干问题的通知》，提出力争 1990 年前基本普及初等教育。

7月19日，中共中央办公厅、国务院办公厅转发国家科委党组《关于当前农村科技工作和体制改革的若干意见》。

10月12日，中共中央、国务院下发《关于实行政社分开建立乡政府的通知》，指出农村改变政社合一体制的首要任务是把政社分开，建立乡政府；同时按乡建立乡党委，并根据生产的需要和群众的意愿逐步建立经济组织。

10月29日，国务院批转商业部《关于调整农副产品购销政策组织多渠道经营的报告》，提出农副产品的购销活动，必须坚持计划经济为主、市场调节为辅的原则，在保证国营商业的主导地位和充分发挥供销合作社作用的同时，允许多渠道经营。

11月19日，国务院下发《关于制止买卖租赁土地的通知》，要求各级政府要建立健全土地管理机构和制度。

11月29日—12月15日，中共中央在北京召开全国农村工作会议，提出1984年要在把重点放在稳定和完善生产责任制的基础上，提高生产力水平，疏通流通渠道，发展商品生产。

1984年

1月1日，中共中央印发《关于一九八四年农村工作的通知》，提出农村工作的重点是在稳定和完善生产责任制的基础上，提高生产力水平，疏通流通渠道，发展商品生产。

2月25日，国务院印发《关于组织和发展农副产品就地加工若干问题的规定》，提出国家规定的重要农副产品的统购、派购任务，必须保证完成；统购、派购任务范围内的农副产品原料，由国家统一安排，统一调拨；对完成国家统购、派购任务后剩余的农副产品和不属于统购、派购范围的农副产品，均可由生产者就地加工。同日，国务院印发

《关于合作商业组织和个人贩运农副产品若干问题的规定》，允许贩运的其他农副产品，在生产单位和个人保证履行合同的条件下，可以边交售、边上市。

2月27日，国务院印发《关于农民个人或联户购置机动车船和拖拉机经营运输业的若干规定》，提出国家允许农民个人或联户用购置的机动车船和拖拉机经营运输业，各地人民政府可根据当地经济发展的实际需要和油料供应的可能，统筹安排，有计划地发展。同日，国务院印发《关于农村个体工商业的若干规定》，鼓励农村剩余劳动力经营社会急需的行业；对于经营手工业、修理业、服务业、饮食业等社会急需行业而确有困难的，国家可以在贷款、价格、税收等方面给予适当的照顾，并在技术上给予必要的帮助；允许农村个体工商业户自理口粮到集镇摆摊设点，有条件的，经工商行政管理机关批准，也可以开店经营。

3月1日，中共中央、国务院转发农牧渔业部和部党组《关于开创社队企业新局面的报告》，指出乡镇企业是多种经营的重要组成部分，是农业生产的重要支柱，是广大农民群众走向共同富裕的重要途径，是国家财政收入新的重要来源。

7月19日，国务院批转国家体改委、商业部、农牧渔业部《关于进一步做好农村商品流通工作的报告》，提出发展国营、集体、个体多种经济形式，实行多渠道流通；调整农副产品购销政策。继续减少统购、派购品种。改进价格管理办法，要在计划经济为主、市场调节为辅的原则下，调整农副产品价格政策和管理权限。

8月6日，国务院批转中国农业银行《关于改革信用合作社管理体制的报告》，要求通过改革，恢复和加强信用合作社组织上的群众性、管理上的民主性、经营上的灵活性，在国家方针、政策指导下，实行独立经营、独立核算、自负盈亏，充分发挥民间借贷的作用。

9月29日，中共中央、国务院下发《关于帮助贫困地区尽快改变面貌的通知》。

10月13日，国务院下发《关于农民进入集镇落户问题的通知》，要求各级人民政府积极支持有经营能力和有技术专长的农民进入集镇经营工商业，任何组织和个人不得随意侵占他们的合法利益。

12月6—22日，中共中央在北京召开全国农村工作会议，要求改革农产品统购派购制度，在国家计划指导下，扩大市场调节，使农业生产适应市场的需求，促进农村产业结构的合理化，进一步解放农村生产力。

12月13日，国务院下发《关于筹措农村学校办学经费的通知》，要求开辟多种渠道筹措农村学校办学经费，除国家拨给的教育事业费外，乡人民政府可以征收教育事业费附加，并鼓励社会各方面和个人自愿投资在农村办学。

1985年

1月1日，中共中央、国务院印发《关于进一步活跃农村经济的十项政策》，指出打破集体经济中的“大锅饭”以后，农村的工作重点是，进一步改革农业管理体制，改革农产品统派购制度，在国家计划指导下，扩大市场调节，使农业生产适应市场需要，促进农村产业结构的合理化，进一步把农村经济搞活。

3月11日，中共中央、国务院印发《关于放宽政策、加速发展水产业的指示》，要求迅速打开水产业的新局面，如期实现到20世纪末全国水产品产量翻两番、产值翻两番多的奋斗目标。

3月27日—4月10日，六届全国人大三次会议在北京召开。题为《当前的经济形势和经济体制改革》的政府工作报告提出，农村经济要继续完善家庭联产承包责任制，改革农产品的统派购制度，积极推进产业结构的调整；逐步建立农林牧副渔全面发展、农工商运综合经营的合理的产业结构，使我国丰富的农业资源和农村劳动力得到合理的利用；鼓励农民根据自愿互利的原则，发展多种形式的联合经营，逐步完善农村合作经济。

4月8—14日，农牧渔业部在北京召开全国农业机械化管理工作改革座谈会。

4月26日，国务院批转民政部等部门《关于扶持农村贫困户发展生产治穷致富的请示》。

5月6日，国务院办公厅转发农牧渔业部《关于改进大中城市农牧渔业工作的报告》。

5月17日，国务院批转财政部《关于农业税改为按粮食“倒三七”比例价折征代金问题的请示》。

6月18日，六届全国人大常委会第十一次会议通过《中华人民共和国草原法》。

9月18—23日，党的十二届四中全会在北京召开，通过《中共中央关于制定国民经济和社会发展第七个五年计划的建议》，提出“七五”期间，要依靠政策和科学，进一步改善生产条件，继续促进农业的全面稳定发展的农业方针。

10月31日，中共中央、国务院下发《关于制止向农民乱派款、乱收费的通知》，要求对减轻农民负担问题进行一次彻底检查，并采取断然措施，切实加以解决：要建立控制农村公共事业经费筹集和使用的制度，通过立法程序，严格规定筹资的范围和限额，并实行预决算制度和财政监督。

12月5—21日，中共中央、国务院在北京召开中央农村工作会议，强调“决不放松粮食生产，积极发展多种经营”是指导农业生产的根本方针：发展乡镇企业是振兴我国农村经济的必由之路，应坚持“积极扶持，合理规划，正确引导，加强管理”的方针，使之健康发展。

1986年

1月1日，中共中央、国务院印发《关于一九八六年农村工作的部署》，提出农产品统派购制度改革的重点是围绕已经实行的政策，加强后续工作，以巩固和扩大改革的成果：为保护和鼓励农民生产和交售粮食的积极性，需要适当减少合同定购数量，扩大市场议价收购比重，并对签订合同的农民按平价供应一定数量的化肥，给予优先贷款。

1月20日，六届全国人大常委会第十四次会议通过《中华人民共和国渔业法》。

3月21日，中共中央、国务院下发《关于加强土地管理、制止乱占耕地的通知》，指出珍惜和合理利用每寸土地，切实保护耕地，是我国必须长期坚持的一项基本国策。

6月25日，六届全国人大常委会第十六次会议通过《中华人民共和国土地管理法》。

7月21日，国务院转发财政部、农牧渔业部、水利电力部《关于加强发展粮食生产专项基金管理的若干规定》，要求凡是使用资金的地区和部门，都必须围绕发展粮食生产，保证这项资金直接用于改善生产条件，改进技术措施，增加粮食产量，增强粮食生产后劲。

9月26日，中共中央、国务院下发《关于加强农村基层政权建设工作的通知》，宣布全国农村人民公社政社分开、建立乡政府的工作已经全部结束。

11月8—12日，中共中央、国务院在北京召开中央农村工作会议，认为农村经济改革由突破转向纵深发展，经济由超常规增长转入常规性增长：整个农村经济改革的根本出发点和目标是发展有计划的商品经济，建设具有中国特色的社会主义新农村。

1987 年

1 月 22 日，中共中央印发《把农村改革引向深入》，提出继续改革统派购制度，搞活农村金融，进一步完善双层经营，稳定家庭联产承包制，发展多种形式的经济联合，保护农村各类自营专业户、个体经营者合法权益，促进劳动力向乡镇企业转移，加强基层组织建设和思想建设，有计划地建立改革试验区。

3 月 30 日—4 月 1 日，农牧渔业部和国家计委召开“七五”商品粮基地建设会议，商讨拟定了“七五”商品粮基地建设试行办法，安排了“七五”第一批商品粮基地的建设计划方案，部署了各地商品粮基地的建设任务。

4 月 1 日，国务院公布《中华人民共和国耕地占用税暂行条例》，规定占用耕地建房或者从事其他非农业建设的单位和个人，应当缴纳耕地占用税。

6 月 6 日，国务院批转中央爱国卫生运动委《关于落实“七五”期间农村改水工作报告》，指出搞好农村改水，是关系到预防疾病，保护亿万农民身体健康，发展农村经济的一件大事。

6 月 10 日，国务院批转国家体改委、商业部、财政部《关于深化供销合作社体制改革的意见》。

10 月 30 日，国务院下发《关于加强贫困地区经济开发工作的通知》。

11 月 24 日，六届全国人大常委会第二十三次会议通过《中华人民共和国村民委员会组织法（试行）》。

1988 年

1 月 3 日，国务院下发《关于完善粮食合同定购“三挂钩”政策的通知》，指出 1988 年度，中央按照分配的粮食合同定购任务和规定的挂钩标准，把化肥、柴油和预购定金下拨给各省、自治区、直辖市包干使用。

7 月 7 日，农业部举行新闻发布会，宣布组织实施“菜篮子”工程，以保障城乡副食品供给。

9 月 27 日，国务院印发《关于加强粮食管理稳定粮食市场的决定》，指出国家粮食储备和周转库存，粮权属于中央，必须服从统一调度，决不允许以任何借口有粮不调；逐步建立粮食批发市场，有秩序地组织市场调节。

9 月 28 日，国务院印发《关于化肥、农药、农膜实行专营的决定》，指出国家委托商业部中国农业生产资料公司和各级供销合作社的农业生产资料经营单位对化肥、农药、农膜实行专营，其他部门、单位、个人一律不准经营上述商品。

10 月 9 日，国务院批复农业部、财政部、国家物价局《关于渔业资源增殖保护费征收使用办法》，要求凡在中华人民共和国的内水、滩涂、领海以及中华人民共和国管辖的其他海域采捕天然生长和人工增殖水生动植物的单位和个人，必须依照此办法缴纳渔业资源增殖保护费。

11 月 2—7 日，全国农村工作会议在北京召开，提出解决农业问题，必须依靠改革、深化改革，要逐步推进农产品流通体制和价格改革，主要农产品价格继续实行计划管理与市场调节相结合的“双轨制”。

11 月 2 日，国务院批转水利部《关于依靠群众合作兴修农村水利的意见》，指出兴修农村水利，仍应贯彻以自力更生为主、国家支援为辅的方针，实行劳动积累，多层次、多渠道集资兴修农村水利，并逐步做到常年化、制度化。

11 月 25 日，中共中央、国务院印发《关于夺取明年农业丰收的决定》，指出发展乡镇企业，要根据国家的宏观要求和市场需要，主动调整产业和产品结构，大力提高管理水平和产品质量，以效益求生存、求发展。

12 月 11 日，国务院下发《关于建立农业发展基金增加农业资金投入的通知》，提出根据我国农业和国民经济发展的需要，增加农业的资金投入。

12 月 29 日，七届全国人大常委会第五次会议通过《关于修改〈中华人民共和国土地管理法〉的决定》，其中新增条款规定：“国有土地和集体所有的土地的使用权可以依法转让。”

1989 年

3 月 13 日，国务院公布《中华人民共和国种子管理条例》。同日，国务院下发《关于进一步做好农林特产农业税征收工作的通知》，提出全面征收农林特产税，扩大征税范围，改进计税办法，农林特产税按照产品实际收入计算征税。

10 月 15 日，国务院印发《关于大力开展农田水利基本建设的决定》。

11 月 6—9 日，党的十三届五中全会在北京召开，审议并通过《关于进一步治理整顿和深化改革的决定》，提出要迅速在全党全国营造一个重视农业、支援农业和发展农业的热潮，齐心协力把农业搞上去，确保粮食、棉花等主要农产品的稳定增长，促进农林牧副渔全面发展。

11 月 27 日，国务院印发《关于依靠科技进步振兴农业加强农业科技成果推广工作的决定》，提出建立健全各种形式的农业技术推广服务组织，积极支持各级农业科技推广机构深化内部改革。

1990年

2月3日，国务院印发《关于切实减轻农民负担的通知》，明确规定农民负担的比例，改进农民负担的提取办法，建立健全监督管理体系。

2月12日，农业部发布《农民股份合作企业暂行规定》，是国家对农民股份合作企业实行规范化管理和企业开展生产经营活动的法律依据。

2月23日，国务院批转国务院贫困地区经济开发领导小组《关于九十年代进一步加强扶贫开发工作的请示》。

4月13日，农业部发布《乡镇企业承包经营责任制规定》，提出承包经营责任制是在坚持社会主义劳动群众集体所有制的前提下，按照所有权与经营权分离的原则，以承包经营合同形式，确定劳动群众集体经济组织与企业的责权利关系，是企业自主经营、自负盈亏、自我约束的经营管理制度。

6月3日，国务院公布《中华人民共和国乡村集体所有制企业条例》。

6月16—22日，中共中央政策研究室在北京召开农村工作座谈会，分析讨论了农村工作中带有共性的问题，提出了深化农村改革、发展农村经济中需要进一步解决和调查研究的问题。

7月24日，国务院印发《关于加强粮食购销工作的决定》。

8月3日，林业部发出《关于加强乡村林场建设若干问题的通知》。

9月16日，国务院印发《关于建立国家专项粮食储备制度的决定》，决定建立国家专项粮食储备制度。

11月10—15日，全国粮食工作会议在北京召开。国务院决定从1990年秋粮收购开始，将合同定购改为国家定购，交售国家定购粮作为农民应尽义务，必须保证完成。

12 月 13 日，中共中央批转《全国村级组织建设工作座谈会纪要》，要求各地增加村务公开的程序，接受村民对村民委员会工作的监督。

1991 年

1 月 17 日，国务院批转卫生部、农业部等部门《关于改革和加强农村医疗卫生工作的请示》，提出稳步推行合作医疗保健制度，为实现“人人享有卫生保健”提供社会保障。

5 月 20 日，国务院批转国家体改委《关于一九九一年经济体制改革要点》，指出要继续推进农产品流通体制改革，按照“稳购、压销、调价、包干”的原则，稳步推进粮食购销体制改革。

10 月 28 日，国务院下发《关于加强农业社会化服务体系建设的通知》，强调农村社会化服务的形式，要以乡村集体和合作经济组织为基础，以专业经济技术部门为依托，以农民自办服务为补充，形成多经济成分、多渠道、多形式、多层次的服务体系。同日，国务院下发《关于进一步搞活农产品流通的通知》，要求进一步完善农产品放管结合的购销政策，遵循计划经济与市场调节相结合的原则，国家对农产品流通问题总的要求是：随着农村商品经济的发展，适当缩小指令性计划管理，完善指导性计划管理，更多地发挥市场机制的作用。

11 月 25—29 日，党的十三届八中全会在北京召开，审议并通过《中共中央关于进一步加强农业和农村工作的决定》，提出 20 世纪 90 年代农业和农村工作的主要任务，并要求把以家庭联产承包为主的责任制、统分结合的双层经营体制作为我国乡村集体经济组织的一项基本制度长期稳定下来，不断充实完善。

12 月 7 日，国务院公布《农民承担费用和劳务管理条例》，将减轻农民负担工作纳入法制管理的轨道。

1992 年

1 月 8 日，国务院办公厅和国务院研究室联合召开农科教三结合工作座谈会，提出要把农科教三结合工作在全国逐步推开，使其健康发展，促进农业和农村经济的现代化，保证我国经济发展第二步战略目标的实现。

2 月 10 日，国务院批转国家土地管理局、农业部《关于在全国开展基本农田保护工作的请示》。

2 月 12 日，国务院下发《关于积极实行农科教结合推动农村经济发展的通知》，指出农村科技事业要围绕农业生产和农村经济建设的发展规划和开发项目，开展适用技术研究，加快科技成果的转化，促进农村的科技进步。

3 月 18 日，国务院批转农业部《关于促进乡镇企业持续健康发展报告》，提出乡镇企业的发展，应继续坚持以社会主义集体所有制为主体的多种经济成分并存的所有制结构，实行乡（含镇）办、村（含村民小组）办、联户（含农民合作）办和户（即个体、私营）办乡镇企业；在尊重群众意愿的基础上，乡村集体企业可有计划、有步骤地试行或推行股份制，明确产权关系。

9 月 25 日，国务院印发《关于发展高产优质高效农业的决定》。

1993 年

2 月 14 日，国务院印发《关于加快发展中西部地区乡镇企业的决定》，要求把加快发展乡镇企业作为中西部地区经济工作的一个战略重点来抓。

2月15日，国务院下发《关于加快粮食流通体制改革的通知》，提出积极稳步地放开粮食价格和经营，粮食价格改革总的原则是：统一政策，分散决策，分类指导，逐步推进。争取在两三年内全部放开粮食价格。

2月20日，国务院下发《关于建立粮食收购保护价格制度的通知》，决定建立粮食收购保护价格制度。

3月8日，国务院批转国家体改委《关于一九九三年经济体制改革要点》，指出1993年的农村改革，要健全和发展农村社会化服务体系，推进县级综合改革。

6月29日，国务院公布《村庄和集镇规划建设管理条例》。

7月2日，八届全国人大常委会第二次会议通过《中华人民共和国农业法》《中华人民共和国农业技术推广法》。

7月22日，中共中央办公厅、国务院办公厅发出《关于涉及农民负担项目审核处理意见的通知》，取消了中央和国家机关的37项集资、收费和基金项目，以及43项达标升级活动。

8月20日，国务院第七次常务会议审议通过《九十年代农业发展纲要（草案）》，指出坚持把加强农业放在首位，是事关全局的头等大事，并提出20世纪90年代我国农业发展的主要目标。

10月18—21日，中央农村工作会议在北京召开，提出当前深化农村改革，应以培育市场主体、健全市场体系、加强宏观指导和对农业的保护为主要内容，加快建立适应社会主义市场经济要求的农村经济运行机制和管理体制。

11月5日，中共中央、国务院印发《关于当前农业和农村经济发展的若干政策措施》，指出以家庭联产承包为主的责任制和统分结合的双层经营体制，是我国农村经济的一项基本制度，要长期稳定，并不断完善。在原定的耕地承包期到期之后，再延长30年不变。

1994年

1月30日，国务院印发《关于对农业特产收入征收农业税的规定》。

2月28日—3月3日，国务院召开全国扶贫开发工作会议，部署实施“国家八七扶贫攻坚计划”，要求在20世纪末最后的7年内基本解决全国8000万贫困人口的温饱问题。

4月10日，中共中央、国务院印发《关于1994年农业和农村工作的意见》。

4月15日，国务院印发《国家八七扶贫攻坚计划（1994—2000年）》，提出从1994年到2000年的7年时间里，基本解决8000万人的温饱问题。这是新中国历史上第一个有明确目标、明确对象、明确措施和明确期限的扶贫开发行动纲领。

5月23日，国务院办公厅转发财政部《关于农业综合开发若干政策的通知》，提出国家立项的农业综合开发是政府保护、支持农业发展，对农业实施宏观调控的重要手段之一。

6月8日，国务院办公厅转发国家计委《关于建设高产优质高效农业示范区和扶持粮棉大县发展经济的报告》，提出充分发挥地区资源优势，优化农业生产和农村产业结构，引导和推动高产优质高效农业的发展，以市场为导向，以效益为中心，进行科技、资金、物资等生产要素的综合投入，在农产品品种和质量方面进行深度开发，以生产、加工、储蓄、运销一体化的经济实体为龙头，使示范区生产商品化、服务系列化。

8月18日，国务院公布《中华人民共和国基本农田保护条例》。

11月5日，中共中央下发《关于加强农村基层组织建设的通知》，指出实现新时期党在农村的历史任务，必须大力加强农村基层组织建设。

1995 年

2 月 27 日，中共中央、国务院印发《关于深化供销合作社改革的决定》，强调把供销合作社真正办成农民的合作经济组织，理顺供销合作社的组织体制，强化供销合作社为农服务的功能，完善供销合作社的经营机制。

3 月 28 日，国务院批转农业部《关于稳定和完善土地承包关系的意见》，提出发包方与农户签订的合同，应在原承包合同期满后续签，把土地承包期再延长 30 年；提倡在承包期内实行“增人不增地，减人不减地”；在坚持土地集体所有和不改变土地农用的前提下，经发包方同意，允许承包方在承包期内，对承包标的依法转包、转让、互换、入股。

10 月 19 日，国务院办公厅转发民政部《关于进一步做好农村社会养老保险工作意见》，强调通过政策引导、村民和企业职工民主讨论等方法，帮助群众解除各种思想疑虑，吸引群众参加养老保险。

12 月 31 日，国务院下发《关于加强农村集体资产管理工作的通知》，要求各级人民政府要高度重视农村集体资产管理工作，健全农村集体资产管理的法规和制度，加强集体资产管理方面的立法和制度建设。

1996 年

1 月 5—8 日，中央农村工作会议在北京召开，研究实现“九五”农业和农村经济发展的基本思路，重点部署 1996 年的农业和农村工作。

1 月 21 日，中共中央、国务院印发《关于“九五”时期和今年农村工作的主要任务和政策措施》，指出深化农村改革总的目标是，逐步建立起与社会主义市场经济相适应的农村经济体制和运行机制。

7月13—14日，全国农村金融体制改革工作会议在北京召开。会议指出，深化农村金融体制改革的目标是，建立和完善以合作金融为基础，商业性金融、政策性金融机构分工协作的服务体系。

8月22日，国务院印发《关于农村金融体制改革的决定》，指出中国农业银行不再领导管理农村信用社，明确农村信用社管理体制改革是农村金融体制改革的重点。

9月23—25日，中央扶贫工作会议在北京召开，指出到20世纪末基本解决我国农村贫困人口的温饱问题，是中央既定的战略目标；由救济式扶贫转向开发式扶贫，是扶贫工作的重大改革，也是扶贫工作的一项基本方针。

10月23日，中共中央、国务院印发《关于尽快解决农村贫困人口温饱问题的决定》，提出要围绕解决群众温饱问题，发动群众治水、改土、种树、修路，加强基础设施建设，改善生产条件和生态环境，实现可持续发展。

10月29日，八届全国人大常委会第二十二次会议通过《中华人民共和国乡镇企业法》。

12月30日，中共中央、国务院印发《关于切实做好减轻农民负担工作的决定》，要求切实把不合理的农民负担减下来，并长期稳定在政策规定的范围之内。

1997年

1月10—13日，中央农村工作会议在北京召开，强调以家庭联产承包为主的责任制和统分结合的双层经营体制，是我国农村的基本经营制度；稳定和完善这一基本制度，是深化农村改革的出发点。

4月15日，中共中央、国务院下发《关于进一步加强土地管理切实保护耕地的通知》，正式确立土地用途管理制度。

4 月 23 日，国务院第五十五次常务会议通过《小城镇户籍管理制度改革试点方案》《关于完善农村户籍管理制度的意见》。

6 月 5 日，国务院办公厅转发中国人民银行《关于进一步做好农村信用社管理体制改革工作的意见》，要求切实加强对农村信用社管理体制改革工作的领导，建立农村合作金融管理体制。

8 月 27 日，中共中央办公厅、国务院办公厅发出《关于进一步稳定和完善农村土地承包关系的通知》，指出集体土地实行家庭联产承包制度，是一项长期不变的政策。

1998 年

1 月 7—9 日，中央农村工作会议在北京召开，提出深化农村改革，总的要求是按照“三个有利于”的原则，既要解放思想，更新观念，加大改革力度，解决影响生产力发展的突出问题，又要从实际出发，注重实效防止“一哄而起”、“一刀切”，造成不良后果。

4 月 18 日，中共中央办公厅、国务院办公厅发出《关于在农村普遍实行村务公开和民主管理制度的通知》，强调村务公开的重点是财务公开；实行民主管理，首先要坚持和完善村民会议或村民代表会议制度。

4 月 27—29 日，全国粮食流通体制改革工作会议在北京召开，强调粮食流通体制改革的基本原则是“四分开一完善”，即实行政企分开、储备与经营分开、中央与地方责任分开、新老财务账目分开，完善粮食价格机制。

5 月 10 日，国务院印发《关于进一步深化粮食流通体制改革的决定》，提出继续实行按保护价敞开收购农民余粮、粮食收储企业顺价销售、粮食收购资金封闭运行的三项政策。

6月6日，《中华人民共和国粮食收购条例》正式施行，其目的是加强粮食收购管理，维护粮食市场秩序，保障粮食供应，保护农民和其他粮食生产者的合法权益。

7月10日，农业部发出《关于当前深化乡镇企业改革有关问题的通知》，要求不断完善乡村集体企业改革的多种形式。

10月14日，党的十五届三中全会通过《中共中央关于农业和农村工作若干重大问题的决定》，提出了从20世纪末到2010年，建设有中国特色社会主义新农村的奋斗目标，确定了实现这些目标必须坚持的十条方针。

11月4日，九届全国人大常委会第五次会议修订通过《中华人民共和国村民委员会组织法》。

11月28日，国务院印发《关于深化棉花流通体制改革的决定》，提出从1999年9月1日起，棉花的收购价格、销售价格主要由市场形成，国家不再作统一规定。

12月27日，国务院公布《中华人民共和国基本农田保护条例》。

12月28—30日，中央农村工作会议在北京召开，就农业和农村的跨世纪发展作出了全面部署，强调1999年着力抓好增加农民收入和保持农村稳定两件关系全局的大事。

1999年

2月13日，中共中央印发《中国共产党农村基层组织工作条例》。

7月29日，国务院办公厅转发农业部《关于当前调整农业生产结构若干意见的通知》，指出在继续改善农业生产条件、稳定提高农业综合生产能力的前提下，适应农业发展新阶段的需求，面向国内外市场，依靠科技进步，着力改善农产品的品种和质量，发挥区域比较优势，大力发展高产优质高效农业，提高农业的综合效益。

8月31日，国务院办公厅转发农业部、中编办、人事部、财政部《关于稳定基层农业技术推广体系的意见》。

2000年

1月5—6日，中央农村工作会议在北京举行，提出为适应农业和农村经济发展新阶段的要求，必须大力推进农业和农村经济结构战略性调整，全面提高农业和农村经济的素质和效益，增加农民收入。

1月16日，中共中央、国务院印发《关于做好2000年农业和农村工作的意见》。

3月2日，中共中央、国务院下发《关于进行农村税费改革试点工作的通知》，探索建立规范的农村税费制度，从根本上减轻农民负担的有效办法。

6月13日，中共中央、国务院印发《关于促进小城镇健康发展的若干意见》，指出发展小城镇是实现我国农村现代化的必由之路。

7月8日，九届全国人大常委会第十六次会议审议通过《中华人民共和国种子法》。

9月10日，国务院印发《国务院关于进一步做好退耕还林还草试点工作的若干意见》。

10月8日，农业部、国家计委、国家经贸委等八部门印发《关于扶持农业产业化经营重点龙头企业的意见》，重点扶持一批龙头企业，积极推进农业产业化经营。

10月11日，国务院下发《国务院关于进一步推进全国绿色通道建设的通知》，要求各地、各部门进一步推进全国绿色通道建设。

2001 年

1 月 3—5 日，中共中央在北京召开农村工作会议，提出通过改革开放和科技进步，推进农业和农村经济结构调整，努力增加农民收入，确保国家粮食安全，保持农村社会稳定。

1 月 11 日，中共中央、国务院印发《关于做好 2001 年农业和农村工作的意见》，提出加快农村税费改革，从根本上减轻农民负担；深化农业科技和教育体制改革，大力推进农业科技进步；改革农村信用合作社，改善农村金融服务。

1 月 15 日，全国农业科学技术大会在北京召开，其主题是大力推进新的农业科技革命，加速农业由主要追求数量向注重质量效益的根本转变，为新阶段农业和农村经济发展提供科技支撑。此外，还讨论了《农业科技发展纲要》，安排部署“十五”期间的农业科技工作。

5 月 24 日，中央扶贫开发工作会议在北京召开。这次扶贫开发工作会议是进入 21 世纪以后，党中央、国务院召开的一次具有重要现实意义和深远历史意义的会议。其主要任务是总结《国家八七扶贫攻坚计划》实施以来的成就和经验，讨论《中国农村扶贫开发纲要（2001—2010 年）》。

7 月 31 日，国务院印发《关于进一步深化棉花流通体制改革的意见》《关于进一步深化粮食流通体制改革的意见》。

8 月 20 日，全国粮食工作会议在北京召开，决定进一步深化粮食流通体制改革，继续完善有关政策措施。

8 月 28 日，农业部、建设部、国土部联合发出《关于促进乡镇企业向小城镇集中发展的通知》。

12 月 30 日，中共中央印发《关于做好农户承包地使用权流转工作通知》，强调在稳定家庭承包经营制度的基础上，允许土地使用权合理流转，是农业发展的客观要求，也符合党的一贯政策。

2002 年

1 月 6—7 日，中央农村工作会议在北京举行，提出要坚定不移地推进农业和农村经济结构的战略性调整，提高农业整体素质和效益，促进农民收入持续稳定增长。

1 月 10 日，中共中央、国务院印发《关于做好 2002 年农业和农村工作的意见》，提出发展农业产业化经营，要充分认识龙头企业对调整农业结构、增加农民收入的重要作用，进一步加大扶持力度，尽快培育一批辐射面广、带动力强的龙头企业。同日，国务院西部开发办公室召开退耕还林工作电视电话会议，确定在过去两年试点工作的基础上，全面启动退耕还林工程。

3 月 27 日，国务院办公厅发出《关于做好 2002 年扩大农村税费改革试点工作的通知》，强调要努力做到“三个确保”，即确保农民负担得到明显减轻、不反弹，确保乡镇机构和村级组织正常运转，确保农村义务教育经费正常需要。

4 月 14 日，国务院办公厅发出《关于完善农村义务教育管理体制的通知》。

6 月 10 日，卫生部、国家计委、财政部、农业部、国家环保总局、全国爱卫会、国家中医药局发布《中国农村初级卫生保健发展纲要（2001—2010 年）》。

7 月 23 日，国务院召开全国“菜篮子”工作会议，强调新阶段“菜篮子”工作的任务是，以保障“菜篮子”产品长期稳定供给为目标，以提高“菜篮子”产品质量卫生安全水平为核心，加快实现由比较注重数量向更加注重质量、保证卫生和安全转变；逐步实现由阶段性供求平衡，向建立长期稳定供给机制转变，促进农业增效、农民增收。

8月29日，九届全国人大常委会第二十九次会议通过《中华人民共和国农村土地承包法》。

10月19日，中共中央、国务院印发《关于进一步加强农村卫生工作的决定》，提出到2010年，在全国农村基本建立起适应社会主义市场经济体制要求和农村经济社会发展水平的农村卫生服务体系和农村合作医疗制度。

10月24—25日，全国农村税费改革试点工作座谈会在河南郑州召开。至此，试点工作已在全国20个省份全面展开，试点地区农业人口达6.2亿，约占全国农业人口总数的四分之三。

12月14日，国务院公布《退耕还林条例》。

12月26日，中共中央政治局召开会议分析和研究农业和农村工作，强调全面建设小康社会，加快推进社会主义现代化，必须统筹城乡经济社会发展，更多地关注农村，关心农民，支持农业，把农业、农村、农民问题作为全党工作的重中之重，放在更加突出的位置。

2003年

1月7—8日，中央农村工作会议在北京召开，强调必须统筹城乡经济社会发展，把解决好农业、农村和农民问题作为全党工作的重中之重，放在更加突出的位置，坚持“多予、少取、放活”的方针，发挥城市对农村带动作用，实现城乡经济社会一体化发展。

1月16日，中共中央、国务院印发《关于做好农业和农村工作的意见》。同日，国务院办公厅转发卫生部、财政部和农业部《关于建立新型农村合作医疗制度的意见》，提出到2010年，实现在全国建立基本覆盖农村居民的新型农村合作医疗制度的目标。

3月1日,《中华人民共和国农村土地承包法》开始施行。

3月27日，国务院印发《关于全面推进农村税费改革试点工作的意见》，要求积极稳妥地全面推进农村税费改革试点工作；通过不断调整和完善收入分配政策，逐步实行城乡统一的税费制度，进一步解放和发展农村生产力。

6月25日，中共中央、国务院印发《关于加快林业发展的决定》，要求进一步完善林业产权制度，确立以生态建设为主的林业可持续发展道路。

6月27日，国务院印发《深化农村信用社改革试点方案》，从2003年下半年开始进行农村信用社改革试点，通过改革，把信用社逐步办成为农民、农业和农村经济发展服务的地方金融机构。

9月17日，国务院印发《关于进一步加强农村教育工作的决定》，明确农村教育在全面建设小康社会中的重要地位，把农村教育作为教育工作的重中之重；加快推进“两基”攻坚，巩固提高普及义务教育的成果和质量。

9月19日，全国农村教育工作会议在北京召开，强调充分认识农村义务教育在整个国民教育体系中举足轻重的地位。

12月25日，中央农村工作会议在北京闭幕，提出了2004年农业和农村工作的总体要求，要求坚持“多予、少取、放活”的方针，坚持党的农村基本政策，调整农业和农村经济结构，提高粮食生产能力。

12月31日，中共中央、国务院印发《关于促进农民增加收入若干政策的意见》，对增加农民收入作了多方面的规定，要求调整农业结构、扩大农民就业、加快科技进步，力争实现农民收入较快增长，尽快扭转城乡居民收入差距不断扩大的趋势。

2004年

1月16日，信息产业部发出《关于在部分省区开展村通工程试点工作的通知》，同时发布《农村通信普遍服务——村通工程实施方案》，要求电信业务经营者采取“分片包干”的方式承担通信普遍服务义务，以完成“十五”规划中农村通信发展目标。

3月5日，十届全国人大二次会议的《政府工作报告》宣布：“从今年起，中国逐步降低农业税税率，平均每年降低一个百分点以上，五年内取消农业税。”

3月17日，农业部、财政部发布《农业机械购置补贴资金使用管理办法（试行）》，规定补贴资金的使用应遵循公开、公正、农民直接受益的原则，补贴对象是农民个人和直接从事农业生产的农机服务组织。

4月2日，国务院常务会议讨论并原则通过《国家优质粮食产业工程建设规划（2004—2010年）》，把2004年至2007年作为一期项目，2008年至2010年作为二期项目；提出到2007年末，实现新增粮食综合生产能力200亿千克以上、农民人均增收100元、扩大农民就业330万人的目标。

5月23日，国务院印发《关于进一步深化粮食流通体制改革的意见》，强调放开购销市场，直接补贴粮农，转换企业机制，维护市场秩序，加强宏观调控。

6月25日，十届全国人大常委会第十次会议通过《中华人民共和国农业机械化促进法》，规定县级以上人民政府应当把推进农业机械化纳入国民经济和社会发展计划，采取财政支持和实施国家规定的税收优惠政策以及金融扶持等措施，逐步提高对农业机械化的资金投入。

7月5—6日，全国农村税费改革试点工作会议在北京召开。

10月21日，国务院印发《关于深化改革严格土地管理的决定》。

10月22—23日，全国新型农村合作医疗试点工作会议在北京召开。

12月27日，国务院办公厅发出《关于进一步做好改善农民进城就业环境工作的通知》。

12月31日，中共中央、国务院印发《关于进一步加强农村工作提高农业综合生产能力若干政策的意见》，强调农业依然是国民经济发展的薄弱环节；要把加强农业基础设施建设，加快农业科技进步，提高农业综合生产能力，作为一项重大而紧迫的战略任务，切实抓紧抓好。

2005年

6月6—7日，全国农村税费改革试点工作会议在北京召开，要求积极稳妥推进以乡镇机构、农村义务教育和县乡财政体制为主要内容的综合改革试点。

8月4日，国务院扶贫办、中央精神文明办、教育部、科技部、交通部、水利部、农业部、卫生部、国家广电总局、国家林业局等单位联合发布《关于共同做好整村推进扶贫开发构建和谐文明新村工作的意见》。

11月7日，中共中央办公厅、国务院办公厅印发《关于进一步加强农村文化建设的意见》。

12月23日，国务院常务会议决定深化农村义务教育经费保障机制改革，全面构建农村义务教育经费保障新机制。

12月28—29日，中央农村工作会议在北京举行，讨论《中共中央、国务院关于推进社会主义新农村建设的若干意见（讨论稿）》。

12月29日，十届全国人大常委会第十九次会议决定，自2006年1

月1日起废止《中华人民共和国农业税条例》，同时公布《中华人民共和国畜牧法》。

12月31日，中共中央、国务院印发《关于推进社会主义新农村建设的若干意见》，指出解决好“三农”问题仍然是工业化、城镇化进程中重大而艰巨的历史任务；确定“以工业反哺农业、城市支持农村”为基本策略，要求完善强化支农政策，加强基础设施建设，推进农村综合改革，促进农民持续增收。

2006年

1月21日，国务院公布《农村五保供养工作条例》。

1月31日，国务院印发《关于解决农民工问题的若干意见》，指出要逐步建立城乡统一的劳动力市场和公平竞争的就业制度，建立保障农民工合法权益的政策体系和执法监督机制，建立惠及农民工的城乡公共服务体制和制度。

3月1日，国务院常务会议审议并原则通过《农村卫生服务体系建设与发展规划》。

4月6日，财政部、教育部联合印发《农村义务教育经费保障机制改革中央专项资金支付管理暂行办法》，将农村义务教育经费保障机制改革中，中央财政负担的免费教科书资金、免杂费补助资金、公用经费补助资金、校舍维修改造资金等中央专项资金纳入国库集中支付管理。

4月12日，国务院常务会议审议并原则通过《国务院关于粮食流通体制改革政策措施的意见》《中华人民共和国濒危野生动植物进出口管理条例（草案）》。

4月29日，十届全国人大常委会第二十一次会议审议通过《中华人民共和国农产品质量安全法》。

5月19日，国务院办公厅印发《关于推进种子管理体制改革加强市场监管的意见》，提出种子生产经营机构与农业行政管理部门的分开工作要在2007年6月底之前完成。

8月28日，国务院印发《关于深化改革加强基层农业技术推广体系建设的意见》。

9月1—2日，全国农村综合改革工作会议在北京举行。这标志着继农村家庭承包经营、农村税费改革之后，我国农村改革目前已进入“第三步”改革的新阶段。

9月20日，国务院办公厅发出《关于进一步做好新时期广播电视村村通工作的通知》。

10月8日，国务院下发《关于做好农村综合改革工作有关问题的通知》，对推进以乡镇机构改革、农村义务教育改革、县乡财政体制改革为主要内容的农村综合改革工作进行了全面部署。

10月31日，十届全国人大常委会第二十四次会议通过《中华人民共和国农民专业合作社法》。

11月13日，中共中央办公厅、国务院办公厅印发《关于加强农村基层党风廉政建设的意见》。这是党中央对农村基层党风廉政建设工作第一次作出全面系统的部署，是此后一个时期加强农村基层党风廉政建设的指导性文件。

12月31日，中共中央、国务院印发《关于积极发展现代农业扎实推进社会主义新农村建设的若干意见》，提出用现代物质条件装备农业，用现代科学技术改造农业，用现代产业体系提升农业，用现代经营形式推进农业，用现代发展理念引领农业，用培养新型农民发展农业，提高农业水利化、机械化和信息化水平。

2007 年

1月26日，国务院印发《关于促进畜牧业持续健康发展的意见》，提出推进畜禽健康养殖，加快畜牧业增长方式转变。

3月16日，十届全国人大五次会议审议通过《中华人民共和国物权法》，明确了土地承包经营权的用益物权性质，为进一步稳定农村土地承包关系、维护农民的承包权益提供了重要的法律保障。

5月21日，国家环保总局发布《关于加强农村环境保护工作的意见》，要求提高对农村环境保护重要性和紧迫性的认识，统筹城乡环境保护，把农村环境保护工作摆上更加重要和突出的位置。

5月28日，国务院公布《农民专业合作社登记管理条例》。

6月26日，国务院召开全国建立农村最低生活保障制度工作会议，研究部署农村最低生活保障工作。

7月11日，国务院下发《关于在全国建立农村最低生活保障制度的通知》，强调将符合条件的农村贫困人口全部纳入保障范围，稳定、持久、有效地解决全国农村贫困人口的温饱问题。

8月9日，国务院下发《关于完善退耕还林政策的通知》，提出两项目标任务：一是确保退耕还林成果切实得到巩固；二是确保退耕农户长远生计得到有效解决。

10月15日，党的十七大题为《高举中国特色社会主义伟大旗帜 为夺取全面建设小康社会新胜利而奋斗》的报告提出，“三农”的中心任务是，统筹城乡发展，推进社会主义新农村建设。

10月28日，十届全国人大常委会第三十次会议通过《中华人民共和国城乡规划法》。

11月26日，财政部、教育部发出《关于调整完善农村义务教育经费保障机制改革有关政策的通知》，决定从2007年起三年内，新增经费470亿元左右，用于调整完善农村义务教育经费保障机制改革有关政策。

12月31日，中共中央、国务院印发《关于切实加强农业基础建设进一步促进农业发展农民增收的若干意见》，强调按照形成城乡经济社会发展一体化新格局的要求，突出加强农业基础建设，积极促进农业稳定发展、农民持续增收，努力保障主要农产品基本供给，切实解决农村民生问题，扎实推进社会主义新农村建设。

2008年

2月1日，国务院农村综合改革工作小组、财政部、农业部联合发出《关于开展村级公益事业建设“一事一议”财政奖补试点工作的通知》。

2月14—15日，2008年全国新型农村合作医疗工作会议在北京召开，强调2008年新型农村合作医疗工作的总体要求是增加补助、全面覆盖、巩固提高，实现在新的起点上又好又快发展。

6月8日，中共中央、国务院印发《关于全面推进集体林权制度改革的意见》，提出用5年左右的时间，基本完成明晰产权、承包到户的集体林权制度改革，实行集体林地家庭承包经营制；规定林地的承包期为70年，承包期届满可以按照国家有关规定继续承包。

7月24日，国务院召开新中国成立以来首次全国农村环境保护工作电视电话会议，确定我国农村环境保护的主要目标是：到2010年，农村饮用水水源地水质有所改善，农业面源污染防治取得一定进展，严重的农村环境健康危害得到有效控制；到2015年，农村人居环境和生态状况明显改善，农村环境监管能力显著提高。

10月9—12日，党的十七届三中全会在北京举行，审议通过《中共中央关于推进农村改革发展若干重大问题的决定》。

11 月 19 日，国务院常务会议讨论并原则通过《中华人民共和国农村土地承包经营纠纷仲裁法（草案）》《草原防火条例（修订草案）》和《森林防火条例（修订草案）》。

12 月 5 日，商务部、农业部联合发出《关于开展农超对接试点工作的通知》，对“农超对接”试点工作进行部署。

12 月 20 日，国务院办公厅下发《关于切实做好当前农民工工作的通知》。

12 月 31 日，中共中央、国务院印发《关于 2009 年促进农业稳定发展农民持续增收的若干意见》，要求把保持农业农村经济平稳较快发展作为首要任务，围绕稳粮、增收、强基础、重民生，千方百计保证国家粮食安全和主要农产品有效供应，千方百计促进农民收入持续增长。

2009 年

1 月 9 日，国家发改委、财政部、农业部、商务部、国家工商总局、国家质检总局发布《防止生猪价格过度下跌调控预案（暂行）》，其主要调控目标是在市场机制充分发挥作用的基础上，通过必要的政府调控，防止生猪价格过度下跌，保护生猪养殖户利益，缓解生猪生产的周期性波动。

3 月 5 日，十届全国人大二次会议的《政府工作报告》宣布，2009 年我国将实行人均纯收入 1196 元的新扶贫标准，对农村低收入人口全面实施扶贫政策，这标志着我国扶贫开发进入一个新阶段。

3 月 9 日，商务部联合国家发改委、工信部、财政部、农业部、国家工商总局、国家质检总局、全国供销合作总社发布《关于完善农业生产资料流通体系的意见》。

4 月 24 日，中共中央办公厅、国务院办公厅发出《关于加强和改进村民委员会选举工作的通知》。

6月12日，商务部、财政部、农业部发出《关于做好农产品“农超对接”试点工作的通知》，决定2009年在河北等15个省（市）开展“农超对接”试点。

6月22—23日，中央林业工作会议在北京举行。这是新中国成立以来中央召开的首次林业工作会议。

6月24日，国务院常务会议研究部署开展新型农村社会养老保险试点，决定2009年在全国10%的县（市、区）开展新型农村社会养老保险试点。

6月27日，十一届全国人大常委会第九次会议通过《中华人民共和国农村土地承包经营纠纷调解仲裁法》。

7月2日，卫生部、民政部、财政部、农业部、国家中医药局五部门联合发布《关于巩固和发展新型农村合作医疗制度的意见》，提出以便民、利民、为民为出发点，大力加强制度建设，巩固和发展与农村经济社会发展水平和农民基本医疗需求相适应的、具有基本医疗保障性质的新型农村合作医疗制度，逐步缩小城乡居民之间的基本医疗保障差距。

9月1日，国务院印发《关于开展新型农村社会养老保险试点的指导意见》，要求探索建立个人缴费、集体补助、政府补贴相结合的“新农保”制度，实行社会统筹与个人账户相结合，与家庭养老、土地保障、社会救助等其他社会保障政策措施相配套，保障农村居民老年基本生活。

12月27—28日，中央农村工作会议在北京举行，强调2010年中央指导农业农村工作的文件，以加大统筹城乡发展力度、进一步夯实农业农村发展基础为主题，这是中央站在战略和全局的高度，认真研判

“三农”形势，广泛听取各方意见，经过慎重考虑作出的重大决策。

12 月 31 日，中共中央、国务院印发《关于加大统筹城乡发展力度进一步夯实农业农村发展基础的若干意见》。

2010 年

1 月 21 日，国务院办公厅印发《关于进一步做好农民工培训工作的指导意见》。

2 月 5 日，国务院办公厅发出《关于切实解决企业拖欠农民工工资问题的紧急通知》，要求地方各级人民政府要在普遍检查的基础上，集中力量重点解决建设领域企业拖欠农民工工资问题。

3 月 1 日，国务院农村综合改革工作小组、财政部、农业部联合发出《关于做好 2010 年扩大村级公益事业建设“一事一议”财政奖补试点工作的通知》。

3 月 14 日，十一届全国人大三次会议通过《关于修改〈中华人民共和国全国人民代表大会和地方各级人民代表大会选举法〉的决定》。从此，全国实行城乡按相同人口比例选举人大代表。

5 月 7 日，国务院办公厅转发国务院扶贫办、民政部等部门《关于做好农村最低生活保障制度和扶贫开发政策有效衔接扩大试点工作的意见》，要求进一步扩大两项制度有效衔接试点工作。

5 月 19 日，中国人民银行、中国银监会、中国证监会、中国保监会联合发布《关于全面推进农村金融产品和服务方式创新的指导意见》。

6 月 7 日，卫生部发布《关于开展提高农村儿童重大疾病医疗保障水平试点工作的意见》，决定开展提高农村儿童重大疾病医疗保障水平试点工作。

7 月 9 日，国务院印发《关于促进农业机械化和农机工业又好又快发展的意见》，制定了未来十年的发展目标，即到2015年，农机总动力达到10亿千瓦，其中灌排机械动力达到1亿千瓦，主要农作物耕种收综合机械化水平达到55%以上。

8月24日，国家林业局召开新闻发布会，宣布经国务院常务会议审议并原则通过的《全国林地保护利用规划纲要（2010—2020年）》。这是首次经国务院批准实施的我国第一个中长期林地保护利用规划。

10月11日，全国乡镇机构改革工作电视电话会议在北京召开，全国已有70%的乡镇进行了机构改革，逐步从试点转入全面推开阶段。

10月28日，十一届全国人大常委会第十七次会议表决通过《中华人民共和国村民委员会组织法修订案》。

10月21—22日，中央农村工作会议在北京举行，系统总结2010年农业农村工作，科学谋划“十二五”时期农业农村发展，重点研究加快水利改革发展问题，全面部署2011年农业农村工作。

12月31日，中共中央、国务院印发《关于加快水利改革发展的决定》。这是进入21世纪以来党中央发出的第八个关于“三农”问题的中央一号文件。

2011年

2月14日，中共中央办公厅、国务院办公厅印发《关于进一步加强新形势下农村精神文明建设工作的意见》，指出要扎实开展群众性精神文明创建活动，加快提升农村社会文明程度，进一步加强新形势下农村精神文明建设。

2月26日，国务院办公厅发出《关于积极稳妥推进户籍管理制度改革的通知》，指出要落实放宽中小城市和小城镇落户条件的政策，引导非农产业和农村人口有序向中小城市和建制镇转移，逐步实现城乡基本公共服务均等化。

3 月 3 日，农业部、教育部发布《关于实施基层农技推广特设岗位计划的意见》。

3 月 5 日，国务院公布《土地复垦条例》，明确土地复垦的责任主体是开展土地复垦工作的前提。

3 月 28 日，全国农村环境保护工作会议在北京召开，提出到 2015 年，我国将完成 6 万个建制村的环境综合整治，使严重损害群众健康的农村突出环境问题基本得到治理。

4 月 10 日，国务院印发《关于加快推进现代农作物种业发展的意见》，标志着我国农作物种业将进入产业升级的新阶段。

5 月 6 日，国土部、财政部、农业部联合发出《关于加快推进农村集体土地确权登记发证工作的通知》，要求力争到 2012 年底，把全国范围内的农村集体土地所有权证确认到每个所有权的集体经济组织，做到农村集体土地确权登记发证全覆盖。

5 月 27 日，中共中央、国务院印发《中国农村扶贫开发纲要（2011—2020 年）》，要求坚持开发式扶贫方针，实行扶贫开发和农村最低生活保障制度有效衔接；把扶贫开发作为脱贫致富的主要途径，把社会保障作为解决温饱问题的基本手段，逐步完善社会保障体系。

7 月 9—10 日，国家能源局、财政部、农业部在北京联合召开全国农村能源工作会议。这是改革开放以来，第一次围绕农村能源召开的专题会议。会议提出要以建设绿色能源示范县、实施新一轮农网改造升级工程、大力发展农村可再生能源为重点，全面推动农村能源建设取得新进展，为改善农民生活和发展农村经济提供优质、清洁、经济、可靠的现代能源保障。

12 月 6 日，农业部发布《全国农民教育培训“十二五”发展规划》。

12月13日，国务院办公厅印发《关于加强鲜活农产品流通体系建设的意见》。

12月31日，中共中央、国务院印发《关于加快推进农业科技创新持续增强农产品供给保障能力的若干意见》，要求同步推进工业化、城镇化和农业现代化，围绕强科技保发展、强生产保供给、强民生保稳定，进一步加大强农惠农富农政策力度，努力维持农村社会和谐稳定。

2012年

1月13日，国务院印发《全国现代农业发展规划（2011—2015年）》。首次提出了我国现代农业建设的奋斗目标，即到2015年，我国现代农业建设要取得明显进展；到2020年，现代农业建设要取得突破性进展，主要农产品优势区基本实现农业现代化。

3月6日，国务院印发《关于支持农业产业化龙头企业发展的意见》，提出了21条政策措施，并且指出国家农业综合开发产业化经营项目要向龙头企业倾斜。

5月31日—6月1日，全国农业科技教育工作会议在安徽合肥举行，强调要大力实施科教兴农战略，进一步加大政策支持，加快改革步伐，加强统筹协调，推动农业科技教育事业又好又快发展，努力走出一条中国特色农业科技教育发展之路。

7月3日，全国村务公开民主管理工作会议在山西运城召开，强调要进一步完善乡村治理机制，着力解决农民群众反映强烈的问题，切实维护农民群众合法权益，促进农村社会和谐稳定，推动农村经济社会又好又快发展。

9月6日，国务院办公厅印发《关于规范农村义务教育学校布局调整的意见》，对农村义务教育学校布局调整提出了明确要求和规范意见。

11月26日，国务院办公厅印发《国家农业节水纲要（2012—2020年）》，提出到2020年，基本完成大型灌区、重点中型灌区续建配套与节水改造和大中型灌排泵站更新改造。

11月27日，中国农业产业化龙头企业协会在北京人民大会堂举行成立大会。

12月21—22日，中央农村工作会议在北京召开，强调要确保国家粮食安全和农产品有效供给，积极创新农业生产经营体制机制，要加大统筹城乡发展力度，在“收入倍增”中着力促进农民增收。

12月31日，中共中央、国务院印发《关于加快发展现代农业进一步增强农村发展活力的若干意见》，强调始终把解决农业农村农民问题作为全党工作重中之重，把城乡发展一体化作为解决“三农”问题的根本途径。

2013年

3月8日，国务院印发《关于促进海洋渔业持续健康发展的若干意见》，要求加强海洋渔业资源和生态环境保护，到2015年，现代渔业产业体系和支撑保障体系基本形成，渔业生态环境有所改善；到2020年，海水养殖生态健康高效，形成生态良好、生产发展、装备先进、产品优质、渔民增收、平安和谐的现代渔业发展新格局。

3月28日，财政部会同农业部、中国中化集团公司、中国农业发展银行发起的现代种业发展基金正式成立。这是我国第一只国家支持、市场化运作的种业基金，该基金平台将整合政府部门、央企、金融部门的政策、产业和资本优势，合力推进现代种业健康发展。

4月11—12日，全国农村改革试验区工作交流会在江苏苏州召开，总结交流了各地农村改革试验工作进展情况，研究部署了下一步的农村改革试验区工作。

5月13日，习近平总书记就改善农村人居环境作出指示，要求认真总结浙江省开展“千村示范万村整治”工程的经验并加以推广。

6月14日，农业部、财政部、中国银监会、国家开发银行、中国农业发展银行、中国储备粮管理总公司在北京举行农业改革与建设试点启动仪式，天津武清等21个国家现代农业示范区签署了加强农业改革与建设试点工作承诺书，着力探索建立集约化、专业化、组织化、社会化相结合的农业经营新体系等。

11月3—5日，习近平总书记在湖南湘西、长沙等地考察，首次提出“精准扶贫”理念，强调抓扶贫开发，既要整体联动、有共性的要求和措施，又要突出重点、加强对特困村和特困户的帮扶。

12月20日，国务院办公厅印发《关于深化种业体制改革提高创新能力的意见》。

12月23日，习近平总书记在中央农村工作会议上发表重要讲话，指出必须把解决好“三农”问题作为全党工作重中之重，坚持工业反哺农业，城市支持农村和“多予、少取、放活”方针，不断加大强农惠农富农政策力度，始终把“三农”工作牢牢抓住、紧紧抓好。

2014年

1月2日，中共中央、国务院印发《关于全面深化农村改革加快推进农业现代化的若干意见》，强调把饭碗牢牢端在自己手上，是治国理政必须长期坚持的基本方针；提出抓紧构建新形势下以我为主、立足国内、确保产能、适度进口、科技支撑的国家粮食安全战略。

2月21日，国务院印发《关于建立统一的城乡居民基本养老保险制度的意见》，提出到“十二五”末，在全国基本实现新农保和城居保制度合并实施，并与职工基本养老保险制度相衔接。

2月25日，商务部会同农业部等13个部门发布《关于进一步加强农产品市场体系建设的指导意见》，提出争取利用5到10年的时间，逐步建立高效畅通、安全规范、竞争有序的中国特色农产品市场体系。

5月29日，国务院办公厅印发《关于改善农村人居环境的指导意见》，提出到2020年，实现全国农村居民住房、饮水和出行等基本条件明显改善，人居环境基本实现干净、整洁、便捷，建成一批各具特色的美丽宜居村庄。

7月24日，国务院印发《关于进一步推进户籍制度改革的意见》，提出到2020年，基本建立与全面建成小康社会相适应，有效支撑社会管理和公共服务，依法保障公民权利，以人为本、科学高效、规范有序的新型户籍制度，努力实现1亿左右农业转移人口和其他常住人口在城镇落户。

8月1日，国土部、财政部、住建部、农业部、国家林业局联合发出《关于进一步加快推进宅基地和集体建设用地使用权确权登记发证工作的通知》。

8月27日，农业部、国家发改委、财政部等九部门联合发布《关于引导和促进农民合作社规范发展的意见》，要求进一步完善财政税收金融等支持政策，重点扶持运行规范的合作社。

9月12日，国务院印发《关于进一步做好为农民工服务工作的意见》，指出农民工已成为我国产业工人的主体，是推动国家现代化建设的重要力量；要有序推进农民工市民化，要坚持以人为本、公平对待，坚持统筹兼顾、优化布局，坚持城乡一体、改革创新，坚持分类推进、逐步实施。

11月6日，中共中央办公厅、国务院办公厅印发《关于引导农村土地经营权有序流转发展农业适度规模经营的意见》。

11月22日，农业部、中央农办、国家林业局发布《积极发展农民股份合作赋予农民对集体资产股份权能改革试点方案》。这标志着我国布局农村集体资产产权试点工作全面展开，是我国农村改革一项重要顶层设计，是我国农村集体经济改革重大制度创新。

11月29日，农村改革试验区工作交流会在安徽合肥召开，强调要发挥好试验区的先行先试作用，不断把农村改革引向深入。

12月2日，中央全面深化改革领导小组第七次会议审议通过《关于农村土地征收、集体经营性建设用地入市、宅基地制度改革试点工作的意见》。

12月22—23日，中央农村工作会议在北京举行，强调推进农业现代化，要坚持把保障国家粮食安全作为首要任务，确保谷物基本自给、口粮绝对安全。

12月30日，国务院办公厅印发《关于引导农村产权流转交易市场健康发展的意见》。

2015年

1月1日，中共中央、国务院印发《关于加大改革创新力度加快农业现代化建设的若干意见》。

1月22日，国务院印发《关于建立健全粮食安全省长责任制的若干意见》，从粮食生产、流通、消费等各环节，进一步明确了各省级人民政府在维护国家粮食安全方面的事权与责任，对建立健全粮食安全省长责任制作出全面部署。

3月23日，中共中央、国务院印发《关于深化供销合作社综合改革的决定》，指出到2020年，把供销合作社系统打造成为服务农民生产生活的生力军和综合平台，成为党和政府密切联系农民群众的桥梁组带，切实在农业现代化建设中更好地发挥作用。同日，国务院办公厅印发《关于进一步加强乡村医生队伍建设的实施意见》，部署进一步加强乡村医生队伍建设，切实筑牢农村医疗卫生服务网络。这是深化医药卫生体制改革的一项重大举措，对于促进基本公共卫生服务均等化和社会公平具有重要意义。

4月25日，中共中央、国务院印发《关于加快推进生态文明建设的意见》。这是继党的十八大和党的十八届三中、党的十八届四中全会对生态文明建设作出顶层设计后，党中央对生态文明建设的一次全面部署。

6月21日，国务院办公厅印发《关于支持农民工等人员返乡创业的意见》。

8月7日，国务院办公厅印发《关于加快转变农业发展方式的意见》，这是国家层面首个系统部署转变农业发展方式工作的重要文件。

8月10日，国务院印发《关于开展农村承包土地的经营权和农民住房财产权抵押贷款试点的指导意见》，提出开展农村承包土地的经营权和农民住房财产权抵押贷款试点坚持依法有序、自主自愿、稳妥推进、风险可控的原则，按照所有权、承包权、经营权三权分置和经营权流转有关要求，以落实农村土地的用益物权、赋予农民更多财产权利为出发点。

11月9日，国务院办公厅印发《关于促进农村电子商务加快发展的指导意见》，全面部署指导农村电子商务健康快速发展。

11月25日，国务院下发《关于进一步完善城乡义务教育经费保障机制的通知》，明确从2016年春季学期开始，统一城乡义务教育学校生均公用经费基准定额；从2017年春季学期开始，统一城乡义务教育学生"两免一补"政策。

11月27日，中共中央、国务院印发《关于进一步推进农垦改革发展的意见》。

11月27—28日，中央扶贫开发工作会议在北京召开，强调打赢脱贫攻坚战，要做到“六个精准”，解决好“扶持谁”、“谁来扶”、“怎么扶”、“如何退”的问题，实施“五个一批”工程，加快形成中央统筹、省（自治区、直辖市）负总责、市（地）县抓落实的扶贫开发工作机制，形成五级书记抓扶贫、全党动员促攻坚的局面。

11月29日，中共中央、国务院印发《关于打赢脱贫攻坚战的决定》，明确把精准扶贫、精准脱贫作为基本方略。

12月24—25日，中央农村工作会议在北京召开，强调地方各级党委和政府要坚持不懈厚植重农氛围，把农业农村工作放到重中之重的位置；深入推进精准扶贫、精准脱贫，确保完成脱贫攻坚目标任务。

12月30日，国务院办公厅印发《关于推进农村一二三产业融合发展的指导意见》，提出加大财税、土地等政策支持力度，开展试点示范，落实地方责任，强化部门协作，健全农村产业融合推进机制。

12月31日，中共中央、国务院印发《关于落实发展新理念加快农业现代化实现全面小康目标的若干意见》，首次将“供给侧结构性改革”写入中央一号文件。

2016年

1月3日，国务院印发《关于整合城乡居民基本医疗保险制度的意见》，提出整合城镇居民基本医疗保险和新型农村合作医疗，建立统一的城乡居民基本医疗保险制度。

4月18日，财政部、农业部联合发出《关于全面推开农业“三项补贴”改革工作的通知》，明确2016年在全国范围全面推开农业“三项补贴”改革，即将种粮农民直接补贴、农作物良种补贴和农资综合补贴合并为农业支持保护补贴，政策目标调整为支持耕地地力保护和粮食适度规模经营。

4月23日，中共中央办公厅、国务院办公厅印发《关于建立贫困退出机制的意见》，明确贫困人口、贫困村、贫困县在2020年以前有序退出的标准和要求。

5月17日，国务院公布《农田水利条例》。

7月11日，国务院印发《关于统筹推进县域内城乡义务教育一体化改革发展的若干意见》。

7月20日，习近平总书记在银川主持召开东西部扶贫协作座谈会并发表重要讲话，强调东西部扶贫协作和对口支援，是推动区域协调发展、协同发展、共同发展的大战略，是实现先富帮后富、最终实现共同富裕目标的大举措。

7月27日，国务院下发《关于实施支持农业转移人口市民化若干财政政策的通知》，对建立健全支持农业转移人口市民化的财政政策体系作出部署。

8月4日，国土部、农业部联合发出《关于全面划定永久基本农田实行特殊保护的通知》，强调实行永久基本农田特殊保护，建立健全“划、建、管、护”长效机制，调动广大农民保护永久基本农田的积极性。

9月17日，国务院办公厅转发民政部、国务院扶贫办、中央农办、财政部、国家统计局、中国残联《关于做好农村最低生活保障制度与扶贫开发政策有效衔接的指导意见》，部署做好农村最低生活保障制度和扶贫开发政策有效衔接工作。

10月17日，国务院印发《全国农业现代化规划（2016—2020年）》，对“十三五”期间全国农业现代化的基本目标、主要任务、政策措施等作出全面部署安排。

11月29日，国务院办公厅印发《关于支持返乡下乡人员创业创新促进农村一二三产业融合发展的意见》，要求对农民工、中高等院校毕业生、退役士兵、科技人员等返乡下乡人员到农村开展创业创新给予政策支持。

11月30日，国家发改委、财政部、国土部、环保部、水利部、农业部、国家林业局、国家粮食局发布《耕地草原河湖休养生息规划（2016—2030年）》，系统提出了推进耕地草原河湖休养生息的目标、措施和制度安排。

12月26日，中共中央、国务院印发《关于稳步推进农村集体产权制度改革的意见》，提出通过改革，逐步构建归属清晰、权能完整、流转顺畅、保护严格的中国特色社会主义农村集体产权制度，保护和发展农民作为农村集体经济组织成员的合法权益。农村集体产权制度改革向全国推开。

12月31日，中共中央、国务院印发《关于深入推进农业供给侧结构性改革加快培育农业农村发展新动能的若干意见》。

2017年

1月9日，中共中央、国务院印发《关于加强耕地保护和改进占补平衡的意见》，提出到2020年，全国耕地保有量不少于18.65亿亩。

1月10日，全国农村集体产权制度改革电视电话会议在北京召开，提出分类有序推进改革，逐步构建归属清晰、权能完整、流转顺畅、保护严格的中国特色社会主义农村集体产权制度，促进农村集体经济发展和农民持续增收。

2月4日，国务院印发《全国国土规划纲要（2016—2030年）》。

这是我国首个国土空间开发与保护的战略性、综合性、基础性规划，对涉及国土空间开发、保护、整治的各类活动具有指导和管控作用。

4月10日，国务院印发《关于建立粮食生产功能区和重要农产品生产保护区的指导意见》，指出力争用5年时间基本完成“两区”建设任务。

6月23日，习近平总书记在山西太原主持召开深度贫困地区脱贫攻坚座谈会，重点研究解决深度贫困问题，强化自身体系，聚焦精准发力，攻克坚中之坚，并提出8条要求。

8月23日，农业部、国家发改委、财政部联合发布《关于加快发展农业生产性服务业的指导意见》，提出大力发展多元化、多层次、多类型的农业生产性服务，这标志着我国“三多型”农业服务业正在形成。

9月8日，农业部、国家发改委、教育部、科技部、民政部、人社部、国土部、中国人民银行、国家工商总局、国家统计局、共青团中央、全国妇联联合发布《关于促进农村创业创新园区（基地）建设的指导意见》，提出加快建设一批具有区域特色的农村双创园区（基地），全面助推农村创业创新。

10月13日，农业部、国家发改委、财政部、国土部、中国人民银行、国家税务总局联合发布《关于促进农业产业化联合体发展的指导意见》，强调以帮助农民、提高农民、富裕农民为目标，以发展现代农业为方向，以创新农业经营体制机制为动力，培育发展一批带农作用突出、综合竞争力强、稳定可持续发展的农业产业化联合体。

12月21日，国务院印发《关于探索建立涉农资金统筹整合长效机制的意见》，部署推进涉农资金统筹整合工作。

12月28—29日，中央农村工作会议在北京举行，指出实施乡村振兴战略，是党中央从党和国家事业全局出发、着眼于实现“两个一百年”奋斗目标、顺应亿万农民对美好生活的向往作出的重大决策。这是中国特色社会主义进入新时代做好“三农”工作的总抓手。

2018年

1月2日，中共中央、国务院印发《关于实施乡村振兴战略的意见》，提出实施乡村振兴战略的目标任务是：到2020年，乡村振兴取得重要进展，制度框架和政策体系基本形成；到2035年，乡村振兴取得决定性进展，农业农村现代化基本实现；到2050年，乡村全面振兴，农业强、农村美、农民富全面实现。

3月5日，十三届全国人大一次会议在北京召开，表决通过《关于国务院机构改革方案的决定》，批准成立中华人民共和国农业农村部。

4月25日，国务院办公厅印发《关于全面加强乡村小规模学校和乡镇寄宿制学校建设的指导意见》，强调全面加强乡村小规模学校和乡镇寄宿制学校建设和管理，到2020年，基本补齐两类学校短板，进一步振兴乡村教育，基本实现县域内城乡义务教育一体化发展。

4月26日，全国改善农村人居环境工作会议在浙江省安吉县召开，要求进一步推广浙江“千村示范、万村整治”工程经验做法，全面部署改善农村人居环境各项任务。

5月18—19日，全国生态环境保护大会在北京召开。习近平总书记在大会上的讲话提出新时代推进生态文明建设的原则，强调要加快构建生态文明体系。

6月15日，中共中央、国务院印发《关于打赢脱贫攻坚战三年行动的指导意见》。

6月21日，国务院新闻办举行发布会，宣布自2018年起将每年农历秋分设立为“中国农民丰收节”。

10 月 1 日，中共中央、国务院印发《关于保持土地承包关系稳定并长久不变的意见》。

11 月 7 日，生态环境部、农业农村部联合发布《农业农村污染治理攻坚战行动计划》，提出通过三年攻坚，乡村绿色发展加快推进，农村生态环境明显好转，农业农村污染治理工作体制机制基本形成，农业农村环境监管明显加强，农村居民参与农业农村环境保护的积极性和主动性显著增强。

12 月 21 日，国务院印发《关于加快推进农业机械化和农机装备产业转型升级的指导意见》。

12 月 28—29 日，中央农村工作会议在北京召开，总结交流各地实施乡村振兴战略经验，研究落实此后两年“三农”工作必须完成的硬任务，部署 2019 年农业农村工作。

12 月 29 日，十三届全国人大常委会第七次会议通过《中华人民共和国耕地占用税法》。

2019 年

1 月 3 日，中共中央、国务院印发《关于坚持农业农村优先发展做好“三农”工作的若干意见》，这是 21 世纪以来，第 16 个聚焦“三农”的中央一号文件，明确了“坚持农业农村优先发展”的工作总方针。

3 月 20 日，农村农业部办公厅印发《农村农业部 2019 年人才工作要点》，提出在 2019 年全年要培训新型职业农民 100 万人。

4 月 15 日，中共中央、国务院印发《关于建立健全城乡融合发展体制机制和政策体系的意见》。

6 月 17 日，国务院印发《国务院关于促进乡村产业振兴的指导意见》，对促进乡村产业振兴作出全面部署。

6月23日，经投票选举，中国候选人屈冬玉当选为联合国粮食及农业组织（粮农组织）新一任总干事。屈冬玉成为粮农组织自1945年10月16日成立以来的第九任总干事，也是首任中国籍总干事。

8月26日，十三届全国人大常委会第十二次会议通过《中华人民共和国土地管理法（修正案）》。

9月4日，中央农办、农村农业部等11个部门联合发布《关于进一步推进移风易俗 建设文明乡风的指导意见》，对文明乡风建设工作作出了全面的部署安排。

9月10日，中央农办、农业农村部发布《关于进一步加强农村宅基地管理的通知》，要求各地严格落实“一户一宅”规定。

11月15日，在第十七届中国国际农交会上，中国农业品牌目录2019农产品区域公用品牌正式发布，共有300个区域公用品牌入选。

12月25日，农业农村部和中央网信办发布《数字农业农村发展规划（2019—2025年）》，提出建设农村宅基地大数据、数字农业农村服务体系，建立农村人居环境智能监测体系等。

2020年

1月2日，中共中央、国务院印发《关于抓好“三农”领域重点工作确保如期实现全面小康的意见》。

3月2日，农业农村部办公厅发布《2020年农业农村绿色发展工作要点》，从整治提升村容村貌、扎实推进农村厕所革命、推进美丽宜居乡村建设三方面强调持续推进农村人居环境整治，不断改善村容村貌。

4月3日，国家发改委发布《2020年新型城镇化建设和城乡融合发展重点任务》，从提高农业转移人口市民化质量、优化城镇化空间格局、提升城市综合承载能力、加快推进城乡融合发展等方面，提出了

28项重点任务，突出了"城乡融合发展"。

5月18日，文化和旅游部办公厅、国家发改委办公厅发出《关于做好第二批全国乡村旅游重点村遴选推荐工作的通知》，在总结第一批全国乡村旅游重点村遴选工作经验基础上，开展第二批全国乡村旅游重点村遴选推荐工作，深入推进美丽乡村建设，促进乡村旅游发展。

6月22日，中国人大网公布《中华人民共和国乡村振兴促进法（草案）》，并公开征求意见，草案征求意见截止日期为2020年7月21日。

7月17日，文化和旅游部办公厅发出《关于统筹做好乡村旅游常态化疫情防控和加快市场复苏有关工作的通知》。

10月20日，农业农村部发布《全国乡村产业发展规划（2020—2025年）》。

11月3日，国家发改委、中央农办、农业农村部等九部门联合发布《关于在农业农村基础设施建设领域积极推广以工代赈方式的意见》，明确将采取以工代赈方式实施项目的范围，全面拓展到农业农村生产生活基础设施、交通基础设施、水利基础设施、文化旅游基础设施、林业草原基础设施等建设领域。

12月28—29日，中央农村工作会议在北京召开，强调实施乡村建设行动，要继续把公共基础设施建设的重点放在农村，短板要加快补上。要在推进城乡基本公共服务均等化上持续发力，注重加强普惠性、兜底性、基础性民生建设。

2021年

1月4日，中共中央、国务院印发《关于全面推进乡村振兴加快农业农村现代化的意见》。

2月25日，在全国脱贫攻坚总结表彰大会上，习近平总书记庄严宣告，经过全党全国各族人民共同努力，在迎来中国共产党成立一百周年的重要时刻，我国脱贫攻坚战取得了全面胜利。

同日，国务院扶贫开发领导小组办公室正式更名为“国家乡村振兴局”，这一方面体现出摆脱贫困和乡村振兴是一脉相承、前后衔接的；另一方面也意味着我国“三农”工作重心从脱贫攻坚转向全面推进乡村振兴。

4月20日，农业农村部举行发布会介绍2021年一季度农业农村经济运行情况。农业农村部发展规划司司长在会上表示，2021年夏粮生产基础较好，冬小麦面积增加300多万亩，为4年来首次增加。

6月1日，《中华人民共和国乡村振兴促进法》开始施行，这是“三农”领域一部固根本、稳预期、利长远的基础性、综合性法律。这意味着，从此我国促进乡村振兴有法可依，对于促进乡村振兴和推进城乡融合发展，具有重要的里程碑意义。

7月1日，习近平总书记在庆祝中国共产党成立100周年大会上庄严宣告，在中华大地上全面建成了小康社会，正在意气风发向着全面建成社会主义现代化强国的第二个百年奋斗目标迈进。

9月1日，《中华人民共和国土地管理法实施条例》开始施行，细化规定了有关宅基地、土地征收、集体经营性建设用地入市等重点问题，与亿万农民土地权益息息相关。

12月25—26日，中央农村工作会议在北京召开，分析“三农”工作面临的形势任务，研究部署2022年“三农”工作。

2022年

1月4日，中共中央、国务院印发《关于做好2022年全面推进乡村振兴重点工作的意见》，这是21世纪以来第19个指导“三农”工作的中央一号文件。文件指出，牢牢守住保障国家粮食安全和不发生规模性返贫两条底线，突出年度性任务、针对性举措、实效性导向，充分发挥农村基层党组织领导作用，扎实有序做好乡村发展、乡村建设、乡村治理重点工作，推动乡村振兴取得新进展、农业农村现代化迈出新步伐。

3月3日，农业农村部发布《"十四五"全国农产品产地市场体系发展规划》，全面安排"十四五"时期农产品产地市场发展的总体思路、主要目标、重点任务和政策措施等，推进农产品流通现代化，为全面推进乡村振兴、加快农业农村现代化提供有力的市场支撑。

6月24日，十三届全国人大常委会第三十五次会议通过《中华人民共和国黑土地保护法》，这是世界上唯一一部国家层面立法保护黑土地的法律，体现了党和国家对黑土这一"耕地中的大熊猫"的高度重视。

6月30日，农业农村部、国家发改委联合发布《农业农村减排固碳实施方案》，为我国农业农村减排固碳，提供了系统性实施路径。

10月16—22日，党的二十大在北京召开，习近平总书记在题为《高举中国特色社会主义伟大旗帜 为全面建设社会主义现代化国家而团结奋斗》的报告中提出，全面建设社会主义现代化国家，最艰巨、最繁重的任务仍然在农村。坚持农业农村优先发展，坚持城乡融合发展，畅通城乡要素流动。加快建设农业强国，扎实推动乡村产业、人才、文化、生态、组织振兴。

图书在版编目（CIP）数据

农业农村改革 / 陈锡文主编. — 北京 : 中国工人出版社，2024.1
ISBN 978-7-5008-8027-1
Ⅰ. ①农… Ⅱ. ①陈… Ⅲ. ①农业改革—研究—中国
Ⅳ. ①F320.2
中国国家版本馆CIP数据核字（2024）第005898号

农业农村改革

出 版 人	董 宽
责任编辑	王晨轩 左 鹏
责任校对	张 彦
责任印制	栾征宇
出版发行	中国工人出版社
地　　址	北京市东城区鼓楼外大街 45 号 邮编：100120
网　　址	http://www.wp-china.com
电　　话	（010）62005043（总编室） （010）62005039（印制管理中心） （010）62382916（工会与劳动关系分社）
发行热线	（010）82029051 62383056
经　　销	各地书店
印　　刷	北京印刷集团有限责任公司
开　　本	710 毫米 × 1000 毫米 1/16
印　　张	46.25
字　　数	540 千字
版　　次	2024 年 6 月第 1 版 2024 年 6 月第 1 次印刷
定　　价	132.00 元